영미시의 이해와 감상

THE UNDERSTANDING AND APPRECIATION OF BRITISH AND AMERICAN POETRY

박 세 근 저

문학박사 · 경기대학교 명예교수

신아사

머리말

우리가 시를 배우는 일은 그 시가 산문과는 달리 어려움을 느낀다. 그것은 시가 많은 비유와 상징과 더불어 그 함축된 의미를 가지고 있기 때문이다.

더구나 우리의 시도 아닌 외국의 시를 배우는 일은 매우 어려운 일이다. 영미시의 경우 그 배경이나 문화가 우리의 것과는 아주 다르며 사상과 철학이 또한 다르다. 또한 그 표현 방법과 의미가 우리의 것과는 상이할 때가 많다. 더구나 우리글이 아닌 영어로 되었으며 영시가 많은 도치와 생략으로 번역조차 어려운 경우가 많다.

또 그 번역이 가능하더라도 그 시의 분석과 이해 등은 참으로 어려운 일이다. 영문학과에서 배우는 대학생들이 영미시를 싫어하게 되는 이유 중의 하나가 그 난해성인 것이다. 이해한 다음에야 친밀감과 시감상의 기쁨을 맛보며 시의 깊은 의미도 명상하게 될 것이다.

이러한 점을 고려하여 영미시인들의 대표적 시인들을 Shakespeare에서 20세기 현대 시인들에 이르기까지 대표적인 시를 선택하여(총 106편) 번역과 함께 상세한 분석을 하였다. 시의 선택에서는 *The Anthology of Popular Verse* (ed.) by Christopher Hurford와 *The Top 500 Poems* (ed.) by William Harmon을 참고로 하였다. 특별히 감동적인 아름다운 걸작시들을 선택하여 우리의 삶에 풍요로움을 더해 줄 수 있도록 하였다. 분석은 어디까지나 절대적인 것이라고 볼 수 없으나 많은 주석과 비평서를 참고해서 객관성을 가지도록 노력했다. 그리고 영시를 감상하는 일은 분석도 중요하겠지만 많이 읽고 음미하는 것이 필요하다고 생각한다. 아울러 영문학도가 아니더라도 문학에 관심 있는 분들에게 영미시를 쉽게 이해하도록 하였다.

끝으로 이 책이 출판되도록 이끌어주신 신아사의 정사장님과 편집부 최양께 깊은 감사를 드린다. 아무쪼록 이 책을 읽으시는 모든 분들께 어둠 속을 밝히는 한 줄기 빛이 되기를 겸허한 마음으로 바란다.

2007년 7월

박 세 근

■ 차례

William Shakespeare

(1564-1616)

Sonnet 18

Shall I compare thee to a summer's day?

Shall I compare thee to a summer's day?
Thou art more lovely and more temperate:
Rough winds do shake the darling buds of May,
And summer's lease hath all too short a date;
Sometime too hot the eye of heaven shines,
And often is his gold complexion dimmed;
And every fair from fair sometime declines,
By chance or nature's changing course untrimmed.
But thy eternal summer shall not fade,
Nor lose possession of that fair thou ow'st;
Nor shall death brag thou wander'st in his shade,
When in eternal lines to time thou growst;
 So long as men can breathe or eyes can see,
 So long lives this, and this gives life to thee.

소네트 18

나 당신을 여름날에 비교할 수 있을 런지요?
당신은 그 보다 더욱 사랑스럽고 온화하지요.
세찬 바람은 오월의 사랑스러운 꽃봉오리를 흔들어 놓고
여름철의 기간은 너무나도 짧지요.
종종 태양은 너무나도 뜨겁게 내리 비치고
그의 금빛 얼굴도 자주 흐릿하게 어두워지지요.
모든 미인도 언젠가는 그 아름다움이 사라지고
우연이든 자연의 변화이든 화려한 모습 벗어 버리지요.
하지만 당신의 영원한 여름은 퇴색하지 않고
당신이 지닌 아름다움을 잃어버리지도 않지요.
또한 죽음도 그의 어둠 속에서 당신이 방황한다고 자랑치는 못하지요.

영원한 시 속에서 당신은 시간에 접목되어
　　인간이 호흡을 하고 눈으로 볼 수 있는 한
　　이 시는 오랫동안 존재하여 당신에게 생명을 줄 것이오.

● 이해와 감상

시의 화자는 당신—여기서는 시인의 후원자 the Earl of Southampton을 여름날보다 더욱 아름답고 온후하다고 묘사한다. 영국에서 사계절 중 가장 좋은 계절은 여름이다. 다른 계절 봄, 가을, 겨울 등은 비가 많고 바람이 불고 춥지마는 여름(5, 6, 7월)은 가장 아름답고 기분 좋은 계절이다. 그런데 그 여름은 당신("Thou")에 비교할 수 없다고 한다. 왜냐하면 여름은 실제로 때때로 바람이 세차게 불고 꽃봉오리를 마구 흔들어대고 또 그 여름날의 기간은 너무 짧기 때문이다. 그리고 또 햇볕은 너무나 뜨겁고 찬란한 그 황금빛은 자주 구름에 가리워지거나 비가 와서 흐려지기 때문이다. 그리하여 시인은 그의 후원자인 Southampton의 백작을 영원한 여름("eternal summer")의 이미지를 사용하였다. 시인을 위하여 변함없이 후원해 주고 온후한 품성으로 영향력을 끼쳐주기 때문이다. 그러한 백작은 시인에게 대단히 존귀하고 사랑스러운 존재이다. 그러한 백작의 아름다움은 시간을 초월해서 죽음이 와도 변함없이 빛나는 존재이다. 그것은 시인의 소네트 속에서 영원히 간직되고 빛나기 때문이다. 그래서 시인은 죽음까지도 그 백작의 아름다움을 빼앗아 갈 수 없는 영원한 아름다움인 것이라고 묘사한다.

이렇게 시인의 시를 영원화시키는 전통은 로마의 서정시인 Horace(65~8 B.C)에까지 거슬러 올라간다. 이것은 시인 자신의 자부심이라기보다는 시의 영원성에 대한 시인의 신념이라고 본다. Elizabeth시대 소네트 시인들은 이태리의 소네트 시인 Francesco Petrarch의 전통을 이어 받아서 애인을 위하여 공상적인 비교와 환상적인 과장의 표현을 썼다. 그러나 Shakespeare는 그 비교를 부인함으로서 Petrarchan의 전통에 반대하는 입장을 취하고 있다.

Sonnet 60

Like as the waves make toward the pebbled shore

Like as the waves make toward the pebbled shore
So do our minutes hasten to their end,
Each changing place with that which goes before,
In sequent toil all forward do contend.
Nativity[1], once in the main of light[2],
Crawls to maturity, wherewith being crowned,
Crooked eclipses 'gainst his glory fight,
And Time that gave doth now his gift confound.
Time doth transfix the flourish[3] set on youth
And delves the paralles in beauty's brow,
Feeds on the rarities of nature's truth,
And nothing stands but for his scythe to mow.
    And yet to times in hope[4] my verse shall stand,
    Praising thy worth, despite his cruel hand.

소네트 60

파도가 자갈 깔린 해안으로 향해 달려 나아가듯이,
우리의 분초分秋는 종말을 향해 서둘러 달린다.
각자 앞서 간 것과 자리를 바꾸며
끊임없이 애쓰며 모두 앞을 다투어 나아간다.
한때 빛나는 밝음 속에서 태어난 어린 애기는
네발로 기다가 성년이 되고 영관榮冠을 쓸 때면,
사악한 빛의 상실이 그 영광의 모습을 잃게 하고
시간은 베풀어준 선물을 파괴한다.
시간은 청춘에 이루워 놓은 장식을 거두어 가고

---

1 Nativity: the moment of birth, i.e., the newborn infant. (출생의 순간, 즉, 갓난아기)
2 the manin of light: the bright daylight. (빛나는 밝음)
3 transfix the flourish: remove the embellishment. (장식을 거두어 간다.)
4 to times in hope: until future times. (먼 후일까지)

미인의 이마에 주름살을 파놓고
자연의 진실의 진품을 먹고 사니
그의 낫에 베어지지 않고 남는 것이 아무것도 없다.
　　그렇지만 나의 시는 시간의 잔인한 손을 무릅쓰고
　　그대를 찬양하며 먼 훗날까지 남을 것이다.

● 이해와 감상

제1연에서 인생에게 주어진 시간의 흐름을 바다의 파도에 비유한다. 파도는 서로 애를 쓰며 뒤따르며 앞으로 밀고 나아가려고 다투는데, 그와 같이 우리의 인생은 죽음의 종말을 향해 서둘러 가는 것이다. 파도가 끊임없이 신속히 해안가로 밀려가듯이, 인생은 죽음을 향해서 한 발자국 한 발자국 끊임없이, 보이지 않지만 신속히 접근해 가는 것이다. 시인은, 인간이 자신도 모를 정도로 끊임없이 빠르게 시간의 흐름 속을 통하여 종말로 들어가는 모습을, 파도라는 비유를 통하여 시각적인 효과를 나타내 준다. 즉, 시간이 우리를 애를 써가면서 죽음으로 신속히 몰고 가는 것이라는 긴박감을 생생하게 시각적으로 보여 주는 것이다. 시간의 파괴력 이라는 엄숙함에 인생의 제한성을 여실히 보여 준다. 그러기에 "시간은 모든 만물이 그것 안에 포함되어 있고, 제한되어 있는 신비스러운 연속체(mysterious continuum)이라[5]"고 하는 것이다.

제 2연에서는, 제1연에서 말한 주제를 연결하는 "빛의 비유를 통해 출생에서 노년까지의 인생을 다룸으로서 변화의 원칙인 시간의 파괴력을 강조하고 있다."[6] 찬란한 빛 속에서 태어난 어린이는 자라서 절정기인 청년에 이르지만, 얼마 안 되어 노년이 되면 시간은 광명한 빛 속에서 있던 영광스러운 모습을 그만 빼앗아 가고 마는 것이다.

제 3연에서는, 그 시간의 파괴력을 더욱 구체적으로 보여주기 위해서, 그리고 더욱 다채로운 모습으로 강조하기 위해서 시간을 의인화 한다. 인생의 노년이 되면 반드시 시간은 청춘의 아름다움을 빼앗아 가고, 절세의 미인이라도 주름살로 보기 흉하게 만들어 놓는다. 또한 채소를 파먹는 진딧물처럼, 자연의 극상품을 파먹고 살아가는 벌레의 파손행위자로 시간을 비유한다. 또한 여름에 녹음방초를 이룬 풀과 아름다운 꽃 등을, 가을이 되면 사정없이 베어 버리는 농부들의 낫에 시간을 비유한다. 이렇게 시인

---

5 G. Wilson Knight. The Mutual Flame on Shakespeare's Sonnets and the Phoenix and the Turtle(London; Methuen & Co. LTD. 1954). p.73

6 이영걸, *영미시와 한국시*(서울: 문학예술사, 1981), p.27

은 다양한 이미지로 풍부하게 시간의 파괴력을 보여준다.

위에서 세 개의 연(quatrain)은 각각 다채로운 시간의 잔인하고 엄연한 파괴력을 나타내는 이미저리로 되어있다. 그러다가 맨 나중 두 줄의 마지막 couplet은, 시의 내용의 전환점을 말해주는 "yet"로 시작된다. 그래서 위에서 이야기한 잔인한 시간의 파괴력에도 불구하고, 시인의 시는 먼 훗날까지 영원히 남아서 그대의 가치—여기서는 시인이 존경하고 아끼는 그 사람의 청춘과 아름다움을 암시—를 찬양하게 된다는 것이다. 그러니까 시인이 연모하고 있는 그 사람의 젊음과 아름다움은, 어떠한 시간의 잔인한 파괴행위 속에서도 사멸하지 않고, 시인의 시속에서 영원히 남아서 찬양을 받게 된다는 것이다.

위에서 볼 수 있는 것처럼, Shakespeare의 소네트의 짜임새는, 3개의 quatrains가 평행적인 진술이거나, 혹은 계속적인 논증으로 되고, 마지막 couplet은 경구적 결말을 짓거나, 반론으로 되어 있다.[7] 이와 관련지어서 이 시의 Rhyme Scheme을 보면, English Sonnets(Shakespearean Sonnets)가 대개 다 그런 것처럼 다음과 같은 형태를 취하고 있다.

abab (First quatrain) cdcd (Second quatrain)
efef (Third quatrain) gg (Couplet)

그리고 이 소네트의 운율(韻律, Metre)은 영시에서 가장 많이 쓰이는 Iambic Pentameter의 형식을 취하고 있다.

이 시를 좀 더 깊이 명상해 보면, 인생 (시간의 제한 속에서의 삶)과 예술 (시를 포함한 모든 예술 작품)의 관계이기도 하다. 즉, "인생은 짧으나, 예술은 길다"라는 인생과 예술의 관계인 것이다. 그래서 시는 결국 인생의 사상과 정서를 영원히 간직해 주는 인간사의 등불이기도 한 것이다.

---

7 Kenneth Muir, *Shakespeare's Sonnets*(London: George Allen & Unwin, 1979), p.88

Sonnet 73

That time of year thou mayst in the behold

That time of year thou mayst in the behold
When yellow leaves, or none, or few, do hang
Upon those boughs which shake against the cold,
Bare ruined choirs[1] where late the sweet birds sang.
In me thou see'st the twilight of such day
As after sunset fadeth in the west,
Which by and by black night doth take away,
Death's second self, that seals up[2] all in rest.
In me thou see'st the glowing of such fire,
That on the ashes of his youth doth lie
As the deathbed whereon it must expire,
Consumed with that which it was nourished by.[3]
  This thou perceivest, which makes thy love more strong,
  To love that well which thou must leave ere long.

소네트 73

그대는 나에게서 일년 중 다음과 같은 시간을 보리라.
누런 잎이 추위에 떨고 있는 나뭇가지 위에서
얼마 전에 목소리 고운 새들이 노래하였으나
이제는 지붕도 없이 폐허가 된 성가대석처럼 보이는 나뭇가지 위에서
몇 개 또는 하나도 달려 있지 않는 그와 같은 시간을.
나에게서 그대는 태양이 서쪽에서 사라진 후에 볼 수 있는
그러한 황혼 시간을 보리라.
모든 것을 휴식 속에 종결 지우는 죽음의 제 2의 본체인

---

1 choirs: This image was suggested by the roofless choir of a ruined abbey, which resembles a leafless avenue of tall trees. (가을이 되어 잎이 다 떨어진 나무들은 폐허가 된 성당 안에 지붕도 없이 노출된 성가대석에, 나뭇가지에 새들은 성가대원에 비유된다.)

2 seals up: concludes. (종결을 짓다.)

3 Consumed… by: choked by the ashes of that which once nourished its flame. (한때는 그 불길을 타오르게 했던 그것(힘, 정열 등)에 의하여 소진되어.)

그 새까만 밤이 곧 빼앗아 가는 그런 황혼을.
나에게서 그대는 다음과 같은 불의 빛을 보리라
임종의 자리에서처럼, 청춘의 정열이 타고 남은
잿더미 위에서 놓여 있어
한때는 불길을 일으켜 주었던 그것에 의해 소진되어
꺼지고야 말 그러한 불꽃 없는 불의 빛을.
　　그대가 이런 사실을 알면, 그대의 사랑 더욱 강열해져서
　　머지않아 작별해야 할 그것을 더욱 사랑하게 되리라.

● 이해와 감상

인생의 노년, 또는 늙어가서 죽음에 가까워 간다는 사실을 두고서, 첫째 연에서는 늦가을, 둘째 연에서는 황혼, 셋째 연에서는 꺼져가는 불씨로 비유하고서, 마지막 Couplet에서는 자연스러운 귀결로 시인의 주장을 힘 있게 편다. 즉, 나와 같은 모든 인생은 누구나 늙어 가고 있으며, 죽음에 접근하고 있으니 그대도 곧 떠나버릴 그것—젊음과 생명—을 더욱 사랑하게 될 수밖에 없다는 것이다.

그러면 첫째 연부터 자세히 살펴보면, 이시의 화자는 그대(시인이 아끼며 존경해 마지않는 사람)에게 인생은 누구나 자연의 법칙에 순응하지 않을 수 없음을 암시해 준다. 시인도 한때는 봄의 계절처럼 아름다운 청춘이었으나, 이제는 별수 없이 늙어서 늦가을처럼 볼품없이 되었다는 것이다. 늦은 가을이 되어 특별히 봄과 여름에 무성하고 아름다운 녹음을 이루어 목소리 어여쁜 새들이 노래를 부르던 때가 어제 같았는데, 이제는 벌써 찬바람이 불어오고 나뭇잎은 거의 다 떨어져 앙상한 추한 모습이다. 여기서 새들이 노래하던 나무들은 교회의 성가대석에 비유된다. 이젠 시간의 어김없는 흐름 속에서 나뭇잎은 모두 떨어져 지붕도 없는 초라한 성가대석—나무—에 성가대원인 새들도 오지 않는다.

그 다음 둘째 연에서는, 노년을 하루의 황혼 시간에 비유한다. 그 황혼 시간이 지나면, 곧 캄캄한 밤이 오는 것이다. 그리고 그 캄캄한 밤은 인생을 포함한 모든 생물들이 하루에 하던 모든 일을 끝내고 쉬는 시간이다. 그래서 인생이 수고를 그치고 무덤에 들어가서 쉬는 죽음에 그 캄캄한 밤을 또한 비유하게 된다. 그래서 밤은 죽음의 제이(第二)의 본체라는 말로서 표현한다. 밤이 되면 낮의 모든 아름다운 것은 끝장이 나는 것이다. 그런데 이렇게 모든 것이 암담하고 끝장인 밤은, 짧고 짧은 순간적인 황혼 시간을 지나면 곧 오게 된다는 것이다. 여기서 캄캄한 밤은 죽음의 이미지로 사용

되었다. 여기서는 또한 낮과 밤의 대조도 암시한다. 낮은 밝고 열기가 있고 아름답다면, 밤은 어둡고 춥고 추한 것의 대조이다. 결국 밤이 오면 모든 이름다운 것은 사라져 감을 암시하는 애수가 깃들어 있다.

마지막 셋째 연에서는, 노년의 시들어 버린 육체는 청춘의 뜨거운 정열이 타고 있었으나, 이제는 꺼져가는 잿더미 속의 불씨에 불과하다고 비유한다. 그 불은 뜨거운 열기나 빛도 없는 곧 사라져 버릴 불이다. 곧 생명과 열기가 꺼져가는 임종의 순간처럼 쓸쓸하고 허무한 순간이다. 그리고 이 순간은 곧 소리도 없이 꺼져 버린 것이다. 불이 다 완전히 타버리듯이, 청춘의 열정과 생명이 스스로 완전히 다 사라져 버려는 순간인 것이다. 불이 붙기 시작해서 활활 타오르던 유년기와 청춘기를 지나서 이제는 그 불이 사그러져 가는 순간인 것이다. 생명을 키워주던 그 불(열정)에 의하여 재는 다 태워지고 꺼져 버리는 순간이라는 것이다.

이렇게 각각의 이미지의 병행은 한 가지 사실—인생은 누구나 노년과 죽음으로 접근하고 있다—로 통합시켜 강화시킨 후, 자연스러운 결말로 이르게 한다. 즉, 그대도 나와 똑같은 인생이므로 조만간 노년과 죽음에 이른다는 것이다. 그러므로 그 때는 인생의 아름다운 모든 것을 포기해야 될 터이니까 지금 그대의 아름다운 청춘이나 인생을 더욱 사랑해야 된다고 하는 것이다.

그런데 각각의 stanza에서 이미지의 병행은 아무렇게나 나열시킨 것이 아니라, 가장 큰 효과를 시도하고 있음을 볼 수 있다. 즉, "각 이미지의 진행은 각각의 stanza에서 그 시간의 범위(duration)가 점점 좁아지고 있다"[4]는 것이다. 첫째 연에서는 일년 중 한 계절이므로 시간의 한 넓은 단위이다. 그리고 두 번째 연에서는 하루의 황혼 시간이므로 첫째 연에서 보다는 훨씬 좁은 단위이다. 마지막 셋째 연에서는 꺼져가는 불씨의 순간이므로 가장 짧은 시간의 단원이다. 여기서 죽음을 향해서 진행되는 시간이 한 단계 한 단계씩 짧아지므로 더욱 긴박감을 가져오는 시의 효과가 있다. 이 이미지의 순서가 반대로 되었다면 어떻게 될 것인가? 위에서와 같은 효과를 기대할 수가 없을 것이다. 그리고 이 시의 어조를 잠깐 살펴보면, 처음에는 인생은 누구나 노년과 죽음으로 향하고 있다는 비애감을 주지만, 나중에는 노년과 죽음은 불가피한 것이기에 더욱 청춘을 그리고 인생을 더욱 사랑해야 된다고 하는 역설적인 태도로 변해가는 것이다.

---

4 C. Carter Colwell, *A Student's Guide to Literature* (New York: Washington Square Press, 1973), p.204.

Sonnet 116

Let me not to the marriage of true minds

Let me not to the marriage of true minds
Admit impediments. Love is not love
Which alters when it alteration finds,
Or bends with the remover to remove.[1]
Oh no! It is an ever-fixed mark
That looks on tempests and is never shaken.
It is the star to every wandering bark,
Whose worth's unknown, although his height be taken.[2]
Love's not Time's fool,[3] though rosy lips and cheeks
Within his bending sickle's compass come.
Love alters not with his brief hours and weeks,
But bears it out[4] even to the edge of doom.[5]
If this be error and upon me proved,
I never writ, nor no man ever loved.

소네트 116

진정한 마음의 결합을 방해하지 마시오.
환경의 변화가 생길 때 변하는 것은 사랑이 아니오.
사랑 받는 이가 변덕을 부릴 때,
따라서 변절하고 싶어하는 것도 사랑은 아닙니다.
아! 그것은 폭풍우 가운데서 있지만,
결코 흔들리지 않는 영원히 변치 않는 표지
그것은 모든 방황하는 배에 별과 같아서,
그 별의 높이는 젤 수 있지만, 그 가치는 측량할 수 없이 무한한 별이라오.

---

1 Or … remove: Or wishes to change when the loved one is inconstant. (사랑받는 이가 변절할 때 마음이 변하고 싶은 것.)

2 Whose … taken: The star's value is incalculable though its "hight"(the vertical distance from the horizon) may be known. (별들의 높이는 알 수 있어도 그 가치는 계산 할 수 없이 무한하다.)

3 Love's…fool: Love is not mocked by time (사랑은 "시간"에 의하여 희롱을 받는 조롱감이 아니다)

4 Bear it out: survives (시간을 초월한다.)

5 doom: Doomsday (최후심판의 날)

사랑은 시간의 노리개 감은 아니오.
비록 빨간 입술과 볼이 휘어진 시간의 낫에 베어진 하더라도,
사랑은 짧은 시간과 주에 변하지 않고
심판의 마지막 날까지 계속되는 거라오.
　　만일 나의 이 말이 잘못된 것이고 잘못 증언된다면
　　아예 나는 시를 쓰지도 않을 것이고 아무도 사랑하지 않으리.

● 이해와 감상

첫째 연에서는 참된 사랑(true love)은 참된 마음의 결합이라고 정의한다. 그래서 그 참된 사랑은 환경이 변하거나 사랑하는 이의 정절에 금갈 때에도 변치 않는다는 것이다.

둘째 연에서는, 첫째 연에서 추상적인 정의에 대하여 참된 사랑을 구체적으로 보여주는 이미지가 나온다. 즉, 폭풍우가 몰아치는 캄캄하고 위험한 바다에서 갈 길을 비추어 주며, 방향을 잡아주고 희망의 빛이 되는 표지(등대)처럼, 참된 사랑은 사랑에 위기가 올 때도 찬연히 빛나며 변치 않고 갈 길을 제시해 주고, 소망을 주는 것이다. 그래서 꺼져가는 사랑의 불길을 또다시 계속 타오르게 하는 것이다. 그리하여 그 참된 사랑은 망망한 바다에서 갈 길을 잃고 방황하는 배에게 그 길을 인도해 주는 북극성에 비유하는 것이다. 그 별의 가치는 측량할 수 없이 무한하여서, 선원이 그 별의 높이는 비록 젤 수 있다 해도 그 별의 가치와 그 고마움을 이루 다 헤아릴 수 없다는 것이다. "사랑하는 이는 참된 사랑의 개념을 마음속에 꼭 간직하여 그와 똑같이 그의 생애 속에서 그를 인도한다는 것이다."[6] 그런데 여기서 참된 사랑의 개념을 그 별의 높이로 보고, 참된 사랑의 가치를 그 별의 가치로 비유하는 것은 모호한 비유라고 하는 것이다. 왜냐하면 그 참된 사랑의 개념과 가치는 분리할 수 없는 동일성의 것이기 때문이다. 그 참된 사랑의 개념을 모르면 그 참된 가치도 소유할 수 없기 때문이다.[7]

여하튼 북극성이 길을 잃고 방황하며 위기에 처한 배를 인도해 주듯, 참된 사랑은 사랑의 위기에서 구해준다는 것이다. 그리고 여기서 참된 사랑이란, 첫째 연에서 말한대로 진실 된 마음의 결합을 말하며, 이것은, 진실 된 마음과 영혼의 사랑을 말해주고 있다.

셋째 연에서는 사랑은 시간의 광대가 아니라고 하는 비유로 시작된다. 이 비유는 Shakespeare의 생애 속에서 보고 들을 수 있는 영국 궁정의 광대들의 경험에 그 근원을 둔다고 한다. "그 당시에는 왕이 정치에 피곤하고

---

6 Babara Hernstein(ed.) *Discussions of Shakespeare's Sonnets.*(Boston: D.C. Heath and Company, 1964), p.109.

7 *Loc. cit.*

권태감을 느낄 때는, 그 왕을 즐겁게 해주는 광대들이 있었다는 것이다. 그 광대들은 그때에 궁정의 왕 앞에 불려 들여져서 왕을 즐겁게 해주기 위하여 여러 가지 연기와 웃음거리를 보여 주는 것이다. 그러다가 왕이 그것도 싫증이 나서 이제 그만 물려가라고 하면 그들의 할일은 그것으로 끝난다. 그만큼 그들의 흥행의 시간과 생명은 짧은 것이다. 이와 같이 시간은 인생에 대하여 못된 군주처럼 횡포를 부리지만, 참다운 사랑은 왕이 그들의 연기가 싫으면 금방 물리치는 단명의 광대와는 전혀 다르다는 것이다.[8] 참다운 사랑은 시간의 포만(飽滿, satiety)에 좌우되어 단명한 것이 아니라, 그 가치가 영원불변 하다는 것이다. 이와 같이 시인은 일상생활의 구체적인 비유를 들어서, 사랑의 가치가 영원불변하다는 추상적인 의미를 구체적인 이미지를 통해서 생동감 있게 보여준다. 이과 같은 영원불변의 가치를 지닌 참된 사랑은, 여름에 무성하고 아름답게 녹음을 이루던 모든 풀과 곡식을 한꺼번에 베어버리는 낫에 비유한 "시간"에도 베어져 없어지는 존재가 아니라고 한다. 시인은 농촌과 자연 속에서 흔히 볼 수 있는 이미지를 사용해서 퍽 이해하기 쉽고 친근감을 더해 준다. "매일의 생활 속에서 얻어지는 소박한 은유와 직유는 다른 시인들이 책에서 얻는 비유와는 달라서"[9] 위에서와 같은 효과를 낸다고 할 수 있겠다. 청춘과 미의 상징으로 나타내는 "빨간 입술과 볼"이 "시간의 낫"에 베어지는 단명의 것이지만, 참다운 사랑은 이 세상의 끝날인 최후의 심판의 날까지, 그러니까 영원토록 변함없이 계속된다는 것이다.

마지막 두 줄의 Couplet은 위에 세 개의 연에서 서술된 생각을 완결짓는 부분으로 되어 있다. 즉, 참된 사랑이란 참된 마음의 결합이어서 환경의 변화, 사랑하는 이의 마음의 변화, 시간의 경과에도 불구하고 영원히 변치 않는다는 사실을, 마치 서류에 도장을 찍거나 서명을 하여 결재하듯이 보증할 수 있는 것이라고 확언하는 것이다. "만일 나의 말이 거짓말이라면, 말도 꺼내지 아니 했을 것이며, 내가 참된 사랑이 아니라면 애당초 사랑하지도 않을 것이라"는 말은 상대방에게 절대적 긍정을 기대하는 대단히 강한 어조의 표현이다. 부정적인 어휘를 사용함으로써 강력한 긍정문으로 되는 기법이 된다. 소위 부정적 긍정(negative assertions)된다.[10] 이 시행의 첫 행에서 'Let me not...admit impediments.'라고 부정형으로 시작된 것이 맨 끝 행에서도 'I never writ...ever loved.'라고 부정형으로 끝낸 것은 주목할만하다. 또한 Tucker Brooke이 지적했듯이 이 시의 많은 힘은 소박하고 직접적이며 단음절의 시어에서 온다는 것이다.

---

8 Loise K. Anspacher. *Shakespeare as Poet and Lover and Enigma of the Sonnets.*(New York: Haskell House Publisher Ltd., 1973), p.94

9 Caroline F. E. Supurge, *Shakespeare's Imagery: And What It Tells Us*(Cambridge: Cambridge University Press, 1977), p.44.

10 Philip Martin. *Shakespeare's Sonnets: Self, Love and Art*(Cambridge: the Cambridge University Press, 1972), p.91.

Sonnet 146

Poor soul, the center of my sinful earth

Poor soul, the center of my sinful earth,[1]
Lord of these rebel powers[2] that thee array[3],
Why dost thou pine within and suffer dearth,
Painting thy outward walls[4] so costly gay?
Why so large cost, having so short a lease,
Dost thou upon thy fading mansion spend?
Shall worms, inheritors of this excess,
Eat up thy charge[5]? Is this thy body's end?
Then, soul, live thou upon thy servant's[6] loss,
And let that pine[7] to aggravate[8] thy store;
Buy terms divine[9] in selling hours of dross,
Within be fed, without be rich no more,
    So shalt thou feed on Death, that feeds on men,[10]
    And Death once dead, there's no more dying then.

소네트 146

나의 죄 많은 육체의 중심인 불쌍한 영혼여여
그대를 치장하고 있는 육체의 욕망의 주인이여
왜 그대는 안에서 수척해지며 결핍을 겪고
그대의 바깥 몸은 그렇게도 화려하게 꾸미는가?
그렇게 짧은 차용 기간을 가지고서 사라져가는 그대의 저택에
왜 그렇게 많은 비용을 쏟는가?

---

1 earth: body: the analogy of the human body to the physical earth is a Renaissance commonplace.
2 rebel powers: physical desires.
3 array: dress out.
4 Painting…walls: adorning the body.
5 charge: what you have spent.
6 servant: i.e., the body
7 pine: starve.
8 aggravate: increase (the soul's riches).
9 terms divine: immortal life (Buy…dross; earn immortality in heaven by giving up sordid hours on earth).
10 So shalt on men: this way you shall conquer death, which destroy men.

이러한 사치스런 낭비의 상속자인 벌레들로 하여금
그대가 이제까지 투자해 온 것을 먹게 하려는가?
이것이 그대의 육체의 종말인가?
그렇다면 영혼이여, 너의 종인 육체의 희생을 치르고서 네가 살아라.
그리고 육체는 굶주리게 하여 그대 영혼의 풍요를 증강시켜라.
지상의 가치 없는 시간을 포기해서 영원한 삶을 사도록 하라.
안에서 먹이고 더 이상 바깥의 번영에 주의를 기울여지 말라.
　이와 같이 해서 사람을 먹고 사는 죽음을 정복하라.
　죽음은 한 번 죽으면 더 이상 죽지는 않는다.

● 이해와 감상

시인은 우리 인간의 육체와 영혼을 비유와 대조를 통해서, 우리 인 생에 있어서 참으로 가치 있는 것이 무엇인가를 보여 준다. 시인은 육체와 욕망에 과대한 주의를 기울이면, 결과적으로 영혼의 보다 가치 있고 중요한 삶에 소홀히 하게 됨을 보여 준다. 그래서 영혼의 가치를 중심으로 사는 삶을 권하고, 그러한 삶은 결국 영원한 삶을 이룩하며 폭력적인 죽음에 대한 정복과 승리임을 보여준다.

첫째 연에서 인간의 육체는 아담의 낙원상실 이후, 원죄(原罪, orginal sin)를 짓게 된 인간은 죄의 근성을 가지고 태어났으므로, 죄짓기 쉬운 인간의 육체적 나약성을 암시한다. 그런데 그런 육체의 중심이 되고 주인에 비유될 수 있는 영혼은 초라하게 궁핍을 겪으면서, 그 영혼의 바깥과 하인격인 육체를 그의 욕망에 따라 호화롭게 단장하듯이 욕망에 투자하는 삶—결국 죄짓고 파멸로 가게 되는—에 치중하는 것이 얼마나 어리석은가? 하는 것이다. 우리 인생은 육체와 영혼으로 구성되었다고 묘사하면서 겉껍데기에 불과한 육체의 욕망을 채워주나 그 가치는 피상적인 것이다. 왜냐하면 인생의 속사람인 영혼은 그에 반비례하여, 허무와 궁핍을 느끼게 되기 때문임을 암시해 준다. 위에서와 같이 이 시의 이러한 점을 보게 되면, "Shakespeare는 이 지상의 존재는 단순히 덧없는 무상한 조건이고, 그 조건으로부터 영혼은 육체의 죽음의 순간에 자유롭게 벗어나서 영원한 하늘나라의 삶을 회복하게 된다는 중세 기독교적 생각을 가능한 한 힘 있게 나타내려고 한다는 것이다."[11] 그러므로 육체적 만족은 하찮은 것이며 때로는 죄악적다. 왜냐하면 그것은 개인으로 하여금 그의 정신적(영혼의)요소를 무시하거나 혹은 잊어버리게 해 그의 영원한 손상에 이르게 하기 때문이다. 이 견해에 의하면 육체에 응하는 것은 영혼을 굶주리게 한다는 것이다.

둘째 연에서는 육체는 영혼을 수용해 주는 저택에 비유한다. 그런데 저택

---

11 *Critical Essays and Commentaries I* (Seoul: Tamgu Publishing Co., 1981), p.207. "William Shakespeare: Poor Soul," Edmond L. Volpe and Marvin Magalaner.

은 영혼이 떠나가면 곧 사라져 버릴 단명의 가치를 가지고 짧은 기간 빌리고 있는 것과 다름이 없다는 것이다. 그렇게 짧은 기간 빌려고 있는 셋집과 다름없는 육체에 왜 그렇게 많은 희생을 지불하고 있는가하고 힐문한다.

여기서 영원히 존재하는 영혼과 대조되는 육체는 순간적인 것인데, 그것을 (집의 "바깥 벽"에 비유)그렇게도 화려하게 장신구와 화장품으로 꾸며는 어리석은 일을 하는가? 라고 질책하는 것이다. 여겨서 화려한 장신구와 화장품 역시 비유적으로 인생의 값진 노력과 희생적 투자를 암시하고 있다. 더구나 인생이 죽는 날, 육체가 남기는 것은 다만 땅에서 썩어가는 육체를 즐기는 구더기뿐이라면, 이제까지 투자해 온 희생은, 구더기의 밥이 되어 무로 돌아가는 무가치한 것이다. 이것이 육체의 종말이라면 얼마나 가련한 일인가? 하는 것이다. 죽음 뒤에 찾아서 찬양할 영원한 가치는 전혀 없다는 것이다라고 암시한다.

세 번째 연에서는 그리고 나머지 Couplet에서는 그에 대한 대답으로 되어 있다. 즉, 육체를 희생하고서 영혼의 풍요함을 추구해야 한다는 것이다. 육체를 굶주리게 하면, 영혼은 살찌우게 된다는 것이다. 그러면 가치 없는 육체의 장식품은 일소해 버리게 되고, 영원한 영혼의 삶을 획득하게 된다는 것이다.

이렇게 해서 마지막 Couplet안에서는 이 시의 확언적 종결을 짓는다. 그 영혼은 이렇게 영원한 삶을 얻고 죽음을 정복하는 것이다. 죽은 후에도 가치 있는 삶을 통하여 영원토록 찬양을 받는 삶인 것이다.

이 시의 근본적인 어조는 종교적인 것이다. 그런데 이러한 종교적 어조를 살펴보기 전에 좀 더 이 시가 주는 인생의 의미를 음미해 볼 수가 있다. 그것은 인생의 삶의 두 가지 태도를 찾아볼 수 있는 것이다. "영혼과 육체에 대한 구더기 사이에 경쟁은 삶의 방식 사이에서의 경쟁, 혹은 그보다 더욱, 사는 길과 죽음으로 가는 길 사이의 경쟁인 것이다."[12] 여기서 다시 말하면 참사는 길과 죽는 길은 어느 것인가를 보여주는 것이다. 인생의 삶의 태도가 육체적 욕망에 빠져 들어가 달리는 생애는 죽음에 이르는 길이라면, 그와 반대로 정신과 영혼의 가치를 위하여 사는 삶의 태도는 참사는 길이라는 것을 암시해 준다. 영혼이 주인이 되어야 되고, 육체는 하인 격이 되어야 한다는 것이다. 이러한 사실이 시인의 비유 속어서 암시되어서, 처음에는 영혼이 가련하고 나약한 것으로 나타나지만, 결국에는 영혼은 강하고 승리하는 자의 모습으로 나타난다. 그러나 여기서 Shakespeare의 죽음에 대한 정복은 기독교의 부활의 교리와는 다르다. Paul의 부활에 관한 기독교 교리는, 인간에 의하여 죽음에 대한 부활이 와야 된다는 것이다. 그래서 Adam안에서 우리 모두가 죽은 것처럼 예수 그리스도 안에서 모두가 살게 될 것이라는 것이기 때문이다.[13]

---

12 Murray Kriegger, *A Window to Criticism* (Princeton, New Jersey: Princeton Univ. Press, 1964), p.127.

13 Giogio Melchiori, *Shakespeare's Dramatic Meditations: An Experiment in Criticism* (Oxford: Claredon Press, 1976), pp.190-191.(고린도전서 15:21-22참조)

The Phoenix and the Turtle

Let the bird of loudest lay[1],
On the sole Arabian tree,
Herald sad and trumpet be,
To whose sound chaste wings[2] obey.

But thou shrieking harbinger[3],
Foul precurrer[4] of the fiend
Augur[5] of the ferver's end,
To this troop come thou not near!

From this session interdict[6]
Every fowl of tyrant wing,
Save the eagle, feathered king.
Keep the obsequy[7] so strict.

Let the priest in surplice white,
That defunctive[8] music can[9],
Be the death-divining[10] swan,
Lest the requiem lack his right.

And thou treble-dated[11] crow,
That they sable gender[12] makest

---

1 lay: song.
2 chaste wings: all gentle birds.
3 shrieking harbinger: the screech owl, harbinger: prophet of disaster, lit., one who goes before to make preparations for a royal journey.
4 precurrer: forerunner.
5 Augur: prophet.
6 interdict: ban.
7 obsequy: funeral rite.
8 defunctive: belong to the dead.
9 can: is skillful in.
10 death-divining: foretelling death in its song. The swan was supposed to sing only in its life just before its death.
11 treble-dated: The life of a crow was believed to k as long as three humans lives.

With the breath thou givest and takest,[13]
'Mongst our mourners shalt thou go.

Here the anthem doth commence:
Love and Constancy is dead,
Phoenix and the turtle fled
In a mutual flame from hence.

So they loved as love in twain
Had the essence[14] but in one;
Two distincts, division none.
Number there in love was slain.[15]

Hearts remote, yet not asunder;
Distance, and no space was seen
'Twixt this turtle and his queen;
But[16] in them it were a wonder

So between them love did shine,
That the turtle saw his right[17]
Flaming in the phoenix' sight;
Either was the other's mine.[18]

Property[19] was thus appalled,
That the self was not the same;
Single nature's double name
Neither two nor one was called.[20]

---

12 sabe gender: black off-spring.

13 That··· takest: the crow was supposed m conceive and lay its eggs through the bill.

14 essence: essential nature.

15 Number slain: they are no longer two, but a single unity. They were originally two but by love were united into one. Since one is singular, and not a number, "Number there in love was slain."

16 But: except; i.e., in others this would be a marvel.

17 his right: what was due to him, a return of love.

18 mine: rich source of wealth or treasure, gold mine.

19 property: peculiar or essential quality, "property" is "appalled" to find that personalty ("self")is obliterated in the union of the two.

Reason, in itself confounded,
Saw division grow together,
To themselves yet either neither,
Simple were so well compounded;[21]

That it cried, "How true a twain
Seemeth this concordant one!
Love hath reason, reason none,[22]
If what parts can so remain."[23]

Whereupon it made this threne[24]
To the phoenix and the dove,
Co-supremes[25] and stars of love,
As chorus to their tragic scene.

Threnos

Beauty, Truth, and Rarity
Grace in all simplicity
Here enclosed in cinders lie.

Death is now the phoenix' nest,
And the turtle's loyal breast
To eternity doth rest,

Leaving no posterity.
'Twas not their infirmity,
It was married chastity.

---

20 Accordingly it is impossible to say whether they were two or one.

21 Reason···Compounded: reason, which discriminates parts of a thing, is here confounded because the two parts are merged. Each element lost its identity in being fused with the other.

22 Love···none: Love is more reasonable than reason, because it has proved that the separateness of entities(one of reason's laws)does not always hold true.

23 if···remains: if two that are disunited from each other, can yet remain together and undivided.

24 threne: in Greek literary terms "threnos," a dirge.

25 Co-superemes. joint-rulers.

Truth may seem, but cannot be;
Beauty brag, but 'tis not she.
Truth and Beauty buried be.[26]

To this urn let those repair
That are either true or fair;
For these dead birds sigh a prayer.

불사조와 산비둘기

단지 하나의 아라비아의 나무 위에 앉은
노래 소리 가장 높은 새로 하여금
슬픔을 알려주는 통보자와 나팔수가 되게 하시오.
그 소리에 모든 정숙한 새들이 모여 들도록.

그러나 악마의 못된 선구자이며
열병의 종말을 알리는 예언자인
재난의 예언자 그대 올빼미는
이 새들의 무리에 가까이 오지 말라!

이 새들의 모임에
모든 사나운 새들이 오는 것을 금하라.
새들의 왕인 독수리를 제외하고서
그래서 장례식을 엄숙하게 하라.

장송곡을 잘 알고 있는
흰 가운을 입은 사제는
자신의 죽음을 예고하는 백조가 되게 하라
진혼가는 마땅히 그의 할 임무.

그리고 사람보다 세 갑절이나 오래 산다고 하는 그대 까마귀여,
그대들의 주둥이로 알을 낳고 새까만 새끼를 만든다고 하는 까마귀여
이 조문객들 사이에

26 Truth…be: Whatever may appear hereafter as truth or beauty will be only illusion, because real truth and beauty lie buried here.

함께 참여하도록 할 지어다.

여기 성가는 시작된다.
사랑과 정절은 죽고 없어졌다
불사조와 산비둘기는 이 세상에서 떠났다
서로의 불꽃 속에서 불타면서,

둘이지만 사랑은 본질적으로 하나가 되게
그들은 그처럼 사랑했다.
분리된 두 개이면서, 나누어 있지 않은 것
그 사랑에서는 숫자의 개념이 무효,

두 마음이 먼 곳에 있으나 떨어져 있지 않고
거리는 있어도 공간은 볼 수 없는 것
이 산 비둘기와 그의 여왕 사이에는,
단 사람의 경우에는 이것은 하나의 불가사의한 일.

그들 사이에서는 그와 같이 사랑이 빛났으므로
산비둘기는 불사조의 시선 속에서 그가 받을
사랑의 보답이 불타고 있음을 보았다.
각자는 서로 다른 이의 사랑의 보고

이와 같이 개성이 망각됨을 보고
소유권이 소스라쳐 놀란다.
단일 본질에 붙여진 두 개의 이름
둘이라고도 하나라고도 할 수 없는 것

이성 그 자체도 어리둥절해져서
나누어진 것이 합쳐진 것을 보았고,
그들 자신들에게는 각자는 아무것도 아니고
완전히 융합되어 단 하나가 되었다.

그래서 이성은 외쳤다. “이 화합된 하나만이
참된 한 쌍일 것이다!
분리된 것이면서 분리될 수 없는 융합된 것이라면,
사랑은 이성이 있으나 이성은 아무것도 가지고 있지 않다.”

그래서 이성은 다음의 만가를 지었다.
사랑의 공동 지배자요, 별들인
불사조와 산비둘기를 위해서
그들의 비극적인 장면에 바치는 합창으로서.

만가

미와 진실과 진기함이
온통 순결한 우아함이
여기 잿더미에 덮어져 누워있다.

죽음은 이제 불사조의 안식처
그리고 산비둘기의 성실한 마음은
거기 영원히 쉬고 있다.

후손을 남기지 않았음은
그들의 병약함이 아니오
순결한 결혼이었기 때문이다.

진실은 있는 듯 보이지만, 있을 수가 없고,
미는 자랑하지만, 그것은 미일 수는 없다.
참된 진실과 미는 여기에만 묻혀 있기 때문이다.

참되고 아름다운 사람들로 하여금
이 무덤에 오게 하시라. 그래서
이 죽은 새들을 위하여 탄식의 기도를 드리게 하시라.

● 이해와 감상

Grosart는 이 시가 Essex에 대한 Elizabeth 여왕의 비극적인 사랑을 말한다고[27] 하지만, 어떤 특정한 인물에 국한시키는 것보다는 일반적이고 철학적인 해설이 적합할 것으로 본다. Knight가 지적한 바와 같이 이 시는 완성된 사랑을 축하하기 위한 형이상학적 작품이다. 좀 더 함축적인 의미에서 본다면, 정욕적인 사랑에 대조를 이루어 나타나는 바, 불사조로 나타나는

---

27 G. Wilson Knight. *The Mutual Flame: on Shakespeare's Sonnets and the Phoenix and the turtle*(London: Methuen & Co. LTD., 1954), p.146.

참된 사랑과, 산비둘기에 나타나는 정절의 정신적인 결합인 참되고 아름다운 사랑을 상징 또는 allegory로 나타내는 것으로 알 수 있다. 더욱 나아가서는 인간의 타산적이며 조건적인 사랑과 대조를 이루는, 헌신적이고 순결하고 영원한 이상적인 사랑을 말하고 있다. 그러므로 이 시의 어조가 신비하고 수수께끼 같은 것이고, 이 시의 힘은 이러한 신비 속에서 나온다. 이기적이고 불완전한 것이 인간이라면, 이러한 두 인간이 사랑으로 하나 되어 완전히 결합한다는 것은, 이 시에서 시사하듯이 신비일는지도 모른다.

시인 Shakespeare는 인간의 불완전한 현실 속에서 이상을 동경하고 그것을 시 속에서 나타낸 것이라고 볼 수도 있다. 종종 그는 사색적인 이지와 상상력으로서 인생의 제한되고 정해진 조건을 잊어버리고자 하는 것이다. 그는 그 자신 이상주의자가 되는 것이다. 이런 이상주의자의 모습은 그의 시는 물론 극작품에서 볼 수 있는 일이다.[28] 어디까지나 이 시는 전체적으로 Shakespeare답다는 것인데, 형식면에서도 신선한 언어와 이미저리(imagery), 그리고 깊고 넘쳐흐르는 인간의 감정을 느끼게 하는 것이다.

이 시의 세부로 들어가면, 우선 이 시는 67행으로 된 trochaic tetrameter로 된 엘레지(elegy)이다. 그래서 phoenix와 turtle의 죽음을 애도하기 위해서, 새들에게 불러들이는 것으로 시작된다. 슬픔을 알리는 가장 소리 높은 아라비아의 나무 위에 앉은 새소리를 따라서, 정숙한 새들이 모여 엄숙하게 장례식을 올리려고 한다. 정숙한 새들만 모이므로, 열병의 종말을 올빼미는 제외하고 사나운 새들도 제외된다. 새의 왕인 독수리, 그리고 성스러운 장례식을 집례하는 데에, 순결하고 품위 높은 백조—자신의 죽음을 미리 알고서 예고하기 위해서 죽음에 앞서 한번 운다고 하는 영묘한 새—가 맡게 한다는 것이다. 또 이 조상객들 가운데는 사람보다 세 배나 더 살며 주둥이로 알을 낳고, 새끼를 깐다고 하는 성스럽게 보이는 까마귀를 초청함으로써 엄숙하고 성스러운 장례식임을 강조한다. 이제까지는 장례식에 초청하는데, 이 장례식에 어떠한 사랑의 주인공들의 훌륭한 사랑이기에, 성스러운 염숙한 장례식이 거행되어야 하는가를 암시해 주는 전주곡이기도 하다. 다시 말하면 모두가 찬양하면서 애도해야 할 이 애가의 주인공들의 사랑은, 거기에 어울릴 만큼 이상적인 사랑임을 예시하는 것이다. 그래서 그 다음 21행서부터는 구체적으로 그들의 사랑이 어떠했는가를 보여준다. 이들의 사랑의 이야기는 신이나 성자를 찬양해서 부르는 성가에 비유함으로써, 그들의 사랑의 성스러움을 강조한다. "여기 성가는 시작된다."고 (21행)했다. 그리고 불사조는 참다운 사랑의 화신으로, 산비둘기는 정절의 화신으로 나타나 있다.

---

28 Edward Dowden, *Shakespeare: A Critical Study of His Mind and Art*(London: Routledge & Kegain Paul Ltd., 1967), p.36.

이상적인 사랑에서 진정한 사랑과 정절은 가장 중요한 요소 중의 하나일 것이다. 그리고 여기서 이 둘의 사랑이 "서로의 불꽃 (mutual flame)"이라는 개념을 통하여, 두 죽은 새들의 신비스러운 사랑의 주제를 설정해 놓게 된다. 25행부터는 이러한 신비스러운 사랑이 어떻게 이상적으로 나타나는 가를 구체적으로 보여 준다. 즉, 그들은 원래는 둘이었으나, 사랑에 의하여 하나로 결합되어진 것이다. 사랑에 의하여 둘인 것이 본질적으로 하나가 될 만큼 사랑했다는 것이다. 완전히 몸과 마음이 하나 된 상태이다. 그래서 분리된 두 개이지만, 완전히 결합하여 분리할 수 없는 하나가 된 것이다. 수학에서 이루어지는 진리인 1+1=2의 세계가 아니고 1+1=1이라는 사랑의 진리가 성립되는 세계인 것이다. 그러므로 숫자의 개념이 이곳에서는 통하지 않는 것이다.

29행에서 32행까지는, 이러한 사랑의 또 다른 면을 말해 준다. 거리는 떨어져있어도, 공간은 있을 수 없는 사랑의 세계이다. 즉, 공간의 구애를 받지 않는 사랑이어서, 이들 외에 다른 사람들이 본다면 기적적인 일이라고 생각하게 된다.

그 다음 33행에서 36행까지는, 그들의 사랑은 서로 무한히, 그리고 무조건 주고받는 그러한 사랑임을 보여준다. 그들의 사랑은 짝사랑처럼 어느 한 편만의 사랑이 아니고, 그 둘이 서로 서로를 사랑으로 묶고 있는 것이다. 사랑이 원만하고 오래 가려면, 한쪽으로 기울어지지 않고, 사랑을 주고받는 관계에 있어야 한다.

그러기에 연인들은 그들 각자가 사랑의 무한한 샘물 같은 공급의 원천으로 비유되고 있다. 마치 풍요로운 금광처럼, 서로 각자는 사랑의 공급을 무한히 주고받을 수 있는 보고라는 것이다. 사랑하는 이들은 금을 캐내는 금광처럼, 무한히 사랑을 캐내는 광산이라고 비유하는 것이다. 그들 속에서 무궁무진한 사랑이 존재하는 이유가 바로 이것이다. 그 다음 이러한 고귀한 사랑에서는 어떤 개인 소유물의 개념이나 자아의 고집은 있을 수 없다고 묘사한다. 왜냐하면 양보할 수 없는 자아의 주장은 이 온전한 사랑의 결합에서는 방해가 되기 때문이다. 그러므로 개성이 뚜렷한 각자의 자아는 서로 죽이고, 둘의 자아가 완전히 하나로 융합되는 경지인 것이다. 그러므로 하나의 본질에 붙여진 이름만 둘 뿐이어서, 둘이라고 또는 하나라고도 불리어지기 어려운 결합상태를 말하고 있다. 이 둘의 결합에서는 개성이나 독립된 자아가 구별되어 나타나지 않고, 혼연일체 융합되어 있는 것이다.

이러한 사랑에서 인간의 이성과의 관계가 그 다음 41행에서 48행까지 나타나 있다. 인간이 만물의 영장이 된 것은 이성이라는 고귀한 특성이 있기 때문이지만, 사랑의 세계에서는 그 이성보다도 더욱 고차원의 것이 있음을 암시해 주고 있다. 그래서 이 사랑의 세계에서는 이성도 어리둥절해 진다고 묘사한다. 왜냐하면 이성은 두 개로 나누어진 것을 보고 분별하지만, 여기서는 두 개가 사랑으로 그 개체를 망각하고 하나로 병합되어 있으므로 이성도 그의 분별력을 상실하게 되기 때문이다. 하나의 결합체로 병합되어 있는 사랑의 결정체를 둘이라는 수자의 개념—이성의 분별력—으로는 파악할 수 없기 때문이다. 여기서 시인은 이성의 법칙이나 자연의 법칙을 넘어 서있는 오직 사랑으로서만 이해 가능한 사랑의 세계를 강조하고 있다고 볼 수 있다.

다음 행에서는 이성을 의인화하여 묘사한다. 그리고 사랑은 이성보다 더욱 합리적이라고 한다. 왜냐하면 이성의 법칙에서 1+1=2의 법칙은 사랑의 세계에서는 통하지 않고, 1+1=1의 법칙은 사랑의 법칙만이 증명할 수 있기 때문이다. 그러기에 47행에서 "사랑은 이성이 있으나, 이성은 아무것도 가지고 있지 않다"고 하는 것이다.

이와 같이 초인간적이며 이성을 넘어 선 사랑에 감탄하고, 다만 그들의 사랑을 찬양하는 찬가를 지어, 이성은 그들을 불사조와 산비둘기의 마지막 죽음의 자리에 봉헌한다는 것이다. 이로써 더욱 불후의 아름다운 사랑으로 부각시킨다. 그 다음 불사조와 비둘기에 대한 비유, "사랑의 공동지배자요, 별들"은 연인들의 공존과 동일성을 말하며, 또한 사랑의 별들이라는 표현을 통해서 가장 이상적인 드높은 사랑을 상징한다. 밤하늘 별과 같이 빛나는 사랑임을 암시한다.

다음에 찬가는 간단하지만, 힘찬 것이다. 먼저 53행에서 55행까지에서 불사조와 산비둘기는 아름다움과 진실, 그리고 존귀함과 순결한 우아함의 화신이라고 요약해서 말하고 있다. 그 다음 56행에서 58행까지는 "성실한 사랑에서의 격렬한 기쁨은 죽음의 감정과 죽음의 평화에 대한 동경과 연결되어 있음을 보여 준다."[29]

그 다음은 혹시라도 그들의 사랑의 열매인 자손이 없는 것을 오해할 수 있다는 데 대해서, 그들의 병약함 때문이 아니라 "순결한 결혼" 때문이라고 말한다. 순결한 사랑을 강조하는 것으로 본다. 그것은 일반적으로 불사조는 육체적 사랑이 아닌, 정신적 사랑을 상징하는 것이기 때문이다. 그 다음 62행부터 64행에서는, 이러한 사랑을 가장 최상의 것으로 부각시키기 위한 표현방법으로서 Shakespeare시대의 Neo-Platonism의 사상을 찾아볼 수 있다. 즉, Plato의 *Symposium*(212 a)에서 보면 "독점적이고 절대적인 미의 Idea와 모든 다른 미들 사이에서의 차이는 실체와 그림자, 진실과 그 대한

---

29 F. T. Prince, *William Shakespeare: The Poems* (London: Longmans, Green and Co. Ltd., 1968), p.45.

이미지 사이의 불일치라는 말로 표현된다. 우리가 보는 미는 영원한 모범에 대한 복사라는 것이다."[30] 불사조와 비둘기가 죽은 이후에, 그 어떤 진실과 미가 아무리 훌륭하게 나타난다 할지라도 하나의 그림자에 불과할 뿐이라는 것이다. 왜냐하면 참된 진실과 미는 여기에 묻혀 있기 때문이다. 결국 미의 구현체였던 Phoenix와 진실의 구현체인 비둘기가 죽음으로서 이 세상은 그 둘을 잃어버린 셈이다. 그러나 참되고 아름다운 이들은 이들 무덤에 와서 탄식의 기도를 드리라고 한다. 이들의 사랑은 육체적인 것보다는 더욱 중요하고 먼저 있어야 할 "진선미가 혼연일체를 이루고 있는 이념적인 사랑의 극치"를 읊은 것으로 해석한다.[31]

---

30 Hilton Landry, *Interpretations in Shakespeare's Sonnets*(Berkeley and Los Angeles: University of California Press, 1963), p.48.

31 박기열 역, 16*세기영시*(서울, 탐구당, 1978), p.180.

John Donne

(1572-1631)

The Good-Morrow

I wonder, by my troth,[1] what thou and I
Did, till we loved? Were we not weaned till then,
But sucked on country pleasures, childishly?
Or snorted[2] we in the seven sleepers' den?[3]
'Twas so; But this, all pleasures fancies be.[4]
If ever any beauty I did see,
Which I desired, and got, 'twas but a dream of thee.[5]

And now good morrow to our waking souls,
Which watch not one another out of fear;
For love all love of other sights controls,[6]
And makes one little room an everywhere.
Let sea-discoverers to new worlds have gone,
Let maps to other, worlds on worlds have shown,[7]
Let us possess one world; each hath one, and is one.[8]

My face in thine eye, thine in mine appears,[9]

---

1 by my troth: truly.

2 snorted: snored.

3 seven sleepers' den: the cave in which seven young Christians from Ephesus were walled up alive as they attempted to escape persecution by the emperor Decius. They awoke 187 years later to find that Christianity was now the officially accepted religion.

4 But···fancies be: all other pleasures except this of their love are mere fancies.

5 if ever any beauty···a dream of thee: the other beautiful women he had seen, desired, and possessed as mistresses, were only shadows or images of the reality he now finds completely expressed in her.

6 For love···controls: true love removes the restless desire to see other people or places.

7 Let sea-discoverers···worlds on worlds have shown: the two lovers refuse to be interested in the new worlds, or continents, discovered by explorers, or in the unexplored worlds revealed in the new maps of the heavens.

8 Let us possess···and is one: let us possess our world of mutual love: you are the world to me, as I am the world to you.

9 My face···appears: the lovers am gazing at each other.

And true plain[10] hearts do in the faces rest;
Where can we find two better hemispheres
Without sharp North, without declining West?[11]
Whatever dies was not mixed equally;[12]
If our two loves be one, or thou and I
Love so alike that none do slacken, none can die.[13]

좋은 아침

정말 그대와 나는 우리가 사랑을 하기까지
무엇을 했는지요?
그때까지 우리는 어머니 젖도 떼지 않은 채,
어린애처럼, 시골 재미나 빨고 있었던 것이 아닙니까?
혹은 칠 인의 기독교인이 잠자던 굴속에서 코나 골고 있었던 것인지요?
그랬습니다. 이 우리의 사랑의 기쁨 이외의 모든 기쁨은
단순히 환상이었을 뿐.
내가 만일 어떤 아름다운 여인을 보았고,
바랬고, 소유 했다면, 그것은 다만
당신 속에 나타난 미의 그림자일 뿐.

그리고 지금은 우리가 깨어나는 영혼의 아침이 되었습니다.
우리 두 영혼은 공포로 서로를 바라다보는 것이 아닙니다.
왜냐하면 참된 사랑은 다른 사랑을 쳐다보는 불안한 욕망을 없애버리
기 때문에
그리고 사랑의 한 작은 방을 온 세계로 만들기 때문입니다.
바다로 가는 탐험가들은 새로운 세계에 가게하고,
다른 이들로 하여금 지도를 보고

---

10 plain: honest, undisguised.

11 Where can we find… declining West?: Each hemisphere is special, or privileged: There is no cold Northern region, and no Western sunset leading on towards night.

12 Whatever dies was not mixed equally: Scholastic philosophy taught that when the elements were imperfectly(not equally)mixed, matter was mortal and mutable: but when they were perfectly mixed, it was undying and unchanging.

13 If our two loves…none can die: The sense is this: Whatever dies or decays does so because of some lack of balance or unity. if we really are one world, or it at any rate our two loves are so exactly matched that there can be no death of love.

여러 세계를 보게 하시오.
우리는 사랑하는 한 세계를 가집시다.
각각 하나의 세계를 갖고서, 그러고 각각은 하나의 세계입니다.

나의 얼굴은 그대의 눈동자에, 그대의 얼굴은 나의 눈동자에 떠오릅니다.
그리고 참되고 순진한 마음은 그 얼굴을 깃듭니다.
그 어디에서 추운 북쪽 지방도 없고, 해가 져 밤 되는 서쪽도 없는
더 좋은 두 반구를 발견할 수 있겠습니까?
사멸하는 것은 동등하게 통합되지 않은 탓,
만일 우리의 두 사랑의 사랑이 하나이고, 그대와 내가 똑같이 사랑한
다면,
아무도 사랑이 쇠퇴하거나 소멸치는 않을 것입니다.

● 이해와 감상

첫째 연은 연인들이 그들 간에 사랑을 발견하기 전까지, 도대체 존재할 수 있었던 기쁨을 명상해 보는 것이다. 그들의 사랑의 기쁨을 알기 전에는, 다만 그들은 젖을 떼지 않은 어린 아기들처럼 시골의 재미나 알고, 또는 Decius 황제의 박해를 피하여 동굴에서 두문불출하고 187년 동안을 잠잤다고 하는 Ephesus의 7명의 젊은 기독교인처럼, 잠을 잔 것에 비유한다. 이 비유는 사랑의 기쁨을 몰랐던 그들이, 과연 얼마나 어리석고 무지했던가를 말해 주며, 연인들의 사랑의 기쁨이 얼마나 큰 것인가를 강조하게 된다. 그리하여 그들이 새롭게 발견하게 된 사랑의 기쁨과 비교해 볼 때, 모든 다른 기쁨은 다만 기쁨의 그림자에 불과한 것이라고 하는 것이다.

시인은 여기서 이 시의 충만하고 정확한 의미를 정의하는 데에, 자신의 중요한 비유를 사용한다. 즉, 시인의 은유는 어린이의 먹고 잠자는 생활과 영혼의 지각 있는 생활 사이에 대조를 보여 줌으로써 더욱 함축된 의미를 보여준다.[14] 사랑을 알기 전 그들이 도취했던 기쁨은 우물 안 개구리처럼 더 큰 세계를 알지 못하는 천진스러운 그리고 우직한 시골뜨기가 아는 기쁨이다. 그 사랑의 기쁨을 알기 전에는 지각 있는 어른과는 달리, 그저 먹고 잠자는 일이 고작인 어린아이와 같다는 것이다. 그리고 여기서 그 잠자는 일과 연상시켜서, Ephesus의 젊은 7명의 기독교인들이 동굴 속에서 잠잤다는 전설을 내세운다.[15]

---

14 C. Brooks and R. P. Warren, "The Good Morrow" *Critical Essays and Commentaries I* (Seoul: Tamgu Publishing Co., 1981), p.223.

따라서 시인은 이 첫째 연의 결말적인 부분을 자연스럽게 그 귀결을 가져온다. 즉, 이제 맛보게 된 사랑의 기쁨 이외의 기쁨은 모두 이 참된 사랑의 기쁨의 전조(foreshadowing)이며, 그를 매혹시켰던 이제까지의 모든 아름다움은 애인의 아름다움에 비교해 볼 때, 한낱 실체가 없는 그림자 같고, 꿈같은 것이라고 하는 것이다.

두 번째 연에서는, 첫 번째 연에서 사랑의 기쁨을 모르고 잠만 자던 어린애의 비유와 연결되어 시작된다. 사랑을 모르고 자던 잠에서 사랑에 의하여 새롭게 깨어나는 밝은 아침이 되었다. 무지와 어둠 속에서 헤매던 영혼은 사랑의 기쁨을 알고서는 소망과 기쁨으로 밝아오는 아침이 되었다는 것이다. 그들의 긴 미성숙의 시간, 그것은 이전의 덧없는 경험의 긴 잠과 같은 것인데,[16] 그것은 지나가 버리고 그들은 사랑의 눈을 뜨고서 서로가 아침 인사를 하는 것이다.

그들이 눈을 뜬다는 행위는 다음 행으로 연결된다. 즉, 참된 사랑은 다른 사람이나 다른 곳을 쳐다보는 불안한 욕망을 없애 버린다는 것이다. 여기서 사랑하는 연인들의 시선은 강도가 있는 것이어서, 절대적으로 애인만을 바라보는 고정된 선이다. 그러나 소극적으로 또는 정반대의 입장에서, 동물이나 사랑이 처음으로 대한 때 서로 경계하는 경우에서처럼, 증오와 적대시하는 눈초리와는 전혀 다르다. 사랑으로 고정된 사랑의 시선이요, 증오와 적대시하여 쏘아보는 시선이 아니다. 여기서 오로지 상대방만을 쏘아보는 서선이라는 점은 같으나, 그 성질은 전혀 반대 것은 사랑의 시선과 증오의 시선이기 때문이다.

참되고 진실한 사랑은 대단히 당당한 것이어서, 그 사랑은 다른 데 끌려가려고 하는 연인의 사랑을 통제하는 것이다. 서로 연인들이 얼굴을 맞대고 바라다 볼 때, 그들은 하나의 세계를 발견하게 된다. 그것은 다른 어떤 것이 필요 없는 사랑만으로써 만족한 세계이다.

그 사랑의 세계는 바로 그들이 필요로 하는 모든 것이 다 들어 있는 세계이므로, 그 연인들에게는 전 세계나 다를 바 없는 것이다. 그리하여 여기에 지리학적 이미저리(Geographical Imagery)가 형성되고 대조(contrast)가 이루어진다. 즉, 대조를 통하여 그들 사랑의 세계는 일반 범인들의 세계와 얼마나 다른 차원의 것인가를 보여 준다. 새로운 세계를 찾아서 바다를 타고 탐색 여행에 떠나는 사람이 있고, 지도를 펴놓고 새로운 세계에 내일의 꿈을 꾸는 이들이 있는 것이다. 아메리카 신대륙을 찾아가는 이도 있고, 그들 나름대로 희망과 보물을 찾아서 새로운 세계로 떠난다. 그러나 이 연

15 *Ibid.*, p.224.

16 Brooks and Warren. *op. cit.*, p.224

인들은 그들 안에서 새로운 기쁨의 세계를 발견하는 것이다.

그 사랑의 세계를 그들은 발견할 뿐만 아니라 소유하게 된다. 그들 연인들은 전 세계를 그들 두 자아의 세계로 축소시켜서,[17] 서로를 바라다 볼 때 그들은 모든 기쁨이 그 속에 다 있는 사랑의 한 세계를 소유하게 된다. 두 사람이지만 사랑으로 결합된 애인의 두 눈동자에는 한 세계가 비쳐지고, 그리하여 사랑하는 사랑 속에서 니다나는 한 세계를 소유하게 된다는 것이다.

세 번째 연에서는 두 번째 연에서 사용되었던 지리학적인 이미저리가 계속 되는 것으로 시작된다. 연인들은 서로의 눈동자에 비춰진 그들의 얼굴을 보고, 또한 그들의 사랑하는 마음은 그들 얼굴에 빛나고 있는 것이다. 이러한 두 연인은 바로 지도상의 두 반구(hemispheres)에 비유하고 있다. 그런데 실제적으로는 지도상에 나타난 두 반구보다도 더욱 훌륭한 것이다, 왜냐하면 이 두 연인의 두 반구는 사랑으로 뭉쳐진 세계이기에, 이 세상 사람들처럼 추운 북쪽 지방—폭풍우와 추위—이나 암흑과 죽음을 암시하는 밤을 모르기 때문이다.

이들 연인들의 사랑을 또한 중세적 Elizabeth시대의 사상—쇠퇴와 타락은 모든 육체를 구성하고 있는 요소들의 완전한 균형과 결합된 비율의 불균형에 기인된다—에다가 적용시키고 있는 것이다. 이것은 어떤 물건이 똑같지 않거나 유사하지 않은 요소들로 구성될 때, 쇠퇴가 발생한다고 하는 물리학적인 법칙에 사랑의 법칙을 적용하고 비유한 시인 Donne의 형이상학파의 특징을 보여준 것이다.[18] 형이하학적인 것과 형이상학적인 것과의 정반대되는 것의 비유는, Donne의 Metaphysical Poetry의 특징 중의 하나인 것이다. 그리하여 골고루 배합되어 영원히 사멸하지 않는 물질처럼 그들의 사랑이 서로가 똑같이 사랑하고 그렇게 결합된 사랑이라면, 그들의 사랑은 영원할 것이라는 비유이다. 그 자체가 하나이고 나눌 수 없는 사랑 안에, 그들의 사랑이 서로가 균형을 유지하고 있다면, 그들의 사랑은 쇠퇴하거나 소멸할 수는 결단코 없다는 것이다.

이렇게 짧지만 복잡한 이 시는 두 개의 중심 되는 은유로 구성되어 있다. 즉, 한 쌍의 애인들이 사랑으로 깨닫게 된 새로운 삶에 대한 은유와, 서로 사랑으로 창조되는 새로운 세계로 들어가는 신세계의 은유이다. 이러한 은유는 독창적인 것은 아니나, 단순히 장식적인 것을 넘어서 사랑과 경험을 더욱 잘 나타내 주는 것이다.[19]

---

17 James E. Miller. Jr. "John Donne: The Good Morrow", *Critical Essays and Commentaries I* (Seoul: Tamgu Publishing Co., 1981), p..221.

18 이창배, *20세기 영미시의 형성*(서울: 민중서관, 1974), p.140.

이 시는 Donne의 특성이 그러 하듯이, 열정적인 질문으로, 그리고 직접적인 중단(pause)으로부터 시가 시작된다. 그리하여 수사적인 질문으로 시작해서, 다음에는 이러한 기대를 지나서 진지하게도 긍정적인 대답을 하는 것이다. 즉, 이전의 모든 기쁨은 지금 누리는 사랑의 기쁨에 대한 예상된 꿈이며, 어리석게도 잠을 오랫동안 잔 것이라고 한다. 이 첫째 연이 주는 인상은 정열적이고, 그 다음 연은 더욱 신중한 기교의 형태를 띤다는 것이다.[20] 그리고 둘째 연은 그 움직임이 급변적인 첫째 연보다 더욱 완만하게 음악적으로 진행된다는 것이다.

이 시에서 Donne은 미묘한 논리적인 형태로 표현함으로써, 더욱 개성적이며 힘차고 논리적임을 볼 수 있다. 이러한 예는 첫째 연에서 끝의 마지막 연까지 찾을 수 있다. 그리고 첫째 연에서 마지막 연에 이르기까지 잘 짜여진 치밀한 구조의 계획 아래 연결 되어 있음을 볼 수 있다. 예를 들어 둘째 연은 첫째 연의 생각에 기초를 두고, 건축되어 있다는 것이다. 즉, 첫째 연에서 연인들이 사랑을 알기 전 어리석고 무의미한 일에 도취하거나 꿈을 꾸었는데, 둘째 연에서는 그들이 사랑의 기쁨을 맛보고, 잠자던 상태에서 깨어나는 아침이라고 하는 것이다. 그리고 둘째 연에서 시작된 지리학적 이미저리는 셋째 연에서 계속되어 발전되어 나타나는 것이다. 이러한 치밀한 짜임새는 논리적인 그의 시에서는 너무나 당연한 요소이다.

이 시는 아주 동떨어진 것을 연결시켜 비유하는 짧은 conceit의 사용으로서 논리적 의미가 전달되는 것이 특징이고, 한편 그러한 conceit나 첫째 연에서의 과장법(hyperbole)등에 기지(機知, wit)가 들어 있는 것이 또한 특징이다. 그밖에 구어체적 용어와 논리적 전개 등은 시인 Donne의 특징이다.[21] 학식이 많았던 Donne은 그의 wit와 더불어 시의 climax나 결론 부분에 진리나 신념을 그의 시와 연결시킴으로써, 더욱 시가 공고해지고 진실에 가깝다는 생각을 주게 된다.

---

19 Phillip Mallett, *Notes on Selected Poems: John Donne*(Harlow, Essex, Longman York Press, 1983), p.30.

20 Miller, *op. cit.* p.140.

21 이창배, *op. cit.,* p.140.

The Canonization

For God's sake hold your tongue, and let me love,
Or[1] chide[2] my palsy[3], or my gout,
My five gray hairs, or ruined fortune, flout,
With wealth your state, your mind with arts[4] improve,
Take you a course, get you a place,[5]
Observe His Honor, or His Grace,[6]
Or the King's real, or his stamped face
Contemplate;[7] what you will, approve,[8]
So[9] you will let me love.

Alas, alas, who's injured by my love?
What merchant's ships have my sighs[10] drowned?
Who says my tears have overflowed his ground?
When did my colds a forward spring remove?[11]
When did the heats which my veins fill
Add one more to the plaguy bill?[12]
Soldiers find wars, and lawyers find out still
Litigious men, which quarrels move,[13]
Though she and I do love.

Call us what you will, we are made such by love;

---

1 Or···or: either···or.
2 chide: mock.
3 palsy: physical shakiness associated with old age
4 arts: studies.
5 Take you···a place: pursue a career, obtain a position at court.
6 Observe his···grace: seek favour with some nobleman or bishop.
7 the King's real···Contemplate: either gaze at the King's real face(that is, seek to become a court favourite), or at the stamped face on his coins(that is, seek to acquire wealth).
8 What you will···approve: do whatever you like.
9 So: so long as, provided that.
10 my sighs: in lines 10-15 Donne mocks the sufferings experienced by the more conventional lovers in sixteenth-century poetry(sighs, fevers, tears).
11 a forward spring remove: postpone an early spring.
12 the plaguy bill: the weekly list of deaths from the plague in London.
13 which quarrels move: who provoke quarrel.

Call her one, me another fly,
We're tapers too, and at our own cost die,[14]
And we in us find the eagle and the dove.[15]
The phoenix riddle[16] hath more wit,
By us:[17] we two being one, are it.
So, to one neutral thing[18] both sexes fit.
We die and rise the same,[19] and prove
Mysterious[20] by this love.

We can die by it, if not live by love,
And if unfit[21] for tombs and hearse
Our legend be, it will be fit for verse;
And if no piece of chronicle we prove,[22]
We'll build in sonnets pretty rooms;
As well as well-wrought[23] urn becomes
The greatest ashes, as half-acre tombs,
And by these hymns,[24] all shall approve[25]

---

14 Call her···own cost die: in their mutual obsession they resemble the moths burned up in the candle flame they circle around. and the candles which gradually melt away. 'Die' was colloquial term for orgasm.

15 the eagle and the dove: the eagle and the dove are symbols of earthly wisdom(strength) and heavenly meekness(purity).

16 the phoenix riddle: the phoenix, in general mythology, was a fabulous Arabian bird, only one of which existed at any one time. After living a thousand years, it lit its own funeral pyre, jumped in, and sang its funeral song as it was consumed—then rose triumphantly from its ashes, a new bird. Thus it was a symbol of immortality, as well as of desire rising from its own exhaustion. It was a riddle how it perpetuated its species, since there was never more than one bird at any time.

17 hath more wit···By us: makes better sense because of us, is explained by us.

18 one neutral thing: in the act of love-making they combine male and female, and so are, like the bird, sexually neutral.

19 die and rise the same; it was believed to consume itself periodically in fire, and to rise renewed but unchanged from its own ashes. Their love is unchanging before, during and after love-making.

20 prove···Mysterious: become a mystery. Their unchanging passion puts them, like the phoenix or like the truths of religion, beyond the grasp of reason.

21 unfit: improper, unsuitable.

22 if no piece of chronicle we prove: even if our story will not be found in the history books.

23 well-wrought: beautifully made(like a lyric).

24 hymns: Donne's own poems, transformed into hymns in a new love-religion.

25 approve: acknowledge.

Us canonized[26] for love:

And thus invoke[27] us: You whom reverend love
Made one another's hermitage;[28]
You, to whom love was peace, that now is rage;[29]
Who did the world's soul contract, and drove
Into the glasses of your eyes
(So made such mirrors, and such spies,
That they did all to you epitomize)
Countries, towns, court:[30] Beg from above
A pattern of your love![31]

시성諡聖

제발 당신네 입을 닫으시오. 그래서 내가 사랑하게 말입니다.
나의 중풍이나 통풍을 조롱하서도 좋습니다.
나의 다섯 가닥 남은 흰 머리털이나, 몰락한 재산을 조롱하서도 좋습니다.
재산으로 당신네 지위를 높이시고
학문으로 당신네 지성을 닦으시지요. 출세하시고 궁정에서 한 자리 얻으시오.
고관대작이나 주교의 은총을 추구하시지요.
아니면 왕을 주목해 보시거나(궁정의 총아가 되도록)

---

26 canonized: made into saints. In Roman Catholic doctrine, men ask the saints to pray for them

27 invoke us: call on us, pray to us.

28 one another's hermitage: provided a spiritual refuge for each other.

29 You…that now is rage: later lovers, who experience love only as a raging frustration, will recognize from the love lyrics that for Donne and his mistress it was a condition of fulfilled peace.

30 Who did me whole world's soul…courts: two main metaphors are behind these highly compressed lines, as well as a punning shift in the meaning of 'glasses'. An alchemist extracts the essential quality of a substance by driving it through his apparatus into glass vessels or containers(the first metaphor); their passionate relationship has enabled them to extract the soul of the whole world, which is now held in the looking-glasses or mirrors of their eyes(the pun), What is actually reflected in their eyes is the image of the other, but as each is the whole world to the other(the second metaphor), this image epitomizes, or represents in miniature form, the outer world of countries, towns and courts. Their eyes see and reflect, hence the reference to both 'mirrors' and 'spies'.

31 Beg from above…A pattern of your love!; ask heaven to grant us the blessing of a love like yours. The word 'love' is the chief rhyming word throughout the poem, used at the end of the first and last lines of each stanza.

동전에 찍힌 왕의 화상을 쳐다보시오.
당신 좋을 대로 하시구려.
당신네가 나로 하여금 사랑하도록 내버려단 두신다면 말입니다.

아, 아, 그 누가 내가 사랑하는 일로 인해
손해를 입었단 말입니까?
그 어떤 상선들을 나의 사랑의 한숨이 침몰시킨 일이 있었단 말입니까?
나의 눈물이 그 누구의 전답을 범람시켰다고 말합니까?
그 언제 나의 감기가 일찍 찾아오는 봄을 지연시켰습니까?
그 언제 나의 혈관에 가득 찬 뜨거운 열이
사상자의 명단에 한 사람이라도 늘리게 했나요?
군인들에겐 전쟁이 있고, 변호사들은 여전히 싸움을 일으키는 소송꾼
　　들을 만날 수 있소.
비록 그녀와 내가 사랑한다고 할지라도.

당신이 좋아하시는 대로 나를 불러 주시오.
우리들은 사랑에 의하여 그렇게 만들어진 존재이니까.
그녀를 한 마리의 나방이, 그리고 나를 다른 한 마리의 나방이라고 불
　　러 주시오
우리는 또한 촛불입니다. 그래서 자기를 희생하고 죽습니다.
그리고 우리는 우리 안에서 독수리와 비둘기를 발견하게 됩니다.
영원의 상징적 전설의 새 불사조는 우리 때문에
더 훌륭한 의미를 가지게 됩니다, 둘이면서 하나인 우리는 바로 그것입니다.
그래서 사랑으로 결합되어 그들 양성은 중성이 되는 것입니다.
우리는 죽어서 똑같은 것으로 부활합니다.
그리고 이러한 변함없는 애정은 신비한 것이 됩니다.

우리는 사랑으로 살 수는 없다 할지라도,
사랑으로 죽을 수는 있습니다.
우리의 사랑의 이야기가 화려한 묘비나 관에는 어울리지 않아도
시의 내용이 되기에는 안성맞춤 입니다,
그리고 우리의 이야기가 역사책에서는 발견할 수 없어도,
사랑의 시 소네트에서 한 자리를 차지할 것입니다.
또한 잘 만들어진 유골 단지는 반 에이커 못지않은 가장 커다란 유해
　　가 됩니다.
그리고 이 사랑의 성가에 의하여

모든 사람들은 우리가 사랑을 위한 성인되었음을 알게 될 것입니다.

그리고 다음과 같이 우리에게 간청하시오.
"존경할 훌륭한 사랑이 서로의 정신적 안식처를 마련하시던 그대들이시여!
사랑이 지금은 광란에 불과하지만,
그대들에겐 충족된 평화이었던 그대들이시여!
전 세계의 영혼을 증류해 내서
그대들의 눈의 안경 속에 시골을, 도시들 궁정들을 들여 넣습니다.
(그래서 그러한 거울과 안경이 되어 그것들은 그대들에게 모든 것을
요약해 넣습니다.)
하나님께 청하여 당신네들과 같은 사랑의 축복을 우리에게 허락해 주
시기를 바랍니다!"

● 이해와 감상

대단히 정교하게 사랑을 주장하는 시로서, 처음에는 그와 그의 애인은 세상의 주목을 받을만한 중요한 위치에 있지는 못한 존재임을 보여주나, 점점 시의 진행에 따라서 그들은 사랑으로 죽음에 까지 이르는 순교자로서, 후세의 연인들에 의하여 아주 중요한 존재로 추앙받게끔 전환된다. 그들의 사랑은 일반적인 인간의 경험이지만, 그것이 우스꽝스럽거나 평범한 것으로 끝나는 것이 아니라, 영광스럽고 절대적인 사랑으로 승화되는 것이다.[32] 이렇게 해서 Donne은 고귀한 사랑을 고양시키고 영원화하고자 하는 것이다.

이 시는 그들 연인들을 질투하고 불신하는 세상 사람들에 대하여, 단지 저주하고 욕하려는 것이 아니라, 그 세상 사랑들의 공격에서 그들 사랑을 보존하고 불신을 신념으로 바꾸며, 한담과 악의를 존경으로 바꾸어 버리게 하는 매력적이며 상상력에 가득 찬 말의 예술인 것이다.[33] 첫째 연에서 중상적인 태도로 나오는 사람들을 보게 되지만, 마지막 연에서는 숭배하게 되는 사람들의 태도를 보게 되는 것은 바로 이러한 시인의 의도인 것이다.

이 시의 기교를 보면, 우선 Cleanth Brooks가 지적한대로 세상 연인들의 사랑을 종교적 신의 사랑처럼 다루고 융합시킨 Paradox에 있다.[34] 그리고 이 시의 화자는 독백(monologue)을 사용하여서, 사랑의 성스러움을 주장하

---

32 Edwin Honig, "John Donne. The Canonizations," *Master Poems of the English Language* (New York: Washington Square Press, 1973), pp.107-110.

33 *Loc. Cit.*

34 Cleanth Brooks, "John Donne: The Canonizations," *Critical Essays and Commentaries I* (Seoul: Tamgu Publishing Co., 1981), p.230.

고 그 반대 입장에 있는 세상 사람들의 고집과 생각을 깨뜨려 부수는 것이다. 그리고 이 독백은 Donne의 특유한 기지 (wit)를 사용하여, 논리적인 주장을 펴나가는 것이다. 소위 수사체의 질문(rhetorical question)을 사용하여 더욱 상대방을 설득 시키려는 태도가 보인다. 기타 기원문(Invocation), 대조 (Contrast), 많은 은유(Metaphors)의 사용, 모순어법(Oxymoron) 상징(Symbol)등을 사용한다. 특히, 페트라르카풍의 과장법(hyperbolical metaphors of the Petrarchists)과 풍자적 어조를 찾아볼 수 있다.

그러면, 첫째 연에서부터 이 시를 분석해 보자. 첫째 연에서 화자는 가 흰 머리가 나가 시작한 주제에, 그리고 중풍과 통풍의 증세가 나타나는 갱년기에 사랑을 하느라 재산이 탕진된 것을 비난하는 자들에게 제발 남의 일에 참견하지 말고 자기네 할 일—재산, 학문, 출세, 지위 그리고 명예 등—이나 하라고 꾸짖는 것이다. 사랑하는 이들의 세계와 세상에서 부귀영화를 꿈꾸는 사람들의 세계의 대조를 보여 주면서, 누가 자기가 가장 고귀하고 귀중하다고 생각하는 삶을 타의와 질투에 의하여 포기할 것이냐는 것이다. 또한 자기 사랑의 기쁨이 세상 사랑들의 세속적인 기쁨보다 얼마나 고귀한 것인가를 암시해 준다. 그러나 여하튼, 각자가 좋아하는 대로 살 것이니, 연인들이 세상 사람들의 생각과 목적을 인정해 주듯이, 그들의 사랑의 세계를 이러쿵저러쿵 할 것이 못된다고 함으로써 그네들의 사랑이 간섭받지 않기를 바라는 것이다.

둘째 연에서는, 첫째 연에서 그들 연인들이 사랑이 간섭 받아서는 안 되는 이유에서 자기 나름대로의 세계가 있다는 점을 기초로 하여, 그들 사랑이 타인에게 아무런 손해를 주지 않는다는 여러 가지 예들을 나열하고 있다. 이와 더불어 과장법을 사용하여 전개해 나가고, 또 많은 수사적 질문을 사용하고 있다. 즉 그들 사랑의 한숨이 그 어떤 누구의 상선을 침몰시켰단 말인가? 그들이 사랑 때문에 얻은 감기가 이른 봄이 오는 것을 더디게 했다는 말인가? 그들 사랑의 뜨거운 정열이 그 누구를 역병에 걸려 죽게 했다는 말인가? 라는 식이다. 여기서 한숨으로 배가 침몰되고, 눈물로 홍수가 나서 전답을 범람시킨다는 표현은 페트라르카식의 과장법이다. 그리고 Donne은 수사적 질문에서 일반적으로 기상(conceit)과 과장을 의식하며 더욱 주제를 심화시키는 것이다.[35] 이 연의 마지막 3행에서 시인은 자문자답의 형식으로, 연인들이 아무리 사랑을 한다 해도 세상은 여전하다고 너무나 당연한 이론을 주장한다. 그 어리석은 이론을 새삼스럽게 주장하는 데에는 그 뒤에 진지한 애인의 호소가 들어있기 때문이다. 여기서 애인들의 입장을 직접적으로 호소하지 않고, 진지한 언어를 어리석은 이론 속에 내포시켜 간접적으로 호소하고 있다는 것이다.[36]

35 *ibid.*, p.228

36 이창배, *이십세기 영시의 형성*(서울: 민중서관, 1975), p.133.

세 번째 연에서는 시인은 세상 사람들이 그들 연인들을 어떻게 생각하든지, 무엇이라고 부르던지 상관하지 않는다고 전제한 후, 그들이 참으로 어떠한 존재인지를 여러 가지 비유를 통하여 나타내고자 하는 것이다. 첫째로 그들은 촛불에 자기 몸을 불사르면서도 덤벼드는 나방에 비유한다. 그와 같이 그들은 사랑을 위해서는 죽음을 불사하는 존재임을 암시한다. 또한 자신을 희생하면서 빛을 내고 어둠을 밝히는 촛불에 비유한다. 역시 이 비유에서도 자신을 희생하는 사랑의 정수를 은근히 간접적으로 말하고 있다. 여기에다 그들 연인들이 힘의 상징적 존재인 독수리(남성)와 순결과 온유의 상징인 비둘기(여성)의 상징을 통하여, 가장 이상적 연인들임을 나타내고 있는 것이다. 그리고 여기 연인들의 사랑은 언제까지나 변함없는 영원한 사랑이므로, "영원"의 상징적 존재의 전설적인 새 불사조는 이들 연인들로 인하여 그 훌륭한 의미를 가지게 된다는 것이다. 또한 불사조가 남성이라고도 여성이라고도 말할 수 없는 중성인 것처럼, 그들 연인들은 완전한 사랑의 결합으로 이성을 초월한 중성이 되었다는 것이다. 불사조는 죽을 때가 되면 불속에서 타서 죽지만, 다시 그 잿더미에서 변함없어 부활한다고 하는 전설처럼, 연인들의 사랑은 사랑을 하기 전에도, 하는 동안에도, 한 후에라도 언제나 변함이 없다는 것이다. 이야말로 보통 인간의 이성으로서는 이해할 수 없는 신비한 사랑이라고 이 연에서 결말을 내리는 것이다.

네 번째 연에서는, 이 시의 제목과 직접 연결되는 곳으로 세 번째 연의 은유를 더욱 발전시켜 사랑의 성인으로 되는 조건과 이유를 들고 있다, 먼저 연인들은 "사랑으로 살 수는 없다 할지라도 사랑으로 죽을 수는 있다"라는 역설을 통하여, 생사를 초월한 영원한 사랑과 사랑을 위해서는 죽음을 초개같이 버리는 참된 사랑, 고차원의 사랑인 것이다. 또한 이러한 그들의 사랑은 철이 없는 이들의 행동이 아니라, 성자들처럼, 확신과 신념에 찬 사람이라는 것이다. 그러므로 그들 사랑을 위해서 세상에 대하여 죽고 희생할 각오가 되어 있는 것이다. 이러한 사랑은 보통 세상 사랑의 사랑과는 너무나 대조적임을 보여 준다. 그리하여 이들 연인들의 사랑은 외적 화려함에 어울리는 묘비나 훌륭한 무덤과는 달리, 사랑의 시 속에서 영원히 찬양을 받는 대상이 되는 것이다. 이들의 사랑 이야기는 물질처럼 단명한 것이 아니라, 참되고 순수한 연인들 마음속에 영원히 간직되고, 또 시 속에서 영원히 살아 있는 것이다. 세상 사람들은 흔히 역사책 속에서 그 이름을 남기며 유명해지지만, 이들 연인들은 사랑의 시 소네트에서 그 이름이 찬란히 영원토록 빛나게 된다. 그러므로 참되고 차원 높은 사랑을 한 이들의 보잘것없는 유해(유골단지)는 반 에이커나 되는 크고 화려한 무덤 못지않게, 오히려 더 크게 후세 사람들의 생각과 마음속에 위대한 존재로 길이 빛날 것이라는 말이다. 그리고 상징적으로 소네트는 그들 연인들이 유해를 담는 유골 단지이다. 왜냐하면 그들 연인들이 죽은 후에도 그 소네트 속에서 영원히 자리를 잡고 있기 때문이다. 그러므로 그들의 사랑이 실려 있는 소네트는 어떤 죽은 사람의 유해를 위해서 만든 화려한 기념물보다 더욱 값진 것이다. 속인들의 크고 화려한 무덤은 연인들이 보기에는 오히려 조잡스럽고 저속한 것이라고 암시해 준다. 여기서 사랑의 성인된 연인들은 이 세상의 것들을 포기하지만, 더욱 고귀한 세계를 소유하게 된다.[37] 이러한 연인들의 태도는 종교 특히 기독교에서 성자가 신앙의 정조와 표대를 수호하기 위해서, 이 세상의 것과 박해를 기꺼이 버리고 감수하는 태도로 비유되고 있다.

맨 끝의 연에서, 사랑의 성자들이 된 그들의 사랑이 위대한 것이고 고차원의 것이기에, 후세인 우리들이 하나님께 간구하여 저네들도 연인들과 같은 사랑의 축복을 갖게 해달라라는 기원문으로 끝맺는다. 결론적 부분에 해당되는 이 기원문 형태의 마지막 연에서 그 사랑이 어떠한 것인가를 요약 한다 즉, 그 숭고한 사랑은 연인들의 정신적 평안과 평화를 통해 그들을 충족시킨다. 대조적으로 오늘날의 사랑은 정신적 안식과 기쁨이 아니라, 육감적인 욕망의 충족과 그에 따라오는 허무감이다. 이 마지막 연에서는, 첫째 연에서 나타난 바대로, 연인들이 이 세상의 부귀영화를 다 버리고 아무것도 소유하지 않은 것 같이 생각되는 사실을, 역설적인 진리로 뒤바꾸어 놓는 것이다. 즉, 그것은 "전 세계의 영혼을 연금술사가 물질의 본질을 뽑아서 유리그릇에 넣는 것처럼, 연인들의 눈의 거울 속에 전 세계—시골들, 도시들, 궁정들 —를 넣어서 소유한다는 것이다." 여기서 애인들은 각각 모든 만족할만한 모든 것을 다 소유하고 있는 전 세계와 다를 바 없으므로, 애인의의 영혼(또는 사랑)을 소유하고 있으면 이 세상의 모든 것을 소유한 셈이 되는 것이다.

그러므로 실제로는 "이 세상의 모든 것을 안 가진 자 같으나 모든 것을 가진 자"[38]라는 성경의 역설적 비유와 일맥상통하는 주장이다. 이것은 이 시의 연인들을 성자에 비유한 묘사에서 발전된 논리이다. 기독교에서 성도들이 신앙을 위해서 이 세상의 것들을 포기할 때가 있지만, 포기하는 것이 아니라 더 좋은 것을 소유하게 된다는 역설적 진리에서처럼, 여기 사랑의 성도된 연인들은 그들 사랑을 위해서 이 세상의 것들을 포기하지만, 역설적으로 모든 더욱 좋은 것들을 소유하게 된다는 암시인 것이다.

---

37 *Ibid.,* pp.12-13
38 *신약성서*, 고린도후서 6:10 참조

A Valediction: Forbidding Mourning

As virtuous men pass mildly away,
And whisper to their souls to go,
Whilst some of their sad friends do say
The breath goes now, and some say, No;

So let us melt, and make no noise,
No tear-floods, no sigh-tempests[1] move,[2]
'Twere profanation of our joys
To tell the laity our love.

Moving of th' earth brings harms and fears,
Men reckon what it did and meant;
But trepidation of the spheres,
Though greater far, is innocent.[3]

Dull sublunary[4] lovers' love
(Whose soul is sense[5]) cannot admit[6]
Absence, because it doth remove
Those things which elemented it.[7]

But we by a love so much refined
That our selves know not what it is,[8]

---

1 tear-floods···sigh-tempests: the conventional expressions of grief.

2 move: cause.

3 Moving of th' earth···is innocent: the contrast is between obvious occasional movements of the earth, such as earthquakes, which leave men counting the cost of the damage done and anxious about what possibly worse disaster such an event may foreshadow, and the continual trembling movement which was believed to run through the whole universe, but which nonetheless passed unnoticed, neither causing nor foretelling any harm. It is of course to this second kind of movement that the movements of feeling in the lovers are likened. Earthquakes are thought to threaten evil consequences, but the variations of the spheres from true circularity, though they involve greater motions, are not considered sinister.

4 Sublunary: Beneath the moon, therefore mundane and subject to change.

5 (Whose soul is sense): the essence of whose love is physical.

6 admit: allow.

7 elemented it: composed it. The essentially physical love cannot survive physical separation.

Inter-assured[9] of the mind,
  Care less, eyes, lips, and hands to miss.

Our two souls therefore, which are one,
  Though I must go, endure not yet
A breach,[10] but an expansion,
  Like gold to airy thinness beat.[11]

If they be two, they are two so
  As stiff twin compasses are two;
Thy soul, the fixed foot, makes no show
  To move, but doth, if th' other do.

And though it in the center sit,
  Yet when the other far doth roam,
It leans and hearkens after it,
  And grows erect, as that comes home.[12]

Such wilt thou be to me, who must
  Like th' other foot, obliquely run;
Thy firmness[13] makes my circle just,[14]
And makes me end where I begun.[15]

---

8 so much refined···what h is: Their love has reached that high level at which it becomes a mystery of which even they themselves cannot give an account.

9 inter-assured: mutually confident.

10 endure not yet···each: nonetheless do not suffer a break

11 gold to airy thinness beat: gold is beaten out to make gold leaf.

12 as that comes homes: as the two legs of me compass are closed after use.

13 firmness: the physical stiffness of the leg of the compass; the moral strength he is urging on her throughout the poem.

14 makes my circle just: makes me complete a perfect circle; gives a point and direction to my journey. The circle is an emblem of perfection.

15 makes me end where I begun: The lady is now thought of as both the point on the circumference of the circle where he started and to which he returns in completing the circle and as the centre, the still point around which he revolves.

작별곡(고별사): 서러워마오

슬퍼하는 친구 몇몇은 지금 숨이 떠나간다고 말하며,
그리고 어떤 이는 아니라고 말하는데,
유덕한 사람들은 조용히 숙어가며
그들 영혼에게 가자고 속삭이는 것처럼;

그와 같이 우리도 사랑으로 녹아서, 아무 소리도 내지 맙시다.
눈물의 홍수나 탄식의 폭풍우를 일으키지 맙시다.
세상의 범인들에게 우리의 사랑을 얘기해 주는 것은
우리의 기쁨의 모독입니다.

지진은 재해와 공포를 가져오고,
사람들은 그 지진의 피해와 의미하는 바를 계산합니다.
그러나 천체들의 변동은 비록 더욱 크지만,
어떤 해나 불길한 정조를 가져다주지 않습니다.

어리석고 변화 많은 이 세상의 연인들의 사랑은
(그들 사랑의 본질이 육체적인 것이므로)이별을 허락할 수가 없습니다.
왜냐하면 그 이별이 사랑을 구성하고 있는
요소들을 치워 버리기 때문입니다.

그러나 사랑에 의하여 아주 고차원에 이른 우리들은,
그 위대한 사랑의 신비를 우리들 자신도 알 길이 없습니다.
서로를 철석같이 믿어서
눈과 입술과 손이 헤어짐을 상관치 않습니다.

그러므로 하나인 우리의 두 영혼은 비록 가야 하지만,
단절을 겪지 않고
금박을 위해서 두들겨 늘여뜨린 금처럼
신장(伸張)인 것입니다.

만일 우리의 두 영혼이 둘이라면,
그들 두 영혼들은 빳빳한 두 컴파스의 다리가 둘인 것처럼 둘입니다.
고정된 다리인 당신의 영혼은 움직일 기색을 보이지 않지만,

만일 다른 다리가 움직이려고 하면 따라서 그렇게 하오.
그리고 비록 그것이 중심에 자리 잡고 있지만,
그 다른 다리가 멀리 돌아갈 때,
그것은 그것에 몸을 기울이고 귀를 기울입니다.
그리고 그것이 제자리에 돌아올 때 똑바로 섭니다.

다른 다리처럼 비스듬히 달려야 하는 나에게
당신은 그와 같을 것입니다.
당신의 꿋꿋함은 나의 원을 완전히 그리게 할 것이며,
그리고 내가 시작한 곳에서 나를 끝나게 할 것입니다.

● 이해와 감상

이 시는 연인들의 정신적 또는 영적 사랑의 결합은 결단코 그 어떤 것에 의하여 깨질 수 없으며, 시간과 공간에 제한될 수 없음을 말해 주는 주제의 시이다. Donne은 그의 많은 Metaphysical Poems에서 학문적인 시구와 기상(conceit), 그리고 extended metaphor를 사용하여 독자들로 하여금 놀라움을 주며, 보통의 지성으로 파악하기 어렵기 때문에 그의 시가 차갑고 먼 이방인의 시처럼 보이게 한다. 그러나 이 시는 Allen Tate지적했듯이,[16] 영어로 된 시 중에서 가장 열정적인 시의 한 편이다. 이 사는 Izaak Walton의 "Life of Donne"에서 밝힌 바로는 시인 Donne이 그의 아내 Anne More에게 쓴 것인데, 1611년 그가 Sir Thomas Drury와 함께 불란서로 떠나려고 했을 때 쓴 시라는 것이다.[17]

여하튼, 시인은 한 남편이 아내에게 여행을 위해 떠나서 남편이 부재중에 있을 때 슬퍼할 필요가 없다는 것이다. 왜냐하면 육체적으로는 떨어져 있을망정, 연인들의 두 영혼은 사랑으로 결단코 분리될 수 없는 완전히 연합된 결합체이기 때문이라는 것이다.

첫째 연에서 시인은 정교한 직유를 사용하고 있다. 즉, 유덕한 사랑들의 죽음과 연인들의 이별을 비유하고 있다. 유덕한 사람들은 죽음의 순간, 죽음이 영원한 사라짐이라고 생각하지 않고, 육체적 존재로부터 하늘나라의 영원한 삶으로 들어가는 시간이라고 생각하므로, 절대로 슬퍼하지 않고 기뻐하는 것이다. 그와 같이 연인들이 시간과 공간적으로 이별하는 것은

16 Allen Tate,"*John Donne: A Valediction: Forbidding Mourning*,", *Critical Essays and Commentaries I*(Seoul: Tamgu Publishing Co., 1981), p.238.

17 I.A. Richards, "*A Valediction: Forbidding Mourning*," *Critical Essays and Commentaries I* (Seoul: Tamgu Publishing Co., 1981), p..235.

그들이 영적으로 굳게 결합되어 있으니, 이별이 아니라 더 큰 기쁨을 약속하는 새로운 삶의 시간인 것이다. 서로 떨어져 있으면 오히려 연인의 사랑과 귀중함을 더욱 음미할 수 있는 시간이 되는 법이기도 하다.

그러므로 이들 연인들은 아무 슬퍼할 이유가 없다. 이별을 한다고 눈물을 짜내고 슬퍼하는 모습은 연인들의 차원 높은 사랑에는 전혀 어울리지 않는 모습이요, 이러한 모습을 범인들에게 보여 준다면 이 고귀한 사랑에 모독일 뿐이라는 것이다. 연인들의 영혼의 결합으로 이루어진 그들의 굳은 사랑의 결속은, 시간과 공간을 초월한 영원한 것이므로, 잠깐 동안의 이별에 대한 슬픔을 조금이라도 세상 사람들에게 보여 준다면, 그것은 참으로 그들의 사랑에 욕 돌리는 일이라고 하는 것이다. 이렇게 해서 그들 세상의 사랑을 종교적 감정에까지 승화시키고 있는 것이다.

다음 셋째 연에서는 이들 연인의 이별로 인한 감정의 동요가 전혀 문제될 것이 없다는 사실을 천체상의 동요에 비유하고 있다. 즉, 지진이 흉조인 것으로 여겨지고, 사실상 그 지진으로 인한 피해를 사람들은 생각하고 두려워한다. 그러나 전 우주 속에서 일어나는 끊임없는 전체의 진동은, 지진보다 더 큰 동요일지라도, 어떤 재해를 일으키거나 예시하는 것은 아니다. 그와 같이 이들 연인들의 이별은 천체들의 진동의 움직임처럼, 그들 사랑의 먹구름 같은 불길한 일도 아니요, 두려워할 아무것도 아니라는 것이다. 그와 반대로 지진의 동요는 이 세상 평범한 사람들이 이별로 인해서 슬퍼하고 울면서 그 이별을 두려워하는 것에 비유되고 있다.

넷째 연에서, 이들 연인들의 사랑과 대조되는 이 세상 범인들의 사랑의 본질이 무엇인가를 말하고, 그것이 그 이별을 두려워하는 이유라고 하는 것이다. 즉, 다시 말해서 이 세상 범인들의 사랑의 본질이 육체적인 것이기 때문에, 이들 세상의 연인들은 육체적인 이별을 받아들일 수가 없다. 그들의 사랑을 구성하고 있는 것들을 이별로 인한 부재가 분리시켜 놓기 때문이다.

다섯째 연에서는, 넷째 연의 세상 사람들의 사랑과 대조적으로 나타나는 연인들의 사랑을 보여 주고 있다. 이들 연인들의 사랑은 대단히 차원 높은 것이어서 그들 자신도 그 심오한 사랑의 깊이를 다 알 수 없는 신비스러운 것이다. 세상 사람들의 사랑의 본질이 육체적인 것이지만, 연인들의 사랑의 본질은 정신과 (또는 마음)영혼이라는 점이다. 그러므로 육체적인 이별은 그들에게 문제가 안 되는 것이다. 이들 연인들의 사랑은 그 사랑의 참된 본질에 의존하는 것이므로, 이성을 가지고서는 다 이해키 어려운 것이다. 그리하여 서로의 이해와 수유에 확신하고 보증하는 이들 연인들은 이별로 인하여 볼 수 없거나 만질 수 없는 것 때문에 괴로워할 필요가 전혀 없는

것이다.[18]

그리하여 다음 여섯째 연에서, 하나로 결합된 이들 연인의 두 영혼은 비록 떨어져 있다 해도 분리가 아니라 두들겨 늘어뜨린 금처럼, 신장이라는 비유를 사용하게 된다. 여기서 Donne은 추상적인 주장을 눈으로 볼 수 있고, 동시에 연인들의 정신적 상황에 상징적이고 구체적인 이미지로 전환시킴으로써, climax에 이르게 한다.[19]

"Like gold to airy thinness beat"라는 구체적 이미지는 소위 tension(긴장, 緊張)이라는 것이다. 이 시구에 은유의 보조관념으로 도입된 "금"은 물질로서 Tate가 말하는 외연(extension)이다. "금"은 물질이니까 공간적으로 유한하다. 여기서 그런데 내포(intention)는 "연인들의 영혼"을 의미하며, 이 내포는 표현하고자 하는 본래의 관념이며, "금"은 추상적인 본래의 관념을 구체적으로 표현하기 위해서 도입한 소위 보조관념이다. Donne은 여기서 이 두 관념의 비교에 의한 긴밀한 연결에 의해서, 아름다운 이미지를 만들어 내려고 한다. 그런데 여기서 금에 대한 유한의 이미지는, 그것이 전달하는 내포적 무한의 의미와는 논리적로 모순된다. 그러나 그것은 의미를 무효화 하지는 않는다. 만일 우리가 금을 거부해 버리면 의미를 거부하는 셈이 된다. 왜냐하면 의미는 전적으로 "금"의 이미지 속에 흡수되었기 때문이다. 내포와 외연은 여기서 일체이며, 양자는 서로 풍부한 감정을 주고 있다.[20]

다음에 마지막 세 개의 연은 이들 연인들의 결합된 사랑의 관계를 원을 그릴 때 사용하는 "컴파스"에 비유한 유명한 구절이다. 일곱째 연에서, 그들 둘은 하나로 결합된 존재 이므로 둘이 라고는 볼 수 없으나, 만일 그들 연인들이 둘이 라고 한다면, 꼭대기에서 합쳐져 있는 컴파스의 두 다리와 같다고 비유하는 것이다. 이 컴파스는 똑같이 둘의 다리가 움직이는 것이다. 바깥쪽 다리가 움직임에 따라서, 중심에 있는 다리도 움직인다. 여기서 연인들 중 여인을 중심에 있는 다리로, 바깥쪽에 있는 다리를 남자연인 (여기서는 시인 Donne)으로 비유하고 있다. 시인 Donne은 컴파스의 비유를 통하여 육체적으로는 떨어져 있어도, 정신적으로는 하나라는 것을 아주 잘 표현하고 있다. 이 컴파스의 두 다리는 서로 멀리 떨어져 있어도 언제나 일체인 것이다. 두 다리 위에 컴파스 꼭지가 이 두 다리를 묶고 있기 때문에 다리 하나가 움직이면 그에 따라서 다른 하나의 다리도 움직일 수밖에 없기 때문이다. 그리고 여기서 컴파스 꼭지는 정신적 연합을 나타내 주는 이

18 *Ibid,* p.236.
19 Tate, *op. ct,* p.24l.
20 문덕수, *문학개론*(서울: 문예사, 1964), pp.67-68.

미지로 볼 수 있다.

이렇게 해서 여덟째 연에서는 바깥쪽 다리가 멀리 돌아갈 때에, 중심에 있는 다리는 마치 그쪽에 귀를 기울이는 것처럼 주의를 기울이고 있는 것이다. 이렇게 비록 서로 떨어져 있어도, 마음과 마음은 함께 서로 연결되어 있는 것이다. 그리고 바깥다리가 마치 마음 평안히 만족하게 행복스런 기대 속에 있는 것처럼 접근해 올 때 중심에 있는 다리는 똑바로 서게 된다. 여기서 똑바로 서게 된다는 것은 마음을 놓고 안심하는 태도이다.

맨 마지막 연에서, 결론적으로 컴파스의 두 다리가 이들 두 연인들과의 관계와 꼭 같음을 말한다. 비스듬히 멀리 달리며 때로는 빗나가기 쉬운 바깥다리는, 중심에 서 있는 다리가 꿋꿋이 보여 주는 그녀의 변함없는 정조에 따라서, 또한 흔들림이 없이 온전히 원을 그리며 귀향한다고 하는 것이다. 한쪽의 변함없는 사랑은 또 한쪽의 변함없는 온전한 사랑의 균형을 지키게 한다는 것이다. 원은 완전을 표시해 주는 상징이 된다.[21] 이렇게 이들 연인들의 완전한 사랑은 원을 완전히 그리게 될 때 이루어진다고 했는데, 그 원을 완전히 그리기 위해서는 두 다리가 일체가 되어 움직였을 때이다. 그와 같이 두 연인들이 시간과 공간을 초월해서 영적으로 굳게 결합된 상태를 암시해 준다. 그리고 이것은 원이 시작한 곳과 끝나는 장소가 동일하게 만나게 된다. 완전한 원을 이루기 위해서—완전한 사랑을 이루기 위해서—사랑을 처음 시작한 장소나 사랑이 최종적으로 만나는 똑같은 장소는 언제나 변함없는 사랑의 불변성을 암시한다. 즉, 시작과 끝이 같은 것은 불변성을 나타내며, 그 불변성이야 말로 참된 사랑의 가장 기본적이며 중요한 요소이다.

---

21 Richards, *op, ci,* p.236.

The Ecstasy

Where, like a pillow on a bed,
    A pregnant bank swelled up to rest
The violet's[1] reclining head,
    Sat we two, one another's best.
Our hands were firmly cemented
    With fast balm,[2] which thence did spring.
Our eye-beams twisted,[3] and did thread
    Our eyes upon one double string;
So to intergraft[4] our hands, as yet
    Was all the means to make us one;
And pictures in our eyes to get[5]
    Was all our propagation.
As 'twixt two equal armies, Fate
    Suspends uncertain victory,
Our souls (which to advance their state,
    Were gone out)hung 'twixt her and me.[6]
And whilst our souls negotiate there,
    We like sepulchral statues[7] lay;
All day the same our postures were,
    And we said nothing all the day.
If any, so by love refined

---

1 The violet: the violet was traditionally associated with faithful love.

2 fast balm: the warn moisture that holds them fast together.

3 Our eye-beams twisted: one theory of sight held that it was caused by the contact of a beam sent out from the eye with the object seen.

4 to intergraft: a gardener produces a graft by inserting a shoot into a slit made in another plant, so that the sap can circulate through both freely. Their fingers are twined together, as if the same 'balm' flowed through both of them.

5 to get: to beget, to create.

6 As 'twixt two equal armies···her and me: the uncertain outcome of a battle was sometimes represented by artists by a pair of scales hung('suspended')between the two armies. Here the bodies are like the opposed armies; the souls are sent out, envoys, to 'negotiate' between them.

7 sepulchral statues: statues on tombs.

That he soul's language understood,
And by good love were grown all mind,
Within convenient distance stood,
He (though he know not which soul spake,
Because both meant, both spake the same)
Might thence a new concoction[8] take,
And part far purer than he came.
This ecstasy doth unperplex,[9]
We said, and tell us what we love;
We see by this it was not sex;
We see we saw not what did move;[10]
But as all several souls contain
Mixture of things, they know not what,[11]
Love these mixed souls doth mix again,[12]
And makes both one, each this and that.
A single violet transplant,
The strength, the colour, and the size
(All which before was poor, and scant)
Redoubles still, and multiplies.
When love, with one another so
Interinanimates two souls,[13]
That abler soul, which thence doth flow,
Defects of loneliness controls.[14]
We then, who are this new soul, know,

---

8 a new concoction: the process of refining metals and minerals by heat. The observer will be even more 'refined' after he has heard them.

9 unperplex: resolve their difficulties.

10 We see we saw not what did move: in their state of ecstasy, or separation from their bodies, they realize that they had not previously understood what attracted them to each other.

11 Mixture of things, they knew not what: the soul was presumed to be a mixture of things because it had to perform many different functions. It was a common idea that we are unaware of the nature of our own souls.

12 Love···doth mix again: love further mixes these souls, which are already a mixture of things.

13 When love two souls: when love so combines two separate souls that they become one new soul.

14 Defects of loneliness controls: the two souls united together are stronger than either was separately, because each can remedy the weaknesses or 'defects' of the other.

Of what we are composed, and made,
For, th' atomies[15] of which we grow,
Are souls, whom no change can invade.[16]
But alas, so long, so far
Our bodies why do we forbear?[17]
They are ours, though they are not we; we are
The intelligences, they the sphere.[18]
We owe them thanks because they thus,
Did us to us at first convey,
Yielded their forces, sense, to us,[19]
Nor are dross to us,[20] but allay.[21]
On man heaven's influence works not so
But that it first imprints the air,
So soul into me soul may flow,
Though it to body first repair.[22]
As our blood labors to beget
Spirits as like souls as it can,
Because such fingers need to knit
That subtle knot which makes us man:[23]

---

15 atomies: atoms.

16 souls, whom no change can invade: the soul, unlike the body, was not obliged to suffer change. Their ecstasy has shown them that their love exists on the level of the soul rather than on the level of the body, and consequently their love too is free from change.

17 forbear: avoid, keep away from.

18 we are…The intelligences, they the sphere: they are related to their bodies just as an angels related to the sphere it controls.

19 Yielded their forces, sense, to us: the natural forces of the body are the powers of the senses. They have been able to achieve their state of ecstasy because their bodies temporarily gave up these powers.

20 Nor are dross to us: in some accounts of love, the body was seen as impure matter to be left behind or discarded. Donne here, as usually, rejects this view.

21 allay: alloy, that is, a base metal mixed in with one of a higher value. Donne's distinction between dross and alloy is a slight one: the body is not to be rejected, but it is the inferior element in the body-soul partnership.

22 On man heaven's influence…body first repair: the planets and stars can only influence man by first affecting the air. Sometimes, therefore, a spiritual force requires a physical medium through which to work. In the same way, the spiritual union of their souls may require the physical union of their bodies.

23 As our blood labors…which makes us man: since man was composed of the two dissimilar

So must pure lover's souls descend
T' affections,[24] and to faculties[25]
Which sense may reach and apprehend;
Else a great Prince in prison lies.[26]
To our bodies turn we then, that so
Weak men on love revealed may look;
Love's mysteries in souls do grow,
But yet the body is his book.[27]
And if some lover, such as we,
Have heard this dialogue of one,[28]
Let him still mark us; he shall see
Small change when we are to bodies gone.[29]

황홀

침대 위에 베개처럼
제비꽃의 눕혀진 머리를 얹혀 놓기 위해서
임신한 언덕이 부풀에 있는 곳에
서로의 최상의 존재였던 우리 둘이 앉아 있었습니다.
우리의 두 손은 그곳에서 샘솟는, 둘을 더욱 굳게 맺는 향유로
굳게 결합되어 있었습니다.
우리들의 눈 시선의 빛은 꾀여져 있고,

---

components, body and soul, it was held that there must be a link connecting the two: this link was the vapour, or spirit, produced by the blood.

24 affections: passions.

25 faculties: powers of action.

26 Else a great Prince in prison lies: the loving self is only made free if body and soul work together in the harmony described in 11. 61-7.

27 But yet the body is, his book: that is, love, a god within man, puts form in the body a book where his mysteries may be read (as God the Creator put forth the book of Nature and the book of Scripture).

28 this dialogue of one: the characteristic Donne poem night be described as a "dialogue of one".

29 Let his still mark us…gone: he will realize how little their love is altered by the return of their souls to their bodies. Until this point, the bystander has been listening: the change to a bystander who watches the couple making love provides an unsatisfactory close to the poem.

우리들의 눈들을 하나의 두 겹으로 된 줄 위에 매여 놓았습니다.
그렇게 우리들의 손들을 접목시키는 것이
아직은 우리를 하나로 만드는 모든 방법이었습니다.
그리고 우리의 눈에 창조된 영상이 우리의 모든 번식이었습니다.
두 개의 동등한 군인 시야에 운명의 여신이
불확실한 승리를 내걸어 놓은 것처럼
(그들의 입장을 올려 세우기 위하여 밖으로 나간)우리의 두 영혼은
그녀와 나 사이에 걸려 있었습니다.
그리고 우리의 영혼이 거기서 교섭하는 동안
우리는 무덤의 조상같이 누워 있었습니다.
온종일 우리의 자세는 똑같았고,
그리고 우리들은 하루 종일 아무 말도 하지 않았습니다.
만일 어떤 이가 사랑에 의하여 대단히 순화되어
영혼의 언어를 이해할 수 있고
그리고 훌륭한 사랑에 의하여 완전히 마음이 성장되어 있으며
적당히 편리한 거리 안에 서 있다면
그는 (두 영혼이 같은 것을 의미하고 같은 것을 말했기 때문에, 그는 어느
영혼이 말했는지를 모를 지라z도)
거기서 새로운 정화된 합성물을 취하고,
그가 왔을 때보다 더 한층 정화되어 떠날 것입니다.
이 황홀은 우리가 사랑한 것이 무엇인지를
우리에게 풀어 주고 말해 준다고 우리는 말했습니다.
우리는 이 황홀로 사랑이 섹스가 아니었음을 압니다.
황홀한 순간에 우리는 무엇이 우리와 마음을 끌게 했는지를
전에는 이해하지 못했는가를 깨닫습니다.
그러나 모든 몇몇의 영혼들은
그들이 무엇인지 모르는 혼합물을 갖고 있으므로
사랑은 이 혼합된 두 영혼들을 다시 혼합하여
그 둘을 하나로 만들고 각각 이런 것과 저런 것으로 만듭니다.
한 포기의 오랑캐꽃 옮겨 심어지면
그 힘과 색깔과 크기가
(전에 모든 것이 약하고 모자랐던)더욱 배가하고 증가 됩니다.
그와 같이 사랑 서로 두 영혼에게 생명을 불에 넣을 때,
거기서 나오는 더욱 강한 영혼은 고독의 약점을 치유케 합니다.
이 새로운 영혼은 우리는 그때

우리가 무엇으로 조성되고 만들어졌는지를 압니다.
왜냐하면 우리를 조성한 원자들이 어떤 변화도 침입할 수 없는 영혼이 기 때문입니다.
그러나 아아 슬프게도 그렇게 오랫동안 그렇게 멀리
우리의 두 육체를 왜 우리는 멀리했습니까?
비록 그들은 우리가 아니지만 우리의 것입니다. 우리는
그 천사입니다. 그리고 그들은 (천사들이 지배하는) 천계 입니다.
우리는 육체들에게 감사해야 합니다.
왜냐하면 그들 육체들은 이와 같이 우리를 우리에게 처음으로 운송해 주었고,
그들의 힘과 감각을 우리에게 양보해 주였고,
또 우리에게 (버려질)불순물이 아니고 함금물이기 때문입니다.
전체의 영향이 먼저 공기를 통하지 않고는 사람에게 미치지 않습니다.
그와 같이 비록 영혼이 육체로 먼저 가지만
영혼은 영혼 속으로 흘러들어 갑니다.
우리의 피가 가능한 한 영혼과 같은 훌륭한
정기를 낳으려고 애쓰는 것처럼.
왜냐하면 우리를 인간으로 만드는 그 미묘한 매듭을
그러한 손가락들이 짜야 할 필요가 있기 때문입니다.
그와 같이 순수한 연인들의 영혼은 우리의 감각이 도달하고 이해할 수 있는 애정과 행동으로 내려가야 합니다.
그렇지 않으면 위대한 왕자는 감옥에 갇힙니다.
그러므로 우리는 육체에 돌아갑시다. 그래서
사랑을 못 믿는 연약한 사람들이 구체적으로 나타난 사랑을 볼 수 있게 말입니다.
사랑의 신비는 영혼 속에서 자라나지만,
그러나 그 육체는 그 사랑의 책입니다.
그리고 우리와 같은 어떤 연인이 이 하나의 시의 대화를 들었다면
그로 하여금 우리를 계속해서 주목하게 합시다.
그는 우리가 육체에 돌아갔을 때에도
별로 다른 변화를 볼 수 없게 될 것입니다.

● 이해와 감상

이 시는 Donne의 시 중에서 가장 논란이 되는 시 중의 하나이다. 이 시는 다음과 같이 세 부분으로 나눌 수 있다. 첫 부분은 1행에서 20행까지인데,

두 연인들의 영혼들이 그들의 육체로부터 밖으로 나온 상황을 묘사한 것인데, 이것은 글자 그대로의 의미에서 "황홀"이라는 것이다.

그 다음 둘째 부분은 21행에서 48행까지인데, 상상적인 경청자와 관찰자를 가정해 놓고, 그들을 통하여 두 영혼이 서로 소통하는 대화를 요약하려는 것이다.

마지막 부분은 49행에서 끝 부분인데 그 영혼들이 그들 육체로 돌아가야 되는 이유를 말하고 있다. 그리고 육체적인 사랑의 바람직한 이유가 있고, 그리고 표적이 없이는 사랑을 못 믿는 마음 약한 이들에게 사랑을 나타내 보여 주는 의무를 또한 보여 준다.

시인 Donne은 이 시를 통하여 두 영혼의 황홀한 상태에 대한 지적인 정의를 내리려고 한다. 그리고 그 영혼이란 그들의 육체로부터 나오는 것이고, 그리고 이 영혼과 육체가 완전히 융합됨으로써, 하나가 됨을 말하고자 하는 것이다.[30] 여기에 대하여 Joan Bennett 교수는 영혼과 영혼의 융합은 육체 속에서 그 자신을 표현하고, 그것은 마치 영혼이 육체 속에서 살고, 또한 이 세상에서 육체 없이 존재할 수 없는 것과 똑같은 사실을 Donne은 'The Extasie'에서 설명하려고 한다고 했다.[31]

그러면, 이 시를 전부 고찰함으로써 Donne의 주장을 조명해 보는 것이 좋을 것이다. 제 1행에서 4행을 보면, 이 시의 setting에 해당되는 부분으로 나온다.

즉, 연인들이 제비꽃이 가득히 핀 언덕 위에서 다정히 앉아 있다. 여기서 연인들은 각각 가장 좋아하고 사랑하는 존재일 뿐만 아니라, 서로에게 각각 가장 훌륭한 존재이다. 나머지 이 시의 부분은 가장 사랑하며 가장 훌륭한 존재에 대하여, 가장 심오하고 가능한 의미로 말하고 있는 것이다.

그 다음 5행에서 8행까지에서 가장 깊이 훌륭한 존재로 사랑하는 이들의 모습이 그러진다. 그들 두 손은 강한 사랑의 약속의 표시로 서로 굳게 꼭 잡고 있다. 더구나 손을 꼭 잡고 있는 것은 향유의 기름으로 비유된다. 왜냐하면 그 연인들이 두 손을 꼭 붙잡고 있을 때, 향유가 우리 인간에게 그렇게 해주듯이 따뜻함과 안락과 평안함을 주고 받기 때문이다. 사랑하는 이들이 두 손을 꼭 잡을 때, 사랑하는 마음이 이 순간에 교류되기 때문이다. 또한 사랑하는 연인들은 서로 사랑하는 마음으로 바라다보고 있기 때문에

30 Leo Spitzer, *A Method of Interpreting Literature,* pp.8-20. I. A. Richards, *"John Donne: The Ecstasy,"* *Critical Essays and Commentaries I* (Seoul: Tamgu Publishing Co., 1981), p.243.

31 Joan Bennett, Seventeenth Century Studies, pp.95-96, I. A. Richards, *"John Donne: The Ecstasy,"* *Critical Essays and Commentaries I* (Seoul: Tamgu Publishing Co., 1981), p.244

그들의 눈에서 나오는 사랑의 빛이 서로를 실로 연결하듯, 하나로 묶어 놓는 것이다.

그러므로 다음 9행에서 12행까지 에서는 연인들이 둘이서 꽉 손을 잡고 있는 모습을 접목의 이미지로 표현시켜 진전한다. 즉, 정원사가 어떤 나무 줄기에 틈을 내고 그곳에 다른 나무의 어린 가지나 싹을 접어 넣어서, 접목을 붙여서 즙액이 두 나무에 자유롭게 유통되게 한다. 그와 같이 두 연인은 손을 꼭 잡고 있어서, 사랑하는 마음이 자유롭게 두 연인들 속에서 유통되어 결국은 두 마음이 하나로 되는 것이다. 그런데 여기서 이들은 이러한 것만이 상황의 최종적인 모습이요, 열매라는 표현을 통하여 이들의 사랑이 두 영혼의 융합임을 더욱 강조하고 있다. 이러한 상황이 다음 13행에서 20행까지 더욱 자세히 나타난다.

이들 연인들은 그들 사랑의 품위를 더욱 높이기 위해서, 그들 육체로부터 영혼 이 나왔다고 했다. 사랑의 황홀함이 육체가 아닌 영혼의 융합과 교제 속에서 나옴을 말해 준다. 그래서 황홀하게 두 영혼이 사랑하는 동안, 육체들은 아무 말도 없이 무덤의 조상처럼 동작이 없다. 하루 종일 그러한 모습이었다. 그런데 시인 Donne은 13행에서 16행까지에서 군대의 이미지를 사용하고 있다. 운명의 여신이(또는 Zeus가) Greek와 Trojan을 그녀의 저울에 다는 것처럼, 육체에서 나온 그녀와 나의 두 영혼은 그 여자와 나 사이에 걸려 있다고 하는 것이다. Greek와 Trojan은 그 힘이 대등하여 운명의 여신이 갖고 있는 저울대가 평형을 이루어 어느 쪽이 더 우세한 것을 모르는 것처럼, 이들 두 영혼은 그 사랑의 강도가 대등하여 평형을 이루는 비유로 본다. 이들 두 영혼은 사랑의 대화를 통하여 연인이 어떠한 훌륭한 사랑으로 융합되는 과정인가를 보여 준다.

21행부터는 이러한 두 영혼에 의하여 이루어지는 대화를 경청자와 관찰자를 가정해 놓고, 그들을 통하여 듣고 기술해 내가는 식으로 한다. 그런데 이들 경청자과 관찰자는 사랑에 의하여 정화되어 영혼의 대화를 이해할 수 있는 사람들이다.

그리고 그 훌륭한 사랑에 의하여 완전히 정신적 가치를 추구하는 사람들이 되었다. 그리하여 인간의 입으로 말하는 것과는 전혀 다른 영혼의 언어를 들을 수 있은 경지에 다다른 사람들이다. 영혼의 소리는 세미細微한 소리요, 고요한 소리이다.

그러므로 이들 두 연인의 영혼의 대화를 가까이서 듣게 되는 것이다. 그들 경청자들이 이들 두 영혼의 대화를 듣는 순간, 마치 열에 의하여 금속과 광물을 순화하는 과정에서처럼, 그 경청 과정을 기쳐 더욱 순화된 것이다. 여기서 시인 Donne은 이들 연인들의 두 영혼의 사랑이 얼마나 고차원의 것인가를 이러한 완곡한 표현을 통하여 강조하고자 함을 엿볼 수 있다.

29행부터 32행까지는 문자 그대로 두 연인들의 영혼이 그들 육체에서 떠나 있는 상태—황홀상태—에서 영혼의 대화가 이루어짐을 묘사한다. 이러한 상태의 황홀함을 의인화하여 "황홀"은 경청자들(우리들)에게 말해 준다. "우리들의 사랑은 무엇인가?"에 대한 질문에 "그 사랑은 섹스(Sex)가 아니라"고 대답하여, 이 황홀한 순간에 그들은 무엇이 서로를 사랑하게 했는지 몰랐다는 것이다. 사랑의 본체는 여기서 눈에 나타나는 구체적인 어떤 것이 아니고, 육안으로 볼 수 없는 가장 이상적인 영혼의 실체를 암시하고 있다. 그리하여 그들의 사랑은 육체적 차원에서 라기 보다는 영혼의 차원에서 존재하는 사랑이다.

그런데 영혼의 사랑은 무엇이란 말인가? 33행에서 48행까지에서 영혼의 사랑을 말하기 전에 시인은 먼저 영혼을 규정한다.

그 영혼들은 여러 물체의 혼합으로 생각하였다. 왜냐하면 영혼은 많은 다른 기능을 하는 것이기 때문이다. 우리 인간은 우리 자신의 영혼의 본질을 모른다는 것이 그 당시 통용되었던 사상이었다. 그런데 더군다나 사랑은 이미 이러한 물체의 혼합인 영혼들을 결합한다는 것이다. 이와 같이 사랑이란 두 영혼의 결합인데, 그 두 영혼의 결합을 시인은 한 포기의 제비꽃을 이식하는 것에 비유하고 있다. 즉, 정원사들이 어린 제비꽃이 어느 정도 자랐을 때, 딴 곳에 이식하면 연약하고 볼품없었던 꽃이 성장속도가 빠르게 되고 더욱 보기 좋은 색깔과 모양이 된다. 이와 같이 사랑으로 두 영혼이 결합되면 서로 활기를 불어 넣으며 보완하게 된다는 것이다. 그 이유는 사랑하는 영혼이 각각의 약점을 보완해 주기 때문에 혼자서 떨어져 있을 때보다 더욱더 아름답고 강건한 새로운 영혼으로 탄생되기 때문이다.

그런데 그 사랑의 구성체인 영혼은 육체와는 달리 어떠한 변화를 입지 않는 존재라는 것이다.

다음 49행부터는 이 시의 전환점이다. 이제까지 영혼의 차원에서 존재하는 사랑, 두 영혼의 결합을 이상적인 사랑이라고 주장해온 시인은 이 주장을 전복시키는 것이다. 영혼과 영혼의 결합도 육체를 떠나서는 이루어질 수가 없다는 것이다. 왜냐하면 영혼은 육체 속에서 살아 존재하고 있기 때문이다. Donne은 더욱 진귀한 사랑을 시 속에서 찬양할 때 그 사랑은 우리의 감각이 다만 사랑을 전달하는 방법이며, 결합되는 것은 참된 마음의 결합이라고 말하고 있지만, 이 두 요소는 영혼과 육체를 분리시켜서는 안 된다고 암시하고 있다.[32] 51행에서 "비록 육체들은 우리가 아니지만 우리의 것이라"고

32 Joan Bennett, *Five Metaphisical Poets*(London: Cambridge University Press, 1964). p.20.

하는 말은 육체를 피하거나 멀리 해서는 안 될 것이라는 것이다. 연인들은 천사들이 그들이 지배하는 천구에 관련되어 있는 것처럼, 육체에 연관되어 있다는 것이다. 또한 육체는 영혼을 담고 있으며, 감각과 힘을 주는 것이며, 영혼의 황홀 상태를 성취시켜 준다. 왜냐하면 그들 육체는 잠시나마 감각적이며 관능적인 이러한 힘을 포기하고, 영혼에게 양도해 주기 때문이라는 것이다. 그러므로 육체는 사랑에 있어서 뒤로 버려야 할 불순물이 아니고, 더욱 가치 있는 물질—여기서는 영혼을 암시—과 합금하는 데 필요한 기본적 물질이라고 비유한다. 합금이란 예컨대 철과 니켈을 합금해서 더욱 강인한 철을 얻게 되는 것이다. 또한 육체는 연인들이 서로에 대하여 충분히 알기 이전에 그들로 하여금 서로 볼 수 있게 하고 말할 수 있게 하는 존재이다.

57행에서 60행에서도 연인의 참된 사랑은 영혼과 더불어 육체적인 면을 강조하는 비유를 든다. 즉, 항성과 별들은 처음에 공기에 접촉한 후에 우리 인간에게 영향을 주는 것처럼 흔히 영적 또는 정신적인 힘은 그것을 통하여 일할 수 있는 물리적 또는 육체적인 방법을 필요로 한다. 그와 똑같이 연인들의 영혼의 결합은 육체적 결합을 필요로 한다는 것이다.[33]

61행에서 68행에서는 두 가지 면, 영혼과 육체의 관계를 조화해야 된다는 비유이다. 인간은 두 가지 다른 요소, 즉 육체와 영혼으로 구성되어 있기 때문에, 이 둘 사이에는 연결해야 되는 고리가 있어야 하는데, 이 고리란 중세의 생리학에서 말하는바 피(blood)에서 생겨지는 정신이라는 것이다. 그와 같이 순수한 연인들의 영혼은 감각이 파악하고 도달할 수 있는 애정과 행동으로 내려간다는 것이다.

영혼이 영혼에서만 머물러 있어서는 안 되고, 감각적인 애정과 행동으로 연결되어 육체와의 조화를 이룬 사랑을 암시하고 있다. 그것은 영혼이 감정을 통하여 관능을 지배할 수 있다는 것이다.[34] 그리하여 만일 육체와 영혼이 조화를 이루어 움직일 때 그 사랑 자체가 자유를 향유하며, 그렇지 못할 때 위대한 왕이 감옥에 갇혀 있는 것처럼 사랑은 제한을 받는다는 것이다.

그러므로 69행 이하에서는 결론적으로 “우리는 육체로 돌아가자”고 하는 것이다. 시인은 여기서 또 한 번의 비유를 보여 준다. 창조주 하나님께서 자연과 성경을 통하여 하나님의 창조의 솜씨와 존재를 보여 주시듯이, 참된 사랑은 인간의 육체 속에서 사랑의 신비를 읽을 수 있다는 것이다. 그럼으로써 또한 범용한 사람들이 구체적으로 나타난 사랑을 볼 수 있게도 된다는 것이다. 그리하여 영혼의 품위를 높이기 위해서 육체에서 나갔던 영혼이

33 Richards, *op. cit.*, p.248.

34 *Loc. cit.*

이제 육체로 다시 돌아와야만 된다는 것이다. 사랑으로 순화된 연인이 영혼의 언어를 이해하는 경우에서도 그렇게 영혼에서만 머물러 있지 않고, 그와 더불어 육체로 돌아와야 된다는 사랑의 원리를 주시하게 되며, 그때에도 사랑의 어떤 변화도 없음을 말하고 있다. 이제까지 이러한 참된 사랑을 관찰하고 있는 사람은 이러한 내용의 대화를 듣고 있는 것이다. 경청자 또는 관찰자는 기대했던 바와는 상이한 불만족한 결론일지도 모른다고 함으로써 시인 Donne은 전환점에 대한 변명 및 강조의 암시를 보여 준다.

리쉬만이 지적한 그대로, John Donne이 추구하는 바, 이상적인 사랑은 섹스를 초월하여 이루어지는 정신적인 사랑이었고, 다분히 마음과 마음이 합쳐지는 사랑이었다. 그러나 그는 육체적인 것을 부정한 일은 없다. 어떤 의미에서 그것은 모순 같으면서도 그러나 그가 정신적인 사랑을 이상으로 하면서도 또한 육체적인 면을 긍정한 것은 그 육체가 이상적인 것을 계시해 주는 수단이 된다고 믿었기 때문이다.[35] 결국 참된 사랑은 영혼 또는 마음의 결합이지만 인간이 영혼과 육체로 되어있는 한, 육체와의 조화를 이루어야 한다는 것이다. Donne은 육체와 정신의 분리를 허락하지 않으려고 애썼다는 점이다.[36]

35 조신권 역, *존 던 시집*(서울: 정음사, 1974), p.170.

36 Louis L. Martz, *The Wit of Love: Donne, Carew, Crashaw, Marvell*(London: The University of Notre Dame Press, 1969), p.45.

The Sun Rising

Busy[1] old fool, unruly[2] sun,
Why dost thou thus,
Through windows and through curtains call on us?
Must to thy motions lovers' seasons run?[3]
Saucy pedantic[4] wretch, go chide
Late school boys and sour prentices,[5]
Go tell court huntsmen that the King will ride,[6]
Call country ants to harvest offices, [7]
Love, all alike,[8] no season knows nor clime,
Nor hours, days, months, which are the rags of time.[9]

Thy beams, so reverend[10] and strong
Why shouldst thou think?

I could eclipse and cloud them with a wink,
But that I would not lose her sight so long;
If her eyes have not blinded thine,
Look, and tomorrow late, tell me
Whether both the Indias of spice and mine[11]
Be where thou leftst them, or lie here with me.
Ask for those kings whom thou saw'st yesterday,

---

1 Busy: interfering.

2 unruly: disorderly.

3 Must to thy motions loves' seasons run?: must lovers adapt themselves to your time-keeping?

4 pedantic: fussy, inclined to insist over-much on trivial matters(here, that it is morning).

5 sour prentices: ill-tempered apprentices.

6 the King will ride: King James was an enthusiastic huntsman, which obliged his attendants to get up early.

7 Call country ants to harvest offices: summon industrious farm labourers to the duties of harvesting.

8 all alike: unchanging.

9 rags of time: the usual divisions of time are seen as tattered clothing, in comparison with the timeless world of their love.

10 reverend: deserving respect.

11 both the Indias of spice and mine: the East India provided spices, the West India gold.

And thou shalt hear, All here in one bed lay.

She's all states, and all princes I,
Nothing else is.
Princes do but play us;[12] compared to this,
All honor's mimic, all wealth alchemy.[13]
Thou, sun, art half as happy as we,
In that the world's contracted thus;
Thine age asks ease,[14] and since thy duties be
To warm the world, that's done in warming us.
Shine here to us, and thou art everywhere;
This bed thy center is, these walls, thy sphere.[15]

떠오르는 해

방해군 늙은 바보, 난잡스러운 해여, 왜 그대는 이와 같이
창문을 통해서 그리고, 커튼을 통해서 우리를 방문하느냐?
연인들이 그대의 시간 지키는 일에 순응해야 하는가?
건방지고 학자인체 하는 불쌍한 자여, 가서
지각생 소년들과 시무룩한 견습생들을 꾸짖어라. 가서
궁중의 사냥꾼들에게 왕이 사냥나가실 것이라고 말해 주어라.
부지런한 농사꾼들이 추수하는 일에 유념하도록 일깨워 주어라.
사랑은 온통 한결같이, 계절도 풍토도 모른다.
시간의 넝마 조각과 같은 시간들, 날들, 달들을 모른다.

그대의 광선을 그처럼 존경할만한 것이며, 강렬한 것이라고 왜 그대는
생각하는가?
나는 한 번 눈을 깜박 감으면, 그 빛을 어둡게 하고 흐리게 할 수 있도다.
만일 그동안 오래도록 내가 그녀를 못 보게 되지만 않는다면,

---

12 play us: imitate us.

13 All honor's mimic, all wealth alchemy: this is the only true honour and wealth: all else is a false pretence (alchemy: the science which tried unsuccessfully to turn base metals into gold).

14 Thine age asks ease: the sun, being so old, needs to lead an easier life than before.

15 This bed thy center is, these walls thy sphere: this bed is the center of the universe, and the walls of the room mark the new path of the sun's orbit around the center.

만일 그녀의 두 눈이 그대의 눈을 멀게 하지 않았다면
본 다음, 내일 늦게 나에게 말하여다오.
향료와 금의 산지인 두 인디아가 그대가 떠났던 곳에 있는지, 혹은 여기
　　나와 함께 누워 있는지를.
네가 어제 보았던 왕들에게 물어 보아라.
그러면 너는 듣게 되리라. 모두 다 여기 한 침대에 누워 있었다는 사실을.

그녀는 이 세상의 모든 나라요. 그리고 나는 그 모든 왕자.
그 외엔 아무것도 존재치 않는다.
왕자들은 다만 우리를 모방할 뿐:
이 사랑에 비교한다면
모든 영광은 가짜요, 모든 부는 거짓된 것
그대 해여, 그대는 우리의 절반 정도나 행복하다.
세계가 이와 같이 축소되었다는 점에서.
그대는 늙어서 편안한 생활이 요구되고
너의 임무는 세계를 따뜻하게 하는 것이니까
그 일은 우리를 따뜻하게 할 때 이루어진다.
여기 우리를 비추어라. 그러면 너는 세계 도처에 있는 것.
침대는 그대의 중심, 이 벽들은 그대의 천계

● 이해와 감상

이 시의 주제는 충족되어 행복함을 느끼는 사랑이다. 그래서 이 사랑은 두 연인들을 하나의 세계로 만들게 하는 것이다. "Woman's Constancy," "The Apparition," "The Flea" 등의 시에서는 여인에 대하여 풍자적인 태도를 취했으나, 이 시에서는 그 태도가 변형되어 여인과 아주 가까이 결합되어 그들 자신들의 한 세계를 형성하는 연인들의 열광적인 행복을 그린다.

She is all states and all princes I,
Nothing else is.

또한 성적만족의 극치가 시인 Donne으로 하여금 환멸을 느끼게 하지 않는다. 왜냐하면 여기서 나타나는 여인은 자부심에 가득 찬 찬사를 보내는 여인이라는 점에서이다.[16] 그래서 Anne More의 사랑에서처럼 그 사랑의 기쁨은 서로 주고받는 사랑의 깊은 정서적 기초 위에 둔다. 그런데 정신적

---

16 James Winny, *A Preface to Donne*(New York: Charles Scribner's Son, 1970), p.129.

인 면과 더불어 육체적인 면을 포함한 만족한 사랑의 기쁨을 암시해 준다.

그러나 시인 Donne은 그러한 사랑으로 보답 받는 기쁨에 확신을 두고 있지만, 그를 대항하는 힘을 공격하고 정복하고자 하는 그의 습관을 버리지 못한다. 그래서 이 시에 나타난 한 연인으로서 갖는 그의 행복감이 있음에도 불구하고, 그들 사랑의 기쁨을 방해하는 태양에게 힐난조로 말하고 태양의 소란스러운 정확성—시간을 지키기 위해서—을 분개하는 것으로 이 시가 시작된다.

> Busy old fool, unruly sun,
> Why dost thou thus,
> Through windows and through curtains call on us?
> Must to my motions lover's seasons run?
> Saucy pedantic wretch,...

Donne이 이러한 스타일로 시를 진행시키는 데는 다음의 두 가지 목적이 있다.[17] 첫째는 연인으로서 사랑의 행운에 대한 의기양양한 선언을 하기 위하여서이고, 둘째는 태양의 건방진 태도와 시간에 대한 사소한 관심시간을 정확히 지키는 일등—을 꾸짖어 태양에 대한 도전을 하는 것이다. 그리고 태양의 잘못된 의무감을 고치도록 요구한다. 그래서 이 시의 끝부분에 가면 Donne은 태양으로 하여금 시인 자신의 견해를 받아들이도록 설득시키고, 애인들이야말로 우주의 중심지로 간주하도록 주장한다.

위에서 이 두 가지 목적은 이 시에 대하여 특별한 시적인 흥미를 준다. 왜냐하면 화자의 주의집중이 태양으로부터 그의 여인에게로 옮겨질 때, 시인의 어조는 화를 낸 항의로부터 나태한 만족감로 변하는 것이다. 그래서 이와 같이 시의 정서적 짜임새가 거듭해서 바뀌는 것이다. 처음에 시가 시작될 때는 격분하고 성을 잘 내는 어조이다. 그리하여 연인은 태양의 못된 방해에 대한 변명을 듣고자 하는 것이다.

> Busy old fool, unruly sun,
> Why dost thou thus,
> Through windows and through curtains call on us?
> Must to thy motions lover's seasons run?

그 다음엔, 처음의 불쾌한 충격은 사라진 듯이 연인은 더욱 신랄한 개인적인 모욕으로 이루어진 두 번째 공격적인 말을 퍼붓는다. 태양의 움직임

---

17 *Ibid.,* pp.129-130

에 의하여 규제를 받는 이 세계에서 태양이 행하여야 할 보잘 것 없는 의무를 조롱한다.

Saucy pedantic wretch, go chide
Late school boys and sour prentices;
Go tell court huntsmen that me king will ride;
Call country ants to harvest offices.

이 시 첫째연의 마지막 부분에 가서는 시의 속도가 이제까지 화를 내며 초조한 것과는 달리, 눈에 띌 정도로 느슨해진다. 그것은 연인이 달콤한 사랑의 꿈에서 깨어나가 싫어하며, 그 자신이 애인과의 마음과 육체의 사랑 속에서 깊은 위안을 회상하는 때문이다. 그들의 사랑에 대한 회상은 흐르는 시간과는 역행하며, 그 시간과는 아무런 관계가 없는 것이다. 사랑의 영원한 시간에 비교하면 시간과 날들과 달들은 넝마조각처럼 하잘것없는 존재라는 것이다. 그래서 그가 향유한 사랑의 기쁨을 명상할 때, 시간 가는 줄 모른다는 사실을 강한 음절로 표현하고 있다.

그 음절의 움직임은 연인의 방에서 흐르는 시간처럼이나 억제된다.

Love, all alike, no season knows nor clime,
Nor hours, days, months, which are the rags of time.

잠깐 이 시에 나타난 언어를 살펴보면, 언어는 상투어를 사용하고 단조로운 감을 준다. 그리고 이미저리라도 거의 없으나, 마음속으로 평안을 느끼며 만족함을 느끼는 행복을 제시함에 있어서 언어는 화려하고 감각적인 언어를 사용한다.

Donne은 이 시에서 비유나 또는 로맨틱한 어휘를 사용하지는 않지만 상투적 회화체의 언어로 강력한 정서적 효과를 내도록 하는 것이 Donne의 시적인 특징이다.[18]

그러한 그의 특징은 시의 리듬을 시인의 화자를 통하여 나오는 감정의 흐름에 조화시키도록 하는 것이다.

그러면 그 다음 연을 고찰해 보기로 한다. 우선 처음에 경멸에 가득찬 거만한 태도로 시작된다.

Thy beams so reverend and strong
Why shoudst thou think?

위의 질문에서 아랫줄 네 음절에 강한 어세(Stress)를 두어서 그 다음에

---

18 *Ibid.,* p.130.

오는 말에 개인적인 확신을 준다. 즉, 연인이 만일 잠시 동안 그녀를 보지만 않는다면 태양을 잠시 동안 눈을 감고 안 볼 수도 있는 일이지만, 그 사랑하는 여인을 잠시 동안도 못 본다면 그것은 사랑의 큰 손실과 오점을 찍는 일이기에, 그렇게 하지 않는다고 하는 연인의 대단한 자부심이다. 그리고 이러한 사랑의 고백은 허세가 결코 아닌 것이라고 한다.

다음의 네 행은 우리로 하여금 깊은 정서적 확신—순수한 그리고 절대적 사랑의 행복—을 이해할 수 있게 하기 때문에, Donne의 과장된 표현과 암시가 우스꽝스러운 어휘와 표현은 아니라는 것이다. 그래서 이러한 순수하고 절대적연 사랑의 경험이 주관적인 어투로 구사되고 있으며, 그 내용이 아무리 과장되어 있다 하더라도 Donne의 강조된 표현은 우리로 하여끔 그의 흔들리지 않는 확신을 동감하게 한다.

If her eyes have not blinded thine,
Look, and tomorrow late, tell me
Whether both the Indias of spice and mine
Be where thou leftst them, or lie here with me.

첫째 연에서 보여준 태양을 꾸짖는 성낸 어조는 점점 사라지고 따뜻한 정서적 평정으로 변화한다. 그러면서 온갖 이 세상의 모든 것이 이들 순수하고 절대적인 연인들의 사랑의 세계 속에 다 있다는 것이다. 그리하여 이 세상 사람들이 좋아하는 그리고 귀하다고 하는 향료와 금강석의 산지인 인도와 모든 영광스러운 지위의 표상인 왕위라는 지위까지도 이들 사랑의 세계와 비교해 볼 때 무색할 정도이다.

그리고 또 그 사랑의 세계 속에 모든 좋은 것이 포함되어 있는 것이라고 말할 수 있다는 것이다:

Ask for those kings whom thou saw'st yesterday,
And thou shalt hear, all here in one bed lay.

여기서 Donne은 또다시 확고한 확신과 진리의 인상을 만들어 준다. 시인의 언급이 충동적이며 흥분적인 것 같다 할지라도 그 과장된 표현은 어디까지나 한연인의 과장으로 되어 있으므로 그 표현은 신중히 고려된 판단으로 느껴지게 한다. 그리고 그 사용된 언어가 가장 평범하고 허세부리지 않는 언어로 표현된 것이라는 점이다.

이러한 왕에 대한 생각은 제 3연의 첫 행과 둘째 행으로 연결된다.

She's all states, and all princes I,
Nothing else is.

보통 전통적인 연애시에서는 그 여인의 아름다움을 과찬하거나 또는 영원한 정조를 맹서하지만, Donne은 이와는 달리 그가 느끼는 사랑의 기쁨을 직접적으로 표현하여 독자로 하여금 시인 자신의 충동을 느끼도록 한다. 사랑에 빠진 연인(시인)은 그 애인의 미를 판단하고 묘사하는 데 주관적인 실수—편견과 선입견 등—가 있을 수 있으나, Donne은 여기 시에서 그가 경험한 사랑을 경험한 기쁨 그대로 표현한다. 사랑의 행복감을 경험한 실제이다. 예를 들면 "Princes do but play us."라는 표현도 이 시를 떠나서는 그 타당성이 없다. 다만, 이 연인간의 서로 주고받던 사랑의 충만된 행복감의 확신 속에서만 가능한 절대적인 감정이다.

그러므로 이들 연인들의 사랑의 행복감에 비교하면 다른 세상의 모든 것들—명예나 부 등—은 모두 가짜요. 모조품처럼 가치 없는 것이라는 것이다. 마지막 여섯 행 역시 형이상학적인 주장이다. 즉, 궤변에 의한 증명이라는 것이다. 즉, 이들 연인들에게 이 모든 세계가 축소된 소우주이므로 태양은 그들 연인들에게만 비추어 주면 그의 할일은 다 한다는 주장이다.

Thine age asks ease, and since thy duties be
To warm the world that's done in warming us.
Shine here to us and thou art everywhere;
This bed my center is, these walls my sphere.

이렇게 해서 시인 Donne은 단순히 연인으로서의 태도가 아니라, 위대한 힘—태양—에 도전하는 공격적인 개인주의자로서, 그리고 그의 의지에 기울이는 순수한 힘과 결심에 의하여 도전하는 투쟁에서 볼 수 있는 dynamism(역본설)이다.[19]

이것은 이제까지 사랑의 시에서 자연스럽게 보였던 서정적인 분위기와는 전혀 다른 투쟁적인 분위기와 감정이며, 이 감정은 그의 시적, 상상력 과정에서 빼놓을 수 없는 요소가 되는 것이다. 그 표현에 있어서도 마찬가지로 전통적인 애정시에서 애인을 귀금속이나 신화적인 인물로 비유하지만, Donne은 지리학적인 말로 그녀를 묘사하여서 그녀를 "향료와 금을 산출하는 두 인디아"로 "모든 나라"로 표현했다는 점을 주목할 수 있다. 또, 처음 연에서 "해"에 대한 도전으로 시작한 것을 발전시키고 (둘째 연에서), 마지막 연에 "해"에 대한 결론으로 "너의 임무는 우리를 따뜻하게 할 때 이루어진다"로 끝내는 일치를 보여 준다.

---

19 *Ibid*., p.132. 역본설(dynamism)은 모든 우주현상은 자연력의 작용으로 말미암는다는 학설이다.

Batter My Heart

Batter my heart, three-personed God;[1] for You
As yet but knock, breathe, shine[2], and seek to mend;
That I may rise and stand, o'erthrow me, and bend[3]
Your force, to break, blow, burn, and make me new.
I, like an usurped town, to another due,[4]
Labor to admit You, but O, to no end![5]
Reason, Your viceroy in me, me should defend,[6]
But is captived, and proves weak or untrue.
Yet dearly I love You, and would be loved fain,[7]
But am betrothed unto Your enemy.
Divorce me, untie or break that knot again;[8]
Take me to You, imprison me, for I,
Except You enthrall me,[9] never shall be free,
Nor ever chaste, except You ravish me.[10]

나의 가슴을 때리소서

나의 가슴을 때려 부수시옵소서 삼위일체 하나님이시여!
주님께서 이제껏 다만 두들기시고, 입김을 불어 넣으시고, 빛내 주시고,
고치시려고만 하셨기에.
내가 일어나서 서 있을 수 있도록, 나를 뒤집어엎으소서. 그리고

---

1 three-personed God: the Holy Trinity(God the Father, God the Son, and God the Holy Spirit)
2 shine: polish.
3 bend: direct, apply.
4 to another due: owing duty and obedience to another.
5 to no end: unsuccessfully.
6 Reason your viceroy should defend: his reason should rule him in God's name and on God's behalf.
7 and would be loved fain: the poet wishes to be loved by God.
8 untie or break that knot again: that is, the 'knot' which is said to bind together the partners in a marriage.
9 enthrall me: make a slave of me.
10 except You ravish me: unless you rape me.

주님의 힘을 기울이 시사, 깨뜨리시고, 불어주시고, 태우시고, 나를 새롭게 하시옵소서.
나는 빼앗긴 도시처럼, 다른 이에게 지불하여야 할 소유물로 되어,
주님을 영접하려고 하지만, 그러나 아, 어찌할 수 없는 일입니다.
내 속에 있는 주님의 총독이신 이성은 나를 방어해야 되는데,
하시반 표로가 되어, 연약하고 참되지 못한 것으로 끝납니다.
그러나 나는 지극히 주님을 사랑합니다. 그리고 기꺼이 주님으로부터 사랑을 받고 싶지만,
나는 주님의 적과 약혼한 사이입니다.
나를 그로부터 이혼시켜 주시고, 그 결속의 줄을 풀어 주시든지 깨뜨려 주십시오.
나를 주님께 데려가 주십시오. 나를 쏙 수님 안에 가두어 주십시오.
왜냐하면 나는 주님께서 노예로 만들어주시지 않으시면, 결단코 자유로울 수가 없기 때문입니다.
주님께서 나를 범하시지 않으시면, 결단코 정숙할 수 없기 때문입니다.

● 이해와 감상

이 시는 하나님께서 시인의 마음속에 임재하시고 그를 떠맡아 시기를 바라는 탄원이 여러 모양의 이미지를 통하여 극적으로 진행된다.

Donne의 유명한 'Songs and Sonnets'는 그가 젊은 시절, 아마도 그가 결혼한 1601년 전후로 해서 몇 년 동안에 쓰여진 것으로 본다. 열아홉 개나 되는 Holy Sonnets는 그의 아내가 1617년 죽었을 때 큰 위로를 빼앗긴 그의 생애에 어두운 시절에 쓰여진 것이다. 그의 인생관이 크게 변화된 때였다. 이 Holy Sonnets는 영혼의 깊은 불안과 동요를 반영시켜 주고 있으며, 그의 아내의 죽음과 더불어 그의 많은 사랑의 시가 지시하고 있는 안도감(the sense of security)을 상실했다고 본다. 지금 그는 더 큰 사랑의 보증을 위하여 하나님께로 향하는 것이다. 그러면서도 그의 과거의 죄악의 기억 때문에 늘 괴로워하면서 그가 과연 하나님의 용서를 받을 수 있을까 하고 걱정하는 모습을 볼 수 있다.[11] 이 시에서는 이와 같이 완전하고 성결한 모습의 신부로서 주님(신랑)의 사랑을 받고 싶지만, 나약하고 부족함이 너무 많은 인간으로서 괴로워하며 어찌할 수 없이 전능하신 주님의 은총을 간구하는 영적투쟁의 모습을 볼 수 있다.

---

11 James Winny, *A Preface to Donne*(New York: Charles Scribner's Sons, 1970), p.140.

그래서 첫째 연에서는 시인은 죄악의 속박을 깨뜨리고 하나님의 자녀 되기를 갈망하지만, 여전히 그 자신 나약하고 죄악의 종속적인 존재임을 깨닫게 된다. 그래서 하나님의 힘에 의하여 자신이 거꾸러지고 부서지고 재창조되기를 갈망하는 것이다. 여기서 재창조의 과정을 풀무를 불고 잡된 고절을 깨뜨려 녹여서 연장을 두드려 만드는 대장장이에 비유를 사용하고 있다. 하나님은 대장장이고, 인간 Donne은 그 대장장이 손안에 놓여있는 고철로 비유된다. 삼위일체인 하나님께서는 이제까지 다만 인간 Donne의 결함만을 고쳐 주려고 하셨다. 그런데 지금 Donne의 내적 인간(自我)을 재창조해서 죄악의 유혹에 절대로 넘어가지 않고 주님의 뜻대로 살아가도록 강해지기 위해서는 더욱 큰 하나님(대장장이로 암시)의 폭력적 행동과 쇄신(재창조)이 필요하다는 것이다. 하나님 아버지께서는 단순히 Donne의 고집 센 마음의 문을 두드리시는 대신에, 그 완고한 그의 마음을 깨뜨려 부서 주셔야 한다. 성령 하나님께서는 단순히 그에게 성령으로 속삭여 주시는 대신에, 불어 넣어 주셔서 충만케 해 주서야 한다는 것이다. 성자 하나님께서는 Donne의 영혼의 태양이므로[12] 이제까지 그의 영혼의 어둠을 비춰 주시기만 했지만, 이제는 그 태양의 뜨거운 열로 완전히 태워서 새롭게 재생되도록 해 주셔야 한다는 것이다. 이와 같이 성부 성자 성신 삼위일체인 하나님께서, 인간 Donne을 새롭게 완전히 재창조하시도록 간청하는 시인의 간구이다.

첫째 연에서 폭력적인 행동감과 명령조로 시작된 어조는 둘째 연에서는 그가 죄악을 대항하기에 얼마나 무기력한가를 설명하면서 변명조의 어조로 바뀐다. 그래서 그의 무력함을 적군에게 강탈당한 도시에 비유하고 있다. 적군에게 포위당한 도시처럼, 나약하여 주님을 영접하려는 마음뿐이지, 적의 위력에 꼼씩 못하고 적에게 넘어간다는 것이다. 여기서 적은 죄악 또는 Satan으로 암시되고 있다. 하나님께서는 우리 인간에게 악의 요소와 싸울 수 있도록 이성을 주셨다. 그러나 그 이성 역시 그를 죄악으로 이끄는 유혹적인 적과 싸워 이길 수 없는 것은 적에게 포로가 된 탓이다. 포로가 되어 어찌할 수 없이, 마음과는 달리 참되지 못한 행동과 결과로 되고 만다. 여기서 이성은 하나님께서 우리 인간을 그의 뜻대로 행동하도록 다스리는 총독에 비유되어 있다. 그리고 이 이성은 아담과 이브의 원죄 이후 완전치 못한 것으로 나타난다.[13] 아담과 이브의 원수 Satan에 의하여 타락된 후

---

12 찬송가 49장 참조: "Sun of My Soul, Thou Saviour," 한국찬송가위원회 편(서울: 우성인쇄주식회사, 1980)

13 H. Orton Wiley and Paul T. Culbertson, *Introduction to Christian Theology*(Missouri Kansas City: Beacon Hill Press, 1964), p.164.

하나님께서 주신 이성이나 양심도 타락되어 완전치 못하고, Satan의 유혹에 넘어가 죄악을 범할 수밖에 없는, 나약한 존재의 인간임을 암시하고 있다. 이러한 관계는 그의 영혼의 상태의 실제를 말하기도 한다.

시인 Donne은 그와 하나님과의 관계를 연인에 대한 만족되지 못한 사랑의 열망으로 나타나는 것이다.[14] 하나님의 사랑과 은총을 확실히 받기 위해서 길망하는 것이나. 이러한 하나님과 시인 Donne의 관계가 Satan과 삼각관계처럼 나타나, 자기의 의사에 어긋난 강제 결혼을 한 여인처럼, Satan에 매여 있지만, 마음과 그리움은 언제나 사랑하는 연인에게—하나님을 암시—있다.

Yet dearly I love you, and would be loved fain,
But am betrothed unto Your enemy

그리고 그 연인이 계속해서 자기를 사랑하는 아내로 삼아 주기를 기대하고 있다는 것이다. 그래서 Satan과의 맺어진 관계를 끊어버리고 주님의 사랑과 은총을 완전히 소유하기를 바라는 것이다. 이러한 소망이 마지막 네 줄의 시행 속에 나타난다.

맨 끝 네 행의 시에서는 이 시의 처음 연에서 시작되었던 것처럼 폭력적인 이미지와 열정적인 사랑의 이미지가 나온다. 주님에 의한 완전한 사랑으로 정복되어지기를 바란다. 여기서 성의 폭력적인 이미지가 하나님과 인간관계에서 좀 괴이하고 이상한 것같이 보이지만, 그의 감정의 표현이 얼마나 직접적이고 적나라한 것인지를 알 수 있다. 시인 Donne은 영혼의 투쟁 한가운데에서, 여기서 나오는 은유에서처럼 연인의 폭력적인 소유일망정 Satan의 유혹과 죄된 생활에서 떠나서 주님의 사랑 가운데 안전하게 쉬기를 바라는 것이다. 여기서 Donne의 사랑과 강탈이라는 이질적인 개념이 공존할 수 있게 된다.

주님의 사랑과 강탈이라는 이질적인 개념을 가지고, 시인 Donne은 하나님께서 그가 처하여 있는 영혼의 갈림길의 문제를 해결해 주실 것을 절규한다.

Divorce me, untie or break mat knot again;
Take me to you, imprison me, for I
Except you enthrall me, never shall be free,
Nor ever chaste except, You ravish me.

14 James Winny, *op.cit,* p.43.

타락한 의지와 영혼으로 비록 연약 하지만, 그래도 주님을 사랑하고 그 사랑을 받기를 원한다. 그러나 주님의 원수 Satan, 이와 연결된 그 줄을 끊을 수 없는 나약한 인간 Donne은 Satan과의 결박을 풀어달라고 간청하는 것이다. 강력한 압도적인 힘과 폭력적인 재창조의 필요성은 인간의 타락성이 죽어짐으로서 참으로 산다고 하는 Paradox, 잃어버려야 정말 얻게 된다는 Paradox를 의미하고 있다.[15] 죄악적인 생활 속에 갇혀 살게 되는 현재 시인의 감옥 생활은 그 생활이 하나님의 삼위일체에 의해서 사는 새로운 감옥 생활로 대치되어야 한다는 것이다. 왜냐하면 역설적으로 하나님 안에서 사는 노예 생활은 그것이 속박된 노예의 생활인 것 같으나, 본질적으로는 자유를 누리는 생활이기 때문이다.[16] 그리고 주님께서 강제로 그를 소유할 때까지는 결단코 정숙할 수가 없다고 하는 역설이다. 주님께서 그를 억지로라도 점유하시면 타락된 인간으로서는 그것은 강탈이 아니라 참된 의미에서는 Satan에게 보호되고 신앙의 정조를 지킬 수 있는 정숙함이 된다는 것이다. 이러한 Paradox는 모두 시인 Donne의 지적인 wit의 소산물이라 볼 수 있다. 또한, 그의 시가 본질적으로 논리적이며 형이상학파적 태도에서 나오는 스타일이다.

이 시를 총괄적으로 보면 첫째 연은 전능하신 하나님께서 인간 Donne의 마음을 강제적으로 변화시켜 주시기를 요청하고, 두 번째 연에서 주님의 사랑을 통하여 타락된 이성이 갱신되어질 것을 마음속에 그리며, 그 결과로 주님의 영접을 상상한다. 마지막 여섯 행의 Sestet은 첫째 연에서 시작된 재창조의 이미지와 Paradox가 사랑과 강탈이라는 이질적인 개념의 공존을 통하여 Climax와 결말에 이르는 것이다. 여기서 성적 이미지(sexual image)와 Paradox가 이끌어 나간다.

---

15 Geroge Knox, "Contemplation of the Trinity", *John Donne's Poetry: Authoritative Texts Criticism* A. L. Clements(ed.)(New York: W. W. Norton & Company, Inc., 1966), p.250.
16 *Loc. Cit.*

Death, Be Not Proud

Death, be not proud, though some have called thee
Mighty and dreadful, for thou art not so;
For those whom thou think'st thou dost overthrow
Die not, poor Death, nor yet canst thou kill me.
From rest and sleep, which but thy pictures be,
Much pleasure;then from thee much more must flow,
And soonest our best men with thee do go,
Rest of their bones, and soul's delivery.
Thou art slave to fate, chance, kings, and desperate men,
And dost with poison, war, and sickness dwell.
And poppy or charms can make as sleep as well
And better than thy stroke;why swell'st thou then?
    One short sleep past, we wake eternally
    And death shall be no more;Death, thoust shalt die.

죽음이여, 자랑하지 말라

죽음이여 자랑하지 말라. 어떤 사람들은 그대를
막강하고 두렵다고 했지만 실제로 그대는 그렇지 않기에,
그대 생각에 그대가 타도시키는 사람들은
죽지를 않는다. 불쌍한 죽음이여, 또한 그대는 나도 죽이지 못하기에.
다만 그대의 그림자에 지나지 않는 휴식이나 잠으로부터
많은 기쁨이 흘러나온다;그러니 그대로부터 더 많은 기쁨이
흘러나와야 할 것 같은데.
그리고 곧 우리의 훌륭한 사람들은 그대와 함께 간다.
그들의 유골의 안식과 영혼의 자유를 찾아서.
그대는 운명, 우연, 왕들, 그리고 필사적인 사람들의 노예이다.
그리고 독약, 전쟁 그리고 질병과 함께 산다.
그리고 아편이나 마법이 우리를 또한 잘 잠재울 수 있다. 또한
그대의 강타보다 더욱 잘 우리를 잠자게 할 수 있다.
그런데도 왜 그대는 그렇게 자랑으로 부풀어 오르느냐?

짧은 잠이 지나가면 우리는 영원히 깨어난다.
그리고 죽음 그대는 더 이상 있지 않을 것이다. 그대 죽음이 죽게 되리라.

● 이해와 감상

이 소네트는 Holy Sonnet의 하나다. 시인이며 St. Paul의 성직자였던 Donne의 신앙과 관련된 신앙시이다. 사람이면 대체로 두려워하는 죽음에 대한 승리의 개가이며 승전 장군의 기풍이 가득한 어조와 비유를 사용한다.

보통 사람들은 죽음("Death")을 이 세상에서 가장 두렵고 무시무시한 초자연적인 존재로 보고 아무도 그에게 저항할 수 없는 어마어마한 존재로 생각하고 그 죽음 앞에서 벌벌 떤다.

그러나 여기서 시의 화자(또는 시인)는 전혀 그렇지 않다고 단언한다. 시의 화자를 결단코 타도할 수도 없고 죽일 수도 없다고 주장하고 나선다. 왜냐하면 그 죽음의 비유로 사용한 휴식이나 잠으로부터 많은 기쁨이 흘러나오기 때문이다. 그것은 인간의 고통과 슬픔으로 가득찬 삶이 휴식이나 잠의 순간 멈추어지고 기쁨이 나오기 때문이다. 그와 같이 죽음의 순간은 그러한 인생의 고통과 슬픔에서 자유롭게 해방되고 휴식을 얻는 시간이 되기 때문이다. 여기서 시인은 형이상학파 시인답게 그 이유를 기상(conceit)을 사용하여 잘 전개한다.

더구나 훌륭한 사람들—유력한 사람들을 암시—또는 성인들(Saints)이나 성도들은 그들의 신앙을 통하여 죽음은 부활하여 영원한 삶의 세계로 들어가기 전에 잠간동안 있는 잠에 비유하기 때문이다.

시인은 계속해서 죽음을 아주 하찮은 존재로 비유한다. 즉 죽음은 운명이나 우연, 왕들 그리고 죽음을 각오하고 나선 담대한 사람들에게는 노예에 지나지 않는다는 기상을 사용하고 있다. 또 죽음이란 독약이나 전쟁 그리고 질병과 함께 뒤따라오는 하찮은 존재이지 그리 어마어마한 존재가 못된다는 기상을 계속해서 전개한다. 뿐만 아니라 아편이나 마법으로 더욱 편하고 평화롭게 죽음의 잠을 잘 수 있기 때문이라고 한다. 과연 Donne의 기상은 죽음이 설득당할만한 논리이다.

그렇다면 죽음은 더 이상 뽐내며 자랑할 수 없다는 결론에 이른다. 신약성서 고린도전서 15장 26절에 근거를 두고 확신하는 이 소네트의 화자이다. "멸망되고야 말 마지막 적은 '죽음'이다." 이 Holy Sonnet는 이와 같이 이 성경말씀의 부활신앙을 소유한 시의 화자나 성도의 신앙의 배경을 두고 있다.

George Herbert

(1593-1633)

Easter Wings

Lord, Who createdst man in wealth and store,
Though foolishly he lost the same,
Decaying more and more
Till he became
Most poor:
With thee
O let me rise,
As larks, harmoniously,
And sing this day Thy victories:
Then shall the fall further the flight in me.

My tender age in sorrow did begin:
And still with sicknesses and shame
Thou didst so punish sin,
That I became
Most thin.
With thee
Let me combine,
And feel this day thy victory;
For, if I imp my wing on thine,
Affliction shall advance the flight in me.

부활절의 날개

부와 풍요로 인류를 창조하셨던 주님
비록 어처구니없이 인류를 잃어버리긴 했지만
점점 더 타락하여
인류가 아주 가난하게
될 때까지:
주님과 함께
아 저를 일으켜 주시옵소서
종달새처럼 가락도 아름답게
오늘 주님의 승리를 노래하게 하옵소서
그리하면 인류의 타락이 더욱 더 높이 내 마음속에서
비상하게 하실 것입니다.

저의 어린 시절은 슬픔으로 시작되었지요.
그리고 언제나 질병과 수치심으로
주님께서는 죄를 벌하셨나이다.
그래서 저는
무척이나 여위었나이다.
주님과 함께
저는 하나가 되게 하옵소서
오늘 주님의 승리를 느끼게 하옵소서
왜냐하면 저의 상한 날개를 주님의 깃에 접붙인다면
고뇌가 저의 마음속에서 더 높이 비상을 하게 하실 것이옵니다.

● 이해와 감상

우리 인간은 Adam의 원죄 이후 타락과 부패로 우리의 삶은 망신창이가 되고 하나님께서 창조하시고 축복해 주신 그 부요함과 풍요로움을 어리석게도 상실했다. 그러나 부활절에 시인은 배은망덕했던 인류에게 하나님의 놀라우신 은총으로 소망이 없던 인류에게 부활의 비전을 주셨다. 부활절에 그 역설적인 하나님의 은총을 시인은 명상하면서 인간과 자신의 타락과 몰락이라는 하강상태에서 상승의 승리를 확신하며 하나님의 그 엄청난 은총을 노래한다.

특별히 제2연에서는 자신의 자서전적인 과거를 회상하면서 주님 예수 그리스도와 함께 그 은총의 날개를 타고 삶의 승리를 확신하며 또 그러한 은총을 더욱 간절히 간구한다. 시인은 여기서 옛날 매사냥의 은유를 사용하여 그의 상한 깃털을 주님의 깃털에 붙여주신다는 가정법을 사용하였다. 시인이 종달새처럼 비상할 수 있는 것은 그러므로 주님의 은총의 힘을 입어서 주님 안에서만 가능한 것이다.

Andrew Marvell

(1621-1678)

To His Coy Mistress

Had we but world enough, and time,
This coyness, lady, were no crime.
We would sit down, and think which way
To walk, and pass our long love's day.
Thou by the Indian Ganges' side
Shouldst rubies find: I by the tide
Of Humber would complain. I would
Love you ten years before the Flood;
And you should, if you please, refuse
Till the conversion of the Jews.[1]
My vegetable love should grow
Vaster than empires, and more slow.
An hundred years should go praise
Thine eyes, and on thy forehead gaze:
Two hundred to adore each breast;
But thirty thousand to the rest:
An age at least to every part,
And the last age should show your heart.
For, lady, you deserve this state;
Nor would I love at lower rate.
But at my back I always hear
Time's winged chariot hurrying near;
And yonder all before us lie
Deserts of vast eternity.
Thy beauty shall no more be found,
Nor, in my marble vault, shall sound
My echoing song. Then worms shall try

---

1 Till the conversion of the Jew: 유대인이 개종하여 기독교가 된다는 일은 상상키 어려운 일이므로 이것은 무궁한 시간을 뜻한다.

That long-preserved virginity,
And your quaint honour turn to dust,
And into ashes all my lust.
The grave's a fine and private place,
But none, I think, do there embrace.
  Now, therefore, while the youthful hue
Sits on my skin like morning dew,
And while my willing soul transpires[2]
At every pore with instant fires,
Now let us sport us while we may;
And now, like amorous birds of prey,
Rather at once our time devour
Than languish in his slow-chapt power.
Let us roll all our strength, and all
Our sweetness up into one ball,
And tear our pleasures with rough strife
Thorough the iron gates of life.
Thus, though we may not make our sun
Stand still, yet we will make him run.[3]

그의 수줍은 애인에게

우리가 만일 오직 충분한 세계와 시간을 가지고 있다면,
아가씨여 수줍음은 죄는 되지 않을 것이다.
그렇게만 된다면 우리는 앉아서 어느 길을 걸어갈 것인가를 생각하며
우리의 긴 사랑의 나날을 지날 수 있을 것이다.
당신은 인도의 갠지스 강가에서
루비를 찾을 수 있고, 나는 험버 강물가에서
사랑을 구해 노래할 것이다.
나는 노아의 대홍수가 있기 10년 전에 당신을 사랑할 것이다.
그리고 또 당신은 원하신다면 유태인의 기독교 개종까지는
구애를 거절할 수도 있다.

---

2 transpire: excrete through skin pores
3 우리가 사랑하여 영원한 세계에 존재한다면 태양이 달려 시간이 흘러간들 아무 관계없는 일이다. 태양이 달리게 하는 일은 우리의 영원한 사랑과 무관하다.

나의 식물 같은 사랑은 제국보다
더욱 크게 자랄 것이며 더욱 천천히 자랄 것이다.
당신의 두 눈을 칭찬하고
당신의 이마를 바라보는 데에 일백년이 걸릴 것이고,
각각의 젖가슴을 경모하는 데에 이백 년
그리고 나머지 부분에는 삼만 년이 걸릴 것이다.
모든 부분에 적어도 한 세대
그리고 마지막 세대는 당신의 마음을 볼 것이다.
왜냐하면 아가씨여, 당신은 이러한 장엄한 감상을 받을 가치가 있기
　　때문이다.
그리고 나 또한 그보다 더 낮은 비율로 사랑하지는 않을 것이다.

그러나 나의 등 뒤에서 나는 항상
시간의 날개 달린 전차가 급히 가까이에 오는 소리를 듣는다.
그리고 저기 우리 앞에는 온통 거대한 영원의 사막이 놓여 있다.
당신의 아름다움도 더 이상 찾을 수 없을 것이고,
또한 당신의 대리석으로 된 납골당에서는
나의 메아리치는 노래 소리도 들리지 않을 것이다.
그때는 구더기들이 그 오랫동안 지키던 처녀성을 맛볼 것이며,
당신의 기괴한 명예(정조)는 먼지로 화하고
그리고 나의 모든 욕정은 재로 변할 것이다.
무덤은 훌륭하고 은밀한 곳이지만
아무도 거기서는 포옹하지 않는다고 생각된다.

그러므로 지금 젊음에 찬 색깔이
그대 당신의 살결에 아침 이슬처럼 내려 앉아있는 동안,
그리고 당신의 의지에 찬 영혼이 순간의 불길로
모든 기공에서 내뿜는 동안,
지금 우리가 즐길 수 있는 동안 즐깁시다.
그리고 지금 사랑하는 맹금처럼
차라리 곧장 우리의 시간을 먹어 치웁시다.
천천히 턱을 움직이는 시간의 위력 아래 꺼져가는 것보다는 말이오
우리의 모든 힘과 우리의 모든 감미로움을 굴려서
하나의 공으로 만들어 버립시다.
그래서 인생의 철문을 뚫고

우리의 기쁨을 힘차게 전진합시다.
그래서 우리가 태양을 정지시킬 수는 없지만,
그러나 우리가 태양을 달리게 할 것입니다.

● 이해와 감상

이 시 역시 형이상학적인 사랑의 시로 걸작품이라 볼 수 있다. 재치 있는 주장으로 여인의 구애에 대한 저항을 꺾으려는 것이다. 시의 전체적인 구성을 보면, 세 개의 부분으로 되어있다.

처음에는 Had we…로 시작돼서 20행까지 가정문이고, 그 다음 But…으로 로 시작되어 32행까지 현실 문제를 말하고, 마지막은 Now, therefor... 에서 끝 행까지는 결론적인 부분으로 어떻게 해야 된다는 식으로 변증법적인 구성으로 볼 수 있다.

즉, 만일…하다면, …할 텐데, 그러나 실제로는…하다. 그러므로…할 수밖에 없다는 삼단논법등과 흡사한 형이상학 시인들이 잘 쓰는 변증법적 주장을 펴나가는 것이다.

즉, 그녀에게 그의 구애를 받아들이도록 주장하는데 있어서, 첫째 단계로 우리의 인생의 삶이 짧지 않다면 그녀가 수줍어해서 사랑을 지연시킴이 옳다는 것이다. 둘째 단계로 그러나 인생은 짧아서 죽음에 자리에서 사랑과 명예란 아무 의미가 없다고 한다. 셋째 단계는 결론적으로 그러므로 젊음과 시간이 있는 동안 사랑의 기쁨을 누리라는 것이다.

그리하여 첫 부분에는 긴장이 풀린듯한 탐닉(indulgence)이오, 그 처음엔 공포, 마지막 부분에 강제적인 결정이 되는 그러한 어조와 분위기를 자아내게 한다.[4] 이러한 세 가지 다른 부분으로 극적인 구성을 병치시켜 극적 효과를 얻는다. 사용된 언어는 간결하고 압축되어 폭발적인 힘을 더욱 부가해 주는 것이다. 여기서 특히 주목되는 점은 Marvell이 그 음울한 분위기를 조성하는 것인데 연인의 열정과 무덤 또는 구더기 등을 섬뜩하게도 연결시키는 점이다. 이러한 공포분위기 조성은 그 여인을 시인의 말에 설득시키려 하는 형이상학파 시인다운 의도임은 말할 나위도 없다.

이 시에서 중심 되는 주제는 여인을 설득시켜 그의 구애를 받아들이도록 하고자 하는 것이다. 설득과정에서 특별히 "시간"의 유한성을 내세운다. 영원한 밤인 죽음이 오기 전에 인생을 사랑으로 향유 하여야 한다는 것이다. 우리 한국의 전래적인 가요에서도 "노세, 노세 젊어서 노세 늙어지면 못 노나니..."등 일맥상통하는 예가 있다. 시간의 유한성 앞에서 그녀의 미도

---

4 James Winny, *A Preface to Donne*(New York: Charles Scribner's Sons, 1970), p.151.

사라질 것이고, 그녀의 고귀한 처녀성도 쓸데없이 무덤으로 간다는 점에서 보면, 그녀의 고집은 아무런 변호할 힘이 없다는 것이다. 이러한 주장을 할 때, Donne등 형이상학파 시인들은 정서를 통한 호소와는 판이하게 지적인 논증을 사용하는 것이다. 그러나 여기서 Marvell의 일면을 보면, 정서적 언어를 사용해서 강력한 본능적 감정을 일으키는 면을 볼 수 있다

Thou by the Indian Ganges' side
Should'st rubies find:

"나의 식물 같은 사랑은 제국보다 더 거대하게 그리고 천천히 자랄 것이며"라는 표현도 역시 재치 있는 Donne의 생각과 기법이 아닌 사치스럽고 풍요로운 감정에 의존한다고 볼 수 있다. 그러나 "각각의 젖가슴을 경모하는 데에 200 년을 소모 한다"라는 표현은, Donne을 연상케 하는 비꼬는 유머로서 진지한 체하는 가장적인 표현이다. 또 "험버 강江의 조류에서 사랑을 한탄해 노래한다"라는 표현은 자기를 조롱하는 표현방법이기도 하다.

그 마음 부분에서 "Time's winged Chariot hurrying near"에서 계속해서 거듭되는 리듬과 "chariot" 과 "hurrying" 등에서 점점 끝이 약화되는 음절의 사용을 통해서 빠른 움직임의 감정을 느끼게 한다.[5] 좀 더 짓궂은 표현에서는 "Then worms shall try/ That long-preserved virginity"에서 Donne의 형이상학파 시에서처럼 지적인 날카로움을 엿볼 수 있는 것이다. 이러한 점에서 보면, Marvell은 Donne의 뛰어난 개성에 비해서 이러한 개성적인 스타일과 유럽시의 일반적인 전통의 부분이 되는 주제 사이에 보기 좋은 조화를 이룩하려고 한 것이다.[6]

Brook와 Warren이 지적한대로 이 시의 첫째 부분은 희롱조이지만, 다음 부분에서는 아주 진지한 어조이다. 그리고 퍽 화려하고 장엄한 이미지가 여기에 어울려 나온다. 즉, "Time's winged chariot"이나 "Deserts of vast eternity"등이다.

그러나 이러한 이미저리가 이 부분 끝에 가서는 일종의 풍자적인 어조로 바뀐다.

The graves' find and private place,
But none, I think, do there embrace.

그리하여 마지막 두 행에서는 이 부분에 대한 요약적인 표현으로 끝맺는다. 무덤은 훌륭하고 은밀한 곳이기는 하나, 그곳에는 사랑이 있을 수 없는

---

5 *Ibid.*, p.152.
6 *Loc. cit*

곳이라는 아이러니컬한 표현이다.

마지막 셋째 부분은 이 시의 결론이며, 시간의 유한성에 대한 도전이 기도 하다. 이것은 마지막 구절 속에서 경구적이며 Paradoxical하게 나타난다.

Thus, though we may not make the sun
Stand still; yet we will make him run.

즉, 우리는 시간을 정복해서 우리 자신을 불멸의 것으로 만들만큼 강하지는 못할지라도, 우리는 적어도 시간을 더 빨리 지나가게 할 만큼은 강하다는 것이다. 이것은 우리가 어떤 일에 심취하게 되면 우리 자신도 모르게 시간이 빨리 지나감을 느끼게 되는 것이다. 이러한 문제는 죽음에 직면해서, 그리고 죽음 후에 어떤 삶에 대한 무지 속에서 인긴의 대도는 이띠해야 할까? 하는데 대한 드라마틱한 감상이다. 여기서 시인은 암시한다. 즉, 인간은 죽음을 정복 할 수는 없지만, 그의 의지로 인생을 가능한 한 열심히 살아서 삶을 아름답게 꽃 피우는 것이다. 이것이 이 시 속의 담겨있는 저의라는 것이다.[7] 이 시는 그러므로 단순히 미가 사라지고 사랑이 끝난다고 하는데 대한 단순한 비애감을 주려는 것이 아니다.

7 *Ibid.* p.295.

John Milton

(1608-1674)

Lady, That In The Prime Of Earliest Youth

Lady, that in the prime of earliest youth
    Wisely hath shunned the broad way and the green,
    And with those few art eminently seen
    That labour up the hill of heavenly truth;
The better part, with Mary and with Ruth,
    Chosen thou hast; and they that overween,
    And at thy growing virtues fret their spleen,
    No anger find in thee, but pity and ruth.
Thy care is fixed, and zealously attends
    To fill thy odorous lamp with deeds of light
    and hope that reaps not shame. Therefore be sure
Thou when the bridegroom with his feastful friends
    Passes to bliss at the mid-hour of night,
    Hast gained thy entrance, virgin wise and pure.

소네트 9

청춘의 꽃을 피우는 새파란 젊은 나이의 아가씨여
    그대는 넓은 길과 젊음의 길을 슬기롭게 피하시고
    하늘의 진리를 향한 동산에 애써 오르려는
    몇 몇 사람들 속에서 뚜렷한 인물입니다.
당신은 성서 속에서 흠모받는 마리아와 룻과 함께
    더 좋은 부분을 택하셨습니다.
    당신의 무르익어 가는 미덕에
    거드름을 피우고 짜증을 내는 그들은
    당신에게서 아무런 노여움을 찾지 못하고서
오히려 연민의 정과 동정을 보내게 될 뿐입니다.
    당신의 관심은 고정되어 있습니다.
    그리고 빛나는 행동으로 향기로운 램프를 채우려고 애쓰십니다.

또한 수치로움을 거두는 일을 바라지 않습니다.
그러므로 신랑되신 예수께서 축연의 친구들과 함께
밤 자정에 축복된 자리에 오실 때
현명하시고 순결하신 아가씨 당신께서는
확실하게 천국에 들어가게 되실 것입니다.

● 이해와 감상

위의 소네트는 1645년에 출판된 시집에 있다. 분명히 이 소네트는 사랑의 소네트는 아니다. 시인은 나이가 한창 젊은 아가씨에게 나이가 더 많지만 친구같은 심정으로 친절과 격려로 말하는 것이다. 그런데 시인이 말을 건네는 그녀는 어떤 몇 몇 사람들의 비난을 받고 있다. 그래서 그러한 그녀의 고통에 대하여 시인은 그녀를 위하여 그 불행을 털어 놓고 말할 수 있는 믿을 수 있는 친구가 되는 것이다. 그 나쁜 사람들은 그녀를 젠체하는 여성으로 비난한다. 여기서 시인은 그녀를 동정하고 칭찬하면서 잘못된 악평에서 그녀를 구조하려는 것이다. 그 아가씨는 시인이 잘 알고 있는 친척이나 혹은 친한 친구의 딸 정도로 생각된다.

이 소네트는 밀턴의 그 어느 소네트보다 성경의 이야기를 배경으로 한 인유가 나온다. 예수님 발밑에서 열심히 그 예수님의 말씀을 경청했던 Martha의 동생 Mary, 그리고 시어머니 Naomi에 대하여 큰 효심을 보여주었던 Ruth(후에는 Boaz의 아내가 됨) 그리고 성경에서 어리석은 처녀와 신랑이 오기 전 기름을 잘 준비하고 있었던 지혜로운 처녀 등의 비유가 그 배경이 된다. 여하튼 이 시에서 나오는 아가씨는 신앙교육을 잘 받고 그 성경 말씀대로 잘 실천한 신앙여성인 것이 틀림없다.

이 소네트에서 나오는 고귀한 아가씨는 성서에 있는 대로 생명의 길인 좁은 길로 가기를 힘쓰는 고결한 아가씨이다.

위의 소네트에서 Milton은 멸망으로 가는 길은 넓은 길이고 초록색으로 표현했을까? 성경에는 그런 표현이 없는 것을 보면 분명히 중세적인 표현으로 본다. 또한 Chaucer가 "the Parson's Tale"에서 "the green pathway to hell"이라는 표현을 썼다. 이와 같이 Milton은 이 소네트에서 신앙과 미덕을 겸비한 훌륭한 아가씨에게 격려와 용기를 주며 그녀가 걸어가는 진리의 길에 확신을 주고자 하는 깊은 관심과 애정이 있음을 본다.

How Soon Hath Time

How soon hath Time, the subtle thief of youth,
Stolen on his wing my three and twentieth year!
My hasting days fly on with full career,[1]
But my late spring no bud or blossom show'th.
Perhaps my semblance might deceive the truth,
That I to manhood am arrived so near,
And inward ripeness doth much less appear,
That some more timely-happy spirit[2] endu'th.[3]
Yet be it less or more, or soon or slow,
It[4] shall be still[5] in strictest measure even[6]
To that same lot, however mean or high,
Toward which Time leads me, and the will of Heaven;
All is, if I have grace to use it so,
As ever in my great Task-Master's eye.[7]

시간이 어찌 이다지도 빨리

청춘의 교묘한 도적인, 시간이 얼마나 빨리도
날개를 타고서 나의 스물 세 해를 몰래 빼앗아 갔는가!
나의 서둘러 가는 세월은 전속력으로 내달아가건만,
그러나 나의 늦은 봄은 봉오리나 꽃도 보여 주지 않습니다.
아마도 나의 외관이 진실을 속여서
내가 어른에 가까운 모습으로 되어 있으나
더욱 많은 어떤 이들의 때맞추어 보여 주는

---

1 career: speed.
2 timely-happy spirits: those who have matured as one might normally expect.
3 endu'th: invests.
4 It: inward ripening.
5 still: always.
6 even: equivalent.
7 All is Task-Master's eye: All things are, as they always have been, foreseen by God, my great task-master, just as long as I have the grace to use my inward ripeness as He wishes.

내적 성숙은 훨씬 더 보여 주지 않습니다.
그러나 적든 많든, 빠르든 늦든 간에
엄격한 척도에서 보면, 그것은 아무리 보잘 것 없든 고상한 것이든 간에,
시간과 하늘의 뜻이 나를 인도하시는
그 똑같은 몫에는 한결 같은 것.
만일 내가 나의 내적 성숙을 하느님이 원하시는 대로 사용하는 은총을
입기만 한다면,
모든 것은 위대하신 섭리주(감독)의 눈에 비칠 때 여전히 똑같습니다.

● 이해와 감상

이 소네트는 Milton의 23세 생일에 쓰여진 시로서 자서전적인 것이다. Cambridge manuscript에서 보면 한 친구에 대한 한 편지의 부분으로서의 내용을 볼 수 있는데, 그 편지에 의하면 이 시는 그가 그의 생애를 살아가는 방법을 해명하고, 그때까지 그가 아무런 것도 이루지 못한 데 대한 책임에 대한 대답을 하려고 하는 것이다. Milton은 시간 속에서 자신을 포기한 것이 아니라, 학문을 추구하는 조용한 분위기 속에서 연구하며 시간을 이용하였는지도 모른다.

그러면, 첫 행부터 고찰해 보기로 한다. 우선 시인은 그 당시 엘리자베스 시대에 통용하는 표현으로서 "시간"을 "도적"으로 표시한 것이다. 그리고 그 도둑도 밤도둑이나 강탈자가 아니라, 갑작스럽게 물건을 나꿔채 가지고 바람처럼 빨리 달아나는 교활하고 민첩한 소매치기에 해당되는 것으로 비유한다. 시인은 자신도 모르는 사이에 너무나도 빨리 스물 세 해가 지나갔던 것이다. 그리고 "날개를 타고서"라는 구절은 3행에서 "나의 서둘러 가는 세월은 전속력으로 날아간다"라는 표현과 연결되어서 "시간"이 스물 세 해를 빼앗아 달아났으므로, 날개를 타고 욕심스럽게도 시인의 청춘을 순식간에 빼앗아 도망치는 희랍의 신인 Harpy—여자의 얼굴과 새의 날개와 손톱을 가진 욕심 많은 괴물—을 연상케 한다.

그 다음 4행에 가면 이제까지 처음에 나오던 스물 세 해의 "시간"에 대한 도적의 이미지는 "늦은 봄"의 이미지로 바꾸어 버린다. 그래서 그의 스물 세 해의 그 청춘시절을 늦은 봄에 비유한다. 23세나 되는 늦봄 지나도록 아무 보람있게 한 일이 없음을 봉오리나 꽃이 없음에 연결짓는 것이다. 그래서 이 늦봄의 봉오리와 꽃에 대한 비유는 제 7행의 "inward ripeness"와 연결된다.

그와는 구별되게, 어떤 행운아들은 Milton과 같은 젊은 나이에 행복하게

도 내적 성숙의 열매를 이미 맺고 있음을 보고 초조함과 불행함을 느낀다. 여기서 내적 성숙이라 함은 시인으로서의 꿈의 실현(걸작품의 시작품등)을 암시한다고 볼 수 있다. 이러한 내적 성숙이 때가 되어도 결실되기는커녕, 봉오리나 꽃도 보이지 않는 상황 속에서 어떠한 인생의 삶의 태도를 가질 것인가? 가 시인에게는 문제인 것이다. 또한, 일종의 불평을 토해내는 것이 이제까지의 Octave의 내용이었다.

그러나 다음 6행의 Sestet에서는 이제 Octave에서의 내용이 "Yet"로 시작되면서 전환하는 것이다. 즉, 이제까지의 생각의 전환이요, 이 시의 결론에 해당되는 부분이 된다. 여기서 우리는 시인 Milton이 "시간"에 대한 불신에도 불구하고 일종의 "시간"에 대한 역설적인 신뢰를 두고 있음을 볼 수 있다. 왜냐하면 "시간"은 맹목적이며 변덕스러운 힘이 아니라, 어디까지나 하나님의 뜻에 따라 움직이는 도구이기 때문이다. 다시 말하면 "시간"은 하나님의 뜻에 관련되어 흐른다는 사실이다. 그러므로 엄격하게 본다면 그 "내적 성숙"은 그것이 천한 것이든, 고상한 것이든 간에 그에게 정하여진(타고난)그 몫에는 다 똑같고 그 나름대로 가치가 있다는 것이다.

그러므로 시간적으로 좀 늦어지는 그의 성숙에 대하여 초조하거나 놀랄 것이 못된다는 것이다. 다만, 그 내적 성숙이 하나님—위대하신 감독자—께서 원하시는 대로 사용만 되는 은총을 입는다면 모든 것은 다 똑같은 것이라고 하는 것이다.

이것은 젊은 시인 Milton의 책임을 경감시키려는 변명이 아니라, 하나님의 섭리에 대한 시인의 이해와 확신인 것이다. 그러니까 하나님께서는 그가 다만 그의 최선을 다할 것만을 요구하신다는 신념을 갖도록 하신다는 것이다. 또 다른 측면에서 말한다면, 그가 하나님의 감독 아래서 일하기만 한다면 빠르든 늦든, 천한 것이든 고상한 것이든 그것은 문제가 되지 않고, 그 열매와 결과는 선한 것이라는 것이다. 때가 되면 하나님께서 예정하신 그 뜻대로 이루어지기 때문이다. 이것은 그의 성숙해가는 기독교 신앙 안에서 이루어지는 대답이었다. 하나님 뜻 안에서 자기의 맡겨진 일에 최선을 다한다면 그 일의 결과는 시간의 빠름과 늦음에 상관없이 가치가 있는 일이라는 것이다. 이러한 그의 신념은 그가 청년시절부터 대망하던 그의 야심작 *Paradise Lost*를 43세 때인 그의 실명 이후에 완성하게 된 사실을 미루어 볼 때 이해가 되는 문제이다.

When I Consider How My Light Is Spent

When I consider how my light is spent
Ere half my days, in this dark world and wide,
And that one talent which is death to hide,
Lodged with me useless, though my soul more bent
To serve therewith my Maker, and present
My true account, lest he returning chide;
"Doth God exact day-labor, light denied?"
I fondly[1] ask: but Patience to prevent[2]
That murmur, soon replies, "God doth not need
Either man's work or his own gifts; who best
Bear his mild yoke, they serve him best. His state
Is kingly. Thousand at his bidding speed
And post o'er land and ocean without rest:
They also serve who only stand and wait."

나의 빛이 어떻게 소진되어진 것을 생각하고

이 캄캄하고 넓은 세상에서 나의 반평생이 다 가기도 전에
나의 빛이 다 소진되어진 것을 생각하고
또 감추어 두면 죽은 것이나 다름없는
한 재능이 쓸모없이 나에게 숨겨져 있음을 생각할 때에,
비록 나의 영혼은 그것을 가지고 나의 창조주를 봉사하려고 마음을 쏟고,
그분께서 돌아오셔서 꾸지람 하시지 않도록 나의 참된 계산서를 보여 드리려고 하지만,
"하나님께서는 빛을 거절해 놓으시고 낮의 일을 요구하시는가?"라고
나는 어리석게도 질문을 한다.
그러나 인내는 그 중얼거리는 불평을 막아 버리고 곧 다음과 같이 대답한다.
"하나님께서는 인간의 일이나 선물을 필요로 하시지 않으신다.
그의 멍에를 온유하게 가장 잘 메고 참아내는 자들, 그들이 가장 그분

1 fondly: foolishly.
2 prevent: forestall.

을 잘 봉사하는 자들이다.
그분의 위엄은 왕과 같으셔서 수천의 천사들이 그 분의 명령에 따라서
빨리 달려가며 쉴 새 없이 육지와 태양을 건너 서둘러 간다.
다만 조용히 서서 기다라는 그들도 또한 그분께 봉사하는 것이다."라고

● 이해와 감상

이 소네트는 1653년 그가 완전히 실명된 후에 쓴 것으로 본다.[3] 시인은 처음엔 실명이라는 비극적 사실에 대하여 약간 반항적이지만, 결국에 가서는 인내의 목소리에 의하여 위로를 받는다. 우선 이 시의 첫째 quatrain에서는 성서의 "탈렌트"의 비유(마태복음 25장 14절~30절의 비유)를 찾아볼 수 있다. 여기서 무익하고 불충성한 종은 주인이 그에게 맡긴 돈—talent를 암시—을 땅에 묻어 버렸고, 결국 주인이 올 때 책망을 받고 어두운 곳—지옥을 암시—으로 쫓겨 간다. 이 소네트에서 "one talent which is dead to hide."는 Milton에게 하나님께서 주신 재능—시적 재능—을 발휘하지 않고 있으면 결국 무익한 일이요, 하나님께 무익하고 악한 종임을 알게 된다. 그런데 Milton은 반평생이 지나 가기도 전에 실명함으로써 그의 시작활동을 하기에 너무나 불가능함을 느끼며 안타깝고 또한 불평마저 토로하게 된다. "Doth God exact day-labor, light denied?"라고 그의 어둡고 무거운 심정을 표시한다. 그의 실명의 아픔은 그가 위대한 시를 쓰는 데에는 너무나 큰 장애로 생각할 수밖에 없었다. 낮과 같이 환하게 그의 시력이 온전했을 때, 그의 위대한 대망의 시 *Paradise Lost*를 썼서야 했는데, 안타깝게도 영원한 밤, 일할 수없는 영원한 밤인 실명이 온 것이다.

Milton은 특별히 독실한 기독교인으로서 부활신앙 속에서 그가 심판주 앞에 갔을 때, 이 세상에서행한 대로 보상하시는 주님께 나아가 올바르며 진실한 생애의 열매와 충성된 삶의 결산서를 보여드리고자 하는 신앙심을 가지고 있는 것이다. 그래서 "and present/My true account, lest he returning chide."라는 표현을 했다. 삶의 참되고 진실한 결산서를 주님께 드려서 책망을 받지 않고 충성된 종의 삶을 보여드리고자 하는 것이다. 그의 맡겨진 재능을 통해서 유익하고 보람된 생애, 하나님의 뜻을 이루어 드리고 하나님의 영광을 위한 삶을 보내고자 하는 그의 위대한 신앙의 발로인 것이다. 위에서 talent의 비유와 발전된 시상임은 물론이다. 그런데 여기서 "day-labor"에서는 "day"라는 개념은 "night"와의 개념과 정반대되는 개념으로서 비유적인 표현으로 쓰여 있음을 볼 수 있다. 즉, "낮"이란 것은

---

3 H. M. Burton. *Some Minor Poems*(London: Hulton Educational Publlcation, 1966), p.31.

"낮"에 하는 일과 관련시켜 보면 그 "낮"이란 창조적이고 생산적인 삶으로서, 인간을 위한 봉사의 삶과 더불어 하나님께 영광을 돌리는 삶인 것이다.[4] 그와 반대로 "밤"은 불모의 비생산적 삶으로서 이웃에게 아무런 봉사도 못하고 하나님께도 영광을 돌리는 삶이 못됨을 암시한다.

Milton은 그에게 하나님께서 주신 재능과 그 재능을 발굴하여 이웃사람들에게 그것으로 봉사하고 하나님께 영광을 돌리는 일을 못하는 것은 생중사生中死의 상태임을 자각한다. 그러므로 그는 하나님께 성스러운 불평을 하는 셈이다. 그러나 이러한 불평도 더 큰 하나님의 섭리를 깨닫지 못한 데서 오는 것이라는 사실을 배우게 된다.

그리하여 나머지는 Octave에서 질문한 내용에 대답하는 Sestet이다. 하나님께서는 인간의 업적이나 인간의 재능을 원하시기 보다는 그 자신이 처하여 있는 환경 속에서 작은 일이든, 큰일이든 겸손하게 최선을 다하는 그 마음과 태도이다. 어떠한 커다란 결과보다는 그 아름답고 진실된 겸허한 마음인 것을 암시하고 있다.

"Bear his mild yoke"라는 구절은 바로 이러한 주님의 뜻을 암시하며, 시인의 마음과 생각 속에 가르쳐 주시는 주님의 대답이라는 사실을 깨닫게 된다. Matthew 11:28~30에서 참고하고, 특히, 29절에서 보면, "Bend your necks to my yoke, and learn from me, for I am gentle and humble-hearted…."[5]에서 주님께서 주신 멍에를 겸손히 인내를 가지고 지고 나가는 것을 주님께서 원하신다는 사실을 깨닫게 된다. 우주만물을 전능하신 하나님께서 주관 하시니 그 안에서 인간이 무슨 큰 업적이나 결과를 낸다면 또 무엇을 낼 것인가? 다만 주님께서 주시는 시간과 기회를 기다리며 주님께 봉사하는 마음으로 살아간다면 그것이 바로 하나님의 뜻이며 원하시는 바라는 사실 이다. 이러한 겸손과 인내를 그의 깊은 신앙 안에서 배우고 살아가던 시인은 마침내 그의 위대한 시 *Paradise Lost*를 실명 후에 내놓게 된다. 그러므로 이 소네트야말로 그의 가장 큰 불행 속에서 그의 승화된 신앙의 용광로를 통해서 나온 순금과 같은 귀한 시가 아닐 수 없다. 실명 후에 배우게 된 겸손과 인내와 새로운 진리의 발견은 위대한 불후의 작품을 배태케 했던 씨앗이 된 것이다. 실명 후에 큰 불행 속에서 Milton은 더 큰 하나님의 섭리를 배우게 된 것이다.

---

4 Arthur, E. Barker.(ed.) *Milton: Modern Essays in Criticism*(London: Oxford University Press, 1972), p.131

5 Oxford University Press, *The New English Bible*(Cambridge University Press, 1961), p.25.

L'Allegro[1]

Hence loathéd Melancholy
  Of Cerberus[2] and blackest midnight born,
In Stygian[3] cave forlorn
  'Mongst horrid shapes, and shireks, and sights unholy,
Find out some uncouth cell,
  where brooding Darkness spreads his jealous wings,
And the night-raven sings;
  There under ebon shades, and low-browed rocks,
As ragged as thy locks,
  In dark Cimmerian[4] desert ever dwell.
But come thou goddess fair and free,
In Heaven yclept Euphrosyne[5],
And by men, heart-easing Mirth,
Whom lovely Venus at a birth
With two sister Graces more
To ivy-crowned Bacchus bore;[6]
Or whether (as some sager sing)[7]
The frolic wind that breathes the spring,
Zephyr with Aurora playing,
As he met her once a-Maying,
There on beds of violets blue,

---

1 L'Allegro and Il Penseroso are a pair of companion-poems, probably written around 1630 or 1631, in those dancing tetrameter couplets. The titles are almost untranslatable, which is why Milton did not translate them. But within the framework of two contrasted days, we see the cheerful, sociable man, and the melancholy, contemplative man in their typical spiritual attitudes.

2 The three-headed hell-hound of classical mythology.

3 I.e., near the river Styx, the river of the underworld.

4 The Cimmerians, who gave their name to Crimea, were supposed to live on the other edge of the world, in perpetual twilight.

5 Euphrosyne, Aglaia, and Thalia were the Graces, daughters(according to one story)of Zeus himself, and goddesses of beauty and delight. "Yclept": called.

6 Bacchus is god of wine.

7 The "sager"(poets)who describe the Graces as born of Zephyr and Aurora are in fact John Milton himself; he invented this version of the myth.

And fresh-blown[8] roses washed in dew,
Filled her with thee a daughter fair,
So buxom[9], blithe, and debonair.
Haste thee nymph, and bring with thee.
Jest and youthful Jollity,
Quips and Cranks[10], wanton Wiles,
Nods, and Becks, and wreathéd Smiles,
Such as hang on Hebe's[11] cheek,
And love to live in dimple sleek;
Sport that wrinkled Care derides,
And Laughter, holding both his sides.
Come, and trip it as ye go
On the light fantastic toe,
And in thy right hand lead with thee,
The mountain nymph, sweet Liberty;
And if I give thee honor due,
Mirth, admit me of thy crew
To live with her and live with thee,
In unreproved pleasures free;
To hear the lark begin his flight,
And, singing, startle the dull night,
From his watch-tower in the skies,
Till the dappled dawn doth rise;
Then to come[12] in spite of sorrow,
And at my window bid good morrow,
Through the sweetbriar, or the vine,
Or the twisted eglantine.
While the cock with lively din,
Scatters the rear of darkness thin,
And to me stack, or the barn door,

8 newly opened
9 lively
10 jokes "becks": curtseys.
11 goddess of youth and cupbearer to the other gods.
12 I.e., then admit me to come.

Stoutly struts his dames before;
Oft listening how the hounds and horn
Cheerly rouse me slumbering morn,
From the side of some hoar hill,
Through the high wood echoing shrill.
Sometime walking not unseen
By hedgerow elms, on hillocks green,
Right against the eastern gate,
Where the great sun begins his state,[13]
Robed in flames, and amber light,
The clouds in thousand liveries dight;[14]
While the plowman near at hand,
Whistes o'er the furrowed land,
And the milkmade singeth blithe,
And the mower whets his scythe,
And every shepherd tells his tale,
Under the hawthorn in the dale.
Straight mine eye hath caught new pleasures
Whilst the landscape round it measures,
Russet lawns and fallows gray,
Where the nibbling flocks do stray,
Mountains on whose barren breast
The laboring clouds do often rest;
Meadows trim with daisies pied,[15]
Shallow brooks, and rivers wide.
Towers and battlements it sees
Bosomed high in tufted trees,
Where perhaps some beauty lies,
The cynosure[16] of neighboring eyes.
Hard by, a cottage chimney smokes,
From betwixt two agged oaks,

---

13 procession, parade.

14 dressed.

15 dappled.

16 literally, the bright polestar, by which mariners steer: here, a splendid, eminent object, much gazed at.

Where Corydon and Thyrsis[17] met,
Are at their savory dinner set
Of herbs, and other country messes,
Which the neat-handed Phyllis dresses;
And then in haste her bower she leaves,
With Thestylis to bind me sheaves;
Or if the earlier season lead
To the tanned haycock in the mead.
Sometimes with secure delight
The upland hamlets will invite,
When the merry bells ring round
And the jocund rebecks[18] sound
To many a youth and many a maid,
Dancing in the checkered shade;
And young and old come forth to play
On a sunshine holiday,
Till the livelong daylight fail;
Then to the spicy nut-brown ale,
With stories told of many a feat,
How fairy Mab[19] the junkets eat;
She was pinched and pulled, she said,
And he, by Friar's lantern led,
Tells how the drudging goblin sweat
To earn his cream-bowl, duly set,
When in one night, ere glimpse of morn,
His shadowy flail hath threshed the corn
That ten day-laborers could not end;
Then lies him down the lubber fiend,[20]
And, stretched out all the chimney's length,
Basks at the fire his hairy strength;

---

17 Since the days of Theocrius, the names "Corydon", "Thyrsis", "Phyllis." and "Thestylis" have been traditional shepherds' names.

18 a rebeck is a small three-stringed fiddle: "jocund" implies a festive occasion.

19 Queen Mab, wife of Oberon, the fairy king. "She" and "he" in the next two lines are country folk, telling of their experiences with the fairies.

20 Oafish spirit

And crop-full out of doors he flings
Ere the first cock his matin rings.
Thus done the tales, to bed they creep,
By whispering winds soon lulled asleep.
Towered cities please us then.
And the busy hum of men,
Where throngs of knights and barons bold,
In weeds[21] of peace high triumphs hold,
With store of ladies, whose bright eyes
Rain influence,[22] and judge the prize
Of wit, or arms, while both contend
To win her grace, whom all commend.
There let Hymen[23] oft appear
In saffron robe, with taper clear,
And pomp, and feast, and revelry,
With masque, and antique pageantry;
Such sights as youthful poets dream
On summer eves by haunted stream.
Then to the well-trod stage anon,
If Jonson's learned sock[24] be on,
Or sweetest Shakespeare, fancy's child,
Warble his native wood-notes wild.
And ever against eating cares
Lap me in soft Lydian airs,[25]
Married to immortal verse
Such as the meeting soul may pierce
In notes, with many a winding bout[26]
Of linkéd sweetness long drawn out,

---

21 Garments. "Triumphs": festive ceremonies.

22 The ladies' eyes are stars, and so have astrological influence over the men.

23 Roman god of marriage, wearing a yellow("saffron")robe.

24 A low-heeled slipper, worn by actors in classical comedy, and often contrasted with the buskin(high-heeled boot) appropriate to tragedy. The contrast of Jonson as a, "learned" poet with Shakespeare as a "natural" one was conventional.

25 "Lydian" airs in music would be soft, languishing, sensual unlike the chaste Dorian and brisk Ionian.

26 A musical "run" passage.

With wanton heed, and giddy cunning,
The melting voice through mazes running;
Untwisting all the chains that tie
The hidden soul of harmony;
That Orpheus' self[27] may heave his head
From golden slumber on a bed
Of heaped Elysian flowers, and hear
Such strains as would have won the ear
Of Pluto, to have quite set free
His half-regained Eurydice.
These delights if thou canst give,
Mirth, with thee I mean to live.

쾌활한 사람

물러가라 증오할 "우울"이여,
황량한 지옥의 동굴 속에서
무서운 형체와 비명과 거룩하지 못한 광경 속에서
태어난 세르베루스와 캄캄한 심야의 자식이여.
내리 덮힌 어둠이 질투의 날개를 펴고서
밤 까마귀가 노래하는
황량한 암실을 찾아내어라.
거기 흑단 같은 그늘 밑, 너의 머리털처럼
거칠은 바위가 튀어 나온 곳
어둡고 음산한 컴멜리언의 황무지에서 언제까지나 살아라.
그러나 오시라, 그대 아름답고 자유로운 여신이여,
하늘에선 유프로시네라고 불리 우는 그대
그리고 이 세상에서는 평강의 마음을 주는 환락이시여,
사랑스러운 비너스가
담쟁이 덩쿨의 관을 쓴 바커스에게 낳아준 세 자매 중의 하나
또는 어떤 현명한 시인에 의하면
샘물을 부풀리는 장난치는 바람인 서풍이

27 Orpheus went to the underworld to regain his wife Eurydice, and by his music dissolved the guardians of Hades in tears. But as they left, he violated the condition of her release by looking back at her, and so lost her again.

어느 날 오월제의 놀이에 참가한
오로라를 만나 함께 놀 때
푸른 제비꽃과 이슬에 젖은
갓 핀 장미꽃의 침대 위에서
그녀를 기쁘게 해준 것은 그대인가.
토실토실하고, 쾌활하고 상냥한 그 여인을.
그대 님프여, 서둘러 가져오라.
농담과 젊은이다운 즐거움을,
환담과 기담과 장난기 어린 농담을,
또한 고개짓과 손짓과
헤베의 볼에 매달려 활짝 핀 꽃다운 마소를.
매끄러운 보조개 속에 감도는 즐거움을.
구김살진 근심을 조롱하는
위안과 포복절도할 웃음을.
자아, 경쾌하고도 재마있게
춤을 추듯 가서
사랑스러운 산의 요정, "자유"를
그대의 바른 손으로 잡아 인도하시라.
그리고 그대에게 정당한 경의를 표한다면,
"환락"이여, 나를 그대의 한 무리로 받아 주어
꾸지람을 받지 않는 무한한 기쁨 속에서
그대와 함께 그리고 "자유"와 함께 살게 해 주시라.
종달새가 날기 시작하는 소리를 들으면
그리고 하늘에 있는 그 망루로부터
노래하며 우둔한 밤을 깜짝 놀라게 하면,
드디어 아롱아롱한 새벽은 잠에서 일어난다.
그 다음 슬픔에 있을지라도
나의 창가에 와서 아침 인사를 드려라.
찔레나무나 포도 덩쿨 혹은 엉켜진 사향장미를 통과 하여서.
한편 수탉은 기운찬 목소리로
희미한 어둠의 꽁무니를 쫓아 버리며
품위도 당당하게 낟가리 더미나 헛간 문을 향해서 걸어가고
그 뒤에는 암탉들이 따른다.
때때로 들리는 소리 있어

높은 숲 속을 날카롭게 산울림하며,
하얀 산언덕 기슭으로부터
잠을 자는 아침을 흔쾌히 깨우는
사냥개와 사냥꾼의 뿔 나팔 소리 들려온다.
때로는 느릅나무 울타리를 지나서 눈에 보이게
동쪽 문을 마주보고 있는
푸른 작은 언덕 위로 걸어가노라면
그 곳에서 크나큰 햇님이
불꽃과 호박색의 빛을 옷 입고
그 위용을 드러내고
구름들은 수천 가지 예복을 차려 없는다.
한편 가까운 곳에서
농부가 밭이랑 위에서 휘파람을 불고
우유 짜는 아가씨는 즐겁게 노래한다.
풀 베는 이는 낫을 갈고
목동은 모두 다
골짜기의 산사나무 아래서
양떼를 세어 본다.
주위의 풍경을 바라보고 있으면
새로운 즐거움들이 나의 눈길을 곧바로 끈다.
팥 빛깔의 잔디와 회색빛 휴경지에선
양떼들이 돌아다니며 풀을 뜯고,
불모의 산의 가슴에선
흘러가던 구름들이 종종 쉬는구나.
온갖 실국화로 물들여진 산뜻한 목장
얕은 시냇물 폭넓은 강.
보이는 것은 한창 무성한 숲의 품에
높이 안겨 있는 탑들과 흉벽.
아마도 그곳에선 이웃 사람들의 눈길을 끄는
어느 미인이 살고 있으리.
바로 가까이 농가의 굴뚝에서 연기가 피어오른다.
두 그루의 늙은 참나무 사이로부터.
그 곳에서 코리이돈과 티이르시스가 만나서
식물들과 다른 전원의 음식물로 차린

맛좋은 요리를 먹는다.
그것은 솜씨 좋은 피이릴리스가 만든 것.
그리고 급히 집을 나서
그녀는 테스티이릴스와 함께 곡식단을 묶는다.
또는 목장에 있는 건초 더미가
햇볕에 태워지는 이른 계절이 오면
때때로 아무 걱정이 섞이지 않은 기쁨을 가지고
고원의 작은 마을들은 우리들을 초대할 것이다.
그때 즐거운 종소리 주위에 울려 퍼지고,
즐거운 바이올린 종류의 악기는
바둑판 모양의 나무 그늘 밑에서 춤을 추는
많은 청춘남녀들에게 소리 들려준다.
그리고 젊은이 늙은이
햇빛 찬란히 비치는 축제일에
모두 나와 뛰어논다.
기나긴 낮의 해가 저물 때까지.
그 다음엔 향기로운 개암색 술을 마시고,
요정 Mab이 크림치이스를 먹는
많은 묘기 이야기를 한다.
그녀는 이야기하기를
그녀가 꼬집혀 끌려갔다는 것이다.
그리고 도깨비불에 끌려서 갔던 그는
애를 쓰는 도깨비가 정식으로 차려 놓은 크림 그릇을
얻으려고 얼마나 땀을 흘렸는가를 이야기한다.
그때 아침 동트기 전에 하룻밤 사이에
그 도깨비의 유령 같은 도리깨가
열흘 동안 농부가 끝낼 수 없는
곡식 단을 타작했다는 것이다.
그 다음 무뚝뚝한 그 도깨비는 드러누워
그 몸을 굴뚝 길이만큼 늘려가지고
털 많은 전신을 불에 쬐다가
첫닭이 아침의 노래를 부르기 전에
곡식을 잔뜩 먹고서 문을 빠져 달아났다는 것이다.
이와 같이 이야기를 끝마친 후

그들은 잠자리로 기어 들어가서
속삭이는 바람소리에 스스로 잠이 든다.
그 다음 우뚝 솟은 도시들과
분주한 인간들의 활동이 우리를 기쁘게 해준다.
그곳에서 용감한 기사들과 귀족의 무리들은
평화의 옷을 입고 수많은 귀부인들과 더불어
큰 승리의 축제를 베푼다.
귀부인들의 빛나는 눈동자는 감화력을 비처럼 퍼붓고
재기와 무력의 시합을 판정 내린다.
한편, 기사나 귀족들은 누구나가 흠모하는
귀부인의 총애를 얻으려고 서로 다툰다.
종종 결혼의 여신 하이멘은
새프란 색의 옷을 입고 밝은 촛불을 들고 나타난다.
그리고 가면극과 고풍의 화려한 회전무대와 더불어
성대한 의식, 축제, 그리고 환락의 주연
여름밤 자주 드나들던 시냇가에서
젊은 시인들이 꿈꾸던 광경도 바로 이러한 것들.
그 다음 잘 밟아 다진 무대로 서둘러 간다.
만일 박식한 존슨의 희곡이 진행되고
아름다운 공상의 아이 셰익스피어가
소박하고 거친 숲의 노래를 부른다면.
그리고 생명을 좀먹는 근심에 대하여
불멸의 시가와 결합된
부드러운 리디안의 선율로 나를 감싸다오.
그 불멸의 시가는 마치
자유자재로운 현란한 교묘함으로
그치지 않고 꼬리를 무는 감미로운
수많은 굽이치는 가락으로
화합하는 영혼에 강동을 주는 그러한 시가.
조화를 이룬 감추어진 영혼을 묶는 모든 쇠사슬을 풀어 주면서,
미로 사이로 흐르며 감동을 주는 그런 노래 소리이다.
그리하여 쌓아 놓은 극락의 꽃 침대에서
잠자던 오르페우스도 황금의 삼으로부터
그의 머리를 들고 이 노래를 들었을 것이다.

그리고 풀루토의 귀를 사로잡아
지옥에 갇힌 유리데스를 풀어 주게 했던
그와 같은 이 노래를.
그대가 만일 이런 즐거움을 줄 수만 있다면
"환락"이여 나는 그대와 함께 살고 싶구나.

● 이해와 감상

이 시는 쾌활한 사람의 경험을 환기시켜 주고 즐겁고 유쾌하며 재치가 있는 시이다. 처음에 "우울"을 내쫓아버리는 것으로 시작해서 환락(Mirth)과 자유(liberty), 그리고 그와 비슷한 일련의 것을 불러들인 후, 계속해서 쾌활한 사람이 새벽부터 밤늦게까지 자신을 위로하는 여러 가지 방법을 생각하는 것으로 꾸며진다.

Milton은 그의 이러한 목적을 위해서 여신을 창안해 내는 것으로 시작한다. 고전신화에서는 "Melancholy"는 나오지 않으나, 그것은 L'Allegro나 시인의 마음의 상태에 꼭 정반대되는 특성을 의인화시키는 어떤 중요한 것 같은 인물을 내세우려는 시인의 목적에 적합한 것이다.[28] 이러한 그의 창안에 색채를 넣어주기 위해서, Milton은 "Melancholy"에게 혈통을 부여해 주는 것으로 진전시킨다. "Melancholy"는 그 혈통을 보면 지옥문을 지키는 머리가 셋인 개 Cerberus와 "blackest Midnight"의 자식이었다. 그녀는 무서운 형체와 비명과 부정한 장면 속에 지옥의 어떤 굴에서 태어났다. 시인은 이러한 지긋지긋한 모습의 "Melancholy"를 어느 어두운 소굴로 추방시켜서, 그곳에서 보기 흉한 바위와 검은 그림자(음영)사이에서 깍깍대는 기분 나쁜 소리로 우는 까마귀와 영원히 살도록 한다.

여기서 주목할 수 있는 것은 "Melancholy"에 대한 묘사에서는 무겁고 질질 끄는 듯한 운율이 "Euphrosyne" 등 "Mirth"에서 시작되는 묘사에서는 경쾌한 Iambic의 운율로 바뀌어 끝까지 계속되는 점이다. 시인은 Euphrosyne를 환영하고 그녀를 여신이라고 부름으로써, 약간 그녀를 우쭐하게 만들고 아첨 하는 어조이다. Venus와 Bacchus의 딸들인 Graces들 중에 하나로서, 그녀는 여신의 존귀함을 지니고 있다. Milton은 또 하나 가능한 혈통을 암시해 준다. 즉, 그것은 서풍인 Zephyr와 새벽 동틀 녘의 여신 Aurora의 자녀인데 어쨌든 Euphrosyne(혹은 Mirth)는 예쁘고, 명랑하고 유쾌한 아가씨이다.

그 다음 Milton은 Euphrosyne를 더 이상 여신이라고 부르지 않고, 요정

---

28 H. M. Burton. *Guide to English Literature Series: John Milton: Some Minor Poems*(London: Hulton Educational Publications, 1966), p.8.

으로 부르며 그에게 빨리 와서 모든 즐거움을 가져오도록 부탁한다.

Haste thee nymph, and bring with thee.
Jest and youthful Jollity,
Quips and Cranks, wanton Wiles,
Nods, and Becks, and wreathéd Smiles,
Such as hang on Hebe's cheek,
And love to live in dimple sleek;
Sport that wrinkled Care derides,
And Laughter, holding both his sides.

이 구절 역시 시인의 상상 세계에서 불러내는 것이다. Milton 자신의 세계와 동일시하기는 어려운 것이다. 그러나 이 시는 23세나 24세의 젊은이 Milton의 작품이며, 더구나 그의 생애가 이때는 성공적이고 구름이 끼어 있지 않은 때라는 것이다.[29] 그의 가장 유명한 위대한 작품인 *Paradise Lost*는, 예를 들면 그의 늦은 후반기 생애 중, 공적인 생활의 무겁고 어두운 실생활과 쓰라린 사적생활의 슬픔, 그 중에서도 가장 쓰라린 일은 완전히 암흑인 실명이 온 다음 쓰여진 작품인 것을 알 수 있다. 그는 청교도인 이였지만, 결코 옹졸한 금욕생활주의자는 아니였다는 것이다. 음악을 사랑하며 노래와 춤으로 된 가면극을 쓰고, 그의 라틴어로 쓴 시에서는 그의 영시에서 볼 수 없는 여인의 아름다움에 대한 정서적 반응을 표현하고 있다(그의 라틴어로 쓴 Sonnets들에서). 그러므로 L'Allegro는 이런 젊은이 Milton의 발랄하고 젊음에 찬 즐거움을 반영한 작품이라고 볼 수 있다. 그런데 그 다음 "Mirth"로 하여금 "Liberty"를 데리고 오라고 한 것을 보면, 이마 그는 자유에 대하여 진지함을 그의 생각과 마음속에 지니고 있음을 볼 수 있다. 물론 그가 신앙의 자유나 저작이나 출판의 자유, 이혼의 자유(정당한 근거가 있다면)를 부르짖는 그 자유와는 구별된다. 단지, "Mirth"나 "Liberty"와 영원히 살면서 인습적이고 사소한 비난에서 해방되고 싶은 것이 있다고 본다.[30] 남에게 전혀 해가 안 되는 기쁨이다.

In unreproved pleasures free.

시인의 즐거움은 충격적이 아니라, 소박하고 신선하며 원초적인 기쁨이라 할 수 있겠다. 먼저 봄날 이른 새벽부터 전원을 기쁨으로 가득 채우는 종달새의 노래이다.

---

29 *Ibid.,* pp.9-10
30 *Ibid.*, pp.10.

To hear the lark begin his flight,
And, singing, startle the dull night,
From the watch-tower in the skies.
Till the dappled dawn doth rise:

여기서 종달새의 노래 소리는 그 즐거움에 가득 찬 선율로, 음울하고 고통스러운 밤, 그 어두운 밤을 사라지게 하고, 소망과 밝은 기쁨으로 빛나는 서광을 맞아하게 하는 것이다. 여기서 "어둠"과 "빛"의 교차는 넓게 보면 인간의 마음속에 "그림자"와 "빛", 즉 인생의 명암의 상징적 요소로 암시된다고 볼 수 있겠다. 즉, 인생의 슬픔과 기쁨을 나타내는 것이다. 여기서 Milton은 종달새의 묘사 중, 종달새 노래가 슬픔의 노래인 양 "슬픔을 무시하고 찔레나무 또는 포도 덩쿨, 아니면 들장미 등을 헤치고 그의 창가에 와서 아침 인사를 드려라"라는 묘사는 종달새의 실제적인 생태와 과연 적합한 묘사인지는 의문이 간다. 그러나 다만 시인은 시적인 상상력을 통해서 심미적인 경험, 다시 말하면 실제적인 경험보다는 상상력을 통한 아름다움의 추출이라고 보는 편이 좋을 것이다. 이것은 Richard Wilbur가 지적했듯이 이 시는 아침에 새의 노래로 시작해서 밤늦게 Lydian의 음악의 황홀로 끝나기까지 심미적 경험의 사닥다리를 오르는 격이다. 그리고 여기서 암시하는 바는 심미가 또는 예술가의 생활 모습 인데, 그의 활동은 매일 생활의 자연 그대로의 재료에서 아름다움을 증류해내는 것이다.

그 다음 더욱 정확한 시골 생활의 풍경이 묘사된다. 그것은,

While the cock with lively din,
Scatters the rear of darkness thin
And the stack, of the barn-door,
Stoutly struts his dames before;

Milton은 재능있는 작곡가 부친과 재덕을 겸비한 어머니 등, 그의 가문은 종교적이었을 뿐만 아니라, 음악적이었다. 그는 어릴 때부터 오르간 연주와 노래 공부를 했고, 후일 다른 사람들에게 음악을 가르친 일도 있었다.[31] 이와 같이 그는 해박한 음악적인 지식과 소양을 갖추고 있었는데, 여기서도 종달새의 노래 소리와 더불어 전원의 음향에 민감하며 그 표현이 정확하고 신선하며 힘찬 것을 볼 수 있다. 즉, 예를 들면 "Scatter the rear of darkness thin"은 수탉이 우렁찬 목소리로 새벽에 목청을 돋구어 노래하니, 마치 호령하며 꽁지가 빠지도록 어둠을 쫓아버리는 모습은 적을 일순간에 공격해 쫓아내는 승전 장군의 용맹스런 모습과 흡사하다. 또는 힘찬

31 조신권 역, *오월의 노래, Milton*(서울, 민음사, 1976), p.6.

수탉이 여러 마리 암탉을 거느리고 다니다가 낯선 수탉이 이들에게 접근하려 했을 때, 그 힘찬 수탉이 꽁지가 빠지도록 낯선 수탉을 쫓아내는 모습과 흡사하다. 새벽에 수탉이 우렁찬 목소리로 울고 난 후, 어둠이 물러가고 서서히 서광이 비치며 날이 밝아오는 풍경을 수탉의 울음소리와 그 비유를 통하여 참으로 훌륭하게 묘사한 것이다. 이렇게 그 수탉은 그가 거느리는 암탉들 앞에서 장한 모습무로 활보하는 것이다. 어둠이 물러가고 빛이 도래하는 흔쾌한 모습이다.

그 다음 L'Allegro는 떠오르는 태양을 향해 걸어갈 때, 아직도 하얀 서리로 하얗게 덮여 있는 산허리로부터, 아침 일찍 나온 사냥개와 사냥꾼의 뿔 나팔 소리를 듣게 된다. 모두가 이 햇빛 찬란히 비치는 아침에 야외에 나와서 행복하고 기쁨에 차 있는 듯하다. 쟁기질하는 농부는 고랑진 밭에서 휘파람을 불고 젖 짜는 아가씨는 즐거이 노래하고 있다. 풀 베는 농부는 낫을 갈고, 골짜기 아래에서는 목동이 산사나무 아래서 양떼들을 세어 보는 것이다.

68행에 와서야 종지부가 오는데, 이제까지 30여행은 아침의 즐거움이 취급 되었다. 그 다음부터 낮이 가까워 오는 것이다. 69행부터는 17세기의 낭만적 풍경이 묘사된다. 팔 빛깔의 잔디밭, 회색 빛 휴경지에선 양떼가 풀을 뜯고 있다. 때로는 흘러가는 구름들이 쉬어가는 산들, 실국화로 수놓은 산뜻한 목장, 시원히 흐르는 시냇물과 강물 등 멀리 나무 사이로 보이는 성(城)등, 마치 마지막에 로맨틱한 분위기를 보태어 주듯이 이웃 사람들이 찬양의 대상이 되어 있는 성에 살고 있는 어여쁜 아가씨—이 모두가 낭만적 꿈속에 세계처럼 아름다운 것이다.

이제는 정오가 되었다. 커다란 두 참나무 사이에 그림같이 지어진 오두막집에서, 두 시골 일꾼(농부)들이 앉아서(여기서 두 농부는 그 이름이 Corydon과 Thyrsis이다.)시골 처녀 Phyllis가 솜씨 있게 차린, 그러나 그것은 시골 전원에서 자라나는 풋나물과 소박한 점심을 나누고 있다. 부지런하고 얌전한 아가씨 Phyllis는 그 후 곧 시골 처녀 친구 Thestylis와 함께 농부들이 건초단을 묶는 일을 도와준다. 순박하고 근면한 시골 농부들의 아름다운 모습이다. 여기서 이 풍경은 완전히 영국적인데, 여기 나오는 농사꾼들의 이름은 영국식으로 예를 들면 Giles나 Harry나 Jenny나 Jack이 아니라, Corydon 또는 Thyrsis, 그리고 Phyllis와 Thestylis 등 모두가 고대 희랍의 전원시에서 나오는 양치기, 그리고 그곳 시골 처녀들의 이름을 쓴 것은 무슨 이유일까? 왜 차갑고 고전적 학식의 요소를 소개함으로써, 아름다운 영국적인 풍경에 손상을 주는 것일까? 라는 의문을 일으키게 한다. 이것은 어찌하든 결국에 가서는 시인의 묘사는 영국 시골의 실제적인 묘사가 못되고, Milton의 인위적인 풍경의 장면이며, 고도로 양식에 맞춘 묘사라는 점에서 오는 것이다.[32] 단지 이상화된 광경 속에서 L'Allegro는 종달새 소리, 농가, 사냥개, 쟁기질하는 농부, 우유 짜는 아가씨, 풀 베는 사람, 목동 등을 보거나 듣는 것이다. 이러한 점이 Milton다운 점이며, 그 점에서 위에서와 같이 희랍의 전원시의 목동과 아가씨들의 이름을 차용해서 써서 어울려는 일이라곤 본다.

"L'Allegro"나 "Il Penseroso"가 모두 다 서술적(또는 기술하는 식의) 시가 아니라 본질적으로 마음의 상태를 그리는 시라는 점이다. "L'Allegro"에서는 근심 걱정이 없는 행복한 분위기를 조성하는데 목적이 있고 "Il Pensoroso"에서는 한가하게 명상에 잠기는데 적절한 분위기를 조성하려는데 목적이 있는 것이다.

그 다음 시인은 교묘하게 시간을 정오와 저녁 사이에 옮기면서, 마을 사람들이 즐거운 종소리가 퍼지는 동안에, 바이올린 소리에 맞추어 춤을 추는 작은 마을로 이끌어 나간다. 그 춤이 절정에 이르면, 늙은이도 어린애들도 함께 이들과 한 자리에 모이고 해 저물 때까지 평온하고 즐거움 속에서 화창한 날 축제는 계속되는 것이다. 그 다음 저녁이 되면 개암 색깔 술을 마시며 벽난로에 둘러앉아 요정 Mab의 이야기, 이름을 밝히지 않는 어떤 남자가 도깨비불에 끌려가서 본 이야기 등 고전 신화의 이야기가 나온다. 그 당시 영국의 신화는 그들에게 친숙했던 것이다(어느 나라에서나 그 시대에는 그랬던 것처럼). 이러한 이야기가 끝나면 곧 그들은 미풍에 잠들어 버린다.

그런데 여기서 L'Allegro는 저녁에 시간을 보내는 또 다른 방법을 말해 준다.

Towered cities p1ease us then,
And the busy hum of men,
Where throngs of knight and barons bold,

위에서 "Then"은 시골 사람들이 침대에 간 후에가 아니라, 어디까지나 "바로 이때"라는 의미로 보아야 할 것이다. 그는 처음에 기사들과 귀족들과 더불어 수많은 귀부인들이 큰 축제를 벌이는 장면과 더불어, 중세의 화려하고 장엄한 무대가 그를 기쁘게 해주는 장면을 보여 준다. 귀부인들의 빛나는 눈동자는 감화력을 비처럼 퍼붓고 재기와 무력의 시합을 판정 내린다. 이때 기사나 귀족들은 귀부인의 총애를 얻으려고 서로 경쟁하는 모습을 보여준다. 기사들의 행렬과 마상 창시합은 낮에 이루어지는 점을 감안한다면, Milton은 여기서 큰 축연을 특징지우는 어떤 종류의 극적 연회를 말하고 가면극을 말하고 있음을 알 수 있다. 여기서 결혼의 여신 하이멘 (Hymen)은 가면극의 등장인물 중의 하나라고 보아야겠다. 그러나 그것도

---

32 Burton, *op. cit.,* p.12.

전혀 유쾌하고 모호하며 비현실적이다.

Such sights as youthful poets dream
On summer eves by haunted stream.

그 다음에 더욱 더 균형 잡히고 수준 높은 무대로 눈을 돌려서, L'Allegro는 Ben Jonson의 학구적 스타일의 희곡을 찾고, 상상력이 풍부하며 소박하고 야생적인 자연을 노래 부르는 Shakespeare무대를 찾는 것이다.

마지막으로 그 하루를 장식하는 것으로, L'Allegro는 Milton 자신 지상에서 무엇보다도 좋아했던 음악을 찾는다. 그 음악은 불멸의 시가에 맞춘 가락으로 생명을 좀먹는 근심을 물리치게 하는 감미롭고 감각적이며 감상적인 Lydian의 노래이다. 이 Lydian은 그리스의 노래로서 정숙한 Dorian이나 기운차고 활발한 Ionian과는 달리, 부드럽고 감미로워서 영혼 속 깊이 감동을 주며 마음의 평화를 얽매는 모든 사슬을 해방시켜 준다고 Milton은 묘사한다. 이러한 시인의 묘사는 Elizabeth왕조나 James I세 왕조 때 Jacobean 시대의 사랑의 소곡을 연상하게 한다. Milton은 희랍의 신화를 또한 사용함으로써, 그의 음악에 대한 열정을 완곡히 나타낸다. 즉, 위에 그 절묘한 노래는 희랍의 신화에 나오는 유명한 음악가 Orpheus가 이러한 감미로운 노래를 듣고 극락의 꽃 침대에서 단잠을 자다가 깨어 일어날 정도의 음악이라는 것이다. 그리고 그의 아내 Eurydice가 죽었을 때, Orpheus는 무생물까지 감동시킨 그는 하프를 가지고 지옥으로 내려가 노래하며, 아내 Eurydice를 달라고 간청한다.[33] 명부의 신 Pluto는 그 노래에 감동되어 그의 아내를 데리고 가라고 했을 정도의 음악이라고 Milton은 묘사하는 것이다.

이러한 Milton의 묘사는 그 당시 야망에 찬 젊은 시인에 의하여 이루어진 당연한 기법으로 본다. 그러나 어떤 시인도 이렇게 단 몇 마디로 그와 같이 빛나며 정확한 묘사를 하기란 쉬운 일이 아니다. 이후 갑자기 이 시는 끝나는 기분인데, 그것은 L'Allegro가 음악이 줄 수 있는 것보다 더 큰 기쁨을 찾을 수 없기 때문일 것이다. 더 이상의 즐거움의 추구에 흥미를 잃은 것이다. 그래서 그는 말하기를 "이러신 기쁨을 줄 수 있다면 환락이어! 나는 그대와 함께 살고 싶다"고 묘사하는 것이다.

These delights if thou canst give,
Mirth, with thee I mean to live.

---

33 Orpheus는 하프를 어찌나 잘 탔던지 황천의 수위장을 감동시켜 눈물을 흘리게 하고 그의 아내를 생명의 세계로 데리고 가되, 가는 도중 그녀를 돌아보지 말라고 했다. 그러나 거의 생명의 세계에 이르렀을 때 Orpheus는 이 조건을 어겨 다시 Eurydice를 잃었다고 한다.

On the Morning of Christ's Nativity

I

This is the month, and this the happy morn
Wherein the Son of heaven's eternal King,
Of wedded maid, and Virgin Mother[1] born,
Our great redemption[2] from above did bring;
For so the holy sages[3] once did sing,
   That he our deadly forefeit should release,
And with his Father work us a perpetual peace.

II

That glorious form, that light unsufferable,
And that far-beaming blaze of majesty,
Wherewith he wont[4] at heaven's high council-table,
To sit the midst of Trinal[5] Unity,
He laid aside; and here with us to be,
   Forsook the courts of everlasting day,
And chose with us a darksome house of mortal clay.

III

Say Hevenly Muse, shall not the sacred vein[6]
Afford a present to the infant God?
Hast thou no verse, no hymn or solemn strain,
To welcome him to this his new abode,

---

1 Wedded maid, and virgin mother: the blessed Virgin Mary was married to Joseph but still a virgin. It was important in Christian thought that she should be virginal, as she was to be the mother of the Son of God, yet she has also to be a married woman.

2 great redemption: Christians believe that God came to earth as his Son Jesus Christ and by so doing brought assurance that he had not forgotten man, and that he would redeem mankind from the sin into which it had fallen, and in the future Second Coming of Christ would bring about the restoration of the perfection he had intended when he created the world.

3 holy sages: Hebrew prophets.

4 wont: was accustomed.

5 trinal: three-fold(God the Father, the Son and the Holy Spirit).

6 vein: style.

Now while the Heaven by the sun's team untrod,
  Hath took no print of the approaching light,
And all the spangled host keep watch in squadrons bright?

IV

See how from far upon the eastern road
The star-led wizard haste with odours sweet:[7]
O run, prevent them[8] with thy humble ode,
And lay it lowly at his blessed feet;
Have thou the honour first, thy Lord to greet,
  And join thy voice unto the angel quire,[9]
From out his secret altar touched with hallowed fire.[10]

The Hymn

I

It was the winter wild,
While the heaven-born-child
  All meanly wrapped in the rude[11] manger lies;
Nature in awe to him
Had doffed her gaudy trim[12],
  With her great Master so to sympathize:
It was no season then for her
To wanton with the sun her lusty paramour.[13]

II

Only with speeches fair

---

7 The star-led wizards haste with odours sweet: the wise men(Magi) of the East who were guided to the birthplace of Christ by a new star that appeared in the sky over Bethlehem in the Judea district of Palestine.

8 prevent : here, go before.

9 angel quire: choir of singing angels. In the Bible(Luke II), shepherds near Bethlehem were told of the birth by a multitude of the heavenly host.

10 secret altar touched with hallowed fire: as in the Bible(Isaisah VI), it means that the Muse has received direct inspiration from God for this heavenly song.

11 rudc: simple

12 doffed her gaudy trim: taken off her gay clothing, that is, the bright colours of leaves and flowers of past seasons.

13 wanton--paramour: play amorously with the lover.

She woos the gentle air
　To hide her guilty front with innocent snow,
And on her naked shame,
Pollute[14] with sinful blame,
　The saintly veil of maiden white to throw,
Confounded, that her Maker's eyes
Should look so near upon her foul deformities.

III

But he her fears to cease,
Sent down the meek-eyed Peace,[15]
　She crowned with olive green, came softly sliding
Down through the turning sphere[16]
His ready harbinger,[17]
　With turtle wide[18] the amorous clouds dividing,
And waving wide her myrtle[19] wand,
She strikes a universal peace through sea and land.

IV

No war, or battle's sound
Was heard the world around:
　The idle spear and shield were high up hung;
The hooked chairot[20] stood
Unstained with hostile blood,
　The trumpet spake not to the armed throng,
And kings sat still with awful eye,
As if they surely knew their sovran Lord was by.

---

14 pollute: polluted, soiled.

15 Peace: Peace is sent because Christ is to be the 'Prince of Peace'.

16 turning sphere: the earth was encircled by the turning spheres of the planets.

17 harbinger: messenger sent in advance, herald.

18 turtle wing: peace is seen like a winged angel; the turtle-dove is a symbol of peace and the clouds are 'amorous' because loving towards Peace.

19 myrtle: the tree of Venus(of love).

20 hooked chariot: war-chariot with sharp hooks or blades fixed to the wheel to cut down the enemy.

V

But peaceful was the night
Wherein the Prince of Light
  His reign of peace upon the earth began:
The winds with wonder whist,
Smoothly the waters kissed,
  Whispering new joys to me mild ocean,
Who now hath quite forgot to rave,
While birds of calm[21] sit brooding on the charmed wave.

VI

The stars with deep amaze
Stand fixed in steadfast gaze,
  Bending one way their precious influence,[22]
And will not take their flight
For all the morning light,
  Or Lucifer that often warned them thence;
But in their glimmering orbs did glow,
Until their Lord himself bespake, and bid them go.

VII

And though the shady gloom
Had given day her room,
  The sun himself withheld his wonted speed,
And hid his head for shame,
As his inferior flame,
  The new-enlightened world no more should need;
He saw a greater sun appear
Than his bright throne, or burning axle-tree[23] could bear.

VIII

The shepherds on the lawn,

---

21 birds of calm: kingfisher.

22 precious influence: the stars and planets were thought to influence or have an effect upon earth and its inhabitants.

23 burning axle-tree: the gleaming axle of the chariot in which the sun god travelled the skies.

Or ere the point of dawn,
  Sat simply chatting in a rustic row;
Full[24] little thought they then,
That the mighty Pan[25]
  Was kindly come to live with them below;
Perhaps their loves, or else their sheep,
Was all that did their silly[26] thoughts so busy keep.

IX

When such music sweet
Their hearts and ears did greet,
  As never was by mortal finger strook,
Divinely-warbled voice
Answering the stringed noise,
  As all their souls in blissful rapture took[27]:
The air such pleasure loth to lose,
With thousand echoes still prolongs each heavenly close.[28]

X

Nature that heard such sound
Beneath the hollow round
  Of Cynthia's seat, the airy region thrilling,
Now was almost won
To think her part was done,
  And that her reign had here its last fulfilling;
She knew such harmony alone

---

24 Full: fully.

25 mighty Pan: the Greek god of shepherds and of pastures in mythology and pastoral poetry. In Renaissance pastoral, when shepherds could represent priests, Christ was thought of as Pan. In the new Testament Christ is called 'the good Shepherd', and his followers his 'flock'.

26 silly: at this time the word still meant not stupid but innocent, or simple.

27 took: captivated.

28 close: The conclusion of a musical phrase: a cadence. The planets, including the moon, were thought to revolve in a settled order round the earth. It was also believed that each had its own musical sound, and 'the music of the spheres' was a divine harmony of these sounds. In this lengthy passage, lines 93—147, Milton is saying that the sound of the voices and music of the angels is as beautiful as thas sung by the angelic hosts while God was creating the universe(lines 118—24). It is so lovely that Nature is almost persuaded that her time of rule on earth is nearly over and that God is returning to his creation(lines 101—108).

Could hold all heaven and earth in happier union.

XI

At last surrounds their sight
A globe[29] of circular light,
    That with long beams the shame-faced night arrayed,
The helmed cherubim
And sworded seraphim
    Are seen in glittering ranks with wings displayed,
Harping in loud and solemn quire,
With unexpressive notes to heaven's new-born Hier.

XII

Such music(as ’tis said)
Before was never made,
    But when of old the son of morning sung,
While the Creator great
His constellations set,
    And the well-balanced world on hinges hung,
And cast the dark foundations deep,
And bid the welt’ring waves their oozy channel keep.[30]

XIII

Ring out, ye crystal spheres,
Once bless our human ears,
    (If ye have power to touch our senses so)
And let your silver chime
Move in melodious time;
    And let the base of heaven's deep organ blow,
And with your ninefold harmony
Make up full consort[31] to the angelic symphony.

---

29 globe can mean 'troop'.

30 11, 119—24, cp. Job XXXVIII 4—10: where were you when I laid the earth's foundations?...Who set its corner-stone in place, when the morning stars sang together and all the song of God shouted aloud?.. Fixing its doors and bars in place.

31 concert: group. The Idea that each sphere of the universe produced a note as it revolved was Pythagorean in origin. Pythagoras alone among mortal men was able to hear this music.

XIV

For if such holy song
Enwrap our fancy long,
Time will run back, and fetch the age of gold,[32]
And speckled[33] vanity
Will sicken soon and die,
And leprous sin will melt from earthly mould,
And hell itself will pass away,
And leave her dolorous mansions to the peering day.

XV

Yea Truth, and Justice then
Will down return to men,
Orbed in a rainbow; and like glories wearing,
Mercy will sit between,
Throned in celestial sheen,
With radiant feet the tissued clouds down steering;
And heaven as at some festival,
Will open wide the gates of her high palace hall.

XVI

But wisest Fate says no,
This must not yet be so,
The Babe lies yet in smiling infancy,
That on the bitter cross
Must redeem our loss;
So both himself and us to glorify:
Yet first to those ychained[34] in sleep[35]

The rest of mankind cannot, he explains, because of the Fall, as a result of which we are 'buried in sin and degraded by brutish desires'. If our souls were pure, our ears would be filled with that exquisite music of the stars in their orbits.

32 the age of gold: the Golden Age was long ago, when war, age, death and toll were all unknown. It is a classical equivalent to the days of before the Fall of Man in Christian belief.

33 speckled: spotted with sin.

34 ychained: the 'y' represents the old English ge—, the prefix to the past participle.

35 sleep: death.

The wakeful trump[36] of doom[37] must thunder through the deep,

XVII

With such a horrid clang
As on Mount Sinai[38] rang
While the red fire, and smould'ring clouds out brake:
The aged earth aghast
With terror of that blast,
Shall from the surface to the centre shake;
When at the world's last session,
The dreadful judge in middle air shall spread his throne.

XVIII

And then at last our bliss
Full and perfect is,
But now begins; for from this happy day
The old dragon[39] under ground
In straiter limits bound,
Not half so far casts his usurped sway,[40]
And wroth to see his kingdom fail,
Swinges[41] the scaly horror of his folded tail.

XIX

The oracles are dumb,[42]
No voice or hideous hum

---

36 trump: trumpet.

37 trump of doom: the last trumpet which will sound at the Day of Judgement('doom'= judgement).

38 As on Mount Sinai; in the Bible, Exodus 19, God appeared out of clouds in thunder and lightning on Mount Sinai to the prophet Moses and gave him the Ten Commandments.

39 the old dragon: the Devil, first so called in the Bible.

40 usurped sway: he has had power(sway)over God's earth which he had usurped.

41 swinges: swings.

42 The oracles are dumb: the Greek oracles are silent. The local nature-spirits are leaving their habitations to the sound of weeping and lament and the wood-nymphs are mourning. The Roman deities of the hearth and home and spirits of dead ancestors are losing their power. As for the grim pagan gods(of Asia Minor) they have forsaken their temples and their worshippers, as have the animal gods of Egypt.

Runs through the arched roof in words deceiving.
Apollo from his shrine
Can no more divine,
With hollow shriek the steep of Delphos leaving.
No nightly trance, or breathed spell,
Inspires the pale-eyed priest from the prophetic cell.

XX

The lonely mountains o'er,
And the resounding shore,
A voice of weeping heard, and loud lament;
From haunted spring, and dale
Edged with poplar pale,
The parting genius[43] is with sighing sent,
With flower-inwoven tresses torn
The nymphs in twilight shade of tangled thickets mourn.

XXI

In consecrated earth,
And on the holy hearth,
The Lars, and Lemures[44] moan with midnight plaint,
In urns, and altars round,
A drear and dying sound
Affrights the flamens at their service quaint;
And the chill marble seems to sweat,
While each peculiar power forgoes his wonted seat.

XXII

Peor, and Baalim,[45]

---

43 genius: a local minor god or goddess, dwelling in haunting springs, dales(valleys), woods, etc.

44 The Lars and Lemures: in Roman belief, spirits who looked after a man's house or estate: and spirits of dead ancestors who remained and had to be remembered and treated with respect and devotion. Milton shows them lamenting, because of the birth of Christ, and shows the 'flamens(priests)in Roman temples frightened at their quaint(elaborate)rites by the 'drear and dying sound'.

45 Peor, and Baalim: Peor, the Phoenician sun god; Baalim, local Phoenician deities concerned

Forsake their temples dim,
   With that twice battered god of Palestine,[46]
And mooned Ashtaroth,[47]
Heaven's queen and mother both,
   Now sits not girt with tapers' holy shine,
The Libyc Hammon[48] shrinks his horn,
In vain the Tyrian maids their wounded Thammuz[49] mourn.

XXIII

And sullen Moloch[50] fled,
Hath left in shadows dread,
His burning idol all of blackest hue;.
 In vain with cymbals' ring,
They call the grisly king,
   In dismal dance about the furnace blue;
The brutish gods of Nile as fast,
Isis[51] and Orus[52], and the dog Anubis[53] haste.

XXIV

Nor is Osiris[54] seen
In Memphian grove, or green,
   Trampling the unshowered grass with lowings loud:
Nor can he be at rest
Within his sacred chest,
   Nought but profoundest hell can be his shroud,[55]

---

with flocks.

46 twice battered god of Palestine: the Phillstine fish god Dagon.

47 Ashtaroth: a Phoenician female divinity(venus).

48 Hammon: One of the manifestations of Jove.

49 Thammuz: the Phoenician Adonis.

50 Moloch: god of the Ammonites—a tribe in Palestine, represented in a brass, calf-headed ldol inside which a fire burned.

51 Isis: Egyptian goddess of the earth.

52 Orus: Egyptian sun god, son of Isis.

53 Anubis: son of Osiris, represented with dog's head.

54 Osiris: the chief god of the Egyptians, worshipped in the form of a bull, he is not to be seen either, but he is certainly not at rest, and his followers carry his image about in it ark in vain.

In vain with timbrelled anthems dark
The sable-staled sorcerers bear his worshipped ark.

XXV

He feels from Juda's land
The dreaded Infant's hand,
 The rays of Bethlehem blind his dusky eyn;
Nor all the gods beside,
Longer dare abide,
 Not Typhon[56] huge ending in snaky twine;
Our Babe to show his Godhead true,
Can in his swaddling bands control the damned crew.

XXVI

So when the sun in bed,
Curtained with cloudy red,
 Pillows his chin upon an orient[57] wave,
The flocking shadows pale,
Troop to the infernal jail,
 Each fettered ghost slips to his several grave,[58]
And the yellow-skirted fays,
Fly after the night-steeds, leaving their moon-loved maze.

XXVII

But see the Virgin blest,
Hath laid her Babe to rest.
 Time is our tedious song should here have ending;
Heaven's youngest teemed star,[59]
Hath fixed her polished car,

---

55 Osiris was worshipped in a grassy enclosure in the temple at Memphis(the ancient capital of Egypt), but now no longer since the Birth of Christ. Nor can Osiris be at rest since he is doomed to Hell.

56 Typhon: the Greek Typhon was a hundred-headed, serpent-tailed monster.

57 Orient: eastern, where the sun rises.

58 fettered ghost..grave: each spirit, fettered—bound or chained in fetters—to its own body, goes off to it own grave.

59 youngest teemed star: the newest star, that is, the one that led the Magi all the way to Bethlehem.

Her sleeping Lord with handmaid lamp attending;
And all about the courthly stable,[60]
Bright-harnessed angels sit in order serviceable.

예수님 강생하신 아침에

I

이 날은 하늘의 영원하신 왕의 아드님,
결혼한 처녀 성모로부터 나신 그분께서
하늘로부터 우리 인간에 큰 구속을 가져다주신 달
행복한 아침입니다.
왜냐하면 거룩한 예언자들이 그렇게 예언했기에,
그리하여 그분은 우리의 무거운 죄 짐을 벗겨 주시고,
성부와 함께 우리에게 영원한 평화를 베풀어 주십니다.

II

저 영광스러운 모습, 그 견디기 어렵도록 눈부신 빛,
그리고 저 위엄에 가득찬 멀리까지 빛나는 광휘.
그 빛과 더불어 그분은 하늘 높은 회의석에서,
삼위일체의 한가운데 앉으시곤 하셨는데,
그 자리를 버리시고 그리고 여기 우리와 함께 계시려고.
영원한 날의 궁중을 버리시고,
우리와 함께 죽음을 맛보는 육체의 어두운 집을 택하셨습니다.

III

여보시요, 하늘의 뮤즈님이시어! 당신의 성스러운 문체는
아기로 태어 낳으신 하나님께 선물을 드리지 않으시렵니까?
당신께서는 이 새로운 처소에 그분을 환영해 맞이하시도록,
시와 찬미와 거룩한 노래를 가지고 계시지 않습니까?
한편 지금 하늘은 태양의 수레를 끄는 말에 밟히지 않고서,
가까이 오는 빛에 흔적을 남기지 않았습니다.
그런데 모든 번쩍이며 빛나는 천사의 군대들이 기병대대의
모습으로 지켜서 있는 것이 아니겠습니까?

IV

---

60 courtly stable: the humble stable has become the great court where the baby is to be honoured.

얼마나 멀리서 동쪽 길을 떠나 별들에 인도되어,
향기로운 유향을 들고 서둘러 온 동방 박사들을 보시오.
아 뛰어가시오. 그대의 겸허한 노래를 가지고,
그들보다 먼저 가서 그 노래를 그의 축복에 가득찬 발밑에
나즈막히 내려놓으시오.
그대가 주님의 첫 번째로 경배할 영광을 입으시지오.
그리고 천사들의 찬양대에 은밀한 제단으로부터 신성한 불로 감동을 받은
그대의 목소리도 한 몫 끼시오

찬양의 노래

I

황량한 겨울이었습니다.
그때 하늘에서 태어나신 아기께서
그 소박한 구유에서 아주 초라하게 덮으시고 누워 계십니다.
경외심에 가득 찬 자연은
그의 화려한 옷을 벗고서,
위대하신 주님과 함께 어울린 모습입니다.
그녀가 정욕에 가득 찬 정부인 태양과 희롱하는
그런 계절이 아니었습니다.

II

다만 아름다운 말로
그녀는 새하얀 천진난만한 눈으로,
그녀의 수치스러운 얼굴을 가리기 위하여
부드러운 대기와 구애를 합니다.
그리고 죄악의 허물로 더러워진 벌거벗은 수치 위에
성스러운 하얀 처녀의 면사포를 던지도록
곤욕을 치릅니다. 그리하여 창조주의 눈이
그녀의 불구의 모습을 아주 가까이 보시게 말입니다.

III

그러나 그분께서는 자연의 공포를 멈추도록,
온순한 눈을 가진 평화를 보내셨습니다.
자연은 초록색 올리브로 관을 쓰고, 지구 주위를 도는 천체를 통하여

조용히 미끄러져 내려 왔습니다.
그분께서 준비한 사자들이 비둘기 날개로,
평화를 연모하는 구름들을 가르고,
사랑의 나무 도금양 지팡이를 크게 휘두르고서,
바다와 대지에 일격을 가해
우주의 평화를 가져다줍니다.
전쟁이나 싸움의 소리가
온 세계에 들리지 않습니다.
한가로운 창과 방패가 높이 걸려 있습니다.
쇠갈고리가 부착되어 있는 전차는
적의 피로 물들이지 않은 채 있고,
나팔은 무장한 군대를 부르지 않습니다.
그리고 왕들은 마치 그들의 최고의 왕께서 분명히 가까이 계신 것을 아는 듯
경외에 찬 눈으로 조용히 앉아 있었을 뿐 입니다.

IV

그러나 평화로 그 밤은 충만해 있었습니다.
그 가운데에서 빛의 왕자께서
평화의 통치를 지상에서 시작하셨습니다.
바람이 경의에 차서 조용히,
부드럽게 바다에 입 맞추었습니다.
지금 미친듯이 날뛰기를 아주 잊어버린
온순한 대양에 새로운 기쁨을 속삭이면서,
한편 물총새들이 아름다운 파도를 품고 앉아 있습니다.

VI

별들이 크게 놀라며
고정된 응시 속에 움직이지 않고 서 있습니다.
한 곳으로 그들의 귀중한 영향력을 쏟아 부으면서,
그리고 아침의 빛 혹은 종종 그곳에서
그들을 경고하던 샛별 Lucifer가 나타났음에도 불구하고,
그들은 비행을 하지 않고 그들의 반짝이는 궤도에서
백열白熱하고 있었습니다;
그들의 주님께서 친히 말씀하시고 가라고 명령하실 때까지

VII

그늘진 어둠이 물러가고
낮에게 그 자리를 내 주었다 하더라도,
태양 그 자신은 그의 평상시의 속력을 억제하고,
그리고 부끄러워서 그의 머리를 감추었을 것입니다.
왜냐하면 새롭게 밝아진 세상은,
더 훨씬 미흡한 태양의 불빛을 필요로 하지 않기 때문입니다.
태양은 그의 빛나는 자리나 혹은 불타고 있는 굴대가
지탱할 수 없는 보다 더 큰 태양이 나타난 것을 보았던 것입니다.

VIII

풀밭 위에서 목자들은
혹은 동트기 전에 전원의 길에서,
단순히 한담하며 앉아 있었습니다.
그때 그들은 전혀 생각하지 못했습니다.
위대하신 하늘나라 목자께서 친절하게도
이 세상에서 그들과 함께 사시려고 오셨다는 사실을.
그 목동들의 소박한 생각을 바쁘게 하는 것이란,
아마도 그들의 연인들, 혹은 그밖에 그들의 양떼들 뿐.

IX

인간의 손으로는 결코 낼 수 없는
감미로운 음악이 그들의 가슴과 귀에 들려올 때,
신묘한 노래 소리가 현악 소리에 화답하고,
그때 모든 그들의 영혼은
축복에 가득 찬 환희에 사로 잡혔습니다.
대기는 이러한 기쁨을 잃기 싫어하여
수천의 메아리로 각각의 하늘 노래의 종장終章을
늘이는 것이었습니다.

X

달의 활동 영역 아래서
이러한 소리를 들은 자연은
그 공기층은 떨리고,

자연 그녀가 할 임무는 다 끝나고,
여기서 그녀의 지배는 마지막 완료 단계에 이르렀다고
거의 생각 되었습니다.
그녀는 이와 같은 조화만이 모든 하늘과 땅을
더 행복하게 화합시킬 것이라는 것을 알았습니다.

XI

드디어 긴 빛으로 수치스러운 얼굴을 한 밤을 단장했던
한 무리의 원형의 빛이 그들의 광경을 둘러쌉니다.
전투구를 쓴 Cherubim 천사들과
칼을 든 Seraphim 천사들이
반짝이는 대열 속에
날개를 펼치고 있는 모습이 보입니다.
표현할 수 없는 훌륭한 상속자에게
크고 거룩한 성가대 속에서 하프를 타면서.

XII

이러한 음악은 전에 결단코 들을 수가 없었습니다.
위대하신 창조주께서 별자리를 정하시고,
잘 균형 잡힌 세계를 돌쩌귀에 걸어 놓으시고,
캄캄하고 깊은 기초를 내리시고,
뒹구르는 파도로 하여금 젖은 수로를 막게 하실 동안,
아침의 옛 아들들이 노래했을 때를 제외하고서는.

XIII

울리어 보내시라. 그대 수정 같은 천체들이어,
(만일 그대들이 우리 인간의 감각을 감동시킬 힘을 가졌다면)
우리 인간의 귀에다 행복을 빌어 주십시오.
그리고 그대의 은 빛깔의 음악 종으로 하여금
선율이 고운 시간에 흔들어 주시라.
그리고 하늘의 깊은 오르간의 저음을 울려 주시오.
그리고 그대의 아홉 배 로 된 조화로
천사들의 교향곡에 맞는 완전한 단원을 만드십시오.

XIV

왜냐하면 이와 같이 이 거룩한 노래가
우리의 환상을 오래 동안 둘러쌓으면,
시간은 뒤로 달려가서 황금시대를 가져다 줄 것이니까요.
죄로 때문은 허영은 병들고 곧 사멸할 것입니다.
그리고 나병같이 무서운 죄악은
곧 지상에서 녹아 없어질 것이며,
지옥은 그 자체 사라지고,
그 떠오르는 낮에게 그녀의 슬픈 저택을 내 줄 것입니다.

XV

그렇습니다. 진리와 정의는 그때 인간에게 돌아갈 것입니다.
무지개 속에 쌓여서 그리고 영광을 입은 것처럼,
하늘의 광채 속에 자리를 잡고서
자비가 그 사이에 앉을 것입니다.
그리고 아름답게 짜여진 구름들이
빛나는 발들로 걸어 내려오고,
하늘은 그 어떤 기쁜 축제에서처럼,
그의 높은 궁전 홀의 대문들을 활짝 열어 놓을 것입니다.

XVI

그러나 가장 현명한 운명의 신은 “아니”라고 말합니다.
이때는 아직 그런 때가 아니라고 합니다.
아기 예수께서 아직은 웃으시는 아기로 누워 계십니다.
그 쓰라린 고통의 십자가 위에서
우리의 상실을 회복하셔야 합니다.
그래서 그분과 우리를 모두 영광스럽게 하셔야 합니다.
잠 속에 묶여 있는 이들에게 처음으로
마지막 심판 날의 깨우는 나팔소리가 하늘을 통해서 울려야 할 것입니다.

IX

시나이산에서 울렸던
그 같은 무서운 굉음 소리로,
빨간 불과 연기 나는 구름들이 터져 나왔을 때,
늙은 대지는 두려워 떨며
질풍의 공포로

표면으로부터 중심에까지 흔들릴 것입니다.
그때 세계의 마지막 시간에
두려운 심판주께서 공중에서 그의 옥좌를 펼치실 겁니다.

XVIII

그리고 그때 드디어
우리의 축복이 충만하고 완전해 집니다.
그러나 지금은 시작됩니다.
왜냐하면 이 행복한 날로부터
그 옛날 용이 지하에 더욱 좁은 곳에서 묶이어,
그가 빼앗은 지구의 세력을 절반도 떨치지 못하기 때문입니다.
그리고 그의 지옥 왕국이 무너지는 것을 보고서 분노하여,
그의 접혀진 비늘 있는 꼬리의 공포를 휘두릅니다.

XIX

희랍의 신탁은 말문이 막히고
목소리나 무서운 지껄이는 소리도,
속이는 말로 아치 모양의 지붕을 통하여
더 이상 달려오지 않습니다.
Apollo신은 그의 사당으로부터
더 이상 점칠 수 없게 되었습니다.
공허한 비명 소리로 Delphos의 절벽을 떠나면서,
밤의 꿈이나 목소리 죽인 주문이 더 이상
예언의 방으로부터 창백한 눈의 사제에게 영감을 주지 못합니다.

XX

외로운 산들 위에서
메아리치는 바닷가에서,
우는 소리가 들리고
비애의 큰소리가 들립니다.
창백한 포플라로 둘러쳐진 골짜기와 자주 찾아가던 샘물로부터.
떠나가는 수호신은 한숨을 쉬면서 이별을 고합니다.
꽃으로 싼 머릿단은 찢어진 채,
얽혀진 숲의 어두운 그늘에서 요정들이 슬피 웁니다.

XXI

신성한 대지에서 그리고 거룩한 노변가 위에서
터주신과 조상신들이 한밤중의 비가로 울고 있습니다.
항아리들 속에서, 그리고 제단 주위에서.
쓸쓸하고 숨이 끊어지는 소리가
그들의 정교한 의식 속에 사제들을 깜짝 놀라게 합니다.
그리고 각각의 특정의 신들이
그의 앉던 자리를 버리고 갈 때,
차가운 대리석이 땀을 흘리는 듯합니다.

XXII

페니키아 태양신 Peor, 양떼의 신 Baalim은
그들의 어둠침침한 사당을 내버렸습니다.
두 번씩 넘어졌던 Palestine의 신 Dagon신과 더불어
달 모양의 여신 Ashtaroth,
하늘의 여왕과 어머니는 둘 다
성스러운 촛불의 광채로 두르지 않고 앉아 있습니다.
리비아의 양떼 신 Hammon은 그의 뿔을 움츠려 뜨리고,
하염없이 Tyre의 처녀는 상처 입은 그의 애인 Thammuz를 애도합니다.

XXIII

그리고 실쭉한 Moloch은 무서운 그늘로,
가장 새까만 색깔의 불타는 우상을 남겨두고 가버렸습니다.
아무 소용도 없이 심벌을 울려고,
그들은 무서운 그 왕을 소리쳐 부릅니다.
푸른빛 용광로 주위에서 음울한 춤을 추면서,
나일 강의 동물 모양의 신들,
그리고 Egypt의 여신 Isis 그녀의 아들 Orus,
그리고 개의 머리 모습을 한 Anubis는 재빨리 서두릅니다.

XXIV

이집트의 주신 Osiris는
Memphian 초원 혹은 작은 숲 속에서 보이지 않습니다.
큰 소의 울음소리로 소나기 내리지 않는 풀밭을 짓밟으면서
그는 또한 그의 신성하다는 궤안에서
평안하지 못합니다.

다만 깊고 깊은 지옥만이 그의 사당이 될 수밖에 없기에.
아무 소용도 없이 탬버린으로 반주하는 음울한 노래와 더불어
검은 제의를 입는 마법사들이 그의 예식의 궤를 들고 있습니다.

XXV

그는 유대 땅으로부터
아기 예수의 무서운 손을 느끼며
Bethlehem의 광채는 그의 희미한 눈을 멀게 합니다.
그 주위에 모든 신들도 더 이상 머물 수가 없고,
두 갈래 뱀 꼬리를 가진 거대한 괴물
그 Typhon도 그렇습니다.
참된 하나님의 신성을 보이시는 우리 아기 예수께서는,
그의 포대기에 쌓여서도 그 저주받은 떼거리들을 휘잡으십니다.

XXVI

그래서 침대에서 태양이
엷은 빨강색으로 커튼이 처졌을 때,
그리고 그의 턱이 동쪽의 파도 위에 뉘여졌을 때,
창백한 떼들의 그림자들이
지옥의 감옥으로 떼 지어 달아납니다.
족쇄로 채워진 각각의 망령들은 그의 무덤으로 달아나고,
그리고 노란 치마를 두른 요정들은 밤의 군마를 따라 날아갑니다.
그들의 달빛에 사랑받는 미로를 떠나면서.

XXVII

그러나 축복받은 성모 마리아께서 아기 예수를
쉬시도록 뉘여 놓은 것을 보십시오.
우리의 지루한 노래가 이제 막을 내려야 할 시간입니다.
하늘의 가장 새로운 별이 그의 빛나는 수레를 고정시키고,
시녀격인 등을 들고 주무시는 주님을 돌봐드립니다.
그리고 고귀한 마구간 주위에는
빛나는 무장을 한 천사들이 수종들려고
정열해서 앉아있습니다.

● 이해와 감상

이 시의 주제는 하나님의 아들 예수그리스도께서, 하늘의 영광을 버리시고, 인간의 몸을 입으시고, 이 인간과 하나님과 죄악의 담을 헐어 뜨려 화해하시며, 온 우주의 조화를 이루시려고 이 세상에 오신 것을 찬양하는 것이다. 음악적 요소가 풍부한 노래에 가까운 시이며, 시인의 기독교적 영감으로 이루어진 노래이다. 음악적인 Idea와 상상력 등은 Milton이 그의 부친의 음악적 소양에 그 배경을 둔 것이다. 또 이 시의 배경은 시인의 학문적 배경—Ovid, Virgil, Cicero, Theocritus, Horace, Homer, Euripides, Greek Testament 등 고전을 읽은 것이 기초 되였다고 볼 수 있다.[61] 그러므로 그가 비록 Cambridge 대학 재학시절, 21세의 젊은 나이에 썼지만, 풍부한 allusion, 고전에 대한 이해에서 오는 적절한 Imagery 사용 등 아주 훌륭해서, 후일의 거작 *Paradise Lost*가 여기에서부터 배태되었다고 생각된다.

Milton은 그의 친구 Diodati에게 그의 "On the Morning of Christ's Nativity"에 대하여 다음과 같은 말을 했다.[62]

"나는 하늘에서 내려오신 왕, 평화를 가져오신 분을 찬양하고, 성스러운 책에서 약속하신바, 그 축복된 시간을 찬양하는 것이다. 그리고 하나님의 어린양 예수 그리스도는 초라한 지붕 아래 마굿간과 별들이 총총한 하늘, 하늘 높이에서 노래하는 천사들의 무리들, 그리고 갑자가 그들 사당에서 멸망을 입는 헛된 이방신들에 대하여 노래한 것이다. 이 시는 예수 그리스도의 탄생하신 날 그 아기예수께 선물로 바치는 것이다."라고.

그러면 이 시를 처음부터 좀더 자세히 살펴보자. 처음 네 개의 stanza는 서문적 역할로서 다음에 오는 Hymn의 장면을 설정한다. Christ께서 하늘의 영광스러운 그의 자리를 버리시고 인간이 되기 위해서 오신 것이다. 인간의 어두운 집을 택하셨다.

Forsook the courts of everlasting day,
And Chose with us a darksome house of mortal clay.

위에서 빛과 어두움의 대조를 볼 수 있다. 즉 "everlasting day"와 "darksome house of mortal clay"의 대조이다. 시인은 Muse로 하여금 아기 예수를 환영하는 시를 쓰도록 영감을 줄 것을 부탁한다. 이름 없는 젊은 시인의 헌시는, 별들의 인도에 따라서 오고 있는 동방박사들의 선물과는 비교할 바가 못 된다고 겸손을 보여 준다. 그래서 Milton은 다만 그 동방박

61 Jackson Mathews "On the Morning of Christ's Nativity" Oscar Williams(ed). *Master Poems of the English Language*(New York: Washington Square Press. 1973). pp.169-170

62 Marjorie Hope Nicolson, *A Reader' Guide to John Milton*(New York: Farrar, Straus and Giroux. 1963). p35.

사들이 도착하기 전 작고 보잘 것 없는 신물을 예배하는 의미에서 드릴 뿐이라고 술회한다.

O run, prevent them with thy humble ode,

그 다음 Hymn에 들어가면 첫째 Stanza에서 Stanza XV까지는, 그리스도의 강생으로 이 세상에 깃들어진 평화와 그 평화의 개념을 강조한다. 참다운 평화는 예수 그리스도의 탄생에만 깃든다. 그 평화는 세상의 어느 왕이 주는 평화와는 전혀 차원이 다른 것이다. 창, 방패, 전차 등 전쟁의 상징들은 그들의 파괴행위를 멈추었다. 세상의 왕들은 경외에 찬 눈으로 조용히 앉았을 뿐이다. 바람도 자고 파도도 자며 물총새도 그 잠자는 파도를 품고 쉬는 것을 묘사했다. 자연도 평화의 옷을 입고 겸허하게 아기예수 오신 날 평화롭게 잠자는 것이나.

Hymn I, II, III등에서 시인은 아름다운 표현과 시상을 보여 준다. 즉 자연은 그 여름 화려한 색상의 잎사귀와 꽃의 옷을 벗어 버리고, 화려한 모습 대신에, 하얀 눈 속에 나타난다. 그 영광스러운 하늘의 자리를 버리시고 이 세상에 오신 예수 그리스도를 따라서, 겸허한 겨울의 모습으로 자연을 나타내 보인 것이다. 또한 이 세상의 누추하고 더러운 죄악의 모습을 하얀 눈의 덮개 아래서 감추어, 하나님의 시선을 기쁘게 하려는 자연의 갸륵한 모습인 것이다. 이러한 Milton의 묘사는 참으로 아름다운 시적인 비유라고 볼 수 있다.

또한 여기에서 주목할 점은, 시인이 아기 예수께 대한 열정적인 헌시의 진행에 따라서, 글자 그대로의 뜻을 넘어선 상징적인 표현이 깃들어 있다는 점이다.[63] 예를 들면 하나님께서 자연의 공포를 침묵시키시기 위해서 평화의 상징 비둘기를 지상에 보내셔서, 이 세상에는 더 이상 전쟁과 분쟁의 소리가 들리지 않게 된다. 이 평화는 이 세상 어떤 통치자가 주는 평화와는 아주 다르다. 모든 자연과 그 속에 모든 만물이 평화롭게 순종하여 참된 평화의 세계가 되는 것이다 거센 바람도 잠자고 바다가 광란하기를 그치고, 아침이 되어도 별이 진행하기를 그친 것이다. 주님께서 가라고 명령하실 때까지….

And though me shady gloom
Had given day her room,
The sun himself withheld his wonted speed,

예수 그리스도는 빛의 상징으로 나타난다. 햇빛보다 더욱 밝은 태양인

63 H. M. Burton, *John Milton: Some Minor Poems*(London: Hulton Educational Publicatios, 1966), pp.3-4

그리스도가 나타나서 밝아진 세상은, 더 이상 태양의 빛을 필요로 하지 않는다는 것이다. 태양은 낮이 되어도 떠오르려고 하지 않는다. 왜냐하면 더 큰 태양이 세상에 태어 나셨기 때문이다. Stanza III에서 상징적인 표현은, 평화의 비둘기가 자연과의 조화의 표식으로서 올리브 가지를 가져오고, 도금양 지팡이는 지상에 평화를 창조하신 하나님의 사랑을 상징한다고 볼 수 있다. 목동들은 하나님(Stanza VIII에서 "The mighty Pan"으로 묘사)께 그들과 함께 사시려고 이 세상에 오실 줄은 전혀 생각도 못한 일이다. 그러나 갑자기 인간이 낼 수 있는 것보다 더욱 훨씬 아름다운 하늘의 음악 소리가 울려 나옴을 듣는다. (여기서도 세상의 음악과 하늘의 음악의 대조가 보인다.)자연은 이 달 아래서 놀라운 하늘 음악 소리를 듣고, 이 세상에서 자연의 통치는 이제 끝났다고 생각한다.

She knew such harmony alone
Could hold all heaven and earth in happier union.

그 다음 목동들은 광채로 하늘을 꽉 채우는 듯한 커다란 원형의 빛을 보았고, 그 큰 원형 안에 Cherubim 천사들과 Seraphim 천사들의 무리가 투구와 칼을 들고 무장하고 있다. 반짝이는 천사들은 모두 하프를 타며 새로 태어난 아기 예수께 찬양을 드린다. 아름답고 절묘한 음악은 하나님께서 이 세계를 창조하실 때를 제외하고서는 들어보지 못하던 음악이다. 결코 인간 세계에서는 들을 수 없는 하늘나라의 아홉 배로 조화된 음악이다. 시인은 수정 같은 천체들이 이때만큼은 그들의 조화된 음악소리가 인간들에 의하여 들을 수 있게 되도록 허락할 것을 요청한다.

Once bless our human ears,

만일 우리 인간들이 잠시 동안이라도 그 천체들의 음악 소리를 들을 수 있다면, 그 때는 황금시대가 돌아온 것이라고 한다. 고전 작가와 중세기의 작가들은 황금시대가 오면 인간 세계는 완전한 경지에 이를 것으로 믿었다. 시인은 여기서 만일 이 황금시대가 돌아오면, 이 세상의 헛되고 어리석은 허영과 죄는 사라지고, 지옥 그 자체는 소멸해 버릴 것으로 묘사했다. 진리와 정의가 이 세상에 올 것이고, 자비가 영광스러운 옷을 입고, 그들 사이에 자리를 잡는다. 하늘나라의 문들이 열리기조차 할 것이라고 묘사한다. 그러나 Stanza XVI에 이르면, 이제까지의 평화와 황금시대를 이루는 절묘한 음악, 정의와 진리와 자비가 충만한 세계와는 달리, 이 Hymn의 전환점(turning point)으로 그 방향이 바뀌어 간다. 이 영광스러운 환상은 아직 인간을 위해서는 빠르기 때문이다.

But wisest fate says no,

This must not yet be so,

황금시대 이전에 마지막 심판의 날이 있어야 한다. 마지막 날의 나팔이 잠자는 이들을 깨울 것이다. 그 때 천둥과 번개와 지진 소리가 이 마지막 날을 알리고, 바로 그 후에 우리는 완전하고 충만한 행복을 누리게 된다. 그러나 예수 그리스도의 탄생은 이 거대한 구원의 시작이며, 이 순간으로부터 Satan은 지하 동굴에 묶여서, 그의 지옥 왕국이 붕괴되어 감을 보고 성나서 그의 꼬리를 흔드는 것이다.

And wroth to see his kingdom fall,
Swinges the scaly honor of his folded tail.

여기서 Milton은 Satan의 모습—추상적이고 개념적인 모습—을 시각화해서 구체적인 모습으로 보여 주는 솜씨가 능란하다. 모든 Satan의 앞잡이와 이방 신들은 그리스도의 오심을 알고 그들의 종말이 가까웠음을 느끼게 된다. 이들은 모두가 아기 예수일지라도 그 능력을 느끼게 된다. 예수께서 비록 아기이시지만 모든 악마들은 그 힘을 못 쓰기 때문이다. Milton은 이방 신들과 귀신들이 대한 연구의 소양이 깊고 대단히 박식하다. 희랍의 신탁, 로마의 가정 수호신, 터주신, 조상신, 페니키아의 태양신 Peor, 양떼의 신 Baallm, Apollo의 신전의 사제들, 샘물가의 정령들, 숲 속의 님프들과 구약 성서에서 나오는 Moloch, 여호와의 법궤 앞에서 두 번씩이나 넘어져 버린 Palastine의 신 Dagon, Egypt의 주신 Osiris, 태양신 Ball, Ashtaroth, 두 갈래 뱀 꼬리를 가진 Typhon, 또 Egypt의 동물 머리 모양의 신(나일강의 짐승모양의 신)등이다.

여기서 웃는 모습의 아기 예수와 성모 마리아의 부드러움과 대조적으로, 헛된 이방신들에 대한 엄중한 처단의 대조가 있다. 떠오르는 태양이 밤의 그림자와 공포를 쫓아내고, 그리하여 속박된 정령들이 그의 무덤으로 쫓겨 가듯이, 아기 예수는 지상에서 헛된 신들을 쫓아내는 것이다. 이러한 비유와 더불어 Milton의 wit도 엿 볼 수 있다.

So when the sun in bed,
Curtained with cloudy red,
Pillows his chin upon an orient wave,
. . . .

이제는 시인이 그의 노래를 끝내야 할 시간이다. 성모 마리아는 아기예수를 마구간에 뉘이시고—왕의 궁전이 된 마굿간—무장한 천사들이 그 와에게 수종들려고 준비하고 서 있다

Lycidas

In this Monody[1] The Author Bewails a Learned Friend,
Unfortunately Drowned In His Passage From Chester
On Irish Seas, 1637. And By Occasion Foretells
The Ruin of Our Corrupted Clergy,
Then in their Height.

Yet once more, O ye laurels, and once more
Yet myrtles brown, with ivy never sere,[2]
I come to pluck your berries harsh and crude[3],
And with forced fingers rude,
Shatter your leaves before the mellowing year.
Bitter constraint, and sad occasion dear,[4]
Compels me to disturb your season due;
For Lycidas is dead, dead ere his prime,
Young Lycidas, and hath not left his peer.
Who would not sing for Lycidas? He knew
Himself to sing, and build the lofty rhyme.
He must not float upon his watery bier
Unwept, and welter to the parching wind,
Without the meed[5] of some melodious tear.
Begin then, sisters of the sacred well[6]
That from beneath the seat of Jove doth spring,
Begin, and somewhat loudly sweep the string.
Hence with denial vain, and coy excuse;
So may some gentle Muse
With lucky words favor my destined urn,[7]

---

1 A song sung in Greek drama by a single voice.

2 "Laurels" for the crown of poetry given by Apollo, "myrtles" for the undying love granted by Venus; "ivy," the plant of Bacchus. All three plants are evergreens associated with poetic inspiration.

3 crude: unripe.

4 Heartfelt, profoundly moving; but also, in the 17th century, with overtones of "dire,"

5 meed: reward.

6 The nine sister Muses were reported to dwell by various springs or "wells".

And as he passes turn,
And bid fair peace be to my sable shroud.
For we were nursed upon the selfsame hill,
Fed the same flock, by fountain, shade, and rill.
  Together both, ere the high lawns[8] appeared
Under the opening eyelids of the morn,
We drove afield, and both together heard
What time the grayfly winds her sultry horn,[9]
Battening our flocks with the fresh dews of night,
Oft till the star that rose at evening bright
Toward Heaven's descent had sloped his westering wheel.
Meanwhile the rural ditties were not mute,
Tempered to th' oaten flute,[10]
Rough satyrs danced, and fauns with cloven heel
From the glad sound would not be absent long,
And old Damoetas[11] loved to hear our song.
  But O the heavy change, now thou art gone,
Now thou art gone, and never must return!
Thee, shepherd, thee the woods and desert caves,
With wild thyme and the gadding[12] vine o'ergrown,
And all their echoes mourn.
The willows and the hazel copses green
Shall now no more be seen,
Fanning their joyous leaves to thy soft lays.
As killing as the canker to the rose,
Or taint-worm to the weanling herds that graze,
Or frost to flowers that their gay wardrobe wear,
When first the white thorn blows[13];

---

7 The speaker suggests that if he sings for Lycidas, "some gentle Muse"(i.e., poet)may some day sing for him.

8 upland pastures.

9 heard the grayfly when she buzze's("winds her sultry horn"). "Battening": feeding.

10 Traditional Panpipes, played by shepherds.

11 A type name from pastoral poetry, possibly referring to some specific tutor at Cambridge.

12 straggling.

13 blossoms.

Such, Lycidas, thy loss to shepherd's ear.
  Where were ye, nymphs[14], when the remorseless deep
Closed o'er the head of your loved Lycidas?
For neither were ye playing on the steep,
Where your old Bards, the famous Druids[15] lie,
Nor on the shaggy top of Mona high,[16]
Nor yet where Deva spreads her wizard stream:
Ay me! I fondly dream—
Had ye been there—for what could that have done?
What could the Muse herself that Orpheus bore,
The Muse herself, for her inchanting son
Whom universal Nature did lament,
When by the rout[17] that made the hideous roar,
His gory visage down the stream was sent,
Down the swift Hebrus to the Lesbian shore?
  Alas! what boots it with incessant care
To tend the homely slighted shepherd's trade,
And strictly meditate the thankless Muse?[18]
Were it not better done as others use,
To sport with Amaryllis in the shade,
Or with the tangles of Neaera's hair?[19]
Fame is the spur that the clear spirit doth raise
(That last infirmity of noble mind)
To scorn delights, and live laborious days;
But the fair guerdon[20] when we hope to find,
And think to burst out into sudden blaze,

---

14 Nature deities.

15 The Druids, priestly poet-kings of Celtic Britain, worshiped the forces of nature. They lie dead in their burying ground on the mountain("steep")Kerig-y-Druidion in Wales.

16 "Mona" is the island of Anglesey. "Deva" is the river Dee in Cheshire.

17 Orpheus was torn to pieces by a mob("rout")of screaming Thracian woment who threw his gory head into the river Hebrus. The fate of Orpheus and the Druids suggests that nature everywhere is indifferent to the destruction of the poet.

18 Study to write poetry(the phrase is Virgil's).

19 "Amaryllis" and "Neaera," conventional names for pretty nymphs, a passing hour's diversion for idle shepherds.

20 reward.

Comes the blind Fury[21] with th' abhorred shears,
And slits the thin spun life. "But not the praise,"
Phoebus[22] replied and touched my trembling ears;
"Fame is no plant that grows on mortal soil,
Not in the glistering foil
Set off to th' world, nor in broad rumor lies,
But lives and spreads aloft by those pure eyes,
And perfect witness of all-judging Jove;
As he pronounces lastly on each deed,
Of so much fame in Heaven expect thy meed."
O fountain Arethuse[23], and thou honored flood,
Smooth-sliding Mincius, crowned with vocal reeds,
That strain I heard was of a higher mood.
But now my oat[24] proceeds,
And listens to the herald of the sea[25]
That came in Neptune's plea.
He asked the waves, and asked the felon winds,
"What hard mishap hath doomed this gentle swain?"
And questioned every gust of rugged wings
That blows from off each beaked promontory;
They knew not of history,
And sage Hippotades[26] their answer brings,
That not a blast was from his dungeon strayed,
The air was calm, and on the level brine,
Sleek Panope[27] with all her sisters played.
It was that fatal and perfidious bark,

---

21 Atropos, one of the three Fates, bearing scissors with which she cuts the thread of human life. Milton, to suggest the bitterness of death, makes her an avenging Fury.

22 Phoebus Apollo, god of poetic inspiration. Touching the ears of one's hearers was a traditional Roman way of asking them to remember something that had been said(Virgil, Eclogues VI; Horace, Satires I.ix. 77).

23 Arethusa was a fountain in Sicily, Mincius a river in Lombardy.

24 pipe, hence song.

25 Neptune's "herald" is Triton, pleading his master's innocence in the death of Lycidas.

26 Aeolus, god of winds, and son of Hippotas.

27 Thc chief Nereid or sea nymph.

Built in th' eclipse,[28] and rigged with curses dark,
That sunk so low that sacred head of thine.
  Next Camus,,?[29] reverend sire, went footing slow,
His mantle hairy, and his bonnet sedge,
Inwrought with figures dim, and on the edge
Like to that sanguine flower inscribed with woe.[30]
"Ah! who hath reft," quoth he, "my dearest pledge?"
Last came and last did go
The pilot of the Galilean lake,[31]
Two massy keys he bore of metals twain
(The golden opes, the iron shuts amain).
He shook his mitered locks,[32] and stern bespake:
"How well could I have spared for thee, young swain,
Enow[33] of such as for their bellies' sake,
Creep and intrude, and climb into the fold!
Of other care they little reckoning make,
Than how to scramble at the shearers' feast,
And shove away the worthy bidden guest.
Blind mouths! That scarce themselves know how to hold
A sheep-hook,[34] or have learned aught else the least
That to the faithful herdsman's art belongs!
What recks it them?[35] What need they? They are sped;
And when they list[36], their lean and flashy songs
Grate on their scrannel[37] pipes of wretched straw.

---

28 I.e., time of the worst possible luck.

29 God of the river Cam, representing the ancient University of Cambridge, but slow and shaggy like the stream.

30 The bonnet and mantle of Camus have marks of woe on the edge like the Al Al supposedly found on the hyacinth, a "sanguine flower" sprung from the blood of a youth killed accidently by Apollo.

31 St. Peter, originally a fisherman on Lake Tiberias in Galilee, was first founder and. bishop of the Christian church; his keys open and shut the gates to heaven.

32 He wears the bishop's miter.

33 an old plural form of "enough".

34 the bishop's staff, is made in the form of a shepherd's crook.

35 what do they care? "They are sped": i.e., they have prospered in a worldly sense.

36 choose.

The hungry sheep look up, and are not fed,
But swoln with wind, and the rank mist they draw,
Rot inwardly, and foul contagion spread,
Besides what the grim wolf with privy paw[38]
Daily devours apace, and nothing said.
But that two-handed engine at the door[39]
Stands ready to smite once, and smite no more."
Return, Alpheus[40], the dread voice is past,
That shrunk thy streams; return, Sicilian muse,
And call the vales, and bid them hither cast
Their bells and flowerets of a thousand hues.
Ye valleys low where the mild whispers use,[41]
Of shades and wanton winds, and gushing brooks,
On whose fresh lap the swart star sparely looks,
Throw hither all your quaint enameled eyes,
That on the green turf suck the honeyed showers,
And purple all the ground with vernal flowers.
Bring the rathe[42] primrose that forsaken dies,
The tufted crow-toe, and pale jessamine,
The white pink, and the pansy freaked with jet,
The glowing violet,
The musk-rose, and the well attired woodbine.
With cowslips wan that hang the pensive head,
And every flower that sad embroidery wears:
Bid amaranthus[43] all his beauty shed,
And daffadillies fill their cups with tears,
To strew the laureate hearse[44] where Lycid lies.

---

37 harsh, meager.

38 I.e., Roman Catholicism, whose agents operated in secret.

39 It may be St. Peter's keys, the two houses of Parliament, or a big sword, but there is no harm in letting it remain an indistinct, apocalyptic instrument of revenge.

40 Here the pastoral mode of the poem revives.

41 I.e., are used or accustomed to be heard

42 early.

43 The amaranth is an imaginary flower that never fades.

44 bier decked with laurels.

For so to interpose a little ease,
Let our frail thoughts dally with false surmise.[45]
Ay me! whilst thee the shores and sounding seas
Wash far away, where'er thy bones are hurled,
Whether beyond the stormy Hebrides,[46]
Where thou perhaps under the whelming tide
Visit'st the bottom of the monstrous world;
Or whether thou, to our moist vows denied,
Sleep'st by the fable of Bellerus old,[47]
Where the great vision of the guarded mount
Looks toward Namancos and Bayona's hold;[48]
Look homeward angel now, and melt with ruth:[49]
And, 0 ye dolphins,[50] waft the hapless youth.
  Weep no more, woeful shepherds, weep no more,
For Lycidas your sorrow is not dead,
Sunk though he be beneath the watery floor,
So sinks the day-star[51] in the ocean bed,
And yet anon repairs his drooping head,
And tricks[52] his beams, and with new-spangled ore,
Flames in the forehead of the morning sky:
So Lycidas sunk low, but mounted high,
Through the dear might of him that walked the waves,
Where other groves, and other streams along,
With nectar pure his oozy locks he laves,
And hears the unexpressive nuptial song,[53]

---

45 The "false surmise" is that the body of Lycidas has been recovered and can receive Christian burial.

46 Islands off the coast of Scotland, representing the northern terminus of the Irish Sea.

47 The fabulous giant Bellerus is supposed to lie buried on Land's End in Cornwall.

48 St. Michael's Mount, in Cornwall, from which the archangel is envisioned as looking south..

49 Michael is implored to look homeward, relaxing his stem guard for a moment of grief and pity

50 Dolphins, admirable sea beasts, brought the Greek poet Arion safely ashore for love of his verses, and also wafted the dead body of Melicertes to land.

51 the sun.

52 dresses.

53 inexpressible hymn of joy, sung at "the marriage supper of the Lamb"(Revelation xix).

In the blest kingdoms meek of joy and love.
There entertain him all the saints above,
In solemn troops and sweet societies
That sing, and singing in their glory move,
And wipe the tears forever from his eyes.
Now, Lycidas, the shepherds weep no more;
Henceforth thou art the genius[54] of the shore,
In thy large recompense, and shalt be good
To all that wander in that perilous flood.
　Thus sang the uncouth swain[55] to th' oaks and rills,
While the still morn went out with sandals gray;
He touched the tender stops of various quills,[56]
With eager thought warbling his Doric[57] lay:
And now the sun had stretched out all the hills,
And now was dropped into the western bay;
At last he rose, and twitched his mantle blue:
Tomorrow to fresh woods, and pastures new.

리시이다스

이 추도 시에서 시인은 1637년 Chester에서 항해하는 중 아일랜드 해상에서 불행하게도 익사한 박식한 친우를 슬퍼한다. 그리고 그 당시 절정에 달한 부패한 성직자의 멸망을 아울러 예언한다.

다시 한번, 오 그대 월계수들이여, 다시 한번
결코 시들지 않는 담쟁이와 함께
그대 갈색 도금양들이여!
나는 너의 거칠고 익지 않은 열매들을 따기 위해,
그리고 무례하고 강압적인 손으로
무르익는 계절이 오기 전 그대의 잎사귀를 부숴뜨리려 왔다.
쓰라린 강요와 가슴 아픈 슬픈 연고는

54 One who by divine appointment haunts a locality(in this case, "the shore")where he suffered and died, protecting others who might undergo a fate like his own.

55 unlettered shepherd

56 the oaten stalks of Panpipes

57 Rustic, simple.

나로 하여금 그대의 다가올 계절을 방해하도록 강요한다.
왜냐하면 젊은 Lycidas가 죽었기 때문이다.
청춘의 꽃도 펴기 전에 죽었기에,
그리고 그와 필적할 자를 남겨두지 않았기에.
누가 Lycidas를 위해 노래하지 않겠는가?
그는 그 자신 노래하는 법도 알았고
고상한 시도 지었다.
그는 물의 관 위에서 울어주는 이 도 없이
떠다니게 해선 안 되고, 타는 듯한 바람에 따라
어떤 곡조 아름다운 애도의 노래의 보상도 없이
굴러다니게 해서는 안 된다.
그러니 시작하라, Jove의 옥좌 밑으로부터
솟아나는 성스러운 샘물의 자매들이여!
좀 더 높은 소리로 현악기를 타기 시작하여라.
쓸데없는 거절과 수줍은 구실은 버리시라.
어떤 얌전한 시인으로 하여금 나의 운명의 항아리에
행운의 말을 채우고
지나치던 발걸음을 멈추고 돌아 서서,
나의 검은 수의에 어울리는 평강을 빌어다오.
왜냐하면 우리들은 같은 언덕에서 자랐고
똑같은 양떼를 샘과 그늘과 시냇가에서 먹였기에.
잠에서 깬 아침의 눈앞에
높은 초원이 드러나기 전,
우리는 함께 들로 양을 몰고 나가
함께 갑충이가 침울한 각적 부는 소리를 들었고,
이따금 저녁에 떠오르는 금성이 밝게
서쪽 하늘의 내려받이 길로 수레바퀴를 기울일 때까지,
밤의 맑은 이슬로 양떼들을 살찌게 했다.
한편 전원의 소곡은 그치질 않고,
보리피리에 맞추어
난폭한 반수신들은 춤을 추었고,
발굽 갈라진 목양신들은 이 즐거운 소리를 듣고
곧 나타나곤 했으며,
늙은 다마에타스는 우리의 노래를 좋아 하였다.

그러나 오 슬픈 변화여,
이제 그대는 가고 다시는 돌아올 수 없구나!
그대들, 폭풍이여, 그대들, 숲도 황야의 동굴도
들의 백리향이나 가지 뻗은 우거진 포도 덩쿨과 함께,
또한 그 모든 메아리와 함께 애도하노라.
버들나무와 푸른 개암나무 관목도
이제는 더 이상, 그대의 부드러운 노래에 맞추어
그 즐거운 잎사귀로 부채질하며
그 모습을 나타내지는 않을 것이다.
장미를 파먹는 독충과 같이
혹은 갓 짖 떨어져 풀을 뜯는 송아지를 병들게 하는 병충이처럼,
혹은 흰 아가위 꽃이 처음으로 필 때
화려한 의상을 차려입은 꽃들을 엄습하는 서리처럼,
Lycidas, 그대의 죽음은 그처럼 애닯게
목동의 귀에 들릴 것이다.
인정 없는 바다가 그대들의 사랑하는 Lycidas의
머리를 둘러쌌을 때,
님프들이여, 그대들은 어디에 있었는가?
왜냐하면 그대들은, 유명한 늙은 방랑시인 Druids들이
누워 있는 절벽에도, 수풀 우거진 섬 Mona의 꼭대기에도,
Deva 강이 마력적인 흐름을 펼치고 있는 그곳에도,
놀고 있지 않았기에.
아! 나는 부질없이 꿈을 꾸지만—
그대들이 만일 거기 있었다면—그랬다 해도 무슨 소용이 있었겠는가?
무섭게 비명을 지르는 폭도(Thracian 여인들)들에 의해
그의 피투성이 된 얼굴이 Hebrus 급류를 따라
Lesbian 해안으로 향해 하류로 보내어 졌을 때,
Orphus를 낳은 그 Muse 여신이라 한들.
만유의 자연이 슬퍼했던 그 매혹적인 아들을 위해
무엇을 할 수 있었던가?
아! 끝없는 관심을 가지고 멸시받는 소박한 목동의
일을 돌봐 주고, 일심으로 배은망덕한 Muse를
생각한들 무슨 소용이 있었겠는가?
다른 이들이 그렇듯이, 나무그늘에서,

어여쁜 님프 Amaryllis와 놀며, 어여쁜 님프 Neaera의 뒤엉킨
머리칼을 희롱하는 것이 더 낫지 않았겠는가?
명성은 깨끗한 마음을 불러 일으켜
(고귀한 사람의 마지막 마음의 병)
환락을 멸시하고, 노고의 나날을 보내게 하는 박차,
그러나 우리들이 그 아름다운 보수를 찾고
그 명성이 찬란히 빛난다고 생각할 때
눈먼 격정의 여신은 끔찍한 가위를 가지고서
얇게 지어진 생명의 실을 베어 버린다.
"그러나 칭송은 베지 못 한다"라고
시의 영감의 신 Phoebos는 대답하고,
나의 떨리는 귀를 건드렸다 (다음 한 말을 상기시키기 위해)
"명성이란 인간의 토양에서 자라나는 나무도 아니고,
번쩍이는 금박 속에서 세상 사람들에게 돋보이는 것도 아니며,
사람의 입에 널리 오르내리는 것도 아니고,
그것은 모든 것을 심판하는 Jove 신의 맑은 눈과
완전한 증언에 의해 존속되고 높이 들리우는 것이다.
그가 각 사람의 행위에 대해 최후심판 할 때,
천국에서나 그렇게도 많은 명성의 보수를 기대할 것이다."
　오 Arethuse 샘이여!
그리고 소리 나는 갈대로 장식된 그대 이름 높은 시내,
잔잔히 흐르는 Mincius 강이여,
내가 듣는 그 노래는 대단히 즐겁도다.
그러나 이제 나는 노래를 진행하며,
바다의 신 Neptune의 청원으로 온
바다의 사자, Triton에게 귀를 기울인다.
그는 파도와 흉악한 바람에게 물었다.
"그 어떤 재난이 이 온유한 젊은이를
이런 운명에 처하게 했는가?"라고.
그리고 부리 모양의 갑으로부터 불어오는
세찬 날개 돋힌 돌풍에게 물어 보았다.
그들은 그의 행방을 아무도 알지 못했다.
그리고 현명한 바람의 신 Hippotades는 대답한다.
어떤 질풍도 그의 토굴에서 벗어난 일이 없고

대기는 고요하고, 그리고 잔잔한 바닷물 위에서
단정한 바다의 요정 Panope는 그녀의 모든 자매들과 함께 놀았다.
그대의 신성한 머리를 침몰시킨 것은
바로 일식 때(가장 나쁜 불행한 시기에) 제조되고
암담한 저주로 꾸며진 저 숙명적이고 불실한 배였다.
　다음으로는 존경받는 노부 Camus가 천천히 걸어 나왔다.
그의 털 많은 망토와, 침침한 무늬를 짜넣고 그 자장자리에는
새빨간 꽃과 비슷하게 슬픔으로 새겨진 사초 모자를 쓰고서.
"아! 나의 가장 사랑하는 총아를
누가 빼앗아 갔는가?"라고 그는 말하였다.
최후로 나타났다가 최후로 사라진 사람은
갈릴리 호수의 뱃사람 성 베드로인데,
그는 두개의 금속으로 된
두개의 묵직한 열쇠를 가지고 있었다.
(황금 열쇠는 열고, 쇠 열쇠는 힘껏 닫는다.)
그는 주교관을 쓴 머리를 흔들며
다음과 같이 엄격히 말했다.
"젊은 목동이여, 그대를 대신할 수 있었다면야,
그들의 배를 채우기 위하여 양의 우리로
기어들고 침입하고 기어오르는,
그 많은 무리를 어찌 내가 아끼고 남겨 두었겠는가!
그들은 어떻게 하면 털 깎는 자의
잔치에 들어가려고 다투며,
초대받은 귀빈을 밀어 낼까 하는 것 이외에는 아무것도
다른 것은 생각하지 않는다.
눈에 먼 탐욕의 입들! 양떼를 돌보는 법도 모르고,
혹은 성실한 목자의 길도 전혀
배운 바 없는 자들!
그들은 무엇이 염려되는가?
무엇이 필요한가? 그들은 번창하고 있는데.
그들은 노래를 부를 때면,
그들의 메마르고 야한 노래들은
보잘 것 없는 가냘픈 보리피리에 귀가 거슬린다.
굶주린 양들은 눈을 들어 바라보나 먹여지지 않고

다만 바람으로 배가 부풀고,
그들은 고약한 안개를 들이마셔
마음은 썩고 못된 전염병균만 퍼진다.
그 이외에 잔인한 이리는 숨겨진 발톱으로
매일 급히 먹기만 할 뿐이고 아무것도 가르치는 것은 없다.
그러나 두 손 달린 기계가 문 앞에서
일격을 가하려고 서서 기다리고 있고, 더구나 강타하려고 하고 있다"고.
  돌아오시라, Arcadia에 있는 강신 Alpheus여,
그대의 강물을 위축하게 했던 그 두려운 소리는 사라졌으니까.
돌아오시리라, Sicilia의 뮤즈신 이시여,
그리고 골짜기를 불러서 그들의 종모양의 화관과
가지각색의 작은 꽃들을 그 둘레에 던지게 하여라.
수목과 떠도는 바람과 용솟음치는
시냇물의 부드러운 속삭임이 들리곤 하고
(늦여름, 햇볕의 열기가 있는 동안, 식물 위에서 거의 보일 듯 말 듯한)
거므스레한 천랑성의 시선도 그 신록의 무릎에는
미치지 못하는 그대 깊은 골짜기여,
푸른 잔디 위에서 꿀과 같은 이슬을 빨아먹는 반짝이는 눈들인
아름답고 신기한 꽃들을 이곳에 던져서,
온 땅을 봄꽃들로서 자주빛깔로 물들여 주시라.
버려져 죽는 일찍 피는 앵초
술이 많은 미나리아재비, 옅은 색깔의 재스민,
하얀 패랭이꽃, 흑옥색으로 얼룩진 팬지, 강렬한 제비꽃,
사향장미, 그리고 잘 차려입은 인동 덩쿨,
머리를 명상에 잠기 듯 숙인 창백한 앵초와 더불어
슬프게 차려입은 모든 꽃들을 가져오시라.
시들지 않는다는 꽃 amaranthus로 하여금
그의 모든 아름다움을 벗어 버리게 하고,
수선화들로 하여금 눈물로 그들의 잔을 채우게 하여
Lycidas가 누워 있는 꽃으로 꾸민 관에 뿌리게 하시라.
왜냐하면 작은 위안이나마 주기 위해서
우리들의 약한 마음은 일시적인 환상으로 뛰놀게 되리라.
아 슬프도다, 그동안도 그대를 해안과 파도치는 바다는
멀리 씻어 내려 보낸다.

그곳에서 그대의 뼈들이 어디에 던져지든 간에,
Scotland 해안가에 섬 Hebrides의 저편에서
그대는 아마도 세찬 조수 밑에서,
바다의 괴물이 세계의 바닥을 방문하고 있는 것인가.
아니면 저 전설의 거인노인 Bellerus에 의하여
우리의 눈물 젖는 애원을 저버리고서, 잠을 자고 있는가.
그곳에서는 수호받는 산의 위대한 천사가
Namancos와 Bayona의 요새 쪽을 바라다본다.
고향을 바라보라. 천사여 지금 그리하여 연민의 눈물을 흘려라.
그리고 오 너희들 돌고래들이여!
불행한 청년을 실어 오너라.
　울지 마라, 슬픔에 찬 복자들이여, 더 이상 울지 말라,
왜냐하면 너희들의 슬픔인 Lycidas는 죽지 않았기 때문이다.
비록 바다 밑바닥에 가라앉았지만,
그러나 잠시 후 그의 수그린 머리를 쳐들고
그의 빛을 옷 입고, 새롭게 반짝이는 금강석 빛으로
아침 하늘의 이마를 찬란히 물들인다.
그와 같이 Lycidas는 깊이 가라앉았지만
바닷물 위를 걸으셨던 그 주님의
위대한 힘을 입어
높이 솟아올랐다.
거기서 다른 숲과 다른 강물을 따라
순수한 넥타로 진흙투성이의 머리칼을 씻고,
환희와 사랑이 가득 찬 온화하고 축복된 천국에서,
표현할 수 없이 아름다운 축혼가를 듣고 있다.
노래하는 모든 성도들은 엄숙하고
즐겁게 떼를 지어
거기서 천국의 모든 성도들이 그를 영접하고,
노래하며 그들의 영광 속에서 춤을 추고
그의 눈에서 영원히 눈물을 씻어 준다.
자, Lycidas여, 이젠 더 이상 목자들은 울지 않는다.
이후로는 그대는 크나큰 보상을 받아 해안의 수호신이 되어
저 위태로운 바다에서 방황하는
모든 이들에게 은혜를 베풀 것이다.

이와 같이 서투른 시골 젊은이는
참나무와 실개천에게 노래했었다.
한편 고요한 아침은 회색 샌들을 신고 밖으로 나왔다.
그 젊은이는 열렬한 마음으로 시골 목가풍의 Doris의 노래를 부르며,
여러 갈대 피리의 부드러운 가락을 탔다.
그리고 이제 태양은 모든 언덕에 그늘을 펴며,
서쪽의 바다(만)로 졌다.
드디어 그 젊은이는 일어나 푸른 망토를 확 잡아당겨 입었다.
내일은 또 다른 신선한 숲과 새로운 목장으로 가리라.

● 이해와 감상

Milton이 Cambridge대학에 들어간 것은 1625년 이였고, 그보다 한 해 늦게 Edward King은 14세 어린 나이에 Cambridge에 입학했다. 두 사람은 공통점이 있는데, 그것은 들 다 성직자가 되려는 점과 학자였다는 점이다. 지금처럼 크지 않은 규모의 대학에서 그들은 둘 다 술과 거친 경기에 흥미를 두지 않았다는 것이다. 그리고 Edward King은 그의 대학에서 우등생인 a Fellow가 되는 등 재능 있는 학생으로 보였다. 이러한 점에서 그들은 비슷한 공통점이 있었다. 그러나 1632년 Milton은 Cambridge 대학을 졸업하고 학교를 떠났을 때, King은 계속 사사私師와 대학 직원으로 남아 있었다. 1637년 King은 그와 아버지가 살고 있는 Ireland로 떠났으나, Wales 해안가에서 그가 탄 배가 바위에 부딪쳐 그곳에서 익사하고 만 것이다. 장래가 촉망되는 그가 갑작스럽게 죽은 것은 비극적이요, 그의 사망을 애도 할 수밖에 없었던 것이다.

이 시는 목가풍의 애가이다. 즉 친구의 죽음을 애도하기 위해서, 전원의 목동들 생활 속에서 우러나오는 이미저리가 사용된다. 시인은 그 자신이 말하는 형식을 취하지 않고 목동이나("shepherd") 젊은이("swain")를 통해서 말하는 형식이다. 그는 친구를 잃은 슬픔을 목가로 알려진 문학의 전통적 장르를 통해서 나타낸다. 그것은 희랍 시인 Theorcritus(기원전 3세기경의 그리스의 전원시인)에까지 거슬러 올라간다. Theorcitus는 도시의 궤변이나 부패 등의 촛점을 떠나서, 목동으로 가장한 Theocritus는 그들 양떼를 돌보며 천진난만하게 사랑과 우정에 대한 노래와 연마에 주의와 힘을 기울이는 것이다. 그들의 불행은 오직 잃어버린 사랑과 친구의 죽음이며 이런 불행을 노래하는 것이 그들이 하는 노래이다. 이 목가는 로마의 시인 Virgil이 썼고, 르네상스에서 크게 꽃을 피운다. 그 후 18C에도 계속된다.

그런데 Dr. Johnson은 "Lycidas"가 너무 인위적이고 진실치 못한 인상을 준다는 비난을 한다. 이렇게 비난하는 비평가들은 Milton과 King이 특별히 막역한 친구사이였다 라는 증거가 없다고 주장한다. 그리고 시 전체를 통하여 흐르는 목가풍의 스타일은 전체를 너무 인위적이고 비개성적으로 만든다고 주장한다. 마지막으로 그 당시 성직자를 무지스럽게 야비하도록 공격한 것은 개인의 슬픔을 나타내는 이 시에서는 어울리지 않는다는 비난인 것이다.[58]

그러나 이러한 비난은 중요한 것이 못된다. 왜냐하면 위에서 그의 Cambridge 대학 시절의 생애를 보았듯이 그들이 백인과 흑인 사이에 어떤 우정의 기록은 없다 하더라도, 그들 두 젊은 학도가 친밀한 친구가 될 충분한 이유가 너무나 많았다라는 점이다. 그리고 목가풍의 스타일은 Milton 당시 너무나 자연스러운 애가의 양식이어서, Milton이 이 스타일이 아닌 다른 형태를 취했다면 그것은 오히려 이상스러울 정도였다. 그리고 목가풍의 애가는 Milton이 그의 친우 King의 죽음을 애도하는 데 아주 적합한 형태였다. Milton이 혹평과 독설을 퍼부은 것은—Anglican Church에 대하여—이 the Church of England 가 바로 King이 성직자가 되어 들어가려는 교회였는데, 이 애가가 King이 살아서 무가치한 삶의 성직자가 되는 일보다, 익사한 Edward King의 익사의 복됨을 강조하는 데에 알맞는 것이다.[59] 사리사욕을 채우려고 양 우리에 침범하고 기어 올라가는 부패한 성직자들의 삶보다 복된 죽음이라는 것이다.

How well could I have spared for thee, young swain,
Enow of such as for their bellies' sake,.
Creep and intrude, and climb into the fold!

시의 첫 행 시작에서부터 보면, 시인은 시의 명성을 상징하는 월계수, 담쟁이 도금양에게 사과한다. 그들 열매가 익기 전에 따러 온 무례함에 용서를 구하는 것이다. 즉 이것은 그가 시 쓰는 법을 완전히 익혀서 훌륭한 시인이 되기도 전에, 그들에게 다가옴을 용납해 달라고 하는 것이다. 위의 세 나무는 모두 다 시적 영감과 관련된 상록수들이다. 월계수 담쟁이 도금양은 고대 시인들의 화관, 그리스의 시인들과 마찬가지로 친구의 죽음을 애도하는 진혼곡을 쓸 때 쓸 화관을 만들려고 잎들을 모았다. 다만 그의 친구를 영원히 이 세상에서 잃어버린 쓰라린 슬픔이 그렇게 하게 할 뿐이

58 Burton, *op. cit.*, p.22.
59 *Ibid.*, p.23.

다. 그의 친구 Lycidas는 아무도 그를 위해 애도해 주는 이 없이 바다에 떠다나게 해서는 안 된다. 그는 뮤즈 신들이 그를 도와 줄 것을 요청하고, 그리고 어떤 친절한 시인이 가던 발걸음을 멈추고 돌아와서 죽은 친구의 죽음을 애도해 주기를 바란다.

목가풍의 주제는 곧 알려진다. 즉 그와 King은 목동들이였다. 그들이 다니던 Cambridge대학은 목동들에게 잘 알려진 언덕진 초원이며, 그들의 시골길 산보는 그들 양떼를 몰고 가는 모습, 그들의 시작詩作은 목동들의 피리 소리에 맞추어 부르는 목동들의 노래로 비유된다. 그들 Cambridge대학 친구들은 반수신들(satyrs)이고 목양신들(fauns)이며, 그들의 스승 교수님은 늙은 다미이타스(Damaetas)인 것이다.

절실한 개인적 슬픔이 전원시를 통하여 충만해진다. 모든 자연, 숲들과 울창한 백리향과 포도 덩쿨, 그리고 황야의 동굴 등이 모두 그의 친구 목동의 죽음을 슬퍼한다. 그 정답게 산과 산을 울리던 목동의 메아리도 이젠 슬픔만을 남겼다. 친구 목동이 노래할 때면 장단 맞추듯 즐겁게 살랑살랑 바람에 나부끼던 버드나무와 개암나무도 더 이상 그 모습을 나타내지 않는 듯하다. 자연은 예전 그대로일지 모르나 King이 없는 자연은 텅 빈 느낌이다. 친구 목동을 잃은 슬픔을 비유하는 구절은 역시 목가풍 전원시에 배경이 되는 대자연이다.

As killing as the canker to the rose,
Or taint-worm to the weanling herds that graze,
Or host to flowers that their gay wardrobe wear,
when first the white thorn blows;

장미를 파먹는 독충이처럼, 젖 뗀 송아지를 병들게 하는 병충이처럼, 흰 아가위 꽃이 화려하게 필 때 엄습하는 서리처럼, 그의 죽음은 목동들에게 치명적이다. 얼마나 King의 죽음이 애닳고 공허한 삶인가를 보여주던 것을, 이제는 그의 죽음이 삶의 흥미와 기쁨을 잃게 하여 죽음에 이르는 병, 아니 죽음이나 다름없는 삶으로 만든 것이다.

시인은 King의 배가 가라앉았을 때 주위에 있었던 님프들을 방문해서 물어 본다. 왜 그들은 가까이서 그를 도와주지 못했는가를 묻는다. 너무 답답한 나머지 죽은 동료에 대한 죽음의 이유를 묻는 것이다. 아무 쓸 데 없는 어리석은 질문임을 알면서도 말이다. 그들 님프들은 그곳에 없었으니 "그대들이 만일 거기 있었다면"이라는 가정은, 한날 부질없는 꿈이다. Orpheus를 낳은 서사시의 Muse여신 Calliope도 그녀의 아들을 죽음의 자리에서 건져 낼 수는 없었던 것이다. Orpheus는 그의 아내인 Eurydice를 지옥에서 데려 오지 못하고 쓸쓸히 거닐다가, Bacchus를 따르는 여자들에 의하여 죽임을 당하고 그의 절단된 머리는 Hebrus강에 던져졌던 것이다. 그러한 죽음의 자리에서도 무력하게 그의 어머니 Calliope는 손을 쓸 수가 없었던 것이었다.

이 때 Milton은 개인적인 생각을 잠깐 해본다. King을 지키는 천사들이 결국은 그를 지키는 일을 실패해서 그를 죽게 하고 말았던 사실은, King이 자신을 시를 쓰는 데 생애를 바쳤던 일 대신에, 인생을 단순히 즐겼더라면, 더욱 행복했을지도 몰랐을 것이라는 의문을 잠시 품어보는 것이다.

Alas! what boots it with incessant care
To tend the homely slighted shepherds's trade,
And strictly meditate the thankless Muse?
Were it not better done as others use,
To sport with Amaryllis in the shade,
Or with the tangles of Neaera's hair?

위에서 Amaryllis와 Neaera는 어여쁜 요정들의 이름인데, 한가한 목동들이 기분전환 시간을 그녀들과 함께 보내는 것이다. 이러한 시 구절은 Milton이 L'Allegro에서 암시된 것처럼, 이 세상의 즐거움을 멸시하는 태도는 아닌 것이다. 이것은 시인의 진지하고 절망적인 회의의 순간인 것이다. Edward King 같은 헌신적 인물이 미래가 촉망되는 순간에 죽는다면, 우리가 학문 연구와 고행과 절제에 인생을 바칠 필요가 어디 있는가? 하는 것이다. 아마도 고상한 인격의 소유자가 매달리는 약점이랄까, 명성이라는 희망 때문에 그렇게 하는 것이다.

그러나 인간은 우리의 보상을 얻게 되리라는 순간에, 운명의 여신은 눈먼 듯이 우리의 생명을 거두어 가는 사실이다. 그때 시의 특별한 시신인 Phoebus Apollo가 시인에게 안심시킨다. 왜냐하면 죽음이라 할지라도 죽음 그 자체는 시인에게서 하늘에서 받는 칭송을 빼앗아 갈 수는 결코 없기 때문이라는 것이다.

"Fame is no plant that grows on mortal soil,
. . . .
But lives and spreads aloft by those pure eyes
And perfect witness of all judging Jove;
As he pronounces lastly on each deed,
Of so much fame in heaven expect thy meed."

시인 Milton은 이러한 확신에 별로 위안을 받지 못한 듯이 그의 주제를 빨리 바꾸어 간다. 시인은 Sicily에 Theocritus와 관련지어 Arethuse 샘에게 말을 걸고, Italy의 Virgil 과 관련지어 Mincius 강에게 말을 한 다음, Phoebus에게서 들은 마지막 몇 행의 시행이 자못 즐거웠음을 지적한다. 지금 다시 그는 그의 노래(시)를 불러서 ("my out proceeds")질문한다. 그 누가 가능하게도 King의 생명을 구해 낼 수 있었겠는가?를.

첫 번째 바다의 신 Neptune을 위해 말하러 온 바다의 사자 Triton에게 이야기를 듣는다. Triton은 바람의 여러 신과 대양의 님프들과 더불어 그 King의 비극적 사실을 모른다고 부인한다. 바람은 그들 동굴에서 아주 조용했고, 님프들은 놀고 있었다는 것이다. 그 비극에 책임이 있는 것은 날씨가 불순한 때 건조된 바로 그 "숙명적이고 불길한 배"라는 것이다. 그 저주받은 배였다는 것이다.

다음에 온 것은 Cambridge 그 자체의 강인 Cam이 왔다. 천천히 흐르고 갈대로 무성한데 갈대는 빨간 꽃 hyacinth를 닮았고 그 꽃잎은 고전에 의하면 "슬프도다!"라는 의미를 지난 희랍 글자를 가지고 있다고 하는 것이다. Cambridge 대학을 상징하는 Cam강의 신 Camus—Cambridge 대학 존경할 노교수—는 다만 절망적으로 질문할 뿐이다.

Who hath reft me of my dearest pledge?

마지막에 온 것이 성 베드로이다. 그는 주교로 나타나지만 그는 성난 목동으로 말하는 것이다. Milton은 그의 산문에서 상스러운 욕을 하는 법을 배웠지만, 여기 이때는 직접적인 말로 영국 교회 성직자들을 비난 할 수는 없었다. 그것은 그의 성품을 보나, 또 여기 Elegy의 성격을 보나 그런 것이다. 그러나 그는 은유적인 말로서 원하는 대로 부패한 영국 교회 성직자들에게 유죄적인 비판을 퍼부은 것이다. 정말로 그 은유는 그의 공격에 위엄과 힘을 더해 주었던 것이다. St. Peter는 말한다. 자칭 목자라는 이들이 다만 교회에서 무엇을 얻어 낼까 만을 관심에 두고 있을 뿐이며, 그들은 하늘의 높으신 소명 의식을 알고 있지 못하다. 어떻게 하는 길이 충성되고 선한 목자인가를 모른다는 것이다. 소박한 목동의 노래를 불러 양떼를 모으고 인도하는 노래조차 모른다는 비유를 든다.

their lean and flashly songs
Grate on their scrannel pipes of wretched straw.

양떼를 보살펴 주는 일은 관심이 없으니 그들 양은 배불리 먹기는커녕,

병들고 연약하다. 더구나 이리떼들이 그 양들을 해칠 때, 그 사나운 이리떼들을 쫓아낸다는 일은 생각도 못할 일이고 오히려 이들이 양의 탈을 쓴 이리이다. 여기 서 "독한 안개"는 유독한 교리를 상징하고, 잔악한 이리는 로마 교회를 상징한다. 눈이 먼 탐욕의 입들은 사리사욕에 눈이 먼 영국교회 성직자들을 나타낸다.

여기서 이러한 이리떼들은 무서운 보응으로 형벌을 받게 될 것을 Milton은 밝힌다. "two-handed engine"이 의회의 양원을 가리킬 수도 있고, 성서에서 심판주 하나님의 형벌을 의미할 수도 있다.(요한 계시록 14 장 16절: "So the One seated on the cloud swung his scythe on the earth, and the earth was harvested.")

이러한 분노의 폭발이 끝나자, 시인은 다시 조용한 전통적인 목가시에 어조로 돌아가고, 조심스럽게 절묘하게 구성된 싯귀는 그의 죽은 친구의 관을 덮기 위하여 모든 계절과 많은 곳에서 꽃들을 모으는 것으로 이끌어 나간다. 시인은 묘사하기를 죽은 친구의 관 위에 뿌려지는 꽃들은 잠시나마 그를 잃은 슬픔에서 위안을 준다. 비록 그러는 동안도 Lycidas의 뼈 들이 바다 물결로 Hebrides로부터 그 땅 끝까지 어디인가로 떠내려갈지라도….

마지막으로 시인은 그의 친구들 목동들이 더 이상 슬피 울지 말라고 한다. 왜냐하면 Lycidas는 죽은 것이 아니라, 태양이 저녁 때 바다 밑에 가라앉지만, 밤이 지나 새벽 동이 트면 찬란한 빛으로 솟아 나오듯이, Lycidas는 바다를 파도 위에서 걸으셨던 예수 그리스도 주님의 크시고 자비하신 능력으로 하늘나라에 올라가 모든 성도들의 영접을 받고 있기 때문이다. (성경 마태복음 14장 26절—27 절을 참고하면, 다음과 같이 위대하신 주님의 능력을 볼 수 있다: When the disciples saw him walking on the lake, they were so shaken that they cried out in terror: 'It is a ghost But at once he spoke to them: 'Take heart! It is I; do not be afraid! 그리고 다음 Revelation(요한 계시록) 19장 7절을 참고하면 성도들이 천국에서 아름다운 축혼가를 듣고 있는 모습을 본다: Exult and shout for joy and do him homage, for the wedding day of the Lamb has come! 또한 Revelation 21장 3절을 참고하면, 하나님께서 성도들의 눈에서 슬픔의 눈물을 닦아 주시는 하늘나라의 모습을 보게 된다: I heard a loud voice proclaiming from the throne: Now at last God has his dwelling among men! He will dwell among them and they shall be his people, and God himself will be with them. He will wipe every tear from their eyes; they shall be an end to death, and to mourning and crying and pain...)

Lycidas는 젊어서 죽었고 아무것도 이루어 놓은 것 없지만, 그의 마음의 상태는 완성의 기쁨으로 충만하다. 그것은 하늘나라에서 그의 커다란 보상을 받기 때문이다. 이것은 땅에서 업적이 없다고 하는 실패감에 대한, 승리의 기쁨의 확신을 상징할 것이다.[60]

마지막으로 이 시는 해가 질 때 이름이 알려지지 않은 목동이 그의 노래를 끝내는 것으로 끝난다. 마지막 행은

Tomorrow to fresh woods, and pastures new.

이것은 동료 목동 King와의 추억으로 정다웁게 다니던 목동들의 전원을 떠나고 싶은 심정과 더불어, 친구를 잃은 슬픔과 절망에도 불구하고, 그가 정열을 쏟아서 해야 하는 시작詩作을 추구하고 새롭게 계획하는 일에, 마음을 쏟아야 한다는 시인 Milton의 정신적 태도의 표현이다.

끝으로 정리한다면 이 목가는 환상적이지만, 종종 실제적인 인간 조건을 비평하기 위해 이 전통적 목가가 사용됐다. Milton이 108~131행에서 영국의 교회 지도자를 비판했던 것도 이런 경우이다. 여기서 Milton은 그의 관심이 일반적으로 친구의 죽음과 생명, 그리고 부활에 있고, 또 특별히 그 당시 자신의 입장에 있다. 이러한 전제 하에서 전통적 목가적 애가는 이러한 그의 의도에 알맞다고 볼 수 있다. Milton이 또한 그의 친구가 죽은 데 대하여 pastoral elegy를 택한 것은, 예술의 영원성과 인생의 짧음에 대하여 깊은 명상을 하게 된 것으로 본다. 예술 특히 시의 재질이 있었던 그의 친구가 꽃도 피우기 전에 가버린 것은, 죽음의 확실성과 영원성에 대한 갈망의 조화를 찾아야 되는 계기를 느끼게 된 것이다. Milton은 이러한 감정을 표현하는 데에 기독교적 요소와 전통적 pastoral elegy를 조화있게 합일시킨 것이다.

그리고 이 시에서는 죽음과 부활의 이미저리가 167행부터 계속되어 태양이 황혼녘 서쪽에서 사라지지만, 밤을 지나고 새벽이 되어 찬란한 동녘에서 떠오르듯, 하늘나라에서 친구가 더욱 밝게 행복하게 부활할 것을, 그리고 그 친구의 죽음이 슬픔이 변하여 위로와 기쁨이 올 것을 믿는 기독교적 Milton의 굳건한 신앙이 혼연일체를 이룬다. 이와 같이 Lycidas는 전통적인 pastoral elegy이면서, 또한 Milton의 기독교적 정서의 강렬한 개인적 요소가 혼합된 것이다.

---

60 E. M. W. Tillyard, *Milton*(London: Longman Group Ltd, 1972), p.11

Thomas Gray

(1716-1771)

Elegy Written in a Country Churchyard

The curfew tolls the knell of parting day,
The lowing herd wind slowly o'er the lea,
The ploughman homeward plods his weary way,
And leaves the world to darkness and to me.

Now fades the glimmering landscape on the sight,
And all the air a solemn stillness holds,
Save where the beetle wheels his droning flight,
And drowsy tinkling lull the distant folds;

Save that from yonder ivy-mantled tower
The moping owl does to the moon complain
Of such, as wandering near her secret bower,
Molest her ancient solitary reign.

Beneath those rugged elms, that yew-tree's shade
Where heaves the turf in many a mouldering heap,
Each in his narrow cell for ever laid,
The rude Forefathers of the hamlet sleep.

The breezy call of incense-breathing morn,
The swallow twittering from the straw-built shed,
The cock's shrill clarion, or the echoing horn,
No more shall rouse them from their lowly bed.

For them no more the blazing hearth shall burn,
Or busy housewife ply her evening care:
No children run to lisp their sire's return,
Or climb his knees the envied kiss to share.

Oft did the harvest to their sickle yield,

Their furrow oft the stubborn glebe has broke;
How jocund did they drive their team afield!
How bowed the woods beneath their sturdy stroke!

Let not Ambition mock their useful toil,
Their homely joys, and destiny obscure;
Nor Grandeur hear with a disdainful smile
The short and simple annals of the Poor.

The boast of heraldry, the pomp of power,
And all that beauty, all that wealth e'er gave,
Awaits alike the inevitable hour:—
The paths of glory lead but to the grave.

Nor you, ye Proud, impute to these the fault,
If Memory o'er their tomb no trophies raise,
Where through the long-drawn aisle and fretted vault
The pealing anthem swells the note of praise.

Can storied urn or animated bust
Back to its mansion call the fleeting breath?
Can Honour's voice provoke the silent dust,
Or Flattery soothe the dull cold ear of Death?

Perhaps in this neglected spot is laid
Some heart once pregnant with celestial fire;
Hands, that the rod of empire might have sway'd,
Or waked to ecstasy the living lyre:

But Knowledge to their eyes her ample page
Rich with the spoils of time, did ne'er unroll;
Chill Penury repressed their noble rage,
And froze the genial current of the soul.

Full many a gem of purest ray serene,
The dark unfathom'd caves of ocean bear:

Full many a flower is born to blush unseen,
And waste its sweetness on the desert air.

Some village-Hampden, that with dauntless breast
The little tyrant of his fields withstood,
Some mute inglorious Milton here may rest,
Some Cromwell, guiltless of his country's blood.

The applause of list'ning senates to command,
The threats of pain and ruin to despise,
To scatter plenty o'er a smiling land,
And read their history in a nation's eyes

The lot forbade: nor circumscribed alone
Their growing virtues, but their crimes confined;
Forbade to wade through slaughter to a throne,
And shut the gates of mercy on mankind;

The struggling pangs of conscious truth to hide,
To quench the blushes of ingenuous shame,
Or heap the shrine of Luxury and Pride
With incense kindled at the Muse's flame.

Far from the madding crowd's ignoble strife,
Their sober wishes never learn'd to stray;
Along the cool sequester'd vale of life
They kept the noiseless tenor of their way.

Yet e'evn these bones from insult to protect
Some frail memorials still erected nigh,
With uncouth rhymes and shapeless sculpture decked,
Implores the passing tribute of a sigh.

Their name, their years, spelt by th' unletter'd Muse,
The place of fame and elegy supply:
And many a holy text around she strews

That teach the rustic moralist to die.

For who, to dumb forgetfulness a prey
This pleasing anxious being e'er resigned,
Left the warm precincts of the cheerful day,
Nor cast one longing lingering look behind?

On some fond breast the parting soul relies,
Some pious drops the closing eye requires;
E'en from the tomb the voice of Nature cries,
E'en in our ashes live their wonted fires.

For thee, who, mindful of th' unhonour'd dead,
Dost in these lines their artless tale relate;
If chance, by lonely Contemplation led,
Some kindred spirit shall inquire thy fate,—

Haply some hoary-headed swain may say,
Oft have we seen him at the peep of dawn
Brushing with hasty steps the dews away
To meet the sun upon the upland lawn;

There at the foot of yonder nodding beech
That wreathes its old fantastic roots so high,
His listless length at noon-tide would he stretch,
And pore upon the brook that babbles by.

Hard by yon wood, now smiling as in scorn,
Muttering his wayward fancies he would rove;
Now drooping, woful-wan, like one forlorn,
Or crazed with care, or cross'd in hopeless love.

One morn I miss'd him on the custom'd hill,
Along the heath, and near his favourite tree;
Another came; nor yet beside the rill,
Nor up the lawn, nor at the wood was he;

The next with dirges due in sad array
Slow through the church-way path we saw him borne,—
Approach and read (for thou canst read) the lay,
Graved on the stone beneath yon aged thorn.

The Epitaph

Here rests his head upon the lap of Earth
A Youth, to Fortune and to Fame unknown;
Fair Science frown'd not on his humble birth,
And Melancholy mark'd him for her own.

Large was his bounty, and his soul sincere;
Heaven did a recompense as largely send:
He gave to Misery all he had, a tear,
He gain'd from Heaven, 'twas all he wish'd, a friend.

No farther seek his merits to disclose,
Or draw his frailties from their dread abode,
(There they alike in trembling hope repose,)
The bosom of his Father and his God.

시골 교회 묘지에서 씌여진 애가

만종은 사라지는 날의 조종을 울리고
머리 숙여 풀 뜯는 소 떼는 낮은 소리로 울면서 꾸불꾸불 풀밭 위로
지나간다.
농부는 터벅터벅 지친 걸음 집으로 향하고
그러면 이 세상에 남기는 것이라곤 어둠과 나 뿐

이제는 시야에서 희미하게 빛나던 전원의 풍경도 사라지고
엄숙한 고요가 온 세상을 감싸준다.
투구벌레가 윙윙거리며 날아가는 것을 빼놓고서는
그리고 졸리운 듯 울리는 종소리가 멀리 있는 양떼들을 잠재울 뿐.

그리고 저기 담쟁이로 뒤덮인 탑으로부터
침울해 하는 올빼미가 그 비밀스러운 내실 가까이
배회하면서 그 오래된 고독의 영역을 침입하는 사람들을
달보고 불평하는 것을 빼놓고서는.

저 무성한 느릅나무 밑에 상록수 그늘 아래
잔디풀이 썩는 많은 무더기에서 부풀어 있는 곳에
각각 그 좁은 무덤에서 영원히 누워
마을의 무지한 선조들이 잠자고 있다.

향기로운 아침의 미풍의 부름도
짚으로 지은 헛간에서 지저귀는 제비도
닭의 목청 돋군 나팔소리도 또한 메아리치는 뿔피리도
이들을 그 보잘 것 없는 잠자리로부터 깨우지는 못하리라.

그들에게는 더 이상 벌겋게 타오르는 벽난로도 이제는 없을 것이며
바쁜 주부가 저녁 부엌일에 열중하지 않을 것이며
아이들이 아버지의 귀가를 혀 짧은 소리로 반기며 뛰어가는 일 없고
서로 질투하듯이 입맞추려고 뛰어가 그 무릎에 기어오르지도 않을 것
이다.

곡식수확이 자주 그들의 낫으로 이루어졌고
그들의 밭갈이가 종종 딱딱한 땅을 깨뜨렸다.
얼마나 즐겁게 한 떼의 소를 몰아 밭을 갈아엎었던가.
얼마나 자주 그들의 힘센 도끼질에 숲이 머리를 숙이고 엎어졌던가!

야망은 그들의 값진 노동과
그들의 소박한 기쁨과 비천한 운명을 조롱하지 말지어다.
영화도 가난한 자들의 짧은 소박한 역사를
조롱조의 미소로 듣지 마시라.

가문의 자랑과 권력의 허세
그 아름다움과 부요가 일찍이 준 그 모든 것은
피할 길 없는 그 시간을 다 똑같이 기다리니
이 세상 영화의 가는 길들은 다만 무덤으로 향할 뿐.

또한 그대 오만도 이들에게 결함을 찾지 말라.
추억이 그들의 무덤 위에 전승비를 세워주지 않고
긴 통로와 격자무늬의 둥근 천정을 통하여
울려 펴지는 성가가 그들을 칭찬하여 노래하지 않더라도

화려한 비문이 기록된 유골 단지나 살아있는 듯 생동감 넘치는 흉상이
그 사라져 가는 호흡을 그 육체에 다시 불러들일 수 있는가?
명예스러운 목소리가 말없는 흙덩이를 자극시킬 수 있는가?
아첨의 말이 둔중하고 차가운 죽음의 귀를 위로해 줄 수 있는가?

아마도 사람의 눈길도 주지 않는 이곳에
한 때는 하늘의 신성한 정열을 불태우던 어떤 마음이
아니면 제국의 권세를 휘두르거나 활기찬 수금을 타서
무아경으로 몰아넣던 손이 누워서 잠자고 있는지도 모른다.

하지만 지식은 시간의 전리품으로 가득찬
풍요로운 책장을 그들의 눈에 펼쳐주지 않았고
차가운 빈궁은 그들의 고귀한 열망을 억제하였으며
영혼의 창조적인 힘을 얼어붙게 하였다.

고요하고 맑게 빛나는 수많은 보석들이
어둡고 깊이를 알 수 없는 바다의 동굴에 묻혀있고
많은 꽃들이 보아주는 이 없이 얼굴을 붉히며 피어서
불모의 대기에 그 향기로움을 흩어 버린다.

대담한 용기로 그의 농장의 작은 폭군에
저항했던 마을의 Hampden과 같은 사람이
그리고 어떤 말없이 무명으로 지내던 Milton과 같은 사람이
그리고 국민의 피에 대하여 죄가 없는 Cromwell과 같은
사람이 여기에 잠들어 있을 수도 있다.

경청하는 원로원들의 박수갈채를 독차지하며
고통과 파멸의 위협을 무시하고
미소짓는 국민들에게 많은 돈을 기꺼이 뿌리고
국민의 눈으로 그들의 역사를 읽는 일을

그들의 운명은 금지했다. 그들의 더해가는
미덕뿐만 아니라 또한 그들의 죄도 제한했다.
학살의 피의 강을 건너 옥좌에 이르는 것도
또 인류에게 자비의 문을 닫는 것도 금했다.

괴로운 양심의 가책을 숨기고
꾸밈없는 수치의 불꽃을 끄거나
사치와 교만이 신전에
뮤즈신의 불꽃으로 향불을 붙이고 올리는 일도 금했다.

미친듯한 군중들의 비천한 싸움에서 멀리하고
그들의 진지한 소망은 빗나간 일 없으며
냉냉하고 격리된 인생의 골짜기에 따라
그들 자신의 소리없는 길을 계속해 걸어갔다.

하지만 이러한 뼈들이라도 모욕을 당하지 않도록
보잘 것 없는 비석이 조용히 가까이에 세워지고
서투른 시구절과 볼품없는 조각으로 장식되어
지나가는 나그네의 작은 존경을 기대하고 있다.

배움없는 뮤우즈신이 쓴 그들의 이름과 나이가
명성과 애가를 대신하고
뮤우즈신이 써서 뿌린 성서의 말씀은
시골의 도학자에게 죽는 법을 가르쳐준다.

그 누가 말 못하는 망각의 제물에게
이 즐겁고 열망하는 삶을 체념해 버리고
유쾌한 날의 아늑한 경내를 떠난 일이 있으며
아쉽고 그리운 눈으로 한번 쯤 돌이켜 보지 않았던가?

이별하는 영혼은 어떤 사랑하는 가슴에 의지하고
마지막으로 감는 눈은 어떤 효성스러운 눈물을 그리워한다
무덤에서까지도 자연의 목소리가 울부짖는다
잿 속에서도 그들의 정열의 불은 버릇처럼 살아난다.

이름도 없이 죽은 사람들을 생각하면서

이 시행으로 그들의 천진스러운 이야기를 말하는 당신을 위하여
만일 혹시라도 외로운 명상에 이끌려
어떤 혈족같이 친밀한 사람이 당신의 운명을 물어본다면

어떤 백발의 시골노인이 다음과 같이 대답할지도 모른다.
우리들은 새벽 동이 틀 때 자주 그를 보았습니다.
서두르는 발걸음으로 이슬을 헤쳐가면서
고지 위의 잔디밭에서 햇님을 맞이하는 것을

저기 흔들거리는 너도밤나무 기슭에
그 오래된 기묘하게 생긴 뿌리가 땅위까지 높이 둘러싼 곳에서
그는 낮에는 축 늘어져 누워서
졸졸거리며 흘러가는 시냇물을 주시하였습니다.

"저 가까운 숲 속에서 때로는 멸시하듯이 미소 짓고
어린애처럼 자기중심의 공상을 중얼거리며 돌아다니고
또 때로는 버림받은 사람처럼 슬픔으로 창백하게 고개 숙이고
또는 걱정으로 미치거나 가망 없는 사랑에 빠진 사람처럼.

어느 날 아침 그가 늘 있었던 언덕에서 나는 그를 볼 수가 없었고
히드의 들판에도 또는 그가 좋아하던 나무 가까이에서도
또 다른 하루가 왔지만 시냇가에도
잔디밭 위에나 숲 속에서도 그는 보이지 않았습니다.

다음날 우리는 만가(輓歌)로 서러운 행렬 속에서
그의 시신이 교회 가는 길로 천천히 실리어감을 보았습니다.
가까이 가서 읽어 보시지요(당신은 글을 읽을 수 있으니까)
저쪽 가시나무 고목 아래에 비석에 새겨진 시 구절을.

비 명

여기에 그의 머리가 대지의 무릎 위에 쉬고 있다
행운과 명예를 알지 못했던 한 젊은이가
비천한 태생이지만 학문이 얼굴을 찡그리지 않았고
명상이 그 자신의 것으로 그를 찍어 놓았다.

그의 관대함은 컸고 그의 영혼은 진실했기에
하나님께서는 그에게 큰 보상을 내려 주셨다.
그는 불쌍한 이들에게 그가 가진 모든 것을 주었고
천국에서는 (그가 바랐던 오직 한 가지) 한 친구를 얻게 되었다.

더 이상 그의 장점은 밝혀내려 하지 말고
혹은 그의 약점을 그들의 두려운 거주지에서 끌어내지 마시라
(그곳에서 그들은 다 똑같이 가슴 설레는 소망으로 쉬고 있다)
그의 하나님 아버지의 품속에서.

● 이해와 감상

많지 않은 작품 중에서 그의 가장 유명한 시는 "Elegy Written in a Country Churchyard"이므로 이 시를 자세히 음미해 보겠다.

이 애가(Elegy)는 대개 수사적인 꾸밈도 별로 많지 않고 모호함이나 아이러니 등이 없는 것같이 보인다. 그러나 가만히 이 시를 음미해 보면 반드시 그렇지는 않다. 예를 들면 고인의 화려한 경력을 써넣은 묘비나 살아있는 듯한 훌륭한 모습의 동상을 아무리 잘 만들어 놓고 또 고인에 대한 칭찬을 아무리 대단하게 하더라도 말없이 한줌의 흙으로 돌아간 이에게 과연 감동이나 한 푼의 위로를 줄 수가 있겠는가. 그 어떤 아첨의 말이 죽은 이의 들을 수 없는 둔하고 차가운 귀에 위로해 줄 수 있겠는가. 이러한 내용의 다음의 묘사는 시인의 농도 짙은 아이러니가 숨겨 있다.

Can storied urn or animated bust
  Back to its mansion call the fleeting breath?
Can Honour's voice provoke the silent dust,
  Or Flatt'ry soothe the dull cold ear of death?

시인 Thomas Gray는 인간사는 한계성을 지닌 인간의 의지와 노력으로 다 이룩하고 그 목적을 달성하는 것이 아니고 인간의 힘과 노력 위에 초월해 있는 거대한 운명이 있음을 역설한다.

Their lot forbade: no circumscribed alone
  Their growing virtues, but their crimes confined;
Forbade to wade through slaughter to a throne,
  And shut the gates of mercy on mankind;

더구나 인간 누구에게나 어김없이 찾아오는 죽음이라는 운명은 더욱 그렇다. 죽음이 오면 인간은 모두 말없는 망각("dumb Forgetfulness")의 희생물이 될 뿐이다. 그리고 죽음은 빈부귀천의 소유자를 차별하지 않는다. 그리고 그 엄연한 사실 앞에서 저항할 수 없는 인간은 누구나 그 즐거운 삶의 연장에 더욱 매달리고 싶어 하는 본능이 있음을 암시해 준다.

For who, to dumb Forgetfulness a prey
This pleasing anxious being e'er resign'd,
Left the warm precincts of the cheerful day,
Nor cast one longing ling'ring look behind?

이 시의 94행부터 끝부분 117행에는 어떤 한 사람의 짧은 생애를 한 편의 드라마로 꾸며 보여 주고 있다. 그 사람은 새벽 일찍부터 열심히 일하고 때로는 너도밤나무 아래서 쉬기도 하는 농부이다. 때로는 고민과 근심하기도 하고 명상에 잠기기도 하였다. 그런데 어느 날 아침 더 이상 그를 찾아볼 수 없었다. 그것은 그가 그 다음날 이미 이 세상을 떠나 그를 애도하며 따르는 장례행렬의 주인공이 되어 교회 묘지로 가게 되었기 때문이다. 그런데 여기서 그 사람의 생애는 특정한 한 농부의 생애를 말할 수도 있으나 바로 우리 인간 모두의 짧은 생애를 암시한다고 볼 수 있다. 그리고 특별히 이 애가의 마지막 연에서 우리 인간은 우리 자신이 모든 일을 마음대로 선택할 수 있는 존재가 아니고 또 우리의 야망이나 자존심도 죽음이 오면 다 끝나는 것이다. 혹시 그 자신의 일을 마음대로 선택할 수 있는 사람이 있다고 해도 결국 죽음이 오면 아무도 돌봐 주지 않는 곳에 말없이 언제나 누워 있을 수밖에 없게 됨을 암시하고 있다.

이와 같이 Thomas Gray는 언뜻 보면 우울(melancholy)의 신봉자같이 보이지만 인생의 심오한 통찰력으로 우리 모두의 공감을 불러 일으켜주는 애가를 남겼다. 그리고 비명("The Epitaph")에서 보면 죽음이 인간의 잔혹한 운명이라는 의미가 변모되어 하나님 아버지 품에서 설레이는 희망을 가지고 편안히 쉰다고 하는 안식의 의미로 그 어조가 바뀌어 있음을 본다. 그리고 보면 인간의 죽음이 다만 잔인한 운명이 아니라 인간이 순종할 수밖에 없는 하나님의 심오한 섭리임을 시인은 암시하는 것으로 본다.

위에서 15번째 연에서는 실제적인 두 인물이 나온다. John Hampden (1594-1643)은 시민으로 그리고 국회의 한 의원으로서 Charles Ⅰ세의 독재정치에 항거하여 국민의 권리를 열렬히 옹호했던 사람이었다. 그 다음 Oliver Cromwell(1599-1658)은 정치가요 군인으로서 청교도 혁명을 일으키고 Charles Ⅰ세에 대항하고 승리하여 영국의회의 기틀을 세운 사람이었다.

William Blake

(1757~1827)

The Lamb

Little Lamb, who made thee?
Dost thou know who made thee?
Gave thee life, and bid thee feed
By the stream and o'er the mead;
Gave thee clothing of delight,
Softest clothing, wooly, bright;
Gave thee such a tender voice,
Making all the vales rejoice?
    Little Lamb, who made thee?
    Dost thou know who made thee?

    Little Lamb, I'll tell thee,
    Little Lamb, I'll tell thee:
He is called by thy name,
For he calls himself a Lamb,
He is meek, and he is mild;
He became a little child.
I a child, and thou a lamb,
We are called by his name.
    Little Lamb, God bless thee!
    Little Lamb, God bless thee!

어린양

어린 양아 누가 너를 만들었지?
누가 너를 만들었는지를 너는 알고 있니?
너에게 생명을 주시고 시냇물가와
목초지에서 너를 먹게 해 주시고
너에게 기쁨의 옷을 주신 분을

양털의 빛나는 가장 부드러운 옷을 주셨지
너에게 그와 같이 부드러운 목소리를 주시고
온통 골짜기를 기쁨으로 가득 차게 하셨지
　　어린 양아 누가 너를 만들었지?
　　누가 너를 만들었는지를 너는 알고 있니?

어린 양아 내가 네게 말해 주마
어린 양아 내가 네게 말해 주마
그 분께서는 너의 이름으로 불리워진단다.
그 분께서는 자신을 양이라 부르시기에
그 분께서는 온순하시고 온화하시단다
그 분께서는 어린 아이가 되셨어
나는 어린 아이 그리고 너는 양
우리는 그 분의 이름으로 불린단다
　　어린 양아 하나님께서 너를 축복하시기를!
　　어린 양아 하나님께서 너를 축복하시기를!

● 이해와 감상

이 시는 한 어린아이가 어린 양에게 대화하는 식으로 목가적인 분위기 속에서 전개된다. 첫 번째 연에서는 구약 시편 23편의 내용처럼 하나님께서(여기서는 예수님께서) 좋은 목자로 비유되어 그의 사랑하는 양(떼들)을 시냇물과 목초지에서 먹여주시는 분으로 묘사되어 있다.

두 번째 연에서는 예수님은 하나님의 어린 양이라는 은유가 나온다. 그 분께서는 아무 흠도 없는 어린 양으로 인류의 죄를 위해 희생양이 되신 것이다. 그리고 그 다음에는 하나님께서 인간의 몸을 입으시고 아기로 태어나신 성육신(Incarnation)이 배경이 되어 묘사된다.

　　He became a little child.

전체적으로 생명을 주시고 기쁨을 주시고 구원과 모든 좋은 것을 다 주신 하나님의 사랑을 어린이 입을 통하여 감사와 기쁨으로 노래하는 시이다. 그리고 하나님께서는 그 사랑하시는 어린 양들-바로 이 세상에 사는 그 분의 자녀들-을 끔찍이 아끼시고 지켜주신다는 확신이 있다.

The Sick Rose

O Rose, thou art sick!
The invisible worm
That flies in the night,
In the howling storm,

Has found out thy bed
Of crimson joy;
And his dark secret love
Does thy life destroy.

병든 장미

아 장미여! 그대는 병이 들었구나!
밤중에
울부짖는 폭풍우 속에서
날아다니는 보이지 않는 벌레가

그대의 진홍색 기쁨의 침대를
발견하고서
그의 시커먼 비밀스러운 사랑이
그대의 생명을 앗아가는구나.

● 이해와 감상

위에서 보이지 않는 벌레(invisible worm)는 남몰래 사랑하고 천천히 그 사랑을 빼앗아가는 신비하면서도 혐오할만한 것을 암시한다. 그 기쁨과 생명을 소유한 그 장미가 불가피하게 쇠잔해 가는 것을 본다. 여기서 그 장미는 발랄한 아름다움 또는 깨어지기 쉬운 육체적 아음다움을 나타낼 수도 있다. 어쨌든 시인은 여기서 우리 인생의 가장 발랄하고 아름다움이 짧은 생명을 가졌고 상처받기 쉬운 것임을 장미로 나타냈다. 또 이 시는 천진난만하고 행복한 이가 가장 귀중한 것을 강탈당했을 때 거기에 대한 충격과 동정을 암시하기도 한다. 매우 상징적인 시로서 Blake의 시집 *Songs of Experience*에 실려 있다.

Ah Sun-flower

Ah Sun-flower! weary of time,
Who countest the steps of the Sun,
Seeking after that sweet golden clime
Where the traveller's journey is done;

Where the Youth pined away with desire,
And the pale Virgin shrouded in snow
Arise from their graves and aspire,
Where my Sun-flower wishes to go.

아 해바라기야!

아 해바라기야! 시간을 지루해 하는
그대는 햇님의 발자국을 세고 있구나
나그네의 여행이 끝나는
저 달콤한 황금의 나라를 그리워하면서

욕망으로 수척해진 젊은이도
눈같이 하얀 수의를 입은 창백한 처녀도
그들이 무덤에서 일어나서 갈망하는 곳
그곳에 나의 해바라기도 가고파 하는구나.

● 이해와 감상

위에서 해바라기는 태양을 따라 얼굴을 돌리면서 하루의 길고 지루한 여행을 마치고 영원한 안식처를 상징하는 감미로운 황금의 나라("sweet golden clime")에 가기를 갈망한다. 어찌 그 해바라기뿐이랴! 그곳은 또한 욕망으로 지치고 여윈 젊은이와 눈과 같이 차가운 이성(reason)으로 창백해진 처녀도 가기를 열망하는 곳이다. 이 시도 Blake의 시집 *Songs of Experience*에 실려 있는 시로서 인간의 욕망을 상징적으로 나타내고 있다.

Robert Burns

(1759~1796)

A Red, Red Rose

O my Luve is like a red, red rose,
　　That's newly sprung in June:
O my Luve is like the melodie,
　　That's sweetly play'd in tune.

As fair art thou, my bonie lass,
　　So deep in luve am I;
And l will luve thee still, my Dear,
　　Till a' the seas gang dry.

Till a' the seas gang dry, my Dear,
　　And the rocks melt wi' the sun;
And I will luve thee still, my Dear,
　　While the sands o' life shall run.

And fare thee weel, my only Luve!
　　And fare thee weel a while!
And I will come again, my Luve,
　　Tho' it were ten thousand mile.

새빨간 장미

오 나의 사랑 6월에 갓 핀
　　새빨간 장미꽃
오 나의 사랑 화음을 이루어
　　감미롭게 연주된 노래 가락.

그토록 어여쁜 그대 나의 아름다운 아가씨
　　그처럼 마음속 깊이 나 그대를 사랑해
나 언제까지나 그대를 사랑하리라 나의 사랑이여
　　바닷물이 온통 말라 버릴 때까지.

바다가 온통 말라 버릴 때까지 나의 사랑이여
　　그리고 바위가 햇볕에 녹아 버릴 때까지
아 나의 사랑 그대를 언제나 사랑하리라
　　인생의 모래알들이 다 할 때까지.

나의 단 하나의 사랑 잘 있어요!
　　잠시동안 떨어져 있는 동안 잘 있어요!
만마일이나 먼 곳에 있더라도
　　나의 사랑 그대에게 또다시 돌아오리라.

● 이해와 감상

위의 시는 너무나 유명한 Robert Burns의 시로서 소박한 언어와 이해하기 쉬운 비유로 사용되었으나 순수한 영혼에서 깊은 감동을 주는 사랑의 시이다. 시인이 노래한 사랑은 무엇보다도 시간과 공간의 차원을 넘어선 불멸의 사랑을 구가하고 있다.

첫 번째 연에서 사랑하는 연인을 6월에 갓 피어난 새빨간 장미에 비유하여 그 사랑의 정열이 아름다우면서도 강렬하게 타오르는 사랑의 소유자임을 암시한다. 그리고 감미롭게 흐르면서도 화음을 잘 이루고 있는 멜로디에 비유하여 그의 연인은 지성과 감성의 조화로운 소유자임을 암시한다.

두 번째 연에서는 그와 같이 사랑스러운 연인을 마음속에 깊이 간직하고 영원토록 사랑하겠다고 사랑을 고백한다. 특별히 시인은 시간을 초월해서 영원히 사랑하겠다는 사랑의 약속을 위하여 신선한 이미지를 다음과 같이 사용하고 있다. "바닷물이 온통 말라버릴 때까지(Till a' the seas gang dry.)" 여기서 시인은 그의 모국어인 Scottish의 몇 단어를 사용함으로써 그가 얼마나 그의 조국 Scotland를 사랑하는가를 암시해 준다. 위에서 "bonnie"는 영어에서 "beautiful"을 "gang"은 영어에서 "to go"의 의미로 쓰였다. 그리고 또 위에서 "바닷물이 온통 말라 버릴 때까지"는 실제로는 있을 수가 없는 일인데 이러한 말을 시인이 사용한 것은 그의 사랑을 이 세상에서 어떠한 일이 생기든지 어떠한 상황의 변화가 있더라도 절대로 변치 않고 사랑하겠다는 강력한 사랑의 서약임을 암시하는 완곡한 표현이라고 볼 수 있다.

그 다음 세 번째 연에서도 "바닷물이 온통 말라 버릴 때까지"를 거듭함으로서 강조하는 어구가 된다. 그 다음에 "바위가 햇볕에 녹아 버릴 때까지" 라는 표현도 이러한 일은 좀처럼 있을 수 없는 불가능한 일이다. 그러나

이 말도 이 세상이 다 사라지는 날까지 절대로 그의 사랑은 변치 않을 것이라는 간접적인 표현이라고 볼 수 있다. 이 연의 마지막 행에서 "인생의 모래알들이 다 할 때까지"라는 이미지는 인간의 일생의 시간을 모래시계 위에 쌓여 있는 모래에 비유하여 매우 독창적 이미지를 묘사하였다.

마지막 연에서 시인은 잠시 동안 떠나 있는 동안에도 잘 있으라고 연인의 안녕을 기원한다. 하지만 수만리가 떨어진 먼 곳에 있을지라도 공간(space)을 초월해서 그 사랑 변치 않고 다시 돌아오겠다는 사랑의 약속을 결코 잊지 않는 것이다.

The Tarbolton Lasses

Where with intention I have erred,
　　No other plea I have.
But Thou art good : Goodness still
　　Delighteth to forgive.

Tabolton의 아가씨들

나는 고의로 죄악을 짓고서
　　변명할 길 없어요.
그러나 주님은 선하십니다. 그리하여
　　주님의 선하심은 언제나 용서하시기를 기뻐하십니다.

● 이해와 감상

나약하고 부족한 죄인의 근성을 지닌 인간의 모습과 그 인간을 향하여 무한하신 은총과 사랑을 베푸시는 하나님의 속성이 잘 대조되어 있다. 이 시 속에서 하나님은 사랑이시고 우리의 죄를 용서하시기를 기뻐하신다는 기독교 신앙이 소박하게 나타나 있다. 시인은 18살이 되면서 25세까지는 Ayr에서 7마일 떨어진 Tarbolton의 교구에 있는 Lochlea에서 사는 동안 농사일과 더불어 시를 쓰는 일을 계속 했는데 위에 시는 바로 이때 쓴 시이다.

The Selkirk Grace

Some hae meat and cann'a eat,
And some wad eat that want it,
But we hae meat and we can eat,
Sae let the Lord be thank it.

Selkirk의 은총

어떤 이는 고기가 있어도 먹을 수 없고
어떤 이는 먹고 싶어도 고기가 없어요.
하지만 우리는 고기가 있고 먹을 수가 있으니
하나님께 감사드려야죠.

● 이해와 감상

그는 젊은 시절부터 그의 시에 유머감각이 풍부하고 그의 말에 위트가 있었다고 한다. 위에서 "hae"는 영어의 "have", "wad"는 영어의 "would" 그리고 "sae"는 영어의 "so"에 해당되는 Scottish가 사용되었다. 짧은 시이지만 소박하고 순수한 감사의 정이 넘치는 신앙시이다.

1784년 2월 그 시인의 아버지가 별세하시자 시인은 그의 가족들과 함께 Ayrshire의 Mauchline 가까이에 있는 Mossgiel 농장을 임대하였다. 이때가 시인이 25세가 되던 해로 그의 미래의 아내가 되었던 Bonnie Jean(또는 Jean Armour)를 알게 되었다. 그런데 시인에게 불행이 닥쳐왔다. 그것은 Mossgiel 농장이 실패를 본 것이다. 그리고 그와 사랑하던 Jean은 그를 떠나 버렸던 것이다. 더 이상 희망이 없는 듯하였다. 그래서 그는 Jamaica(West Indies(서인도제도) 중의 영국영토와 섬)로 이민해 가려고 결정하고 그곳에 가는 여비를 마련하려고 그의 시를 출판하려고 했던 것이다. 한편 1786년 시인은 Freemason(숙련공조합원) Brethren of the Tarbolton Lodge에 그의 시 "The Farewell"을 써 보내었다. 그는 이 Freemason이 되고 그가 이 세상을 떠나던 1796년까지 열렬한 회원으로 있었다.

아마도 그의 아내 Jean이 그를 버리고 가자 시인은 그의 시에서 'Highland Mary'라고 나오는 Mary Campbell을 깊이 사랑하게 된다. 그 'Highland Lassie'에 관하여 감동적인 시 한 연(stanza)을 소개해 본다.

But fickle fortune frowns on me,
And I maun cross the ragin sea,
But while my crimson current flow,
I'll love my Highland Lassie, O.

(변화무쌍한 운명은 나에게 눈살을 찌푸리고
나는 노도하는 바다를 건너야만 하지만
그러나 나의 진홍색 물결이 흘러가는 동안
아 나는 사랑하리라 하이랜드 아가씨를.)

시인 Burns는 결혼을 신청하고 그 아가씨는 그 신청을 받아들여 그녀의 부모들을 만나보고 결혼문제를 의논하려 Argyll로 떠난다. 그들이 떠나기 전 감동적이고 깊이 사무치는 이별시간을 갖는다. 이별의 시간은 1786년 5월 14일 주일이었는데 그들은 Ayr강 언덕에서 만나서 영원히 사랑할 것을 약속하고 그 사랑의 징표로 서로 성경책을 교환했다. 시인이 그녀에게 건네주었던 그 성경이 지금도 Alloway의 Burns의 생가에 보관되어 있다. 그러나 슬프게도 Mary는 그해 10월에 죽어서 Greenock에 매장되니 영영 시인은 'Highland Lassie'를 만날 수가 없게 되었다. 이러한 큰 슬픔은 시인의 마음속에 너무나 깊이 오랫동안 큰 상처를 주었다. 그리하여 1789년 시인은 그녀에게 경의를 표하기 위하여 다음과 같이 "To Mary in Heaven" 이라는 시를 지었다.

To Mary in Heaven

Eternity can not efface
Those records dear of transports past,
Thy image at our last embrace,
Ah! little thought we 'twas our last!
That sacred hour can I forget,
Can I forget the hollow'd grove,
Where, by the winding Ayr, we met,
To live one day of parting love!

천국에 있는 Mary

영원토록 지울 수 없네
그 황홀한 지난날의 기록들을
우리의 마지막 포옹 속에 당신의 이미지를,
아! 그 순간이 우리의 마지막이 될 줄을 어찌 알았으랴!
그 성스러운 시간을 내가 어찌 잊을 수 있으랴
그 성스러운 숲 속을 내가 어찌 잊을 수 있으랴
꾸불꾸불 흘러가는 Ayr강에서 우리는 만나서
이별의 슬픔을 안고서 사랑의 하루를 보내었느니!

William Wordsworth

(1770—1850)

The Solitary Reaper

Behold her, single in the field,
Yon solitary Highland Lass!
Reaping and singing by herself;
Stop here, or gently pass!
Alone she cuts and binds the grain,
And sings a melancholy strain;
O listen! for the Vale profound
Is overflowing with the sound.

No Nightingale did ever chaunt
More welcome notes to weary bands
Of travellers in some shady haunt,
Among Arabian sands:
A voice so thrilling ne'er was heard
In spring-time from the Cuckoo-bird,
Breaking the silence of the seas
Among the farthest Hebrides.

Will no one tell me what she sings?—
Perhaps the plaintive numbers flow
For old, unhappy, far-off things,
And battles long ago:
Or is it some more humble lay,
Familiar matter of today?
Some natural sorrow, loss, or pain,
That has been, and may be again?

Whate'er the theme, the Maiden sang
As if her song could have no ending;
I saw her singing at her work,

And o'er the sickle bending:—
I listened, motionless and still;
And, as I mounted up the hill,
The music in my heart I bore,
Long after it was heard no more.

외로운 추수꾼

보시라 들에서 혼자
추수하며 노래 부르는
저 외로운 하이랜드의 아가씨를!
여기에서 걸음을 멈추시라 아니면 조용히 지나가시라!
그녀 홀로 곡식을 베고 묶으며
서글픈 노래 부르니
아 들으시라 깊은 골짜기에는
그녀의 노래 소리로 넘쳐흐른다.

아라비아의 사막 사이에
어느 그늘진 휴식처 지친 여행객들이 우리에게
그 어떤 나이팅게일 새도
이보다 환영받는 노래 부른 일 없고
그만큼, 가슴을 뒤흔드는 목소리
멀고 먼 Hebrides섬 사이에서
바다의 고요함을 깨뜨리고
봄날에 뻐꾹새에게서도 들어 본 일 없소.

그 아무도 그녀가 무슨 노래를 부르는지 말해 주는 이 없겠지요?
어쩌면 저 애간장을 녹이는 노래
먼 옛날의 불행했던 일들
오래 전 전쟁을 노래하는 것일까?
아니면 그 어떤 더욱 소박한 노래
오늘날 흔히 있는 일들일런지?
과거에도 있었고 또 다시 있을지도 모를
어떤 어쩔 수 없는 슬픔, 상실 아니면 고통일런지?

그 주제가 무엇이든 간에 그 아가씨는 노래했다.
마치 그 노래는 끝이 없는 듯
나는 그녀가 일을 하면서
그리고 낫 위로 몸을 구푸려 노래하는 것을 보았소.-
나는 귀를 기울여 들었소. 꼼짝도 않고 조용히
그리고 내가 언덕 위로 올라갈 때
노래 소리 들리지 않은지 오랜 후에도
그 노래 나의 마음속에 남아 있었소.

▪ 이해와 감상

이 서정적인 아름다운 시는 Wordsworth가 직접 경험한 것에 기초를 두지 않고 시인 자신이 밝혔듯이 Thomas Wilkinson이 저술한 *Tours to the British Mountains*의 글에서 암시를 받아 쓴 시라고 한다. 그러나 시인은 1803년에 그의 아내 Mary Wordsworth와 누이동생 Dorothy 그리고 그의 친구 시인 Coleridge와 함께 Scotland를 여행하였다. 이 때 이들은 Scotland의 유명한 시인 Robert Burns의 무덤을 순례여행하고 기타 다른 유적지를 여행하였다. 그래서 시인은 Thomas Wilkinson의 글 속에 나타났듯이 Scotland의 고지에서 추수하는 아가씨의 모습과 외로운 노래 소리를 직접 보고 느낀 것은 아니었지만 그의 시상의 세계에서 이미 그와 같은 분위기와 감정에 젖어들어 있었다고 볼 수 있다. 시인과 Coleridge가 공동으로 출판한 서정가요집 *Lyrical Ballads*의 서문에서 볼 수 있듯이 이 시는 그러한 시인의 감정이 직접적인 경험에서 나왔든지 간접적인 경험에서 나왔든지 간에 시인 자신의 강력한 감정의 발로임은 틀림없다.

이 시는 그 제목에서 "외로운 추수꾼"이라는 것에 알맞게 쓸쓸한 가을이 그 시간적 배경이 되어 있다. 이 시는 또한 Scotland의 외로운 깊은 산골짜기에서 혼자서 가을걷이를 하는 아가씨의 광경은 공간적으로도 쓸쓸하고 고독하며 우울한 감정을 자아내는데 알맞은 지리적 분위기이다. 더구나 이 시에서 고독한 감정이 흘러넘치는 것은 그 아가씨가 일하며 노래하는 그 내용이 시인 Wordsworth가 이해하지 못하는 Scotland의 고지의 언어 Gaelic이라는 점이다. 그래서 시인은 고독한 상상의 날개를 더욱 아름답게 승화시키는지도 모른다.

이 시에서 특별히 어떤 이미지를 사용하지는 않았으나 감동을 주는 시이다. 그것은 추수하는 아가씨의 아름다운 목소리도 목소리이지만 가을의 추수하는 결실의 계절 속에서 누가 보든 안 보든 누가 알아주든 않는지 간에 그 귀한 일 추수하는 데에 성실히 최선을 다하는 모습은 참으로 거룩한 모습이 아닐 수 없다. 또한 그 고된 추수하는 일 중에도 여유 있게 그리고 시인에게 아름다운 정서를 남겨 주는 것은 그러한 노동의 신선함과 동시에 그 일에 아름다운 조화를 이루는 노래인 것이다. 고된 노동 속에서도 부르는 그 끝이 없는 듯한 노래는 여유와 낭만적인 무드를 자아내는 요소가 된다. 이 노래가 감동적이었다는 간접적인 표현은 그 노래 소리 들리지 않은지 오랜 후에도 시인의 마음속에 계속 남아있었다는 시인이 맨 끝 행의 시 구절이다.

The music in my heart I bore,
Long after it was heard no more.

아무튼 이 시는 우리에게 고독한 감정이 풍요롭게 느끼게 흐를 뿐만 아니라 그 아가씨의 성스러운 모습에 오래도록 우리 마음속에 잊혀질 수 없는 큰 감동을 안겨 준다. 또 한 폭의 그림을 보는 듯 회화적이면서도 생생하게 그 아가씨의 아름다운 목소리를 듣는 듯 청각적 이미지도 풍부하다. 특별히 두 번째 연에서 그러하다.

No Nightingale did ever chaunt
More welcome notes to weary bands
Of travellers in some shady haunt,
Among Arabian sands:
A voice so thrilling ne'er was heard
In spring-time from the Cuckoo-bird,
Breaking the silence of the seas
Among the farthest Hebrides.

Ode.: Intimations of Immortality
from Recollections of Early Childhood

The Child is father of the Man;
And I could wish my days to be
Bound each to each by natural piety[1]

1

There was a time[2] when meadow, grove and stream
The earth, and every common sight,
To me did seem
Appareled in celestial light,
The glory and the freshness of a dream.
It is not now as it hath been of yore—
Turn whereso'er I may,
By night or day,
The things which I have seen I now can see no more.

2

The Rainbow comes and goes,
And lovely is the Rose,
The Moon doth with delight
Look round her when the heavens are bare,
Waters on a starry night
Are beautiful and fair;
The sunshine is a glorious birth;
But yet I know, where'er I go,
That there hath passed away a glory from the earth.

3

Now, while the birds thus sing a joyous song,
And while the young lambs bound

1 Wordsworth의 "My Heart Leaps Up"의 결론적인 시의 부분.

2 There was a time: 감각세계에 나타나는 물체의 대상들이 영광스러움으로 가득차게 보이던 지나간 시절이 있었다.

As to the tabor's sound,[3]
To me alone there came a thought of grief:
A timely utterance[4] gave that thought relief,
And I again am strong:
The cataracts blow their trumpets from the steep;
No more shall grief of mine the season wrong;
I hear the Echoes through the mountains throng,
The Winds come to me from the fields of sleep,
And all the earth is gay;
Land and sea
Give themselves up to jollity,
And with the heart of May
Doth every Beast keep holiday—
Thou Child of Joy,
Shout round me, let me hear thy shouts, thou happy
Shepherd-boy!

4

Ye blessed Creatures, I have heard the call
Ye to each other make; I see
The heavens laugh with you in your jubilee;
My heart is at your festival,
My head bath its coronal,[5]
The fullness of your bliss, I feel— I feel it all.
Oh, evil day! if I were sullen
While Earth herself is adorning,
This sweet May morning,
And the Children are culling
On every side,
In a thousand valleys far and wide,
Fresh flowers; while the sun shines warm,

---

3 A tabor is a small drum which like the tambourine.

4 Perhaps "My Heart Leaps Up," perhaps "Resolution and Independence."

5 circlet of wild flowers, with which the shepherd boys trimmed Their hats in May.

And the Babe leaps up on his Mother's arm—
I hear, I hear, with joy I hear!
—But there's a Tree, of many, one,
A single Field which I have looked upon,
Both of them speak of something that is gone:
The Pansy at my feet
Doth the same tale repeat:
Whither is fled the visionary gleam?
Where is it now, the glory and the dream?

5

Our birth is but a sleep and a forgetting:
The Soul that rises with us, our life's Star,[6]
Hath had elsewhere its setting,
And cometh from afar:
Not in entire forgetfulness,
And not in utter nakedness,
But trailing clouds of glory do we come
From God, who is our home:
Heaven lies about us in our infancy!
Shades of the prison-house begin to close
Upon the growing Boy,
But He beholds the light, and whence it flows,
He sees it in his joy;
The Youth, who daily farther from the east
Must travel, still is Nature's priest,
And by the vision splendid
Is on his way attended;.
At length the Man perceives it die away,
And fade into the light of common day.

6

Earth fills her lap with pleasures of her own;
Yearnings she hath in her own natural kind,

6 The sun as metaphor for the soul.

And, even with something of a Mother's mind,
        And no unworthy aim,
        The homely Nurse doth all she can
To make her foster child, her Inmate Man,
        Forget the glories he hath known,
And that imperial palace whence he came.

7

Behold the Child among his newborn blisses,
A six-years' Darling of a pygmy size!
See, where 'mid work of his own hand he lies,
Fretted[7] by sallies of his mother's kisses,
With light upon him from his father's eyes!
See, at his feet, some little plan or chart,
Some fragment from his dream of human life,
Shaped by himself with newly-learned art;
            A wedding or a festival,
            A mourning or a funeral;
                And this hath now his heart,
            And unto this he frames his song;
                Then will he fit his tongue
To dialogues of business, love, or strife;.
            But it will not be long
            Ere this be thrown aside,
            And with new joy and pride
The little Actor cons another part;.
Filling from time to time his "humorous stage"[8]
With all the Persons, down to palsied Age,
That life brings with her in her equipage;
            As if his whole vocation
            Were endless imitation.

---

7 checked over.

8 From a sonnet by Samuel Daniel, the Elizabethan Poet, "Humorous" has the old meaning, "Capricious."

8

Thou, whose exterior semblance doth belie
Thy Soul's immensity;
Thou best Philosopher, who yet dost keep
Thy heritage, thou Eye among the blind,
That, deaf and silent, read'st the eternal deep,
Haunted forever by the eternal mind—
Mighty Prophet! Seer blest!
On whom those truths do rest,
Which we are toiling all our lives to find,
In darkness lost, the darkness of the grave;.
Thou, over whom thy Immortality
Broods like the Day, a Master o'er a Slave,
A Presence which is not to be put by;
Thou little Child, yet glorious in the might
Of heaven-born freedom on thy being's height,
Why with such earnest pains dost thou provoke
The years to bring the inevitable yoke,
Thus blindly with thy blessedness at strife?
Full soon thy Soul shall have her earthly freight,
And custom lie upon thee with a weight,
Heavy as frost, and deep almost as life!

9

O joy! that in our embers
Is something that doth live,
That nature yet remembers
What was so fugitive!
The thought of our past years in me doth breed
Perpetual benediction: not indeed
For that which is most worthy to be blest;—
Delight and liberty, the simple creed
Of Childhood, whether busy or at rest,
With new-fledged hope still fluttering in his breast

Not for these I raise
The song of thanks and praise;
But for those obstinate questionings
Of sense and outward things,
Fallings from us, vanishings;
Blank misgivinig of a Creature
Moving about in worlds not realized,[9]
High instincts before which our mortal Nature
Did tremble like a guilty Thing surprised;
But for those first affections,
Those shadowy recollections,
Which, be they what they may,
Are yet the fountain light of all our day,
Are yet a master light of all our seeing;
Uphold us, cherish, and have power to make
Our noisy years seem moments in the being
Of the eternal Silence: truths that wake,
To perish never;
Which neither listlessness, nor mad endeavor,
Nor Man nor Boy,
Nor all that is at enmity with joy,
Can utterly abolish or destroy!
Hence in a season of calm weather
Though inland far we be,
Our Souls have sight of that immortal sea
Which brought us hither,
Can in a moment travel thither,
And see the Children sport upon the shore,
And hear the mighty waters rolling evermore.

10

Then sing, ye Birds, sing, sing a joyous song!

---

9 Not become real.

And let the young Lambs bound
As to the tabor's sound!
We in thought will join your throng,
Ye that pipe and ye that play,
Ye that through your hearts today
Feel the gladness of the May!
What though the radiance which was once so bright.
Be now forever taken from my sight,
Though nothing can bring back the hour
Of splendor in the grass, of glory in the flower;.
We will grieve not, rather find.
Strength in what remains behind;
In the primal sympathy[10]
Which having been must ever be;
In the soothing thoughts that spring
Out of human suffering;
In the faith that looks through death,
In years that bring the philosophic mind.

11

And O, ye fountains, Meadows, Hills, and Groves,
Forebode not any severing of our loves!
Yet in my heart of hearts I feel your might;
I only have relinquished one delight
To live beneath your more habitual sway.
I love the Brooks which down their channels fret,
Even more than when I tripped lightly as they;
The innocent brightness of a newborn Day
Is lovely yet;
The clouds that gather round the setting sun
Do take a sober coloring from an eye
That hath kept watch o'er man's mortality;
Another race hath been, and other palms are won.

---

10 The basic or original sympathy; this may be what, in "The Prelude" 1.555–56, Wordsworth called "those first-born affinities that fit/Our new existence to existing things."

Thanks to the human heart by which we live,
Thanks to its tenderness, its joys, and fears,
To me the meanest flower that blows can give
Thoughts that do often lie too deep for tears.

어린 시절의 회상으로부터 깨닫는 영원불멸의 노래

어린애는 어른의 아버지
나는 바란다. 나의 날들이 하루하루
자연에 대한 경외심으로 엮어지기를

1

일찍이 목장과 숲 시냇물 대지,
그리고 모든 흔한 광경
　　나에게
　　천국의 빛, 꿈의 영광과
신선함의 옷으로 치장 한 듯 느껴졌던 시절이 있었다.
지금은 옛날과 감지 않고서—
　　밤이나 낮이나,
내가 어디를 둘러보나,
내가 보았던 것들을 이제는 다시는 볼 수 없다.

2

무지개는 나타났다 사라지고,
장미는 사랑스럽고,
달은 기쁘게 주위를 둘러본다.
하늘에 구름 한 조각 없을 때에,
별빛이 밝은 밤 호수의 물은,
아름답고 맑기도 하다.
햇빛은 영광스러운 탄생
그러나 나는 알고 있다. 그 어디를 가든지
지상의 영광이 사라져 버렸음을.

3

지금, 새들이 이렇게 즐거운 노래를 부르고,
그리고 어린 양들이 작은 북소리에,
박자 맞추듯이 뛰노는 동안,

나에게만 슬픔의 생각이 찾아온다.
때에 알맞은 발언이 그 슬픈 생각에 위안을 주었다.
　　그리고 나는 다시 강해졌다.
폭포가 가파른 곳에서 그들의 나팔을 불고
다시는 나의 슬픔이 계절을 부당하게 모욕하지 않을 것이다.
나는 메아리들이 산들을 통하여 모여드는 소리를 듣는다.
바람은 잠의 들판으로부터 나에게 불어오고
온 대지는 명랑하다.
　　땅과 바다는
명랑한 기분에 열중하고.
오월의 마음으로
온갖 짐승이 휴일을 경축한다.
　　그대 환희의 아이여
내 주위에서 고함질러라.
나로 하여금 그대의 고함 소리를 들게 하라.
그대 행복한 목동아!

4

그대들 축복 받은 생물들아, 나는 그대들이
서로서로 부르는 소리를 들었다: 나는 본다.
하늘이 너희의 축제에 그대들과 더불어 웃는 것을:
내 마음도 그대들 축제에 끼이고,
나의 머리는 화환을 쓰고,
그대의 충만한 행복을 나는 느낀다—나는 그 모두를 느낀다.
　　오, 불행한 날이로다! 만일 내가 침울하다면,
　　이 감미로운 오월의 아침에
　　대지가 몸을 단장하고,
　　아이들이 어디서나,
　　가깝고 먼 수많은 골짜기에서.
갓 핀 꽃들을 따는 동안에, 태양이 따듯하게 비치고
어린 아기가 엄마 팔위에서 뛰고 노는 동안
나는 듣는다, 나는 듣는다. 기쁨으로 나는 듣는다!
—그러나 많은 나무 중에서 한 나무를
한 들판을 나는 바라다보았던 것이다.
그들은 모두 사라진 무엇인가를 이야기하고 있다.

내 발밑에 팬지꽃도
그와 똑같은 이야기를 되풀이 한다:
어디로 그 환상적인 광채가 도망해 갔는가?
어디에 지금 그것은 있는가 그 영광과 꿈은?

5

우리의 탄생은 잠과 망각일 뿐이다:
우리와 함께 떠오른 영혼, 우리의 생애의 별은
어떤 딴 곳에서 져 버렸고,
멀리에서 왔다.:
완전한 망각으로서가 아니라,
그리고 완전히 벌거숭이로서가 아니라,
영광의 구름을 끌면서 우리는 우리의 집인
하나님으로부터 온다:
천국이 우리의 어린 시절에는 우리 주위에 있다!
감옥의 그늘이 자라나는 소년에게 덮이기 시작한다.
그러나 그는
빛을 본다. 그리고 그 벚이 흘러나오는 곳에서,
그는 기쁨 속에서 그 빛을 본다:
매일 동쪽으로부터 멀리 여행해야 되는
그 청년은, 아직도 자연의 사제이며
그리고 그의 가는 길 위에는
찬란한 환상이 동반 한다;
드디어 장년에 이르러 그 빛이 사라짐을 알게 되고,
평일의 빛으로 시들어 벼렸다.

6

대지는 그녀의 무릎을 그녀 자신의 즐거움으로 채운다.
그녀의 천부적인 열망을 갖고 있다.
그래서 어머니의 마음의 그 무엇을 가지고서
그에 못지않는 목적을 가지고,
소박한 유모는 그녀가 할 수 있는 한,
그녀의 양자, 그녀와 동거인인 인간으로 하여금
그가 알았던 영광을 잊어버리도록 한다.
그리고 그가 출생한 장엄한 궁전을.

7

새롭게 태어난 행복 속에 쌓인 어린 아기를 보세요.
난장이 크기의 여섯 살 난 귀여운 아기를!
보시라, 그가 그의 자신의 손으로 만든 작품 속에 둘려 쌓인 곳에 누워서,
그의 어머니의 입맞춤의 세례에 짜증내며
아버지의 시신의 빛을 받고 있다!
보시라. 그의 발밑에 있는 어떤 작은 설계나 약도를,
새로 배운 기술로 스스로 만든
인간의 삶의 꿈으로부터 나온 어떤 단편을;
   혼례식 혹은 축제,
   애도 혹은 장례식;
   그리고 지금 이것이 그의 마음을 사로잡았다.
   그리고 이것에다 그는 그의 노래를 짓는다;
   그 다음에 그는 그의 혀를 적응시킨다.
사업, 사랑 혹은 투쟁에 대화들에다;
   그러나 오래지 않아서
   이것은 젖혀 놓고서
   새로운 기쁨과 자부심으로
이 작은 배우는 다른 역을 배운다:
이따금 그의 우스꽝스러운 무대를 채운다.
인생이 그 마차에 실어오는
중풍 걸린 노년에 이르기까지의 모든 인물들로써,
   마치 그의 온 생업이
   끊임없는 모방인 것처럼.

8

너의 영혼의 광대함에 어울리는 외모를
지니지 못한 너;
아직도 너의 유산을 지니고 있는
너 최상의 철학자여,
영원히 영원한 정신의 방문을 받으며,
귀머거리, 벙어리이면서 영원한 신비(심오함)를 읽는
맹인들 중의 그대 "눈"이여—
   위대한 예언자! 축복받은 선견자여!
우리가 암흑 속에서, 무덤의 암흑 속에서.

길 잃고, 헤매이며 일생 동안 찾으려고 애쓰는
진리들이 너의 머리위에 깃들어 있다:
그대, 그대 위에 그대의 영원불멸이 대낮처럼 덮고 있다.
노예 위에 군림한 주인으로서,
피할 수 없는 존재로;
그대의 존재의 절정 위에서 하늘에서 타고난 자유의 힘으로
완전히 영광스러운, 그대 작은 아이여,
왜 이러한 진지한 고통으로 그대는
세월로 하여금 피치 못할 멍에를 가져오도록 자극하는가?
그리하여 맹목적으로 그대의 행복과 다투는가?
머지않아 그대의 영혼은 이 세파의 짐을 질 것이고,
그리고 관습이 너를 무겁게 누를 것이다.
서리처럼 무겁게, 거의 생명처럼 깊게!

9

오 기쁜 일이로다! 우리의 타다 남은 등걸 속에
살아있는 무엇인가가 아직도 있다는 것은
자연이 아직도 매우 덧없는 그것을
기억하고 있다는 것은!
우리들의 지난 세월의 상념이 내 속에서
영원한 축복을 낳는다; 정말로.
가장 축복 받을 가치가 있는 것;
환희와 자유, 어린 소년 시절의 소박한 신조,
바쁘든 쉬여있든 간에
항상 가슴 속에서 날개치는 새로 난 깃털같은
희망을 가지고 있기 때문이 아니라,
이러한 것들 때문에 나는
감사와 찬사의 노래를 높이 부르는 것이 아니라
감각과 외적 사물들에 대한
완강한 질문들 때문에
우리들로부터의 하강, 사라짐 때문에:
실현되지 못한 세계들 주위에서 돌아다니는
창조물의 어두운 불안 때문에
그 앞에서 우리 필멸의 인간 본성이 불시에 덮친
죄인처럼 떨고 있었던 고상한 본능 때문에;

저들 최초의 애정 때문에
저 어렴풋한 회상들 때문에
그것들이 무엇이든 간에,
아직도 우리들 전 생애의 샘솟는 빛이며,
우리 시각의 주인격인 빛이다:
그 빛들이 우리를 지탱시켜 주고 소중히 품어 주고,
그리고 우리의 소란스런 세월들을
영원한 침묵의 존재 속에서
순간들로 보이게 하는 힘을 가지고 있다;
한번 깨우쳐 주면
결코 멸치 않는 진리들 때문에;
그것을 무관심도 미친 듯한 노력도 어른도 소년도
또 기쁨과 반목하는 그 모든 것도
완전히 폐하거나 파괴할 수 없도다!
그래서 고요한 날씨의 계절에
비록 우리가 내륙에 멀리 있을지라도,
우리들의 영혼들은 우리를 이곳으로 데려다 준
저 영원불멸의 바다를 보고,
순식간에 거기로 여행할 수 있고,
그리고 어린 아이들이 해변가에서 노는 것을 볼 수 있고
영원히 굉장한 바닷물소리가 뒹굴고 있는 소리를 들을 수 있다.

10

그러므로 노래하라, 그대들 새들이여! 즐거운 노래를 부르고 또 불러라!
그리고 어린 양들을 뛰놀게 하시라.
작은 북소리에 맞추듯이!
우리는 생각 속에서 그대를 무리들과 함께 되리라.
피리 불고 뛰노는 그대들이여,
오늘 그대들 마음속에
오월의 기쁨을 느끼는 그대들이여!
한 때 그리도 빛나던 광휘가 지금 영원히
나의 시야로부터 사라진다한들 어떠하겠는가.
초원의 빛, 꽃의 영광의 시간을
그 무엇이 다시 가져올 수 없다 한들 어떠하겠는가;
우리는 슬퍼하지 않고, 오히려 뒤에 남은 그 무엇에서 힘을 찾으리라

영원히 있을 것임에 틀림이 없는
원초적 공감에서:
인간의 고통으로부터 솟아나오는
위로의 상념에서;
죽음을 투시하는 신앙에서;
명상적 마음을 가져오는 세월 속에서.

11

그러므로 오, 그대들 샘물들아 목장들아, 언덕들아, 그리고 숲들이여,
우리들 사랑의 어떤 단절을 예언하지 말지어다!
오히려 나는 내 마음 한가운데서 너희들의 힘을 느낀다;
나는 단지 한 환희를 포기했고
그대들의 보다 관습적인 영향력 아래 살고 있을 뿐이다.
나는 수로를 물결치며 흐르는 그 시냇물들을 사랑한다.
내가 그들처럼 경쾌히 걸었던 그 시절보다 한층 더;
새로 태어난 날의 천진난만한 광명이 아직도 사랑스럽다;
지는 태양 주위에 모여드는 구름들은
인간의 필멸을 지켜보았던 눈에는 수수한 색조를 띄운다;
또 다른 경주가 끝나고, 그리고 다른 종려관이 씌워졌다.
우리의 삶의 기둥인 인정 덕택에
그 인정의 상냥함과 기쁨과 공포 덕택에
나에겐 가장 비천하게 피는 꽃이
눈물 흘리기엔 너무 깊이 깔린 상념들을 줄 수 있다.

● 이해와 감상

Ode는 서정시로써 일반적으로 지적이거나 혹은 도덕적인 주제를 상상적인 방법으로 다루는 것이다. 따라서 사용되는 언어는 일반적으로 일상용어와는 다른 것이다. 왜냐하면 그 주제가 일반적 주제가 아니기 때문이다. 그 언어는 좀 더 진지하고, 고양되고, 주관적 관계를 반영하는 것이다.

Ode를 우선 전체적으로 보면, 첫째 연에서 넷째 연까지는 어린 시절 가졌던 자연의 아름다움과 신비와 영광에 대한 감정과 관련되었던 일종의 찬란히 빛나는 그 환상을 이제 다시는 볼 수 없어서 슬퍼한다. 그 나머지 다섯째 연에서 끝 연까지는 2년 후에 쓰여 졌다고 하는데, 제 4연에서의 질문 “Whither is fled the visionary gleam?/Where is it now, the glory and the dream?”에 대한 대답이라고 볼 수 있다. 여기서도 두 부분으로,

첫째 부분은 절망적이고 둘째 부분은 희망적이다.

그러면 첫째 연부터 자세히 살펴보자면, 첫째 연은 비교적 간단한 서술로 되어있다. 모든 평범한 것들이 천국의 빛으로 옷 입혀 진 것처럼 보였던 시절, 그것들이 꿈의 영광과 신선함을 소유했던 시절이 있었다는 것이다. 어린 시절 보았던 그 아름다운 환상적 빛 같은 것이 이제는 더 이상 볼 수 없다. 여기서 "celestial"에라는 단어 속에서 표면상으로는(이 시가 좁은 의미에서 불멸에 관한 시이므로)불멸을 연상케 하지만, 좀 더 몇 연을 지나서야 시인은 마음속에 불멸의 생각을 나타낸다. 다만 여기서 "celestial light"는 보통으로 지상에 있는, 과학적인 그 어떤 빛과는 다른 심리적 상태의 빛을 말한다. 밤이나 낮이나 마음속에서 빛나는 빛인 것이다. 두 번째 연에서는 첫째 연에서 나온 정서를 발전시켜 나간다. 일상생활에서 볼 수 있는 물리적인 종류의 아름다운 광경을 보이고 그것과는 대조적으로 다른 "celestial"의 의미를 암시해 준다. 여기서 시인은 여전히 무지개, 장미, 달, 별, 호수, 햇빛 등 얼마나 아름답게 빛나는가를 말하고 있다. 그래서 Wordsworth의 시적 상상력이 어떤 정서적 환경이 사라졌을 때, 상실된다는 것은 너무나 단순하고 기계적이어서 그런 이론을 부인할 수밖에 없다는 것이다.[11] 이 Ode를 쓴 것은 그가 32 세였을 때(전반부)인데, 그 나이에 시인의 시적 능력이 감소한 것을 말한다는 것은 이해하기 어려운 일이 된다. 이 둘째 연에서 시인은 아름다움을 인식하는 풍부한 능력을 분명히 보여주고 있기 때문이다.

그런데 시인은 햇빛은 "glorious birth"라고 말하지만, "영광"이 이 지상에서는 사라졌다고 함으로서 그가 말하는 "영광"이 지금 비치는 찬란한 햇빛이 아님을 말해준다. 어디를 가나 그의 옛날 아름다운 영광스러운 빛은 찾아 볼 수 없다고 한다. 그 상실이란 주관적이며 심리적인 것이며, 결코 외적인 세계의 변화는 아니라고 볼 수 있다. 셋째 연에서는 시가 약간 복잡성을 띄운다. 그것은 자연의 아름다운 광경을 즐기는 동안에, 이즈려지는 영광과 상실의 슬픔을 느끼게 된 것이다. 비록 그 기간이 순간적이긴 하지만…. 그것이 이 "a thought of grief"인 것이다. Wordsworth는 자연의 아름다움을 만끽하면서 전혀 슬픔의 그림자를 느껴보지 못했지만, 순간적으로 우연히 찾아들어온 것이다. 그것은 심리적 내부의 변화라기보다는, 자연을 즐길 수 있는 충분한 기간 동안에 일어난 분위기의 발전과 변화라고 보아야 좋을 것이다. 즉 시의 극적인 시간이 정서적인 시간과 반드시 동등한 상태가 아닌 것으로 본다.[12]

---

11 *Master Poems of the English Language*, Oscar Williams(ed.) (New York: Washington Square Press, 1983), p.43. "William Wordsworth, Ode: Intimations of Immortality," by Lionel Trilling.

그리고 시인이 이야기 하는 "A timely utterance"는 시인의 머리 속에 잠시 일어났던 슬픔에 생각을 치유할 수 있었던 그 무슨 생각, 구체적으로는 그의 머리 속에 떠올라 그를 다시 용기를 불어 넣어 주였던 시 구절이라고 본다면, 그것은 아마 시인에게 늘 기쁨과 용기를 주었던 시 "My Heat Leaps Up"이거나, 또는 "Resolution and Independence"일 것이 라고 보는 사람의 생각이 옳다고 본다. 네 째 연에서는 시인이 봄날 자연에 대한 기쁨에 조화를 이루어, 무아경의 기쁨을 느낀다. 황홀한 기쁨을 듣고 인식하지만, 분명히 이 기쁨과 달리 자신 속에 무엇을 잃고 있다는 것을 깨닫는다. 그래서 기쁨에도 불구하고 황홀은 슬픔으로 바꾸어 가는 것이다.—

—But there's a Tree, of many, one,
A single Field which I have looked upon,
Both of them speak of something that is gone:
The pansy at my feet
Doth the same tale repeat:
Whither is fled the visionary gleam?
Where is it now, the glory and the dream?

Coleridge는 그의 시적 재능이 되는 그의 기쁨이 쇠했을 때, 상상력의 힘이 되는 기쁨의 파괴와 더불어 시적 능력이 쇠잔했다고 본다. 그러나 Wordsworth는 Coleridge와는 달리, 그 힘과 기쁨이 있는 동안에도 그는 그의 "영광(glory)"은 상실했다고 했다. 이러한 진술은 Wordsworth가 시를 그 "visionary gleam" 혹은 기쁨에서 짓는 것이 아니라, 명상적인 지성에 의하여 연마된 감정의 경험에서 쓰게 된다는 사실을 말해준다.[13]

그러므로 Wordsworth의 "gleam"은 통찰력이나 행복의 한 순간이라고 보아야 할 것이다. 그리고 "dream"이라고 하는 것은 젊은 시인의 환상(illusion)을 의미 하는 것이다. 시인은 소년 시절 환상에 부풀어 올랐다. 아름답고 무한히 빛나는 환상이 있다. 그러나 현실에 들어올 때, 그 모든 환상은 깨지고 만다. 여기서 주의해야 할 점은 꿈의 상실이 마음 아픈 일이지만, 그것은 반드시 시의 끝장을 의미 하는 것이 아니다.[14] 적어도 Wordsworth에게 만큼은 시의 능력의 쇠잔은 아니라는 것이다. 그는 그의 환상이 시작에 연

12 Compiled by Clive V. Ashworth, *Notes on the Poetry of William Wordsworth.* (London: Methuen Paperback Ltd., 1978). p.60.

13 Trilling. *op. cit.,* p.48 cf. "The Prelude," lines 59-131에서 명백히 "The Moments of clarity"는 결단코 시적 창작력과는 조화를 이루는 것이 아니라고 했다.

14 *Ibid.,* p.50.

결 되겠지만, 현실이 그의 시적 상상력을 통하여 또한 연결되기 때문이다. 시인이 따로 그 환상에 관심을 두었지만, 그것은 환상 자체를 위해서라기보다는, 현실과의 조화되기 위한 범위 내에서 관심사였다고 본다. 다섯 째 연에서는 영광과 꿈의 상실에 대한 명상으로 시작되고, 선재설(pre-existence)로 전개 된다. 첫 행에서 "인간의 탄생은 잠과 망각뿐이라"고 했다. 그리고 인간의 영혼은 우리 인생의 안내자라는 의미에서 "우리 생애의 별"이라는 비유를 썼다. 이러한 말은 위에 선재설과 관계 깊은 말들이다. 즉 우리의 영혼은 그 이전과 실존을 잊어버리지 않고 있다는 것이다. 실제로는 그 이전의 실존으로부터 많은 가치있는 특성을 남겨서 소유하고 있다는 것이다.

The Soul that rises with us, our life's Star—
. . . .
. . . .
    Not the entire forgetfulness
    And not in utter nakedness,
But trailing clouds of glory do we come
    From God. who is our home:

이러한 영혼이 잔존해 있어 가치 있는 그 특성 때문에 "유년 시절에는 천국이 주위에 있다!"라고 보는 것이다. 즉 우리가 우리 영혼의 원천에 매우 가까이 있을 때에는 어린 시절이어서, 유아 기간은 어른들의 어떠한 실존 상태보다 더욱 본질적인 삶의 상태에 있다고 보는 것이다.[15] 그러나 "감옥의 그늘이 자라나는 소년에게 덮이기 시작한다"라고 한 것은, 그의 영광스러운 영적 몰입으로부터 멀게 하는 개인적인 자아의 발전을 비유적으로 나타낸 것이다. 이러한 "영적 잠재력"은[16] 유년 시절과 소년 시절을 거쳐서 어른이 되면서 점점 사라지지만—세상의 습관, 근심 등으로 해서—완전히 없어지지 않고 영원한 것으로 존재함을 Wordsworth는 암시하고 있다. 그 영적 잠재력과 더불어 시인은 유년 시절 대자연의 신비하고 아름다운 감응력과 그 정서를, 찬란한 환상('the splendid vision')의 빛으로 본다. 또한 그 자연의 정서적 경험은 역시 영원한 것으로 암시된다.

The Youth, who daily farther from the east
        Must travel, still is Nature's Priest,
        And by the vision splender

15 Ashworth, *op. cit.*, p.63.
16 *Ibid.*, p.54.

Is on his way attended:

유년 시절로부터 어른이 되는 과정을 동쪽을 시발점으로 한 여행에 비유했다. 청년 시절에 이르러서도 자연을 가장 열심히 찬양하는 아직도 "자연의 사제"라고 표현함으로써, 자연에서 가졌던 유년 시절의 정서적 경험, 그 찬란한 환상의 빛이 계속해서 우리의 삶과 동반되는 것으로 보았던 것이다.

플라톤적인 신화에서 볼 때, 어린 아이는 태어나기 이전 다른 세계에 대한 기억을 하고 있으나, 그것이 점점 사라져 간다는 것이다. 또 한편 Freud의 심리학적인 면에서 볼 때, 어린 아이가 어머니 뱃속에 있을 때에는, 어머니 뱃속의 세계가 참으로 좋은 낙원 같은 곳이지만, 일단 출생해서 세상 밖으로 나오면 그의 기쁨이 줄어져서 유배된 사람 같다. 그래서 어머니의 아늑한 품속에 있을 때 어린 아이의 기쁨도 어린 아이의 입장에서 볼 때는 태아기의 시절의 아늑함을 다시 찾으려는 노력에 불과 하다는 것이다. 여기서 Wordsworth의 사라진 아름다운 어린 시절의 기억은 태아기 즉 "pre-existence"기에 해당되는 시기로 비유하게 된다.

여기서 결국 Wordsworth가 철학자가 아니고 시인이라는 점을 생각하면, "pre-existence"의 이론은 "영적 잠재력"을 강조하려는 것과 더불어, 그의 유년 시절 자연에서 갖게 된 신비하고 아름다운 정서의 경험이 어른이 되면서 점점 사라지지만, 완전히 상실되는 것아 아니라 "영적 잠재력"이 남아 있듯이, 우리 생애를 통하여 영원히 남아 있다는 사실을 시인으로서 표현하려는 것으로 보아야 할 것이다. 어린이의 영혼은 순수하고 감수성이 풍부하여서, 자연의 아름다움을 마음껏 인상 깊이 받아들이고, 그것은 인생을 살아가는 동안 어른 시절까지 정도의 차이는 있지만, 간직되어 남아 있는 것이다. 그리고 그것이 우리의 추억의 원천이 되어 때때로 재생되는 것이다. 그러기에 Wordsworth는 이 Ode의 Epigraph로써

The Child is Father of the Man.'

이라고 하지 않았는가. 더구나 시인은 그의 풍부한 상상력을 통하여, 유년 시절의 정서적 경험을 마음껏 회상의 원천으로 삼아 발전시켜 나갈 수 있는 것이다.

다음 여섯째 연에서는 대지를, 인간의 마음과 감각을 기쁨으로 채워주는 어머니와 소박한 유모로 의인화한다. 기쁨으로 채워줌으로 지나간 어린 시절 감수성이 강하고 순수한 유년 시절, 자연에 대한 아름다운 감응력의 행복한 순간을 잊어버리게 한다. Wordsworth는 "영적 잠재력"과 관련을 여

기서도 지어 비유하는 것으로 보아야 할 것이다. 그리고 “Imperial”이란 말로써 유년 시절 천국 같이 느껴졌던 순수하고 아름답던 세계를 암시하고 있다.

일곱째 연에서는 ‘Behold the child….’라는 구절로 시작되는데 Wordsworth는 Samuel Taylor Coleridge의 아들 Hartley Coleridge를 생각하고, 어린아이가 성장해서 한 시기에서 다른 시기로 넘어가는 과정을 그리고 있다.[17]

그것은 Shakespeare의 작품 *As You Like It*에서 Jaques의 독백 중 인간을 일곱 무대 역에 나오는 배우에 비유한 것과 비슷하다.[18]

The little Actor cons another part;
Filling from time to time his “humorous stage”

이 연에서 사용된 언어는 여기 나타내는 의미—여러 무대에 배우가 되면서 환상적인 빛을 점점 잃어간다—와 조화를 이루어 감상적이고 섬약한 어조를 띄운다.

그다음 여덟째 연에서도 일곱째 연의 어린이에게 계속하는 말로 전개된다. 어린 아이의 외모는 작은데 반하여 그는 심오한 영혼을 소유하고 있다. 그는 그러니까 어른보다 더욱 더 영원하고 심오한 진리(신비)—‘eternal deep’와 조화를 이루는 우리들의 참된 영혼의 유산 가까이에 있는 것이다. 이런 의미에서 지혜를 소유한 “최상의 철학자”라고 하는 것이다. 시인은 또한 어린이를 맹인들 중에서 볼 수 있는 “눈”으로 찬양한다. 왜냐하면 어른들은 세상살이로 이미 잃어버린 그 영광스러운 빛을 어린이는 볼 수 있기 때문이다. 좀 과장된 표현이겠지만,

Mighty Prophet! Seer blest!

라고 까지 격찬한다. 어린 아이는 어른이 그의 나머지 일생을 두고 다시 얻으려고 추구하는 영적 또는 정신적 지식을 소유했다고 한다. 어른은 세상일에 몰두하여 눈이 멀고, 어린이가 쉽게 소유할 수 있는 영적 지식과 진리를 무덤같이 캄캄한 곳에서 찾아 헤맨다고 비유한다. 이 연에서는 특히 Wordsworth가 어린이의 영혼, 그로부터 나오는 영적 지식과 진리, 영적 잠재력 등 어린이가 어른보다 훌륭한 존재로 부각시키고 있다. 그런데 영

---

17 Ashworth, *op. cit.*, p.63.

18 G. B. Harrison, *Shakespeare the Complete Works*(New York: Harcourt, Brace & World, INC., 1968), pp.789–790. "AS YOU LIKE IT" Act II, Sc. Vii.11 139-166. All the world's stage, And all the men and women merely players./They have their exits and their entrances, /And one man in his time plays many parts,/His acts being seven ages.

원한 진리, 영적엔 지식과 통하는 어린이의 영혼—thy Immortality—이 우주와 영원한 신비와 일체를 이루는 완전한 상태에서(점점 어른이 되면서 세상에 묻혀 살면서) 벗어나서, 개인적인 자아의 인간으로 되어버린다는 것이다. 그 어린이의 행복하고 순수한 영혼은 세월이 지나감에 따라서 세상 관습의 짐이 무겁게 그 어린이의 영혼을 짓누르고 억압 한다는 것이다. 영혼의 원전에서 점점 멀리 분리시키면서….

다음 아홉 번째 연에서 여덟 번째 연에 나타난 희망 없는 어조와는 대조적으로, 희망의 어조와 기쁨의 어조가 엿보이기 시작한다. 시인 Wordsworth는 과거의 잃어버린 것처럼 생각되는 것은 실제는 완전히 상실된 것이 아니라, 무엇인가 남아 있다고 보는 것이다. 그리고

The thought of our past years in the doth breed
Perpetual bendiction—

지난 시절에 대한 생각이 마음과 기억 속에 영원히 아름다운 축복을 낳는다는 것이다. 그러나 그 희망은 어린시절에 대한 회상이나 찬양과 감사의 노래에서 나온다기보다는, 그의 주위에 있는 현실 세계에 대하여 아직도 질문을 던지고 탐구하는 영적인 힘에서 나온다는 것이다. 그리고 그 탐구력을 통하여 영원히 소멸할 수 없는 진리를 찾게 된다는 것이다. 여기서 Wordsworth는 영원히 사라질 수 없는 영혼의 잠재력을, 샘물같은 원천, 주인과 같은 빛으로 찬양한다. 뿐만 아니라 어린 시절의 정서적 경험은 어린이의 상속 유품으로서, 우리 생애 속에서 샘물과 같은 근원적인 빛으로 되어, 천국 같이 느꼈던 정서적 경험은 어른의 회상 속에 영원히 살아남아 있다고 본 것이다.

어린시절 그 환상적인 능력은 인간의 창조적 환상과 상상력을 마련해주는 으뜸가는 빛("master-light")으로 삼는다. 탄생 이전의 영혼의 세계를 "immortal sea"라고 비유해서 본다면, 영적바다에 가까이 있었던 어린 시절을 지나서 어른이 되어 바다에서 비록 멀리 떨어져 내륙 지방에 있을지라도, 아직도 인간은 남아있는 영적 힘을 통하여, 현실을 탐구하고진리를 찾을 수 있는 통찰력과 심오한 상상력을 여전히 소유하고 있다는 Wordsworth의 희망과 신념을 본다.

열 번째 연에서는 기쁨의 주제와 일치하여 경쾌하고 가벼운 리듬이 나온다. 시인은 말한다. "한 때 빛났던 광채가 사라졌지만", 그리고 "아무도 초원의 빛, 꽃의 영광의 시절을 다시 가져다주지 못한다할지라도", 시인은 슬퍼하지 않겠다는 것이다. 여기서 "초원의 빛", "꽃의 영광" 등은 성서 중 Peter I(베드로전서) 1장 24절 "all mortals are like grass; all their splendid like the flower of the field."를 연상하게 하는 비유이다. 그런데 "남아있는 그 무엇에서 힘을 찾겠다"고 한 것이다. 왜냐하면 시인은 새로운 종류의 공감과 믿음을 배웠고, 사색하는 마음을 배우고 익혔기 때문이다. 그래서 사색하는 마음은 찬란한 환상, 천상의 빛 등에 대신하는 것이다. 또한 인간의 고통으로부터 생겨나오는 위로, 죽음을 통하여 바라다 볼 수 있는 믿음 등 역설적 진리를 배우고 그것에서 힘을 오히려 발견하겠다는 것이다.

마지막 연에서, Wordsworth는 모든 자연에 대하여 변함없이 계속되는 사랑을 다시 단언함을 볼 수 있다. 샘들, 목장들, 산들, 숲들—비록 어린 시절과는 달리 세상의 기계적, 인간 중심적 생활에 얽매어 살지라도....

그리고 다만 어린 시절과는 변모된 방향이 약간 다르긴 하지만, 여전히 자연에 대한 사랑은 그와 마음속 한가운데 자리 잡고 있다는 것이다. 그 변모된 모습은 어떤 면에서는 오히려 사색적이며 성숙한 생각이다.

The clouds that gather round the setting sun
Do take a sober coloring from an eye
That hath kept watch o'er man's mortality;

어린시절 Wordsworth는 지는 태양 주위에 빨갛게 물들은 찬란한 구름을 다만 황홀한 기쁨 속에서 바라보았지만, 이제 나이가 들어 인생의 필멸을 보아온 시인은, 어린 시절보다 좀 더 진지하고 냉철한 사고로 명상에 잠겨 바라다보게 된 것이다. 이것은 그 "Visionary gleam"의 상실로 인해서 시인으로서의 인생이 끝난 것이 아니라, 그 대신 다른 종류의 "Gleam"을 보상으로 발견하게 된 것이다.

Another race hath been, and other palms are won.

으로 표현 했다. 그것은 인생의 과정 속에서 얻게 된 "인정", 그 인정의 상냥함과, 그 기쁨, 두려움 때문에 단순히 감상적인 상념을 넘어서, 깊은 사색을 자아내게 한다. 그래서 가장 비천한 꽃이 그에게 의미심장하다. 왜냐하면 노년의 괴로움, 죽음에 대해서 말해 줄 뿐 아니라, 인간의 필멸(mortality)을 말해 주고, 이것을 아는 사람에게 이 세상은 의미 있고 값지기 때문이다. 인간 필멸의 지식은 오히려 세상의 것들을 의미 있게 하고 값지게 하는 것으로서, 어린 시절의 영광스럽고 행복한 순간을 대신하는 것이 된다는 것이다.

이 시를 간단히 요약해 본다면, 이 Ode의 I에서 IV까지는 시인이 대자연에 대한 정서적 감응의 생생함을 상실하고 있음을 느낀다는 사실을 술회하고, V에서 VIII까지는 그 상실에 대한 이유를 설명한다. 즉 탄생 이전에 그의 영혼이 하나님과 조화되고 대자연과 조화를 이루던 때가 있었으나, 성장되면서 어린이는 하나님과 대자연의 가까운 교제를 상실하고, 또한 대자연에 대한 정서적 감응의 생생함도 상실되었다는 것이다. 그러나 IX에서 XI까지 에서는, 비록 어른이 어린이의 감수성을 결여하고 있다 할지라도, 그는 그가 소년 시절 경험했던 정서들을 완전히 잊어버리는 것이 아니라 계속해서 남아 있는 것이다. 그래서 어른은 지나간 것을 후회할 것이 아니라, 남아 있는 것을 토대로 하여 인간 삶에 대한 공감적 이해를 넓히고 깊이 하여야 할 것이며, 그 속에서 기쁨을 찾아야 할 것이라는 것이다. 참고로 덧붙이면, 이 Ode의 첫째 연에서 넷째 연은 1802년 3월에 쓰여졌고 그 제목도 더 길었다. 그 후 1802년 6월에 여덟째 연까지 나머지는 1804년까지 끝낸 것으로 본다.[19]

19 P. H. Parry, *William Wordsworth: Selected Poems:*(Harlaw: Longman York Press, 1982), p.38.

My Heart Leaps Up

My heart leaps up when I behold
A rainbow in the sky:
So was it when my life began;
So is it now I am a man;
So be it when I shall grow old,
Or let me die!
The Child is father of the Man;
And I could wish my days to be
Bound each to each by natural piety.

내 가슴은 설렌다

하늘에 무지개를 바라 볼 때면
나의 가슴 언제나 설레입니다.
나의 삶이 시작한 그 때도 그러하였고,
어른이 된 지금 또한 그러하옵니다.
나 또한 늙어질 때도 그러할지니.
그렇지 못하다면 차라리 죽음이 나을 것입니다!
어린이는 어른의 아버지 이니,
내 바라건데 나의 삶의 하루하루가
자연의 경건으로 엮어지려이다.

● 이해와 감상

이 짧은 시는 1802년에 쓰여졌고, "Immortality" Ode에 나타난 철학적 사상을 예기하게 한다. 또한 짧은 Wordsworth의 시작품 중에서 가장 위대한 시 중의 하나이다. 9행의 짧은 시로서 거의 신비스러운 정도로 대자연에 대한 경외심을 표명하고 있다. 시인은 맨 먼저 무지개를 보고나서 그 기쁨을 말하고, 이러한 기쁨은 과거 어린 시절에도 기쁨으로 벅차있었음을 회상하고, 또 미래에 그가 늙었을 때에도 그러할 것임을 간절히 바란다. 어린 시절의 기쁨은 그대로 간직되어 늙은이가 된 때에도 보존되어지기를 간절히 바란다. 만일 그렇지 않는다면 그는 차라리 죽음이 더 나을 것이라는 감정의 깊은 농도를 표명한다. 왜냐하면 무지개에 대한 그의 기쁨의 어떤 쇠락은 순수하고 원초적 기쁨을 주는 대자연과의 친교의 상실을 상징하기 때문이다.

어린이의 영혼은 천진난만하고 열려있으며 감수성이 강하다. 그래서 모든 경험을 인상깊게 받아들이고, 많은 것으로부터 지식을 흡수하는데, 특별히 대자연에 대한 감응력은 강렬하다. 어린 시절 대자연에 대한 정서적 감응력은 그의 정신과 마음속에 간직되어, 어른이 된 후에는 회상력을 통하여 재생된다. 또한 많은 실제적 경험이 어린이 시절에 만들어지고 쌓여져, 어른 시절에도 회상되어 되살아난다. 이러한 의미에서 "어린이는 어른의 아버지이다"라는 유명한 말을 시인은 남기게 되었다. 그러므로 어린 시절 무지개를 보았을 때 느꼈던 대자연에 대한 경건심은 시인 그의 삶 전체를 통하여 이어지기를 소망하는 것이다. 이것은 더욱 종교적 감정으로 승화되어, 대자연에 대한 경건심을 통하여 대자연이 주는 계시까지 알게 한다. 그러므로 시인 Wordsworth는 무한히 아름다운 대자연과의 교제(친밀함)속에서 향유할 수 있는 큰 기쁨과 행복감과 더불어 대자연에 대한 경건심에서 창조주의 존재와 그 섭리하시는 질서와 진리를 깨닫게 됨을 암시한다고 볼 수 있다.

이 짧은 시는 간결하고 힘 있는 응축된 시이다. 리듬이나 시어 등이 완벽하여 강력한 정서를 더욱 느끼게 한다.

I Wandered Lonely As a Cloud[1]

I wandered lonely as a cloud
That floats on high o'er vales and hills,
When all at once I saw a crowd,
A host, of golden daffodils;
Beside the lake, beneath the trees,
Fluttering and dancing in the breeze.

Continuous as the stars that shine
And twinkle on the milky way,
They stretched in never-ending line
Along the margin of a bay:
Ten thousand saw I at a glance,
Tossing their heads in sprightly dance.

The waves beside them danced; but they
Outdid[2] the sparkling waves in glee;
A poet could not but be gay,
In such a jocund company;.
I gazed— and gazed— but little thought
What wealth the show to me had brought:

For oft, when on my couch I lie
In vacant or in pensive mood,
They flash upon that inward eye[3]
Which is the bliss of solitude;
And then my heart with pleasure fills,
And dances with the daffodils.

---

1 이 시의 배경은 Wordsworth의 누이동생 Dorothy Wordsworth가 1802년 4월 15일 그녀의 Journals에서 묘사하고 있다. 스코틀랜드의 호수지방에 있는 Ullswater 해안을 지나 산보하다가 그 황금 수선화들을 보았던 것이다. 그렇게도 아름다운 수선화들은 본 일이 없다고 생각한 것이다.

2 outdid: surpassed(능가하다)

3 inward eye: 상상력의 비유.

나는 한 장의 구름처럼 외로이 해매었다

골짜기와 언덕 위 높이 떠도는 구름처럼
외로이 헤매이다가
그 때 갑자기 나는 보았네.
호숫가 나무 아래
미풍에 한들한들 춤을 추는
한 떼의 황금빛 수선화를

은하수에서 빛나며
반짝거리는 별들처럼,
황금빛 수선화들은 호숫가의 가장자리를 따라
끝없이 줄지어 피어 있었네.
나는 한눈에 보았네
수많은 꽃송이가
머리를 흔들며 흥겹게 춤추는 것을.

수선화 주위에 호숫물도 춤을 추었으나
수선화 환희의 모습은 그 호숫물을 능가하고 있었네
이렇게 즐거운 무리 속에서
시인이 어찌 아니 기쁠손가?
나는 보고 또 보았지만
그 풍경이 내게 어떤 부요함을 가져다주었는지를
그때는 정말 몰랐네.

왜냐하면 종종 내가
멍하니 또는 생각에 잠겨 침상에 누워 있을 때면,
황금 수선화들은 빛나는 것이다.
고독의 축복인 심안에서;
그러면 내 마음 기쁨으로 충만해 지고
수선화와 함께 춤을 추는 것이다.

● 이해와 감상

이 훌륭한 시는 Wordsworth의 주장에서 "Poetry is the spontaneous overflow of powerful feelings: it takes its origine from emotion recollected in tranquillity"[4]라는 말을 잘 예증하는 시이다.

그러면 우선 이 시를 개관해 보면, 첫째 이 시는 자연—여기서는 황금빛 수선화—에서 느끼는 기쁨을 노래한 것이다. 그런데 좀 더 깊은 의미에서 보면 이 시는 시인과 자연의 관계를 술회하고 있다. 그리고 자연이라는 외계에서 얻은 경험이 어떻게 시인의 상상력에 의하여 변모가 되는가를 보여주고, 그 경험이 어떻게 창조적 지각에 의하여 회상되는가를 보여주는 것이다.

좀 더 구체적으로 말한다면 첫 연에서 시인은 "골짜기와 언덕 높이 떠도는 구름처럼 외로이 헤매이다가" 문득 보게 된 황금빛 수선화가 호수 나무 아래서 미풍에 흥겨워 춤추는 모습을 보았을 때, 시인은 그들로부터 느끼는 기쁨을 말할 수 없이 강렬하게 받고, 그의 외로운 삶은 위로와 기쁨으로 생동감을 되찾게 된다. 여기서 Wordsworth가 "시는 강렬한 감정의 자발적인 범람이다."라고 한 말은 이 시에 어울리는 말이다. 시인은 세상일에 고달파지고 염증을 느끼며, 삶의 방향도 없이 될 대로 되라는 식의 목적도 없이 외로운 인생을 사는 그 때의 심경을, 자연의 이미저리로 표현했던 것이다.:

I wandered lonely as a cloud
That floats on high o'er vales and hills,

인생에서 이렇게 고독을 느끼는데, 대조적으로 미풍에 흥겹게 춤추며 기뻐하는 황금빛 수선화들은 기쁨으로 충만해 있다. 시인의 눈으로 볼 때 그들은 인생처럼 고독하거나 슬픔을 알지 못하는 기쁨의 샘물들이다.[5] 그래서 시인은 그 속에서 기쁨의 샘물을 마시게 된다. 그리고 자연이 주는 기쁨은 인생이 줄 수 없는 기쁨을 암시해 준다.

인간의 기계 문명, 고도로 발달된 과학 문명, 산업화 등으로 인류의 삶은 문명의 혜택을 입어 육체노동에서 해방 되었으나, 그와 반대로 정서적인 삶은 불안과 고독으로 나타났던 것이다. 그래서 이러한 산업주의의 도래와 악몽적인 산업화된 도시에 공포를 느끼고, 낭만주의 시인들은 자연으로 돌아가 보호를 받으려 했던 것 같다.[6] 자연 시인 Wordsworth는 특별히 그러하였다는 사실이 이 시에서 암시되고, 특별히 "Lines Composed A Few Miles Above Tintern Abbey"에서 보여 진다. 이 시에서는 시인과 대자연과의 관계가 아주 밀접하게 맺어지고 연합되는 순간, 문명사회에서는 달랠 수 없는

4 "Preface and Appendix to Lyrical Ballads" *Wordsworth's Literary Criticism*, W. J. B. Owen(ed.)(London: Routledge & Kegan Paul, 1974), p.85.

5 Geoffrey Durrnt, *Wordsworth and the Great System*(Cambridge: Cambridge University Press, 1970), p. 129.

6 Ifor Evans, *A Short History of English Literature*(Harmondsworth: Penguin Book Ltd., 1971), p.66.

고독함을 기쁨으로 치유받는 것이다. 이 시를 자세히 보면, 첫째 연에서는 시인과 수선화의 친밀한 정도가 "A host, of golden daffodils"로 나타나듯이 열은 정도로 시작 되었으나, 두 번째 연에서는 "Ten thousand"라는 좀 더 구체적 숫자의 개념을 통하여 좀 더 친밀한 정도의 강도가 엿보인다. 더구나 첫째 연에서는 막연히 황금빛 수선화가 미풍에 나부끼는 모습이, 두 번 째에서는 찬란히 반짝이는 은하수 속에 별들처럼, 아름다운 황금 수선화들이 흥겹게 머리를 흔들며 춤을 추는 모습으로 변했다. 그 빛깔, 그 율동의 아름다운 황금 수선화의 묘사는 그만큼 시인의 마음을 더욱 사로잡고 기쁨을 안겨준, 강렬한 환희의 강도를 암시해 준다고 볼 수 있다. 별 하나는 외롭고 쓸쓸해 보이지만, 서로서로 마음과 기쁨을 같이하듯 옹기종기 붙어서 반짝이는 은하수 별들은, 기쁨을 쏟아내는 듯한 환희의 상징이다. 시인은 황금 수선화들이 한 떼를 이루어 아름답게 피어나 있는 것을 보았을 때, 기쁨을 쏟아주는 은하수 별들과 연결지어 비유한 것은, 바로 그가 대자연과 다시 만났을 때 기쁨의 도가니 속에 들어가게 된 그의 심정을 나타낸 것에 불과하다. 아마 시인은 어린 시절 밤하늘 찬란히 빛나는 은하수를 보고, 무한한 기쁨과 환희 속에서 벅찬 가슴을 누를 길이 없었던 것이다.(그가 오색찬란한 무지개를 황홀과 기쁨으로 바라보았듯이….)

이러한 대자연과의 연합의 기쁨은 바로 다음 셋째 연에서 직접적인 술회로 나타난다.

A poet could not but begay,
In such a jocund company;

이렇게 문명사회에서 고독함을 너무 강하게 느꼈던 시인은, 대자연과의 만남을 통하여 고독의 병을 치료하는 치유의 힘을 지닌 대자연이 주는 기쁨을 맛본다. 그러나 대자연의 아름다운 풍경이 주는 기쁨과 힘은 한순간으로 끝나지 않고, 더욱더 커다란 부요함을 시인의 일생을 통하여 안겨준다. 그러면 그 당시 몰랐던 커다란 부요함이란 무엇인가?

그것이 마지막 연에 나타난다. 시인이 공허하고 고독한 기분에 쌓여 쓸쓸히 자리에 누워 있을 때, 그 아름다운 수선화가 안겨 주었던 경험의 큰 기쁨을 Wordsworth는 또 다시 재생 할 수 있는 것이다. 왜냐하면 시인은 기억력과 창조적인 상상력을 동원하여, 과거의, 영광에 가득 찬 대자연의 아름다운 황금 수선화의 풍경을 부활시킬 수 있기 때문이다. 세상에 시달려 뼛속까지 외로워 어찌 할 바를 모르다가도, 상상의 눈으로 다시 영광에 가득 찬 모습으로 과거에 아름다운 황금 수선화를 만나게 되어, 그의 가슴은 미풍에 따라 흥겹게 춤추는 수선화와 더불어 기쁨의 세계로 몰입하게 되는 것이다. 이렇게 해서 시인은 고독의 외로움을 “고독의 축복”으로 바꾸는 것이다. 그 축복의 분위기는 인간의 마음 세계를 밝히고 변화시켜서 본질적으로 죽음과 같은 것에다가 생명과 의미를 부여해 주는 것이다.[7] 그리고 문학적인 측면에서는 시인이 과거의 생생한 경험을 예술적으로(시인은 시적으로) 재조정하고, 심화시키는 예술의 창조적 힘이라고 볼 수 있다. 보통 사람이라면 사업과 지업 등으로 “황금 수선화”에서와 같은 경험을 기억 속에서 점점 사라지게 하거나, 무시해버릴 것이 지만, Wordsworth는 시인으로 그 과거의 정서적 경험에다 시적 상상력을 통하여 생동감과 의미를 부여해 주는 것이다. 그러므로 이 시는 실제 경험 후 2년 후에 씌어진 것으로, 그의 주장대로 조용한 회상 속에서 우러나온 것이다.[8]—takes its origin from emotion recollected in tranquility.”

이 시는 활력과 생동감이 넘치는 언어와 리듬으로 되어 있다. 첫째 연에서 보면 동작을 나타내는 동사 ‘wandered’, ‘floats’, fluttering’, ‘dancing’ 그리고 그 다음 연에서는 생동감을 지닌 동사, ‘shine’, ‘twinkle’, ‘tossing’, ‘danced’, ‘dash’, 등을 사용하고 있는 점을 볼 수 있다.

---

7 Durrant, *op. cit.,* p.2.

8 The last stanza describes the kind of recollection in tranquility from which this poem arose, two years after me original experience. This event Dorothy Wordsworth described in her Journals for April 15,1802; The occasion was a walk past the shore of Ullswater: “I never saw daffodils sp beautiful. They grew among the mossy stones about and about them; some rested their heads upon these stones, as on a pillow, for weariness; and the rest tossed and reeled and danced, and seemed as if they verily laughed with the wind, that blew upon them over the lake: they looked so gay, ever-glancing, ever changing” *The Norton Anthology of English literature*, p.991.

She Dwell Among the Untrodden Ways

She dwelt among the untrodden ways
  Beside the springs of Dove,[1]
A Maid whom there were none to praise
  And very few to love;

A violet by a mossy stone
  Half hidden from the eye!
 —Fair as a star, when only one
  Is shining in the sky.

She lived unknown, and few could know
  When Lucy ceased to be;[2]
But she is in her grave, and, oh,
  The difference to me!

그녀는 외딴 곳에서 살았습니다

Dove 강가의 외딴 곳에서
그녀는 살았습니다.
그녀를 칭찬해주는 이도 없고
사랑해 주는 이도 없이.

사람의 눈길이 거의 안 닿는
이끼 낀 바위틈에 핀 한 송이 오랑캐꽃!
하늘에 단 한 개의 별이 빛날 때처럼
그녀는 그렇게 어여뻤습니다.

그녀는 아는 이도 없이 살다가
아무도 그녀가 언제 죽었는지도 모릅니다.
그러나 그녀 무덤 속에 누웠으니

---

1 Dove강은 시인이 살던 호수 지방 이외에도, 영국에서는 그와 똑같은 이름을 가진 강이 몇 개 있다.

2 ceased to be: died

아! 나의 이 커다란 허전함이여!

● 이해와 감상

소위 "The Lucy Poems"이라는 것은 시인 Wordsworth가 시속에서 Lucy 라고 부르는 어떤 처녀에 대하여 언급하기 때문에 이런 이름이 생겼다. 이 부류의 시에는 'Strange Fits of Passion Have I Known,' 'Three Years She Grew', 'She Dwelt Among the Untrodden Ways', 'A Slumber Did My Spirit Seal', 'I Traveled Among Unknown Men',등이 있다. 이들 시는 그 어조가 애수적이고 명상적이며 스타일은 상당히 다양하다. *Lyrical Ballads* (1800년도 판)에서 처음으로 출판되었고, Wordsworth와 Dorothy가 독일 Goslar에 있었던 1798년에서 1799년 사이에 쓰여졌다.

그러면 이 시를 좀 더 자세히 살펴보자. 3개의 연이 각각 4행씩 된 짧은 시이다. 첫째 연에서 Lucy는 아주 외딴 곳에서, 혼자 아무도 그녀를 사랑하거나 칭찬해 주는 이도 없이 쓸쓸히 살았음을 말해 준다. 둘째 연에서는 이러한 Lucy를 대자연 속에 고독한 꽃과 별에 비유하고 있다. 즉 사람의 발길과 눈길이 별로 잘 가지 않는 이끼가 끼어있는 바위틈에, 외롭게 홀로 피어 있는 보잘 것 없는 한 작은 오랑캐꽃에 비유하고, 그 다음 밤하늘 홀로이 빛나는 샛별처럼 아름답다고 한 것이다. 오랑캐꽃은 비록 작고 보잘것없는 꽃이나, 그런대로 향기가 있고 어여쁜 꽃이다. 그리고 밤하늘 고요히 빛나는 금성은 어느 별보다도 아름다운 것이다. 그러나 그 모두가 외롭고 고독한 것들이다.

마지막 연에서 이러한 그녀의 고독과 고립을 더욱 강조하여, 이름 없이 살다가 죽었을 때, 그 사실을 안 사람은 거의 아무도 없었다는 것이다. 그러나 마지막 행, "oh,/The difference to me!"에서는 이 시의 화자가 특별히 그녀에 대한 연민의 정을 표시한다. 그것은 무슨 이유일까? 여기서는 두 가지로 생각될 수 있다고 본다. 첫째 그녀가 여 세상에서 사라졌을 때 그렇게도 크게 화자가 허전함을 느낀 것은, 인생이 나서 자라고 그리고 죽는다는 주기적인 과정이 아무런 의미도 없이 무상하게 진행되는 데 대한 애석함이다. 즉 꽃 한 송이도 피어나서 아름다움을 사람들에게 나누어 주고 사랑을 받고, 또 씨를 맺어 계속해서 다음 때에도 이 세상을 빛내 주건만, 하물며 만물의 영장인 인간이(여기서는 Lucy 아가씨가)사람들에게 그 아름다움과 사랑을 주지도 받지도 못하고, 바람처럼 사라져 갔다는 허무감과 비애를 크게 자아내게 하는 것이다. 청춘의 아름다운 꽃과 열매가 그 향기를 아무도 알아주는 이도 없이 나누지도 못하고, 아무도 모르게 사라진 그녀에 대해, 불쌍하고 애석한 연민의 정을 강렬하게 깊이 느낀 것은 시인 Wordsworth로서는 너무나 당연한 일이다. 왜냐하면 그가 시는 "강렬한 감정의 자발적인 발로의 범람"이라고 한 말이 여기서도 잘 나타나 있기 때문이다.

둘째는 이 시의 화자는 아무도 칭찬이나 사랑하지도 않고 홀로 살고 있던 Lucy를, 비록 겉으로 나타나지는 않았지만 마음속으로 흠모하여 사랑해 왔다는 암시를 준다. 이 마지막 행의 절규는 바로 이 은밀한 사랑의 확언이 될 것이다.[3] 그러기에 그의 마음속에 어떤 것이 메울 수 없는 커다란 공허함으로 어찌 할 바를 모르는 것이다. 이렇게 이 시는 정서의 농도가 강하고 압축된 시이다.

---

3 The original first stanza was as knows:
My hope was one from cities far.
Nursed on a lonesome heath;
Her lips were red as roses are,
Her hair a woodbine wreath.

Composed upon Westminster Bridge,
September 3, 1802

Earth has not anything to show more fair;
Dull would he be of soul who could pass by
A sight so touching in its majesty:
This City now doth, like a garment, wear
The beauty of the morning; silent, bare,
Ships, towers, domes, theaters, and temples lie
Open unto the fileds, and to the sky;
All bright and glittering in the smokeless air.
Never did sun more beautifully steep
In his first splendor, valley, rock, or hill;
Ne'er saw I, never felt, a calm so deep!
The river glideth at his own sweet will:
Dear God! the very houses seem asleep;
And all that mighty hearts is lying still!

웨스트민스터 다리위에서 지은 소네트

이 세상에 이보다 아름다운 것이 없네.
이렇게 장엄하게 감동 주는 광경을 그냥 지나치는 이는 어리석구다.
도시(런던)는 지금 의상처럼
아침의 아름다움을 입고서, 말없이 적나라하게
배도 탑도 원탑도 극장도 사원도 들판과 하늘에 누워 있다.
모두 다 연기 없는 대기 속에 눈부시게 번쩍이는구나,
태양도 이보다 더 아름답게
골짜기와 바위와 구릉을
아침의 영광 속에 적신 적은 없었으리라.
내 이처럼 깊은 고요를
보지도 느끼지도 못했다.
강물은 마음 내키는 대로 감미롭게 흐른다.
아! 집들이 잠들어 있는 늣 보이며

거대한 심장은 조용히 누워 있도다!

● 이해와 감상

Wordsworth의 유명한 소네트이다. 이른 아침 London은 비교할 수 없이 아름답다고 묘사하고, 자연의 풍경처럼 아름다운 것으로 그렸다. 적절한 직유를 사용하여 "This City now doth, like a garment, wear/ The beauty of the morning"이라고 했다. 왜냐하면 잘 맞는 의상이 사람에게 어울리듯이, 아침의 미가 London을 아름다움으로 잘 조화를 이루어 치장하는 것이기 때문이다. 이른 아침의 London 풍경의 고요함은 Wordsworth가 대자연에서 경험한 그 무엇과 똑같다. 그래서 시인은 다음같이 묘사한다.

Ne'er saw I, never felt, a calm so deep!

산업문명과 기계 문명의 중심지인 London이 이와 같이 고요함은, 도시의 복잡한 것들인 배(기선), 탑들, 원탑들, 극장들, 사원들이 모두가 이른 아침에 놀랄만치 일색으로 고요해진 것이다. 대낮의 소란스러운 모든 소음은 다 죽이고, 말없이 대자연의 한 부분으로 누워 자고 있다. 그런데 위에 묘사는 대담한 비유나 놀랄만한 리얼한 세부 묘사도 없는데, 많은 독자들이 이 시가 힘과 홍분의 도가니를 자아내는 성공적인 시라고 증언한다.[4] 그 이유는 무엇일까? 이 시에서 묘사되어 있는 London은 시인의 눈앞에서 어디까지나 낭만 시인의 입장에서, 현실과는 달리 아름답고 고요하게 보여는 것이다. 그리고 이 새벽 아침에 London은 기계화 산업화된 도시가 아니라, 눈부신 태양으로 황금빛 옷을 입고 아름답게 그 자태를 드러내고 있는, 대자연 의 일부로 간주되는 것이다. 그 템즈강도 늘 흐르고 아름답지만, 특별히 이 새벽은 자연 속에 자연스럽게 유연히 움직이는 자연으로서의 강이다.

The river glideth at his own sweet will.

사실 기계화된 템즈강은 오염되어 있을 것이지만, 적어도 이 새벽 기선이나 배들이 다니지 않고, 연기가 뿜지 않는 맑고 깨끗한 강물로 나타난 템즈강은 자연의 모습오로 나타나 있다. 공장 연기가 자욱한 London은 인공적인 도시라면, 시인이 본 London은 자연 속에서 그림같이 조용하게 깨어나는 시골의 마을 모습으로 변모한 것이라고 할 수 있을 것이다.

---

4 Cleanth Brooks, *Understanding Poetry*(New York: Holt, Rinehart and Winston, Inc., 1960), p.112.

자연 시인 Wordsworth에게는, 이 새벽 매연과 소음과 인간 중심의 야망과 욕심으로 가득 찬 London은, 현실 세계를 멀리 떠난 대자연의 한 부분으로 잘아 움직이는 바로 그 자연이다.

Dear God! the very houses seem asleep;
And a1l mat mighty heart is lying still!

위에서 London은 이미 기계적인 죽은 도시가 아니고, 유기체적인 자연의 일부로 살아 움직이는 존재로 "잠자고 있다"라는 말을 사용했다. 또 실제로 산 생물의 "심장"으로 이 London을 비유하여 이 도시가 죽은 것 또는 무생물이 아니라, 살아서 활동하는 존재로 묘사한 것이다. 이와 같이 Wordsworth는 현실을 떠나서 상상의 날개를 무한히 펴서, 자연 속에 아름답고 고요한 London으로 변용시켜 준다. 그러나 낭만시인이 보여주는 역설적인 상황은 아무런 흠이 되거나 무기력한 것이 아니라, 오히려 힘이 있고 매력적인 요소로 됨을 부인할 수 없다.

It Is a Beauteous Evening

It is a beauteous evening, calm and free,
The holy time is quiet as a Nun
Breathless with adoration; the broad sun
Is sinking down in its tranquillity;
The gentleness of heaven broods o'er the Sea:
Listen! the mighty Being is awake,
And doth with his eternal motion make
A sound like thunder—everlastingly.
Dear Child![5] dear Girl! that walkest with me here,
If thou appear untouched by solemn thought,
Thy nature is not therefore less divine:
Thou liest in Abraham's bosom[6] all the year,
And worship'st at the Temple's inner shrine,
God being with thee when we know it not.

아름다운 저녁

고요하고 평화로운 아름다운 저녁
성스러운 이 시간은 예배드리기 위해
숨을 죽이고 있는 수녀처럼 고요하다.
커다란 태양은 정적 속에 저물어 가고 있고
부드러운 하늘이 바다를 품에 끼고 있다:
들으시라! 위대한 하나님이 잠깨어
그 영원하신 동작으로
파도 소리를 천둥처럼 울리신다—영원히.
나와 함께 이곳을 거니는
사랑하는 아이, 귀여운 소녀야!

---

5 Dear Child: Wordsworth's daughter, Caroline Vallon, who at the time of his visit was nine years old.

6 Abraham's bosom: a reference to the biblical story(see Luke 16: 19-31)of Lazarus, who was a poor man, and of the rich man who in this life ignored him. Both man die, and the rich man, in great pain, sees Lazarus resting in comfort upon Abraham's bosom.

네가 비록 엄숙한 생각에 무관한 듯 보일지라도
그렇다고 너의 천성이 그처럼 신성하지 않은 것은 아니다.
너는 일년 내내 아브라함의 품속에 안겨 있고,
성전의 성소에서 기도하며
하나님은 너와 함께 계신다.
우리가 그 사실을 알지 못할 때에도.

● 이해와 감상

시인은 그의 딸 Caroline이 장엄한 저녁의 아름다움에 심취하여 감동되어 있지 않다 할지라도, 그녀는 무의식적으로도 경건하게 그 시간이 임하고 있음을 믿는 것이다. 이 시는 1802년 가을에 Calais 근처의 해변에서 쓴 것이라고 시인은 적고 있고, 시인과 함께 거닐고 있던 시행 속의 소녀는 Annette Vallon사이에 태어난 딸이다. 그 때 그녀의 딸은 9살 이었다.

이 시에서는 시인이 해가 질 무렵, 그의 딸과 함께 해변가를 거닐며 경험한 것을 묘사한 시이다.

먼저 Octava에서는 시인이 바다 밑으로 해가 지는 장엄하고도 아름다운 광경 속에서, 하나님(창조주와 우주를 다스리시는 만유의 주재주)의 존재와 오묘하신 그 솜씨와 운행하심을 느낀다. 종교적 감정이 대자연의 신비스러움과 아름다움 속에서 자연적으로 발로된 것이라고 본다. 그 이글거리던 태양이 조용히 평화스럽게 만유의 주재자이신 하나님의 위대하신 손길에 따라 지는 순간이다. 이 순간 시인은 초인간적인 분위기에 숙연해지고, 육안으로 볼 수 없지만 분명히 느끼고 받게 되는 우주의 주관자 전능하신 하나님을 가까이 보게 된다.

Listen! the mighty Being is awake,
And doth with his eternal motion make
A sound like thunder—everlastingly.

위대하신 하나님은 시편 121편 4절에 "졸지도 주무시지도 않고 깨어서 지켜주신다"[7]라는 구절처럼, 위대하신 하나님께서 영원하신 동작으로 언제나 잠깨어 장엄하게 파도를 일으키시는 모습으로 나타난다. 전능하신 우주의 주관자 하나님 손길의 움직임을, 해가 지는 순간에 그리고 끊임없이 철썩이며 해안가에 부딪치는 파도 속에서, 시인 Wordsworth는 인지하고 확

7 Psalms 121: 4, *The New English Bible*(Oxford & Cambridge University Press, 1970), p. 727. "The guardian of Israel never slumbers, never sleeps."

신케 되는 것이다. 그 순간 시인의 종교적 감정으로 숙연해 지는 분위기를 잘 비유한다. 그 순간이 어찌나 신비하고 엄숙한지 예배드리는 성스러운 수녀의 모습에 비유한 것은 참으로 이 분위기에 알맞는 비유이다.

The holy time is quiet as a Nun
Breathless with adoration.

이글거리며 온 세상을 한 손에 제압하던 뜨거운 태양도, 위대하신 주관자에게 조용히 순응하는 모습은 그 다음 "The broad sun/Is sinking down in its tranquility"에 나타난다. 그리고 다음 행 "The gentleness of heaven broods o'er the sea"에서는 위대하시고 엄위하신 하나님께서는 또한 무한한 자비의 하나님을 암시해 주는 것이다.

그 다음 Sestet에서는, 이제까지 Octave에서 하나님의 존재와 우주를 주관하심을 대자연 속에서 경험하던 것을 이제는 피조물 중에 가장 걸작품인 인간을 통해서 인식하고 신앙하게 됨을 묘사했다. 시인과 해변가를 같이 걷고 있던 그의 딸 Caroline이다. 그녀는 어린아이로서 이 장엄한 순간 시인이 감지했던 정서적 종교적 경험을 못했을지라도, 무의식적이라도 그녀는 하나님의 존재와 우주를 다스리시는 섭리를 느꼈을 것이라고 시인은 믿는 것이다. 아니 이러한 어린 아이는 암시적으로 이 장엄한 순간을 인식 못하는 보통 일반인을 말하는지도 모르겠다. 여하튼 인간은 구약 창세기에서 보면,[8] 하나님께서 인간을 하나님의 형상을 따라 지으셨다고 했다. 그러므로 하나님의 형상을 따라 지어진 인간을 통하여, 위대하신 하나님의 성스러움을 읽을 수 있고, 인간의 품성 속에서 성스러운 하나님의 품성이 나타난다고 할 수 있다. 더구나 Wordsworth는 어린이는 그가 자라서 어른이 되어 세상사에 때가 묻기 이전에는, 그의 영혼이 하나님과 자연의 조화를 이루는 관계속에 있음을 보여 주었다("Ode: Intimations of Immortality"). 이런 의미에서, 이 시에서도 시인은 어린 아이 Caroline은 그녀의 성품이 여전히 성스럽다고 하고 하나님과 가깝다고 한 것이다.[9] 이러한 어린이의 영혼은 늘 하나님과 조화를 이루는 관계 속에 있고, 가까이 있으니 우리 영혼이 쉴 곳인 천국(아브라함의 품속)에 일년 내내 있는 것이요, 그 곳에서 기도하며 하나님을 만나서 대화—기도는 영적인 대화이므로—하는 셈이다.

---

8 *Ibid.*, p.2, Genesis I: 27: So God created man in his own image: in the image of God he created him.

9 Clive V. Ashworth, *Notes on the Poetry of William Wordsworth*(London: Methuen Paper backs Ltd., 1978), p.69.

Thou liest in Abraham's bosom all the year,
And worship'st at the Temple's inner shrine.

이러한 사실을 어린 아이 Caroline은 모른다 할지라도 종교적 체험을 한 시인은 부인할 수 없는 신념으로 나타난다. 또한 우리 보통의 인간들이 육안으로 볼 수 있거나 이성으로 이해하며 증명하기 어렵지만, 대자연 속에서 나타난 신비한 경험과 정서를 통하여 시인은 하나님의 존재하심과 주재하심을 감지하게 된 것이다. 그리고 때 묻지 않고 순수한 어린이의 성품과 영혼을 통하여 하나님의 자비하시고 공의로우신 속성의 그림자를 발견하게 되는 것이다. 이것은 바로 인간이 창조될 때, 하나님의 형상을 따라서 지어졌다는 사실을 확인해 준다. 마지막 행에서 보면,

God being with thee when we know it not.

전능하신 하나님은 우주 속에서 역사 하시고 우주의 운행을 주관하심이 Octave에서 나타났다면, Sestet에서는 그 하나님께서 우리 인간과 함께 계셔서 인간을 지켜 주시고 사랑하여 주심을 암시함을 강조 한다고 볼 수 있다. 비록 그 사실을 인간의 이성을 통해서 이해하고 증명하기 어렵다 할지라도…. 특별히 인간 중에서도 어린이와 같이 세상사와 인간의 정욕으로 때 묻지 않은 그의 영혼이, 늘 하나님과 교제(교통)하는 순수한 심령을 암시한다고 볼 수 있다.[10] 이와 같이 이 소네트는 시인 Wordsworth가 대자연과 연간을 통하여 감지한 종교적 감정을 표출한 것으로 본다. 그리고 rhyme scheme과 리듬은 이 시에 깔려있는 고요와 명상상적 평화의 의미에 맞추어 이루어져 있다.

10 Matthew 5: 8, "How blest are those whose hearts are pure: they shall see God."

Lines

Composed A Few Miles Above Tintern Abbey on Revisiting the Banks of the Wye During a Tour, July 13, 1798

Five years have passed; five summers, with the length
Of five long winters! and again I hear
These waters, rolling from their mountain-springs
With a soft inland murmur. Once again
Do I behold these steep and lofty cliffs,
That on a wild secluded scene impress
Thoughts of more deep seclusion; and connect
The landscape with the quiet of the sky.
The day is come when I again repose
Here, under this dark sycamore, and view
These plots of cottage ground, these orchard tufts,
Which at this season, with their unripe fruits,
Are clad in one green hue, and lose themselves
'Mid groves and copses. Once again I see
These hedgerows, hardly hedgerows, little lines
Of sportive wood run wild; these pastoral farms,
Green to the very door; and wreaths of smoke
Sent up, in silence, from among the trees!
With some uncertain notice, as might seem
Of vagrant dwellers in the houseless woods,
Or of some Hermit's cave, where by his fire
The Hermit sits alone.

These beauteous forms,
Through a long absence, have not been to me
As is a landscape to a blind man's eye;
But oft, in lonely rooms, and 'mid the din
Of towns and cities, I have owed to them,
In hours of weariness, sensations sweet,

Felt in the blood, and felt along the heart;
And passing even into my purer mind,
With tranquil restoration—feelings too
Of unremembered pleasure; such, perhaps,
As have no slight or trivial influence
On that best portion of a good man's life,
His little, nameless, unremembered, acts
Of kindness and of love. Nor less, I trust,
To them I may have owed another gift,
Of aspect more sublime; that blessed mood,
In which the burthen of the mystery,
In which the heavy and the weary weight
Of all this unintelligible world,
Is lightened—that serene and blessed mood,
In which the affections gently lead us on—
Until, the breath of this corporeal frame
And even the motion of our human blood
Almost suspended, we are liad asleep
In body, and become a living soul;
While with an eye made quiet by the power
Of harmony, and the deep power of joy,
We see into the life of things.[1]

If this
Be but a vain belief, yet, oh! how oft—
In darkness and amid the many shapes
Of joyless daylight; when the fretful stir
Unprofitable, and the fever of the world,
Have hung upon the beatings of my heart—

---

1 Through a long absence····life of things: Wordsworth's memory of the beautiful scenery of the River Wye has consoled and restored him while he has spent a frustrating time in towns and cities(lines26-31). The pleasure that he experienced in 1793 of the picturesque scenery of the River Wye, though he may not have been able to recall it in detail, has by increasing his composure and balance enabled him to act with unknowing but natural kindness(lines 31-36). Finally, and the grandest gift of all, his recollection of the beauty of the Wye has helped him achieve a remarkable clarity of spiritual outlook(lines 36-50).

How oft, in spirit, have I turned to thee,
O sylvan Wye! thou wanderer through the woods,
How often has my spirit turned to thee!

And now, with gleams of half-extinguished thought
With many recognitions dim and faint,
And somewhat of a sad perplexity,
The picture of the mind revives again;[2]
While here I stand, not only with the sense
Of present pleasure, but with pleasing thoughts
That in this moment there is life and food
For future years. And so I dare to hope,
Though changed, no doubt, from what I was when first
I came among these hills; when like a roe
I bounded o'er the mountains, by the sides
Of the deep rivers, and the lonely streams,
Wherever nature led—more like a man
Flying from something that he dreads than one
Who sought the thing he loved. For nature then
(The coarser pleasure of my boyish days,
And their glad animal movements all gone by)
To me was all in all.—I cannot paint
What then I was. The sounding cataract
Haunted me like a passion; the tall rock,
The mountain, and the deep and gloomy wood,
Their colors and their forms, were then to me
An appetite; a feeling and a love,
That had no need of a remoter charm,
By thought supplied, nor any interest
Unborrowed from the eye.—That time is past,
And all its aching joys are now no more,
And all its dizzy raptures.[3] Not for this

---

2 The picture of the mind: the picture retained by his. memory, which gains new life when Wordsworth stands once again in the Wye valley.

Faint[4] I, nor mourn no murmur; other gifts
Have followed; for such loss, I would believe,
Abundant recompense. For I have learned
To look on nature, not as in the hour
Of thoughtless youth; but hearing oftentimes
The still, sad music of humanity,
Nor harsh nor grating, though of ample power
To chasten and subdue. And I have felt
A presence that disturbs me with the joy
Of elevated thoughts; a sense sublime
Of something far more deeply interfused,
Whose dwelling is the light of setting suns,
And the round ocean and the living air,
And the blue sky, and in the mind of man:
A motion and a spirit, that impels
All thinking things, all objects of all thought,
And rolls through all things. Therefore am I still
A lover of the meadows and the woods,
And mountains; and of all that we behold
From this green earth; of all the mighty world
Of eye; and ear—both what they half create,[5]
And what perceive; well pleased to recognizé
In nature and the language of the sense
The anchor of my purest thoughts, the nurse,

---

3 lines 76ff. contain Wordsworth's famous description of the three stages of his growing up, defined in terms of his evolving relations to the natural scene: the young boy's purely physical responsiveness(lines 73-74); the postadolescent's aching, dizzy, and equivocal passions—a love which is more like dread(lines 67-72, 75-85: this was his state of mind on the occasion of his first visit; his present state (lnes 85ff.) in which for the first time he adds thought to sense. All his knowledge of human suffering, so painfully acquired in the interim, chastens him while it enriches the visible scene like a chord of music, and he has gained also awareness of an immanent "presence" which links his mind and all the elements of the external world.

4 Faint: Lose heart.

5 The fact that apparent changes in the sensible world have turned out to be projected by the changing mind of the observer gives evidence that the faculties "half create" the world; the part that is "perceived"(line 107)is what has remained unchanged between the two visits. This is the view that the "creative sensibility" contributes to its own perceptions.

The guide, the guardian of my heart, and soul
Of all my moral being.

Nor perchance,
If I were not thus taught, should I the more
Suffer my genial spirits[6] to decay:
For thou art with me here upon the banks
Of this fair river; thou my dearest friend,[7]
My dear, dear friend; and in thy voice I catch
The language of my former heart, and read
My former pleasures in the shooting lights
Of thy wild eyes. Oh! yet a little while
May I behold in thee what I was once,
My dear, dear Sister! and this prayer I make,
Knowing that Nature never did betray
The heart that loved her; 'tis her privilege,
Through all the years of this our life, to lead
From joy to joy: for she can so inform
The mind that is within us, so impress
With quietness and beauty, and so feed
With lofty thoughts, that neither evil tongues,
Rash judgments, nor the sneers of selfish men,
Nor greetings where no kindness is, nor all
The dreary intercourse of daily life,
Shall e'er prevail against us, or disturb
Our cheerful faith, that all which we behold
Is full of blessings. Therefore let the moon
Shine on thee in thy solitary walk;
And let the misty mountain winds be free
To blow against thee: and, in after years,
When these wild ecstasies shall be matured
Into a sober pleasure; when thy mind

---

6 "genial" is here the adjectival form of the noun "genius"("native powers")
7 friend: his sister Dorothy.

Shall be a mansion for all lovely forms,
Thy memory be as a dwelling place
For all sweet sounds and harmonies; Oh! then,
If solitude, or fear, or pain, or grief
Should be thy portion, with what healing thoughts
Of tender joy wilt thou remember me,
And these my exhortations! Nor, perchance—
If I should be where I no more can hear
Thy voice, nor catch from thy wild eyes these gleams
Of past existence[8]— wilt thou then forget
That on the banks of this delightful stream
We stood together; and that I, so long
A worshiper of Nature, hither came
Unwearied in that service; rather say
With warmer love—oh! with far deeper zeal
Of holier love. Nor wilt thou then forget,
That after many wanderings, many years.
Of absence, these steep woods and lofty cliffs,
And this green pastoral landscape, were to me
More dear, both for themselves and for thy sake!

틴턴 수도원 몇 마일에서 지은 시

다섯 해가 지나갔다. 다섯 번의 여름과 기나긴 겨울이!
그리고 다시 나는 듣는다.
이 강물 소리를.
산골 샘에서 흘러 나와
조용히 흐르는 이 오지의 물소리를.
다시 한번 나는 바라본다.
황량하고 격리된 장면에
한층 더욱 깊은 은둔한 생각을 심어 주고,
그 풍경과 하늘의 고요를 연결지어 주는
이 높고 가파른 벼랑들을.

8 I.e., his own "past existence" Five years before.

내 다시 여기어서 쉴 날이 왔도다.
이 울창한 시커머(Sycamore) 단풍나무 아래서,
그리고 이 계절이 되면 덜 익은 과일들로
하나 같이 녹색으로 옷 입어서, 숲과 덤불 속에서
그들 모습을 잃어버리는 이 오두막집의 터,
이 과수원 수풀을 볼 수 있는 날이.
다시 한번 나는 이 산울타리들을 본다.
아니 산울타리라기보다는 멋대로 장난질 치는
줄지어 선 나무들을.
바로 문 앞까지 푸르른 이 목가적인 농장들을,
그러고 나무들 사이로 조용히 솟아오르는 여러 다발의 연기를!
그 연기는 집 없는 숲 속에서 유랑하는 거주자나
또는 홀로 불가에 앉아 있는 은둔자의 동굴 속에서
나오는 것인 듯 확실치는 않지만….

이 아름다운 경치들은
오랫동안 찾아보지 않았지만,
내게 있어서는 장님 눈에 비친 풍경 같지는 않았다.
자주, 외로운 방에서
그리고 읍내와 도시의 소음 속에서,
나는 그들에게 신세졌었다.
지루한 시간에,
감미로운 정감을 핏 속에서 느끼고
가슴 속에서 느끼고,
또 더욱 맑은 마음속으로 흘러가
평온한 회복을 느꼈다—
이 아름다운 경치로 인해서
잊혀진 쾌락의 기쁨을 느꼈다;
이러한 기쁨은 아마도 마음씨 착한 사람의 삶의 최선의 부분에,
그의 작고 이름 없는 기억되지 않는
사랑과 친절의 행위에 적지 않은 영향을 끼쳐 준다.
이에 못지않게 나는 믿는다.
나는 이 아름다운 경치들에게 보다 숭고한 모습의
또 다른 선물을 신세졌다고
신비스런 짐이, 이 세상의 모든 불가해 한

무겁고 고단한 짐이,
가벼워지는 저 축복된 기분이라는 신물을—
애정이 부드럽게 우리를 인도하여,
드디어 야 육신의 숨결과 우리 인간의 피의 순환까지도 멎고,
우리가 육체 속에 잠이 들고,
살아 있는 영혼이 되는 저 평온하고 축복된 기분을:
또 한편 조화의 힘과 기쁨의 깊이 있는 힘으로
고요해진 눈을 가지고
우리는 사물들의 생명을 꿰뚫어 본다.

비록 이와 같은 것이
단지 헛된 믿음이라고 할지라도,
아! 얼마나 여러 번
어둠 속에서, 또 그리고 기쁨이 없는 대낮의 많은 형상들 속에서,
사업의 소동이 무익하고,
세상을 향한 열광이 나의 심장의 고동을 내려 누를 때,
얼마나 자주 마음속에서
내 그대에게 향했던가!
아 숲 우거진 Wye강이여! 그대 숲 속의 여행자여.
얼마나 자주 나의 영혼은 그대에게 향하였던가!

그리고 지금 반쯤 사라진 생각의 미광과 더불어
얼마간 슬퍼하는 당황함과
흐리고 희미한 많은 회상과 함께
마음의 그림이 다시금 살아난다.
여기 내 이렇게 서 있는 동안
현재의 기쁨뿐만 아니라,
이 순간에 미래를 위한 생명과 양식이 있다는
즐거운 생각을 함께 갖게 된다.
내 감히 그렇기를 정말 바라노니
처음으로 이 산들에 찾아왔을 때와는 내가 많이 달라졌지만.
그 때는 한 마리 작은 사슴처럼
자연이 인도하는 곳은 그 어디나,
깊은 강가와 외진 시냇물 가를 지나서,
산들을 뛰어 넘어가곤 했다—

사랑하는 것을 찾는 사람이라기보다
마치 그가 두려워하는 어떤 것에서 도망치려는 사람처럼.
왜냐하면 그 때는 자연은
(내 어린 시절의 거치른 재미와
그리고 그 때의 즐거운 동물 같은 행동은 모두 사라졌지만)
내게 있어서는 무엇보다 소중한 것이었다—나는
그 때의 나를 그릴 수 없다.
소리 우렁찬 폭포수가 정열처럼 내 마음을 사로잡았고,
높은 바위, 산, 그리고 깊고 어두운 숲,
그들의 빛깔과 모양들은 그때 내겐 하나의 갈망이었다.
하나의 감정과 사랑이어서,
명상이 마련해주는 심원한 매력이 필요 없었고,
눈으로부터 생겨나오지 않는 그 어떤 흥미도 필요 없었다.—
그 시절은 지나가 버렸으니,
그 모든 마음 아픈 기쁨은 더 이상 없다;
그리고 그 모든 아찔한 환희도 이젠 가고 없다.—
그러나 이 때문에 내가 낙담하거나 슬퍼하거나 불행하지 않는다;
다른 선물들이 뒤 따라왔다; 내 믿기는 이러한 상실을 위하여
풍족한 보상이 주어진 것이다.
왜냐하면 철없는 젊은 시절과는 달리,
거칠거나 귀에 거슬리지도 않는,
마음을 순화시키고 진정시키는 큰 힘을 가진,
고요하고 슬픈 인간성의 음악에 자주 귀를 기울이면서,
나는 자연을 바라보는 법을 배웠기 때문이다.
그리고 나는 느꼈다.
숭고한 생각의 기쁨으로
내 마음을 흔들어놓게 하는 한 존재를;
그것은 더욱 깊숙이 스며있는
어떤 존재의 숭고한 안식이었고
그것이 머무는 곳은
석양의 햇빛
둥근 대양과 살아 있는 공기
그리고 푸른 하늘과 사람의 마음속이다.
그것은 생각하는 모든 것

모든 생각의 대상을 추진시키고
만물 속을 굴러가는
운동이며 정신이다.
그러므로 나는 여전히
풀밭과 숲과 산을 사랑하는 자이다;
그리고 이 푸른 내시로부터 우리가 보는 모든 것을,
눈과 귀가 받아들여 반쯤 창조해 내는
모든 거대한 세계를 사랑한다.
자연과 감각의 언어 속에서 나의 가장 순수한 사상의 돛을,
내 마음의 유모, 안내자 보호자를,
그리고 나의 모든 정신적 존재의 정수를 발견하고 즐거워한다.

어쩌면
만일 내가 이런 가르침을 받지 않았다고 해도,
나는 나의 창조적인 힘이 쇠퇴하도록 내버려 두지는 않았을 것이다.
왜냐하면 네가 나와 함께 여기 이 아름다운 강둑에 있기 때문이다
그대 나의 가장 소중한 친구여,
내가 사랑하는 친구여, 그리고 너의 목소리 속에서
나는 나의 지난날의 마음의 언어를 포착하고
너의 열광적인 눈동자의 번쩍이는 빛 속에서
나의 지난날의 기쁨을 읽는다.
아! 잠시 동안이라도 그대 속에 있는
나의 지난날의 모습을 바라보았으면!
나의 사랑하는 누이동생이여!
내가 이렇게 기도하는 것은
자연은 자기를 사랑하는 자를
버리지 않음을 알고 있기에;
이 세상에서 온 세월을 통해 기쁨에서 기쁨으로
우리를 인도하는 것이 자연의 특권이다.
왜냐하면 자연은 우리 내부에 있는 마음을 가르쳐 주고,
고요함과 아름다움으로 큰 감동을 주고,
아주 드높은 생각으로 우리 마음의 양식을 먹여 주어서,
그래서 그 어떤 험담이나 경솔한 판단도
이기적인 사람들의 비웃음도

친절이 없는 인사말도 일상생활의 쓸쓸한 교제도
우리를 누를 수 없고,
우리가 바라보는 모든 것이 축복으로 가득차 있다라는
우리의 기쁜 신앙을 훼방할 수 없다.
그러므로 달로 하여금 외롭게 산책하는 너 위에서 비치게 하여라.
안개 낀 산바람으로 하여금
마음대로 그대에게 불게 하여라.
그리하여 여러 해 지나서
이러한 격렬과 환희가 무르익어 차분한 기쁨이 될 때,
그대의 마음은 온갖 아름다운 형상의 저택이 될 때,
그대의 기억이 온갖 감미로운 소리와 조화의 거처지가 될 때,
아! 그때 만일 고독이나 공포와 고통과 슬픔이
그대의 것이 되면,
부드러운 환희의 그 얼마나 치료해 주는 생각들의 힘을 가지고
그대는 나와 나의 이 권고를 기억할 것이다!
어쩌면 내가 너의 목소리를
들을 수 없는 곳에 있게 되고,
또 너의 격렬한 눈길에서
지난날의 그 섬광을 붙잡을 수 없는 곳에 있을 지라도,
너는 그때 우리가 기쁨에 가득 찬 강둑 위에서
함께 서 있었던 일을 잊지 못할 것이다.
그리고 오랫동안 자연숭배자인 내가
그 자연이 주는 봉사에 지침이 없이 이곳으로 왔음을.
한층 뜨거운 사랑을 품고서라기보다는—
아! 보다 성스러운 사랑의 한층 깊은 열정을 가지고서
이곳에 왔음을.
그리고 또한 많은 방랑 후에
몇 해나 되는 부재 후에
이 가파른 숲과 드높은 벼랑들이
그리고 이 푸르른 목가적 풍경이 너에겐,
그들 자신 때문에
그리고 너 때문에
한층 사랑스러웠음을 잊지 않을 것이다!

● 이해와 감상

이 유명한 Wordsworth의 시는 모든 Wordsworth의 사상과 신념을 이해하는 데에 중심적인 시이다. 그 이유는 이 시가 시인 자신의 정서와 신념의 직접적인 표현이어서 어떤 인위적인 효과를 피하고 있다는 점이다. 먼저 이 시의 배경을 살펴보면, Wordsworth는 Monmouthshire에 있는 Tintern Abbey의 폐허된 곳과 Wye강의 골짜기를 그가 23세 된 해인 1793년 8월에 외롭게 산보 하던 때가 처음 방문한 것이었다. 처음이 때, Salisbury Plain을 건넌 후, Bath와 Bristol을 지나고 다음 북쪽으로 향해 여행 했는데, 그 때 혼자서 Wye강의 그림같이 아름다운 풍경을 보았던 것이다. 그는 5년 후 1798년 7월 그의 누이동생 Dorothy와 함께 다시 이곳을 방문하여, 보트를 타고 Bristol로 가는 동안, 마음속으로 이 시의 대부분을 짓고, 그 나머지 부분은 도시로 걸어가는 동안 짓고 그가 책상에 이르자 이것을 펜으로 완성지었다는 것이다[9]. 그러므로 전체적으로는 story가 없고, narrator가 아닌 시인이 직접 그의 사상과 감정을 말하는 시이다. 시인은 5년 전 처음 보았던 아름다운 시골 풍경의 Tintern Abbey와 Wye강 골짜기 중심으로 그림같이 펼쳐진 전원의 평화스러운 광경에 대하여, 명상적이며 상상적인 관찰을 통하여 이 시를 이끌어 간다.

그리하여 이 시에서 사용된 언어는 화려하면서도 순수하고 명백하며, 시 뒤에 숨겨진 열정은 강렬하면서도 조화를 이루고 있다. 시의 농도가 강렬하며 신념으로 차있고, 솔직한 표현 속에서 개인적 열정이 진리처럼 나타나 있고 그러면서도 보편적인 감정을 일으켜 준다. 이것은 대자연 앞에선 꾸밈없이 순수한 인간의 정서 표출이라는 점일 것이다. 사용된 시어는 대단히 교양되고, 순수하고 견실하고 심오하며, 조화를 이루면서도 전체적으로 의미가 깊은 것이므로, 이 시는 마치 자연 그 자체가 말하고 있는 것 같다. 그래서 한 인간이 자연과 인생에 대하여 말하고 있다기보다는 이 시가 바로 인간에게 말하고 있는 자연의 메세지인 것이다.[10] 여하튼 이 시는 한마디로 말한다면 인간과 자연과의 관계를 말하고 있는 것이다. 좀 더 좁혀서 자세히 말하면 순수하고 아름다운 자연과 이 자연을 사랑하는 시인과의 상호 관계가 잘 나타나 있다.

그러면 처음부터 자세히 잘 살펴보기로 하자. 처음 1~22행에서 시인 Wordsworth가 단순히 과거의 기억되는 장면을 되살리는 것이 아니라, 무한

---

9 Notes by P. H. Parry, *William Wordsworth: Selected Poems*(Harlow Longman York Press, 1982), p.18.

10 Richard Eberhart "William Wordsworth: Lines Composed a Few Miles above Tintern Abbey" *Commentaries and Critical Essays II* (Seoul: Tamgu Publishing Co., 1981), p. 29.

히 아름답고 고요하며 외떨어진 대자연의 평화스러운 풍경이, 마치 꿈속에서 보는 천국이나 낙원 같은 이미지를 만들어 낸다. Wordsworth의 자연은 18세기 Pope나 그 이전의 시인들과는 달리, 질서나 균형 잡힌 자연의 모습이 아니라, 낭만적인 모습 이다.[11] 그 전원 풍경에는 아주 높고 가파른 절벽이 있고 야생적인 광경이며 제멋대로 자란 모습이다.

These hedgerows, hardly hedgerows, little lines
Of sportive wood run wild;

이 세상을 떠난 꿈의 세계나, 기쁨과 평화로 가득 찬 낙원의 세계로 나타난다. 실생활을 떠난 낭만적인 세계의 모습이다. 얼마나 고요하고 격리된 세상인가—"조용히 솟아오르는 꽃다발 같은 연기"라는 표현은 기계 문명의 공장 연기와 소음으로 가득 찬 도시의 현실과는 아주 대조적인 모습으로 나타나 있다. 그 다음 23행부터는 Wordsworth는 단순히 아름답고 평화스런 자연을 묘사하는 것에서 떠나, 자연과 시인과의 관계 속에서, 더욱 나아가 자연과 인간 마음 사이에 빚어지는 상호관계 및 상호작용을 말해 주고 있다. 23행에서 31행까지는 그 자연의 아름다운 모습이 도시의 따분하고 외로운 생활에서 그를 지켜 보호해 주었다. 그 아름다운 대자연의 모습에 대한 기억은, 도시의 소음과 고독 속에서까지 시인에게 기쁨과 위안을 주었다는 것이다.

These beauteous forms
Through a long absence, have not been to me
As is a landscape to a blind man's eye;

위의 시 구절은 과거 자연의 아름다움이 시인의 회상과 환상, 그리고 상징 속에서 자주 재생되었음을 말한다. 자연을 떠난 때라도 그 기억되는 사랑스러움의 이미지는, 시인의 심미적 감각을 만족시켜 주는 능력이 있어서[12], 현실의 고독과 지루함 속에서, 기쁨으로 그의 삶을 전환시키는 모티브가 되곤 했다는 것이다. 그러므로 "장님 눈에 비쳐진 풍경과는 전혀 다르다"는 비유를 적절히 썼다. 시인은 그러한 자연을 사랑하지 아니할 수가 없는 것이다. 자연은 지루한 시인의 삶에 생동감을 불러 일으켜 주는 것이기 때문이다. 좀 더 적극적으로 자연에 대한 기억과 환상은 시간적으로만 재생되어 나타나는 것이 아니라, 자연이 주는 "감미로운 감각"을 직관적으로 느끼게 한다는 것이다.

---

11 *Ibid.,* p.31.
12 *Ibid.,* p.32.

In hours of weariness, sensations sweet,
Felt in the blood, and felt along the heart;

그 기쁨뿐만 아니라 그의 마음속에 평온함을 되찾게 해 준다는 것이다. 다음 31행에서 35행까지는 자연 속에서 느껴진 기쁨의 정서가, 인간의 도덕적인 면에까지 이끄는 힘이 있음을 말하고 있다. 즉 꼬집어 말할 수는 없으나 기쁨의 정서는, 마음씨 착한 이에게 친절과 사랑의 품성을 기르는 데 상당한 영향을 미친다는 것이다. "꽃을 좋아하는 사람치고 악한 사람 없다"라는 속담처럼, 순수하고 아름다운 자연이 인간에게 가르쳐주는 동화력이라고 볼 수 있다. 시인 Wordsworth도 바로 이러한 점을, 경험을 통하여 술회한 것이라고 보아야 할 것이다. 아름다운 꽃처럼 마음씨가 곱고 맑은 시냇물처럼 마음씨가 순수해지는 동화력이라고 할 것이다. 인간은 환경의 지배를 받는 존재임을 생각한다면, 이러한 Wordsworth의 경험적인 진술은 공감할 수 있는 사실인 것이다.

그 다음 35행에서 49행까지에서 시인은 자연에서 얻어진 행복한 심경이, 시인의 정신과 마음에 끼쳐지는 힘을 말하고 있다. 먼저 이 세상의 무겁고 해결하기 어려운 멍에가—근심, 걱정 등—이 행복된 심경을 힘입어 가볍게 된다고 했다. 세상의 복잡하고 무거운 일들로 눌리어진 정신과 마음이 해방되는 순간이다. 끝으로 아름다운 Wye강에 대한 회상은 인간의 육정적인 면을 한걸음 물러서게 하고, 정신적 중심의 존재가 되어, 훌륭하고 명확한 정신적 견해를 소유하도록 하는 힘을 준다. 그래서 인간 중심의 생각을 떠나서 우주와의 조화를 이루며, 보다도 위대한 삶을 알게 하고, 모든 사물의 정수를 통찰할 수 있게 한다는 것이다.

50행부터 57행까지는 세상사에 얽매여 있을 때, 세상적인 욕망과 열망에서 무익하게 시달렸을 때, Wye강 숲을 얼마나 동경하고 사모했음을 말하고 있다.(52행의 "the fretful stir"는 도시 생활의 분주한 사업과 혼잡을 가리킨다.) 다음 61행에서 "The picture of the mind receives again",은 상상적인 회상이 가능한 방법임을 암시해 준다. 그래서 이 회상이라고 하는 사물과 마음 사이에 상호작용으로 자연의 풍경을 재생시키는 것이다. 그 회상을 통하여 시인은 현재의 기쁨은 물론, 정신적 삶의 풍요로움을 길러주고 공급해 준다고 한다. 여기서 시인은 식량(food)이라고 하는 은유를 잘 사용하고 있다.

While here I stand, not only with the sense
Of present pleasure, but with pleasing thoughts
That in this moment mere is life and food

For fature years.

또한 회상의 대상이 되는 자연은, 확실한 삶 속에서 새로운 삶의 명맥을 이어주는 생명의 원천으로 비유된다.

그 다음 65행부터 111행까지는 시인과 자연 또는 이 세계에 대한 3가지 단계의 관계를 엿볼 수 있게 한다. 이 관계는 시인의 어린 소년 시절에 더욱 격렬한 재미와 즐거워하던 동물적인 행동으로 자연을 좋아하던 때가 첫 단계이다.

(The coarser pleasures of my boyish days,
And their glad animal movements all gone by)
To me was all in all.

삶의 단순한 기쁨, 동물적 행동의 기초를 둔 때였다. 그 다음 Wordsworth가 1793년 처음으로 Wye강을 방문한 때가 두 번째 발전 단계이다.[13] 67행~72행과 75행~85행까지의 묘사는, 이 단계의 마음 상태이다. 자연이 이때는 무엇보다도 중요한 것이었다. 자연 Wye강가의 아름다운 모습은 시인에게 하나의 갈망, 정감, 사랑, 바로 그 자체이므로 사색이 필요 없던 때이다.

마지막 단계는 85행 이하로서, 그의 감각적인 기쁨에 사색이 따라오는 때, 바로 5년 지난 후 이 Wye강을 찾은 때이다. 이 때 시인은 자연에 대한 더욱 성숙한 견해를 가지게 된 것이다. 그래서 이러한 성숙한 견해를 통하여 자연 속에서 "인간미를 띤 고요하고 슬픈 음악"을 인식할 수가 있는 것이다 즉 이때는 인간의 고통에 대한 지식을 체험하고 그것이 시인을 음악의 조화처럼 순화시킨 것이다. 그래서 인간의 고통(불가피한 변화와 죽음 등)을 체험하여 보다 순화된 시인은, 그 체험이 아름다운 자연의 풍경을 바라보는 견해를, 음악의 리듬처럼 풍요롭게 하는 것이다. 이것은 제 2 단계의 아찔한 황홀을 대신하여 보상하는 것이 된다. 즉 성숙한 단계라고 볼 수 있다. 대자연 속에서 세월이 지나 자연에 대한 기쁨과 황홀이 지났지만 초목들이 불가피하게 변화와 죽음이 있음을 볼 때 아름다운 꽃들도 시들고 병들고 벌레 먹는 것과 같이, 단순히 자연의 기쁨만을 보는 것이 아니라, 그 양면을 보는, 황홀보다 더욱 더 승화된 단계일 것이다. 통찰력을 가지고 순화와 진정된 마음에서 자연을 바라본다. 이것은 시인의 인생 경험에서도 불가피한 인간의 고통(생사병고生死病苦등)이 따라오는 것과 같다. 이러한 인간의 고통을 체험한 후 더욱 인생을 달관하고, 풍요로운 인생을 살 수 있는 것은 보다 높은 성숙된 자연관과 상호관계가 있다.

---

13 Parry, *op. cit.*, p.20.

그 다음 Wordsworth는 자연 속에 내재하는 정신적인 힘을 느낀다고 말하고, 이 힘에 의하여 생물과 무생물이 지배된다고 한 것이다.

A motion and a spirit, that impels
All thinking things, all objects of all thought.

이 신비한 존재는 범신론(pantheism)의 강한 감정을 느끼게 하지만, 사실상 그렇게 보기는 미묘하고 어려운 것이다. 왜냐하면 범신론이란, 신은 모든 것 안에 있고 모든 것이 신이라고 하는 신념이기 때문이다.

위에서 이러한 주장으로 시인은 아직도 자연을 사랑하는 자라는 것이다. 이 세상은 그 존재와 양상이 지각하는 데 따라 다르다면, 어떤 외부 세계의 실제를 "반쯤 창조한다"라는 것은, 바로 그 지각(개인적인 변화에 기초를 둔)인 것이다. 여하튼 모든 자연을 여전히 사랑하고 지각하는 모든 자연의 물상을 사랑한다는 것이다. 시인에게 있어서 자연의 가치는, 자연이 모든 정신적 존재의 원천이요, 안내자인 것이다. 자연 속에서 시인은 가장 순수한 사고의 닻("The anchor of my purest thoughts")을 발견한다고 했다. 즉 정신적인 혼란 속에서 균형과 희망을 주는 자연을, 돛(희망의 상징)으로 비유했다.

그 다음 시인은 그의 누이동생 Dorothy에 관해서 말한다. 115행에서 121행까지에서, 시인은 그녀를 통하여, 과거 자연에 대한 열정과 정신을 되찾게 되는 것이다. 자연과의 연합은 다음의 구절에서 잘 나타내진다.

Knowing that Nature never did betray
The heart that loved her.

시인은 얼마나 자연을 사랑하고 긴밀한 관계에 있었는가는, 다시 자연의 위대한 힘을 묘사한 곳에서 나타난다. 즉 자연은 고요함과 아름다움, 그리고 고상한 사상으로 마음속에 심어 주고, 세상의 단조로움과 사악한 것에 대항하여 이길 힘을 주는 힘을 가지고 있다고 했다.

시인은 Dorothy에게, 세월이 많이 흘러서 격렬한 황홀감이 지나가 버리고, 그녀의 마음이 자연의 온갖 아름다운 형상들의 저택(여기서는 은유로 사용함)이 되고 그녀의 기억이 주택이 될 때, 그 때 그녀는 정말로 그리고 충분히 자연의 조화를 감상하고 음미하게 될 것이라고 확언한다.

Lines Written In Early Spring

I heard a thousand blended notes,
While in a grove I sate reclined,
In that sweet mood when pleasant thoughts
Bring sad thoughts to the mind.

To her fair works did Nature link
The human soul that through me ran;
And much it grieved my heart to think
What man has made of man.

Through primrose tufts, in that green bower,
The periwinkle trailed its wreaths;
And 'tis my faith that every flower
Enjoys the air it breathes.

The birds around me hopped and played,
Their thoughts I cannot measure –
But the least motion which they made,
It seemed a thrill of pleasure.

The budding twigs spread out their fan,
To catch the breezy air;
And I must think, do all I can,
That there was pleasure there.

If this belief from heaven be sent,
If such be Nature's holy plan,
Have I not reason to lament
What man has made of man?

이른 봄에 쓰여진 시

나는 들었노라 수천 가지로 섞여 조화를 이룬 노래를
내가 숲 속에서 몸을 기울이고 앉아 있는 동안

즐거운 생각들이 슬픈 생각들을
마음속에 생각나게 하는 저 감미로운 기분에 쌓여서

내 안을 달리는 인간의 영혼을
대자연은 그 아름다운 작품들에게 연결시켰노라.
그리하여 인간이 인간을 그 어떤 모습으로 만들었는지를
생각하니 나의 가슴을 매우 슬프게 하였다.

저 녹색의 나무 그늘 아래 앵초덩쿨 속을 통하여
페러윙클이 그 화환을 길게 꼬리처럼 끌고
나의 믿음은 모든 꽃들은 그들이 마시는 공기를
마음껏 즐겨야 한다는 것

새들이 내 주위에서 깡총 깡총 뛰놀고 있는데
나는 그들의 생각을 도무지 생각해 낼 수도 없구나.
하지만 그들의 가장 작은 움직임도
기쁨으로 가득 찬 전율처럼 생각되었다.

꽃봉오리 터지는 가지들은 그들의 부채를 펴들고
미풍을 붙잡는다. 아무리 생각해 보아도
나는 그 속에 기쁨이 서려 있었다고
믿지 않을 수 없었다.

만일 나의 이 믿음이 하늘에서 보내주신 것이라면
만일 이러한 것이 대자연의 거룩한 섭리이라면
내가 과연 슬퍼할 이유가 없을 것이다.
인간이 인간을 이러한 모습으로 만들었는지를?

● 이해와 감상

시인은 이른 봄을 맞이해서 그 대자연이 주는 말로 표현할 수 없는 큰 기쁨을 노래하고 있다. 또 한편 그러한 기쁨을 잃어버리고 사는 현대인들의 비극적인 상황을 명상하고 있다. 현대인들은 대자연과 절연한 채 기계문명과 도시문명의 오염으로 인간의 삶을 어둡고 우울한 것으로 만들어 버린 것이다.

대자연에 이김없이 찾아 온 이른 봄 그것은 환희의 노가니였다. 새들이 노래하고 뛰노는 모습, 겨울동안 불모지로 되었던 대지에는 생명의 새싹들이 피어나고 찬란히 빛나는 생동감이 넘치는 꽃봉오리가 이곳저곳에서 터뜨려진다. 이것들은 인간의 어두운 문명과는 대조적으로 너무나 큰 기쁨의 전율이 아닐 수 없다고 시인은 묘사한다.

그 속에는 희망이 빛나고 찬란한 미래가 펼쳐진다. 이른 봄 변함없이 인간에게 허락해 주시는 창조주의 선물이다. 이 선물이 우리에게 안겨질 때 우리 삶의 암흑도 슬픔도 능히 이기게 하는 마력이 있다. 이러한 신념이 마지막 연에서 특히 잘 나타나 있다.

If this belief from heaven be sent,
If such be Nature's holy plan,
Have I not reason to lament
What man has made of man?

현대인들 우리 인간의 삶을 비극적으로 만들고 그렇게 오염시킨 것은 바로 자연이 아니라 바로 우리 인간 자신이기에 우리 자신들의 누추한 모습을 다시 한번 조명해 보고 투시하려는 명상이 있다. 원래 창조주께서 이 세상을 창조하셨을 때는 하나님께서 보시기에 좋았던 것이 아니었던가?[1] 그러니 인간의 눈에 보기에는 더 말할 나위 없이 아름다웠던 것이다.

1 *The Old Testament*, Genesis Ⅰ, "God saw that it was good to see."가 여러번 거듭해서 나온다.

Resolution and Independence

1

There was a roaring in the wind all night;
The rain came heavily and fell in floods;
But now the sun is rising calm and bright;
The birds are singing in the distant woods;
Over his own sweet voice the stock dove broods;
The jay makes answer as the magpie chatters;
And all the air is filled with pleasant noise of waters.

2

All things that love the sun are out of doors;
The sky rejoices in the morning's birth;
The grass is bright with raindrops; on the moors
The hare is running races in her mirth;
And with her feet she from plashy earth
Raises a mist; that, glittering in the sun,
Runs with her all the way, wherever she doth run.

3

I was a Traveler then upon the moor;
I saw the hare that raced about with joy;
I heard the woods and distant waters roar;
Or heard them not, as happy as a boy:
The pleasant season did my heart employ:
My old remembrances went from me wholly;
And all the ways of men, so vain and melancholy.

4

But, as it sometimes chanceth, from the might
Of joy in minds that can no further go,
As high as we have mounted in delight
In our dejection do we sink as low;
To me that morning did it happen so;

And fears and fancies thick upon me came;
Dim sadness—and blind thoughts, I knew not, nor could name.

5

I heard the skylark warbling in the sky;
And I bethought me of the playful hare:
Even such a happy Child of earth am I;
Even as these blissful creatures do I fare;
Far from the world I walk, and from all care;
But there may come another day to me—
Solitude, pain of heart, distress, and poverty.

6

My whole life I have lived in pleasant thought,
As if life's business were a summer mood;
As if all needful things would come unsought
To genial faith, still rich in genial good;
But how can he expect that others should
Build for him, sow for him, and at his call
Love him, who for himself will take no heed at all?

7

I thought of Chatterton, the marvellous Boy,
The sleepless Soul that perished in his pride;
Of him who walked in glory and in joy
Following his plow, along the mountainside:
By our own spirits are we deified:
We Poets in our youth begin in gladness;
But thereof come in the end despondency and madness.

8

Now, whether it were by peculiar grace,
A leading from above, a something given,
Yet it befell that, in this lonely place,
When I with these untoward thoughts had striven,
Beside a pool bare to the eye of heaven

I saw a Man before me unawares:
The oldest man he seemed that ever wore gray hairs.

9

As a huge stone is sometimes seen to lie
Couched on the bald top of an eminence;
Wonder to all who do the same espy,
By what means it could thither come, and whence;
So that it seems a thing endued with sense:
Like a sea beast crawled forth, that on a shelf
Of rock or sand reposeth, there to sun itself;

10

Such seemed this Man, not all alive nor dead,
Nor all asleep — in his extreme old age:
His body was bent double, feet and head
Coming together in life's pilgrimage;
As if some dire constraint of pain, or rage
Of sickness felt by him in times long past,
A more than human weight upon his frame had cast.

11

Himself he propped, limbs, body, and pale face,
Upon a long grey staff of shaven wood;
And, still as I drew near with gentle pace,
Upon the margin of that moorish flood
Motionless as a cloud the old Man stood,
That heareth not the loud winds when they call;
And moveth all together, if it move at all.

12

At length, himself unsettling, he the pond
Stirred with his staff, and fixedly did look
Upon the muddy water, which he conned,
As if he had been reading in a book:
And now a stranger's privilege I took,

And, drawing to his side, to him did say,
"This morning gives us promise of a glorious day."

13

A gentle answer did the old Man make,
In courteous speech which forth he slowly drew,
And him with further words I thus bespake,
"What occupation do you there pursue?
This is a lonesome place for one like you."
Ere he replied, a flash of mild surprise
Broke from the sable orbs of his yet-vivid eyes.

14

His words came feebly, from a feeble chest,
But each in solemn order followed each,
With something of a lofty utterance dressed—
Choice word and measured phrase, above the reach
Of ordinary men; a stately speech;
Such as grave livers do in Scotland use,
Religious men, who give to God and man their dues.

15

He told, that to these waters he had come
To gather leeches, being old and poor:
Employment hazardous and wearisome!
And he had many hardships to endure:
Form pond to pond he roamed, from moor to moor;
Housing, with God's good help, by choice or chance;
And in this way he gained an honest maintenance.

16

The old Man still stood talking by my side;
But now his voice to me was like a stream
Scarce heard; nor word from word could I divide;
And the whole body of the Man did seem
Like one whom I had met with in a dream;

Or like a man from some far region sent,
To give me human strength, by apt admonishment.

17

My former thoughts returned: the fear that kills;
And hope that is unwilling to be fed;
Cold, pain, and labour, and all fleshly ills;
And mighty Poets in their misery dead.
—Perplexed, and longing to be comforted,
My question eagerly did I renew,
"How is it that you live, and what is it you do?"

18

He with a smile did then his words repeat;
And said that, gathering leeches, far and wide
He traveled; stirring thus about his feet
The waters of the pools where they abide.
"Once I could meet with them on every side;
But they have dwindled long by slow decay;
Yet still I persevere, and find them where I may."

19

While he was talking thus the lonely place,
The old Man's shape, and speech—all troubled me:
In my mind's eye I seemed to see him pace
About the weary moors continually,
Wandering about alone and silently.
While I these thoughts within myself pursued,
He, having made a pause, the same discourse renewed.

20

And soon with this he other matter blended,
Cheerfully uttered, with demeanor kind,
But stately in the main; and, when he ended,
I could have laughed myself to scorn to find
In that decrepit Man so firm a mind.

"God," said I, "be my help and stay secure;
I'll think of the Leech Gatherer on the lonely moor!"

결심과 독립

1

밤새도록 바람이 울부짖고 있었고
비가 몹시 쏟아지고 범람했다.
하지만 이제 햇님이 조용히 떠올라 빛나고 있다.
새들은 먼 숲 속에서 노래 부르고 있고
자기의 아름다운 목소리를 야생비둘기는 곰곰이 생각이나 하는 듯
까치가 지저귀면 갈가마귀가 응답한다.
그리고 온통 대기는 즐거운 물결소리로 충만하다.

2

햇님을 사랑하는 모든 생물들이 밖으로 나와 있고
하늘은 아침의 탄생을 기뻐한다.
풀은 빗방울로 빛나고 황야에는
토끼가 명랑하게 달리기를 하고 있다.
그리고 발길로 토끼는 질퍽한 땅으로부터
안개를 걷어찬다. 안개는 햇빛에 반짝이며
토끼가 어디를 달리든 항상 토끼와 함께 내내 달린다.

3

나는 그 때 황야의 여행자였다.
나는 기뻐서 날뛰는 토끼를 보았다.
나는 숲과 멀리 있는 강물이 울부짖는 소리를 들었다.
아니면 그런 소리를 듣지 못했다. 소년처럼 행복해 하며
즐거운 계절이 내 마음을 사로잡았다.
내 옛 추억들이 나로부터 모두 사라졌고
그리고 매우 헛되고 우울한 온갖 인간의 일도.

4

하지만 때때로 있는 일 같이 더 이상 진전할 수 없는
마음속의 기쁨의 힘으로부터
우리의 기쁨이 솟아올랐던 만큼 높이

우리의 낙담 속에 우리들은 낮게 축 처진다.
나에게 그날 아침이 그러했다.
공포와 환상들이 짙게 엄습해 왔다.
내가 알지 못하는 무어라고 할 수 없는 어렴풋한 슬픔-그리고 맹목적
인 생각들이

5

하늘에서 지저귀는 종달새 노래 들었고
나는 즐겁게 뛰노는 토끼가 생각났다.
나도 그와 같은 대지의 행복한 어린아이였다.
이 행복에 가득한 생물과 마찬가지로 나는 살아가고 있다.
세상에서 멀리 모든 걱정에서 멀리 떨어져 나는 걷는다.
하지만 내게 또 다른 날이 찾아올지도 모른다.
고독, 마음의 고통, 고난 그리고 가난이.

6

마치 인생의 일이 여름 분위기인 것처럼
마치 모든 필요한 것들이 요구하지 않아도
언제나 참된 선으로 부요한 온화한 신앙인에게 찾아오기나 하는 듯이
하지만 어찌 자신을 위하여 전혀 관심을 기울이지 않는 사람을
다른 사람들이 그를 위해 집을 지어 주고 씨를 뿌려 주고
그의 요구에 응해 그를 사랑해 주기를 기대할 수 있겠는가?

7

나는 놀라운 소년 Chatterton을 생각했다.
자존심 속에서 사라져간 저 잠 못 이루는 영혼을
산허리를 따라가며 농사를 지으며
영광과 기쁨 속에 걸었던 그를
우리는 우리 자신의 정신으로 승화된다.
우리 시인들은 젊었을 때는 기쁨으로 시작하지만
마지막에는 낙담과 광기가 따라온다.

8

그런데 특별한 은총인지
하나님의 인도하심인지 그 무슨 하사물인지는

모르겠지만, 이 쓸쓸한 장소에서
내가 이런 부적합한 생각들과 갈등을 느끼고 있을 때
햇님에 노출된 연못가에서
갑자기 내 앞에서 나는 한 사람을 보았다.
그는 가장 나이가 많은 백발노인인 듯한 그 분을

9

거대한 바위가 때때로 나무 한 포기 없는
산의 가장 높은 곳에 쭈그리고 누워 있어서
그것을 발견한 모든 사람들에게 어떻게
그 바위가 그곳에 왔고 어디서 왔는지 궁금하여서
그 바위가 마치 감각이 부여된 물건인 것처럼 여겨진다.
마치 일광욕을 하려고 바위 선반이나 모래 위에
쉬고 있는 기어 나온 바다 짐승처럼.

10

바로 이 사람이 그러하였다. 하도 늙은 고령이어서
살아 있는 것도 죽은 것도 잠들어 있는 것도 아닌 듯했다.
그의 몸은 두 배로 꼬부라져 삶의 여정에서
발과 머리가 맞붙어 있었다.
마치 옛날에 그가 느꼈던 그 무슨 무서운 고통의 속박
아니면 오래 전에 그에게 찾아왔던 병의 격렬함이
그의 육체에 인간으로서 견딜 수 없는 무거운 짐을 지게 한 듯.

11

그 자신을 팔과 다리 몸 그리고 창백한 얼굴을 그는 받치고 있었다.
깎아 다듬은 긴 잿빛 지팡이에다가
그리고 내가 살며시 가벼운 발걸음으로 다가갈 때에도
그 황야의 연못 가장자리에
그 노인은 꼼짝도 않고 서 있었다.
바람이 불어도 그 요란스러운 바람소리를 듣지 못하고
조금이라도 움직이면 함께 따라 움직이는 한 장의 구름장처럼.

12

드디어 그 자신 몸을 꿈틀거리며 연못을

지팡이로 휘저어 가지고 흙탕물을 응시했다.
그 노인은 흙탕물을 자세히 살폈다.
마치 책을 정독하는 것처럼
그 때 나는 나그네의 특권을 이용하여
그의 곁으로 다가가서 말했다.
"오늘은 날씨가 좋을 것 같은데요."

13

그 노인은 점잖게 대답했다.
천천히 꺼내는 정중한 말투로서
나는 말을 계속했다.
"어르신께서는 어떤 일을 거기서 하시는지요?
이곳은 어르신 같은 사람한테는 쓸쓸한 곳인데요."
대답하기에 앞서서 온화하고 놀라운 번뜩이는 빛이
아직도 활기로 가득 찬 눈의 검은 눈동자에서 빛났다.

14

그의 말은 연약한 가슴으로부터 힘없이 나왔다.
하지만 한 마디 한 마디가 엄숙한 순서로 뒤를 이었다.
고상한 말의 위엄의 옷을 입고서
고르고 고른 말과 신중한 어귀가 보통사람의 범위를
초월한 위엄있는 말씀이었다.
하나님을 공경하고 사람을 사랑하는
경건한 신앙인들이랄까
Scotland의 장중한 사람들이 사용하는 그러한 말씨.

15

그 노인은 이 물가에서 거머리를
잡으러 왔다고 말했다. 늙고 가난해서
위험스럽고 지루한 일이지만!
그리고 그는 많은 어려움을 겪어야만 했다.
이 연못에서 저 연못으로 그는 찾아다녔다. 이 황야에서 저 황야로
하나님의 크신 도움으로 혹은 선택하거나 기회가 닿는대로 잠자리를
　　구하며
이렇게 그 노인은 진실된 삶을 지속해 나갔다.

16

그 노인은 여전히 내 곁에 선 채 이야기했다.
하지만 그의 목소리는 내게 들릴 듯 말 듯 들리는
시냇물 소리 같았다. 또한 한 말과 한 말을 구별할 수 없었다.
그 사람의 몸 전부가 내가 꿈속에서 만났던 사람 같았다.
내게 적당한 충고로 내게 힘을 주기 위하여
먼 지방에서 보내어진 사람처럼.

17

나의 먼저 생각들이 되돌아왔다. 생명을 죽이는 공포
만족되어지기를 원치 않는 소망
추위, 고통과 노동 그리고 온갖 육체의 병들
그리고 불행하게 죽은 위대한 시인들
－어찌해야 좋을지 또 위로를 받고 싶어서
나의 질문을 열심히 나는 되풀이 했다.
"어떻게 사시고 하시는 일이 무어인지요?" 라고.

18

그 때 그 노인은 미소를 띠며 말을 되풀이했다.
거머리를 잡으러 멀리 팔방으로
돌아다녔다고. 그의 발 주위에서
거머리가 사는 연못의 물을 휘저으면서
"옛날에는 거머리를 어디서나 볼 수가 있었는데
오랜 시간이 흐르는 동안 점점 줄어들었소.
하지만 나는 여전히 포기하지 않고 계속 찾아다니오"라고.

19

그 노인이 이렇게 말하는 동안 그 고독한 곳
그 노인의 모습 그리고 그의 말—이 모두가 내 마음을 괴롭게 했다.
나의 심안으로 나는 지루한 황야를
계속해서 혼자서 조용히 헤매는
그를 보는 듯 했다.
내가 이러한 생각들을 내 마음속에 계속하는 동안
그 노인은 잠시 동안 쉬었다가 말을 다시 계속했다.

20

곧 그 노인은 이 이야기와 다른 이야기를 함께 했다.
친절한 태도이면서도 위엄있는 태도로
유쾌하게 말했다. 그리고 그가 이야기를 끝냈을 때
저 노쇠한 노인 속에 그와 같이 확고부동한 정신을
발견하고서 나는 나를 경멸하고 비웃을 뻔 하였다.
“하나님” 나는 말했다. “나의 도움이 되시고 튼튼한 후원자가 되어 주옵
소서.
나는 쓸쓸한 황야의 거머리잡이 노인을 생각하겠습니다!”

● 이해와 감상

이 시는 시인 Wordsworth 자신의 직접적인 경험을 통하여 쓴 자서전적인 시이다. 시인은 그가 시를 쓰는 일이나 전망에 대하여 정신적으로 의기소침의 시간을 맞는다. 이러한 사실은 이 시의 첫머리 stanza 4와 stanza 5에서 잘 묘사되어 있다. 그런데 stanza 8에서 볼 수 있듯이 Grasmere의 Town End에 있는 그의 오두막집에서 몇 백마일 떨어진 곳에서 이 시에서 나오는 고령의 백발노인을 만난다.

시인이 특별히 정신적인 저기압의 상태는 stanza 5의 끝 행에서 고독, 마음의 고통, 고난 그리고 가난 등에서 볼 수 있고 또 stanza 7의 끝 행에서 시인들은 젊었을 때는 기쁨으로 시작하지만 마지막에는 낙담과 광기가 따라온다고 묘사한 곳에서 잘 나타나 있다. 더구나 시인의 친한 친구 Coleridge가 지적했듯이 Wordsworth는 때때로 우울증에서 오는 고통이 있었다. stanza 4에서도(3행–4행) 우리의 기쁨이 솟아올랐던 만큼 높이 우리의 낙담 속에 우리들은 낮게 축 쳐진다고 묘사했다.

그런데 시인이 가난하고 노쇠한 한 노인이 쓸쓸히 광야에서 위험하고도 힘들게 거머리를 잡으며 생계를 꾸려가면서도 그의 삶을 포기하지 않고 오히려 강인한 정신과 용기로 충만한 모습을 보게 된다. 그 노인의 미소와 위엄있는 말씨 그 백절불굴의 정신으로 빛나는 눈동자 등은 시인의 나약한 모습을 부끄럽게 하였다. 결코 그의 어려운 상황에 절망하지 않고 굳세게 살아가는 노인의 태도에서 시인은 용기와 희망을 가지게 된다. 사실 우리 인간은 초인적(superhuman)인 존재는 아니므로 때로는 이러한 노인의 강인함과 용기에 자극을 받고 격려를 받아야 할 필요가 있다. 시인 Wordsworth도 결코 그 예외는 될 수 없었다. 그러므로 이 시에서나 오늘 천재시인 Thomas Chatterton도 굉장한 재능을 지닌 시인이었지만 고독과 극심한 빈곤 때문에

18세의 젊은 나이에 음독자살을 한 비극을 보여 주고 있다. 만일 Wordsworth도 시인 자신의 표현대로 특별한 은총("particular grace")으로 강인한 그 거머리잡이 노인을 만나지 못했더라면 과연 어떻게 되었을까?

하여간에 시인 Wordsworth는 그 노인을 만나서 그 노인으로부터 받은 감동과 용기로 새로운 결심과 독립을 이루어 나가게 된다. 그래서 맨 끝 stanza 20에서 "하나님" 나는 말했다. "나의 도움이 되시고 튼튼한 후원자가 되어 주옵소서./나는 쓸쓸한 황야의 거머리잡이 노인을 생각하겠습니다!"라는 시인의 고백적 선언이 나온다.

"God," said I, "be my help and stay secure;
I'll think of the Leech Gatherer on the lonely moor."

이 시는 직접적인 이야기로 소박한 언어를 사용하여 그 효과를 얻고 또 시의 내용의 변화－예를 들면 분위기가 상승하는 곳과 "All things that love the sun are out of doors"(stanza 2의 첫 행－햇님을 사랑하는 모든 생물들이 밖으로 나와 있고) 그와 반대로 분위기가 하강하는 곳－"The sleepless Soul that perished in his pride" (stanza 7의 2행－자존심에서 사라져간 저 잠 못 이루는 영혼)에 따라서 리듬의 다양성을 취하고 있다.

그리고 시인의 절친한 친구 Coleridge가 두 달 후 쯤 이 시를 읽고 그 사용된 언어와 리듬의 소박성 그리고 사실에 입각해서 시를 쓴 시의 스타일－그래서 심지어는 군말이 많다는 인상을 받고 매우 놀랐다는 사실은 주목할 만하다.

Samuel Taylor Coleridge

(1772—1834)

Kubla Khan

In Xanadu did Kubla Khan
A stately pleasure dome decree:
Where Alph, the sacred river, ran
Through caverns measureless to man
   Down to a sunless sea.
So twice five miles of fertile ground
With walls and towers were girdled round:
And there were gardens bright with sinuous rills,
Where blossomed many an incense-bearing tree;
And here were forests ancient as the hills,
Enfolding sunny spots of greenery.

But oh! that deep romantic chasm which slanted
Down the green hill athwart a cedarn cover!
A savage place! as holy and enchanted
As e'er beneath a waning moon was haunted
By woman wailing for her demon lover!
And from this chasm, with ceaseless turmoil seething,
As if this earth in fast thick pants were breathing,
A mighty fountain momently was forced:
Amid whose swift half-intermitted burst
Huge fragments vaulted like rebounding hail,
Or chaffy grain beneath the thresher's flail:
And 'mid these dancing rocks at once and ever
It flung up momently the sacred river.
Five miles meandering with a mazy motion
Through wood and dale the sacred river ran,
Then reached the caverns measureless to man,
And sank in tumult to a lifeless ocean:

And 'mid this tumult Kubla heard from far
Ancestral voices prophesying war!
  Thy shadow of the dome of pleasure
  Floated midway on the waves;
  Where was heard the mingled measure
  From the fountain and the caves.
It was a miracle of rare device,
A sunny pleasure dome with caves of ice!

  A damsel with a dulcimer
  In a vision once I saw:
  It was an Abyssinian maid,
  And on her dulcimer she played,
  Singing of Mount Abora.
Could I revive within me
Her symphony and song,
To such a deep delight 'twould win me,
That with music loud and long,
I would build that dome in air,
That sunny dome! those caves of ice!
And all who heard should see them there,
And all should cry, Beware! Beware!
His flashing eyes, his floating hair!
Weave a circle round him thrice,[1]
And close your eyes with holy dread,
For he on honeydew hath fed,
And drunk the milk of Paradise.

쿠블라 칸

Xanadu의 Kubla Khan은
장중한 환락궁을 지으라 명령했다:
거기에는 신성한 강 Alph가

---

1 A magical ritual, to protect the inspired poet from intrusion.

사람이 측량할 수 없는 동굴들을 통해서,
　태양이 비치지 않는 바다로 흘러 내려갔다.
5마일의 두 배나 되는 비옥한 땅
성벽과 탑으로 허리띠처럼 두르고 있었다.
그리고 거기에는 꾸불꾸불한 시냇물들로 반짝이는 정원들이 있었고,
많은 향내 나는 나무들이 꽃피어 있었다:
그리고 여기에 작은 산들만큼 오래 된 숲들이 있어
양지바른 녹지대를 에워싸고 있었다.

그러나 오! 삼나무의 숲을 가로질러,
푸른 언덕 아래로 기울은 저 깊은 낭만적 깊은 구렁이여!
쓸쓸한 곳! 마치 언제나 이즈러지는 달 아래,
악마 연인을 그리워해서 비통해 하는 여인이 나타날 것 같은
그렇게도 성스럽고 매혹적인 곳!
그리고 끊임없는 격동으로 끓어오르는 이 깊은 구렁으로부터,
마치 이 대지가 가쁜 숨을 쉬고 있는 것처럼,
한 거대한 분수가 시시각각 분출 되었다.
그 분수의 빠르고 반쯤 중단된 파열 속에서,
거대한 암석 파편들이 떨어졌다 튕기는 우박처럼,
혹은 타작꾼의 도리깨에 맞은 왕겨에 쌓인 곡식알처럼 도약한다.
그리고 이 춤추는 바위들 속에서 곧장 그리고 끊임없이
그 거대한 분수는 순간마다 성스러운 강을 던져 올렸다.
미로의 운동으로 꾸불꾸불한 5마일을
숲과 골짜기를 지나 그 성스러운 강은 흘렀다.
그 다음 인간에게 측량할 수 없는 동굴들에 이르렀고,
그리고 요란스럽게 생명 없는 대양에 가라앉았다:
그리고 이 소음 속에서 Kubla는 멀리서
전쟁을 예언하는 조상들의 목소리들을 들었다!
　환락궁의 그림자가
　물결의 한가운데 떠올랐다;
　거기서 분수와 동굴로부터
　혼합된 운율이 들려왔다.
그것은 희귀한 구상의 기적 이었다.
일음의 동굴이 있는 양지바른 환락궁!

피아노의 원조 dulcimer를 들고 있는 한 처녀를
환상으로 한번 나는 본 적이 있다:
그것은 이디오피아 처녀,
dulcimer를 그녀는 켰다
Abora산을 노래하면서.
만일 내 마음속에 그녀의 연주와 노래를 되살릴 수만 있다면,
아주 깊은 환희에 잠겨서.
높고 긴 음악으로.
공중에 저 궁전을 나는 지으려 한다.
저 양지 바른 궁전을! 저 얼음의 동굴을!
그리고 음악을 들은 모든 사람들이 그것들을 거기서 보리라.
그리고 모두들 부르짖으리라, 주의하라! 주의하라!
그의 반짝이는 눈을, 그의 나부끼는 머리카락을!
그의 주위에 세 겹으로 원을 짜라.
그리고 거룩한 공포심으로 두 눈을 감아라,
왜냐하면 그는 꿀 같은 이슬을 먹었고
낙원의 우유를 마셨기 때문에.

● 이해와 감상

Coleridge 자신이 부친 이 시의 서문에 의하면, 그는 1797년 여름에 건강이 좋지 않아서 Porlock과 Linton 사이에 있는 외딴 농부 집에서 휴양하고 있었다. 불건강 때문에 진통제(아편)를 먹고, 그 때 Samuel Purchas의 *Pilgrimage*(1613)를 읽었다. 이 작품 속에서 Kubla Khan은 벽으로 둘러쌓인 10마일의 비옥한 땅에 궁전과 웅장한 정원을 지으라고 명령했다. 그는 이 작품을 읽다가 진통제약 탓인지 3시간 동안이나 깊이 잠들었다. 꿈을 깬 후, 그 꿈 전체를 모두 생생이 기억할 수 있었다. 그래서 54행(현재의 시 분량)짜지 써내려 갔으나, 불행히도 방문객이 찾아와서 1시간 동안 지체했다. 손님이 간 후 다시 펜을 잡고 쓰려했으나, 희미한 환상 뿐 모두가 물거품처럼 사라져 버렸다는 것이다.[2]

그런데 이러한 꿈도 시가 될 수 있겠는가?가 우리의 맨 먼저 의문이다. 한마디로 말한다면, 가능한 것이다. 꿈에서나 기타 영감으로 전광석화처럼

2 M. H. Abrams(eds.) *The Norton Anthology of English Literature*(New York: W. W. Norton & Company, Inc., 1962) Vol.2, pp.197-198.

나타났을지라도, 그것이 오랫동안 깊이 생각하던 Idea의 구현이라면, 더구나 일단 꿈이라도 시인의 손에서 거쳐 표현된 것은 꿈이 아닌 시인 것이다.[3] Coleridge 자신의 서문에 비추어 보면, 이 시는 독자의 인정을 받기 위하여 만들어진 예술적 상품이 아니고, 청중(여기서는 독자)을 기쁘게 하기 위하여 쓰여진 그 무엇이 아니라, 자연 필요성에의해서 자연스럽게 생긴 것이다. 자연스럽고 심리적인 결과인 것이다.[4] 이떤 의도나 노력이나 문학적 규칙을 의식함이 없이 자연 발생적인 것이다. 그러면서도 심미적인 점에서 훌륭한 작품이다. 그것은 예를 들면, 현대의 그림들이 종종 이성적으로 이해하기 어렵다 할지라도, 그 그림이 우리에게 기쁨을 주는 경우가 많은데 바로 이러한 경우와 같은 것이다.

그러면 이 시를 좀 더 자세히 살펴보면, 두 부분으로 크게 나누어 볼 수 있다. 1행에서 36행까지는 "환락궁"의 묘사이고, 그 나머지 37행에서 끝까지는 시인이 Abyssinian 처녀의 음악을 듣고, 음악이 Xanadu의 세계를 다시 창조할 수 있다는 것이다. 다시 말하면 시적인 힘인 시인의 상상력은 "공중의 환락궁", 그리고 Xanadu의 매혹적인 세계를 재창조할 수 있다는 것이 된다. 이 시가 이렇게 Coleridge가 단순히 꿈을 꾼 것인지, 또는 몽상인지는 모르지만, 틀림없는 사실은 이 시는 Coleridge의 상상력의 소산이라는 것이다. 그리고 이러한 의미에서, 이 시는 그의 상상력이 가장 잘 나타난 작품 중의 하나인 것이다. 이 작품에서 시인은 세상과는 대조적인 한 세계를 시적 상상력을 통해 보여 준다. 이 세상은 숨 막히는 삶인데 반하여, 이 시 속에 나타난 세계는 그와 반대로 발랄한 생명력으로 충만한 세계이다.[5] 그것은 악마 연인을 그리워해서 부끄러움도 없이 울부짖는 여인의 열정, 거대한 분수가 방출해 나오는 힘, 초월적인 시인이 위대한 이미지를 만들어 내는 힘의 묘사에서 나타난다. 이것은 Coleridge가 상상력을 가진 한 dreamer임을 잘 보여주는 것이다.

13C 중국에서 몽고국을 세운 Kublai Khan의 역사적인 사건을 중심으로 상상력을 통해서 그린 것은, Coleridge가 Wordsworth와는 달리 기괴한 소재를 좋아하는 시인이고, 근본적으로는 중세 취미가라는 점을 또한 반영해 준다. Coleridge는 순수한 낭만주의 시인으로서, 현실에서 떠난 꿈속의 신비한 세계를 묘사함은 너무나 자연스러운 일이다. 꿀같이 단 이슬과 낙원의 우유를 마셔서, 시적 영감으로 가득 찬 시인의 신묘한 예술적 창조력은

3 C. Brooks and R. P. Warren. "Kubla Khan" *Commentaries and Critical Essays II* (Seoul: Tamgu Publishing Co., 1981), p.70-73

4 Lionel Trilling. "Kubla Khan" *Ibid.*, p.78.

5 *Ibid.*, p.80.

특별히 신비한 것이다. 그 시인은 그의 영감에 따라서, 햇빛 찬란한 화려한 궁전, 얼음의 동굴 등 무엇이나 만들어 내기 때문이다. 시인은 천연스럽게 신비스럽고 위험스러운 힘을 발휘한다. 그래서 부르짖는다.—

And all should cry, Beware! Beware!

이 시는 Coleridge의 특별한 경험의 소산으로, 그의 장편 시 "The ancient Mariner", 또는 유명한 미완성 시 "Christabel"과 그 어조나 방법에 있어서 흡사하다.

The Rime of the Ancient Mariner

Part I

An ancient Mariner meeteth three Gallants bidden to a wedding-feast, and detaineth one.

It is an ancient Mariner,
And he stoppeth one of three.
'By thy long grey beard and glittering eye,
Now wherefore stopp'st thou me?

The Wedding-Guest is spellbound by the eye of the old seafaring man, and constrained to hear his tale.

The Bridegroom's doors are opened wide,
And I am next of kin;
The guests are met, the feast is set:
Mayst hear the merry din.'

He holds him with his skinny hand,
'There was a ship,' quoth he.
'Hold off! unhand me, grey-beard loon!'
Eftsoons his hand dropt he.

He holds him with his glittering eye—
The Wedding-Guest stood still,
And listens like a three years' child:
The Mariner hath his will.

The Wedding-Guest sat on a stone:
He cannot choose but hear;
And thus spake on that ancient man,
The bright-eyed Mariner.

The Mariner tells how the ship sailed southward with a good wind and fair weather, till it reached the Line.

'The ship was cheered, the harbour cleared,
Merrily did we drop
Below the kirk, below the hill,
Below the lighthouse top.

The Sun came up upon the left,
Out of the sea came he!

The Wedding-Guest heareth the bridal music; but the Mariner continueth his tale.

The ship driven by a storm toward the South Pole.

The land of ice, and of fearful sounds where no living thing was to be seen.

Till a great sea-bird, called the Albatross, came through the snow-fog, and was received with great joy and hospitality.

And lo! the Albatross proveth a bird of good omen, and followeth the ship as it returned northward through fog and floating ice.

The ancient Mariner inhospitably killeth the pious bird of good omen.

His shipmates cry out

against the ancient Mariner, for killing the bird of good luck.

But when the fog cleared off, they justify the same, and thus make themselves accomplices in the crime.

The fair breeze continues; the ship enters the Pacific Ocean, and sails northward, even till it reaches the Line.

The ship hath been suddenly becalmed.

And the Albatross begins to be avenged.

A flash of joy;

And horror follows. For can it be a ship that comes onward without wind or tide?

It seemeth him but the skeleton of a ship.

And its ribs are seen as bars on the face of the setting Sun. The Spectre-Woman and her Death-mate, and no other on board the skeleton ship.

Like vessel, like crew!

Death and Life-in-Death have diced for the ship's crew, and she (the latter) winneth the ancient Mariner.

No twilight within the courts of the Sun.

And he shone bright, and on the right
Went down into the sea.

Higher and higher every day,
Till over the mast at noon—'
The Wedding-Guest here beat his breast,
For he heard the loud bassoon.

The bride hath paced into the hall,
Red as a rose is she;
Nodding their heads before her goes
The merry minstrelsy.

The Wedding-Guest he beat his breast,
Yet he cannot choose but hear;
And thus spake on that ancient man,
The bright-eyed Mariner.

'And now the STORM-BLAST came, and he
Was tyrannous and strong:
He struck with his o'ertaking wings,
And chased us south along.

With sloping masts and dipping prow,
As who pursued with yell and blow
Still treads the shadow of his foe,
And forward bends his head,
The ship drove fast, loud roared the blast,
The southward aye we fled.

And now there came both mist and snow,
And it grew wondrous cold:
And ice, mast-high, came floating by,
As green as emerald.

At the rising of the Moon,
One after another,
His shipmates drop down dead.
But Life-in-Death begins her work on the ancient Mariner.

The Wedding-Guest feareth that a Spirit is talking to him;

But the ancient Mariner assureth him of his bodily life, and proceedeth to relate his horrible penance.
He despiseth the creatures of the calm,
And envieth that *they* should live, and so many lie dead.
But the curse liveth for him in the eye of the dead men.
In his loneliness and fixedness he yearneth towards the journeying Moon, and the stars that still sojourn, yet still move onward; and every where the blue sky belongs to them, and is their appointed rest, and their native country and their own natural homes, which they enter unannounced, as lords that are certainly expected and yet there is a silent joy at their arrival.
By the light of the Moon he beholdeth God's creatures of the great calm.

And through the drifts the snowy clifts
Did send a dismal sheen:
Nor shapes of men nor beasts we ken—
The ice was all between.

The ice was here, the ice was there,
The ice was all around:
It cracked and growled, and roared and howled,
Like noises in a swound!

At length did cross an Albatross,
Thorough the fog it came;
As if it had been a Christian soul,
We hailed it in God's name.

It ate the food it ne'er had eat,
And round and round it flew.
The ice did split with a thunder-fit;
The helmsman steered us through!

And a good south wind sprung up behind;
The Albatross did follow,
And every day, for food or play,
Came to the mariner's hollo!

In mist or cloud, on mast or shroud,
It perched for vespers nine;
Whiles all the night, through fog-smoke white,
Glimmered the white Moon-shine.'

'God save thee, ancient Mariner!
From the fiends, that plague thee thus!—
Why look'st thou so?'—With my cross-bow
I shot the ALBATROSS.'

Their beauty and their happiness.

He blesseth them in his heart.

The spell begins to break.

By grace of the holy Mother, the ancient Mariner is refreshed with rain.

He heareth sounds and seeth strange sights and commotions in the sky and the element.

The bodies of the ship's crew are inspired, and the ship moves on;

But not by the souls of the men, nor by dæmons of earth or middle air, but by a blessed troop of angelic spirits, sent down by the invocation of the guardian saint.

The lonesome Spirit from the South Pole carries on the ship as far as the Line, in obedience to the angelic troop, but still requireth vengeance.

The Polar Spirit's fellow-dæmons, the invisible inhabitants of the element, take part in his wrong; and two of them relate, one to the other, that penance long and heavy for the ancient Mariner hath been accorded to the Polar Spirit, who returneth southward.

Part II

'The Sun now rose upon the right:
Out of the sea came he,
Still hid in mist, and on the left
Went down into the sea.

And the good south wind still blew behind,
But no sweet bird did follow,
Nor any day for food or play
Came to the mariners' hollo!

And I had done an hellish thing,
And it would work 'em woe:
For all averred, I had killed the bird
That made the breeze to blow.
Ah wretch! said they, the bird to slay,
That made the breeze to blow!

Nor dim nor red, like God's own head,
The glorious Sun uprist:
Then all averred, I had killed the bird
That brought the fog and mist.
'Twas right, said they, such birds to slay,
That bring the fog and mist.

The fair breeze blew, the white foam flew,
The furrow followed free;
We were the first that ever burst
Into that silent sea.

Down dropt the breeze, the sails dropt down,
'Twas sad as sad could be;
And we did speak only to break
The silence of the sea!

The Mariner hath been cast into a trance ; for the angelic power causeth the vessel to drive northward faster than human life could endure.
The supernatural motion is retarded ; the Mariner awakes, and his penance begins anew.
The curse is finally expiated.
And the ancient Mariner beholdeth his native country.

The angelic spirits leave the dead bodies,
And appear in their own forms of light.

The Hermit of the Wood,
"Approacheth the ship with wonder.
The ship suddenly sinketh.
The ancient Mariner is saved in the Pilot's boat.
The ancient Mariner earnestly entreateth the Hermit to shrieve him ; and the penance of life falls on him.
And ever and anon through out his future life an agony constraineth him to travel from land to land ;
And to teach, by his own example, love and reverence to all things that God made and loveth.

All in a hot and copper sky,
The bloody Sun, at noon,
Right up above the mast did stand,
No bigger than the Moon.

Day after day, day after day,
We stuck, nor breath nor motion ;
As idle as a painted ship
Upon a painted ocean.

Water, water, every where,
And all the boards did shrink ;
Water, water, every where,
Nor any drop to drink.

The very deep did rot : O Christ!
That ever this should be!
Yea, slimy things did crawl with legs
Upon the slimy sea.

About, about, in reel and rout
The death-fires danced at night ;
The water, like a witch's oils,
Burnt green, and blue and white.

And some in dreams assured were
Of the Spirit that plagued us so :
Nine fathom deep he had followed us.
From the land of mist and snow.

And every tongue, through utter drought,
Was withered at the root ;
We could not speak, no more than if
We had been choked with soot.

Ah! well a-day! what evil looks
Had I from old and young!
Instead of the cross, the Albatross
About my neck was hung.

Part Ⅲ

There passed a weary time. Each throat
Was parched, and glazed each eye.
A weary time! a weary time!
How glazed each weary eye!
When looking westward I beheld
A something in the sky.

At first it seemed a little speck,
And then it seemed a mist;
It moved and moved, and took at last
A certain shape, I wist.

A speck, a mist, a shape, I wist!
And still it neared and neared:
As if it dodged a water-sprite,
It plunged and tacked and veered.

With throats unslaked, with black lips baked
We could nor laugh nor wail;
Through utter drought all dumb we stood!
I bit my arm, I sucked the blood,
And cried, 'A sail! a sail!'

With throats unslaked, with black lips baked,
Agape they heard me call:
Gramercy! they for joy did grin,
And all at once their breath drew in,
As they were drinking all.

See! see! (I cried) she tacks no more!
Hither to work us weal;
Without a breeze, without a tide,
She steadies with upright keel!

The western wave was all a-flame.
The day was well nigh done!
Almost upon the western wave
Rested the broad bright Sun;
When that strange shape drove suddenly
Betwixt us and the Sun.

And straight the Sun was flecked with bars,
(Heaven's Mother send us grace!)
As if through a dungeon-grate he peered
With broad and burning face.

Alas! (thought I, and my heart beat loud)
How fast she nears and nears!
Are those *her* sails that glance in the Sun,
Like restless gossameres?

And those *her* ribs through which the Sun
Did peer, as through a grate?
And is that Woman all her crew?
Is that a DEATH? and are there two?
Is DEATH that woman's mate?

Her lips were red, *her* looks were free,
Her locks were yellow as gold:
Her skin was as white as leprosy,
The Night-mare LIFE-IN-DEATH was she,
Who thicks man's blood with cold.

The naked hulk alongside came,

And the twain were casting dice;
'The game is done! I've won! I've won!'
Quoth she, and whistles thrice.

The Sun's rim dips; the stars rush out:
At one stride comes the dark;
With far-heard whisper, o'er the sea,
Off shot the spectre-bark.

We listened and looked sideways up!
Fear at my heart, as at a cup,
My life-blood seemed to sip!
The stars were dim, and thick the night,
The steerman's face by his lamp gleamed white;
From the sails the dew did drip—
Till clomb above the eastern bar
The hornèd Moon, with one bright star
Within the nether tip.

One after one, by the star-dogged Moon,
Too quick for groan or sigh,
Each turned his face with a ghastly pang,
And cursed me with his eye.

Four times fifty living men,
(And I heard nor sigh nor groan)
With heavy thump, a lifeless lump,
They dropped down one by one.

The souls did from their bodies fly,—
They fled to bliss or woe!
And every soul, it passed me by,
Like the whizz of my cross-bow!

PART Ⅳ

'I fear thee, ancient Mariner!

I fear thy skinny hand!
And thou art long, and lank, and brown,
As is the ribbed sea-sand.

I fear thee and thy glittering eye,
And thy skinny hand, so brown.'—
'Fear not, fear not, thou Wedding-Guest!
This body dropt not down.

Alone, alone, all, all alone,
Alone on a wide wide sea!
And never a saint took pity on
My soul in agony.

The many men, so beautiful!
And they all dead did lie:
And a thousand thousand slimy things
Lived on; and so did I.

I looked upon the rotting sea,
And drew my eyes away;
I looked upon the rotting deck,
And there the dead men lay.

I looked to heaven, and tried to pray;
But or ever a prayer had gusht,
A wicked whisper came, and made
My heart as dry as dust.

I closed my lids, and kept them close,
And the balls like pulses beat;
For the sky and the sea, and the sea and the sky
Lay like a load on my weary eye,
And the dead were at my feet.

The cold sweat melted from their limbs,
Nor rot nor reek did they :
The look with which they looked on me
Had never passed away.

An orphan's curse would drag to hell
A spirit from on high ;
But oh! more horrible than that
Is the curse in a dead man's eye!
Seven days, seven nights, I saw that curse,
And yet I could not die.

The moving Moon went up the sky,
And no where did abide :
Softly she was going up,
And a star or two beside—

Her beams bemocked the sultry main,
Like April hoar-frost spread ;
But where the ship's huge shadow lay,
The charmèd water burnt alway
A still and awful red.

Beyond the shadow of the ship,
I watched the water-snakes :
They moved in tracks of shining white,
And when they reared, the elfish light
Fell off in hoary flakes.

Within the shadow of the ship
I watched their rich attire :
Blue, glossy green, and velvet black,
They coiled and swam ; and every track
Was a flash of golden fire.

O happy living things! no tongue
Their beauty might declare :
A spring of love gushed from my heart,
And I blessed them unaware :
Sure my kind Saint took pity on me,
And I blessed them unaware.

The self-same moment I could pray ;
And from my neck so free
The Albatross fell off, and sank
Like lead into the sea.'

Part V

'Oh sleep! it is a gentle thing,
Beloved from pole to pole!
To Mary Queen the praise be given!
She sent the gentle sleep from Heaven,
That slid into my soul.

The silly buckets on the deck,
That had so long remained,
I dreamt that they were filled with dew ;
And when I awoke, it rained.

My lips were wet, my throat was cold,
My garments all were dank ;
Sure I had drunken in my dreams,
And still my body drank.

I moved, and could not feel my limbs :
I was so light – almost
I thought that I had died in sleep,
And was a blessed ghost.

And soon I heard a roaring wind :

It did not come anear ;
But with its sound it shook the sails,
That were so thin and sere.

The upper air burst into life!
And a hundred fire-flags sheen,
To and fro they were hurried about!
And to and fro, and in and out,
The wan stars danced between.

And the coming wind did roar more loud,
And the sails did sigh like sedge ;
And the rain poured down from one black cloud ;
The Moon was at its edge.

The thick black cloud was cleft, and still
The Moon was at its side :
Like waters shot from some high crag,
The lightning fell with never a jag,
A river steep and wide.

The loud wind never reached the ship,
Yet now the ship moved on!
Beneath the lightning and the Moon
The dead men gave a groan.

They groaned, they stirred, they all uprose,
Nor spake, nor moved their eyes ;
It had been strange, even in a dream,
To have seen those dead men rise.

The helmsman steered, the ship moved on ;
Yet never a breeze up-blew ;
The mariners all 'gan work the ropes,
Where they were wont to do ;

They raised their limbs like lifeless tools—
We were a ghastly crew.

The body of my brother's son
Stood by me, knee to knee:
The body and I pulled at one rope,
But he said nought to me.'

'I fear thee, ancient Mariner!'
'Be calm, thou Wedding-Guest!
'Twas not those souls that fled in pain,
Which to their corses came again,
But a troop of spirits blest:

For when it dawned—they dropped their arms,
And clustered round the mast;
Sweet sounds rose slowly through their mouths,
And from their bodies passed.

Around, around, flew each sweet sound,
Then darted to the Sun;
Slowly the sounds came back again,
Now mixed, now one by one.

Sometimes a-dropping from the sky
I heard the sky-lark sing;
Sometimes all little birds that are,
How they seemed to fill the sea and air
With their sweet jargoning!

And now 'twas like all instruments,
Now like a lonely flute;
And now it is an angel's song,
That makes the heavens be mute.

It ceased; yet still the sails made on
A pleasant noise till noon,
A noise like of a hidden brook
In the leafy month of June,
That to the sleeping woods all night
Singeth a quiet tune.

Till noon we quietly sailed on,
Yet never a breeze did breathe:
Slowly and smoothly went the ship,
Moved onward from beneath.

Under the keel nine fathom deep,
From the land of mist and snow,
The spirit slid: and it was he
That made the ship to go.
The sails at noon left off their tune,
And the ship stood still also.

The Sun, right up above the mast,
Had fixed her to the ocean:
But in a minute she 'gan stir,
With a short uneasy motion—
Backwards and forwards half her length
With a short uneasy motion.

Then like a pawing horse let go,
She made a sudden bound:
It flung the blood into my head,
And I fell down in a swound.

How long in that same fit I lay,
I have not to declare;
But ere my living life returned,
I heard and in my soul discerned

Two voices in the air.

"Is it he?" quoth one, "Is this the man?
By him who died on cross,
With his cruel bow he laid full low
The harmless Albatross.

The spirit who bideth by himself
In the land of mist and snow,
He loved the bird that loved the man
Who shot him with his bow."

The other was a softer voice,
As soft as honey-dew :
Quoth he, "The man hath penance done,
And penance more will do.'"

Part Ⅵ

FIRST VOICE
"'But tell me, tell me! speak again,
Thy soft response renewing—
What makes that ship drive on so fast?
What is the ocean doing?"

SECOND VOICE
"Still as a slave before his lord,
The ocean hath no blast ;
His great bright eye most silently
Up to the Moon is cast—

If he may know which way to go ;
For she guides him smooth or grim.
See, brother, see! how graciously
She looketh down on him."

FIRST VOICE
"But why drives on that ship so fast,
Without or wave or wind?"

SECOND VOICE
"The air is cut away before,
And closes from behind.
Fly, brother, fly! more high, more high!
Or we shall be belated:
For slow and slow that ship will go,
When the Mariner's trance is abated.'

I woke, and we were sailing on
As in a gentle weather:
'Twas night, calm night, the moon was high;
The dead men stood together.

All stood together on the deck,
For a charnel-dungeon fitter:
All fixed on me their stony eyes,
That in the Moon did glitter.

The pang, the curse, with which they died,
Had never passed away:
I could not draw my eyes from theirs,
Nor turn them up to pray.

And now this spell was snapt: once more
I viewed the ocean green,
And looked far forth, yet little saw
Of what had else been seen—

Like one, that on a lonesome road
Doth walk in fear and dread,
And having once turned round walks on,

And turns no more his head;
Because he knows, a frightful fiend
Doth close behind him tread.

But soon there breathed a wind on me,
Nor sound nor motion made:
Its path was not upon the sea,
In ripple or in shade.

It raised my hair, it fanned my cheek
Like a meadow-gale of spring—
It mingled strangely with my fears,
Yet it felt like a welcoming.

Swiftly, swiftly flew the ship,
Yet she sailed softly too:
Sweetly, sweetly blew the breeze—
On me alone it blew.

Oh! dream of joy! is this indeed
The light-house top I see?
Is this the hill? is this the kirk?
Is this mine own countree?

We drifted o'er the harbour-bar,
And I with sobs did pray—
O let me be awake, my God!
Or let me sleep alway.

The harbour-bay was clear as glass,
So smoothly it was strewn!
And on the bay the moonlight lay,
And the shadow of the Moon.

The rock shone bright, the kirk no less,

That stands above the rock:
The moonlight steeped in silentness
The steady weathercock.

And the bay was white with silent light,
Till rising from the same,
Full many shapes, that shadows were,
In crimson colours came.

A little distance from the prow
Those crimson shadows were:
I turned my eyes upon the deck—
Oh, Christ! what saw I there!

Each corse lay flat, lifeless and flat,
And, by the holy rood!
A man all light, a seraph-man,
On every corse there stood.

This seraph-band, each waved his hand:
It was a heavenly sight!
They stood as signals to the land,
Each one a lovely light;

This seraph-band, each waved his hand,
No voice did they impart—
No voice; but oh! the silence sank
Like music on my heart.

But soon I heard the dash of oars,
I heard the Pilot's cheer;
My head was turned perforce away
And I saw a boat appear.

The Pilot and the Pilot's boy,

I heard them coming fast :
Dear Lord in Heaven! it was a joy
The dead men could not blast.

I saw a third — I heard his voice :
It is the Hermit good!
He singeth loud his godly hymns
That he makes in the wood.
He'll shrieve my soul, he'll wash away
The Albatross's blood.'

Part Ⅶ

This Hermit good lives in that wood
Which slopes down to the sea.
How loudly his sweet voice he rears!
He loves to talk with marineres
That come from a far countree.

He kneels at morn, and noon, and eve —
He hath a cushion plump :
It is the moss that wholly hides
The rotted old oak-stump.

The skiff-boat neared : I heard them talk,
"Why, this is strange, I trow!
Where are those lights so many and fair,
That signal made but now?"

"Strange, by my faith!" the Hermit said —
"And they answered not our cheer!
The planks looked warped! and see those sails,
How thin they are and sere!
I never saw aught like to them,
Unless perchance it were

Brown skeletons of leaves that lag
My forest-brook along ;
When the ivy-tod is heavy with snow,
And the owlet whoops to the wolf below,
That eats the she-wolf's young."

"Dear Lord! it hath a fiendish look—
(The Pilot made reply)
I am a-feared"—"Push on, push on!"
Said the Hermit cheerily.

The boat came closer to the ship,
But I nor spake nor stirred ;
The boat came close beneath the ship,
And straight a sound was heard.

Under the water it rumbled on,
Still louder and more dread :
It reached the ship, it split the bay ;
The ship went down like lead.

Stunned by that loud and dreadful sound,
Which sky and ocean smote,
Like one that hath been seven days drowned
My body lay afloat ;
But swift as dreams, myself I found
Within the Pilot's boat.

Upon the whirl, where sank the ship,
The boat spun round and round ;
And all was still, save that the hill
Was telling of the sound.

I moved my lips—the Pilot shrieked
And fell down in a fit ;

The holy Hermit raised his eyes,
And prayed where he did sit.

I took the oars : the Pilot's boy,
Who now doth crazy go,
Laughed loud and long, and all the while
His eyes went to and fro.
"Ha! ha!" quoth he, "full plain I see,
The Devil knows how to row."

And now, all in my own countree,
I stood on the firm land!
The Hermit stepped forth from the boat,
And scarcely he could stand.

"O shrieve me, shrieve me, holy man!"
The Hermit crossed his brow.
"Say quick," quoth he, "I bid thee say—
What manner of man art thou?"

Forthwith this frame of mine was wrenched
With a woful agony,
Which forced me to begin my tale ;
And then it left me free.

Since then, at an uncertain hour,
That agony returns :
And till my ghastly tale is told,
This heart within me burns.

I pass, like night, from land to land ;
I have strange power of speech ;
That moment that his face I see,
I know the man that must hear me :
To him my tale I teach.

What loud uproar bursts from that door!
The wedding-guests are there :
But in the garden-bower the bride
And bride-maids singing are :
And hark the little vesper bell,
Which biddeth me to prayer!

O Wedding-Guest! this soul hath been
Alone on a wide wide sea :
So lonely 'twas, that God himself
Scarce seemèd there to be.

O sweeter than the marriage-feast,
'Tis sweeter far to me,
To walk together to the kirk
With a goodly company!—

To walk together to the kirk,
And all together pray,
While each to his great Father bends,
Old men, and babes, and loving friends
And youths and maidens gay!

Farewell, farewell! but this I tell
To thee, thou Wedding-Guest!
He prayeth well, who loveth well
Both man and bird and beast.

He prayeth best, who loveth best
All things both great and small ;
For the dear God who loveth us,
He made and loveth all.'

The Mariner, whose eye is bright,

Whose beard with age is hoar,
Is gone : and now the Wedding-Guest
Turned from the bridegroom's door.

He went like one that hath been stunned,
And is of sense forlorn :
A sadder and a wiser man,
He rose the morrow morn.

노수부의 노래

제1부

한 사람의 노수부가 있는데
그가 세 사람 중 한 사람을 멈추게 한다.
"당신의 긴 하얀 수염과 반짝이는 눈을 걸고 말하는데
지금 왜 당신은 나를 멈추게 하는거요?

신랑집 문은 활짝 열려 있고
나는 그의 친한 친척이요
하객들이 모여 들고 연회 파티도 준비되었소.
당신도 저 즐거운 소리가 들리지요.

노수부는 깡마른 손으로 그를 붙잡는다.
"배가 한 척 있었지요." 그는 말한다.
"비키시오. 내 손을 놓으시오. 하얀 수염의 얼간이 같으니라구!"
즉시 그는 그의 손을 떼었다.

노수부는 반짝이는 눈으로 그를 사로잡는다.
결혼식 하객은 꼼짝없이 서서
세 살된 어린 아기처럼 경청한다.
그 노수부는 그의 뜻을 이룬다.

결혼식 하객은 바위 위에 앉았다.
그는 경청할 수밖에 없다.
이렇게 하여 그 빛나는 눈의 선원
그 노인은 말을 계속 잇는다.

"배는 박수갈채를 받으며 항구를 떠나
즐겁게 우리는 항해해 갔소.
교회 아래로 언덕 아래로
등대 꼭대기 아래로

해가 왼쪽에서 솟아올랐소.
바다로부터 해가 솟았소!
해는 밝게 빛났고 오른쪽에서
바다 속으로 내려갔소.

매일 매일 해가 더욱 높아져
드디어 정오에는 돛대 위로—
결혼식 하객은 이 때 그의 가슴을 두드렸소.
요란한 버순 저음 목관악기 소리를 들었기에

신부가 넓은 홀로 천천히 걸어 들어갔다
장미처럼 새빨간 신부가.
흥에 겨운 음유시인들이
고개를 끄덕이며 그녀 앞에 지나간다.

결혼식 하객은 그의 가슴을 두드렸다.
하지만 그는 경청할 수밖에 없다.
그렇게 하여 빛나는 눈의 노수부는
말을 계속했다.

그리고 그 때 폭풍우가 몰아 왔소.
포악하고 강한 폭풍우였소.
그 덮어씌우는 날개로 때리며
우리를 남쪽으로 몰았소.

함성과 강타로 추격하며
항상 그의 머리를 앞으로 숙이는 사람같이
경사진 돛대와 뱃머리를 물에 담근 채
배는 재빨리 달렸고 돌풍은 큰소리로 울부짖었고
남쪽으로 자꾸만 우리는 도망쳐 갔소.

그리고 그 때 안개가 끼고 눈이 내렸소.
날씨는 굉장히 추워졌소.
그리고 돛대만큼 높은 빙산이 표류해 왔소
에머럴드처럼이나 푸르른 빙산이.

그리고 흩날리는 눈바람 속에 눈에 덮인
음침한 빛을 던졌소.
사람이나 동물의 형체를 우리는 알아볼 수 없고—
주위엔 온통 얼음뿐이었소.

얼음이 여기에도 저기에도
온 주위가 온통 얼음이었소.
얼음은 깨어지고 우르렁거리고 포효하고 울부짖었소.
졸도했을 때 들리는 소음처럼!

드디어 앨버트로스 새가
안개 속을 통하여 날아왔지요.
마치 그 새가 기독교인의 영혼인 듯
우리는 하나님의 이름으로 그 새를 환호하며 맞이했소.

앨버트로스는 전에 먹어보지 못한 음식을 먹었고
주위를 빙글빙글 날아다녔소.
얼음이 천둥소리를 내며 갈라지고
키잡이는 그 틈으로 우리를 저어갔소!

그리고 순풍의 남풍이 뒤에서 일어났고
앨버트로스도 뒤따라왔소.
그리고 날마다 먹이나 놀이를 찾아
선원들의 어어이 부르는 소리에 따라왔소!

안개 속이나 구름 속에 돛대나 돛대 밧줄에 횃대삼아
앨버트로스는 아홉 날의 저녁을 앉았소.
한편 밤새도록 하얀 안개 연기 속에
흰 달빛이 어렴풋이 빛났었소.

"하나님께서 당신을 구원해 주시길 빕니다. 노수부여!

당신을 이렇게 괴롭히는 악마들로부터!-
왜 당신은 그런 표정을 짓소? 나의 석궁으로
나는 앨버트로스를 쏘았소.

제2부

"해가 그 때 오른 쪽에서 떠올랐소.
바다로부터 해가 솟아 나왔소.
여전히 안개 속에 가리운 채 그리고 왼쪽에서
바다 속으로 내려갔소.

그리고 순풍의 남풍이 뒤에서 계속해서 불었소.
하지만 귀여운 새 한 마리도 뒤따라오지 않았지요.
어느 날이든 먹이나 놀이를 찾아
선원들의 어이어이 부르는 소리에 응해 오지 않았소!

나는 가증한 일을 저질렀소.
재앙이 선원들에게 밀어 닥칠 것이오.
모두들 말하기를 내가 산들바람을
불어오게 하는 새를 죽였다는 이유에서
"아 나쁜 사람!" 그들은 말했소. "그 새를 죽이다니
산들바람을 불어오게 하는!"

하나님 자신의 머리처럼 흐리지도 빨갛지도 않은
장엄한 해가 떠올랐소.
그 때 모두들 주장했소. 내가 짙은 안개와 안개를
가져다주는 그 새를 죽였다고
그들은 말했소. 정말 그래 짙은 안개와 안개를 가져다주는
그 새를 죽였어.

미풍이 불고 흰 거품이 날리고
뱃머리의 물이랑이 거침없이 따라 붙었소.
우리는 고요한 바다로 뛰어든
첫 번째 사람들이었소.

미풍은 그치고 돛들도 내려앉았는데
참으로 슬펐소.

그리고 우리들의 이야기하는 소리만이
바다의 고요함을 깨뜨릴 뿐이었소!

뜨거운 구리빛 하늘에
핏기 서린 해가 정오에
바로 돛대 위에 서 있었소,
달보다 크지 않게.

날마다 날마다
우리는 꼼짝도 못했소. 호흡도 동작도 없이
그림 속에 바다 위에 뜬
그려진 배처럼 가만히 있었소.

물 물 어디에나 물
그런데도 모든 뱃전은 움츠러들고
물 물 어디에나 물
하지만 마실 물은 단 한 방울도 없었소.

바다물은 썩었소. 오 주님!
이런 일이 세상에 있다니!
네, 끈적끈적한 것들이 다리로 기어 왔소.
끈적끈적한 바다 위에서

빙글빙글 원무를 추며
도깨비불들이 밤에 춤을 추었소.
물은 마녀의 기름처럼
녹색 청색 그리고 흰색으로 불탔소.

그리고 몇 사람은 꿈속에서
우리들을 그렇게 괴롭히는 정령을 분명히 보았소.
아홉 길 깊이로 그 정령은 우리를 뒤따라왔소.
안개와 눈의 땅으로부터

그리고 모든 사람의 혀는 심한 갈증 때문에
뿌리 채 시들어 버렸소.
우리들은 말할 수가 없었소.

검댕으로 우리들의 목구멍이 질식된 것처럼.

아! 슬픈 날! 얼마나 미워하는 시선을
나는 늙은이와 젊은이로부터 받았던가!
십자가 대신에 앨버트로스가
내 목에 매달렸소.

제3부

지루한 시간이 지나갔소. 목구멍은 모두
갈증으로 타고 눈은 모두 흐려졌소.
지루한 시간! 지루한 시간!
피로한 눈이 모두 얼마나 흐렸던가.
그 때 서쪽을 보니 하늘에 무엇인가를
나는 발견했소.

맨 처음에 그것은 작은 얼룩 같더니
그것이 안개 같았소.
그것이 자꾸 움직이고 또 움직이더니
드디어 어떤 형상인 것을 알게 되었소.

얼룩 안개 형상
그리고 계속해서 그것이 가까이 왔소.
마치 물의 요정을 날쌔게 피하는 듯이
그것은 물 속에 잠기고 진로를 틀어 방향을 바꾸었소.

목구멍이 바싹 마르고 새까만 입술은 타서
우리는 웃을 수도 울부짖을 수도 없었소.
굉장한 가뭄으로 우리 모두 벙어리가 되어 우리는 서 있었소!
나는 내 팔을 깨물었소. 내 피를 빨았소.
그리고 외쳤지요. 배다! 배야!

목구멍이 바싹 마르고 새까만 입술은 타서
입을 딱 벌린 채 그들은 내가 외치는 소리를 들었지요.
고마워라! 그들은 기뻐서 씩 웃었소.
그리고 갑자기 숨을 들이쉬었소.
마치 모두를 마시고 있는 듯.

보시오! 보시오! (나는 울부짖었소) 배가 이젠 이리저리 안 움직인다.
이리로 우리에게 행복을 주려고 온다.
미풍도 없이 조류의 흐름도 없는데
배는 선체를 똑바로 하고 나아오고 있소!

서쪽의 파도는 온통 불길처럼 타오르고 있었소!
하루는 거의 저물었소!
거의 서쪽 파도 위에서
넓은 빛나는 해가 걸려 있었소.
그 때 그 이상한 형상은 갑자기
우리와 해 사이로 달려왔소.

즉시 해는 막대기처럼 반점을 이루었소.
(하늘의 성모 마리아여 우리에게 은총을 내리소서!)
마치 지하 감옥의 쇠창살을 통해서
해가 넓고 불타는 얼굴로 빠꼼히 내다보듯.

아! (나는 생각했소. 그리고 나의 심장은 크게 뛰었소)
얼마나 빨리 배가 접근하고 있는가?
흔들리는 거미집처럼
햇빛에 반짝이며 빛나는 것은 배의 돛인가?

마치 쇠창살인 듯 해가
빠꼼히 내다보는 그것은 사신의 갈빗대인가?
그리고 저 여자가 배의 모든 승무원인가?
저게 사실인가? 두 사람인가?
사신이 저 여인의 배우자인가?

그녀의 입술은 붉고 그녀의 표정은 방종한 편이었소.
머리카락은 황금같이 노랗고
그녀의 살결은 문둥이처럼 하얗고
그녀는 사중생의 악몽이었소.
사람의 피를 차갑게 얼어붙게 하는.

무방비상태의 큰 배가 가까이 왔소.

그리고 둘이서 주사위를 던지고 있었소.
"게임은 끝났소! 내가 이겼어! 내가 이겼다!
그녀는 말하며 세 번 휘파람을 불었소.

햇님의 얼굴이 물에 잠기고 별들이 뛰어 나왔소.
한 걸음으로 어둠이 닥쳤소.
바다 위로 멀리 들리는 속삭임으로
유령선은 쏜살같이 사라졌소.

우리는 귀를 기울였고 곁눈으로 쳐다보았소!
내 마음속에 공포가 마치 잔으로
내 생명의 피를 빨아들이는 듯 했지요!
별들은 희미했고 밤은 칠흑 같았소.
키잡이의 얼굴은 램프 빛에 하얗게 빛났고
돛으로부터 이슬이 방울져 떨어졌소.-
드디어 동쪽 수평선에 떠올랐소.
초승달이 빛나는 별 하나를 데리고
아래 쪽 끝에 안고서.

한 사람씩 별에 쫓기는 달빛으로 보니
신음이나 한 숨 쉴 새도 없이
선원들은 파랗게 질린 고통의 얼굴을 돌려서
나를 눈으로 저주했소.

오십의 네 갑절 되는 살아있는 사람들이
(나는 한 숨도 신음도 듣지 못했소)
육중한 쿵 소리를 내면서 생명도 없는 덩어리가
하나씩 하나씩 쓰러졌소.

그 영혼들이 그들의 몸에서 날아갔소.
그들의 영혼은 축복이 아니면 재앙에게로 날아갔소.
그리고 모든 영혼이 내 옆으로 날아갔소.
나의 석궁의 윙윙 소리 비슷한 소리를 내면서

제4부

"나는 두려워요. 당신이, 노수부여!

나는 두려워요. 당신의 바싹 마른 손이;
그리고 당신은 키가 크고 야위고 갈색이군요.
마치 갈비뼈 모양의 바다 모래사장처럼

나는 두려워요. 당신과 당신의 반짝반짝 빛나는 눈이
그리고 갈색의 바싹 마른 손이
두려워 마시오. 두려워 마시오. 당신 결혼식 하객이시여!
이 몸은 쓰러지지 않았소.

혼자서 혼자서 온통 나 혼자서
넓고 넓은 바다에 나 혼자서!
어떤 성인도 고뇌에 빠진
내 영혼을 동정하지 않았소.

그리고 아름답던 많은 사람들
그들이 모두 죽은 채 누워 있었지요.
그리고 수백만의 끈적끈적한 것들이
계속 살았소. 그리고 나도 살았소.

나는 썩어가는 바다를 바라다보았소.
그리고 나의 시선을 떼었소.
나는 썩어가는 갑판을 바라다보았소.
그리고 거기에 죽은 사람들이 누워 있었소.

나는 하늘을 쳐다보고 기도하려고 애썼지요.
하지만 기도가 마음속에서 나오기도 전에
사악한 속삭임이 찾아와서 내 마음을
먼지처럼 메마르게 했소.

나는 내 눈꺼풀을 감고 그대로 있었소.
그런데 눈알이 맥박처럼 고동쳤지요.
하늘과 바다 그리고 바다와 하늘이
짐짝처럼 내 피로한 눈을 짓눌렀었고
죽은 사람들이 내 발 주위에 있었기 때문이지요.

싸늘한 땀이 죽은 사람들의 수족에서 녹아내렸소.

그 죽은 사람들은 썩지도 않고 악취도 내지 않았소.
나를 보는 그들의 표정이
결단코 사라지지 않았소.

고아의 저주는 한 영혼을
천국에서 지옥으로 끌어내릴 수 있겠지요.
하지만 아! 그보다 더 훨씬 무서운 것은
죽은 자의 눈의 저주
일곱 낮 일곱 밤 나는 그 저주를 보았소.
그런데도 나는 죽을 수가 없었고

움직이는 달이 하늘로 올라가고
어느 곳에도 머무르지 않았소.
부드럽게 달은 올라가고 있었소.
그리고 그 옆에 별이 하나 둘—

4월의 흰서리처럼 퍼져있는
달빛은 무더운 대양을 비웃었소.
하지만 배의 거대한 그림자가 놓여 있는 곳에
마술에 걸린 바닷물이 언제나
조용하게 무서운 붉은 빛으로 불탔고

배의 그림자 너머로
나는 지켜 물뱀들을 보았소.
물뱀들은 빛나는 하얀 자국을 내며 움직였고
그들이 머리를 쳐들었을 때 꼬마 요정의 불이
하얀 물의 조각이 되어 떨어졌소.

배의 그림자 안에서
나는 물뱀들의 화려한 차림을 지켜보았소.
청색 윤기나는 녹색 그리고 벨벳같은 검은 색
그들은 몸을 사리기도 하고 헤엄치기도 했소.
그리고 모든 지나간 흔적이 황금불빛의 섬광이었소.

오 행복한 생물들이여! 어떠한 말도
이들의 아름다움을 묘사할 수 없으리

사랑의 샘이 내 마음에서 용솟음쳤소.
나도 모르게 그들을 축복했지요.
틀림없이 나의 친절한 성자께서 나를 불쌍히 여기셨고
나도 모르게 나는 그들을 축복했소.

바로 그 순간 나는 기도할 수 있었소.
그리고 내 목에서 가볍게
앨버트로스가 떨어져 나갔소. 그리고 가라앉았소.
바다 속으로 납덩어리처럼.

제5부

오 잠! 그것은 부드러운 것
극지에서 극지에 이르기까지 사랑받는 것!
성모마리아를 찬송할지어다!
그 뿐께서 하늘로부터 잠을 보내셔서
내 영혼 속에 스며들게 하시었네

오랫동안 텅 빈 채 남아 있었던
갑판 위의 양동이들
그것들이 이슬방울로 채워지는 꿈을 나는 꿈꾸었소.
그런데 잠을 깨어 보니 비가 오고 있었소.

나의 입술은 젖었고 나의 목구멍은 차갑고
내 옷은 온통 축축했소.
확실히 나는 꿈속에서 물을 마셨고
여전히 나의 몸은 물을 마셨소.

나는 움직였는데 나의 수족을 만질 수가 없었소.
너무나 가벼워-거의 내가 잠자다 죽어서
축복받은 망령이 된 것 같은
생각이 들 정도이었소.

그리고 곧 나는 울부짖는 바람소리를 들었소.
가까이 불어오지는 않았지만
그 소리만으로 바람은 돛을 흔들었소.
얇고 비찍 마른 돛을.

하늘의 공기가 갑자기 생기를 띠었소.
빛나는 일백 개의 불깃발이
이러저리 황급히 나부꼈소!
이리저리 그리고 안과 밖으로
그 사이에서 희미한 별들이 춤을 추었지요.

몰아닥치는 바람은 더 큰소리로 울부짖었고
돛들은 사초처럼 한숨소리를 냈소.
그리고 비가 검은 구름에서 퍼부어 내렸소.
달은 그 구름 가장자리에 있었지요.

짙은 검은 구름이 쪼개졌으나 여전히
달은 그 구름의 곁에 있었소.
높고 거친 바위에서 떨어지는 폭포처럼
번개불이 일직선으로 떨어졌소.
험하고 넓은 강으로.

요란한 바람은 전혀 배에 닿지도 않았는데
지금 배는 앞으로 움직였소!
번개불과 달 아래서
죽은 사람들이 신음소리를 내었소.

그들은 신음하며 몸을 꿈틀거렸소. 모두 일어났소.
말도 하지 않고 눈을 굴리려고 하지 않았소.
꿈에서조차 죽은 자들이 일어나는 것을
보았다면 이상했을 것입니다.

키잡이는 키를 잡았고 배는 움직였소.
하지만 전혀 미풍은 불어오지 않았소.
선원들은 모두 밧줄을 조종하기 시작했소.
그들이 늘 일하곤 하던 곳에서
그들은 팔다리를 들어 올렸소. 생명없는 연장처럼—
우리는 유령같은 선원들이었소.

나의 조카의 시체가

내 옆에 무릎을 나란히 해서 서 있었소.
그 시체와 내가 한 밧줄을 잡아 당겼는데
그는 내게 한 마디도 말을 안했소.

"나는 두려워요. 당신이 노수부여!
조용히 하시오 결혼식 하객이여!"
시체로 다시 돌아온 것
고통스러워하며 도망쳤던 그 영혼들이 아니라
축복받은 정령들의 무리였소.

왜냐하면 동이 트자 - 그들은 팔을 떨어뜨리고
돛대 주위에 떼를 지어 모여들었소.
감미로운 소리가 천천히 그들의 입을 통해서 솟아나오고
시체들로부터 흘러나왔소.

빙글빙글 감미로운 소리는 날아가더니
해에게로 쏜살같이 돌진해 날아갔소.
천천히 그 소리들이 다시 되돌아왔소.
어떤 때는 함께 섞어서 어떤 때는 하나씩 하나씩

때로는 하늘에서 떨어지는 듯한
종달새 노래를 나는 들었소.
때때로 작은 새들이
모든 바다와 하늘을 감미롭게 지저귀는 소리로
채우는 듯 했지요!

그리고 때로는 온갖 악기소리 같기도 하고
어떤 때는 고독한 플룻 소리 같기도 하고
또 어떤 때는 하늘을 침묵케 하는
천사의 노래였지요.

노래 소리는 그쳤소. 하지만 배의 돛은 계속해서
정오까지 즐거운 소리를 내었소.
잎사귀 무성한 6월
밤새도록 잠자는 숲 속에
고요한 노래 가락을 자아내는

숨겨진 시냇물 같은 소리를.

정오까지 우리는 고요하게 계속 항해했소.
하지만 어떤 미풍도 불어오지 않았소.
천천히 부드럽게 배는 갔소.
밑으로부터 앞쪽으로 움직이면서.

아홉 길 깊은 곳 배아래
안개와 눈의 나라로부터
정령이 미끄러져 왔소.
바로 그가 배를 나아가게 한 장본인
돌들은 정오에 그들의 가락을 멈추었고
배도 역시 꼼짝않고 서 있었지요.

돛대 바로 위에서 해가
배를 바다에 고착시켰소.
하지만 순식간에 배는 움직이기 시작했소.
짧고 불안한 움직임으로—
배의 몸체 반쯤 뒤로 그리고 앞으로
짧고 불안한 움직임으로

그 때 발굽으로 땅을 긁는 말을 자유롭게 풀어 놓은 듯
배는 별안간 펄쩍 뛰었지요.
그것이 피를 나의 머리 속으로 치솟게 하여
나는 졸도하며 쓰러졌소.

얼마나 오랫동안 그러한 발짝 상태로 누워 있었는지
나는 말할 수 없소.
하지만 나의 살아 있는 생명이 돌아오기 전에
나는 들었고 나의 영혼 속에서 분별했어요.
공중에서 내는 두 목소리를.

"이 사람이 그 사람인가?" 하나가 말했소.
십자가에서 돌아가신 그 분을 두고 맹세하건대
그의 잔인한 활로 이 사람이
아무런 해도 주지 않는 앨버트로스 새를 쏘아뜨렸소.

"안개와 눈의 나라에서
홀로 사는 정령
그는 활로 그를 쏴서 죽인
그 사람을 사랑했던 그 새를 사랑했소.

또 다른 목소리는 더욱 부드러웠소.
꿀처럼 부드러웠지요.
그가 말하기를 "이 사람은 참회할거야.
그리고 앞으로 더욱 참회할거야"

제6부

첫 번째 목소리
"하지만 나에게 말해 나에게 또다시 말해
그대의 부드러운 대답을 새롭게 해봐-
무엇이 저 배를 그처럼 빨리 몰고 가나?
무엇을 바다가 하고 있는 것인지?"

두 번째 목소리
"주인 앞에선 노예처럼 조용한
바다에는 돌풍도 없어
바다의 큰 빛나는 눈은 가장 조용히
달에게로 던지고 있어-

어느 길을 가야 될지 물어보는 듯
달은 잔잔하든 험상궂든 바다를 인도하니까
저것 보시오 형 보시오! 얼마나 인자하게
달이 바다를 내려다보는지를"

첫 번째 목소리
"하지만 왜 저배를 그처럼 빨리 몰 수 있을까
파도도 없고 바람도 없는데?"

두 번째 목소리
"앞에서 공기가 베어서 잘라 내리고
뒤에서부터 닫히니까 그렇겠지.

날아가시오 형 날아가시오 더욱 높이 더욱 높이!
아니면 우리는 늦은 것 같소.
왜냐하면 천천히 천천히 저 배는 갈 테니까!
선원이 비몽사몽에서 깨어날 때에"

나는 잠을 깨었고 우리는 계속 항해하고 있었소.
날씨가 온화한 때처럼
고요한 밤이었소. 달은 높이 떠 있었고
죽은 사람들이 모두 서 있었소.

모두들 다같이 갑판에 서 있었소.
납골당이라는 편이 더욱 어울릴 것이오.
모두들 달빛 속에서 반짝거리는
차가운 눈초리로 나를 바라다보았소.

그들이 죽을 때에 겪은 고통과 저주가
결단코 사라지지 않았소.
나는 내 눈을 그들의 눈에서 뗄 수가 없었고
또한 내 눈을 위로 향하고 기도드릴 수가 없었소.

그런데 그 때 이 마법이 무너졌소. 다시 한번
나는 푸른 바다를 볼 수 있게 되었소.
그리고 멀리 바라다보았지만
마법에 걸렸을 때 보았던 것을
거의 볼 수가 없었소.

고독한 길에서 공포와
두려움에 질려서 걸어가고
무서운 악마가 바로
뒤에 따라오고 있다는 사실을 알기 때문에
한 번 뒤를 휘돌러보고서는
다시는 더 머리를 돌리지 않고 계속 걸어가는 사람처럼

하지만 곧 바람이 내게 불어왔소.
소리나 움직임도 없이

바람이 불어가는 길은 바다 위가 아니었고
파도나 그늘에도 있지 않고
바람은 나의 머리카락을 치켜 올리고 나의 뺨을 부채질했소.
봄날 목장의 실바람처럼-
그것은 내 공포와 이상하게도 섞였지만
나를 반기는 환영처럼 느껴졌소.

재빠르게 재빨리 배는 나는 듯이 달렸소.
하지만 배는 부드럽게 항해했소.
재빨리 재빨리 미풍이 불었소.-
나에게만 불어 왔소.

아! 즐거운 꿈이여! 지금 눈에 보이는 이것이
정말로 등대 꼭대기인지?
이것이 언덕인지? 이것이 교회인지?
이곳이 내 고향인지?

우리는 항구의 모래톱 너머로 표류했소.
나는 훌쩍이며 기도 드렸소.-
아 나를 잠깨어 있게 해주소서. 나의 하나님!
그렇잖으면 언제나 잠들어 버리게 하옵소서.

항구는 거울처럼 맑았지요.
아주 부드럽게 펼쳐져 있었소!
그리고 만 위에 달빛이 비쳤소.
그리고 달의 그림자도

바위는 밝게 빛났고 바위 위에 서 있는
교회도 그에 못지않게 빛났소.
달빛은 조용히 있는 바람개비를
고요 속에서 적시고 있었소.

그리고 만은 고요한 빛으로 희었고
드디어 유령이었던 많은 형상들이
만에서 솟아오르며
진홍색을 씌우고 나왔소.

뱃머리에서 좀 떨어진 곳에
그 진홍빛 유령들이 있었소.
나는 시선을 갑판에 돌렸소.
아, 구세주여! 무엇을 나는 거기서 보았던가!

시체가 모두 납죽 엎드려 누워 있었소. 생명이 없이 낮게
그리고 거룩한 십자가에 맹세하건대!
온통 빛인 천사가
모든 시체 위에 서 있었소.

이 천사의 무리들이 각각 손을 흔들었는데
그것은 천국같은 광경이었소!
그들은 육지에 신호인양 서 있었소.
각자는 아름다운 빛이었소.

이 천사의 무리들이 각각 손을 흔들었는데
그들은 아무런 목소리도 내지 않았소－
아무런 목소리도 하지만 아! 그 고요함은
나의 마음에 음악처럼 스며들었소.

하지만 곧 나는 철썩이는 노소리를 들었소.
나는 선장의 환호성을 들었소.
나의 머리는 부득이 돌려졌고
나는 보트 한 척이 나타나는 것을 보았소.

선장과 그의 사환
나는 그들이 빨리 오고 있는 소리를 들었소.
하늘에 계신 사랑하는 하나님
죽은 자들이 시들을 수 없다는 사실은 기쁨이었소.

나는 세 번째 사람을 보았소－그의 목소리를 들었소.
그분은 착한 은둔자였소!
그 분은 숲 속에서 자기가 지은
찬송가를 크게 불렀소.
그 분이 내 영혼의 죄를 용서할 것이고

앨버트로스의 피를 씻어 없애 줄 것이오.

제7부

이 착한 숲 속의 은둔자는
바다 쪽으로 비탈이 진 그 숲 속에 살고 있소.
얼마나 큰 소리로 그는 부드러운 목소리로 말하는가!
그는 먼 나라에서 오는
선원들과 이야기하기를 좋아하오.

아침에 정오에 저녁에 그는 무릎을 꿇고 기도하오-
그는 푹신한 쿠션을 하나 가지고 있었는데
그것은 바로 썩은 오래 된 상수리나무 그루터기를
온통 가리우고 있는 미끼였소.

그 작은 배가 가까이 왔고 나는 그들이 이야기하는
소리를 들었지요.
"정말로 이것 이상한 것이야 내 생각엔!
그처럼 많은 아름다웠던 그 불빛들이 다 어디로 갔을까
지금 막 보내 주었던 그 신호는 또 어디로?"

"정말로 이상합니다!" 은둔자가 말했다-
"그 불빛들이 우리의 환호에 응답하지 않았습니다!
배의 판자는 구부러진 것 같고! 그리고 돛을 보시오
얼마나 얇고 말랐는지!
나는 일평생 이런 것은 본 일이 없소.
담쟁이 덤불이 눈으로 무겁게 내려앉고
이리 새끼를 먹고 있는 작은 올빼미가
밑에 있는 이리에게 후우후우하고 울 때
나의 숲 속의 시냇물을 따라
천천히 흐르는
갈색 낙엽의 해골을 제외하고는"

"사랑하는 주님! 배가 악마같은 모습을 띄고 있습니다"
선장이 대답했다.
"나는 겁이 납니다" "저으시오. 계속 저으시오!"
은둔자는 힘차게 말했소.

보트가 배에 다가왔소.
하지만 나는 말하지도 움직이지도 않았소.
보트가 배 밑으로 이르니
별안간 한 소리가 들렸소.

물 아래서 그 소리는 계속 우르렁거리더니
점점 더욱 커지고 점점 무서워졌소.
그 소리는 배에 닿았고 항만을 찢었소.
배는 납덩이처럼 가라앉았소.

하늘과 바다를 내리친
그 요란하고 무서운 소리에 깜짝 놀라서
칠일동안이나 익사했던 사람같이
나의 몸은 떠올랐소.
하지만 꿈처럼 재빨리 나는 나의 몸이
선장의 보트 안에 있는 것을 알았소.

배가 침몰했던 소용돌이에서
보트는 주위를 자꾸자꾸 맴돌았소.
그리고 모든 것이 조용했소.
산이 그 소리를 산울림하는 소리를 제외하고는

나는 입술을 움직였소—선장은 비명을 지르고
발작을 일으키며 쓰러졌소.
성스런 은둔자는 시선을 들어
그가 앉은 곳에서 기도드렸소.

내가 노를 잡았소. 선장의 소년은
그때 미쳐버려서
큰 소리로 오랫동안 크게 웃어댔소.
그동안 내내 그의 눈은 이러저리 움직였소.
"하! 하!" 그는 말했소. "분명히 알겠어.
악마가 배를 저을 줄 아는 사실을"

그리고 그 때 나의 조국에 와서

나는 단단한 땅위에서 서 있었소!
은둔자는 보트에서 걸어 나왔지만
거의 서 있을 수가 없었소.

“오 거룩하신 분이여 나의 참회를 들어주시오. 나의 참회를!”
은둔자는 그의 이마에 십자가를 그었소.
“빨리 말하시오” 그는 말했소. “말하시오－
당신이 그 어떤 사람인지를?”

곧 이 나의 몸은 고뇌로
비틀어졌는데
그 고뇌에 쫓겨 나는 나의 이야기를 할 수밖에 없었소.
그리고 이야기를 했을 때 나의 마음이 편안해졌소.

그 이후로 알지 못하는 시간에
고통이 되돌아오지요.
그리고 나의 끔찍스런 이야기를 다 말 할 때까지
이 마음은 안에서 불이 타오른 것 같으오.

나는 밤처럼 이 나라에서 저 나라로 옮겨 다니오.
나는 이상한 웅변이 힘을 갖게 되었고.
내가 그의 얼굴을 보는 순간에
나는 내 이야기를 들어주어야 할 그 사람을 알아채고
그에게 나의 이야기를 가르치오.

얼마나 요란한 함성이 저 문에서 터져 나오고 있소!
결혼식 하객들은 저기에 있지만
정원의 나무그늘에서 신부와
신부의 들러리들이 노래하고 있소.
그리고 들어보시오. 내가 기도하라는
저 작은 저녁 예배 종소리를!

오 결혼식 하객이여! 이 영혼은
넓고 넓은 바다 위에 혼자 있었소.
얼마나 외로운지 그곳에는 하나님께서
존재하시지 않는 듯 느껴졌소.

오 결혼식 잔치보다 더욱 기쁘오.
나에겐 더욱 기쁘오.
착한 친구들과
교회에 함께 예배드리러 가는 것이!-

교회에 함께 예배드리러 가서
함께 모두 기도드리는 것이
하나님 아버지께 각자 고개 숙이는 것이
노인들이나 아기들이나 사랑하는 친구들
젊은이들 그리고 쾌활한 처녀들이!

잘 가시오! 잘 가시오! 하지만 나는 이것을 말하겠소.
당신에게 결혼식 하객이여!
사람과 새와 짐승을
잘 사랑하는 이야말로 기도를 잘 하는 이라는 사실을

크든지 작든지 모든 것들을
가장 잘 사랑하는 이가 가장 잘 기도드리는 사람이라고
왜냐하면 우리를 사랑하시는 하나님
그분께서 모든 것을 만드셨고 사랑하시기에

눈이 빛나고 나이 먹어
수염이 하얀 선원은
가버렸다. 그리고 그때 결혼식 하객은
신랑집 문에서 돌아섰다.

그는 어리벙벙해지고
비참한 사람처럼 갔다.
다음 날 아침 그가 일어났을 때는
더욱 슬프고 더욱 현명한 사람이 되었다.

● 이해와 감상

그러면 이제부터 그 유명한 Coleridge의 초자연적인 일과 사건들이 흥미있게 진전되는 이야기 형식의 시 "The Rime of the Ancient Mariner"를 음미해 보겠다. 먼저 이 시는 고어체의 어휘로 된 시가 1798년에 출판되었던 것이고 일반적으로 읽을 수 있게 출판된 것은 1816년이었다.

먼저 Part Ⅰ에서부터 Part Ⅱ까지 그 내용을 살펴본 후 시를 전체적으로 논평해 보겠다. Part Ⅰ에서는 노수부가 초청을 받지도 않았는데 결혼식 연회장에 나타나서 손님들 중 한 사람을 붙들고 이야기한다. 그 이야기는 노수부가 탄 배가 항해하던 중 폭풍우가 불어와서 남쪽지방으로 가게 되었고 그곳에는 빙하가 떠도는 얼음바다였다. 그래서 바다의 큰 새 Albatross가 안개 속을 날아와서 좋은 징조인 듯 보였다. 왜냐하면 그 배는 안전하게 얼음과 안개 속을 뚫고 북쪽으로 향하게 되었기 때문이었다. 그리고 배가 안개와 떠다니는 빙산을 헤치고 북쪽으로 향하여 갈 때 그 Albatross도 따라 왔다. 큰 새는 뱃사람들이 주는 음식을 얻어먹고 주위를 빙빙 날았다. 그때 노수부는 그만 그 새를 활로 쏘아 죽이게 되었다.

"God save thee, ancient Mariner!
From the fiends, that plague thee thus!
Why look'st thou so?" — with my crossbow
I shot the Albatross.

여기서 노수부의 이러한 행동은 자연의 생물을 잔인하게 죽이는 죄가 되고 선원들이 그 새가 기독교인의 영혼이라고 생각하고 그 새를 끔찍이 환대하는 선원들의 자비심에도 위배되는 죄임을 암시하고 있다.

Part Ⅱ에서 그 모든 선원들이 순풍을 불어오게 하는 새를 죽였다고 그에게 비난의 눈초리를 보낸다. 그런데 그 배가 태평양으로 들어와서 적도 부근에 이르렀을 때 미풍도 그치고 배가 갑자기 움직이지 않게 되었다. 그리고 배 주위에는 물이 있지만 마실 물은 전혀 없게 된다. 바다는 썩어 끈적끈적한 것들이 다리로 기어오고 도깨비불인양 밤이 되자 녹색, 청색, 흰색으로 춤추고 선원들은 심한 갈증으로 말할 수도 없었다. 그러자 이 모두가 Albatross 새를 죽인 죄, 벌을 받은 것이라고 생각하고 죄를 상징하는 십자가 대신에 그 새의 시체를 그 새를 죽인 선원의 목에 매단다. 여기서 미신적이고 초자연적인 상황들이 신비롭게 시인의 뛰어난 상상력으로 이루어진다. Coleridge의 시의 세계 속에서 Wordsworth와는 달리 초자연적인 세계가 펼쳐지는 것이다. 그리고 비유에서도 배가 꼼짝 안하고 있는 모습을 회화적 묘사로 그림 속의 바다에 떠 있는 그림 배처럼 가만히 있었다는 절묘한 비유를 썼다. 다음 네 개의 연에서 잘 나타내고 있다.

Day after day, day after day,
We stuck, nor breath nor motion;
As idle as a painted ship

Upon a painted ocean.

Water, water, every where,
And all the boards did shrink;
Water, water, every where,
Nor any drop to drink.

The very deep did rot: O Christ!
That ever this should be!
Yea, slimy things did crawl with legs
Upon the slimy sea.

About, about, in reel and rout
The death-fires danced at night;
The water, like a witch's oils,
Burnt green, and blue and white.

이 시의 초자연적인 분위기는 도깨비불이 춤을 추며 빙글빙글 돌아가고 바닷물은 마녀의 기름처럼 녹색과 청색 그리고 흰색으로 불타오르는 광경에서 절정을 이룬다.

Part Ⅲ에서는 시간이 흐르던 어느 날 수부들은 멀리서 오는 이상한 물체를 보게 된다. 그 수부들이 그들의 목을 축이려고 팔을 깨물고 피를 흘렸다. 그 이상한 물체는 배였는데 그 배는 해골선(skeleton ship)이었고 그 승무원들이란 유령들뿐이었다. 그리고 "Death"와 "Life-in-Death"가 주사위를 던지며 내기를 하더니 그 유령의 여자("the Specter-woman")가 그녀의 남편인 죽음("Death")과 이와 같은 주사위게임 결과 그 유령의 여자가 이긴다. 그리고 그 결과 수부들은 약 200명되는데 모두 영혼이 그들 육체에서 날아가 목숨이 없는 시체로 되고 마는 것이었다.

The souls did from their bodies fly−
They fled to bliss or woe!

Part Ⅲ에서 죄를 지은 수부는 썩어가는 바다와 갑판 위에 죽어있는 동료들을 보고 하늘을 보고 기도하려고 해도 기도가 안 되고 사악한 속삭임이 그 마음을 메마르게 하고 죽으려 해도 죽지를 못하는 끔찍스러운 상황에 놓였다. 그런데 이 시의 제4부 263행에 이르면 달빛이 하얗게 빛나면서 이 시의 전환점이 온다. 그 환한 달빛이 하늘과 바다를 아름답게 꾸미고 있을 때 물뱀들이 화려하게 푸른 빛 빛나는 녹색 그리고 벨벳 같은 흑색으로 빛나면서 헤엄을 치고 있는 것이었다. 그 아름다운 생물들을 본 죄지은 수부는 마음속에서 사랑이 샘솟듯 솟아 그 자신도 모르게 그 물뱀들을 축복해 주었다. 바로 그 순간 그 수부는 기도할 수 있었다. 그리고 그의 목에서 가볍게 Albatross가 떨어져 나가고 바다 속으로 사라졌다.

O happy living things! no tongue
Their beauty might declare:
A spring of love gushed from my heart,
And I blessed them unaware:
Sure my kind Saint took pity on me,
And I blessed them unaware.

The self-same moment I could pray;
And from my neck so free
The Albatross fell off, and sank
Like lead into the sea.'

그 수부가 마음속에서 우러나오는 사랑으로 기적이 일어난 것이다. 이제까지 할 수 없었던 기도도 할 수 있게 되고 그 무거운 죄짐이 벗어진 것이다. 정말 그 사랑의 힘이 얼마나 큰 것인가! 그 사랑은 경건의 거룩함보다 더 훌륭한 것으로 놀라운 기적을 낳게 되는 것이었다.

Part Ⅴ에서는 생명의 상징인 비가 내리고 바람이 불고 별들이 빛나면서 춤을 추고 꼼짝 않던 배가 움직이고 배 안에서 죽었던 동료들이 모두들 살아났다. 그들은 모두 생기가 돌아와 다시 배의 밧줄을 잡으며 일을 하는 것이었다. 선원들은 천사들의 합창처럼 노래 부르고 하늘에서는 종달새 소리와 작은 새소리로 바다와 하늘은 즐거움으로 가득하였다.

Sometimes a-dropping from the sky
I heard the sky-lark sing;
Sometimes all little birds that are,
How they seemed to fill the sea and air
With their sweet jargoning!

배를 움직인 것은 초자연적인 힘으로 남극의 정령이 그렇게 한 것이었다. 배가 별안간 질주하자 그 수부는 기절하고 무의식중에서 두 다른 정령들이 그가 지은 죄에 대하여 말하는 것을 들었다. 그 남극의 정령이 그가 쏘아 죽인 새 Albatross를 얼마나 사랑하였는가를 말하고 그 다른 정령은 그 새를 쏘아 죽인 수부가 행한 일에 고통을 받고 더 받아야 한다는 것이었다.

다음에 Part Ⅵ에서 두 정령의 목소리는 계속된다. 두 번째 목소리는 말하기를 바다는 인자하신 달님의 은총으로 고요할 것이라고 한다. 그 수부는 잠이 깨어 보니 화창한 날씨 속에 항해하는 것을 알게 되었다. 그러나 그 죽었던 동료수부들의 저주에 가득 찬 눈초리를 피하기 어려웠다. 항구에 들어올 때쯤 그가 눈을 돌려 갑판 위를 보니 천사가 각각 쓰러져 있는 시체 위에 서 있는 것이었다. 그리고 보트 한 대가 가까이 접근해 왔는데 거기엔 선장과 그의 소년 그리고 한 은둔자(hermit)가 있었다. 그리고 그 은둔자의 목소리는 그 수부에게 희망을 가져다주었다. 그 선한 은둔자가 그 수부의 영혼을 씻어 속죄해 줄 것이라는 것이었다. 그 Albatross에게 행했던 죄악을 씻어줄 것이라는 것이었다.

I saw a third－I heard his voice:
It is the Hermit good!
He singeth loud his godly hymns
That he makes in the wood.
He'll shrieve my soul, he'll wash away
The Albatross's blood.'

이 시의 맨 끝 부분인 part Ⅶ에서 그 수부는 자연 숲 속에서 혼자 사는 그 은둔자를 계속해서 생각한다. 선장의 보트가 접근했을 때 수부는 그들이 배의 이상스러운 모습에 대하여 이야기하는 것을 들었다. 그런데 천둥소리 같은 소리가 들리더니 그 큰 배가 바다 속으로 침몰하였다. 너무나 놀라서 정신을 잃을 뻔한 수부는 선장의 보트 위에 구조되었고 이번에는 그 선장은 기절하고 소년은 미친다. 은둔자는 기도드리기 시작하고 이 기도는 그 수부의 고뇌를 털어 준다. 그러나 그 수부의 고뇌는 완전히 끝나지는 않고 그의 신비스러운 경험담을 들려 줄 사람이 필요함을 알게 된다. 그리하여 그 노수부는 결혼식 하객 젊은이에게 하게 되는 것이다. 그의 메시지는 하나님이 없는 영혼의 외로움과 기도의 필요성 그리고 사랑이 없는 기도는 소용이 없다는 사실이다. 노수부는 자신을 거울삼아 하나님께서 만드시고 사랑하시는 그 모든 것을 사랑하라고 가르친다.

To walk together to the kirk,
And all together pray,
While each to his great Father bends,
Old men, and babes, and loving friends
And youths and maidens gay!

교회에 남녀노소 모두 가서 하나님 아버지께 기도드리는 것이 잔치자리에서보다 더 아름답다고 한다. 그리고 무엇보다도 하나님께서 만드신 모든 만물을 사랑하는 것이 제일이라고 역설한다.

He prayeth best, who loveth best
All things both great and small;
For the dear God who loveth us,
He made and loveth all.'

그러면 이제부터 이 시 전체를 음미해 보겠다. 이 시는 옛날 민요에서 모방한 흥미있는 이야기로 진전되고 또 얼마간의 여행담에서 끌어 온 것으로 본다. 생생한 자연의 묘사가 사실적으로 묘사되면서도 초자연적인 사건들이 전개된다. 그 초자연적인 일들이 신비하게 일어나면서도 그 중요한 사건들의 발생은 원인과 결과라는 원리 아래서 일어나는 것이다. 그러므로 이러한 원리는 자연스럽게 도덕적인 문제를 제기하게 된다. 그리고 그 도덕적 문제라는 것은 죄에 대한 형벌인 것이다. 이 시의 각 부분마다 Albatross 새를 죽인 죄에 대한 언급이 나오는 것은 이 시가 이러한 도덕적 문제를 중요시한다는 암시로 보아야 할 것이다. 동물을 사랑하는 문제는 인도주의적 입장에서 볼 때 아주 중요한 덕성이 될 것이다. 또 미신적인 입장에서 볼 때 길조의 새인 Albatross를 죽인 것은 이 시의 내용이 신비스럽고 초자연적인 흐름으로 나아가면서도 인과응보라는 도덕적인 문제는 계속 중요한 문제로 제기된다. 그 수부가 행한 사악한 범죄는 그가 고행을 함으로서 어느 정도 용서를 받는다. 그러나 그보다 더 그가 회개의 길이 열린 것은 물뱀들(the water snakes)을 축복할 때 이루어진다. 이것은 이 시의 큰 주제인 만물에 대한 사랑과 연결되는 것이다. 그러므로 그 수부의 사랑의 작은 행동으로 그 자신이 해결할 수 없는 문제가 풀리고 기적이 일어나게 되는 것이다. John Beer가 지적했듯이[6] 생명은 단순히 생물학적 문제가 아니라 본래 모든 만물을 창조하신 하나님의 영상(reflection)이 깃들어 있으므로 우리는 소중히 사랑해야 할 것임을 암시한다.

그 다음 "The Rime of the Ancient Mariner"는 사랑이라는 도덕적 문제의 내용 못지않게 중요한 것은 Coleridge가 그의 뛰어난 상상력과 필치로 흥미진진하면서도 초자연적인 분위기 조성을 너무나 잘 했다는 점이다. 초자연적인 세계를 창조해 내는 낭만주의 시인 Coleridge는 뛰어난 솜씨를 발휘한다. 길조의 새를 죽인 다음 뒤따라 일어나는 모든 대자연의 괴이한 변화 그리고 끔찍스러운 수부들의 죽음, 무서운 도깨비불과 춤, 끈적거리며 기어오르는 생물, 해골선의 유령녀와 그녀의 남편 죽음(death)의 등장, 정령의 등장과 대화 등 모두 Coleridge의 솜씨 속에 상상하기조차 어려운 불가사의한 사건과 분위기가 조성되는 것이다.

---

6 John Beer(ed.), *Samuel Taylor Coleridge; Poems*(London, Every Man Library, 1955), p.120.

George Gordon, Lord Byron

(1788—1824)

When We Two Parted

When we two parted
   In silence and tears,
Half broken-hearted
   To sever for years,
Pale grew thy cheek and cold,
   Colder thy kiss;
Truly that hour foretold
   Sorrow to this.

The dew of the morning
   Sunk chill on my brow—
It felt like the warning
   Of what I feel now.
Thy vows are all broken,
   And light is thy fame;
I hear thy name spoken,
   And share in its shame.

They name thee before me,
   A knell to mine ear;
A shudder comes o'er me—
   Why wert thou so dear?
They know not I knew thee,
   Who knew thee too well—
Long, long shall I rue thee,
   Too deeply to tell.

In secret we met—
   In silence I grieve,
That thy heart could forget,

Thy spirit deceive.
If I should meet thee
After long years,
How should I greet thee?—.
With silence and tears.

우리 둘이 작별했을 때

여러 해 동안 헤어지기 위하여,
말없이 눈물지며
반쯤 가슴 메어지는 듯
우리 둘이 작별했을 때,
당신의 빰은 창백해지고 싸늘해졌고,
당신의 키스는 더욱 차가왔다.
정말 그 시간은
오늘의 슬픔을 예고했다.

아침 이슬이
내 이마에 싸늘하게 내려 앉아,
그것이 내가 지금 느끼는 감정의
경고인 것 같이 느꼈다.
당신의 맹세는 모두 깨어지고
당신의 명성은 날아가 버렸다.
당신의 이름이 사람들의 입에 오르면,
나도 똑같이 수치를 느낀다.

사람들이 내 앞에서 당신 이름 부를 때,
내 귀엔 조종소리로 들린다.
온 몸이 몸서리친다—
어떻게 그리도 당신은 사랑스러웠는가?
사람들은 내가 당신을 아는 것을 모른다.
나는 당신을 너무도 잘 아는데—
오래 오래 나는 너를 슬퍼하리라
말할 수도 없이 깊이.

남 몰래 우리는 만났다—
말없이 나는 슬퍼한다.
당신의 마음이 그렇게 쉽게 나를 잊을 수 있고,
당신의 마음이 그렇게 속일 수 있는 가를 생각하고,
여러 해 후에
만일 내가 당신을 만난다면,
나는 당신을 어떻게 대할 것인가?—
침묵과 눈물로 하리라.

● 이해와 감상

이 시에서 사용한 용어는 쉽고, 특별한 이미지는 없으나 인간의 심금을 울리는 정서로 충만한 시이다. Byron의 대개의 시가 그렇듯이 이 시는 생에 밀착되어 있기 때문에, 어떤 것도 감추지 않고 자기를 표출해내는 태도는, 시의 큰 힘이며 우리에게 감동을 주는 요소가 된다. 사랑하는 애인과 헤어질 때 그 슬픔이 너무 극한에 이르러, 말도 안 나오고 눈물만 지였던 것이다. 너무 심도가 깊은 슬픔의 표현이 "In silence and tears"인 것이다. 그러면 그 슬픔이 과연 어떠한 슬픔이란 말인가? 그 다음에 이 시의 내용이 말하여 준다. 여기 이 시의 화자는 사랑하는 여인을 너무나 순수하고 뜨겁게 사랑을 하였던 것이다. 이 사랑은 외적인 조건으로 보아서는 이루기가 어려웠던 것으로 보여진다.

사랑하는 여인의 가문이라든가 또는 그녀의 이상이, 이 순수한 사랑을 받아들일 수는 없는 그런 상황이라고 생각할 수 있다. 그러나 이러한 외적인 상황을 상관하지 않고, 오직 사랑을 위한 사랑 그것이 전부였다. 남몰래 죽도록 사랑한 것이다. 여러 해 동안 헤어진다하더라도 진실한 사랑이야 변할 수가 없다고 믿었던 그 순수한 사랑이다. 그런데 작별한 그 때, 그녀의 뺨이 창백하게 되고 차가운 듯한 키스가 오늘의 슬픔에 비극을 예시한 듯, 그녀의 사랑의 맹세는 다 깨지고 그를 기만한 듯한 거짓된 사랑은, 순수하고 진실된 사랑을 했던 그에게 너무나 큰 슬픔을 안겨준 것이다. 너무나 그녀를 사랑했기에, 버림받은 이의 슬픔은 더욱 큰 것이다. 남몰래 혼자만이 간직하여야 하는 사랑의 슬픔이기에, 더욱 그 슬픔이 큰 것인지도 모른다. "사람들이 그의 앞에서 그녀의 이름을 부를 때 그의 귀에는 조종처럼 들린다"는 비유를 썼다. 그것은 그녀에 대한 이루지 못할 사랑의 아픔이 삶의 모든 소망을 앗아가는, 사실상 죽음이나 다름없는 아픔이라는 비유를 쓴 것이다. 여러 해 후에 만일 변심한 여인을 만난다면 어떻게 그녀를 대할 것인가? 첫째 연에서 슬픔이 너무 컸기에 헤어질 때 말도 안 나오고 눈물만 흘렸다는 그는, 순수한 사랑의 마음에 못을 박아 준 거짓된 사랑의 슬픔과 아픔에 못 이겨, 또다시 말없이 눈물만 흘린다고 한 것이다. 지금 이 시를 보면 약간 감상적인 어조가 있지만, 그의 애정시는 인간의 진실함을 내포하고 있어 오늘날에도 그 시의 호소력을 가지고 있다고 본다.

She Walks In Beauty

1

She walks in beauty, like the night
  Of cloudless climes and starry skies;
And all that's best of dark and bright
  Meet in her aspect and her eyes:
Thus mellowed to that tender light
  Which heaven to gaudy day denies.

2

One shade the more, one ray the less,
  Had half impaired the nameless grace
Which waves in every raven tress,
  Or softly lightens o'er her face;
Where thoughts serenely sweet express
  How pure, how dear their dwelling place.

3

And on that cheek, and o'er that brow,
  So soft, so calm, yet eloquent.
The smiles that win, the tints that glow,
  But tell of days in goodness spent,
A mind at peace with all below,
  A heart whose love is innocent!

그녀는 아름다웁게 걸어요

1

그녀는 아름다웁게 걷는다.
구름 한 점 없는 날, 별 반짝이는 밤하늘처럼
어두움과 광명의 그 중 나은 모든 것들이
그녀의 얼굴과 눈동자에 모여,
하늘이 천한 낮빛에는 주지않는

부드러운 빛으로 그렇게 무르녹았다.

2

그늘이 한 점 더 했듯이, 빛이 조금만 덜했더라면,
모든 새카만 머리털마다 물결치는
또는 부드럽게 그녀의 얼굴을 밝혀 빛내주는
저 형언할 수 없는 우아함을 반이나 해쳤을 것이다.
거기서 그녀 얼굴의 맑고 고운 사상은
그 사상의 거처가 얼마나 순결하며 사랑스러운지를 나타내 준다.

3

그처럼 상냥하고 침착하나, 감동적인 저 뺨과 이마 위에서,
사람의 마음을 시로잡는 저 미소,
환히 피어나는 저 얼굴빛은 말해준다.
선량히 지냈던 시절을.
지상의 모든 사람과 화평했던 생각을,
순수한 사랑을 간직 한 마음을.

● 이해와 감상

1814년 어느 날 무도회에서 반짝반짝 빛나는 별 장식을 단, 검은 상복을 입은 Robert John Wilmot부인(결혼해서 조카가 된)의 아름다움과 우아함에 감명 받아, 그 다음날 아침 이 시를 썼다 한다.

이 시는 연애시라기보다는 Byron이 동경하는 완벽한 한 여인상을 그린 시로 볼 수 있다. 선량한 마음씨와 고상한 성품이 그녀의 아름다운 얼굴과 우아한 외모에 풍겨 나온다. 즉 외모의 아름다움과 내면에 훌륭한 인격이 일치하는 여인상인 것이다.

좀 더 자세히 이 시를 살펴보면, 아름다움을 빚어내는 큰 요소라고 할 수 있는, 어둠과 광명의 조화를 이상적인 아름다움으로 보고서, 첫째 연에서는 "tender light"로, 둘째 연에서는 "nameless grace"로 표현했다. 다만 첫 연에서는, beauty/ night, cloudless climes/ starry sky, dark/ bright 등 외적 물리적인 대조를 통하여 이 시를 발전시켰고, 둘째 연에서는 전통적 수법으로 예술적인 어휘를 통해 변화시켰다는 것이다.[1]

One shade the more, one ray the less

1 Bernard Blackstone, *Byron: A Survey*(London: Longman Group Ltd., 1975), pp.153-154.

Had half impaired the nameless grace.

그녀는 "별 반짝이는 밤하늘처럼 예쁜 모습이다"라고 한 비유나, 너무 찬란히 빛나는 대낮의 빛을 속된 빛으로 암시하는 것 등은, 어둠과 광명의 조화인 부드러운 빛을 찬양하는 것으로 볼 수밖에 없다. 너무 찬란하게 빛나는 눈부신 햇빛도 아니고, 그렇다고 새까만 어둠도 아닌 조화의 부드러운 빛깔을 동경한다. 어둠이 조금 많거나, 환한 빛이 조금 모자라는 것이 아니라 이 두 개의 요소가 아주 균등하게 갖추어진 조화 속에서 형언할 수 없는 우아함을 볼 수 있다는 것이다. 아름다운 별들이 총총히 떠 있는 밤하늘, 우아한 둥근 달을 연상하게 한다. 그녀의 아름다움은 얼굴과 외모에서 화려함이 아니라, 그윽한 아름다움인 것이다. 그리고 이 그윽한 아름다움을 이 여인의 아름다움임을 암시해 준다.

The smiles that win, the tints that glow,
    But tell of days in goodness spent,
A mind at peace with all below,
    A heart whose love is innocent!

즉 이것은 외모와 내면, 인격의 일치를 나타내 주는 것이다. 그윽한 아름다운 용모와 여인은, 미소와 빛나는 얼굴 속에서 그와 조화를 이룬 선량한 행실, 이웃과의 겸허하고 온유한 품성, 그리고 순결한 사랑의 소유자이다. 그러므로 위에서 Byron이 이상적인 아름다운 빛깔은 빛과 어둠의 조화로 암시했던 것은, 그윽한 아름다움이 있고, 이것은 다시 외모와 내면 인격의 조화의 일치를 암시하는 참으로 완벽한 아름다운 여인으로—그윽한 아름다움의 여인으로—시상을 발전시켜 나간 것으로 본다. 아무리 뛰어난 미모의 여인일지라도, 거기에 어울리는 고상한 인격과 행동이 없다면, 요염하고 방자한 여인으로 퇴색할 것이다.

So We'll Go No More A-Roving[1]

1

So we'll go no more a-roving
So late into the night,
Though the heart be still as loving,
And the moon be still as bright.

2

For me sword outwears its sheath,
And the soul wears out the breast
And the heart must pause to breathe,
And love itself have rest.

3

Though the night was made for loving,
And the day returns too soon,
Yet we'll go no more a-roving
By the light of the moon.

우리는 더 이상 방황하지 않으리

1

그렇게 밤늦도록
우리는 다시는 더 이상 방황하지 않을 것이다.
마음은 아직 애정을 품고 있고
달빛은 아직도 밝게 빛나고 있더라도.

2

칼날은 칼집을 닳게 하고
영혼은 가슴을 헤지게 하는 것이니까.
그리고 마음도 숨 돌리기 위해 쉬어야 하고

1 This poem contains a special irony. On the surface a lovely, melancholy little meditation on mortal transience, it was written in a letter of Byron to his friend Thomas Moore, describing Byron's hangover after the Mardi Gras revels in Venice.

그리고 사랑 그 자체도 휴식이 있어야 하니까.

3

밤은 사랑을 위하여[2] 이루어진 것이고
대낮이 빨리 아주 빨리 다가온다 하여도,
그렇지만 우리는 다시는 더 이상 방황하지 않으리
달빛을 받으면서.

● 이해와 감상

이 시는 Byron의 잘 알려진 서정시중의 하나이다. 평이한 언어와 형태로 된 이 시는 세 개의 평이한 연으로 되어 있어, 과도한 사랑의 정열과 흥분을 과거에 가지고 있던 한 사람의 권태로움을 표현하고 있다. 이 시에서 사용한 용어나 구조가 모두 후회의 색조를 띤 권태, 포만감을 잘 반영한 점에서 성공적이다.[3]

첫째 연에서 화자는 밤늦도록 다시는 방황하지 않겠다고 결심한다. 여전히 그의 마음이 사랑에 불타오르고 유혹이나 하듯, 달빛이 아직도 밝게 빛나고 있다고 하더라도…. 둘째 연에서는 그 이유를(방황하지 않겠다는 이유) 들고 있다. 사랑의 뜨거운 정열과 짜릿한 황홀도 휴식이 있어야, 그 사랑을 더욱 깊이 음미하고, 참된 가치를 알 수 있게 할 것이라는 암시가 있다. 그것은 너무나 사랑을 위하여 분주히 방황하는 것은, 마치 칼집을 너무 써서 닳게 하는 칼(보검)날이나, 귀중한 가슴을 피곤하게 하는 영혼처럼, 무익하고 권태로운 일이라고 한다. 그리고 너무 숨 가쁜 마음이 평온이 있어야 하는 것처럼….

셋째 연에서는 밤이 불태우는 사랑을 위해서 있는 것이고, 또 그 밤이 너무 빨리샌다 하더라도, 첫 연에서 "we'll go no more a-roving"을 거듭함으로서, 사랑의 방황과 정열은 모두 불행할 뿐이라고 암시한다. 그 사랑의 권태에서 탈출하려는 시도와 어떤 목표를 향해, 진행하려는 시도가 헛된 일 뿐이라고 암시한다.

비록 이 시에서 상투어인 'night was made for loving'을 사용하고, 좀 틀린 운율로 roving/loving, sheath/breathe를 사용했지만, 이 시가 전달하고자 하는 의미에는 손색이 없이 적당한 것이다.[4]

---

2 *Loc. cit.*

3 Compiled by Deryn Chatwin, *Notes on Byron's Poetry*(London: Methuen Paperbacks Ltd., 1978), p.8.

4 *Loc. cit.*

Sonnet on Chillon

Eternal Spirit of the chainless Mind!
Brightest in dungeons, liberty! thou art:
For there thy habitation is the heart—
The heart which love of thee alone can bind;
And when thy sons to fetters are consigned—
To fetters, and the damp vault's dayless gloom,
Their country conquers with their martyrdom,
And Freedom's fame finds wings on every wind.
Chillon! thy prison is a holy place,
And thy sad floor an altar—for 'twas trod,
Until his very steps have left a trace
Worn, as if thy co1d pavement were a sod,
By Bonnivard!—May none those marks efface!
For they appeal from tyranny to God.

쉬롱 소네트

사슬 없는 마음의 영원한 정신!
자유여! 그대는 지하 감옥에서 가장 빛난다.
왜냐하면 그 곳에서 그대의 집은 심장이기에—
그대에 대한 사랑만이 속박할 수 있는 그 심장,
그리고 그대의 아들들이 족쇄에 묶이고,
족쇄에 묶여 축축한 지하 감옥의 햇빛 없는 어둠 속에 갇힐 때,
그들의 조국은 그들의 순교로 승리를 얻고,
자유의 명성은 온누리에 떨치리라.
쉬롱! 너의 강옥은 성스러운 곳
너의 슬픈 바닥은 제단이다—왜냐하면
보니바르 자신의 발걸음이, 마치 너의
싸늘한 보도가 잔디밭인 것처럼,
닳아빠진 자국을 남겼기에!—아무도
이 발자국들을 지우지 말기를 빈다!

그 발자국들이 폭정에 대항하여 하나님께 호소하기 때문에.

● 이해와 감상

솔직하고 열정적이며, 인간의 자유 옹호를 위해서는 그 무엇이라도 아낌없이 버릴 수 있었던 Byron은, 자유를 위한 정열이 이 시에서 잘 나타나있다. 자유분방한 시인 Byron은 이 시에서 숭고하고 엄숙한 일면을 보여주고 있다.

이 시를 좀더 자세히 살펴보면, Octave에서 역설적인 진리를 보여준다. 자유의 정신은 그 어두운 지하 감옥에서 가장 빛난다고 한 것이다. 이유는 가장 자유가 없는 감옥에서라도, 인간 마음속에 깊이 간직되어 있는 그 자유의 정신은 구속하거나 빼앗아 갈 수가 없기 때문이다. 그리고 조국의 자유를 위하여, 어두운 감옥에서 자유의 투사들이 죽어갈 때, 그들이 부르짖는 자유는 소멸되지 않고, 그 반대로 온 세계에 자유의 호소가 더욱 효과적으로 확대되어, 감화력을 주는 것이다. (일본의 식민지 정치에 항거하여 자유를 부르짖고 죽어가던, 기미년 3월 1일 독립운동은 그 좋은 예가 된다.)

그 다음 sestet에서는, 위에 octave에서 숭고하고 엄연한, 누가 뭐라 해도 구속하거나 빼앗아 갈 수 없는, 그 자유에 대한 엄숙한 어조가, 종교적 어조로 바뀌어 더욱 신성한 권리로 승화시킨다. 그리고 위에 octave에서는 달리 구체적인 지명과 인명을 제시한다. 16세기 스위스의 애국자 Bonnivard가 스위스의 레만 호숫가에 있는 감옥, Chillon에 갇혀서, 자유를 위해서 그 차가운 감방 바닥에서, 조국의 자유를 위해 투쟁하고 자유를 기원하다가 죽어간 것이다. 그러므로 그 감옥은 자유를 위해 눈물지으며 기원하던 성스러운 제단에 비유한 것이다. 그리고 Bonnivard가 자유를 위해 흘린 피는, 인간에게 하늘로부터 주어진 고귀한 권리인 자유[1]를 주신 하나님께 호소하는 것이다. 그것은 마치 구약에 형 가인에게 맞아 죽은 동생 아벨의 피가 하나님께 호소하였던 사실을 연상하게 한다.[2]

---

1 창세기 2: 16: 하나님께서 인간에게 자유의지를 주시고 다른 동식물 등 피조물과는 달리 자유의사에 의한 순종을 하나님께서 원하였다. 선악과를 강제로 못 따먹게 할 수도 있었으나, 자유의사를 통한 순종이 아니면 엄격한 의미에서는 순종이 아닌 것으로 본다. 이렇듯 인간의 자유는 천부적인 것이다. 또한 가장 고귀한 권리인 것이며 가장 고귀한 행복의 요소인 것이다.

2 창세기 4:1~10절 참조.

To ____________

But once I dared to lift my eyes,
To lift my eyes to thee;
And, since that day, beneath the skies,
No other sight they see.

In vain sleep shut in the night
The night grows day to me
Presenting idly to my sight
What still a dream must be.

A fatal dream–for many a bar
Divided thy fate from mine;
And still my passions wake and war,
But peace be still with thine.

그 누구에게

단 한 번 나는 용기를 내어
눈을 들고 그대를 보았지요.
그런데 그날 이후로 하늘 아래서
나의 눈은 그대 아닌 다른 이는 보지 않아요.

밤에 눈을 감아도 잠은 안 오고
밤도 내게는 대낮처럼 변하고
깨어나면 여전히 꿈일 수밖에 없는 일들을
쓸데없이 내 눈 앞에 보여 주오.

한 운명적인 꿈–수많은 장벽들이
그대의 운명과 나의 운명을 갈라놓았소.
그리고 항상 나의 열정은 타오르고 불타지만
그대는 언제나 모르는 채 고요하군요.

● 이해와 감상

이 시의 제목이 암시하듯 이름을 밝힐 수도 없는 사랑하는 이를 단 한 번 보고서 깊은 사랑에 빠진다. 그 사랑하는 이는 언제나 그의 마음속에서 떠나지 않고 그를 사로잡는다. 밤에도 잠을 이룰 수 없을 정도이다. 어쩌다 잠이 들면 꿈속에서도 그 사랑하는 이를 보게 되지만 그 공허함을 어찌 달랠 수 있으랴! 수많은 장벽들이라는 이미지는 사랑하는 이와 사랑이 결단코 이루어질 수 없는 상황을 암시해 준다. 그러한 상황 속에서도 그녀를 향한 사랑의 정열은 언제나 불타오르지만 그 사랑하는 이는 그의 짝사랑을 비웃는 듯 아무것도 모르니 더욱이 큰 비극적인 운명이 아닐 수 없다. 아무리 뜨거운 열정을 품고 있어도 비운으로 끝나고 말 이루어질 수 없는 사랑의 좌절감이 짧은 시 속에서 함축적으로 잘 그려져 있다. 그 비운의 사랑이지만 정열의 시인 Byron의 필치에 그 얼마나 아름답게 감동적으로 우리의 마음속에 호소해 오는가! 역시 사랑의 시의 대가다운 솜씨가 아닐 수 없다.

John Keats

(1795—1821)

Ode on a Grecian Urn

1

Thou still unravished bride of quietness,
　Thou foster child of silence and slow time,
Sylvan[1] historian, who canst thus express
　A flowery tale more sweetly than our rhyme:
What leaf-fringed legend haunts about thy shape
　Of deities or mortals, or of both,
In Tempe or the dales of Arcady?[2]
What men or gods are these? What maidens loath?
What mad pursuit? What struggle to escape?
　What pipes and timbrels? What wild ecstasy?

2

Heard melodies are sweet, but those unheard
　Are sweeter; therefore, ye soft pipes, play on;
Not to the sensual ear,[3] but, more endeared,
　Pipe to the spirit ditties of no tone:
Fair youth, beneath the trees, thou canst not leave
　Thy song, nor ever can those trees be bare;
　　Bold Lover, never, never canst thou kiss,
Though winning near the goal—yet, do not grieve;
　　She cannot fade, though thou hast not thy bliss,
　Forever wilt thou love, and she be fair!

3

Ah, happy, happy boughs! that cannot shed

---

1 Rustic, representing a woodland scene.

2 Tempe is a beautiful valley in Greece, which has come to represent supreme rural beauty. The "dales of Arcady" are the valleys of Arcadia, a state in ancient Greece often used as a symbol of the pastoral ideal.

3 The ear of sense(as opposed to that of the "spirit," or imagination).

Your leaves, nor ever bid the Spring adieu;
And, happy melodist, unwearied,
Forever piping songs forever new;
More happy love! more happy, happy love!
Forever warm and still to be enjoyed,
Forever panting, and forever young;
All breathing human passion far above,
That leaves a heart high-sorrowful and cloyed,
A burning forehead, and a parching tongue.

4

Who are these coming to the sacrifice?
To what green altar, O mysterious priest,
Lead'st thou that heifer lowing at the skies,
And all her silken flanks with garlands dressed?
What little town by river or sea shore,
Or mountain-built with peaceful citadel,
Is emptied of this folk, this pious morn?
And, little town, thy streets forevermore
Will silent be; and not a soul to tell
Why thou art desolate, can e'er return.

5

O Attic[4] shape! Fair attitude! with brede
Of marble men and maidens overwrought,[5]
With forest branches and the trodden weed;
Thou, silent form, dost tease us out of thought
As doth eternity: Cold Pastoral!
When old age shall this generation waste,
Thou shalt remain, in midst of other woe
Than ours, a friend to man, to whom thou say'st,
"Beauty is truth, truth beauty,"—that is all
Ye know on earth, and all ye need to know.

---

4 Greek. Attica was the region of Greece in which Athens was located.

5 Ornamented all over with an interwoven patten("brede"). brede: interwoven decorative border.

희랍 항아리의 노래

1

그대 아직도 순결한 정숙의 신부여
그대 침묵과 느린 시간의 양자여.
우리의 시보다 더 감미로운 꽃다운 이야기를
이처럼 표현할 수 있는 숲의 역사가여,
Tempe 혹은 Arcady의 골짜기에 있는
신들 혹은 인간들, 혹은 둘 다의
그 어떤 잎사귀로 가장자리를 꾸며진 전설이
그대의 형체 주위에서 떠도는가?
이들은 무슨 사람들인가 혹은 그 무슨 신들인가?
무슨 처녀들이 수줍어하는 것인가?
얼마나 미친 듯한 추종인가? 얼마나 애쓰며 피하는가?
무슨 피리며 작은 북들인가? 얼마나 미칠 듯한 황홀인가?

2

들리는 멜로디는 감미롭지만, 안 들리는 멜로디는
더욱 감미롭다. 그러나 부드러운 소리의 피리여, 계속 불어라,
감각의 귀에다가 아니라, 더욱 정답게,
소리 없는 노래를 영혼의 귀에다 불러주어라.
나무 밑에 있는 아름다운 젊은이여,
그대는 노래를 그칠 수 없을 것이고,
저 나무들도 잎이 지는 일이 없으리라.
대담한 연인이여, 결코, 결단코, 그대는 키스 못하리라.
비록 목표에 가까이 닿긴 해도—그러나 슬퍼하지 말아라.
비록 그대가 행복을 찾지 못해도,
그녀는 아름다움이 쇠퇴하지 않을 것이니,
영원히 그대는 사랑할 것이고,
그녀는 아름다울 것이리라.

3

아, 행복하고 행복한 나무 가지들이여!
그대는 잎이 질리도 없고,
봄과 작별을 하는 일도 없으리라.

그리고 영원히 새로운 노래들을 영원히 피리 부는
지칠 줄 모르는 행복한 연주자여,
보다 더 행복한 사랑! 보다 더 행복하고 행복한 사랑이여!
영원히 뜨겁고, 그리고 언제나 누릴 수 있고
영원히 숨 헐떡이며, 그리고 영원히 젊은;
큰 슬픔으로 가득차고, 싫증나게 하는,
불타는 뜨거운 이마와 타오르는 혀를 가지게 하는
모든 숨쉬는 인간의 정열 그 이상으로 행복하도다.

4

이 제단으로 오고 있는 이들은 그 누구인가?
아 신비스러운 사제여, 그 어느 푸른 제단으로
그대는, 하늘 보고 우는 그 송아지를 끌고 가는 것인가,
꽃으로 꾸민 비단 같은 허리를 가진 그 송아지를?
강 혹은 바닷가 혹은 평화스러운 성채로
산 위에 지어진 그 어떤 작은 도시가
이 경건한 아침, 사람들이 텅 비어 있는가?
그리고 작은 도시여, 그대의 거리들은 영원히
조용하리라, 그리고 한 사람도
왜 그대가 황폐하게 되었는지를
말하려고 돌아올 수는 영원히 없을 것이다.

5

오 희랍의 형체여! 아름다운 자태여!
대리석에 아로새긴 젊은이와 아가씨들,
그리고 숲의 나뭇가지와 짓밟힌 잡초로 수놓은,
그대 말 없는 형상이여, 너는 영원이 그러는 것처럼
우리들 생각이 미칠 수 없도록 괴롭히는 구다.
차디 찬 목가여!
낡은 시대가 이 세대를 허물어 버릴 때,
너는 우리들의 것과는 다른 슬픔 속에서
인간에게 친구로 남아서 그에게 말하리라.
"아름다움은 진리이고, 진리는 아름다움이라"고,
이것이 지상에서 너희들이 아는
전부이고, 알아야 할 전부이다.

● 이해와 감상

이 Ode는 그리스의 옛날 항아리의 그려진 세계를 보고, 시인이 상상적인 탐색으로 엮어진 것이다. 이 항아리는 둥근 몸통과 좁은 목을 가지고 자기 또는 돌로 병처럼 만들어진 것으로, 고대 희랍과 로마에서 죽은 사람의 유회를 넣기 위하여 사용 되었다. 이 병 위에는 흔히 아름답게 그림 또는 조각 모양으로 장식되있던 것이나.

여기 옛날 그리스의 항아리 위에 나타난 그림 속에 세계는 예술의 세계이다. 그 이상적이며 변화하는 세계에 영향을 받지 않는 불멸의 예술 세계와, 좌절과 낙담, 무쌍한 변화의 현설 세계와의 대조를 보여준다.

좀 더 자세히 각 연을 따라 고찰해 보면, 첫째 연에서는 이 대리석 항아리에 그려진 순결한 신부의 모습이다. 이미 이 항아리를 만든 사람도 죽고 그녀의 부모들도 죽었지만, 조용히 시간의 제한을 받지 않고, 예술 세계 속에 남아서 자리 잡고 있기에, "침묵과 느린 시간의 양자"라는 말을 썼다. 또 이 항아리는 나무가 그려져있어, 과거의 사건들을 묘사하고 있으니, "숲의 역사가"란 표현을 쓴 것이다. 항아리의 그림에는 젊은이와 처녀들이 사랑을 위하여, 열정적으로 쫓고 쫓기는 낭만적인 사랑이 그려져 있다. 말없는 옛 항아리는 조용한 가운데 있지만, 과거의 모든 일과 낭만적인 사랑을 그리고 예술의 가치, 인생의 의미 등을 남김없이 말하는 것이다. "숲의 역사가"이지만 실제의 역사가처럼 그 사건의 날자 이름 등 말하지 않는 점 또한 역설적이다.

그런데 두 번째 연에서는 이 옛 항아리의 위력은 우리의 감각에다가 아니라 상상력에 호소하는데 있다. 우리의 감각의 경험은 이미 달성한 것이지만, 상상력의 세계는 무한하며 이상적인 세계이다. 상상되어지는 멜로디가 실제의 고막을 울리는 멜로디보다 더욱 감미롭다.

Heard melodies are sweet, but those unheard
    Are sweeter—; therefore, ye soft pipes, play on;
    Not to me sensual ear, but, more endeared,
        Pipe to the spirit ditties of on tone:

이렇게 도달할 수 없는 것이 도달된 것보다 더욱 좋은 것이다. 항아리 속의 인물들은 현실 세계의 사람들과는 대조적으로, 시간이나 인간의 삶의 영고성쇠 변천에 영향을 받지 않는다. 시간에 상관없이 노래가 계속되고, 아름다운 나무 무성한 잎이 늘 푸르다. 아름다운 그림 속에 처녀는 언제나 아름답고 예쁠 뿐, 늙어 보기 흉할 수는 결코 없다. 그녀에 대한 연인의 사랑 또한 영원하다. 비록 정열이 만족으로 태워지지는 않지만, 일시에 만족이 싫증으로 변하는 현실 세계의 사랑보다 나은 것이다. 이러한 이상적인 세계는 그 다음 셋째 연에서 더욱 현실 세계와 대조되어 강조된다.

이 현실 세계에서는 인간들의 사랑이 슬픔과 권태 그리고 포만감을 가져오지만, 그 항아리 속에 연인들은 사랑의 고별도 절망도 없다. 영원히 뜨거운 사랑 속에 행복한 것이다. 시간에 구애됨이 없이 영원히 젊고 행복한 사랑이다. 언제나 잎이 푸르고 소생하는 봄이다. 감미로운 영원한 노래 속에서….

다음 네 번째 연에서는 위에 사랑의 장면과는 달리, 인간 또 하나의 중요한 삶, 즉 예배의식이다. 제사를 지내러 송아지를 데리고 가는 사제, 온 동리가 텅 비도록 모두 제사 드리러 간 것이다. 위에서 사랑이 흥분되고 황홀한 장면과는 비교되는 조용하고 경건하며 또 쓸쓸한 모습이다. 행복의 순간이 영원하듯이 이 황폐한 모습이 영원히 부각되어 있는 것이다.

그런데 다섯째 연으로 들어가면서, 이 항아리에 나타난 세계와 인물에 대하여, 이상적인 세계와는 또 다른 현실 세계의 갈등을 보게 한다. 예술의 작품을 통하여 시간의 침해와 상관없이, 영원의 신비한 옛 시대의 정신을 보존하게 하여주고, 현실 세계와는 달리 영원히 뜨겁게 그러면서도 영원히 행복한 사랑이지만, 그것도 차가운 대리석 속에 축소되어 있기 때문에, 그렇게 남아 있을 수 있는 세계이다.

이러한 이상적인 세계는 다만 예술 작품 속에서만 가능한 것이고, 인생의 삶은 여전히 현실 속에서 병, 슬픔, 고통, 노년 등의 문제는 근본적으로 예술이 해결할 수 없는 것이다. 이것이 예술의 한계성인 것이다. 그러므로 시인은 그 항아리를 “Cold Pastoral!”이라는 표현으로 귀결시킨다.

그러나 그리스의 옛 항아리는 지금 살아 있는 모든 사람들이 늙어서 죽더라도, 예술 작품으로서 우려 인간에게 위로와 기쁨을 주는 존재로 친구처럼, 영원히 남아 있다는 데 큰 의미가 있다. 그리고 다음과 같은 말을 그 옛 항아리는 하는 듯 하다.

“Beauty is truth, truth is beauty.”

이 시 구절을 이해하는데, Keat가 그의 친구 Benjamin Bailey에게 쓴 편지를 참고해 보면,

“I am certain of nothing but of the holiness of the Heart’s affections and the truth of Imagination—What the imagination seizes as Beauty must be truth”

여기서 말하는 아름다움은, 인간의 괴로운 세대가 지나가서 딴 세대가 올지라도, 이 항아리는 계속 인간의 슬픔 세대 가운데에서 변하지 않는 아

름다움의 존재로 남는 것이다.[6] 이 아름다운 항아리는 절묘한 미를 빚어주고, 그 미는 과학적 진리나 사실이 아닌, 심미적 정서에 호소하는 참된 의미를, 기쁨의 순간을 감동적으로 접하게 한다. 이것이 바로 예술 작품의 위력이다. 이 위대한 예술 작품은, 또한 인간의 생생하고 무한한 상상력을 유발시켜 주어 황홀감과 명상에 이르게 한다. 이렇게 심미적 정서와 창조적인 상상력에 호소하는 아름다움이야말로, 하나의 진리를 우리에게 주고, 그러한 진리는 그러한 아름다움에 또한 달려 있는 것이다.

6 Robin Mayhead, *John Keats*(Cambridge: Cambridge University Press, 1967), p.79.

To Autumn

1

Season of mists and meadow fruitfulness,
Close bosom-frined of the maturing sun;
Conspiring with him how to load and bless
With fruit the vines that round the thatch-eaves run;
To bend with apples the mossed cottage-trees,
And fill all fruit with ripeness to the core;
To swell the gourd, and plump the hazel shells
With a sweet kernel; to set budding more,
And still more, later flowers for the bees,
Until they think warm days will never cease,
For Summer has o'er-brimmed their clammy cells.

2

Who hath not seen thee oft amid thy store?
Sometimes whoever seeks abroad may find
Thee sitting careless on a granary floor,
Thy hair soft-lifted by the winnowing[1] wind;
Or on a half-reaped furrow sound asleep,
Drowsed with the fume of poppies, while thy hook[2]
Spares the next swath and all its twined flowers:
And sometimes like a gleaner thou dost keep
Steady thy laden head across a brook;
Or by a cider-press, with patient look,
Thou watchest the last oozings hours by hours.

3

Where are the songs d Spring? Aye, where are they?
Think not of them, thou hast thy music too—

---

1 To "winnow" is to fan the chaff from the grain.
2 scythe.

While barred clouds bloom the soft-dying day,
   And touch the stubble-plains with rosy hue;
Then in a wailful choir the small gnats mourn
   Among the river sallows[3], borne aloft
      Or sinking as the light wind lives or dies;
   And full-grown lambs loud bleat from hilly bourn;
Hedge crickets sing; and now with treble soft
The redbreast whistles from a garden croft;[4]
   And gathering swallows twitter in the skies.

가을에게

1

안개와 무르익은 결실이 풍부한 계절
무르익게 하는 태양의 친숙한 친구여;
태양과 공모하여 초가집 처마를 올라간 포도나무를
열매로 무겁케 하고 복되게 하고;
이끼 낀 오두막집 나무들은 사과 열매로 휘게 하고,
온갖 열매를 속 응어리까지 익게 하고;
호리병박을 부풀리고, 개암나무 껍질을
달콤한 속 알맹이로 통통히 살찌우고,
늦게 피는 꽃들을 꿀벌들을 위해 더욱 더 피게 하여
드디어 꿀벌들이 더운 날은 결코 그치지 않을 것이라고 생각할 때까지,
왜냐하면 여름이 끈끈한 벌집들을 넘쳐흐르게 했기 때문에.

2

누가 너의 수확물 중에서 너를 자주 보지 못했는가?
때때로 집 밖에서 찾는 사람은 누구든지
네가 타작마당에 평화롭게 앉아서,
그대의 머리카락이 키질하는 바람에 부드럽게 나부끼는 것을 보았을 것이다.
혹은 너의 낫이 다음의 이랑과 엉킨 꽃들을
베지 않고 아끼고 있는 동안,

---

3 willows
4 A "croft" is an enclosed bit of farm land

양귀비 꽃향기로 졸리워져
반쯤 벤 이랑에 곤히 잠든 너를 보았을 것이다.
그리고 때때로 이삭을 줍는 사람처럼 너는
그대의 짐을 진 머리를 개울 너머로 향하고 있다;
혹은 사과술 압착기 곁에서 참을성 있는 표정으로 너는 지켜본다.
마지막 흘러나오는 방울을 몇 시간이고

3

봄의 노래는 어디 있는가? 그래, 어디 있는가?
봄노래를 생각하지 말라. 너는 너의 노래를 가지고 있으니—
무늬진 구름들이 조용히 사라지는 낮을 석양빛으로 물들이고,
그루터기 들판을 장미 빛으로 물들이는 동안;
그 때 애수 된 합창으로 작은 각다귀들이
강가의 미루나무 사이에서 슬프게 노래 부른다.
가벼운 바람이 일어나 사라짐에 따라서
높게 혹은 낮게 날려가면서;
그리고 살찐 양들이 언덕 경계에서 요란히 울어대고;—
산울타리 귀뚜라미들이 노래한다;
그리고 지금 아주 부드러운 소리로
가슴 빛 빨간 방울새가 정원 요란히 울어대고,
하늘에는 강남으로 가는 제비들이 지저귄다.

● 이해와 감상

1819년 9월 하순경 이 시를 쓴 것이라고 하며, 가을 계절의 아름다움과 평화로움 풍요로움을 잘 표현하고 있다. 흠없는 기교, 풍부한 이미저리 등 잘된 시라고 인정하는 것이다. 이 평온과 축복에 가득 찬 Ode를 쓰고 난 후 이틀 되던 날, Keats는 J. H. Reynolds에게 다음 같은 편지를 썼던 것이다. "나는 지금처럼 그렇게도 그루터기 진 들판을 좋아한 일이 없습니다. 싸늘한 봄 푸르름보다 더욱 좋습니다. 정말로 그루터기 있는 들판은, 어딘지 모르게 어떤 그림이 따뜻하게 보이는 그런 식으로 따뜻한 감을 줍니다. 이러한 광경은 내가 이 시를 짓던 일요일 산보 길에서 대단히 감동적이어서 이 시를 쓰게 된 것입니다"[5]

---

5 M. H. Abrams(eds.) *The Norton Anthology of English Literature Vol. 2*(New York: W. W. Norton & Company, Inc. 1962), p. 394.

그러면 이 시를 첫째 연부터 좀 더 자세히 살펴보면, 이 시의 첫 행이 가을의 특성을 잘 요약해 주는 말들이다. 풍요로운 생산의 계절, 무르익는 성숙의 계절이며 또한 동시에 차갑고 습기 찬 한 해의 종말을 알리는 듯 안개가 많은 것이다. 이 첫째 연은 계절의 풍요로운 성숙을 말해준다. 그래서 풍요로움과 성숙함을 암시하는 말들이 많이 나온다. 가을은 빛과 열의 근원인 태양과 친숙한 친구처럼 공모나 하듯이, 포도나무를 탐스러운 열매로 늘어지게 하고 개암열매, 사과열매, 호리병박 등 모든 열매를 성숙한 무르익음으로 가득 채운다. 이들 모든 열매들이 축복 받은, 모습이 아닐 수 없다. 원숙의 축복으로 알맹이 속은 감미로운 맛으로 변화되면서 그런가하면 여름이 영원히 계속될 듯이, 따가운 가을볕으로, 계속 늦은 꽃들을 피우게 하고, 습기찬 꿀벌의 집을 따가운 가을볕으로 말려주는 것이다.

두 번째 연에서는, 이 가을을 의인화 시키고 있는 것이다. 풍요로운 수확의 계절에 평온하게, 그러나 애써 땀을 흘리는 농부들의 모습을 읽게 한다. 첫째 연에서는 주로 농부의 집 정원의 묘사라면, 둘째 연은 밖으로 나가서 곡식을 베는 들판이다. 이것이 또한 시간적으로 보면 첫째 연에서 안개 낀 아침이라면, 둘째 연은 농부가 양귀비꽃 향기로 졸리워져, 밭 이랑에서 잠시 잠드는 한낮으로 보게 된다. 또 사과술 압착기 옆에서 인내심을 가지고, 그 즙을 마지막 한 방울까지 짜내는 노고도 본다. 이렇게 가을을 의인화 시킨 것은 그 조명하는 초점이 계절 중에 가을(사람이 아닌)이라는 점에서이다. 계절은 사계절 모두 그 나름대로 의미가 있겠지만, 특별히 가을은 심은 대로 애쓴 대로 거두어 들여 수확의 결실을 맛본다는 보람의 계절임을 또한 암시해 준다. 불모의 겨울, 시작되는 봄, 일하는 여름에 비하여 모든 열매가 익어 수확을 보는 풍요와 생산의 계절이 얼마나 축복으로 찬 계절 환희의 계절인가!

이 Ode에서 특별히 또 표현된 기교는 계절의 감각을 시각 뿐 아니라, 청각, 미각, 취각 풍 모두 동원해서 나타냈다는 것이다. 들판 정원의 시각적인 장면만 아니라, 양귀비꽃 향기, 개암 열매 속의 달콤한 맛, 각다귀들의 슬픈 노래, 양들의 울음소리 홍방울 새들의 노래 등이다.

마지막 연에서 우리는 가을은 역시 이 한해를 고별하는 애수감을 느끼게 한다. 봄에 강남에서 왔던 제비들이, 겨울이 오기 전 또 다시 따뜻한 강남으로 작별을 하고 가는 계절이다. 또 이 끝 연은 하루 중 저녁에 해당된다. 양떼들이 우는 소리 들리고, 줄무늬 구름들이 석양으로 물들고, 장미 빛깔로 들판을 적신다고 했다. Keats는 첫 연에서 아침, 둘째 연에서 대낮, 셋째 연에서 저녁을 그리고 첫째 연에서 농가의 정원, 둘째 연에서 야외 들판, 셋째 연에서 좀 더 먼 곳에 있는 강가 언덕과 하늘 등 그 시간과 공간의 구성을 의도적으로 구상한 것으로 생간 된다. 어쨌든 시인은 가을날 저녁, 봄날의 소망, 새들의 노래 소리와는 달리, 향수감에 젖은 듯한 각다귀들의 슬픈 노래, 양떼의 울음소리, 강남 가려는 차비를 하는 듯 지저귀는 제비 소리 등 애수를 띄우는 감정을 암시한다. 그러나 강남 가는 제비는 새봄이면 돌아온다는 여운도 있어 소망적이다. 이렇게 Keat는 이 짧은 Ode에서도 다각도로, 가을의 특성을 잘 그리고 있는 것을 주의해서 볼 수 있게 한다. 전체적으로 이 시의 분위기는 평온하고 만족감이 든다.

Bright Star

Bright star, would I were steadfast as thou art—
Not in lone splendor hung aloft the night
And watching, with eternal lids apart,
Like nature's patient, sleepless Eremite,[1]
The moving waters at their priestlike task
Of pure ablution[2], round earth's human shores,
Or gazing on the new soft fallen mask
Of snow upon me mountains and the moors—
No—yet still steadfast, still unchangeable,
Pillowed upon my fair love's ripening breast,
To feel forever its soft fall and swell,
Awake forever in a sweet unrest,
Still, still to hear her tend-taken breath,
And so live ever—or else swoon to death.

빛나는 별

빛나는 별이여, 내가 그대처럼 한결 같았으면—
밤하늘 높이서 걸려 외롭게 빛나며 영원히 눈을 떠서
자연의 잠자지 않고 인내심 있는 은둔자처럼,
대지의 인간이 사는 해안 둘레를 청결히 씻어주는.
사제의 일을 하는 출렁이는 바닷물을 지켜보거나,
혹은 산과 벌판 위에 갓 내린 부드러운
눈의 덮음을 응시하면서가 아니라—
아니다—그런 것이 아니라
항상 한결같이, 항상 변함없이
내 아름다운 애인 원숙한 젖가슴을 베개 삼아 베고
영원히 그 부드러운 굴곡의 촉감을 느끼면서
영원히 달콤한 불안 속에 잠 깨어

---

1 Eremite: Hermit, religious solitary.
2 ablution: washing, as part of a religious rite.

언제나 영원히 부드럽게 숨쉬는 그녀의 숨결을 들으며
영원히 살았으면—그렇지 않으면
기절해 죽으리라.

● 이해와 감상

이 시는 그의 애인 Fanny Brawne에게 쓴 Sonnet이며 애정시이다. 시인은 사랑을 동경하는 것이다. 다시 말하면 인간행복이 덧없이 사라지는 무상함을 극복하고, 영원히 완전한 순간을 포착하려는 시인의 시도이다.[3]

이 시는 Shakespearean Sonnet의 형태이지만, 실제로 그 내용으로는 Octave와 Sestet으로 나누어 묘사되어 있다. Octave에서는 자연의 이미저리를 사용하여, 하늘 높이 외로이 빛나는 별은 영원히 눈을 뜨고서, 잠을 자지 않고 바닷물을 지켜보거나, 부드럽게 눈으로 덮인 산과 벌판을 지켜보는 은둔자(경건함)에 비유하고 있다. 시인은 별이 자연을 영원토록 부드러운 눈빛으로 바라보듯이, 그의 사랑하는 여인을 영원토록 사랑하고 행복에 젖어 있고 싶은 것이다. 별이 출렁이는 바닷물을 영원토록 바라보듯이, 시인은 그의 애인의 부드러운 숨결을 영원토록 듣고 싶어 하는 것이다. 순간의 행복을 영원히 하고자 하는 마음이 비유를 통하여 속에 응축되어 있는 것이다.

그런데 이 시의 결점은, Octave에서 시인이 자연에 대한 경험이, Sestet에서 그의 애인에 대한 경험과 그 유사성이 일치하지 못한다는 점이다.[4] 그러나 그러한 결점에도 불구하고, 이 시의 주제는 나타내려고 하는 의미를 충분히 나타내주고 있다는 점에서, 비교적 잘된 시라고 본다. Octave에서 바닷물이 인간 사는 해안을 출렁일 때, 죄악을 깨끗이 씻어 주는 사제에 그 바닷물을 비유한 것은, 훌륭한 비유가 아닐 수 없다. 인간 세상의 역사는 무쌍하게 변하지만, 영원토록 변함없이 자연에게 빛을 비추어 주며 소망의 빛을 주는 별은, 변화가 심한 인간의 사랑을 보아 온 시인에게 동정의 대상이 된 것은 너무나 당연하다. 그러므로 영원한 별처럼, 영원히 사랑하는 애인과 사랑하며 살고 싶은 것이다. 이 Sonnet는 사랑의 영속성에 대한 동경을 표현하면서(예 'steadfast', 'unchangeable' 등...)또 그 함축된 의미로서는 사랑의 정숙과 인내를 암시한다.

---

3 Compiled by Deryn Chatwin, *Notes on Keat's Poetry and Prose*(Suffolk: Richard Clay Ltd., 1979), p.66.

4 *Loc. cit.*

Ode on Melancholy

No, no, go not to Lethe, neither twist
    Wolfsbene, tight-rooted, for its poisonous wine;
Nor suffer thy pale forehead to be kissed
    By nightshade, ruby grape of Proserpine;
Make not your rosary of yew-berries,
    Nor let the beetle nor the death-moth be
    Your mournful Psyche, nor the downy owl
A partner in your sorrow's mysteries;
    For shade to shade will come too drowsily,
    And drown the wakeful anguish of the soul.

But when the melancholy fit shall fall
    Sudden from heaven like a weeping cloud,
That fosters the droop-headed flowers all,
    And hides the green hill in an April shroud;
Then glut thy sorrow on a morning rose
    Or on the rainbow of the salt sand-wave,
    Or on the wealth of globed peonies;
Or if thy mistress some rich anger shows,
    Imprison her soft hand, and let her rave,
    And feed deep, deep upon her peerless eyes.

She dwells with Beauty—Beauty that must die;
    And Joy, whose hand is ever at his lips
Bidding adieu; and aching Pleasure nigh,
    Turning to poison while the bee-mouth sips:
Aye, in the very temple of Delight
    Veiled Melancholy has her sov'reign shrine,
        Though seen of none save him whose strenuous tongue
    Can burst Joy's grape against his palate fine:
His soul shall taste the sadness of her might,
    And be among her cloudy trophies hung.

우울에 관한 송시

아니다 아니다 망각의 강으로 가지 마시라.
또한 독주를 마시려고 깊이 뿌리박힌 바곳을 비틀지 마시라.
또한 그대의 창백한 이마를 Proserpine의 루비색깔의 포도인
까마종이에 입 맞추게 하지 마시라.
그대의 주목 열매의 염주로 하여금
또한 풍뎅이나 죽음의 나방이
그대를 슬퍼하는 Psyche가 되게 하지 마시라.
또한 솜털로 무성한 올빼미가
그대의 슬픔의 신비의 반려자가 되게 마시라.
왜냐하면 그림자가 그림자로 꼬리를 물고 찾아와 너무 졸리게 하여
영혼의 잠깨어 있는 고통을 익사시킬 것이기 때문에.

하지만 우울의 발작이
고개 숙인 온갖 꽃들을 양육하고
4월의 수의로 푸른 언덕을 가리우는
울어대는 구름처럼
하늘에서 갑자기 쏟아질 때면
그 때는 그대의 슬픔은 아침의 장미에서 마음껏 맛보리라.
혹은 짠 모래 물결의 무지개에서
혹은 공 모양의 모란의 무리에서
아니면 만일 그대의 애인이 몹시 화를 낸다면
그녀의 곱디고운 손을 잡고 그녀를 미친 듯 소리소리 지르게 하시라.
그리고 깊이 더욱 깊이 그녀의 비할 데 없이 아름다운 눈을 쏘아 보시라.

우울은 아름다움과 함께 산다－사라지고야 말 아름다움과 함께
그리고 이별을 고하느라 항상 손을 입술에 대고 있는
환희와 함께; 그리고 꿀벌의 입이 빨고 있는 동안에
독으로 변하여 버리는 쑤시는 듯이 아픈 쾌락 가까이에서
정말로 바로 그 환희의 신전에서
바로 베일 쓴 우울은 최상의 사당을 가지고 있어
강렬한 혀도 환희의 포도를 그의 민감한 입천정에다
터뜨릴 수 있는 사람을 제외하고서는 그것을 볼 수가 없다.

그의 영혼은 우울의 힘의 슬픔을 맛볼 것이고
우울의 구름이 낀 전승기념비들 사이에 매달려 있게 되리라.

● 이해와 감상

이 시의 주제는 인생의 고통과 우울함이 이해하기 어렵게도 기쁨과 아름다움과 함께 묶여져 있다는 것이다. 이러한 사실은 물론 시인 Keats의 신념이겠지만 시인은 임박한 죽음이 가져다주는 의식의 둔감한 상태에 이르면 기쁨과 우울함의 공존상태를 예리하게 이해할 수가 없다고 암시한다. 또 꽃들이나 아름다운 여인의 아름다움을 감지하게 될 때도 슬픔이 밑바닥에 숨겨져 있음을 통찰력을 가진 사람만이 볼 수 있다고 한다. 우울함은 아름다움과 기쁨과 나란히 손잡고 가듯 병행하는 것이라고 시인은 결론적으로 말한다. 그런데 여기서 시인은 즐거움을 충분히 즐길 수 있는 사람만이 그 기쁨이 우울함과 아주 친밀하게 관련되어 있음을 볼 수 있다고 술회한다.

기쁨이든 열정이든 아름다움이든 또는 즐거움이든 간에 그 절정의 순간에 우울함은 그 공격할 준비를 하고 있다는 파라독스는 시인 Keats의 철학이 초석이 되었다.[5] 성경 구약 전도서 7장 14절의 다음과 같은 말씀과 시인 Keats의 생각은 일맥상통하는 바가 있음은 주목할 만하다.

형통한 날에는 기뻐하고 곤고한 날에는 생각하라
하나님이 이 두 가지를 병행하게 하사 사람으로
그 장래 일을 능히 헤아려 알지 못하게 하셨느니라

(When things go well, be glad; but
when things go ill, consider this:
God has set the one alongside the other
in such a way no one can find out
what is to happen next.)

그러면 처음 stanza부터 자세히 살펴보기로 하겠다.

시인 Keats는 많은 고전 신화의 언급이 있다. 망각의 강(Lethe)은 지옥의 강으로 그 물을 마시면 망각의 세계로 가게 된다는 강이다. Proserpine은 Zeus와 Demeter의 딸로서 지옥의 신 Pluto에게 유괴되어 그의 아내가 되었다. Psyche는 희랍의 신화에서 나오는 나비의 날개를 가진 미소녀로 표

---

5 Edmond L. Volpe and Magalaner. "Ode on Melancholy" *Commentaries and Critical Essays II* (Seoul: Tamgu Publishing Co., 1981), p.129.

현되는 인간의 영혼을 나타낸다. Wolfsbane은 노란 빛을 띠는 독초이고 nightshade도 역시 독초로 진통제의 원료이다. 여기서 죽음의 상징이 나오는데 그것들은 "beetle"과 "death-moth"로서 영혼을 상징하는 "Psyche"과 대조를 이룬다. 시인 Keats는 여기서 독자에게 죽음의 상징들을 영혼의 표식으로 취하지 않도록 경고한다. 그것은 이 stanza의 마지막 두 행에서 죽음과 슬픔의 그림자가 찾아 들어와서 우리의 의식과 감각을 둔하게 하여 기쁨과 우울함의 공존 상태를 예리하게 이해할 수 없도록 만들기 때문이라는 것이다.

두 번째 stanza에서는 시인은 우울의 공격과 죽음의 접근을 가정해서 생각해 본다. 여기에 나오는 이미지들은 음울한 장례식에 관한 것들이다. "weeping cloud", "droop-headed flower" 그리고 "April shroud"는 자못 상징적이다. 이 때 이 죽음의 도래에 임하여 우울의 공격은 슬픔－깊은 슬픔으로 나타난다. 이러한 상황에서 그 우울의 공격의 치유제가 될 수 있는 것은 그러한 우울한 감정이나 슬픔에 한껏 만끽하는 것임을 시인은 암시한다.

맨 끝의 stanza에서 시인은 우울함은 아름다움과 기쁨과 나란히 손잡고 가듯이 서로 병행하는 것이라고 결론적으로 술회한다. 우리 인간은 꿀벌이 꿀을 따고 있는 기쁨으로 도취해 있듯이 환희의 순간을 가지지만 곧 독으로 변해 버리듯이 쑤시는 듯한 아픔이 그 쾌락 바로 뒤에 와서 곧 그 경계선을 넘는다. 그런데 이렇게 그 기쁨이 우울함과 아주 친밀하게 관련되어 있음을 볼 수 있는 사람은 삶에 깊은 통찰력을 가진 사람으로서 강렬한 혀로(미각으로) 환희의 포도를 그의 입천정에다 터뜨릴 수 있는 사람이라는 이미지를 시인 Keats는 사용하였다. "him whose strenuous tongue/Can burst Joy's grape against his palate fine" 그리고 이렇게 깊은 통찰력을 가진 사람은 우울함과 아름다움, 슬픔과 기쁨이 불가해하게 서로 병행하는 인생의 삶 속에서 초월할 수 있음을 암시한다. 그리고 우울함과 죽음이 가져오는 공격에 대응할 수 있는 방법은 자연이든 여인이든 간에 감각적인 아름다움에 몰입하는 것이라고 암시한다. 여기서 아름다움을 추구하는 낭만주의 시인 Keats의 신선하고도 낭만적인 면을 터치할 수 있다.

기법에 덧붙인다면 Keats는 많은 의인화－예를 들면 "Melancholy", "Beauty" 그리고 "Joy"－등을 사용하고 있다.

Percy Bysshe Shelley

(1792—1822)

Ozymandias[1]

I met a traveler from an antique land
Who said: Two vast and trunkless legs of stone
Stand in the desert.... Near them, on the sand,
Half sunk, a shattered visage lies, whose frown,
And wrinkled lip, and sneer of cold command,
Tell that its sculptor well those passions read
Which yet survive, stamped on these lifeless things,
The hand that mocked them, and the heart that fed:
And on the pedestal these words appear:
"My name is Ozymandias, king of kings:
Look on my works, ye Mighty, and despair!"
Nothing beside remains, Round the decay
Of that colossal wreck, boundless and bare
The lone and level sands stretch far away.

오지만디아스

한 고대의 나라로부터 온 한 여행자를 만났는데
그는 말했다. 다음과 같이: 두 거대하고 몸통 없는 돌다리가
사막에 서 있다....그 가까이 모래 위에는
부서진 얼굴이 반쯤 묻힌 채 있고,
그 얼굴의 찡그린
그리고 주름 잡힌 입술, 그리고 냉엄한 명령의 조소는
그 조각가가 그 왕의 정열을 잘 읽었음을 말해주며, 그러나 정열은
이 생명 없는 것들에 그 모양이 찍혀져

---

1 Ozymandias: the Greek name of Rameses II(1304—1237 B. C.) who, according to the biblical scholars of Shelley's time,. was the pharaoh of Egypt who oppressed the captive Hebrews and opposed the wishes of Moses to free them. He had many huge buildings and monuments constructed in his own honour.

그 정열을 비웃는 손과, 그 일을 시켰던 심장보다
더 오래 살아남아 있다.
그리고 주춧대엔 다음의 말이 새겨져 있다.
"나의 이름은 Ozymandias, 왕중왕 이로다:
나의 업적을 보라, 그대들 강대한 자들아, 그러면 절망하리라!"
아무것도 그 옆에 남아 있는 것이 없다.
그 거대한 잔해의 부식 주위에, 끝없고 풀 한 포기 없는
쓸쓸하고 평평한 모래사막이 저 멀리 뻗어 있다.

● 이해와 감상

이 시는 Shelley가 그의 친구 Horace Smith와 경쟁하기 위해 쓴 Sonnet이다. 1817년 쓴 시로서 그 운율의 구상이 전통적인 점에서 매우 벗어나 있다. 이 시는 폭정과 야망의 헛됨을 나타내고, 시간과 사막은 어떻게 Ozymandias같은 강력한 왕의 자부심에 아무런 존경을 할 수 없음을 보여준다. Ozymandias는 Egypt의 왕으로 이스라엘의 지도자 Moses가 출애굽하려 할 때 반대한 왕으로, 그는 많은 거대한 건물들과 기념물들을 명예를 높이기 위하여 지었던 것이다.

절단되고 깨어진 거대한 왕의 석상은 Ozymandias 왕의 공허함을 강조한다. 몸통이 없는 사막에 서 있는 다리는 우스꽝스럽게 보이고 그 몸통은 온데간데없이 사라져 버리고, 왕의 얼굴은 부서진 채 반쯤 모래사장에 파묻혀 있었다. 얼굴의 보기 흉한 찌그러진 입술은 허무하기 짝이 없다. 한때는 천하를 호령하던 그 무서운 입, 폭정의 무서운 정열의 힘은 모두 꿈같이 사라져 버리고, 석상의 얼굴 모습에 그림자로만 남아 있을 뿐이다. 그리고 석상의 주춧대에 새겨진 비문—그 거만스러운 비문

"My name is Ozymandias, king of kings:
Look on my works, ye Mighty, and despair!"

은 자부심 강한 Ozymandias에 대한 아이러니컬한 말로만 생각된다.[2] 왜냐하면 아무것도 그 옆엔 남아있는 것이 없고, 거대한 잔해의 부식 주위에는 다만 풀 한 포기 없이 쓸쓸한 끝없이 보이는 사막만이 있을 뿐이기 때문이다. "나의 업적을 보라"한 말에 무색하게도 오늘날 아무것도 볼 것이 남아 있지 않은 것이다.("Nothing beside remains.") 이 또한 아이러니컬한 상황

---

2 Notes by Alasdair D. F. Macrae *Percy Bysshe Shelly: Selected Poetry*(Essex: Longman York Press, 1983), p.17.

이 아닐 수 없다.

Shelly는 좀 더 불규칙적인 운율을 사용했으나,(전통적인 Sonnet에 비교하여 예를 들면 2행의 "stone"과 4행의 "frown"의 rhyme scheme, 9행의 "appear"와 11행의 "despair"등) 전통에 얽매여 구속을 받지 않고, 자유롭게 구사한 점은 진보적일 수도 있는 것이다. 또한 Shelley는 이 시 첫 행에서 한 여행자를 끌어 들임으로서 시인의 주관적인 생각을 떠나서 객관적인 입장을 택하려는 기교를 썼다는 점도 주의해서 보게 된다.

Ode to the West Wind

1

O wild West Wind, thou breath of Autumn's being,
Thou, from whose unseen presence the leaves dead
Are driven, like ghosts from an enchanter fleeing,

Yellow, and black, and pale, and hectic[1] red,
Pestilence-stricken multitudes: O thou,
Who chariotest[2] to their dark wintry bed

The winged seeds, where they lie cold and low,
Each like a corpse within its grave, until
Thine azure[3] sister of the Spring shall blow

Her clarion[4] o'er the dreaming earth, and fill
(Driving sweet buds like flocks to feed in air)
With living hues[5] and odors plain and hill:

Wild Spirit, which art moving everywhere;
Destroyer and preserver; hear, oh, hear!

2

Thou on whose stream[6], mid the steep[7] skys's commotion,
Loose clouds like earth's decaying leaves are shed,
Shook from the tangled bough of Heaven and Ocean,[8]

Angels[9] of rain and lightning: there are spread

---

1 hectic: fevered.
2 chariotest: carry or steer.
3 azure: clear blue.
4 clarion: A high, shrill tnunpet.
5 living hues: vivid colours.
6 stream: flow of the wind.
7 steep: high.
8 tangled bough of Heaven and Ocean: clouds created by the evaporation from the sea are partly air and partly water.

On the blue surface of thine aery surge,
Like the bright hair uplifted from the head

Of some fierce Maenad,[10] even from the dim verge
Of the horizon to the zenith's[11] height,
The locks of the approaching storm. Thou dirge

Of the dying year, to which this closing night
Will be the dome of a vast sepulcher,
Vaulted with all thy congregated might

Of vapours, from whose solid atmosphere
Black rain, and fire, and hail will burst: oh, hear!

3

Thou who didst waken from his summer dreams
The blue Mediterranean, where he lay,
Lulled by the coil of his crystalline streams,

Beside a pumice[12] isle in Baiae's bay,[13]
And saw in sleep[14] old palaces and towers
Quivering within the wave's intenser[15] day,

All overgrown with azure moss and flowers
So sweet, the sense faints picturing them![16] Thou
For whose path the Atlantic's level powers

Cleave themselves into chasms, while far below
The sea-blooms and the oozy[17] woods which wear

---

9 Angles: messengers, heralds.

10 Maenad: a Maenad was a female devotee of Dionysus, the Greek god of wine, revelry and vegetation.

11 Zenith: highest point in the sky.

12 pumice: porous stone made from volcanic lava.

13 Baiae's bay: west of Naples in Southern Italy, in a notoriously volcanic area.

14 in sleep: unmoving and locked as if in a dream.

15 intenser: magnifying because of the combination of strong sunlight and clear water.

16 sense... them: the eye loses its focus because the image in the water keeps subtly.

The sapless foliage of the ocean, know

Thy voice, and suddenly grow gray with fear,
And tremble and despoil[18] themselves: oh, hear!

4

If I were a dead leaf thou mightest bear;
If I were a swift cloud to fly with thee;
A wave to pant beneath thy power, and share

The impulse of thy strength, only less free
Than thou, O uncontrollable! If even
I were as in my boyhood, and could be

The comrade of thy wanderings over Heaven,
As then, when to outstrip thy skyey speed
Scarce seemed a vision;[19] I would ne'er have striven

As thus with thee in prayer in my sore need.[20]
Oh, lift me as a wave, a leaf, a cloud!
I fall upon the thorns of life! I bleed![21]

A heavy weight of hours[22] has chained and bowed
One too like thee: tameless, and swift, and proud.

5

Make me thy lyre[23], even as the forest is:

---

17 oozy woods: the tall slimy seaweeds growing on the sea bed.

18 despoil: tear off their leaves in fear.

19 my boyhood.. vision: Shelley may be speaking metaphorically about his younger, idealistic days, but the image of rivalling the wind probably comes from memories of chasing the moving shadow on the earth of the flying cloud above.

20 striven.. sore need: the wind is the power of inspiration(among other things)and Shelley remembers times when he felt inspired.

21 I fall.. I bleed: Shelley concedes that he feels defeated by the misfortunes and pains he has experienced. It is because he is so dejected and absorbed in his misery that he needs the restoring power of the wind.

22 weight of hours; time, dull habit.

23 lyre: the aeolian harp was placed on a hillside and made musical sounds as the wind blew through it.

What if my leaves[24] are falling like its own!
The tumult of thy mighty harmonies

Will take from both[25] a deep, autumnal tone,
Sweet though in sadness. Be thou, Spirit fierce,
My spirit! Be thou me, impetuous one!

Drive my dead thoughts[26] over the universe
Like withered leaves to quicken a new birth!
And, by the incantation of this verse,

Scatter, as from an unextinguished hearth
Ashes and sparks, my words among mankind!
Be through my lips to unawakened[27] earth

The trumpet of a prophecy![28] O Wind,
If Winter comes, can Spring be far behind?

서풍의 노래

1

아 거센 서풍이여, 너 가을의 숨결이여
너의 보이지 않는 존재로부터 죽은 잎사귀들이
마법사에게 도망치는 망령들처럼 휘몰리는 구나.
누런 검은 창백한, 그리고 열병에 걸려 홍조 띈
역병에 걸린 무리들. 아 네가
시꺼먼 겨울의 침상으로 날개 돋힌 씨앗을 싣고 가면,
그것들은 무덤 속에서 시체 모양
각자 싸늘하게 나직히 누워 있다가,
너의 봄의 파란 누이가 꿈꾸는 대지 위에 그 나팔을 불어대어

24 my leaves: his hair is growing thin.
25 both: Shelley('thy lyre')and the forest.
26 dead thought: previously written but unsuccessful poems.
27 unawakened: like the earth in winter, the world of men is asleep and ignorant of future possibilities.
28 trumpct. of a prophecy: announcement of a new era. Shelley may intend an echo of the trumpet in the Bible, which signals the beginning of Christ's rule on earth.

(향기로운 꽃봉우리를 풀 뜯는 양떼처럼 공중으로 휘몰아)
산과 들을 생기있는 색깔과 향기로 가득 채운다.
거센 정신이여, 너는 도처에서 움직이는구나.
파괴자이며 보존자여, 들어라, 아 들어라!

2

네가 흘러가면, 높은 하늘의 소환 속에서
흐느적거리는 구름들은 대지의 썩은 잎사귀들처럼,
하늘과 대양의 뒤엉킨 가지로부터 흔들려 떨어진다.
비와 번개의 사자들, 너의 가벼운 물결의 파란 표면에,
어느 사나운 Maenad의 머리로부터 나부끼는 빛나는 머리칼처럼
지평선의 희미한 가장자리로부터
하늘의 천정에 이르기까지
몰아오는 폭풍우의 머리단이 흩어진다.
너 죽어가는 해의 만가여,
이 어두워 가는 밤은 너의 증기의 온갖 뭉쳐진 힘으로.
원형 천정을 이룬 한 거대한 무덤의 둥근 지붕이 될 것이며,
그 단단한 대기층을 뚫고서:
검은 비와 번개와 우박이 쏟아져 내리리라. 아 들어라!

3

파란 지중해를 그의 여름 꿈에서 일깨운 너,
그 곳에서 지중해는 Baiae 만에 있는
화산 용암석으로 된 섬 옆에서
수정 같은 물 흐름에 물길로 잠들어 누웠고,
그리고 그려만 보아도 감각이 아찔한 만큼
아름다운 하늘색 이끼와 꽃들로 온통 덮힌 옛 궁전들과 탑들이
파도와 더욱 빛나는 햇빛 속에서
떨리고 있는 것을 잠 속에서 보았다!
너의 가는 길을 위하여 대서양의 평평한
파도는 갈라져 틈이 나고,
저 밑에서는 바다 꽃과 바다의 물기 없는
잎사귀를 지닌 가느다란 해초의 숲이
네 목소리를 알아듣고,
겁에 질려 갑자기 창백해지며,

부르르 떨고 우수수 잎을 떨어뜨린다. 아, 들어라!

4

만일 내가 네가 몰아갈 수 있는 한 개와 죽은 잎사귀라면,
만일 내가 너와 함께 날을 수 있는 한 점의 빠른 구름장이라면,
네 힘 밑에 헐떡이며, 네 힘의 충동을 같이 할 수 있고,
디만, 아, 통제 할 수 없는 사여!
너보다 덜 자유로운 한 파도라면,
만일 내가 내 소년 시절과 같다면,
그래서 너의 하늘을 날으는 속도를 이겨내는 것이
한낱 공상이 아니었던 그 때처럼,
하늘의 네 방랑의 친구가 될 수 있다면,
나는 결코 이와 같이 나의 간절한 기도를 하며
너와 겨누지 않았으리라.
아, 나를 파도처럼, 잎사귀처럼, 구름처럼 일으켜다오.
나는 인생의 가시위에 쓰러진다!
나는 피를 흘린다.
시간의 중압이 사슬로 묶고 굴복시켰다.
길들일 수 없고, 빠르고, 자부심 강한 너와 같았던 인간을.

5

나를 너의 거문고 되게 하여라. 숲이 그리하듯이.
내 잎사귀들이 숲의 잎사귀들처럼 떨어진들 어떠하리!
너의 힘찬 조화의 소동이
양자로부터 슬프지만 감미로운 깊은 가을의 음조를 얻으리라.
너 거센 정신이여,
네가, 나의 정신이 되어라! 네가 내가 되라 맹렬한 자여!
나의 죽은 사상을 온 우주 위에 휘몰아라.
새로운 탄생을 재촉하는 시든 잎사귀들처럼!
그리고 이 시의 주문으로 흐뜨려다오,
꺼지지 않는 화로의 재와 불꽃처럼,
인류들 사이에 나의 말을!
나의 입술을 통하여 잠 깨지 않은 대지에
예언의 나팔이 되어라! 오 바람이여.
겨울이 오면, 어찌 봄이 될 수 있으랴?

● 이해와 감상

이 시는 1819년 7월에 씌여진 것이고, 시인은 여기서 자신의 시적 그리고 정서적인 면에서의 갱생과 유럽의 정치적인 갱생에 관심을 기울인다.[29] 서풍은 이러한 갱생을 일으켜 주는데 필요한 상징적인 힘으로 나타난다.

첫째 연에서 서풍이 나무 잎사귀들에 미치는 위대한 힘을 보여준다. 늦가을이 되면 죽은 잎사귀를 휘몰아치고 파괴하는 듯 쓸어버린다. 그러나 날개 달린 씨앗을 몰고 가서, 겨울 동안 땅 속에서 지내게 한 다음, 봄이 되면 봄 향기 가득히 봄바람을 불어 주면서, 온통 대지는 죽었던 불모의 땅에서 새싹이 돋고 꽃이 피게 하는 것이다. 그러므로 가을의 서풍은 파괴자인 것 같으나 새봄의 생명을 새롭게 피우며 생명을 보존하는 보존자인 존재이다. 바람은 시들은 잎사귀를 흩날려 보내지만, 새로운 탄생을 재촉하는 것이다. 여기서 죽음과 갱생의 대조를 보여주며 시가 전개된다.

둘째 연에서는 서풍이 구름위에 미치는 혁명적인 힘을 보여준다. 구름이 몰리어 뭉치면 그 폭풍우의 수증기의 뭉쳐진 힘은, 비와 우박이 되어 무서운 뇌성 소리와는 달리, 대지의 동식물의 생명의 근원인 물을 공급해 준다. 여기에 나타난 바람은 하늘의 동요, 번갯불, 미내드의 이미지 등 운동과 힘으로 가득 찬 장엄한 장면이다. 이러한 굉장한 힘은 유익하고 풍요로운 결실을 가져오는 생명수가 되는 것이다. 이와 같이 Shelley는 서풍의 혁명적인 변화의 힘을 가진 존재로서 아름다우면서도 무섭고, 서풍의 무섭고 풍요로우면서도 파괴적인 양면성을 이 구름에 비치는 서풍의 영향을 통해 보여준다.[30]

셋째 연에서는 바다의 파도에 미치는 서풍의 위력을 보여준다. 지중해와 그 여름 꿈을 꾸듯, 조용한 해면을 온통 파도를 일게 하고 대서양의 잔잔한 파도를 갈라놓는다. 그 바다 속의 해초들까지 놀라서 몸을 떤다는 것으로 표현한다. 여기 Baiae만에는 로마 시대에 황제들이 궁전을 지어 놓았다. 그 웅장한 건물들은 귀족과 부패한 세력의 상징으로 나타난다. 궁전과 탑들이 이 혁명적 위력을 상징하는 서풍에 파도 속에서 떨고 있는 것이다. 해상 위에 모든 것들이 서풍에 영향을 받듯이, 해저에 있는 모든 식물(해초)도 서풍 영향을 받는다는 것은, 로마의 황제들이 옛 질서가 이제는 파괴될 것임을 그 징후를 받아 들여야 된다는 상징적인 표현으로 본다.[31] 더욱

---

29 Notes by Alasdair D. F. Macrae. *Percy Bisshe Shelly: Selected Poems*(Essex: Longman York Press, 1983), p.25.

30 Richard Harter Fogle, "The Imaginal Design of Shelley's Ode to the west wind" K. M. Danziger & W. S. Johnson, *An Introduction to Literary Criticism*(Boston: D. C. Heath and Company, 1961),

나가서 유럽의 부패한 모든 정치의 변혁을 상징하는 것으로 본다. 안일하고 부패한 유럽의 정치가 변혁 되어야함을 암시하는 것으로 본다(오, 들으라!). 그러므로 서풍이야말로 과감한 혁명 정신을 상징하는 것이다. 구태의연한 모습을 쇄신하려는 시인의 이상적인 혁명 정신을 읽을 수 있다. 이렇게 보면 "The sapless foliage"는 안일한 상태에서 생명력이나 진리와 정의가 없는 유럽의 왕국들을 암시 한다고 볼 수 있다.

The sapless foliage of the ocean, know
Thy voice, and suddenly grow gray with fear,
And tremble and despoil themselves: oh, hear!

넷째 연에서는 위에 첫째, 둘째, 셋째 연에서 자연 속에 잎사귀, 구름, 파도위에 비치는 위대한 힘을, 이젠 자연이 아니라 인간 세계에서 나타나게 하여, 부정과 불합리투성이에서 억압되어 쓰러지고 피 흘리는 인간들을 구원하고자 하는 소망이 간절함을 나타낸다. 여기서 "I"는 한 사람이라기 보다는 세계 속의 구성원들을 대표한 것으로 본다. 자연 속의 세계에서는 갱생을 위한 변화가 서풍에 의하여 이루어지는데, 인간 세계에서는 그렇게 갱생을 위한 혁신이 잘 이루어지지 않으니, 그 갱생을 가져다주는 바람의 위력에 은총을 입는 파도, 잎사귀, 구름이 차라리 될 수 있으면 하고 기원한다.

Oh, lift me as a wave, a leaf, a cloud!

또한 갱생을 가져다주는 바람을 동경한다. 그 바람은 시인의 영감의 힘이 된다. 그래서

I would ne'er have striven.
As thus with thee in prayer in my sore need.

마지막 연에서는, 넷째 연에서 암시한 바 그 서풍은 시인의 영감 힘이 되었던 것이, 이제는 완전히 시인과 서풍이 동일시된다. 시인의 숨겨졌던 사상 또는 그의 환영받지 못한 이들 속에 나타난 사상—혁명적인 이상들—이 이 세계 속에 심어져서, 이 세장 사람들이 죽음에서 갱생하기를 바라는 것이다. 그의 혁명적인 사상들이 아직도 잠자듯 어둠에 사는 이들에게, 소망의 불씨가 되어 활활 타오르기를 바라는 것이다. 첫 행에서 "lyre"가 되기를 바란 것은, 이 하프가 언덕 위에 세워져, 바람이 불 때면 그 때 음악

---

31 Macrae, *op. cit.,* p.29.

소리가 되어 나오기 때문에 이 혁명 정신을 상징하는 서풍의 도구(하프 "lyre")가 되어, 이 어둠에 사는 세상 사람들에게 갱생의 소리를 들려주고 싶기 때문이다. 서풍은 파괴자이며 보존자이고, 죽음 뒤에 재생을 가져오는 조화의 힘이므로 "슬프지만 감미로운 깊은 가을의 가락"이라 했다. 성서에서 천사의 나팔 소리가 울리면서 예수 그리스도의 지상 위에 통치를 알리듯이, 시인은 그의 입이 갱생의 나팔이 되어, 이 잠든 것같이 깨지 못한 어두운 세상 위에 새 사회의 시작을 알려주기를 바란다.

마지막 행에서 시인은 현재 그 자신의 생애의 파멸은 단지 갱생을 위한 희망으로 간주하는 것이다. 겨울의 죽음 같은 계절은 새봄의 탄생의 전조인 것처럼.

이 Ode는 이와 같이 Shelley의 이상사회를 그리며 사회개혁을 부르짖는 혁명정신이 자연의 서풍을 통해서 잘 나타나 있고 그 각 연의 짜임새가 퍽이나 치밀한 것임을 보여준다. 휘몰아쳐 가는 서풍의 위대한 힘을 동경하고 자기의 미약함을 느끼지만, 그래도 소망을 잃지 않고 있는 것이다.

Love's Philosophy

I

The fountains mingle with the river
    And the rivers with the Ocean,
The winds of Heaven mix for ever
    With a sweet emotion;
Nothing in the world is single,
    All things by a law divine
In one spirit meet and mingle.
    Why not I with thine?—

II

See the mountains kiss high Heaven
    And the waves clasp one another;
No sister-flower would be forgiven
    If it disdained its brother;
And the sunlight clasps the earth
    And the moonbeams kiss the sea:
What is all this sweet work worth
    If thou kiss not me?

사랑의 철학

I

시냇물은 강물과
강물은 대양과 합치고
하늘의 바람들 항상
감미로운 마음으로 섞인다.
이 세상에서 혼자인 것은 없고
하늘의 법칙에 따라서
만물은 하나의 영혼 속에 섞이는데
그대와 내가 어찌 못 합치리?—

II

산들이 높은 하늘과 입 맞추고
파도들이 서로 껴안는 것을 보시라
어떤 누이동생 꽃을 용서 못하리라
만일 오빠 꽃을 경멸한다면.
햇빛은 대지를 껴안고
달빛은 바다와 입 맞추는데
이 모든 달콤한 일들이 무슨 소용이 있는가?
그대가 내게 입맞춤이 없다면.

● 이해와 감상

사랑의 근본 원리는 해와 산이 만나고 달과 바다가 만나는 자연의 어울림과 같이 그대와 내가 만나는 것이다. 이 세상에서 혼자인 것이 없는 것은 하늘의 법칙이다.

산들이 높은 하늘과 입 맞추고 파도들도 서로 껴안듯이 햇빛은 대지를 끌어안고 달빛은 바다에 입 맞추고 이 온 우주는 서로 사랑하는 것이 너무나 아름답고 달콤한 자연의 섭리이다. 하지만 그대와 내가 서로 사랑하지 않는다면 이 아름다운 세상은 더 이상 아름답지 않다고 시인은 역설하는 것이다.

To a Skylark

Hail to thee, blithe Spirit!
  Bird thou never wert,
That from heaven, or near it,
  Pourest thy full heart
In profuse strains of unpremeditated art.

Higher still and higher
  From the earth thou springest
Like a cloud of fire;
  The blue deep thou wingest,
And singing still dost soar, and soaring ever singest.

In the golden lightning
  Of the sunken sun,
O'er which clouds are brightening,
  Thou dost float and run,
Like an unbodied joy whose race is just begun.

The pale purple even
  Melts around thy flight;
Like a star of heaven
  In the broad daylight
Thou art unseen, but yet I hear thy shrill delight:

Keen as are the arrows
  Of that silver sphere
Whose intense lamp narrows
  In the white dawn clear
Until we hardly see, we feel that it is there.

All the earth and air
  With thy voice is loud,
As, when night is bare,

From one lonely cloud
The moon rains out her beams, and heaven is overflow'd.

What thou art we know not;
What is most like thee?
From rainbow clouds there flow not
Drops so bright to see
As from thy presence showers a rain of melody.

Like a poet hidden
In the light of thought,
Singing hymns unbidden,
Till the world is wrought
To sympathy with hopes and fears it heeded not:

Like a high-born maiden
In a palace tower,
Soothing her love-laden
Soul in secret hour
With music sweet as love, which overflows her bower:

Like a glow-worm golden
In a dell of dew,
Scattering unbeholden
Its aerial hue
Among the flowers and grass, which screen it from the view:

Like a rose embower'd
In its own green leaves,
By warm winds deflower'd,
Till the scent it gives
Makes faint with too much sweet these heavy-wingéd thieves:

Sound of vernal showers
On the twinkling grass,
Rain-awaken'd flowers,

All that ever was
Joyous, and clear, and fresh, thy music doth surpass.

Teach us, sprite or bird,
What sweet thoughts are thine:
I have never heard
Praise of love or wine
That panted forth a flood of rapture so divine.

Chorus hymeneal
Or triumphal chaunt
Match'd with thine would be all
But an empty vaunt—
A thing wherein we feel there is some hidden want.

What objects are the fountains
Of thy happy strain?
What fields, or waves, or mountains?
What shapes of sky or plain?
What love of thine own kind? what ignorance of pain?

With thy clear keen joyance
Languor cannot be:
Shadow of annoyance
Never came near thee:
Thou lovest; but ne'er knew love's sad satiety.

Waking or asleep,
Thou of death must deem
Things more true and deep
Than we mortals dream,
Or how could thy notes flow in such a crystal stream?

We look before and after,
And pine for what is not:
Our sincerest laughter

With some pain is fraught;
Our sweetest songs are those that tell of saddest thought.

Yet if we could scorn
Hate, and pride, and fear;
If we were things born
Not to shed a tear,
I know not how thy joy we ever should come near.

Better than all measures
Of delightful sound,
Better than all treasures
That in books are found,
Thy skill to poet were, thou scorner of the ground!

Teach me half the gladness
That thy brain must know,
Such harmonious madness
From my lips would flow
The world should listen then, as I am listening now!

종달새의 찬가

반갑구나 그대 명랑한 정령이여!
그대는 새는 아니리
하늘과 그 주변에서
가슴 넘쳐흐르는 감정을
즉흥적인 솜씨의 풍요로운 노래 가락으로 쏟아내는 그대는

지상으로부터 더욱 더 높게
그대는 솟아오른다.
불처럼 솟아오르는 한 장의 구름장처럼
그대는 창공에서 날으고
항상 노래하며 날아오르고 항상 날아오르며
노래하는 구나

금빛 찬란한 빛 속
구름이 반짝이는 곳에서
그대는 떠올라
방금 경기를 시작한
환희의 영혼처럼 달리는 구나

그대 나르는 주위에서
연보라빛 저녁 녹아내리고
밝은 대낮의
하늘의 별처럼
그대 보이지 않지만
하늘을 찌르는 듯 드높은 기쁨의 소리 들리는 구나

그 환희 날카롭구나
은빛 천체계의 화살처럼
그 은빛 강렬한 등불도
환하게 동트는 맑은 하늘에서는 가물거리며
거의 안보이고 다만 거기 있다는 사실을 느낄 뿐

온 대지와 하늘에
그대의 노래 소리 크게 울려 퍼지니
밤하늘이 맑은 때
외로운 한 장의 구름으로부터
달빛 비처럼 쏟아져 하늘에 넘쳐흐르는 듯

그대 과연 어떤 존재인지 우리는 모른다.
무엇이 가장 그대 같다고 할런지?
무지개 구름에서도
그대의 존재로부터 쏟아지는 멜로디의 소낙비만큼
찬란한 빗방울은 흘러내리지 않는구나.

그대는 찬란한 시상의 빛 속에서
숨어 보이지 않는 시인이라고나 할까?
스스로 마음속에서 우러나와 성가를 불러
온 세상이 마침내 가락을 맞추어

알지 못했던 희망과 공포를 공감하게 하는 시인

그대는 궁전 같은 높은 탑에 있는
고귀한 가문의 아가씨라고 할까?
홀로 있는 시간에
실내에 가득 넘쳐흐르는
사랑처럼 달콤한 음악으로써
사랑으로 고뇌하는 영혼을 달래주는 아가씨

그대는 이슬 맺힌 골짜기의
환히 금빛처럼 빛나는 개똥벌레라고 할까?
보아 주는 이도 없는데도
영롱한 빛깔을 뿌려대는
그 빛깔은 꽃과 풀에 가리워져
보이지는 않더라도

그대는 푸르른 자신의 잎들을
암자로 삼아 들어앉은 장미꽃이라고나 할까?
뜨거운 바람으로 꽃이 떨어지지만
그대가 발산하는 너무도 달콤한 향기로
날개 무거워진 저 도적들이 넋을 잃게 한다.

젖어서 반짝이는 풀
비 맞아 깨어난 꽃들
이들 위에 내리는 봄비소리
즐겁고 맑고 싱싱했던
모든 것들보다
그대의 노래 소리는 더욱 아름답구나.

우리에게 가르쳐 주시라
정령인지 새인지 모르겠지만
그 어떤 감미로운 생각이 그대의 것인가를
그처럼 거룩한 황홀의 홍수를
숨 가쁘게 쏟아내는
사랑이나 술의 찬가를 나는 일찍이 결코 듣지 못했다.

결혼식의 축가도
승리의 개선가도
네 노래에 비하면
속이 텅 빈 헛소리일뿐
무엇인지 부족하다고 느끼는 그러한 것.

그대의 행복한 노래의 원천은
그 어떤 것들일까?
그 어떤 들판들, 파도들, 산들일까?
그대만의 그 어떤 사랑
고통 모르는 그 어떤 무아경일까?

그대의 맑고 강렬한 환희와 함께
우울이란 있을 수 없으니
고통의 그림자도 그대 근처엔 오지 못한다.
그대는 사랑한다 -
하지만 사랑의 슬픈 포만감은
결단코 모르는구나.

자나깨나 그대는 생각하리라
죽음에 대하여
우리들 인간이 상상하는 것보다
더욱 진실하고 심오한 것을
아니면 그대의 노래 가락이
어찌 그리 맑은 샘이 되어 흘러나오랴?

우리는 앞뒤를 바라다보며
현재 없는 것을 그리워한다.
우리의 진지한 웃음에도
어떤 고통으로 가득 차 있고
가장 감미로운 노래도
가장 슬픈 생각을 말해 주는 노래이구나.

하지만 우리가 자부심과 공포를
비웃을 수 있더라도
우리가 숙명적으로

눈물 한 방울 안 흘리는 존재로 태어났다 하더라도
우리가 어떻게 그대의 기쁨에 근처에나 갈 수 있겠는가?

즐거운 소리의
그 모든 음악 소리보다
책에서 발견되는
모든 보화보다
시인에게는 그대 노래 솜씨
더욱 좋구나
이 땅을 조소하는 듯한 그대여!

가르쳐 주시라
그대가 알고 있는 기쁨의 절반이라도
그러면 그와 같이 조화롭게 벅찬 환희가
나의 입술에서 흘러나오리라
그러면 이 세계는 귀 기울여 들으리라—
지금 내가 귀 기울이고 듣고 있듯이.

● 이해와 감상

이 시는 1820년에 쓴 그 유명한 "To a Skylark"이다. 모두 105행으로 된 이 시는 종달새의 순수하고 생동감 넘치는 기쁨과 뛰어난 청각적 아름다움을 노래한다. 그의 아내 Mary에 의하면 1820년 Livorno(Leghorn)에서 6월 어느 아름다운 저녁 시인과 Mary는 종달새의 아름다운 노래 소리를 들었는데 Shelley는 그 노래 소리에 감동과 영감을 받아 쓴 시라고 한다.

처음의 5행을 보면 종달새는 이미 한 마리의 새가 아니라 하늘로부터 아낌없이 우리 인간들에게 가슴에 벅찬 환희를 쏟아내 주는 쾌활한 정령('blithe Spirit')으로 비유한다.

Hail to thee, blithe Spirit!
    Bird thou never wert,
That from heaven, or near it,
    Pourest thy full heart
In profuse strains of unpremeditated art.

위에서 맨 끝 행에서는 즉흥적인 기교로 초자연적인 환희의 노래를 연주하는 음악가로 비유되기도 한다. 15행에서는 무엇보다도 종달새는 이 세상의 굴레에서 해방된 존재로 묘사되어 있다. 이 시에서는 많은 아름다운 비유를 볼 수 있다. 그 중에서도 예를 들면 다음에 31행에서 35행까지에서 보면 하늘 높은 곳에서 흘러내리는 종달새의 노래 소리를 무지개 구름들로부터 흐르는 물방울보다도 더욱 아름답고 찬란한 비(rain)에 비유한다. 참으로 독창적이고 아름다운 비유가 아닐 수 없다.

What thou art we know not;
        What is most like thee?
From rainbow clouds there flow not
        Drops so bright to see
As from thy presence showers a rain of melody.

많은 직유(simile)가 나오지만 특별히 36행에서 40행까지 보면 종달새를 사색의 빛 속에 숨겨진 시인('a Poet hidden/ln the light of thought')으로 비유하여 누가 시키지 않아도 제 스스로 찬가('hymns')를 노래하며 온 세상 사람들을 희망으로 감동을 주는 것이다. 그 다음 41행에서 45행까지 에서는 종달새를 궁전에 사는 지체 높은 공주에 비유한다. 그래서 사랑 때문에 고뇌에 빠진 영혼을 사랑처럼 감미로운 음악으로 위로해 주는 것이다. Shelley가 묘사하는 종달새의 노래는 인간의 행복을 초월한 환희의 노래이며 인간의 제한된 사랑을 초월한 무한한 사랑의 노래이다. 그리므로 66행부터 70행에서 종달새의 기쁨과 행복이 인간세계의 그것과는 비교할 수 없는 것이라고 경구처럼 표현된다.

Chorus hymeneal
        Or triumphal chaunt
Matched with thine would be all
        But an empty vaunt,
A thing wherein we feel there is some hidden want.

(결혼식의 축가도
승리의 개선가도
네 노래에 비하면
속이 텅 빈 헛소리
무엇인가 부족하다고 느끼는 그런 것.)

이 시에서 Shelley가 사용한 stanza form을 보면 네 행의 짧은 행은 *a b a b*이고 마지막 끝 행은 배 이상의 길이로 alexandrine을 사용하면서 두 번째 행의 *b*의 각운과 일치시키고 있다. 그리하여 처음 네 행은 더욱 음악적인 각운의 조화로 음악적 효과를 꾀하고 마지막 긴 행은 리듬상의 효과를 꾀하고 있음을 볼 수가 있다.

Alfred, Lord Tennyson

(1809—1892)

Break, Break, Break

Break, break, break
　On the cold gray stones, O Sea!
And I would that my tongue could utter
　The thoughts that arise in me.

O, well for the fisherman's boy,
　That he shouts with his sister at play!
O, well for the sailor lad,
　That he sings in his boat on the bay!

And the stately ships go on
　To their haven under the hill;
But O for the touch of a vanished hand,
　And the sound of a voice that is still!

Break, break, break
　At the foot of thy crags, O Sea!
But the tender grace of a day that is dead
　Will never come back to me.

부서지라, 부서지고, 부서져라

부서지고 부서지고 또 부서져라,
그대의 차가운 잿빛 바위 위에서, 오 바다여!
그리고 나는 나의 입을 열어 말하고 싶구나.
내 마음속에서 떠오르는 생각들을.

오, 행복도 하여라. 고기잡이의 소년은
누이와 함께 놀면서 소리 지르니!
오, 젊은 사공은 행복하여라,

포구 위에 배를 타고 노래 부르니!

그리고 위풍당당한 배들은
언덕 아래 항구로 연이에 들어오는데,
그렇지만, 오, 사라진 사람의 그 손의 감촉이여,
조용해진 목소리의 여운이여!

부서지고 부서지고 또 부서져라
그대의 험한 바위 자락에, 오 바다여!
그러나 사라져간 날의 부드러운 은총만은
나에게 다시 돌아오지 않으리.

● 이해와 감상

이 시는 Tennyson이 학우 Arthur Hallam의 죽음을 회상하는 서정시이다. 과거의 회상, 그리고 지나간 것에 대한 상실감이 그에겐 이 시속에서 뚜렷이 나타난다. 이 시에서 바다는 시인이 느끼는 회고의 정에 대한 그 배경을 조성하여 준다. 바다의 철썩이는 파도는 시인의 마음속에서 솟아오르는 생각이나 사상과 일맥상통하는 것 같지만, 그 차가운 잿 빛깔의 바위는 인간 Tennyson의 슬퍼하는 정서와는 무관한 바다를 암시하고, 그리고 시인의 생각은 즐겁기 보다는 마음 아픈 것이다. 이 시에서 잿 빛깔 바위 위에 부딪치는 차갑고 회색 빛깔나는 파도는 마음속의 슬픔을 나타내는 상징으로 그 역할을 한다고 볼 수 있다. 즉 시인은 적당한 이미지를 사용하여서 시인의 마음 상태를 암시하는 것이다. 이 시의 첫 행과 둘째 행은 인간의 정서와 표현을 나타내는 데 쓰이는 전통적인 방식이다.[1]

둘째 연에서는 어부인 소년과 그의 여동생이 바닷가에서 즐겁게 소리치며 놀고, 젊은 뱃사공이 흥겹게 배를 타고 노래 부르는데, 이와는 대조적으로 시인은 사랑하는 이를 잃어버린 공허함과 쓸쓸함으로 젖어든다. 그들의 흥겨운 소리를 듣노라면 들을수록 이 세상을 떠난 이를 더욱 생각나게 하는 것이다.

셋째 연에서 나타난 위풍당당한 배는 또한 시인의 외롭고 슬픈 마음과는 무관한, 매일매일 전과 같이 계속되는 인간들의 행동을 상징하고 있다.[2] 그 당당한 배의 모습도, 상실감으로 외롭고 마음 아픈 시인에게는 한낱 가

---

1 David Daiches,: "Alfred Tennyson: Break, Break, Break", *Commentaries and Critical Essays II* (Seoul: Tamgu Publishing Co., 1981), p.164.

2 *Ibid.,* p.163.

식적인 인간의 허세로 생각되는 것이다.

마지막 연에서 바다의 영원한 파도의 율동은 시인(인간)에게 아름다운 과거가 다시는 돌아올 수 없다는 사실과는 크게 대조를 이루고 있는 것이다. 인간의 슬픔과 외로움과는 아무 상관없는 듯, 언제나 철썩 철썩 파도는 깨어지는 것이다.

이 시에서 시인은 영원한 자연에 비하여 인간의 변하무쌍한 제한됨을 명상하며, 애가의 어조로 이끌어 나간다. 이 시 형식의 기교면에서 잘된 시이다. 첫 행의 깨끗하고 명확한 3개의 단음절은, 바닷가에 깨어지는 파도를 반향해 주고, 이 시에 힘찬 여운을 시작하게 한다. 두 번째 연에서는 배를 젓는 젊은 사공의 즐거운 노래를 암시하는, 규칙적이고 경쾌한 리듬을 구사하고 있다. 세 번째 연의 마지막 두 행은 마치 시인 자신이 그와 똑같은 즐거움을 동경하듯이, 그 리듬이 더욱 조용히 반향하고 있다. 마지막 연에서는 첫 행에서 나온 "Break, break, break"가 여전히 계속되는 파도의 율동이 자연의 영원성을 암시하고, 마지막 두 행은 길고 중단되지 않은 움직임과 't'음과 'd'음의 두운(Alliteration)등이 결코 되돌아오지 않는 과거—시간의 흐름 속에서—를 암시한다.[3]

---

3 Compiled by Deryn Chatwin and H. M. Burton, *Notes on Tennyson's Poetry* (London: Methuen Paperback Ltd., 1978), p.30.

Tears, Idle Tears

Tears, idle tears, I know not what they mean,
Tears from the depth of some divine despair
Rise in the heart, and gather to the eyes,
In looking on the happy autumn-fields,
And thinking of the days that are no more.

Fresh as the first beam glittering on a sail,
That brings our friends up from the underworld,
Sad as the last which reddens over one
That sinks with all we love below the verge;
So sad, so fresh, the days that are no more.

Ah, sad and strange as in dark summer dawns
The earliest pipe of half-awakened birds
To dying ears, when unto dying eyes
The casement slowly grows a glimmering square:
So sad, so strange, the days that are no more.

Dear as remembered kisses after death,
And sweet as those by hopeless fancy feigned
On lips that are for others; deep as love,
Deep as first love, and wild with all regret;
O Death in life, the days that are no more!

눈물, 하염없는 눈물

눈물, 하염없는 눈물들, 나는 왜 이 눈물들이 흐르는지 모르겠네.
어떤 성스러운 절망의 심연에서 흘러나오는 눈물들이
가슴에서 솟구쳐 눈동자에 어린다.
행복한 가을 들판을 바라보고,
다시 오지 못할 사라진 옛날들을 생각하고 있을 때.

하계下界로부터 우리의 친구들을 데려오는
돛대 위에 반짝이는 맨 처음의 햇살처럼 생생하고,

수평선 저 너머로 우리가 사랑하는 모든 이들을 태우고
사라져가는 돛대위에 붉게 물든 마지막 햇살처럼 슬프도다.
그렇게도 슬프고, 그렇게도 생생하구나,
다시 오지 못할 사라진 옛날들은.

아 슬프고 야릇하구나. 마치 캄캄한 여름날 새벽,
잠에서 덜 깨인 새들의 첫 지저귐이 죽어가는 이의 귀에 들리듯,
그 때 죽어가는 이의 눈에
유리창이 점점 희미한 네모꼴로 되어 갈 때,
그렇게도 슬프고 그렇게도 야릇하구나.
다시 오지 못할 사라진 옛날들이

죽은 뒤에 회상되는 입맞춤처럼 사랑스럽고,
희망 없는 환상으로 다른 이를 위한 입술 위에
시늉만 내보는 입맞춤처럼 감미롭도다.
사랑처럼 깊고, 첫사랑처럼 깊구나.
그리고 온갖 뉘우침으로 미치게 한다.
삶 속의 죽음이여.
다시 오지 못할 사라진 옛날들이.

● 이해와 감상

이 시는 또한 역시 "Break, Break, Break"처럼 과거에 대한 슬픔을 주제로 한 시이다. 즐거운 풍경, 여기서는 행복한 가을 들판과는 대조적으로, 이러한 자연의 즐겁고 아름다운 풍경이 이미 사라져서 다시 오지 못할 옛날들에 대하여, 시인의 마음과 생각 속에 슬픔을 자아내게 하는 것이다. 이 주제에 잘 어울리도록 가을을 택한 것은, 무성하고 화려한 여름이 지나가 버리고, 곧 추운 겨울이 문턱에 와 있는 그 중간 사이인 계절인 것이다.

그러나 이 시에서는 단순히 회고와 정을 느끼는 것보다, 더욱 깊고 강한 감정인 것이다. 그래서 두 번째 연에서 그 다시 오지 못할 사라진 날들은, 마치 수평선 위로 갑작스럽게 나타난 돛대처럼, 그 기억이 생생하게 살아나오고, 사랑하는 이들을 배에 태우고 마지막으로 떠나 사라져버린 광경만큼 마음 아픈 것이다.

그 다음 셋째 연에서, 사라진 옛날의 죽음의 주제는, 죽어가는 이에게 새벽은 새로운 날이나 새로운 삶이 아니라, 죽음만을 가져오기 때문에, 그 새벽은 이싱야릇한 것처럼, 다시 오지 못할 그 사라져간 옛날은 이상야릇하고 슬프다는 것이다. 그 만큼이나 마음을 찌르듯 통렬한 것이다.

마지막 연에서, 과거의 아름다운 추억에 대한 회상은, 인생의 삶이 한창일 때에 마음 아프고 이해 할 수 없는 죽음과 같이, 무한히 괴로운 것이다 그 사라져 버린 옛날들이 사후에 회상되는 입맞춤처럼 사랑스럽고, 환상속에 입맞춤처럼 달콤하고, 첫 사랑처럼 깊고, 그 미련에 미칠 것 같은 것이다. 그런데 이러한 사랑스럽고, 달콤하고 깊은 마음속에 간직 된 즐겁고 아름다운 날들은 모두 사라져 버리고 만 것이다. 그리고 그것들이 지금은 돌아올 수 없는 것이고 과거에 대한 아픔이 너무 크기에 지금은 삶은 살았지만 죽은 것이나 마찬가지이다.

이 시는 Tennyson이 그의 친우 Arthur Hallam의 죽음으로부터 실제로 경험한 공허함과 비애를 통하여 나온 것이다. 그가 이미 죽고 없지만, 시인에게는 그가 살고 있는 것처럼 생생하게 계속해서 느끼는 것이다. 더구나 이 시에서는 첫 연에서 하염없는 눈물이 나온다고 했는데, 그것은 눈물이 나오고 흘렸다고 해서 절망의 감정을 경감하거나 완화하기 힘든 것이기 때문이다 즉 그 눈물들이 인간과 존재 조건을 변화시킬 수는 없기 때문이다.[4] 필연적으로 변화하고 죽고야말 인간의 유한된 조건을 명상하게 된다. 그러면서 영원을 동경하는 시인의 마음을 엿볼 수 있다. 그러나 그것이 인간의 힘으로는 이루어질 수 없는 것이기에 인간의 아픔과 슬픔이 여기에 있는 것이다. Tennyson은 이러한 인간의 불균형과 모순 속에 있는 그의 경험을, 이 시 속에서 나타내기 위해서 심오한 정서뿐만 아니라, 극적인 힘(dramatic power)을 구사하고 있는 것이다.[5]

그리고 이 시는 Rhyme을 사용하지 않고, 그 대신 네 연속에서 한 주제를 중심으로, 여러 다른 내용과 후렴을 사용하는 노래와 같은 형태를 취하고 있는 것이다. 그것을 도식화 해 보면

Stanza 1: Tears.... rise....in thinking of me days that are no more.
Stanza 2: Fresh....Sad....So sad, so fresh, the days that are no more.
Stanza 3: Sad..strange...So sad, so strange, the days that are no more.
Stanza 4: Dear..and sweet: Deep, deep and wild..the days that are no more[6]

그리고 Tennyson의 특기라고 볼 수 있는 시에서 사용한 단어의 음악성이다. 예를 들면 'd'음과 's'음 등(despair, more, sail, eyes, birds 등에서)은 우리 마음과 뇌리에서 떠나지 않고, 자주 마음속에서 떠오르게 하는 역할을 한다. 모두 질질 끄는 음의 단어를 이 주제의 내용에 맞추어 사용한 것이다.

---

4 Compiled by Deryn Chatwin and *H. M. Burton, Notes on Tennyson's Poetry* (London, Methuen Paperback Ltd., 1978), p.32.

5 Cleanth Brooks, "Tennyson: Tears, Idle Tears" Oscar Williams(ed) *Master Poems of the English Language* (New York: Washington Square Press, 1979), p.700.

6 Chatwin and Burton, op. cit., p.32.

Crossing the Bar[1]

Sunset and evening star,
　And one clear call for me!
And may there be no moaning of the bar[2]
　When I put out to sea,

But such a tide as moving seems asleep,
　Too full for sound and foam,
When that which drew from out the boundless deep
　Turns again home.

Twilight and evening bell,
　And after that the dark!
And may there be no sadness of farewell,
　When I embark;

For though from out our bourne[3] of Time and Place
　The flood may bear me far,
I hope to see my Pilot face to face
　When I have crossed the bar.

모래톱을 넘어서

해지고 저녁 별 빛나고 있는데
낭랑한 한 목소리 있어 나를 부르니!
내가 바다로 떠나갈 때,
바닷가 모래톱을 치는 파도는 울지 말라.

소리와 물거품은 찰대로 차서
움직이는 조수는 잠든듯 하구나.
끝없는 바다로부터 밀려나간 물결이

---

1 Although not the last poem written by Tennyson, "Crossing the Bar" appears, at his request, as the final poems in all collections of his work.

2 Mournful sound of the ocean beating on a sand bar at the mouth of a harbor.

3 Boundary.

다시 제 집으로 돌아갈 때.

황혼이 깔리고 저녁 종이 울려면,
그 후에는 암흑!
내가 배를 띄워나갈 때,
작별을 서글퍼 말라.

왜냐하면 시간과 공간의 한계를 벗어나,
물결은 나를 멀리 싣고 가지만,
나는 모래톱을 넘어서,
나의 사공이신 주님과 얼굴을 맞대고
만날 것이니까.

● 이해와 감상

마지막으로 쓴 시로 그의 장례식 때 Tennyson부인의 작곡으로 노래 불리워졌다고 하는데, 그의 최후를 장식하기에 적합한 시이다. 유한과 무한과의 경계선을 상징하는 모래톱(the Bar)을 넘어서, 천국으로 인도하는 사공이신 주님을 만나겠다는 시인의 간절한 소망은, 살아서 육안으로 확연할 수 없었던, 절대자의 존재에 대한 신앙과 회의의 부합이라고 본다.[4]

이 시의 모래톱(the bar)은 이 세상의 삶을 마치고 죽음의 세계로 건너가는 경계선의 은유로 보아야 할 것이다. 이 시는 이해하기 쉽고 그 어조는 아무런 꾸밈이 없는 것이지만, 역시 대가의 솜씨를 나타낸 작품이다. 첫째 연과 세 번째 연에서는, 마치 항구에 있는 배가 손님들에게 어서 배를 타라고 외치는 듯 암시를 주는 낭랑한 couplet으로 시작된다. 이제 시인은 이 세상의 모든 고통에서 해방되어, 자유롭고 새로운 항해를 희망하고, 소망 속에서 미래의 세계가 그 무엇이든 주님의 인도하심에 그 자신을 온전히 맡기겠다는 신앙이 엿보인다. 그러므로 소리 내는 파도의 울음소리도, 그 서러운 만종의 작별도 어울리지 않는 것이다. 비록 이성으로는 이해할 수 없는 사후의 세계이지만…. 사후의 세계는 미지의 세계이지만…. 제 2연과 마지막 연에서 다가올 새로운 삶에 대한 안착—돌아갈 곳에 귀향해서 주님과 한자리에서 영원한 삶을 누릴 소망—을 확신한다.

해진 저녁 황혼과 조종은 인생 삶의 고별을 암시하고, 세상의 모든 번뇌와 고통이 사라지고 ("such a tide as moving seems asleep"), 시인이 돌아갈 고향 하늘나라를 신앙의 눈으로 기쁘게 바라다 본 것이다.

---

4 신동춘 역, *테니슨 시집*(서울, 정음사, 1974), p.160.

Ulysses[1]

It little profits that an idle king,
By this still hearth, among these barren crags,
Matched with an aged wife, I mete and dole
Unequal laws unto a savage race
That hoard, and sleep, and feed, and know not me.
I cannot rest from travel; I will drink
Life to the lees. All times I have enjoyed
Greatly, have suffered greatly, both with those
That loved me, and alone; on shore, and when
Through scudding drifts the rainy Hyades
Vexed the dim sea. I am become a name;
For always roaming with a hungry heart
Much have I seen and known－cities of men
And manners, climates, councils, governments,
Myself not least, but honoured of them all－
And drunk delight of battle with my peers,
Far on the ringing plains of windy Troy.
I am part of all that I have met;
Yet all experience is an arch wherethrough
Gleams that untraveled world whose margin fades
Forever and forever when I move.
How dull it is to pause, to make an end,
To rust unburnished, not to shine in use!
As though to breath were life! Life piled on life
Were all to little, and of one to me
Little remains; but every hour is saved
From that eternal silence, something more,
A bringer of new things; and vile it were
For some three suns to store and hoard myself,

---

1 이 시의 본문의 주(footnote)는 박세근 저 *A Guide to Tennyson's Poetry*(Seoul: Shinasa. 1987)를 참고할 것.

And this gray spirit yearning in desire
To follow knowledge like a sinking star,
Beyond the utmost bound of human thought.

This is my son, mine own Telemachus,
To whom I leave the sceptre and the isle—
Well-loved of me, discerning to fulfil
This labour, by slow prudence to make mild
A rugged people, and through soft degrees
Subdue them to the useful and the good.
Most blameless is he, centered in the sphere
Of common duties, decent not to fail
In offices of tenderness, and pay
Meet adoration to my household gods,
When I am gone. He works his work, I mine.

There lies the port; the vessel puffs her sail;
There gloom the dark broad seas. My mariners,
Souls that have toiled, and wrought, and thought with me—
That ever with a frolic welcome took
The thunder and the sunshine, and opposed
Free hearts, free foreheads—you and I are old;
Old age hath yet his honor and his toil
Death closes all; but something ere the end,
Some work of noble note, may yet be done,
Not unbecoming men that strove with Gods.
The lights begin to twinkle from the rocks;
The long day wanes; the slow moon climbs; the deep
Moans round with many voices. Come, my friends,
'Tis not too late to seek a newer world.
Push off, and sitting well in order smite
The sounding furrows; for my purpose holds
To sail beyond the sunset, and the baths
Of all the western stars, until I die.
It may be that the gulfs will wash us down;

It may be we shall touch the Happy Isles,
And see the great Achilles, whom we knew.
Though much is taken, much abides; and though
We are not now that strength which in the old days
Moved earth and heaven, that which we are, we are—
One equal temper of heroic hearts,
Made weak by time and fate, but strong in will
To strive, to seek, to find, and not to yield.
1833 1842

율리시즈

한가한 왕이 이 조용한 노변에 앉아
이 불모의 험한 바위산에서
늙은 아내와 어울려 이 야만종족을 다스리는 일
보람 없는 일
돈을 모으고 먹고 잠잘 줄만 알고 나를 이해할 줄 모르는 백성
나는 모험여행을 쉬고 가만히 있을 수가 없어
인생의 마지막 잔까지 마실 거야
언제나 나는 큰 기쁨과 고통을 맛보았지
나를 사랑하는 이들과 함께 그리고 혼자서
육지에서나 휘몰아치는 물보라의 소나기를 뚫고
Hyades 성좌가 어두침침한 바다를 괴롭힐 때도 그러했다.
나는 영웅이 되었다.
언제나 갈망하는 마음으로 방랑하면서
많은 것을 보고 경험했다—도시들
많은 풍습과 풍토들 지방정부와 중앙정부들
작은 자가 아니라 귀빈의 자리에 있었던 나 자신—
그리고 나의 동료들과 경험한 전쟁이 기쁨을 맛보았다.
저 멀리 칼 부딪쳐 울리는 소리의 바람센 트로이 전쟁마당에서
나는 내가 경험한 사건들 중에서 중요한 역할을 했다.
하지만 모든 경험은 하나의 아아취
그 아아취를 통하여 아직 여행해 보지 못한 저 미지의
세계가 빛난다. 그 세계의 변두리는 내가 움직일 때

영원히 사라진다.
여행을 중지하고 끝낸다는 것 얼마나 지루한 삶인가?
닦지 않아 녹슬게 되고 사용하지 않아 빛내지 않는다는 것은!
숨 쉬는 것이 인생인 것처럼! 많은 삶을 포개어 쌓는다는 것
너무나 하찮은 일 그리고 이제 나에겐 그러한 삶은
얼마 남지 않았다.
하지만 모든 시간이 무엇인가 더욱 많은 것을 주고
새로운 사건의 경험을 준다면
저 영원한 침묵으로부터 모든 시간이 구제될 수 있다.
만일 삼년동안이나 이곳에서 파묻혀 있다면
역겨운 일일 것이다.
이 백발의 정신이 열망하는 것은
새로운 지식을 추구하면서 혜성처럼
인간 사고의 아득한 변경 너머로 가는 것이다.

이 아이 내 아들 나의 친 자식 Telemachus
내 아들에게 나의 왕홀과 이성을 물려주겠다 —
나의 사랑을 받는 아들 분별력을 가지고
이 힘든 일을 잘 해 나갈 것이며 사리분별력으로
이 거친 백성을 온화하게 하고
온후하게 그들을 다스려
유용하고 선량한 사람들이 되게 할 것이다.
전혀 흠잡을 데 없는 아들이다.
일상의 의무의 영역에서 자리 잡고
덕스러워 인정을 베푸는 일에도 잘 할 것이고
내가 떠나 없어도 우리 집안의 신들도 잘 공경할 것이다.
나의 아들에게는 그의 일이 있고
나는 나의 할 일이 있다.

저기 항구가 있다. 돛이 바람에 나부낀다.
저 넓은 바다에 어둠이 깔린다. 나의 선원들
나와 함께 고락을 나누고 일하고 함께 생각했던 용사들이여 —
그대들은 언제나 떠들썩한 환영으로 맞이했도다
천둥과 뜨거운 햇빛을, 그리고 얽매이지 않은 마음과
얽매이지 않는 이마도 그것들과 싸웠다 — 그대들과

나는 늙었어
하지만 늙은 나이도 그에 따르는 명예와 할 일이 있다.
죽음이 모든 것을 종말 짓는다 하지만 그것이 오기 전에
무엇인가 명예로운 이름을 남길 만한 일을 할 수 있다.
신들과 투쟁한 사람들답게 남길만한 일
저 해안 절벽에서 등대불이 반짝이기 시작한다.
긴 하루도 저물어가고 달이 천천히 떠오른다.
심연의 바다 수많은 소리를 내며 신음하는 듯
친구들이여 오시라.
더욱 새로운 세계를 찾아가는 것이 너무 늦지는 않았다.
배를 밀어내세 모두는 제자리에 질서있게 앉아
노로 파도를 힘차게 쳐서 소리 내는 바다 이랑이 일도록 하세.
왜냐하면 나의 목표는 저 해지는 곳 서쪽의
모든 별들이 목욕하는 곳 그 너머로 노를 저어서 가는 것이기에
내가 죽는 날까지 말일세.
심연의 소용돌이가 우리를 저 수평선 아래로
휩쓸어 버릴지도 모르는 일이지만
아니면 우리가 행복의 섬들에 도착할른지 모르지만
그리고 거기서 우리가 다 아는 저 위대한 Achilles를
만나게 될른지도 모르는 일
지금 우리에게 많은 것이 사라졌을지라도
많은 것이 아직도 우리를 기다리고 있다.
지금 우리는 예전에 이 세상을 움직였던 그 힘이 없지만
여전히 우리는 우리라는 것을 잊지 말게-
그것은 그 전과 똑같은 영웅적 기상
시간과 숙명으로 몸이 약해지긴 했지만
강철 같은 의지를 가지고
투쟁하고 추구하고 찾으면서 결단코 항복하지 않는 것일세.

● 이해와 감상

"Ulysses"는 Arthur Hallam이 죽었다는 슬픈 소식을 들은 몇 주 후에 쓴 것이다. 그러니까 Arthur Hallam이 죽은 때가 1833년 9월인데, 이 시는 1833년 10월 20일에 쓰여져서 1842년에 출판되었다. 그러므로 "Ulysses"는 Tennyson이 슬픔을 극복하고 용기를 되찾으며 인생행로의 어려운 길을 맞서서

싸워 나가려는 용감한 태도 속에서 흐르는 독백조의 시이다. 물론 "Ulysses"는 옛날 희랍시대로부터 현대에 이르기까지 모든 시대에 걸친 영웅들의 그 용맹스러운 정신을 요약한 것이다. 그러나 Tennyson은 이 시에서, 트로이 전쟁에서 승리한 영웅 Ulysses가 20여 년간을 방랑한 끝에 고향인 섬나라 Ithaca로 돌아왔지만, 평화스럽게 왕 노릇을 하며 늙은 아내와 안일한 생활을 하는 것은 그의 무인다운 성미에 안 맞는 일이었다. 그리하여 Ulysses는 비록 늙은 몸이지만 패기와 용기는 젊은이 못지않아 다시 선원들을 모아 미지의 서쪽 바다로 향하는 것이다. 가만히 앉아서 쉴 수 없는 그 훌륭한 행동인의 모습을 보고, 시인 Tennyson은 비록 친우인 Hallam이 이 세상을 떠나서 달래기 힘든 슬픔에 젖어 있었으나 다시금 용기를 얻게 되는 것이다. 그러므로 Tennyson은 시의 영감을 단테의 "Inferno XXVI"에서 얻었지만 그 주제는 물론 Homer의 Odyssey에 기초를 두었던 것이다.

Tennyson은 Homer의 Odyssey 끝 부분에서 이 시의 이야기를 끌어 들였다. 즉 Teiresias가 예언한대로 Ulysses는 또 다시 여행하기를 동경하고 그와 본래부터 동행했던 뱃사람들에게 이야기하는 것으로 시작된다. Odyssey에서는 이 뱃사람들이 실제로는 배가 파선을 당해서 모두 물에 빠져 죽었으나 Tennyson은 Ithaca에 있는 Ulysses의 새로운 동료들이 그와 함께 동행하는 것으로 하였으며 그 새로운 동료 뱃사람들은 옛 동료 뱃사람들과 똑같은 용감한 이들로 묘사하고 있다. 여기서 "Ulysses"는 Iambic pentameter의 blank verse를 택하고 있으나 비전을 가진 역전의 용사 Ulysses의 연설은 우리의 마음을 크게 움직여 주는 웅변적인 것이다.

Ulysses는 Ithaca에서 왕으로서의 운명으로는 불만족하다. 그는 자신이 모험 없이 편안하게 삶을 이어가는 생활을 경시한다. 그가 바닷가에 나가서 서 있을 때 그 주위에서 볼 수 있는 바위들처럼 그의 이러한 삶이 불모요, 비생산적임을 느낀다. 그리하여 과거의 활동성이 풍부했던 삶, 모험으로 가득 찼던 삶을 회고하며 새로운 모험과 생활을 동경한다. 비록 그것이 때로는 괴로움이요 어려움과 고통이라고 할지라도 말이다. Homer의 Odysseus는 그의 용기와 인내심으로 유명하지만 Tennyson의 "Ulysses"는 그러한 행동은 나타나 있지 않으나 새로운 경험을 동경하는 끊임없는 바람이 있는 것이다.

> How dull it is to pause, to make an end,
> To rust unburnished, not to shine in use!

Ulysses는 그의 아들 Telemachus에게 왕의 직무를 위탁하고 그의 동료 수부들에게 그들이 나이 많은 것을 잊어버리고 그가 죽을 때까지 계속될 항해에 동참해 줄 것을 부탁한다. 이 시에서 특별히 마지막 부분은 곤경 앞에서도 강철 같은 의지와 용기를 표현하고 있다.

Though much is taken, much abides; and though
We are not now that strength which in old days
Moved earth and heaven, that which we are, we are－
One equal temper of heroic hearts,
Made weak by time and fate, but strong in will
To strive, to seek, to find, and not to yeild.

이 시에서는 위에서도 말했듯이 Tennyson 자신의 심정이 투영되었고 이 시에서 사용된 은유도 그의 여행의 경험에서 나온 것이 많다. 그리고 이 시의 중심되는 인물의 발화(發話)를 통하여 서술(narration), 장면(scene-setting), 그리고 성격묘사가 이루어지므로 소위 dramatic monologue의 형태를 이루고 있다. 또한 Tennyson은 우리의 삶을 능동적이며 적극적이고 진취적인 태도로 살아가려는 그 당시 빅토리아 시대정신을 잘 나타내고 있다고 할 수 있다. 그 예를 들어서 6행과 7행에서

I will drink
Life to the lees.

위에서 "나는 인생을 찌꺼기까지 마시련다"라는 표현 속에서 어떤 어려운 환경 속에서도 굴복하지 않고 극복해 나가려는 인생에 대한 신념과 소망을 불러 일으켜 주는 긍정적인 힘을 우리에게 느끼게 한다.

위에서 인용한 구절은 특별히 우리의 삶이 노쇠하여도 포기하지 않고 최선의 삶을 살아가려는 적극적이고 긍정적인 사고방식을 암시해 준다. 성경에서 "겉사람은 부패하나 우리의 속사람은 날로 새롭도다"(고린도후서 4:16)라는 말씀과 아주 흡사하다.

Flower in the Crannied Wall

Flower in the crannied wall,
I pluck you out of the crannies,
I hold you here, root and all, in my hand,
Little flower – but if I could understand
What you are, root and all, and all in all,
I should know what God and man is.

벽 틈에 피어난 한 송이 꽃

벽 틈에 피어난 한 송이 꽃
나 너를 그 틈새에서 뜯어서
여기 내 손안에 뿌리째 온통 너를 쥐고 있네
작은 꽃 – 하지만 만일 내가 너를 이해할 수 있다면
네가 무엇인지를 뿌리째 온통 그 모두를 알 수 있다면
나는 하나님과 인간이 무엇인지 알 수 있을 것 같아.

● 이해와 감상

6행의 이 짧은 시는 Haslemere에서 가까운 Waggoners Well에서 지은 시로 1869년에 출판되었다. 소박한 시로서 담벼락의 금이 간 틈에서 뿌리째 뽑은 한 작은 꽃송이를 바라다보면서 놀라운 신비감을 갖게 된다.

담벼락의 금이 간 틈에서 피어난 한 송이 작은 꽃이 보잘 것 없고 가치가 없는 듯이 보이지만, 그 생명의 신비, 아름다움의 신비 등은 인간으로서는 이성을 가지고도 이를 다 이해할 수 없다. 무한한 신비로 가득 차 있는 작은 꽃송이를 보고 시인은 창조주의 놀라운 솜씨 앞에 겸허하게 머리 숙인다.

한 송이 작은 풀꽃의 신비도 다 모르는 인간이 전능하신 창조주 하나님은 물론이려니와 만물의 영장으로 창조된 피조물인 인간을 어찌 다 알 수 있으랴! 그러나 인간은 종종 교만하게도 우주를 다 아는 양 큰소리치는 어리석음을 자주 범한다. Tennyson은 그의 경건한 신앙을 토대로 하여 작은 한 송이 꽃일지라도 그냥 지나치지 못하고 또 한 송이의 꽃처럼 빛나는 시를 남겨 놓았다. 짧은 시행이나 *a b c c a b*의 각운을 통한 음향적 효과를 무시하지 않았다.

빅토리아 시대의 시는 과학과 지성의 발달로 자칫하면 교만하기 쉬운 인간의 약점을 찌르는 듯한 함축적인 시이며 인간의 근원을 명상하게 하는 의미가 깊고 함축적인 시라고 볼 수 있다.

In Memoriam A. H. H.

XXVII

I envy not in any moods
  The captive void of noble rage,
  The linnet born within the cage,
That never knew the summer woods;

I envy not the beast that takes
  His license in the field of time,
  Unfettered by the sense of crime,
To whom a conscience never wakes;

Nor, what may count itself as blest,
  The heart that never plighted troth
  But stagnates in the weeds of sloth;
Nor any want-begotten rest.

I hold it true, whate'er befall;
  I feel it, when I sorrow most;
  'Tis better to have loved and lost
Than never to have loved at all.

XXVII

나는 고귀한 분노가 없이 사로잡힌 새
여름 숲 속을 결코 알지 못하는
새장 속에서 태어난 홍방울새의
그 어떤 기분을 부러워하지 않는다.

나는 시간의 들판에서 방종하는
심승을 부러워하지 않는다.
죄악의 의식을 모르고

양심이 결코 일깨어 있지 않는 그러한 짐승을.

또한 결단코 성실을 약속해 보지 않고서
권태의 잡초 속에서 썩는
그 자신을 행복하다고 생각하는 이 부럽지 않고
결핍으로 인하여 생기는 어떤 가치없는 휴식 또한 부럽지 않다.

무슨 일이 일어나든 그것을 진실이라고 생각하며
나는 가장 슬퍼할 때 진실을 느끼고,
전혀 사랑해 보지 않는 것보다는
사랑하고서 잃어버리는 편이 더욱 좋다.

● 이해와 감상

Tennyson은 친우 Hallam을 먼저 저 세상으로 보내는 슬픔의 처지에 있을지라도 그 슬픔을 겪는 경험도 가치가 있었다는 암시를 준다. 이러한 말은 역설적으로 느껴지지만, 이 시의 화자는 그의 슬픔 속에서 어떤 의미를 발견할 수 있었기 때문이라는 것이다. 시인은, 사랑하던 친구를 잃어버린 슬픔은 괴롭고 쓰라린 경험이지만, 그가 얼마나 훌륭한 친구였든가를 사후에 더 알게 되고 또 인생의 과정에서 진귀한 우정의 고귀함과 진가를 깨닫게 된 것이다. 뿐만 아니라 인생과 죽음, 그리고 영원성의 문제 등 인생을 깊이 명상할 수 있는 기회가 된 것이다.

그리하여 제1연에서 3연까지는 쓰라린 경험이 있는 삶이 없는 삶보다 더욱 풍요롭고 행복한 삶이라는 사실을 각각 비유를 들어 나타내고 있다. 바깥 들판에서 일어나는 우여곡절을 모르고 다만 새장 속에서 안이하게 자란 홍방울새, 분별없이 뛰노는 야생짐승이 오히려 불쌍하다는 비유이다. 제3연에서는 성실한 삶을 위해서 어려움과 쓰라림으로 노력하는 삶이, 잡초처럼 되는 대로 안이하고 평안하게 사는 삶보다 보람이 있다는 것이다. 여기서 무위도식의 권태로움을 잡초에 비유했다. "눈물의 빵이 맛이 있다"라는 말처럼 아무런 노력이나, 수고와 고난이 따르지 않고서 얻는 행복이나 휴식은 참된 의미에서 그 진가가 없다는 암시이다. 그 참된 맛을 모르기 때문이다.

Tennyson이 비록 친구를 잃는 슬픔을 맛보지만 진정한 우정의 진가, 그 아름다운 추억 등이 있고 참된 삶, 인생의 깊은 명상 등이 뒤따라왔으므로 그는 역설적으로 "가장 슬퍼할 때 진실을 느낀다"라고 했던 것이다.

LIV

Oh yet we trust that somehow good
  Will be the final goal of ill,
  To pangs of nature, sins of will,
Defects of doubt, and taints of blood;

That nothing walks with aimless feet;
  That not one life shall be destroyed,
  Or cast as rubbish to the void,
When God hath made the pile complete;

That not a worm is cloven in vain;
  That not a moth with vain desire
  Is shrivelled in a fruitless fire,
Or but subserves another's gain.

Behold, we know not anything;
  I can but trust that good shall fall
  At last—far off—at last, to all,
And every winter change to spring.

So runs my dream: but what am I?
  An infant crying in the night:
  An infant crying for the light:
And with no language but a cry.

LIV

아 그렇지만 우리는 믿는다.
어떻든 선이 악의 최종적 목적지가 될 것임을,
본질의 아픔과 의지의 죄악성과
의심의 결함과 피의 얼룩에 대하여

아무도 목적 없이 걷는 이 없고
하나의 생명이 파멸되거나

공허 속에 쓰레기로 던져질 수 없음은
하나님께서 그 덩어리를 완전하게 창조하셨다는 이유에서 임을 신뢰한다.

벌레 한 마리도 헛되게 잘리워서는 안 되고
나방이 한 마리도 헛된 욕망으로
무익한 불 속에서 오그라들지 않고
다른 것의 소득에 도움이 된다는 사실을 신뢰한다.

보시라, 우리는 아무것도 모른다.
나는 신뢰할 뿐이다.
선이 드디어 먼 훗날 모두에게 임할 것이고
모든 겨울은 봄으로 변할 것임을.

이렇게 나의 꿈은 달려간다.
하지만 나는 누구인가?
밤중에 울부짖는 어린아이
빛을 찾아서 우는 어린아이
울음 이외에 말할 줄 모르는.

● 이해와 감상

시의 화자는 인생에 하나님의 목적이 있음을 신뢰한다. "겨울이 가면 봄이 오는 것"처럼 언제나 추운 겨울은 아무 의미 없는 겨울이 아니고 하나님의 섭리에 따라 움직일 따름이다라는 사실을 신뢰한다. 다만 그의 무지 속에서 그 하나님의 섭리를 깨닫지 못하고 방황할 때가 있는 것이다. 그리고 이 시의 화자가 무지 속에서 그 하나님의 목적(섭리)이 다만 하나의 꿈같이 생각될 뿐이라는 것이다. 이러한 그의 무지는 맨 끝의 연에서 "밤중에 울고 있는 어린아이"로 비유했다. 그러나 "빛을 찾아서 우는 어린아이"이다. "빛"은 여기서 진리의 빛을 상징하고 있다. 그리고 그 진리의 빛이란 인간의 어떤 지식이나 지혜가 아니라 하나님의 진리의 빛을 암시하고 있다.

이 시의 제1연에서 "선"이 결국은 "악"의 최종적 목적지가 되리라는 화자의 신뢰는 그의 기독교적 신앙에 바탕을 둔 것이다. 창조주 하나님은 이 우주를 또한 지배하시고 다스리시는 전능하시고 선하신 신이시기에 그 어떤 악을 가지고서도 선을 창조하신다는 사실을 의미하게 된다. 보잘것없는 벌레 한 마리나 나방 한 마리도 그 창조된 목적이 있고 그 뜻이 있어 아무렇게나 쓰레기처럼 버려지거나 불구덩이에 들어갈 수는 없다는 것이다. 하물며 하나님의 피조물 중에서 만물의 영장으로 하나님의 고귀한 형상을 닮고 또 소유하고 있는 인간이 공허하고 무의미하게 흙 속에서 묻혀 영원히 사멸할 수는 없다는 것이다. 그것은 창조주의 창조의 이치상 있을 수 없는 일이라고 암시하고 있다. 전능하시고 사랑이 영원하신 하나님(Immortal Love), 그리고 공의로우신 하나님의 속성에 위배되는 일이기 때문임을 암시해 준다.

CVI

Ring out, wild bells, to the wild sky,
The flying cloud, the frosty light:
The year is dying in the night;
Ring out, wild bells, and let him die.

Ring out the old, ring in the new,
Ring, happy bells, across the snow:
The year is going, let him go;
Ring out the false, ring in the true.

Ring out the grief that saps the mind,
For those that here we see no more;
Ring out the feud of rich and poor,
Ring in redress to all mankind.

Ring out a slowly dying cause,
And ancient forms of party strife;
Ring in the nobler modes of life,
With sweeter manners, purer laws.

Ring out the want, the care, the sin,
The faithless coldness of the times;
Ring out, ring out my mournful rhymes,
But ring the fuller minstrel in.

Ring out false pride in place and blood,
The civic slander and the spite;
Ring in the love of truth and right,

Ring in the common love of good.

Ring out old shapes of foul disease;
  Ring out the narrowing lust of gold;
  Ring out the thousand wars of old,
Ring in the thousand years of peace.

Ring in the valiant man and free,
  The larger heart, the kindlier hand;
  Ring out the darkness of the land,
Ring in the Christ that is to be.

CVI

울려 퍼져라. 힘찬 종들아, 거치른 하늘로 향하여
재빨리 흘러가는 구름과 서리 낀 빛을 향하여
이 해가 밤중에 사라져 간다.
울리어라 힘찬 종들아, 묵은 해는 사라져 버리게 하여라.

낡은 것은 울려 보내고 새로운 것을 울려 맞이하여라.
기쁨의 종이여, 눈벌판을 건너서 울리어라.
이 해는 저물어 가니 가버리게 하여라.
거짓을 울려 보내고 진실을 울려오너라.

더 이상 이곳에서 보지 못할 사람들을 위하여
마음을 태우는 슬픔을 울려 보내어라.
가난함과 부유함의 반목질시를 울려 보내고
모든 인류에게 구원을 울려 오너라.

천천히 사라져가는 주장과
당파 싸움의 낡은 모습을 울려 보내고
더욱 고귀한 생활의 양식
더욱 우아한 풍습, 더욱 순결한 법률을 울려 오너라.

가난, 근심, 죄악을 울려 보내고
시대의 믿음 없는 냉정함을 울려 보내어라.

울려 보내어라, 울려 보내어라, 나의 슬픔의 노래를,
하지만 더욱 훌륭한 시인을 울려 오너라.

지위와 혈통을 내세우는 헛된 자랑과
중상모략과 원한을 울려 보내고
진리와 정의를 사랑하는 그 열정과
선을 사랑하는 만인의 열정을 울려 오너라.

오랜 모습의 못된 질병을 울려 보내라.
삶을 얽매는 황금의 욕심을 울려 보내어라.
수많은 오랜 전쟁을 울려 보내고
평화의 그 천년의 해를 울려 오너라.

용감한 사람, 자유의 사람을 울려 오너라.
더욱 큰마음 더욱 친절한 이들을 울려 오너라.
이 땅의 어둠을 울려 보내고
장차 오실 예수 그리스도를 울려 모시어라.

● 이해와 감상

이 시는 새해의 첫날 바로 그 이전인 그믐날에 묵은해를 보내면서 부르는 송구영신의 노래라고 볼 수 있다. 이 시의 화자는 다음의 내용을 마음속에 기원하면서 소망을 두는 것이다. 허위가 진실로 바뀌어져 새해가 오며 슬픔이 가버리기를 소원한다. 송구영신의 종소리와 함께 가난한 자들과 부자들 간에 있는 반목질시가 사라져 버리고, 파벌간에 싸움이 사라져 버리기를 바란다. 곤궁, 걱정, 죄악, 불신 등이 사라져 버리고, 그 대신 고상함과 선한 행동, 그리고 더욱 올바른 법률이 나오기를 기원한다. 쓸데없는 문벌의 자랑, 중상과 모략, 원한 등이 사라져 버리고 진리와 정의, 그리고 선을 사랑하는 열정들이 와 주기를 바라는 것이다. 질병, 황금만능주의, 긴 전쟁이 사라지고 평화의 영구한 날이 도래하기를 소원한다. 이 땅의 어둠이 가버리고 용감한 날이 도래하기를 소원한다. 이 땅의 어둠이 가 버리고 용감한 사람들, 자유를 사랑하는 사람들, 더욱 큰마음의 사람들이 나와 주기를 고대하는 것이다. 마귀가 사라져 버리고 예수 그리스도께서 왕림하시기를 기원하는 것이다. 예수 그리스도의 정신과 삶이 이 혼탁하고 희망이 없는 이 세상에 충만하기를 암시한다. 우리 모두가 바라는 소원을 그 얼마나 통쾌하고도 힘차게 표현했는지 모른다.

Robert Browning

(1812—1889)

Meeting at Night[1]

I

The gray sea and the long black land;
And the yellow half-moon large and low;
And the startled little waves that leap
In fiery ringlets from their sleep,
As I gain the cove with pushing prow,
And quench its speed i' the slushy sand.

II

Then a mile of warm sea-scented beach;
Three fields to cross till a farm appears;
A tap at the pane, the quick sharp scratch
And blue spurt of a lighted match,
And a voice less loud, through its joys and fears,
Than the two hearts beating each to each!

Parting at Morning

Round the cape of a sudden came the sea,
And the sun looked over the mountain's rim:
And straight was a path of gold for him[2],
And the need of a world of men for me.

밤의 밀회

회색빛 바다와 길고 검은 육지;
노란 반달이 크게 그리고 낮게 걸려 있다;

---

1 This poem and the one which follows it appeared originally under the single title "Night and Morning." The speaker in both is a man.

2 The sun.

그리고 잠 속에서 깨어난 듯
불빛 작은 고리 모양으로 뛰는 깜짝 놀란 잔물결들.
내가 뱃머리 밀며 작은 만에 닿아
진 모래 속에 배 속도 꼈을 때.

그 다음엔 더운 바다 냄새 풍기는 해변가의 일 마일,
세 개의 들판을 지나 한 작은 농장이 나타났다.
창문에 똑똑 두드리는 소리, 빠르고 날카로운 긋는 소리
그리고 불붙은 성냥의 푸른 불 빛,
두근거리는 두 심장보다도 더욱 낮은 소리로,
환희와 공포 속에 부르는 소리.

아침의 이별

곶 주위로 갑자기 바다가 왔었다.
그리고 대양이 산등성이 위로 쳐다보고 있었다.
그리고 태양에겐 황금의 길이 곧게 뻗어 있었고,
나에겐 인간 세계의 욕구가 있었다.

● 이해와 감상

이 두 시는 하나의 짝을 이루는 애정시이다. 이 서정시에 나오는 화자는 남자 애인으로서, 밤을 이용하여 사랑하는 여인을 만나기 위해서 바다에 보트를 타고 가서, 다음 날 아침에 헤어지는 것이다.

이 애정시에서 시인은 얼마나 정확하게 사랑하는 애인들 사이의 강열하고, 남모르게 해야 되는 긴박한 사랑의 묘미를, 또 그 사랑의 행복한 감정을 잘 포착했는지—를 엿볼 수 있다. 우선 "Meeting at Night"에서 첫 두 행은 이 시의장면을 잘 나타내주는 것이다. 이 장면에서 부드러운 빛깔의 달빛, 장모음과 유음([l]—long black land: yellow half-moon large and low: 등)은 조용하고 부드러운 분위기를 조성해준다. 제 3행과 4행에서는 리듬이 바뀌어 짧고 강한 accents로 변하고, 뛰는 작은 물결의 움직임을 재생해주듯 의성어 'leap'를 사용한다.

두 번째 연을 보면, 바닷가 해변을 지나고 들판을 지나며 서두르는—애인을 어서 만나고 싶어 마음이 앞서는—발걸음을 보여주듯이, 빠른 리듬이 사용된다. 그리고 3행과 4행에서는 창을 두드리는 소리, 성냥을 그어대는 소리 등은, 이 시의 클라이막스—애인들의 밀회—를 점화하듯이 의성어로

사용하여 나타낸다. 마지막 두 행은 이 시의 절정으로, 사랑의 환희와 공포로 두근거리는 심장을 죽이고 해후하는 것이다. "더운 바다 냄새 풍기는 해변가의 일 마일"의 표현 속에서는, 사랑하는 애인의 뜨거운 열정과 조화를 이루는 분위기가 된다. 남몰래 해야만 될 사랑이기에 공포가 따르겠지만, 그들의 사랑은 그 때문에 더욱 사랑의 환희가 큰 것이다.

그 다음 ""Parting at Mornning"에서는, 먼저 시에서보다 더 포용력 있는 리듬과, 강한 강세로 바뀐다. 태양의 떠오름과 더불어 색깔과 온기가 이 장면에 니타나고, 그리고 정열은 효과적으로 실제적인 방향을 향하는 것이다. 이 시는 아마도 Browning과 그의 부인 Elizabeth Barrett을 만나기 이전에 쓰여진 것으로 본다. "곶 주위로 갑자기 바다가 왔다"라는 표현에서, 그들 애인은 사랑하는 기쁨 때문에 시간가는 줄도 몰랐는데, 벌써 날이 새고 이별해야 할 시간이 된 것이다. 태양이 그 황금빛을 온 우주위에 비춰주어야 할 의무가 있듯이,(그 아름다운 새벽의 빛으로 머물러 있는 것이 아무리 좋다 하더라도) 그 밤이 있는 동안은 사랑의 기쁨으로 정열을 태웠으나, 날이 밝자 현실에 적응하기 위하여 이별하지 않을 수 없는 것이다.

The Year's at the Spring

The year's at the spring
And day's at the morn;
Morning's at seven;
The hill-side's dew-pearled;
The lark's on the wing;
The snail's on the thorn;
God's in his heaven—
All's right with the world!

from "Pippa Passes"

일년 중 봄
하루에도 아침
아침 일곱시
저 언덕 기슭은 진주빛 이슬
종달새 나르고
달팽이 산사 가시나무 위에
하나님께서 하늘에 계시니
만사가 태평

● 이해와 감상

시인이 묘사하는 계절은 희망으로 가득 찬 봄이고 하루 중에서도 비전을 품고 시작하는 이른 아침 시간이다. 푸르른 하늘에는 종달새가 그 아름다운 노래를 부르면서 마음껏 훨훨 나르고 있다. 진주처럼 영롱하게 빛나는 이슬 맺힌 언덕은 대자연 속에서 펼쳐지는 아름다움의 퍼레이드이다. 모두가 소망이 넘쳐흐르고 생동감으로 가득한 분위기이다. 그 속에서 달팽이가 산사나무 위를 천천히 기어가는 모습은 바로 평화로 가득한 세상임을 암시해 준다. 그런데 이러한 평화로움과 희망은 온 우주를 섭리하시고 주관하시는 하나님께서 그 무한하신 사랑과 완전하심으로 우주의 일어나는 모든 일들을 다스리시기 때문에 가능하다는 암시가 있다. 특별히 위에서 "달팽이 산사 가시나무 위에"의 구절은 암시적 의미가 강하다. 힘한 가시나무 위에서 연약한 달팽이가 마음 편하게 기어갈 수 있는 모습은 악(evil)이 득

세하는 듯 보이는 세상이지만 사랑이 무한하시고 전능하신 하나님께서 결국 선(good)으로 지배하신다는 섭리의 암시이다. 연약하게 보이는 달팽이라도 창조주께서는 그 몸을 잘 보호해 주는 딱딱한 껍데기를 입혀 주셨던 것이다. 이 모든 우주의 진행되는 일들은 되는대로 아무렇게나 혼돈 속에서 일어나는 일이 아니고 전능하신 섭리주의 무한한 사랑과 지혜로 진행된다는 것이다.

이러한 섭리주 하나님께서 이 우주를 다스리시는 한 그 속에서 살아가는 우리 인생은 행복한 것이다. 그러므로 시인은 "하나님께서 하늘에 계시니 만사가 태평"이라는 결론적인 서술로 끝맺는다. 하늘에 계신다는 말은 천국이라는 권위적인 위치의 개념이라기보다는 이 우주 어느 곳에서나 계셔서 인자하신 눈으로 우리 피조물들을 보살펴 주신다는 사랑의 개념으로 본다.

이 시의 Part I에서 Pippa의 노래를 듣는 Ottima의 태도는 부정적이다. 그녀는 그녀의 정부인 Sebald와 함께 그녀의 남편 Luca를 살해했다. Pippa의 노래는 아첨하는 거짓말이라고 무시해 버린다. 그러나 Sebald의 태도는 다르다. 그는 Pippa의 노래를 듣고 어느 쪽이 선이고 악이며 어느 쪽이 순결이고 정욕인가를 분별하게 되었다고 술회한다. 그는 그의 범죄에 괴로워하며 Ottima를 저주하고 증오한다. 그리고 정말 Pippa의 노래에서처럼 하나님이 계셔서 우주를 통찰하시고 다스리신다고 선포한다.

그러므로 시인 브라우닝이 신뢰하는 하나님은 선하시고 인자하신 분이시다. 그 하나님께서 이 우주를 섭리하시는 한 하나님의 사랑하는 피조물인 우리 인간은 전적으로 섭리주 하나님을 신뢰할 수 있다는 것이다. 그리하여 브라우닝은 하나님께 소박하고 의심을 전혀 품지 않은 믿음을 가지게 되는 삶은 대단히 행복한 삶으로 보았다고 두루(Drew)는 지적하고 있다.[1] 이러한 하나님을 향한 시인의 신뢰는 구약성서 시편 36편 5절~7절에서 볼 수 있는 것같이 피조물을 향하신 하나님의 그 인자하심과 보호하심에 그 배경을 둔다고 볼 수 있다. 그리고 Pippa는 가난한 공장 아가씨로 어느 휴일 즐거운 산책을 하면서 노래하는 것이지만 사실은 Browning 자신의 믿음이 표현된 시이다.

---

1 Drew, Philip. *British Writers* (New York: Charles Scribners Son, 1981), p.362.

Home Thoughts, From Abroad

I

Oh, to be in England
Now that April's there,
And whoever wakes in England
Sees, some morning, unaware,
That the lowest boughs and the brushwood sheaf
Round the elm-tree bole are in tiny leaf,
While the chaffinch sings on the orchard bough
In England—now!

II

And after April, when May follows,
And the whitethroat builds, and the swallows!
Hark, where my blossomed pear-tree in the hedge
Leans to the field and scatters on the clover
Blossoms and dewdrops—at the bent spray's edge—
That's the wise thrush; he sings each song twice over,
Lest you should think he never could recapture
The first fine careless rapture!
And though the fields look rough with hoary dew,
All will be gay when noontide wakes anew
The buttercups, the little children's dower
—Far brighter than this gaudy melon-flower!

외국에서 고향생각

I

오오 영국에 가고 싶어라
지금 그곳엔 4월이려니
누구든지 어느 날 아침잠이 깨면
모르는 새에 보게 되리라

느릅나무 줄기 주위에
맨 밑 나뭇가지 그리고 관목 숲 다발에
조그마한 속잎이 싹터 있음을
한편 검은 방울새가 과수원 나뭇가지 위에 앉아 노래하고
영국에서는 – 지금!

II

4월이 가고 5월이 오면
휘파람새 집을 짓네 제비들도 모두들!
귀 기울여 들어 보시라 산울타리에 나의 꽃핀 배나무가
들판으로 몸을 기울이고 크로버 위에
배나무 꽃들과 이슬방울들을 흩뿌리는데 –
저 휘어진 작은 가지 끝에서 –
참으로 영리한 개똥지빠귀 새가
똑같은 노래를 두 번씩 부르네
혹시나 남들이 재생시킬 수 없다고 생각할까봐
저 아름답고도 아무 걱정끼가 없는 첫 번째 희열의 소리를
들판들이 하얀 이슬방울로 덮여 쓸쓸하게 보일지라도
정오가 되어 어린 아기들의 선물인 미나리아재비 꽃을
잠 깨울 때는
모두가 밝고 명랑하게 되리라
– 이 지나치게 화려한 참외 꽃보다 훨씬 더 밝게!

● 이해와 감상

이 시는 Browning이 1845년에 출판한 그의 시집 “Home-Thoughts, from the Sea”에 실려 있는데 대륙의 남서쪽, 아마도 이태리에서 고국 영국을 그리워하면서 지은 시로 본다.

누구든지 고국이나 고향을 떠나면 고국이나 고향을 그리워하고 가고 싶은 감정이 저절로 생긴다. 시인은 이국에서 4월을 보내면서 (제1연에서) 느릅나무 주위에서 연초록색의 새싹이 피어나 아름다운 봄을 장식하는 모습을 상상의 눈으로 바라다본다. 춥고 불모로 황량하던 자연은 말할 수 없는 희망과 기쁨으로 대자연을 예쁘고 사랑스럽게 채색해 놓는다. 시각적인 기쁨의 봄만이 아니라 청각적으로도 기쁨에 박차를 가하는 것은 과수원에서 명랑하게 지저귀는 검은 방울새의 노랫소리라고 시인은 묘사함으로 더

욱 고국에 가고픈 심정을 불어 넣는다.

두 번째 연에서는 4월이 지나고 5월의 낭만적인 고국의 봄이 묘사된다. 산울타리에 배나무가 하얗게 만발하였고 크로버 위에 눈같이 흰 배나무 꽃을 흩뿌려주고 영롱한 이슬방울도 뿌려준다. 시인은 여기서 "나의 꽃핀 배나무(my blossomed pear-tree)"라고 함으로써 하얗게 핀 배꽃이 얼마나 그 시인 자신에게 사랑스럽고 가까운 대상인가를 강조해 준다. 그 다음에 개똥지빠귀 새가 매우 영리하다고 하고 그 이유를 그 다음에 서술하였다. 개똥지빠귀 새의 노랫소리가 두 번씩이나 똑같은 소리를 내는 것은 그 영리한 개똥지빠귀 새는 남들이(사람들이) 그 절묘한 희열의 노래를 또 다시 재생시킬 수 없다고 생각할까봐 똑같은 노래를 두 번씩 부른다고 묘사한 것은 매우 위트가 있는 묘사이다. 뿐만 아니라 그 새의 가슴 벅찬 기쁨의 소리를 우리 인간이 삶에 바쁘고 지쳐서 자연이 주는 기쁨을 모른 채 지나갈까봐 걱정이 되어 깨우쳐주는 노랫소리라는 암시도 있다. 여하간에 시인은 여기서도 말할 수 없이 큰 환희를 가져다주는 청각적 이미지를 위트 있게 묘사하고 있다.

끝으로 제2연의 끝에서 위트 있게 미나리아재비 꽃의 사랑스럽고 예쁜 모습을 묘사했다. 정오가 되어 미나리아재비 꽃이 피어날 때 쓸쓸해 보이던 대자연은 우리들 인간을 모두 기쁨의 분위기로 전환시킨다. 그 기쁨은 화려한 참외 꽃보다 더욱 밝게 우리 마음을 환하게 해 준다는 표현도 매우 재치 있는 묘사라고 본다.

이 시 전체를 보면 특별한 이미지나 함축적인 표현이 없지만 고향 또는 고국을 그리워하는 정서가 충만한 것은 이 시의 특징이며 장점이 아닐 수가 없다. 역시 Browning의 대가다운 모습이라고 할 수 있다.

Matthew Arnold

(1822–1888)

Dover Beach

The sea is calm tonight.
The tide is full, the moon lies fair
Upon the straits—on the French coast the light
Gleams and is gone; the cliffs of England stand,
Glimmering and vast, out in the tranquil bay.
Come to the window, sweet is the night air!
Only, from the long line of spray
Where the sea meets the moon-blanched land,
Listen! you hear the grating roar
Of pebbles which the waves draw back, and fling,
At their return, up the high strand,
Begin, and cease, and then again begin,
With tremulous cadence slow, and bring
The eternal note of sadness in.

Sophocles long ago
Heard it on the Aegean, and it brought
Into his mind the turbid ebb and flow
Of human misery; we
Find also in the sound a thought,
Hearing it by this distant northern sea.

The Sea of Faith,
Was once, too, at the full, and round earth's shore
Lay like the folds of a bright girdle furled.
But now I only hear
Its melancholy, long, withdrawing roar,
Retreating, to the breath.
Of the night wind, down the vast edges drear

And naked shingles[1] of the world.

Ah, love, let us be true
To one another! for the world, which seems
To lie before us like a land of dreams,
So various, so beautiful, so new,
Hath really neither joy, nor love, nor light,
Nor certitude, nor peace, nor help for pain;
And we are here as on a darkling plain
Swept with confused alarms of struggle and flight,
Where ignorant armies clash by night.

도버 해변

오늘밤 바다는 잔잔하다.
조수는 가득 차 있고, 달은 아름답게 해협들 위에 누워 있다—
저 프랑스 해안엔 등불이 번쩍이고 또 사라진다.
영국의 벼랑들은 희미하게 빛나며 거대한 모습으로,
고요한 항만에 솟아나 있다.
창가로 오시라, 밤공기 감미롭다!
다만, 바다가 달빛으로 하얗게 된 육지와
만나는 곳에, 긴 물보라 선으로부터
들리는 소리에 귀를 기울여 들어 보시라!
파도가 끌어 당겼다가,
돌아올 때는 해안가에 높이 던져 올리는 자갈돌들의
비벼대는 노호 소리가
들렸다, 안 들렸다 하고
또 다시 떨리는 느린 리듬으로 시작하고,
영원한 슬픔의 어조를 가져다주는 소리를 당신은 듣는다.

옛날 아테네의 비극 시인 Sophocles도 오래전에
Aegean해에서 이 소리를 듣고서,
그의 마음속에

---

1 Beaches covered with pebbles

인간 불행의 혼탁한 썰물과 밀물을 생각했었다.
우리도 또한 이 먼 북녘 해변에서 그 소리를 들으면서,
그 소리 속에서
한 가지 생각을 해본다.

믿음의 바다도 한때
가득 차서, 지구의 해변을
여러 겹으로 접힌 빛나는 허리띠처럼, 둘러쌌었다.
그러나 지금 나는 다만 들을 뿐이다.
그 애수에 잠긴, 긴 후퇴해 가는 노호 소리를,
그리고 밤바람의 숨결에 따라
거대한 황량한 변두리와
이 세계의 자갈돌로 뒤덮인 해변가 아래로
물러가는 소리를.

아 사랑하는 님이여, 서로 진실되자!
왜냐하면 우리 앞에 꿈나라처럼
그렇게 다양하고 그처럼 아름답고, 그처럼 새롭게
놓여있는 것 같은 이 세계는
실상 아무런 기쁨도, 사랑도, 빛도,
확실성도, 평화도, 고통을 위한 구조도 없기 때문이다.
그리고 우리는 상대방을 분간 못하는 군대들이
밤에 충돌하는 곳에서
공격과 후퇴의 혼란된 나팔 소리에 휩쓸린
캄캄한 전쟁터 같은 곳에 있으니까.

● 이해와 감상

이 시는 인생의 고독, 환멸과 우울이 가장 장중한 어조로 나타낸 시이다. 이 시는 독백의 형식으로, 첫 부분은 setting으로 묘사된다. 이 setting에서 시인은 두 개의 은유를 암시해 주는데, 그 하나는 아테네의 비극 시인 Sophocles가 말하던 대로, 인간의 불행과 고통의 굴곡을 바다의 밀물과 썰물에 비유한 것이다. 그리고 또 하나는 바다를, 그 의미가 종교적이든 어떤 인간의 삶의 한 의미로서의 것이든, 믿음에다가 비유한 것이다.[2] 바다가

2 K. Danziger and W. Stacy Johnson, *An Introduction to Literary Criticism*(Boston: D. C. Heath

만조였을 때, 그 신비스럽고 변함없이 출렁이는 충만한 바다가, 긍정적인 인간의 상황과 태도를 표시하는 이미지로 나타났던 것이다.

그러나 이 시의 화자는, 그 옛날 아테네의 시인 Sophocles가 시적 이미저리에 의하여 인간의 고통을 아름다운 형태로(인간 불행의 역사를 바다의 밀물 썰물로 비유)나타낸 것도, 또 믿음의 바다로 비유한 것도, 모두 다 맞지 않는다고 생각 한다. 왜냐하면 종종 사람들이 이 세상을 그렇게도 "다양하고, 아름답고, 새롭게" 생각하는 것과는 전혀 반대로, "꿈나라"처럼 보이는 이 세상은 "기쁨도, 사랑도, 평화도, 빛도, 확실성과 고통의 구조도" 없는 세계이다. 마치 밤중에 상대방을 분간 못하며 서로 싸우고 죽이는 전쟁 마당 같은 곳이 이 세계이다"라는 은유를 사용하기 때문이다. 그러므로 무엇보다도 이 절망의 세계 속에 진실한 사랑만이 사랑과 기쁨과 평화와 온갖 귀한 것들을 창조해 낼 수 있다는 것이다. 애인들의 그 진실한 사랑만이 실존적 궁경 속에서, 유일한 희망이 된다는 것이다. 이와 같이 Arnold는 살벌한 세계 속에서 사랑의 위대한 힘을 힘 있게 묘사하고 있는 것이다.

---

and Company, 1968), p.40.

Gerald Manley Hopkins

(1844-1889)

God's Grandeur

The world is charged with the grandeur of God.
  It will flame out, like shining from shook foil;
  It gathers to a greatness, like the ooze of oil
Crushed. Why do men then now not reck his rod?
Generations have trod, have trod, have trod;
  And all is seared with trade; bleared, smeared with toil;
  And wears man's smudge and shares man's smell: the soil
Is bare now, nor can foot feel, being shod.

And for all this, nature is never spent;
  There lives the dearest freshness deep down things;
And though the last lights off the black West went
  Oh, morning, at the brown brink eastward, springs—
Because the Holy Ghost over the bent
  World broods with warm breast and with ah! bright wings.

하나님의 장엄함

세상은 하나님의 장엄함으로 가득차있다.
그것이 흔들리는 금속조각의 광채처럼 불이 되어 터져 나오리라.
그리고 짓눌려 새어나오는 기름처럼 모여 거대하게 되리라.
그런데 왜 사람들은 하나님의 권위에 주의하지 않는가?
여러 세대들이 짓밟고 짓밟고 짓밟아 왔다.
그리하여 모두가 직업으로 마비되고 힘든 일로 흐려지고 더러워졌다.
그리고 인간의 얼룩으로 묻어 있고 인간의 냄새를 풍긴다.
땅은 이제 헐벗고 발은 신발을 신었기에 느낄 수가 없다.

그럼에도 불구하고 자연은 결단코 소진되지는 않으리.
만물의 속 깊숙이 가장 귀중한 신선함이 흐르고 있기에
그리고 마지막 빛이 암흑의 서쪽으로 사라진다 할지라도
오 아침이 갈색 동쪽에서 솟아오르기에—

왜냐하면 성령께서 활처럼 굽은 세계를
따뜻한 품으로 그리고 아! 빛나는 날개로 품고 계시기 때문에.

● 이해와 감상

이 시는 소네트(sonnet) 형식으로 14행시이다.

이 시의 8행 즉 octave에서 보면 이 세상은 하나님의 장엄함으로 충만해 있는데도 인생들은 그 하나님의 권위를 무시하고 있다는 것이다. 뿐만 아니라 여러 세대를 계속해서 인생들은 하나님의 권위를 짓밟고 있다고 서술한다. 시인은 "have trod"라는 말을 세 번씩이나 되풀이함으로서 그 의미를 강조하고 있다. 이런 상황 속에서 이 세계는 그 아름답고 성스러운 하나님의 장엄함 대신에 인간의 오점(얼룩)−죄를 상징−으로 묻어 있고 인간의 냄새−부패한 인간의 본성을 상징하는 것들로 가득차 있다고 한다. 그러기에 이 세계는 황무지처럼 거칠고 살벌해졌다. "being shod"라는 이미지는 특별히 관심을 끈다. 인생들이 그들 자신의 더러운 신발을 신고 있기 때문에 그러한 황무지의 상황을 느끼지 못한다. 그 신발은 과연 무엇을 상징하고 있는 것일까? 인간들이 하나님의 권위와 그 질서를 짓밟고 인간자아 중심에 빠져 있어 그 결과 인간의 존엄한 영적 능력과 그 감성을 잃어버리고 있다고 암시한다. 여기서 특별히 이 세계의 정신적, 도덕적 상황의 폐허성과 추악상을 암시하기 위하여 어구상의 효과(verbal effect)를 꾀한다. "seared", "smeared", "smudge", "shares", "smell", "soil" 그리고 "shod" 등으로 두운법(alliteration)의 효과를 거두고 있다. 이 두운법을 사용해서 이 세상은 더욱 혼돈과 더러움과 그 냄새로 가득하다는 강한 의미를 부여해 준다.

다음의 6행(sestet)에서는 이제까지의 octave에서 던져 준 의미에 전환점을 가져온다. 그럼에도 불구하고("for all this") 우리가 사는 이 세상 결단코 폐허로 끝나지 않는다는 것이다. 그것은 성령(the Holy Ghost)의 역사를 암시하는 아침의 신선함이 우리 인간세계를 떠나지 않기 때문이다. 여기서 성령은 예수님께서 세례 요한에게 세례를 받고 물에서 올라오실 때 나타났던 비둘기 같은 성령 즉 비둘기의 이미지로 묘사되어 있다. 그래서 잘못된 이 세상을 사랑의 가슴과 소망의 빛으로 품는다는 이미지로 나타내었다. 이것은 우리 인간의 죄와 잘못도 참고 인내하시며 회개하기를 기다리시는 무한한 하나님의 사랑을 암시하고 있다고도 볼 수 있다.

하여간에 시인은 하나님의 장엄함이라는 추상적인 주제를 구체적인 이미지로 사용하여 성공한 시라고 본다. 피조물인 인간이 제한된 존재임에도 불구하고 과학만능 적이고 무신론적인 사상으로 빠져들기 쉬운 현대인들에게, 지혜의 빛을 던져주는 아름다운 시가 아닐 수 없다. 그리고 sestet에 나타난 무한하신 하나님의 사랑이야말로 시인이 말하고자 하는 가장 위대한 하나님의 장엄함이 아닐까 하고 생각해 본다.

Thomas Stearns Eliot

(1888—1965)

The Love Song of J. Alfred Prufrock[1]

S'io credesse che mia risposta fosse
A persona che mai tornasse al mondo,
Questa fiamma staria senza piu scosse.
Ma perciocche giammai di questo fondo
Non torno vivo alcun, s'i'odo il vero,
Senza tema d'infamia ti rispondo.[2]

Let us go then, you and I,
When the evening is spread out against the sky
Like a patient etherized[3] upon a table;
Let us go, through certain half-deserted streets,
The muttering retreats
Of restless nights in one-night cheap hotels

---

1 A dramatic monologue in which the speaker builds up a mood of social futility and inadequacy through the thoughts and images which haunt his consciousness and by means of the symbolic landscape in which he moves. The title implies an ironic contrast between the romantic suggestions of "love song" and the dully prosaic name, "J. Alfred Prufrock." The quotation from Dante's Inferno in *La Divina Commedia* which stands at the head of the poem adds to this contrast a note of profound hopelessness. Prufrock himself, middle-aged and unhappy, is not really at home in the society in which he is condemned to live; he is aware of the futility of such visits as he is paying, of his own awkwardness and maladjustment, and his self-conscious response to the demands made on him. He is haunted not only by a knowledge of the pettiness and triviality of this world, but also by a sense of his own sexual inadequacy and a feeling that once, somewhere, he had had a vision of a life more real and more beautiful, but that he has long since strayed from that reality to the artificial and barren existence in which he now suffocates. The lost dreamworld was paradoxically the only real world, man's true element, and out of it he drowns.

2 "If I thought that my reply would be to one who would ever return to the world, this flame would stay without further movement; but since none has ever returned alive from this depth, if what I hear is true, I answer you without fear of infamy." Dante, Inferno. XXVII, 61-66. Guido da Montefeltro, shut up in his flame(the punishment given to false counselors), tells the shame of his evil life to Dante because he believes Dante will never return to earth to report it.

3 like a patient etherized: A contrast is perhaps here implied between "ether" as the free sky or the heavens and the word's medical connotations—helplessness, disease, the elimination of consciousness and personality.

And sawdust restaurants with oyster shells:
Streets that follow like a tedious argument
Of insidious intent
To lead you to an overwhelming question...
Oh, do not ask, "What is it?"
Let us go and make our visit.

In the room the women come and go
Talking of Michelangelo.

The yellow fog that rubs its back upon the windowpanes,
The yellow smoke that robs its muzzle on the windowpanes
Licked its tongue into the corners of the evening,
Lingered upon the pools that stand in drains,
Let fall upon its back the soot that falls from chimneys,
Slipped by the terrace, made a sudden leap,
And seeing that it was a soft October night,
Curled once about the house, and fell asleep.

And indeed there will be time[4]
For the yellow smoke that slides along the street,
Rubbing its back upon the windowpanes;
There will be time, there will be time
To prepare a face to meet the faces that you meet;
There will be time to murder and create,
And time for all the works and days of hands[5]
That lift and drop a question on your plate;
Time for you and time for me,
And time yet for a hundred indecisions,
And for a hundred visions and revisions,
Before the taking of a toast and tea.

---

4 And indeed there will be time: cf. Andrew Marvell's "To His Coy Mistress: Had we but world enough and time"····

5 "Works and Days" is a poem about the farming year by Hesiod, Greek poet of 8th century B. C. Eliot's contrast is between useful agricultural labor and the futile "works and days of hands" engaged in meaningless social gesturing.

In the room the women come and go
Talking of Michelangelo.

And indeed there will be time
To wonder, "Do I dare?" "Do I dare?"
Time to turn back and descend the stair,
With a bald spot in the middle of my hair—
(They will say: "How his hair is growing thin!")
My morning coat, my collar mounting firmly to the chin,
My necktie rich and modest, but asserted by a simple pin—
(They will say: "But how his arms and legs are thin!")
Do I dare
Disturb the universe?
In a minute there is time
For decisions and revisions which a minute will reverse.

For I have known them all already, known them all—
Have known the evenings, mornings, afternoons,
I have measured out my life with coffee spoons;
I know the voices dying with a dying fall[6]
Beneath the music from a farther room.
    So how should I presume?

And I have known the eyes already, known them all—
The eyes that fix you in a formulated phrase,
And when I am formulated, sprawling on a pin,
When I am pinned and wriggling on the wall,
Then how should I begin
To spit out all the butt-ends of my days and ways?
    And how should I presume?

And I have known the arms already, known them all—

---

6 A dying fall: Ironic recollection of Orsino's speech in Twelfth Night(I.i.4): "That strain again! It had a dying fall."

Arms that are braceleted and white and bare
(But in the lamplight, downed with light brown hair!)
Is it perfume from a dress
That makes me so digress?
Arms that lie along a table, or wrap about a shawl.
    And should I then presume?
    And how should I begin?

Shall I say, I have gone at dusk through narrow streets
And watched the smoke that rises from the pipes
Of lonely men in shirt-sleeve, leaning out of windows?...

I should have been a pair of ragged claws
Scuttling across the floors of silent seas.[7]

And the afternoon, the evening, sleeps so peacefully!
Smoothed by long fingers,
Asleep...tired...or it malingers,
Stretched on the floor, here beside you and me.
Should I, after tea and cakes and ices,
Have the strength to force the moment to its crisis?
But though I have wept and fasted, wept and prayed,
Though I have seen my head (grown slightly bald)
    brought in upon a platter,[8]
I am no prophet—and here's no great matter;
I have seen the moment of my greatness flicker,
And I have seen the eternal Footman hold my coat, and snicker,
And in short, I was afraid.

And would it have been worth it, after all,
After the cups, the marmalade, the tea
Among the porcelain, among some talk of you and me,

---

7 Scuttling across the floors of silent seas: I.e., he would have been better as a crab on the ocean bed. Perhaps, too, the motion of a crab suggests futility and growing. old; cf. Hamlet II. ii.205-6: "for you yourself, sir, should be old as I am, if, like a crab, you could go backward."

8 Like that of John the Baptist. See Mark vi.17-28 and Matthew X iv.3-11.

Would it have been worth while,
To have bitten off the matter with a smile,
To have squeezed the universe into a ball
To roll it toward some overwhelming question,
To say: "I am Lazarus[9], come from the dead,
Come back to ten you all, I shall tell you all"—
If one, settling a pillow by her head,
  Should say: "That is not what I meant at all.
  That is not it, at all"

And would it have been worth it, after all,
Would it have been worth while,
After the sunsets and the dooryards and the sprinkled streets,
After the novels, after the teacups, after the skirts that
  trail along the floor—
And this, and so much more?—
It is impossible to say just what I mean!
But as if a magic lantern threw the nerves
  in patterns on a screen:
Would it have been worth while
If one, settling a pillow or throwing off a shawl,
And turning toward the window, should say:
  "That is not it at all,
  That is not what I meant, at all."

No! I am not Prince Hamlet, nor was meant to be;
Am an attendant lord, one that will do
To swell a progress,[10] start a scene or two,
Advise the prince; no doubt, an easy tool,
Deferential, glad to be of use,
Politic, cautious, and meticulous;.
Full of high sentence,[11] but a bit obtuse;

---

9 Cf. Luke X vi.19-31 and John xi.1-44.

10 In the Elizabethan sense of a state journey made by a royal or noble person. Elizabethan plays sometimes showed such "progresses" crossing the stage.

At times, indeed, almost ridiculous—
Almost, at times, the Fool.

I grow old... I grow old...
I shall wear the bottoms of my trousers rolled.

Shall I part my hair behind? Do I dare to eat a peach?
I shall wear white flannel trousers, and walk upon the beach.
I have heard the mermaids singing, each to each.

I do not think that they will sing to me.

I have seen them riding seaward on the waves
Combing the white hair of the waves blown back
When the wind blows the water white and black.

We have lingered in the chambers of the sea
By sea-girls wreathed with seaweed red and brown
Till human voices wake us, and we drown.

J. Alfred Prufrock의 연가

그러면 갑시다, 그대와 나.
수술대 위에 에테르로 마취된 환자처럼
저녁이 하늘에 펼쳐질 때에,
우리 갑시다. 반이나 인적이 끊어진 거리들을 통하여
값싼 일박 여관에서 잠 못 이루는 밤과
굴 껍질과 톱밥이 흩어진 음식점이 있는
중얼거리는 말소리 새어 나오는 골목을 갑시다.
음험한 의도의 권태로운 논란처럼 잇달은 그 거리들은
그대를 압도적인 문제로 인도 할 것입니다.
오. 오 묻지 마시오 "그것이 무엇이냐?"고
우리 가서 방문 합시다.

방 안에서는 여인들이 오고 갑니다.

---

11 In its older meanings, "opinions", "sententiousness."

미켈란젤로를 이야기 하면서

창유리에 등을 비비는 노란 안개
창유리에 주둥이를 부비는 노란 안개가
저녁의 구석구석으로 그 혓바닥을 핥고
수채에 괸 웅덩이 위에 머뭇거리고
굴뚝에서 떨어지는 검댕을 제 등 위에 떨어뜨리고
테라스 옆으로 미끄러져 갑자기 뛰어내려
아늑한 시월의 밤인 줄을 알자.
접을 한바퀴 돌아서 잠이 들었습니다.

정말로 시간은 있을 것입니다.
거리를 따라서 미끄러지는 노란 연기가
창유리에 등을 부빌만한 그러한 시간은 있을 것입니다.
시간은 있을 것입니다.
만나볼 얼굴들을 만나기 위하여 얼굴을 준비할
잡쳐놓고 창조할 시간은 있을 것 입니다.
접시 위에 문제를 들어서 떨어뜨리는
손들의 모든 일과 세월을 위한 시간은 있을 것 입니다.
그대에게도 시간 내게도 시간
아직도 백 번이나 망설일 시간
백 번이나 고찰하고 재고할 시간은 있을 것 입니다.
토스트와 차를 들기 전에,

방안에는 여인들이 오고 갑니다.
미켈란젤로를 이야기 하면서.

정말 생각해 볼 시간은 있을 것 입니다.
“내가 감히?” 또 “내가 감히?”라고 의심해 볼
머리 한 복판에 대머리진 데를 가지고
돌아서서 층층대를 내려갈 시간은.
(그들은 말할 것 입니다 “어쩌면 그의 머리가 저렇게도 벗겨졌담!”)
나의 모닝코트가 턱까지 빳빳이 올라간 나의 옷깃.
화려하고 얌전하지만 수수한 핀으로 돋보이는 나의 넥타이
(그들은 말할 것입니다. “그러나 어쩌면 그의 팔과 다리가 저렇게도 가늘담!”)

내가 감히
우주를 건드려 볼까요?
일분 안에도 시간은 있을 것 입니다.
그 순간에 의하여 역전하는 결단과 수정의 시간은.

나는 이미 그것들을 잘 알고 있습니다.
다 알고 있습니다.
저녁이나 아침 그리고 오후를 그 전부를 알고 있습니다.
나는 나의 인생을 커피 스푼으로 되질해 나누었습니다.
저편 어느 방에서 흘러나오는 음악 밑에서
자지러지는 고비로 까무러치는 목소리를
나는 알고 있습니다.
그런데 내 어떻게 엄두나 내겠습니까?

그리고 나는 이미 그 눈들을 알고 있습니다.
그것들을 모두 알고 있습니다.
공식적인 문구로 사람을 꼼짝 못하게 고정시킨 그 눈들을
그리고 내가 공식화 되어 핀 위에 펼쳐질 때,
내가 핀에 꽂혀 벽 위에서 꿈틀거릴 때,
그때 어떻게 내가 나의 생활과 나의 태도의 한 토막 끝을
모두 다 배알아 내기 시작할 수 있겠습니까?
어떻게 내가 감히 할 수 있겠습니까?
나는 그 팔들을 이미 알고 있습니다. 그것들을 모두 알고 있습니다.
허옇게 드러내고 팔찌를 낀 그 팔들을
(그러나 램프 불에 보면 짧은 갈색 솜털로 덮인!)
내가 이처럼 제 정신을 가다듬을 수 없는 것은
옷에서 풍기는 향기 때문일까요?
테이블에 놓인 팔 쇼올을 휘감은 팔들
　그러면 감히 한 번 해 볼까요?
　그러나 어떻게 말을 꺼내기 시작하겠습니까?

이렇게나 말해 볼까요.
나는 저녁 때 좁은 거리를 지나 왔습니다.
셔츠만을 입은 외로운 사나이들이 창문에서
몸을 내밀어 기대고

뿜어대는 파이프의 연기를 나는 보았습니다라고....

나는 차라리 고요한 바다 밑 바닥을 어기적거리는
한 쌍의 울퉁불퉁한 게 다리나 되었을 것을.

그런데 오후도 저녁도 저렇게 편안히 잠들었습니다!
긴 손가락으로 쓰다듬어져서!
잠이 들었거나... 피곤하거나...그렇지 않으면
앓는 체 하는 것 입니다.
그대와 내 곁에 여기 마루 위에 뻗은 채,
차도 마시고 케익도 아이스크림도 다 먹고서
이 제 내가 무슨 힘이 있어 이 순간을 한 위기로
몰고 갈 수 있겠습니까?
그러나 나는 울기도 하고 단식도 하고 울며 기도도 했지만,
그리고 내 머리(약간 벗겨진)가 쟁반 위에
들어오는 것을 보긴 했지만
나는 예언자(선지자)가 아닙니다—여기에 별로 큰
문제가 있는 것은 아닙니다.
나는 나의 위대에 순간이 가물거리는 것을 보았고,
영원한 하인이 내 코트를 붙잡고 킬킬대고
웃는 것을 보았습니다.
결국 나는 두려웠습니다.

도대체 그것이 보람이 있겠습니까?
잔을 거듭하고 마아멀레이드를 먹고 차를 들고 나서,
자기(화병)를 옆에 놓고 내 그대와 주고받는 이야기 속에서
그런 것이 보람이 있었겠습니까?
미소로 문제를 물어뜯어 버리고
우주를 뭉쳐서 공을 만들어,
어떤 어마어마한 문제로 그것을 굴려 간다한들,

또는 말하기를
"나는 죽음에서 살아나온 Lazarus이며
돌아와 그대에게 모두를 말하리 모두를 말하리라"고 한들—
만일 어느 여인이 머리맡에 베개를 놓고서

"나는 조금도 그런 뜻에서 말한 것 아니예요.
조금도 그렇지 않아요"라고 말한들.

그리고 그것이 결국 그만한 보람이 있을 뻔 했을까요?
그것이 보람이 있을 뻔 했겠는가 말입니다.
일몰과 문간과 물 뿌린 거리 뒤에 소설 뒤에,
찻잔 뒤에, 마루를 끄는 스커트 뒤에—
그리고 이것과 무척 더 많은 것 후에?—
바로 내 뜻을 말하기는 불가능 합니다.
그러나 신경은 마치
환등불로 스크린 위에 모양 지어비치 듯,
무슨 보람이 있었겠습니까?
만일 어떤 이가 베개를 놓거나 쇼올을 벗어 던지고서,
창문으로 고개를 돌리며 말하기를
"조금도 그렇지 않아요
그런 뜻에서 말한 것이 아니어요"라고 한들.

아닙니다. 나는 햄릿왕자가 아니고 될 처지도 아닙니다.
나는 시종관, 행차나 흥성하게 하고
한 두 장면 얼굴이나 비치고,
왕자에게 간고하는 틀림없이 만만한 연장
굽신굽신 심부름이나 즐거워하고
빈틈없고, 조심스럽고, 소심하고
큰 소리를 하지만, 좀 둔하고
때로는 정말 거의 우습고
거의 때로는 바보 어릿광대 입니다.

나는 늙어 갑니다…늙어 갑니다…
바지가랑이 끝이나 접어 입을까요.

머리를 뒤로 갈라 볼까?
복숭아를 감히 먹을까?
흰 프란넬 바지를 입고 해변을 걸어 볼까?
나는 인어들이 서로 노래를 주고받는 것을
들은 일이 있습니다.

그 인어들이 나더러 들으라고 노래 부르는 것은 아닐 것 입니다.
그것들이 물결을 타고 바다 복판으로 가는 것을 보았습니다.
희락 검으락 물결이 바람에 불릴 때,
뒤로 제쳐지는 파도의 흰 머리를 빗질 하면서.

우리는 바다의 침실 안에서 머뭇거렸습니다.
붉고 갈색의 해초를 두른 바다 처녀 옆에서,
마침내 인간의 목소리에 잠이 깨어 우리는 익사 합니다.

● 이해와 감상

우선 이 시의 형식을 보면 극적 독백(Dramatic Monologue)으로 되었다는 것이다. 그리고 이 독백은 의식의 흐름의 수법을 사용하고 있는 것이다.[12] 여기서 작중화자는 자기의 처한 상황을 말함으로써, 시인이 말하고자 하는 의미나 사상을 전달한다. 그러나 반드시 작중 화자가 시인과 동일시 할 필요는 없다. 이 "The Love Song of J. A1fred Prufrock"은 불란서의 상징주의의 영향을 받아서 특별한 스토리는 없고 Prufrock의 의식을 통해서 나온 주변의 물상, 분위기, 인물, 상황 등을 제시하여 의미를 전달 또는 암시하는 것이다.

먼저 이 시의 제목을 생각해 보자. 어떤 인물—여기서는 J. Alfred Prufrock이란 이름으로—의 사랑의 노래라고 하였다. 이 이름은 역사나 문학에서 나온 의미 있는 이름이 아니라고 한다면, 그것은 일반적인 혹은 사회적 암시를 위한 이름이라고 볼 것이다.[13] "연가"라는 낭만적인 암시와, 좀 둔하고 평범한 J. Alfred Prufrock이란 이름은 아이러닉한 대조를 암시한다.[14] 그러면 이 연가는 과연 어떤 종류의 연가인지를 궁금하게 한다.

그 대답을 듣기 전에, 이 시의 Epigraph부터 살펴보기로 하자. 보통 Epigraph는 어떤 책 앞에 그 책에 관계되는 글이나 시를 적은 글이다. Eliot은 이 시가 시작되기 전 그의 늘상 하는 형식으로 여기어 Dante의 『신곡(La Divina Commedia)』에서 지옥편(*Inferno*) 27곡, 61행~66행을 인용했다. 그러면 Epigraph의 기능은 무엇인가? 이 시의 의미에 암시를 주는 부분이라는 것은 분명하다. 그러면 그 의미에 주는 암시는 무엇인가? 우선 Dante의

---

12 Laurence Perrine, "The Love Song of J. Alfred Prufrock" *Commentaries and Critical Essays II* (Seoul: Tamgu Publishing Co., 1981), p.311.

13 George Williamson, *A Reader's Guide to T. S. Eliot*(New York: H. Wolff Book Manufacturing Co., 1975), p.58.

14 *Ibid.,* p.1937.

Inferno 27곡 61~66행에서 나오는 상황과 이 Eliot의 시에서 나오는 상황의 유사성을 찾아보는 것이 그 해결의 실마리가 될 것이다.

Dante의 *Inferno* 27곡, 61-66행은 영문 번역을 보면 "If I thought that my reply would be to one who would ever return to the world, this flame would stay without further movement; but since none has ever returned alive from this depth, if what I hear is true, I answer you without fear of infamy."[15] 여기 나오는 말은 Dante와 Virgil이 지옥에서 만난 Guido da Montefeltro가 지옥의 화염 속에서 하는 말이다. 그런데 이러한 구절은 이 시의 주인공(speaker) Prufrock에 관련된 것이라면, 그 내용이 진전됨에 따라서 밝혀질, 확장된 은유로 보아야 할 것이다.[16] 이 Dante의 *Inferno*에서 발췌된 이 구절은 그렇다면 Prufrock이 지옥, 산 지옥에서—현대 사회를 암시—있음을 우리에게 암시해주며, 따라서 심오한 절망의 어조를 띄우게 한다. 여하간 이 Epigraph는 이 시의 의미에 어떤 암시를 주려고 하는 것이다.

이 시의 첫 행에서 보면 "you"와 "I"로 시작된다. 그러면 여기서 "I"와 "You"는 누구인가? 이 시 자체가 의식의 흐름의 기법을 사용한 Dramatic Monologue라는 점에서 보면, "I"와 "You"는 별 개의 두 사람이 아니라 인간의 한 인격체 속에서, 즉 Prufrock의 심리 속에서 갈등의 입장에선 두 가지로 나뉘어진 양면성을 나타낸 것으로 본다. 즉 "I"의 입장에선 자아는 그자신의 이상적인 진리를 선언하고 참된 영혼의 사랑을 고백하려는 주관적인 자아인데 반하여, "You"는 "I"의 주관적인 자아의 입장에 서려고 하지 않고 본능적인 성적인 충동, 현대의 사교계의 여성과 마음 놓고 사랑하고픈 자아이다.[17] 이 시는 바로 이러한 심리 또는 한 인격체 속에서 분열되고 갈등을 빚는, 한 자아의 분열상을 극화한 시이다. 그것은 바로 여 시 제목 자체가 "연가"라는 낭만적 암시와 "Prufrock"란 둔하고 평범한 이름의 아이러니컬한 대조 속에서도 암시된다.

Prufrock이라는 수줍어하고 자아의식이 강한 한 중년 남자가 그의 사랑의 고백 속에서 일어나는 내적인 갈등이다. 자신에게 말하고 혼자서 생각하는 내용으로 진행된다. 여기 Prufrock의 내면 독백은 그의 의식을 통해서 나온 주변의 물상, 분위기, 상황 등과 연결되어 그 의미를 암시하는 것이다. 그래서 2행과 3행에서

When the evening is spread out against the sky

15 M. H. Abrams.(ed.) *The Norton Anthology of English Literature*(New York: W. W. Norton & Company, Inc., 1962), p.1467

16 Williamson, *op. cit.,* p.58.

17 *Ibid.,* p.67.

Like a patient etherized upon a table;

주인공의 몽롱한 의식 상태의 저녁이 마취된 환자의 그 희미하고 불확실한 무기력—의 상태와 일치함으로서, 저녁이 마취된 환자와 같다는 비유인 것이다. 그 마취의 은유는 어떤 고통에서 억지로라도 해방되고 싶어 하는 나른한 욕망을 암시한다.

이러한 이미저리는 T. S. Eliot가 Shakespeare의 Hamlet를 논하는 데서, 그 유명한 객관적 상관물(Objective Correlative)이라는 말을 최초로 사용했다. 감정을 예술 형식으로 표현하는 유일한 방법은, "객관상관물"을 찾는 것에 의해서다.

다시 말하면 그 특유한 정서의 일정한 외형이 될 일조의 사물이나 장면이나 일련의 사건들을 찾음으로써 가능한 것이다. 그리하여 결국은 감각 경험으로 낙착되는 외부적 사실이 주어졌을 때에, 정서가 즉각적으로 환기 되는 것이다.[18] 이것은 정서나 감정은 알기 쉽게 바꾸어 놓을 수 없는 비이성적인 것이기 때문에, 그대로 독자에게 전달이 안 됨으로 전달 수단으로서 시인은 자기의 정서에 상응하는 이미지나 장면 등을 찾아야 한다. 말하고자 하는 대상에 언어를 일치시켜 이미지와 의미가 분리되지 않게 해야 한다는 것이다. 그러기 위해서는 의미와 이미지가 동일화되어야 한다. 그렇게 동일화된 이미지를 "객관적 상관물"이라고 한다.[19] 여기 나오는 이러한 상황이 사랑의 문제와 관련되어 갈등을 느끼는 Prufrock의 마음을 투영하고 있다.

그 Prufrock은 분명히 어떤 파티에 가고 있는 도중이며, 그 곳에서 그는 그가 바라는 혹은 사랑을 고백하고자 하는 여인을 보게 될 것이다. 우리가 그 화자의 마음이 투영된 그 시간을 알게 된 후, 그 다음엔 그 가는 길의 모습을 보게 된다. 그 길은 하루 밤 자고 가는 싼 호텔에 잠 못 이루는 밤의 거리, 굴 껍질과 톱밥이 흩어진 음식점이 있는 거리 등 모두가 영혼의 안식 또는 사랑을 찾을 수 없는 것이 특징이다. 또 그 길은 "지리한 논란처럼" 잇달아 있는 거리라고 했는데 "음흉한 의도"의 논란이란 말은 왜 사용 했을까? 그가 가고자 하는 길을 가면 끝에 가서는 유혹의 충동적인 상황과 또 한편 "압도적인 문제"를 이끄는 상황의 두 가지 상황을 직면할 것을 암시해 준다. 그래서 "압도적인 문제"로 이끄는 상황에서 본다면 음흉한 의도가 있는 논란처럼 잇달아 있는 길이 될 것이다.

그리고 그 "Overwhelming question"이 무엇이냐고 물을 필요 없이 가서

---

18 이창배, *이십세기 영미시의 형성*(서울: 민중서관, 1975), p.27. T. S. Eliot. *Selected Essays.* p.145.

19 *Ibid.,* p.27.

보면 알게 될 것이 아니냐고 반문하는 식으로 시를 끌어 나간다. 그리고 "Overwhelming..."에서처럼 말이 갑자기 끊어진 것은, 정서적인 간격(휴지)을 말해주고 그것은 그 질문을 당장은 정의 내리기를 거절하는 태도를 보여준다.[20] 일단 가서 보면 알 것이니 가서 보자는 말이다.

그 다음 두 행은 여기 시의 주인공이 방문해 가는 목적지마다 그 곳에서 여인들이 영웅적인 조각가 Michelangelo를 말한다. 물론 그들은 딴 사소한 이야기의 내용이 있겠지만, 물론 주인공이 찾아가는 그 목적지가 여인들이 사교하는 방인데, 여 기서 왜 하필이면 그녀들이 영웅적인 조각가 Michelangelo를 이야기 한다고 했을까? 그 사교계의 여인들과 Michelangelo가 무슨 관계가 있는 것일까? 그것은 Eliot의 하나의 시적기교 로 보아야 할 것이다. John Donne등 형이상학 시인들의 기법에 유사한 것으로, 소위 "mock-heroic contrast"로써 장엄한 속성과 사소한 속성을 배치시킴으로서 "ironical effect"를 거두는 기법인 것이다. 위에서 사교여성들이 이야기꽃을 피우며 잡담하며 시간을 보낸다. 그들이 그 유명한 조각가 Michelangelo를 이야기하는데, 그의 훌륭한 예술성에 대해서나 영원한 조각가의 가치를 말한다는 일은, 꿈에도 생각키 어려운 일이라고 암시한다. 사교계의 여성들 "천한 이야기와 동성애의 유희 속에 있을 그들이, 그들과는 차원이 다른 예술 세계를 논한다는 것은 어림도 없는 말이라고 풍자하는 것이다. 이러한 그의 목적지에 대한 회상이 있은 후, 그는 내면 독백 속에 되돌아간다.

그 다음 15행에서 22행까지의 고양이로 나타난 "안개"의 이미지는 또 다른 하나의 주인공 Prufrock의 정서적 상황을 반영해 준다. 무기력과 이완으로 결국 끝나고 싶어 하는 충동을 나타내준다.[21] 무위와 활동 정지를 나타낸다. 마음속에서는 혹시 하고자 하는 의지와 결심이 있더라도, 환경에 이끌리어 결국은 무기력과 활동 정지로 끝나고 싶은 나른한 충동인 것이다. 그래서 이러한 충동은 다음 23행에서 34행에까지 이르는 시 구절에서 "시간은 있을 것이다. 정말로"라는 우유부단한 망설이는 정신적 상황에 연결되는 것이다.

얼마든지 망설이며 시간을 끌어도 된다는 것이다. 그리고 이러한 우유부단은 그에게 하나의 변명의 탈출구를 마련해 준다. 다만 그것이 그 "압도적인 문제"에 이르는 결정적이고 어려운 순간에 이르기 전까지만 유효한 것이 탈이지만. 어떻게 보면 그 "압도적인 문제"를 숙고하면서 시간을 연장하는 신중함과 기쁨을 갖게 된다고 볼 수도 있겠다. 그러나 이것은 또한 그와 반대로 긴장감을 더해주는 것이다. 이 시 구절에서도 "시간은 얼마든지 있으니"라는 식의 내면 독백 속에서, 그 주인공이 처하여 있는 상황에 별 수 없이 끌려

20 Williamson, *op. cit.,* p.60.
21 *Ibid.,* p.60.

들어가려는 자아의 소극적인 적응이 있으나 그 후면에는 "to murder and create"라는 구절이나, "time for all the works and days of hands"라는 구절에서, "압도적인 문제"로 이끄는 암시를 보여 주는 mock-heroic contrast의 기법을 찾을 수 있다. "Works and Days"란 8세기 희랍의 시인 Hesiod의 시인데, 여기서 Eliot은 유용한 생산적인 농부의 노동의 손들과 아무 의미 없이 보내는 현대의 사회의 무익한 손들의 세월과 일등을 대조하여 "압도적인 문제"의 순간의 긴장을 예시한다. 그리고 또 다시 여인들의 방을 회상시킨다. 그것은 화자의 마음속에서 자리 잡고 있어 떠날 수 없는 반복 되는 장면이 된다.

그 다음 37행에서 48행까지는, 주인공이 하나의 결단을 앞에 놓고서 "그 엄청난 압도적인 문제"를 건드려 볼 만한 용기도 잃은 채, 의식의 방향을 헤매는 것이다. 다만 그의 의식 속에서 "한번 해볼까" "천지를 뒤흔들어 개혁 시켜 볼까"하는 식으로 격분하며 긴장하지만, 공포심이 또한 뒤따른다. 계단을 오르는 긴장의 이미지는 노력의 의도를 함축하고 있지만, 그는 중년에 접어들어서 겁이 많고 무능력으로부터 오는 그의 취약성을 나타낼 뿐이다.[22] 그 다음에 오는 "My morning coat, my collar mounting firmly to the neck,/My necktie rich and modest, but asserted by a simple pin—"등에서는 주인공의 의식 속에서 보다도, Prufrock의 행동을 마비시키는 일상적인 세계에 불만을 품고, 보다도 의의있는 삶을 주장하는 이상주의자의 모습을 엿보게 한다. 그러나 "disturb the universe"라는 용감한 태도의 이미지에 이르러서는, 그의 공포성은 또한 커가는 것을 부인할 수 없다. 그의 소심은 사회의 조소와 조롱을 의식하게 된다는 것이다. 그래서 마지막에 가서 는 시간의 여유를 또 뇌까리게 된다. 일 분 안에도 결심할 용기를 갖을 수가 있다면서(바로 일분 전에만 하더라도 우유부단한 태도였으면서도).

그 다음 48 행에서 54 행까지는, 계속해서 심리적인 의식 속에서 이루어지는 진행에 있기는 하지만, Prufrock은 그 여인들이 있는 방으로 가고 있음을 알아야 할 것이다. 그것은 어떻게 보면 과거에 그가 경험한 여인들의 방과 사교의 시간이다. 그래서 그는 지금 이미 경험해서 알고 있는 시간을 회상하는 것이다.[23] 그래서 "I have measured out my life with coffee spoons"이라는 구절에서 커피만 마시며 할 일 없이 사교만 하고 지내는 생의 권태감과 무의미를 객관적 사물—즉 커피 스푼으로 표현하고 있는 것이다. 또한 그는 여인들이 남자들과 음악 소리 들리는 다방에서 자지러지는 웃음소리를 회상하게 한다. 그런데 그 주인공은 그가 이러한 속에서 그가 해야 할 바를 하지는 못하고,

---

22 *Ibid.,* p.62.
23 문덕수, *문학개론*(서울, 문예사, 1964), p.95.

이(그 사회의) 모든 상황을 알고 있을 뿐이니 어찌 그가 감히 기존 사회의 풍조를 깨뜨려 혁신시켜 볼 수 있겠는가? 말이다. 주인공이 알아본 세계는 별로 가치 있는 일이 없고 다만 단조롭고 사소한 것뿐이며, 영적인 교류와 가치가 없는 피상적인 세계임을 암시하고 있다.

그 다음 55행에서 69행까지 에서는 목소리 다음에 눈, 팔 등의 이미지가 나온다. 지금 주인공 Prufrock을 꼼짝 못하게 노려보는 그 눈들은 공식적인 문구로, 이미 존재하는 사회의 질서 속에, 그를 가두어 놓는 것이다. 그래서 그가 하나의 곤충처럼 분류되어, 핀에 꽂아 박재된 것처럼, 그 자신의 위치와 신분을 벗어 나와서 기존 질서를 깨뜨릴 수는 도저히 없다는 변명의 비유이다. 그 자신의 생애의 태도와 이상을 행동으로 옮길 수 없다는 것이다. "to spit out all the bud-ends of my days and ways?"의 비유는 주인공의 마음속에 있는 갈등을 그가 처하여 있는 사회 상황 속에서 감히 토로하는 것은 무례한 행동임을 느끼게 한다.

그리고 그가 알고 있는 팔을 보면, 주인공이 잠시라도 그의 정신을 빼앗기고 황홀해질 선정적인 상징일 수도 있다. 팔찌를 끼고 하얗게 노출된 그 팔과 옷에서 풍기는 여인들의 향수 냄새는, 과연 그를 탈선하게 할만할 유혹이 되는가? 그의 두 개의 분리된 자아 중에서 "You"일 수는 있을 것이나, 맨 끝의 구절 "And Shall I then presume?"에서 보면 결국 그들과(그 여인들과)사랑할 수 있는 주인공은 아님을 알 수 있게 한다. 적어도 그가 알고 있는 여인들은 그저 사교상 만나는 여인일 뿐 영적 교류와 사랑을 나눌 수 없음을 암시한다. 여기서 Prufrock의 소외감은 오는 것이다. 하지만 한편 여인의 팔에 갈색 털, 그리고 옷에서 풍기는 향기로 인한 유혹은 Prufrock의 동경의 선정적인 erotic symbol의 한 요소임을 암시한다.

그리고 그 다음 구절에서 와이셔츠를 입은 외로운 사나이들의 파이프에서 나오는 연기에 대한 Prufrock의 의식은, 어떻게 그의 사랑의 고백 또는 진리의 신언을 시작할 적당한 방법을 전혀 모르는 상황을 암시하며, 또한 그 자신의 외로움을 반영해주는 것이다. 이렇게 Eliot은 외계의 묘사를 통하여 Prufrock의 내적인 세계(의식 상태)의 조건을 상징하는 것이다.[24]

그 다음은 이 시의 Climax가 온다.

I should have been a pair of ragged claws.
Scuttling across the floors of silent seas

이 시간까지는 Prufrock은 진리를 선언(사랑을 고백)하려는 결심을 점차로

---

24 Laurence Perrine "The Love Song of J. Alfred Prufrock" *Commentaries and Critical Essays II* (Seoul: Tamgu Publishing Co., 1981), p.311.

노력해 왔다. 그러나 여기서 이제는 그가 하려고 해도 할 수 없음을 느낀다. 그는 그의 이상주의자로써 소망을 이루려는 일련의 생각을 끊어 버리게 한다. 그것은 부분적으로는 그의 바람이며 또 부분적으로는 자기비하(self-contempt)의 표현이다. 그래서 그는 생각하기를 인간 이하의 삶의 형태, 기다란 발톱과 딱딱한 껍데기를 가지고서 충동적인 삶을 보내며, 그가 바라는 바를 단지 붙잡고 사는 삶을 살았어야 하겠다고 생각하는 것이다. 그래서 억제와 분별력 있는 이성과 결심하고 자하는 필요성 때문에 고통을 받지 않는 삶인 것이다.[25]

다음에는 한 번의 짤막하게 말하고자 하는 충동의 반복을 제외하고는, 거의다가 그의 실패를 수용하는 태도와 그에 대한 합리화이며 긴장의 이완인 것이다. 또한 이러한 위험스러운 순간(중대한 이상주의의 행동화)후에는 졸림을 말해주는 이미저리가 오고, 하강조의 긴장이 특징적이다. 지금 저녁은 잠들고 아니면 꾀병을 부린다. 편안히 잠들었다는 것은 오히려 주인공의 회구적인 표현이요 아이러니컬한 표현일 것이다. 이제는 자신의 정당화(self-justification)의 연속이다.

Should I after tea and cakes and ices
Have the strength to force the moment to its crisis?

그는 힘의 시도를 위해 준비해 왔으나 그는 세례 요한 같은 예언자가 아니라는 정당화이다. 비록 그가 세례 요한 같은 책임감을 품고 있더라도, 그의 수줍음과 소심은 사회의 부조화에 좌절되는 것이다. 이것은 그의 머리가 쟁반에 담겨져 들어오는 이미지에 반영된다. 그러나 여기 Prufrock은 세례 요한도 Lazarus도 Hamlet도 그와 비슷함이 있으나 Prufrock은 전혀 다른 데가 있다. 그는 Hamlet과 비슷하게도 우유부단과 자기음미(성찰)의 습관이 있지만, 결코 비극적인 영웅은 못된다.

오히려 그는 Polonius에 가깝다. 우스꽝스럽고 가련한 존재이다 그가 처한 상황에 쉽게 적응해 나가는 만만한 존재이다. 그들 생활 속에 침전된 후, 그의 이상을 실천해 나가며 압도적인 문제로 끌고 갈 위기적 상황의 변혁으로 이끌고 갈 힘이 없는 것이다. 그래서 그는 나는 예언자가 아니다라는 회피하는 자기 정당화에 이른다. 큰 소리 해 봤자 죽음(사회적 매장)앞에서 순종 할 수 밖에 없는 존재이다. 변혁과 이상을 실천할 위대한 순간에 꺼져가는 등불처럼 가물가물 사라져 간다. 이러한 사회의 운명(영원한 하인)은 그에게 패배감과 더불어 열등감와 수치를 안겨준다. 운명의 신은 그의 코트 자락을 잡고

25 *Ibid.*, p.310.

낄낄대고 웃을 때 자기를 변명하는 속에서, 자신의 나약함을 조롱하는 자기 비하의 감정을 부인할 수 없다.

그 다음 행 87행 이하에서도, 그는 과거의 사건들을 회상하면서 그의 이상의 실천에 대한 실패를 합리화 시킨다. 좌절된 자아에 대하여 사회적 조롱을 그 좌절의 이유로 의식한다. 사회적 조소에 노출되기를 꺼려하는 소심이 있다. 더구나 그가 처해 있는 상황에서 시간을 보낸 후(생활을 하는 중에)여기서 그가 하고 싶은 진리를 말하기란 불가능한 것이다. 여기서

But as if a magic lantern thew the nerves in patterns on a screen.

magic lantern의 이미지는 그의 예민한 사회의 대중에게 노출되는 두려움을 아주 구체적인 형태로 나타낸다.[26] Prufrock은 자기의 임무가 Hamlet 왕자가 아니고 조심스럽고 말 잘 듣는 시종관 이라고 함으로서 자신을 비웃고(self-mockery)냉소한다. 길고 무거운 피로한 소리로 "grow old—. I grow old..."라 하며, 자기 이상의 실현이 실패와 좌절에 대한 반발로, 그의 대머리를 감추거나 복숭아를 먹거나 바지를 간편하게 접어 입는다. 이제는 더 이상 그의 삶의 목적과 의의를 찾는 압도적인 문제는 없다. Hamlet이나 Lazalus로 비교한 자신도 잠시 동안의 그의 모습일 뿐이다. 전체적인 이 시의 분위기는 주인공의 자기 분열에서 오는 갈등에서 고독의 감정과 소외감이다. Prufrock은 그의 행동을 마비시키는 일상적인 세계에 불만이며, 보다 의의있는 삶을 그리워하는 이상주의자이다. 지식인으로서는 이 사회에 여인들과 물과 기름처럼 분리되어 사랑할 수 없는 상황이다. 그러므로 불안, 이방인의 감정을 느낀다. 마음의 원하는바 마음의 세계와 행동으로 실천할 수 없는 행동의 세계 사이에 넘을 수 없는 도랑이 있는 것이다. Prufrock은 어떤 면에서 Eliot의 의식 세계를 시화한 것이지만, Prufrock이 Eliot의 분신이라면, 그것은 동시에 현대 지식인의 전형적인 모습으로 상징된다. 즉 물질문명과 기계 만능주의 앞에서 비인간화 되는 사회 속에서, 현대의 지식인들은 심한 자기 분열을 체험하는 것이다. 정도의 차이는 있겠지만, 대부분 Prufrock과 같이 자기의 의식 세계 속에 갇혀서 감옥 아닌 감옥(지옥)생활을 하며 고독과 권태로 못 견디어 괴로워하는 것이다.

Eliot은 "Time"의 모티브를 통하여 인생의 가치에 대한 명상과 일상적인 세계에 대한 불만을 보이며, 보다 의의 있는 인생을 갈망 한다. 더 나아가서 가치와 의미에 관심을 보여주고 또 실존적 불안과 막연한 혐오한 심정을 보여준다. 프랑스의 상징주의 라포르그로부터 자기냉소(self-irony)자기 극

---

26 Williamson, *op. cit.,* p.64.

화, 영화의 Montage 수법[27]과 비슷하게 여러 단편들을 배열하고 종합적인 의미를 찾는 효과들을 배웠다. 17C 형이상학파 시인들로부터는 이질적 요소의 병치로써 진지한 것과, 희롱적인 것, 지적인 것과 정서적인 것, 속된 것과 신성한 것, 현재의 것과 영원한 것 등을 병치시킨다.

이 시의 마지막 8행을 보면 Mermaids의 이미지가 나온다. 그들의 erotic imagery는 로만스와 생명력의 상징으로서,[28] Prufrock과는 차원이 다른 세계로써 좌절된 자아를 나타내준다. 인어는 인어대로 놀고 나는(Prufrock) 그 곳에 끼어들 수 없는 고독이 있는 것이다. 바다 물결에 따라 출렁이는 그녀들의 머리카락은 사교계의 여인들의 팔에 난 솜털을 상기시켜 준다. 또한 물속에 뜨는 여인들의 머리털은 긴장과 노력의 이완(relaxation)을 암시하며, 좌절된 꿈(이상)을 나타내 보여준다. 마지막 3행은 역시 주인공 Prufrock이 바다의 침실에서 바다 처녀와 함께 있는 장면의 묘사는 그가 꿈의 세계로 돌아가 있음을 말해준다. 그러나 그의 주위에 있는 인간의 목소리는 현실 사회의 의식으로 다시 그 꿈을 깨워주고, 그의 내적의식의 생애는 깨지고 만다.

결국 여기 사랑의 노래는 실제 세계의 노래가 아니라 정열과 수줍음(소심)사이에 분열된 자아의 상상적인 노래이다. "You"와 "I"에 의하여 극화되어진, 좌절의 주제와 정서적 충돌과, 의식의 갈등의 주제를 진전시킨 시라고 볼 수 있다. 그리고 Eliot의 비유는 그 물상에 대한 비교보다는, 그것이 관련된 그 분위기, 성격, 그 입장에 대한 비교이다. 그리고 "Let us go and make our visit"에서는, 방문해 보면 알 것이라는 식으로 논리적 추리가 있다. 그러나 그 추리는 이론이 아니라 이미지의 형태의 묘사와 나열이다. 이렇게 Eliot은 직접 언급하는 것보다는 Metaphor와 Symbol을 사용한다. 객관적인 상관물의 이론도 주관적인 것이 객관적인 것으로, 또는 그것에 의하여 어떤 의미를 투영한다. 물체들은 상징적인 것이 되고 개인적인 감정을 시에서는 분리시키는 것이다. 즉 이것은 시의 비개성화(the impersonality of poetry) 이론이다.

---

27 montage: 심리적으로 관련 있는 몇 개의 화면을 급속히 연속시키는 기법.

28 Perrine, *op. cit.*, pp.310-311.

Preludes

I

The winter evening settles down
With smell of steaks in passageways.
Six o'clock.
The burnt-out ends of smoky days.
And now a gusty shower wraps
The grimy scraps
Of withered leaves about your feet
And newspapers from vacant lots;
The showers beat
On broken blinds and chimney-pots,
And at the corner of the street
A lonely cab-horse steams and stamps.

And then the lighting of the lamps.

II

The morning comes to consciousness
Of faint stale smells of beer
From the sawdust-trampled street
With all its muddy feet that press
To early coffee-stands.

With the other masquerades
That time resumes,
One thinks of all the hands
That are raising dingy shades
In a thousand furnished rooms.

III

You tossed a blanket from the bed,
You lay upon your back, and waited;
You dozed, and watched the night revealing
The thousand sordid images

Of which your soul was constituted;
They flickered against the ceiling.
And when all the world came back
And the light crept up between the shutters,
And you heard the sparrows in the gutters,
You had such a vision of the street
As the street hardly understands;
Sitting along the bed's edge, where
You curled the papers from your hair,
Or clasped the yellow soles of feet
In the palms of both soiled hands.

IV

His soul stretched tight across the skies
That fade behind a city block,
Or trampled by insistent feet
At four and five and six o'clock;
And short square fingers stuffing pipes,
And evening newspapers, and eyes
Assured of certain certainties,
The conscience of a blackened street
Impatient to assume the world.

I am moved by fancies that are curled
Around these images, and cling:
The notion of some infinitely gentle
Infinitely suffering thing.

Wipe your hand across your mouth, and laugh;.
The worlds revolve like ancient women
Gathering fuel in vacant lots.

서곡

I

그 겨울 저녁은 골목길에 스테이크 냄새를 풍기며

자리를 잡았다.
여섯 시.
연기 자욱한 낮의 다 타버린 끄트머리를.
지금 휘몰아치는 소낙비는
그대 발 근처에 시들은 나무 잎사귀들과
텅 빈 공터로부터 몰려온 신문지들의
더러운 조각들을 휘감아 놓는다.
소나기는 깨어진 덧창과 굴뚝 꼭대기를 때리고
거리의 모퉁이에서는
쓸쓸한 마차 끄는 말이 김을 내며 땅을 구른다.

그러더니 등불이 켜졌다.

II

아침이 차차 의식 하게 된다.
이른 아침의 커피 집으로 밀려드는
진흙 묻은 발들과 더불어
톱밥으로 짓밟힌 거리로부터 풍기는
맥주의 김빠진 냄새들을.

시간이 다시 시작하는.
다른 가장 무도회들과 함께
수많은 가구 있는 방안에
검은 그늘을 올리고 있는
모든 손들을 우리는 생각한다.

III

당신은 침대에서 담요를 차올렸다.
자빠져 누어서 기다렸다.
가물가물 졸다가 당신의 영혼이 구성된
천 개의 더러운 형상들(심상들)을 밤이 계시함을 바라보았다.
그것들이 천정에서 나불거렸다.
그러자 모든 세상이 돌아오고
빛이 덧문들 사이로 기어오르고
홈통에 참새들 소리가 들렸을 때에

거리가 이해하지 못할만한
거리의 환상을 가졌다.
침대의 변두리에 앉아,
거기서
머리카락으로부터 신문지를 말며
혹은 때 묻은 양손 바닥에
누런 발바닥을 잡고 있다.

IV

그의 영혼은 도시의 구간 뒤로 사라지는
하늘을 건너 팽팽히 뻗어있고
혹은 네 시 그리고 다섯 시 또 여섯시에
고집스런 발들에게 짓밟혔다.
파이프에 담배를 담는 짧고 넓적한 손가락
석간신문들, 그리고
어떤 확실성을 확신하는 눈들.
어서 세상을 재개 하려고 애태우는
어느 캄캄해진 거리의 양심

나는 이러한 형상들의 주위로 감기는
공상에 감동되어 매달린다.
어떤 무한히 부드러운
무한히 괴로운 일의 상념.

입을 손으로 쓱 씻고 그리고 웃어라.
세계는 돌고 돈다.
마치 공허한 공터에서
연료를 주우는 옛날의
여인들처럼.

● 이해와 감상

이 작품은 인생의 허구와 오염뿐만 아니라, 생의 중압 밑에 허덕이는 인간 영혼에 대한 연민을 드러내고 있다. 끈질긴 시간의 속박 속에 고통스러운 생을 계속하는 섬약한 영혼에 대해 연민의 정을 표시하고 있다. 결국 어쩔 수 없다는 냉소적인 어조로 끝나는 이 시는 일상적인 인간 조건을 매우 민감하게 표시하고 있다. "타버린 끄트머리"를 남기는 반복적인 나날은 시간이 되풀이 하는 또 다른 가장 무도회이다.

시인은 이 작품에서 도시 생활의 몰락되고 병폐가 짙은 도덕적 상황을 보여준다. 기독교적 감수성에서 영혼은 짓밟힌 영혼이요 고통을 느끼는 영혼이다. 이 시 역시 시인의 의식에 투영된 환영이라 할 수 있겠다. 치밀한 54행의 짜임새 있는 시로써, 고통스런 인생의 삶을 계속하는 섬약한 영혼의 측은함에 동정한다. Eliot은 직선적 논리가 아니라 상황을 병치시켜 부분 부분을 묶어서 전체적인 의미를 암시한다. 객관적 상관물을 통하여 개성시를 쓴다. 주관적 표현을 피하고 극적 방법을 사용하는 것이다.

그러면 Section I에서부터 고찰해 보면, 저녁의 풍경 묘사가 나온다. 이 시에서는 하루의 다른 네 시간에 도입에 의하여 연결되었다. 즉 첫째 부분은 저녁 둘째 부분은 아침 그리고 셋째와 넷째 부분은 밤과 낮이다. 그 풍경 묘사는 어둠침침하고 더러운 장면으로 오관에 느껴지게 한다.[1] 특별히 이 첫째 부분에서는 미각과 취각의 이미지가 특별히 강하다. 그리고 첫째 부분 둘째 부분에서는 처음에 볼 때에는 객관적인 물상을 제시 하는 것같이 보이지만, 좀 더 길게 반영 되는 것을 보면 강한 주관적 요소가 또한 들어 있다는 것이다. 즉 마음을 반영해 주는 이미지이다. 그래서 "With smell of steaks in passageways"라는 표현은 "무슨 대단한 일을 했다고 불고기를 먹으며 냄새를 풍길까?"라는 ironical한 의미와 표현으로 본다. "burnt-out ends of smoky days"에서, 우리는 삶의 김빠진(시시한)단조로움과 무익함을 시사하고, "from vacant lots"와 "on broken blinds"등 황량한 모습과 "A lonely cab-horse steams and stamps"에서 외로움을 느끼게 한다. 이 풍경묘사에 어떤 특별한 주장은 없으나 사건의 계속, 일상의 반복, 황량한 겨울 풍경과 분위기 등은 일상의 삶의 무의미한 반복을 암시해 주며 삶의 허구와 오염을 감각적으로 그리고 있다.

Section II에서 보면 아침을 의인화해서 표시 했다. 이 아침의 이미지가 "comes to consciousness"라는 구절은 역시 우리 삶의 단조로움과 하찮음을 암시해 준다. 거리를 풍기는 맥주 냄새, 저녁에 스테이크, 그리고 아침에 커피를 마시는 일 등은 모두 매일 단조롭게 거듭되는 일상의 무의미함을 나타낸다. 현대 문명의 이기는 정신적 삶을 무의미하게 하고 공허하게 만들었다. 그래서 정신적 가치가 부재한 현대세계는 공허함과 허구적인 생활을 암시하는 가장 무도회가 하루하루 재개 된다고 했다. 다만 하루하루 다른 것은, 색다른 차림을 하고 어떤 정신적 영혼의 기쁨과 의의는 찾을 수 없이, 하루하루 춤을 출 뿐이다. "a thousand furnished rooms"에서 문명의 이기를 말해준다.

---

1 E. M. Parsons, *Notes on The Poetry of T. S. Eliot* (London: Methuen paperbacks Ltd. 1978), p.12.

그 문명의 혜택으로 물질생활은 화려하나, 정신생활은 삶의 목적이 없는 무의미 하고 공허한 삶을 계속한다. 그것은 "all the hands/That are raising dingy shades/In a thousand furnished rooms"에서 암시하며, "hands that are raising dingy shades"에서, 도시 생활의 도덕적 타락상을 암시하기도 한다(어두침침하고 더러운 음영을 올리는 사람들이 라는 구절에서). 여기서 Eliot은 정신적 고독을 인하여, 소외되는 현대인의 영혼의 아픔을 도시의 풍물을 통하여 암시하는 수법을 쓰고 있다 현대인의 영혼의 짓밟히는 아픔이 다음 Section IIII과 IV에서 온다.

Section III에서 보면 첫 행 "You tossed a blanket from the bed"에 서 "담요를 걷어찬다"는 구절에서, 현대 도시인들이 불안의 상태에서 잠 못 이뤄하는 모습을 보여준다. 밤이 되어 잠 못 이루는 데는 그 원인이 하루의 불안한 생활, 복잡한 생활의 결과에 있음도 또한 짐작하제 한다. 이 Section III 과 IV에서는 영혼의 문제가(Section I 과 II에서 암시했던 정도였지만)나온다. Section I, II에서 "hand"니 "feet"이니 하는 등 비인격적(impersonal)인 표현이, 여기서는 인격적인 표현 "You"로 바뀐 것도 영혼의 문제와 관련지을 수 있다. 잠자리에 누어서 낮에 육신의 일에 골몰하다가, 밤이 되어 영혼의 일을 성찰하게 되는 순간을 맞이한 것이다. 왜냐하면 인간은 육체와 영혼으로 구성되어 있기 때문에 영혼의 일을 싫든 좋든 생각하게 되는 것이다. 그 영혼은 어떤 내용으로 구성 되어 있는가? 이 시에서 "천 개의 더러운 형상(심상)"으로 구성되있다고 표현 했다. "sordid"라는 말은 "더러운" 또는 "야비한"이란 뜻이다. 여기서는 "You"(Section III)에서 다음 Section IV에서는 "He"와 "I"가 나오는데, 우리가 어떻게 이 대명사를 보든 인간들이 주인공이요, 그 인간들의 영혼에 대한 문제임을 보여 준다. 그 영혼의 더럽고 야비한 모습이, 여기서 Eliot이 처한 사회상임은 말할 필요도 없다. 도시의 매일 거듭되는 반복적인 생활 속에서, 그리고 그 의미를 잃은 생활 속에서, 인간의 영혼은 우둔하고 무디어져 가는 것이다. 밤이 지나고 새벽과 아침이 되었다. 그 때 새로운 날에 아침, 그가 살고 있는 거리의 사람들의 영혼이 더러운 심상의 모습을 자각하고 시작한다. 새로운 자각이 새날에 온 것이다. 그러나 새아침에 머리 속에 갖는 새로운 vision을 이해하져 못하고, 소유하지 못하는 데에 문제가 있는 것이다. 그리고 그러한 새로운 영혼에 대한 환상과 기대도 순간적이고, 또 다시 지루하고 음울한 생활—sordid images—이 연거푸 거듭되는 것이다.[2] 다시 단조롭고 의미 없는 생활의 연속이다:

Sitting along the bed's edge, where

---

2 *Ibid.,* p.13.

You curled the papers from your hair,
Or clasped the yellow soles of feet
In the pa1ms of both soiled hands.

Section IV에서는 더욱 시인이 처하고 있는 사회의 삶의 중압 밑에 허덕이는 인간의 영혼의 모습과, 그에 대한 관심을 보여 준다. 한 인간의 영혼은 반복 되는 매일의 생활 속에서 우둔해 간다. 다음 같은 구절들에서 나타난다.

His soul stretched tight across the skies(1행)
Or trampled by insistent feet(3행)
Assured of certain certainties,(7행)

위의 첫 행은 인간들의 영혼이 긴장 상태에 있음을 나타내 보여준다. 그리고 둘째 행은 강요하는 인간들에 의하여 우리 인간의 영혼이 발로 짓밟히듯 고통을 겪는 모습이다. 마지막 행에서 저녁 시간 석간신문을 보는 이들의 눈들은 "어떤 확실성을 확신하는 그 눈들"은 자신만만한 듯한 모습과 논리적 이성과 예지를 최대로 발휘하는 듯한 모습을 보여준다. 그러나 그들 영혼의 둔감은(그 다음에 오는 구절을 통하여)모르고 헛되이 애쓰는 불행한 이들이 모습을 보여준다. 자신들의 영혼이 어두웠고, 따라서 그들의 삶은 어둡고 고달프고 단조로운 의미가 없는 삶인 줄을 모르는데 동정이 가는 것을 암시하고 있다.

The conscience of a blackened street
Impatient to assume the world.

인간의 영혼은 양심과 관계가 있다. 양심이 밝을 때 영혼은 밝고, 양심이 올바를 때 영혼은 기쁨과 만족을 누린다. 그런데 위의 시 구절에서 "까맣게 되고 어두워진 거리의 양심"은, 그 거리의 사람들의 어두워진 양심이며, 따라서 인간의 영혼은 어두워지고 고달픈 상태임을 나타낸다. 그러한 병든 짓밟히듯 고뇌에 시달리는 영혼의 사람들이 이 세상의 오는 내일을 다시 떠맡고 주인이 된다는 것이다. 이것이 이 시인의 처해 있는 사회상이다.

그러나 한편 시인은 이 거리의 사람들의 무딘 영혼의 지각 상태의 저쪽에 무한히 부드럽고 괴로워하는 어떤 영혼의 환상을 접근하게 된다. 그러나 다만 그것은 하나의 상념일 뿐, 드디어는 인생의 공허와 무의미를 보고 섬뜩 놀라게 될 뿐이다. 이 시의 마지막 3행은 권태로움이 아니라 그가 끊임없이 연속되는 매일의 반복(순환)을 명상하게 될 때 공포의 전율을 표시하는 이미지이다.

Wipe your hand across your mouth, and laugh에서는 "세상이란 이런 것이다"라는 식의 일종의 냉소(cynicism)의 어조이다.

Gerontion[1]

Thou hast nor youth nor age
But as it were an after dinner sleep
Dreaming of both.[2]

Here I am, an old man in a dry month,
Being read to by a boy, waiting for rain.
I was neither at the hot gates
Nor fought in the warm rain
Nor knee deep in the salt marsh, heaving a cutlass,
Bitten by flies, fought.
My house is a decayed house,
And the Jew squats on the window-sill, the owner,
Spawned in some estaminet of Antwerp,
Blistered in Brussels, patched and peeled in London.
The goat coughs at night in the field overhead;
Rocks, moss, stonecrop, iron, merds.
The women keeps the kitchen, makes tea,
Sneezes at evening, poking the peevish gutter.
I an old man,

A dull head among windy spaces.

Signs are taken for wonders. 'We would see a sign.!'[3]
The word within a word, unable to speak a word,
Swaddled with darkness. In the juvescence of the year
Came Christ the tiger[4]

In depraved May, dogwood and chestnut, flowering judas,
To be eaten, to be divided, to be drunk[5]

---

1 gerontion은 인명人名, 희랍어로 little old man의 뜻

2 Shakespeare의 *Measure for Measure*, III, I,에서 공작은 처형 직전의 Claudio를 위로하기 위해 인생은 허무하다는 견해를 말한다.

3 마태복음 12:38-39

4 부활절 그리스도의 부활이 gerontion에겐 관용과 사랑보다는 힘과 두려움을 상기시킨다.

5 기독교의 성찬에 대한 언급.

Among whispers; by Mr. Silvero
With caressing hands, at Limoges[6]
Who walked all night in the next room;
By Hakagawa, bowing among the Titians;.
By Madame de Tornquist, in the dark room
Shifting the candles; Fräulein von Kulp
Who turned in the hall, one hand on the door.
Vacant shuttles
Weave the wind. I have no ghosts,
An old man in a draughty house
Under a windy knob.

After such knowledge, what forgiveness? Think now
History has many cunning passages, contrived corridors
And issues, deceives with whispering ambitions,
Guides us by vanities. Think now
She gives when our attention is distracted
And what she gives, gives with such supple confusions
That the giving famishes the craving. Gives too late
What's not believed in, or if still believed,
In memory only, reconsidered passion. Gives too soon
Into weak hands, what's thought can be dispensed with
Till the refusal propagates a fear. Think
Neither fear nor courage saves us. Unnatural vices
Are fathered by our heroism. Virtues
Are forced upon us by our impudent crimes.
These tears are shaken from the wrath-bearing tree.[7]

The tiger springs in the new year. Us he devours.[8]
Think at last
We have not reached conclusion, when I
Stiffen in a rented house. Think at last
I have not made this show purposelessly

---

6 도자기로 이름난 프랑스의 도시
7 인간이 그리스도를 배반한 배반의 상징인 꽃피는 유다나무.
8 그리스도를 공포의 대상으로 여기는 현대인의 상황을 암시.

And it is not by any concitation
Of the backward devils.
I would meet you upon this honestly.
I that was near your heart was removed therefrom
To lose beauty in terror, terror in inquisition.
I have lost my passion: why should I need to keep it
Since what is kept must be adulterated?
I have lost my sight, smell, hearing, taste and touch:
How should I use them for your closer contact?

These with a thousand small deliberations
Protract the profit of their chilled delirium,
Excite the membrane, when the sense has cooled,
With pungent sauces, multiply variety
In a wilderness of mirrors. What will the spider do,
Suspend its operations, will the weevil
Delay? De Bailhache, Fresca, Mrs. Cammel, whirled
Beyond the circuit of the shuddering Bear
In fractured atoms. Gull against the wind, in the windy straits
Of Belle Isle, or running on the Horn.
White feathers in the snow, the Gulf claims,
And an old man driven by the Trades
To a sleepy corner.
Tenants of the house,
Thoughts of a dry brain in a dry season.

게론티온

자네는 젊지도 늙지도 않아
마치 젊음과 늙음 둘다 꿈꾸며 오후 잠을 자는 듯

나는 메마른 달의 한 늙은이 입니다.
소년에게 책 읽혀 들으며, 비를 기다리는
나는 한 번도 열전 벌어진 성문에 서본 일도 없고,
더운 빗속에서 싸운 적도 없고
소금기 있는 늪지에서 무릎을 빠지며,
단검을 휘두르고

파리떼에 물리면서 싸운 적도 없습니다.
나의 집은 한 퇴락한 가옥
창문턱에 쭈그리고 앉아있는 유태인, 그 소유자
Antwerp 어느 싼 술집에서 낳아서
Brussels에서 물집이 생기고
London에 와서 붕대를 대고 껍질이 벗겨진 자.
염소가 밤에 머리 위 들판에서 기침 한다.
바윗돌, 이끼, 꿩 밥, 쇠붙이, 똥오줌
아낙네는 부엌을 돌보고, 차를 끓이고
저녁에 재채기 하며, 짜증내는 수채를 쑤신다.
나는 늙은이 입니다.
바람 센 공간 속에 김빠진 둔한 머리통.

표적이 기적으로 잘못 오인된다.
"우리에게 표적을 보여주시오!"
말속의 말, 말을 할 수 없는
암흑에 쌓인, 일 년의 청춘기에
호랑이 그리스도가 왔다.

타락한 5월에, 산수유나무와 밤, 꽃피는 유다나무
먹히고, 분배되고 마셔진다
귓속말로 주고받는 중에
Limoges에서 애무하는 손으로
옆방에서 밤새도록 걸었던
Silvero씨에 의해서;
Titians의 그림 앞에서 절을 하는
Hakagawa에 의해;
캄캄한 방에서 촛불을 옮기는
de Tornquist 부인에 의해서, 홀에서, 한손은 도어에 댄 채
획 돌아섰던 von Kulp양에 의해서,
텅 빈 북들이 바람을 짠다. 아무런 영혼이 붙어있지 않은 나는
바람 센 언덕 밑에 있는
바람 새어 들어 오는 집의 한 늙은이 입니다.

이런 것을 안 다음에야 무슨 용서가 있겠는가? 생각 좀 해 보시라.
역사는 많은 교활한 통로와 책모의 회랑과

출구를 가졌고, 귓속말로 야망을 속삭여
우리를 기만 했던 것을
허영으로서 우리를 인도했음을
생각 좀 해보시라.
역사는 우리의 주의가 흐트러졌을 때에 주고,
그리고 역사가 주는 것은 너무나 미묘한 혼란으로 주기 때문에
주는 것이 도리어 갈망을 굶주리게 함을.
믿어지지 않는 것을 너무 늦게 주거나
믿어진다 해도
기억 속에서만, 재고된 열정 속에서만 준다.
힘없는 약한 손에, 없어도 좋으리라 생각 되는 것을,
너무 일찍 준다.
드디어 거절이 공포를 낳을 때가 온다.
공포도 용기도 우리를 구하지 못함을 생각하시라.
천륜에 어긋나는 부자연한 모든 악은
우리의 영웅심의 소산, 미덕은
우리의 파렴치한 범죄에 의해 우리에게 강요 된다.
이 눈물은 분노의 나무에서 흔들리어 떨어진 것이다.

호랑이가 새해에 껑충 뛰어 나온다
우리를 그는 삼켜 버린다.
생각해 보라 마지막으로
우리가 결론에 이르지 않았음을, 내가
셋집에서 온통 빳빳이 굳어질 때에, 결국 생각해 보라.
내가 아무 목적 없이 이런 모양을 나타낸 것이 아니라는 것을,
그리고 이 모습이 뒷걸음치는 악마들의
어떤 선동에 의한 것이 아니라는 것을.
이 점을 나는 솔직히 당신에게 정직하게 대하고 싶소.
당신의 심장에 가까왔던 나는 거기서 떨어져
미를 공포 속에, 공포를 심문 속에서 잃었다.
나는 내 열정을 잃어 버렸다. 보존해봤자,
그것은 타락되고 말 것이나 왜 그걸 가질 필요가 있겠는가?.
나는 시력, 취각, 청각, 미각, 촉각 다 잃어 버렸다
당신과의 보다 가까운 접촉을 위해 어떻게 내가 그것들을 사용해야 하는가?

이러한 사상들이 천 가지 쓸 데 없는 사려들과 함께
그 사려들의 냉각된 황홀의 이익을 연기시키고
감각이 냉각 했을 때
신랄한 소스로 망막을 자극하고
서치른 서울틀 속에
변화를 배가 시킨다. 거미는 무엇을 하겠는가?
그의 작업을 중지하겠는가? 바구미는 제일을
지연 시키겠는가? 전율하고 있는 대능 성좌의 궤도 저쪽으로
원자의 미진이 되어 소용돌이 치고 있는
De Bailhache, Fresca, Mrs, Cammel.
바람 센 Bell섬 해협에
혹은 Horn갑을 달리는 바람을 안은 갈매기
눈 속에 묻힌 하얀 깃털을, 만은 요구한다.
그리고 무역풍에 휘몰려 오는 모퉁이로 쫓겨난
노인을.
이 집을 빌려 사는 이들,
메마른 계절의 메마른 머리의 생각들.

● 이해와 감상

먼저 Epigraph를 보면, Shakespeare의 *Measure for Measure*(Ⅲ, I)에서 고백자로써, 공작은 살 가치가 없는 삶의 저주 받은 사람임을 말한다. 그리고 그 외에 그대는 삶을 실제로 가지고 있지 않고, 다만 꿈속에서처럼 그 삶을 보낼 뿐이다.[9] 이러한 Epigraph의 내용은 여기 Gerontion의 삶과 어떻게 관련지어 있는가?를 보게 될 것이다.

이 제목은 희랍어로 “a little old man”이란 뜻으로 내용은 한 노인의 종교적 감수성을 통해, 현대인의 신앙의 상실과 세속적 역사와 질서의 혼잡성을 그린다. 상징적의미가 있는 “a decayed house”에 살면서 삶의 갱생을 상징하는 “비”를 기다리는 자이다.

이 노인은 자신의 별로 내놓을 이력과 모험이 없는 과거의 경력, 그리고 확고한 충성과 봉사가 없었던 인생을 유감스럽게 생각한다. 또한 이 노인의 의식에 비치는 하숙집의 동숙자들은 한결 같이 신앙 없는 공허한 삶을

---

9 George Williamson, *A Readers Guide to T. S. Eliot*(New York: Farrar, Straus & Giroux,. 1966), P. 106.JJ

영위하는 자 들이다. 노인은 비를 기다린다. 그리고 이것이 이 시의 테마를 이끌어 간다. 그러나 주위 사람이 생명의 부활(rain을 암시)을 기다리며 정신적 불안 속에 있다. 여기의 시인은 그 상황 묘사를 통하여 사고력 깊은 책이나 정의의 편에서 목숨을 바치는 전쟁을 모르는 노인이다. 그의 거처는 유태인이 주인이요, 바람 부는 언덕에서 목장은 염소가 기침하는 공허한 곳이다. 주인의 뿌리 없는 생활과 동숙자의 심리 한 구석에 현대인의 정신적 불안을 찾아 볼 수 있다. 모두가 무미건조한 것들을 나열하여 여기 노인이 처한 사회상을 상징적으로 나타낸 준다. 또한 “Rocks”, “moss”, “stonecrop”, “iron”, “merds”등 나열하는 Inventory기법을 사용하고 있다. 이렇게 그의 상황을 보인 후 “a dull head among windy spaces”로 그의 처한 상황을 요약한다. 여기서 “dull head”와 “windy spaces,는 과연 무엇을 의미하는가? 그 다음 17행 이하로 연결되어 나타난다. 물론 이미 역사적 의미와 신앙이 없는 공허한 삶을 암시하지만, 여기 시에서도 극적 독백의 기법으로써 그 상황과 인물의 성격을 나타내준다. 작가 Eliot은 Gerontion으로 하여금 대언하는 형식을 취하고 있다. 또한 기법으로써 현재와 과거를 병치시킨다. Eliot은 그 sign은 자연적 의미에서 정신적의 의미로 풀이되고 계속해서 영적영역에서 그 의미를 지닌다.

17행부터 32행까지는 자연이나 정신적 의미에서 신성한 봄이, 먹고 마시는 등등 타락의 계절로 변해버린 현대의 풍속도를 보여준다. 현대인들은 기적을 보여주면 믿겠다고 한다. 구세주 Christ가 모든 이를 구원하기 위해서 오셨다. 그야말로 예수 그리스도는 The sign of new life 이다.(여기서 The word within a word[10]는 강보에 쌓인 아기 예수는 말이 없다.)그러나 “Christ the tiger"로써 예수께서는 현대 향락주의자들에겐 공포의 이미지가 된다. tiger는 힘을 상징하며 어린 예수님이지만 “힘”을 가지고 오신 예수님이다.

“In depraved May”의 화사한 New England 지방의 오월이 여기서는 역설적으로 육감적이며 퇴폐적인 오월이 된 것을 말한다. 이러한 봄의 타락은 Henry Adams의 *The Education*의 구절에 근거를 둔다.[11] 자연이나 정신적인 면에서 봄의 신성함이 “속삭임”속에서 이루어지는 친교 속에서 먹고 마시는 일로 바뀌었다. 이것은 바로 이 사회와 타락상이다. 예수 그리스도께서 인류를 구원하시기 위해 십자가를 지시기 전날 밤, 주님의 속죄의 피와 살을 기념하기 위한 성만찬식은, 예술가 Silvero에 의하여 왜곡되어 타락과 술의 계절로 변질된다. 그림을 숭배하는 Hakagawa, 향락 지상주의

---

10 Incarnation(화신)(John I:14: So the word became Flesh: he came to dwell among us, and we saw his glory, such glory as befits the father’s only Son, full of grace and truth.)

11 Williamson, *op. cit.,* p.109. *The Education of Henry Adams*(ch. 18)

를 이상으로 삼는 Tornquist 마담, Kulp양 등 모두가 예수 그리스도를 필요로 하는 사람들이지만 그들은 변질되고 타락되어 Christ를 거부한다. 이 사람들은 그들 생애의 헌신이 왜곡된 방향으로만 나간다. 쾌락주의 또는 예술 지상주의 등등 이러한 양상은 "Vacant Shuttles /Weave the wind"에 비유 된다. 그리고 이 구절은 구약 욥기 7: 6에 "My days are swifter than a weaver's shuttle, and are spent without hope"(나의 날은 베틀의 북보다 빠르나, 소망 없이 보내는구나)의 구절을 상기 시켜준다. 욥에게 있어서 그의 생애가 무가치한 공허했다. 무거운 짐이 되었고, 그리고 그 저주스런 생애로부터 벗어 날 수가 없었다.[12] 공허의 상징이요 이들 생애의 공허가 있을 뿐이다. 영적인 실제가 없는 공허한 세계이다,

이 시는 사랑의 힘도 없어지고 재생의 희망도 없는 한 노인을 통하여, 불모와 무능의 상황을 보여주는 시이다. 생명의 비가 오지 않는 계절에 비를 기다리며, 열정도 없고, 감각도 없이 바람을 짜는 빈 북 모양으로 그저 목숨만 이어 가는 이 시의 주인공은 참된 생명이 끊어진 현대의 문명을 상징한다.[13]

그 다음 33행부터 47행을 살펴보기로 하겠다. 인류의 구원을 위해 나타난 하나님의 사랑의 표적인 그리스도에 대한 지식을, 아무리 불완전 할지라도 알고 난 다음에야, 인간의 불신앙과 반역은 과연 하나님의 용서를 받을 수 있겠는가라는 문제를 제기 한다. 그 다음 Gerontion의 통찰력은 역사에 대한 명상으로 전환 된다. 역사란 인류의 지각의 원천임을 안다. 그런데 그 지각은 많은 사소한 사고에 지나지 않는 길이다. 그래서 "vanities"와 "whispering ambitions"에서 보여 주는 것처럼, 그 역사의 결과는 결정할 수 없는 혼잡과 마비의 혼합이다.[14] 역사가 유혹하는 것은 야망과 허영으로 요약된다. 그러나 역사는 인류의 삶과 죽음이라는 신비를 기록하고 있는 한 인류의 구원의 원천임을 인정해야 한다. 그런데 문제는 여러 가지 형태나 신성의 표명이 진실성을 포함한 것인가 아닌가를 결정하는 문제이다. 그래서 역사가 제시 하는 것이 인류가 숭배해야 할 대상(존재)인지, 아니면 허영된 유혹인지를 결정해야 될 것이다. 그러므로 "think"라는 말을 거듭한다.

역사의 흐름 속에서 역사는, 인간들의 마음이 현세의 문제에 빠졌을 때 유일하신 Christ를 주거나, 또는 너무 많은 신들을 주어서 유일하신 God을 사모하는 마음이 사라지게 한다.[15] 또는 너무 빨리 또는 너무 늦게 God이

---

12 A. D. Moody, *Thomas Stern Eliot: Poet* (Cambridge: Cambridge University Press, 1974), p.67.

13 이창배, *이십세기 영미시의 형성*(서울: 민중서관 1975), p. 237.

14 John B. Vickery, "Gerontion" in *Critics on T. S. Eliot*, (ed.) Sheila Sullivan (London: George Allenand Unwin Ltd., 1973), p.28.

15 *Ibid.,* p.28.

나타난다는 것이다:

Gives too late
What's not believed in, or if still believed,
In memory only, reconsidered passion. Gives too soon
Into weak hands, what's thought can be dispensed with
Till the refusal propagates a fear.

Eliot이 함축적으로 보여주는 의미에서 볼 때, 너무 늦게 준다는 것은 신앙의 대상이 되는 예수 그리스도이고, 너무 일찍 준다는 것은 이교도 신들이다.[16] 드디어 Gerontion은 이교도들처럼 Incarnation의 기적을 거절하고, 거기엔 참된 신성이 없다고 하는 공포를 가지게 된다. 그리고 이러한 마음에 상태에서 재생이나 갱생의 의미는 존재하지 않는다. 이러한 거역의 교만은 인간의 영웅주의 탓이다. 그리고 이러한 신앙의 부인은 인간이 벌려 놓은 그 교만을 끝까지 강요하는 것이다. 그러한 인간들의 공포 그러한 용기 등 모두가, 구원의 신앙이나 영생의 희망을 가져다 줄 수 없다. 그래서 그 분노의 나무에서 흔들리어 떨어지는 눈물은(인간이 그리스도에 대한 배반의 상징인 유다나무에서 떨어지는 눈물)이러한 인간의 신성과 영생의 상실에 대한 인간의 궁경의 상태에 대한 자각에서 떨어지는 눈물이다.[17] Eliot은 이와 같이 서구 문명의 역사나 전통을 통해서, 인간들의 근본적인 무지와 궁지의 상태를 보여준다. 역사는 인간과 종교를 자연 발생적인 관계로 보여준다. 그리고 여기서 예수 그리스도의 Incarnation이 인간 세계의 혁신을 암시해주고 있다.

그래서 48행부터는 Gerontion은 그의 옛 생활을 파괴하고 새로운 존재로 새로운 시대로 넘어가야 될 필요성을 느낀다. Gerontion으로 하여금 현대인의 생활이 신앙과 역사의 관계를 명상해야 됨을 암시한다. 신앙과 유리된 인간 행위는, 역사의 일반적인 상대성에 좌우되어 도덕적 안정을 상실케 한다는 것이다.

호랑이 Christ가 새해에 온다. 성만찬식 때 성도들이 그의 죽으심을 기념하기 위해 먹는 빵과 포도주(주님의 살과 피)는, 그와 반대로 Christ 가 우리를 삼켜 버린다는 역설적인 상황이 됐다. Christ를 거절한 후에 Gerontion은 시간이 먹어치우는 질서 속에 따라야 한다. 그리고 그것은 삶이 아니라 죽음의 질서에 맡기는 것이다.[18] Gerontion은 유태인을 주인으로 한 셋집에서 죽어갈 때 "What forgiveness?"에 대한 결론에 우리는 이르지 않았다라고,

16 *Ibid.,* p.29
17 *Ibid.,* p.29.
18 *Ibid.,* p.29.

성육신 되신 Christ와 논쟁을 계속 하는 것이다. 그러나 그는 이러한 "쇼"를 아무 목적 없이 한 것이 아니며, 공포의 소동에서 한 것이 아니라고 주장한다. Gerontion은 그의 옛 삶을 파괴하고 새로운 존재로 넘겨주어야 될 필요성을 인정한다. ("The tiger springs in the new year/ Us he devours.")그가 단순히 종말을 기다린다는 암시가 죽음이 인간의 끝이 아니라는 자각으로 대치된다.("Think at last/We have not reached conclusion, when I/Stiffen m a rented house.")그리 고 그 삶과 그 삶의 명상이다 목적이 있다는 것이다. 즉, 존재의 목적이다.("Think at last/I have not made this show purposelessly/ And it is not by any concitation/Of the backward devils." Gerontion은 "뒷걸음치는 악마들의" 어떤 도움으로 그러는 것이 아니라고 함으로써, 그가 그의 삶에 대하여 전적으로 책임을 지고 있음을 말해준다.[19] 그런데 문제는 Gerontion 그가 인생의 삶의 목적이신 예수 그리스도의 마음에서(his heart)떨어진 것이다. 그 자신을 그리스도의 마음에게로 가까이 데리고 가려는 그 정열을 잃어 버렸다. 그 정열이 변질되는 것이다. Gerontion이 예수그리스도의 곁을 떠난 것은 그리스도를 삶의 구원으로 모시고 아름다운 삶을 보내다가 현세의 세속적인 육체와 욕심을 중심으로 한 삶 속에서 그 아름다운 삶의 모습을 상실한 것이다. 구세주 그리스도를 이러한 세속적인 삶의 소유자들이 공포의 대상으로 알지만, 그나마 그 공포도 자신의 마음속에서 일으키는 의문으로 상실해 버린다. 그러므로 인생의 표적으로 나타나신 Christ가 그들의 삶에 의미에 상실된 것이다. 여기 Gerontion은 육체와 육감적인 생활의 패턴이, 결국 그가 Christ와의 연합을 멀게 하고, 이러한 상황은 그의 영적인 감각을 잃게 한다. 이러한 영적으로 둔한 감성을 가지고 어떻게 Christ와 더욱 가까워 질수가 있겠는가? 이러한 무기력이 Gerontion의 상황이다. Christ의 대한 정열이 식어지고 변질되가는 무기력한 상황이다.

why should I need to keep it
Since what is kept must be adulterated?

여기서 Gerontion은 그의 운명을 견디어 낸다는 것 보다 그 자신이 그 희생자임을 바라다보는 것이다. 운명에 체념하는 것이며 책임을 포기하는 모습이다.[20] 그 다음 61행부터 마지막 행까지 고찰해 보자. 먼저 61행에서 65행을 보면, 그들 생존의 이익을 늘어뜨려 보려고 애써 봄으로써, 그 감각은 단순히 피할 수 없는 상실—그것은 재생에 필요한 단계인데—을 연기시키려고 노력하는 것뿐이다. 각각의 감각은 하나의 환상이며, 각각은 그들

---

19 Vickery, *op. cit.*, p.29-30.
20 Moody, *op. cit.*, p.69.

자신의 변용의 모습을 배가 시키며, 죽음의 한 가지 사실을 감추면서, 그것에 의하여 하나로부터 다른 것으로 반영한다.[21] Gerontion은 이러한 감각적인 환상을 다음의 질문에 의하여 아이러니컬하게도 부수어 버리는 것이다.

What will the spider do,
Suspend its operations, will the weevil
Delay?

인간에게 "시간"이란 누구나 필멸로 다가선다. 그 죽음은 육체의 해체(붕괴)이고 기억의 망각이 된다. 여기서 이 죽음에 직면하여, Gerontion은 인간이 그의 생애를 끝내는 죽음의 이미지를 그리어 본다. 파괴의 격렬한 이미지로 나타나는 죽음이 원소로의 환원이 인간의 마지막이라면, 인간의 운명은 너무나 허무함을 암시한다. 갈매기도 그 노인처럼 바람에 날려 Gulf로 가야 된다. Gerontion 그는 그 바람에 대항하여 투쟁하는 것이 아니라, 할 수없이 무역풍에 쫓기여 구석으로 몰려간다. 여기서 그 무역풍은 Christ와 연결된 재생이 아닌 현세와 강압적인 저속한 사조, 또는 육감적인 풍조 또는 말세적인 사회상을 암시 할 수 있다. 여기 Gerontion은 이 시의 첫 부분에서 보여준 바와 같이, 영웅적 경험이 없는 사람으로 무기력하게 타의에 의하여, 행동하는 소극적 인물임을 보여 준다. 그러므로 맨 끝에 행에서 그의 재생을 위하여 "비"가 필요한 계절처럼 메마른 머리이다.

a dry brain in a dry season.

그리고 이것은 이 사회상이다. 그런데 Eliot의 이상주의가 시에서 나타난 것을 보면, 현실의 부정이 노골화 되는 반면에, 현실에서 기대 할 수 없는 것을 정신적인 차원에서 찾고 있음을 엿 볼 수 있다. 현실에 대한 부정이 강하면 강할수록, 정신적 차원의 긍정의 태도가 더욱 뚜렷해짐을 볼 수 있다. 즉 Christ와의 연합은 "Us he devours"가 시사하듯이 위협적이고 격렬한 감정이지만, 만일 인간이 원소로 환원 되는 것이 마지막이라면, 그의 운명은 얼마나 허무한가? 그러기에 Gerontion은 자연적 해체에 이르는 인생에 대하여 의미심장한 진술을 한다.

Think at last
We have not reached conclusion, when I
Stiffen in a rented house.

이렇게 Gerontion은 전적인 신앙에 이르지는 못하지만, 그 필요성을 긍정하고 자연적 해체에 이르는 삶의 무의미를 직시하고 있다.

---

21 Vickery, *op. cit.,* p.30.

The Hollow Men

A penny for the Old Guy

I

We are the hollow men
We are the stuffed men
Leaning together
Headpiece filled with straw.
Alas! Our dried voices, when
We whisper together
Are quiet and meaningless
As wind in dry grass
Or rats' feet over broken glass
In our dry cellar

Shape without form, shade without colour,
Paralysed force, gesture without motion;

Those who have crossed
With direct eyes, to death's other Kingdom
Remember us—if at all—not as lost
Violent souls, but only
As the hollow men
The stuffed men.

II

Eyes I dare not meet in dreams
In death's dream kingdom
These do not appear:
There, the eyes are
Sunlight on a broken column
There, is a tree swinging
And voices are
In the wind's singing

More distant and more solemn.
Than a fading star.

Let me be no nearer
In death's dream kingdom
Let me also wear
Such deliberate disguises
Rat's coat, crowskin, crossed staves
In a field
Behaving as the wind behaves
No nearner—
Not that final meeting
In the twilight Kingdom

III

This is the dead land
This is, cactus land
Here the stone images
Are raised, here they receive
The supplication of a dead man's hand
Under the twinkle of a fading star.

Is it like this
In death's other kingdom
Waking alone
At the hour when we are
Trembling with tenderness
Lips that would kiss
Form prayers to broken stone.

IV

The eyes are not here
There are no eyes here
In this valley of dying stars
In this hollow valley
This broken jaw of our lost kingdoms

In this last of meeting places
We grope together
And avoid speech
Gathered on this beach of tumid river

Sightless, unless
The eyes reappear
As the perpetual star
Multifoliate rose
Of death's twilight kingdom
The hope only
Of empty men.

V

Here we go round the prickly pear
Prickly pear prickly pear
Here we go round the prickly pear
At five o'clock in the morning.

Between the idea
And the reality
Between the motion
And the act
Falls the Shadow

For Thine is the Kingdom

Between the conception
And the creation
Between the emotion
And the response
Falls the Shadow

Life is very long

Between the desire
And the spasm
Between the potency
And the existence
Between the essence
And the descent

Falls the shadow

For Thine is the Kingdom

For Thine is
Life is
For Thine is the

This is the ways the world ends
This is the ways the world ends
This is the ways the world ends
Not with a bang but a whimper.

텅 빈 사람들

I

우리는 텅 빈 사람들
우리는 박제된 사람들
서로 의지한
두뇌 속엔 짚이 가득 아아!
우리가 함께 속삭일 때
우리의 메마른 목소리는
조용하고 의미가 없다.
마치 마른 잎사귀를 지나는 바람과
혹은 우리의 메마른 지하실에
깨어진 유리위에 쥐들의 발들과 같이

형태 없는 형상, 색깔 없는 그늘
마비된 힘, 동작 없는 몸짓.

쪽 곧은 눈으로 죽음의 다른 나라로 횡단한 이들이
우리를 기억하는 것은—대관절 기억 한다면—
잃어진 격렬한 영혼들로서가 아니라,
다만 텅 빈 사람들
박제된 사람들로서.

II

꿈속에서 죽음의 꿈나라에서

내가 감히 대하지 못하는 눈들
이것들은 나타나지 않는다.
저기, 그 눈들은
깨어진 원주위에 햇빛
저기, 나무 하나가 흔들리고
목소리들은
바람의 노래 속에서
사라지는 별보다도
더욱 멀고 더욱 장엄하다.

죽음의 꿈나라 안에
나를 더 가까이하지 말라.
나로 하여금 또한
이러한 유유한 변장을 하게 하라.
쥐의 코트, 까마귀 가죽,
밭에서
바람이 행동하는 대로 행동하는
십자가 모양의 허수아비.
더 가까이 말라—
황혼의 나라 안의
저 마지막 화합에 더 가까이는 아니다.

III

이것은 죽음의 나라
이것은 선인장 나라
여기에 석상이
세워지지만, 여기서 그들은
사라져 가는 별 하나 깜빡이는 밑에서
죽은 사람의 손의 탄원을 받을 뿐이다.

그것은 이와 같은가
죽음의 다른 나라에서
우리들이 섬약으로 떨고 있는 시간에
혼자 깨어서
입맞추고 싶어 하는 입술들은

깨어진 돌에 기도 올린다.

IV

눈들은 여기에 없다.
여기에는 눈들이 없다.
이 사라져가는 별들의 골짜기에는
이 텅 빈 골짜기에
우리의 잃어진 나라들의 이 부서진 어귀에는.

이 마지막 회합의 장소들에서
우리는 함께 더듬고
그리고 말을 피한다.
이 부풀은 강의 해안가에 모여서

안 보인다. 만일
그 눈들이 마치
영원한 별처럼
죽음의 황혼의 나라의
여러 모양의 잎사귀 장미처럼
다시 나타나지 않으면—
텅 빈 사람들의
유일한 희망.

V

여기서 우리는 선인장을 돌아간다.
선인장을 선인장을
여기서 우리는 선인장을 돌아간다.
아침 다섯 시에

관념과
현실 사이에
동작과
행동 사이에
그 음영이 떨어진다

천국은 주님의 것

개념과

창조 사이에
정서와
응답 사이에
그 음영이 떨어진다.

인생은 매우 길다

욕망과
발짝 사이에
능력과
존재 사이에
본질과
상속 사이에
그 음영이 떨어진다.

천국은 주님의 것

주님의 것
인생은
천국은 주

이렇게 세상은 끝난다
이렇게 세상은 끝난다
이렇게 세상은 끝난다
쾅이 아니라 훌쩍훌쩍 울면서.

● 이해와 감상

먼저 Epigraph를 살펴보면, Guy Fawkes는 "hollow men"이 아니라 "lost violent souls"에 속하는 사람이다. Guy Fawkes(1570-1606)는 카톨릭 교도에 형벌을 내리는데 대해, 그 복수로 1605년 11월 4일 밤 영국 국회의사당을 폭파하고자 하다가, 발각되어 처형된 화약 사건의 주모자이다. 그 후 어린이들이 11월 5일(Fawkes Day)이 되면, 불꽃놀이를 위해 몇 푼의 동전을(pennies)구걸하는 방법으로 Guy Fawkes의 기괴한 상을(누더기와 밀짚으로 만들어진)사용했다.

이것은 허수아비 놀이였다. 그런데 여기 Epigraph는 이런 허수아비 놀이에 근원을 둔 것이다.(A penny for the old Guy)즉 어린이들이 Guy Fawkes를 빌어 허수아비 놀이를 하는 것처럼, 우리들은 종교(또는 그 의식)를 빌어 그와 비슷한 놀이를 하는 것이다.[1] 시에서 나오는 의식놀이는 이와 같은 함축된 의미를 나타낸다고 본다. 그 다음 Part I을 보면 이 시의 상황은 "깨어진 심상의 무더기"인데, 서정적이고 상징적인 언급으로 묘사한다. 2O세기에 신고전주의 시인인 Eliot은 "The Hollow Men"이라는 시에서, "텅 빈 인간"이란 신앙이 없고 열정과 용기를 상실한 인간을 암시한다. 신앙이 없고 희망이 없는 인간이란 텅 빈 인간이요, 박제된 인간이다. 이들 머리 속에는 하나님의 형상과 모습과 인격이 없고 생명 없는 짚만 가득하다고 하는 것이다. 그들의 지껄이는 말은 마른 나무 잎의 바람 또는 메마른 지하실의 깨어진 유리 위의 쥐들의 발과 같다고 묘사한다. 색깔도 없이 그늘만 있고, 형태도 없이 형상만 있는 모습이다. 또한 그들의 힘은 마비되어 있어 몸짓은 있으나 참된 동작이 없는 것이다.

이러한 세계는 죽음의 세계, 죽음과 같은 꿈의 세계, 생중사의 세계이다. "direct eyes"란 신앙이 있는 사람의 눈이며 그러한 눈으로 볼 때, 신앙 없는 인간은 "Hollow Men"으로 볼 수밖에 없다. 영적으로 병든 사람들이다. 이와 반대로 "violent souls"는 정의와 진리에 대하여 이를 실천 할 수 있는 용기와 열정을 가지고 있는 사람들이다. 텅 빈 인간들은 어떤 악을 행하는 존재들이 아니라 그들의 정의에 입각한 의도를 회피하는 영적 병자들이다.[2] 그런데 여기 장면은 예배의식을 암시해준다. "Leaning together...whisper together" 그리고 그 목소리들은 "quiet and meaningless" 등 예배드릴 때 단조로운 목소리로 말하는 것이다. 실체가 없는 형상, 그늘, 몸짓의 의식이다. 그래서 두려움이 없이 천국으로 간 이들("violent souls")눈에, 기억 속에 비치는 모습은 텅 빈 인간이다. 더 큰 의미에서 볼 때, 하나님과 그 신앙과 관련 없는 우리의 세계는 죽음의 세계 나라)로 죽음의 세계(왕국)의 꿈이나 황혼 같은 비슷한 상황을 보게 된다.

Part II에 들어가서 보면, 여기서는 쪽 곧은 눈(신앙의 상징)을 가진 이들이 볼 때, 그와 대조적인 "Hollow Men"의 모습을 그려 준다. "텅 빈 인간"이 감히 만나 볼 수 없는 그 눈들은, 다행이도 이 죽음의 꿈나라에서는 나타나지 않는다. 그 눈들은 다만 간접적이고 깨어진 빛으로 반영될 뿐이다. 바람이 흔들리는 나무를 보고 느껴진다. 그리고 목소리들은 그 바람의 또 다른 환상이다. 이렇게 모든 것이 간접적으로 지각된다. 이 죽음의 꿈나라는 Dante의 limbo(지옥의 변방)을 흡사히 닮았다.[3]

그리고 여기 "텅 빈 인간"은 그 황혼의 나라에 더 가까이 하려고 하지

---

1 Williamson, *op. cit.,* p.155.

2 Audrey F. Cahill. "The Hollow Men" *Critics on T. S. Eliot* Sheila Sullivan(ed)(London: George Allen and Unwind Ltd., 1973), p.44.

3 Williamson, *op. cit.,* p.157.

않고 고의적인 변장을 하려는 것이다. "마지막 회합"의 종극적인 자리(Christ의 심판 자리를 암시)를 두려워하는 것이다. 이것은 위에서도 "텅 빈 인간"이 쪽 곧은 신앙의 눈을 보기를 거절한 것이 영적인 도전의 도피를 나타내듯이[4], Christ의 심판의 그 자리를 두려워하는 모습이다. 여기 "텅 빈 인간"은 영적인 도전이나 자유를 추구하려 들지 않고, 되는대로 행동하며 직접적인 욕구만을 채우는 존재들이다. 그야말로 생명 없는 목적도 없는 허수아비이다.

그 다음 Part III으로 들어가면, "텅 빈 인간들"의 예배의식의 모습을 보여준다. 죽은 불모의 땅에서는 예배하는 사람의 석상이 세워지지만, 그것은 죽은 사람의 탄원을 받을 뿐이다. 즉 "텅 빈 인간"의 예배의식에 생명과 의미가 없음을 암시 한다. 여기서 "fading star"의 이미지는 목적과 실제로부터 소원한 분위기(감정의)를 조성해 주는 것을 주목 할 수 있다.

여기 "텅 빈 인간들"의 예배의식은 그 신앙의 열정이 식었기 때문에(한순간 고뇌는 있을망정), 깨어진 이미지에 기도 올리는 형상(입술)일 뿐이다. "깨어진 돌"의 이미지 역시 "텅 빈 인간"들의 예배 의식처럼 생명이 없는 죽음의 이미지이다. 이 불모의 환경 속에서 그들의 욕망은 그 방향이 빗나가고 좌절되고 열정적인 욕구는 아무런 응답을 못 받는 것이다.[5]

그러면 다음 Part IV로 들어가서 보면, 여기 죽음의 그늘에 골짜기에는 점점 어두워진다. 그것은 그 "direct eyesd"가 빛을 비추어 주지 않기 때문이다. Part II에서는 "a fading star"였는데, 여기서는 "dying star"의 골짜기가 된 것을 볼 때, 그것은 그 "direct eyes"같은 유사한 것도 더욱 안 보이는 상황을 암시해준다고 볼 있다.

이 마지막 회합의 나라에서 텅 빈 인간들은 주님이 계신 천국으로 향해 건너가야 할 부풀은 강둑에 모여서 서로 더듬고 헤맨다. 이 강은 Dante의 지옥의 강을 연상케 한다.[6] 그런데 여기서 그 "direct eyes"가 이 죽음의 나라에 영원한 별이나 여러 잎사귀 장미처럼 돌아와 주지 않는다면, 이들 텅 빈 인간들은 모두가 아무런 비젼이나 희망이 없는 것이다. 여기서 그 "direct eyes"는 별과 연결 되어서, 텅 빈 인간들에게 희망과 길을 보여 주는 상징으로 나타난다.

그 다음 마지막 Part V에 들어가면, "텅 빈 인간들"의 현실적인 모습을 전개시켜 보여준다. 즉 그들은 희망의 모습이 아니다. 바램 속에서 그들이 선인장의 나라에서 선인장을 돌아가며 예배 의식을 행하려 하지만, 가시들

---

4 Cahill, *op. cit.,* p.45.

5 *Ibid.,* p.47.

6 Williamson, *op. cit.,*p.158.

에 의해서 좌절되고 만다. 여기 "텅 빈 인간들"은 그들 생애에 여러 가지 모습과 여러 가지 차원에서, 충동과 실현사이에 공포로 좌절시키는 음영(그림자)이 드리우는 것이다. 그리고 그 음영은 이 세계의 본질적인 음영이다.[7] 그리고 그 음영은 공포 이상의 것이 되어 이 세계에 공포의 그림자와 형상을 부각시켜 놓는다.

첫 부분에 "관념"과 "현실"이라는, 그리고 "동작"과 "행동"이라는 충동과 실현 사이에는, 공포의 그림자가 있어 좌절로 끝난다. 이 시 구절은 서로서로 번갈아 교송가식으로 되고 그 사이에는 그 "Shadow"—좌절시키는 그림자를 완화하는 삽입 어구가 온다. 먼저 주기도문의 구절이 나온다. (For Thine is the Kingdom)은 여기서 그 "shadow"를 기독교에 관련시켜 보고, 또 그와 더불어 그 "Shadow"에 아이러니의 어조를 띄우게 한다. 두 번째 삽입 어구는 "인생은 매우 길다"라는 어구로서 "Shadow"를 인생人生의 삶의 무거운 점으로 관련시킨다. 세 번째는 다시 주기도문으로 그 "Shadow"를 대단히 들어가기 어려운 천국에 관련시킨다.

다음에 오는 구절은 술어 보어가 생략 된다.

For Thine is
Life is
For Thine is the

그것은 "주저"와 "마지막 중단"을 암시하여 아이러니컬하게 끝맺는다. 즉 "이렇게 우리는 예배를 올린다"는 식으로 끝낸다. 그리고 모호한 변명으로 특징지어진 어구로 끝낸다. 즉 그것은 텅 빈 인간들이 그들을 좌절시키는 공포에 대하여 도전이 아니라, 무기력하게 훌쩍이며 그것에 순응하는 태도인 것이다. 여기 "텅 빈 인간들"의 세계와 그 사람들의 특징은 그들의 생애가 모든 차원에서 좌절된 것이다. 이러한 "텅 빈 인간들"의 세계의 조건(상태)에다 인과율의 관계에 있는 God을 놓음으로서, 이 시는 무기력하게 훌쩍이며 순응하는 태도로 끝나는 아이러니를 전개해 나가는 것이다. 이들 세계에 삶의 목적과 실체가 없는 것은, 그들의 삶을 좌절 시키는 그림자 때문이다. 그리고 그림자에 대하여 "텅 빈 인간들"은 영적 도전이 아니라 무기력 할 뿐이다.

---

7 *Ibid.*, p.159.

The Waste Land[1]

Nam Sibyllam quidem Cumis ego ipse oculis meis vidi in ampulla pendere, et cum illi pueri dicerent: Σίβυλλα τί θέλεις; respondebat illa: ἀποθανεῖν θέλω.

Petronius
Satyricon

For Ezra Pound
il miglior fabbro.

I. THE BURIAL OF THE DEAD

April is the cruelest month, breeding
Lilacs out of the dead land, mixing
Memory and desire, stirring
Dull roots with spring rain.
Winter kept us warm, covering
Earth in forgetful snow, feeding
A little life with dried tubers.
Summer surprised us, coming over the Starnbergersee
With a shower of rain; we stopped in the colonnade,
And went on in sunlight, into the Hofgarten,
And drank coffee, and talked for an hour.
Bin gar keine Russin, stamm' aus Litauen, echt deutsch.
And when we were children, staying at the arch-duke's,
My cousin's, he took me out on a sled,
And I was frightened. He said, Marie,
Marie, hold on tight. And down we went.
In the mountains, there you feel free.
I read, much of the night, and go south in the winter.

What are the roots that clutch, what branches grow
Out of this stony rubbish? Son of man,
You cannot say, or guess, for you know only
A heap of broken images, where the sun beats,

---

1 이 시의 본문의 주(footnote)를 보기위해서는 *The Norton Anthology of English Literature* (8th Edition) Vol. 2를 참고할 것.

And the dead tree gives no shelter, the cricket no relief,
And the dry stone no sound of water. Only
There is shadow under this red rock,
(Come in under the shadow of this red rock),
And I will show you something different from either
Your shadow at morning striding behind you
Or your shadow at evening rising to meet you;
I will show you fear in a handful of dust.
Frisch weht der Wind
Der Heimat zu.
Mein Irisch Kind,
Wo weilest du?
"You gave me hyacinths first a year ago;
They called me the hyacinth girl."
—Yet when we came back, late, from the Hyacinth garden,
Your arms full, and your hair wet, I could not
Speak, and my eyes failed, I was neither
Living nor dead, and I knew nothing,
Looking into the heart of light, the silence.
Oed' und leer das Meer.

Madame Sosostris, famous clairvoyante,
Had a bad cold, nevertheless
Is known to be the wisest woman in Europe,
With a wicked pack of cards. Here, said she,
Is your card, the drowned Phoenician Sailor,
(Those are pearls that were his eyes. Look!)
Here is Belladonna, the Lady of the Rocks,
The lady of situations.
Here is the man with three staves, and here the Wheel,
And here is the one-eyed merchant, and this card,
Which is blank, is something he carries on his back,
Which I am forbidden to see. I do not find
The Hanged Man. Fear death by water.

I see crowds of people, walking round in a ring.
Thank you. If you see dear Mrs. Equitone,
Tell her I bring the horoscope myself:
One must be so careful these days.

Unreal city,
Under the brown fog of a winter dawn,
A crowd flowed over London Bridge, so many,
I had not thought death had undone so many.
Sighs, short and infrequent, were exhaled,
And each man fixed his eyes before his feet.
Flowed up the hill and down King William Street,
To where Saint Mary Woolnoth kept the hours
With a dead sound on the final stroke of nine.
There I saw one I knew, and stopped him, crying: "Stetson!
"You who were with me in the ships at Mylae!
"That corpse you planted last year in your garden,
"Has it begun to sprout? Will it bloom this year?
'Or has the sudden frost disturbed its bed?
'Oh keep the Dog far hence, that's friend to men,
'Or with his nails he'll dig it up again!
'You! hypocrite lecteur! – mon semblable, – mon frère!"

II. A GAME OF CHESS

The Chair she sat in, like a burnished throne,
Glowed on the marble, where the glass
Held up by standards wrought with fruited vines
From which a golden Cupidon peeped out
(Another hid his eyes behind his wing)
Doubled the flames of sevenbranched candelabra
Reflecting light upon the table as
The glitter of her jewels rose to meet it,
From satin cases poured in rich profusion;
In vials of ivory and coloured glass
Unstoppered, lurked her strange synthetic perfumes,

Unguent, powdered, or liquid—troubled, confused
And drowned the sense in odours; stirred by the air
That freshened from the window, these ascended
In fattening the prolonged candle-flames,
Flung their smoke into the laquearia,
Stirring the pattern on the coffered ceiling.
Huge sea-wood fed with copper
Burned green and orange, framed by the coloured stone,
In which sad light a carvèd dolphin swam.
Above the antique mantel was displayed
As though a window gave upon the sylvan scene
The change of Philomel, by the barbarous king
So rudely forced; yet there the nightingale
Filled all the desert with inviolable voice
And still she cried, and still the world pursues,
"Jug Jug" to dirty ears.
And other withered stumps of time
Were told upon the walls; staring forms
Leaned out, leaning, hushing the room enclosed.
Footsteps shuffled on the stair.
Under the firelight, under the brush, her hair
Spread out in fiery points
Glowed into words, then would be savagely still.

"My nerves are bad to-night. Yes, bad. Stay with me.
Speak to me. Why do you never speak? Speak.
    What are you thinking of? What thinking? What?
I never know what you are thinking. Think."

I think we are in rats' alley
Where the dead men lost their bones.
"What is that noise?"
                    The wind under the door.
"What is that noise now? What is the wind doing?"
                    Nothing again nothing.

"Do
You know nothing? Do you see nothing? Do you remember
Nothing?"

I remember
Those are pearls that were his eyes.
"Are you alive, or not? Is there nothing in your head?"
But
O O O O that Shakespeherian Rag—
It's so elegant
So intelligent
What shall I do now? What shall I do?
"I shall rush out as I am, and walk the street
With my hair down, so. What shall we do tomorrow?
What shall we ever do?"
The hot water at ten.
And if it rains, a closed car at four.
And we shall play a game of chess,
Pressing lidless eyes and waiting for a knock upon the door.

When Lil's husband got demobbed, I said—
I didn't mince my words, I said to her myself,
HURRY UP PLEASE ITS TIME
Now Albert's coming back, make yourself a bit smart.
He'll want to know what you done with that money he gave you
To get yourself some teeth. He did, I was there.
You have them all out, Lil, and get a nice set,
He said, I swear, I can't bear to look at you.
And no more can't I, I said, and think of poor Albert,
He's been in the army four years, he wants a good time,
And if you don't give it him, there's others will, I said.
Oh is there, she said. Something o' that, I said.
Then I'll know who to thank, she said, and give me a straight look.
HURRY UP PLEASE ITS TIME
If you don't like it you can get on with it, I said.

Others can pick and choose if you can't.
But if Albert makes off, it won't be for lack of telling.
You ought to be ashamed, I said, to look so antique.
(And her only thirty-one.)
I can't help it, she said, pulling a long face,
It's them pills I took, to bring it off, she said.
(She's had five already, and nearly died of young George.)
The chemist said it would be all right, but I've never been the
same.
You are a proper fool, I said.
Well, if Albert won't leave you alone, there it is, I said,
What you get married for if you don't want children?
HURRY UP PLEASE ITS TIME
Well, that Sunday Albert was home, they had a hot gammon,
And they asked me in to dinner, to get the beauty of it hot—
HURRY UP PLEASE ITS TIME
HURRY UP PLEASE ITS TIME
Goodnight Bill. Goodnight Lou. Goodnight May. Goodnight.
Ta ta. Goodnight. Goodnight.
Good night, ladies, good night, sweet ladies, good night, good night.

Ⅲ. THE FIRE SERMON

The river's tent is broken: the last fingers of leaf
Clutch and sink into the wet bank. The wind
Crosses the brown land, unheard. The nymphs are departed.
Sweet Thames, run softly, till I end my song.
The river bears no empty bottles, sandwich papers,
Silk handkerchiefs, cardboard boxes, cigarette ends
Or other testimony of summer nights. The nymphs are departed.
And their friends, the loitering heirs of City directors;
Departed, have left no addresses.
By the waters of Leman I sat down and wept...
Sweet Thames, run softly till I end my song,
Sweet Thames, run softly, for I speak not loud or long.

But at my back in a cold blast I hear
The rattle of the bones, and chuckle spread from ear to ear.

A rat crept softly through the vegetation
Dragging its slimy belly on the bank
While I was fishing in the dull canal
On a winter evening round behind the gashouse
Musing upon the king my brother's wreck
And on the king my father's death before him.
White bodies naked on the low damp ground
And bones cast in a little low dry garret,
Rattled by the rat's foot only, year to year.
But at my back from time to time I hear
The sound of horns and motors, which shall bring
Sweeney to Mrs. Porter in the spring.
O the moon shone bright on Mrs. Porter
And on her daughter
They wash their feet in soda water
Et, O ces voix d'enfants, chantant dans la coupole!

Twit twit twit
Jug jug jug jug jug jug
So rudely forc'd.
Tereu

Unreal City
Under the brown fog of a winter noon
Mr. Eugenides, the Smyrna merchant
Unshaven, with a pocket full of currants
C.i.f. London: documents at sight,
Asked me in demotic French
To luncheon at the Cannon Street Hotel
Followed by a weekend at the Metropole.

At the violet hour, when the eyes and back

Turn upward from the desk, when the human engine waits
Like a taxi throbbing waiting,
I Tiresias, though blind, throbbing between two lives,
Old man with wrinkled female breasts, can see
At the violet hour, the evening hour that strives
Homeward, and brings the sailor home from sea,
The typist home at teatime, clears her breakfast, lights
Her stove, and lays out food in tins.
Out of the window perilously spread
Her drying combinations touched by the sun's last rays,
On the divan are piled (at night her bed)
Stockings, slippers, camisoles, and stays.
I Tiresias, old man with wrinkled dugs
Perceived the scene, and foretold the rest—
I too awaited the expected guest.
He, the young man carbuncular, arrives,
A small house agent's clerk, with one bold stare,
One of the low on whom assurance sits
As a silk hat on a Bradford millionaire.
The time is now propitious, as he guesses,
The meal is ended, she is bored and tired,
Endeavours to engage her in caresses
Which still are unreproved, if undesired.
Flushed and decided, he assaults at once;
Exploring hands encounter no defence;
His vanity requires no response,
And makes a welcome of indifference.
(And I Tiresias have foresuffered all
Enacted on this same divan or bed;
I who have sat by Thebes below the wall
And walked among the lowest of the dead.)
Bestows on final patronising kiss,
And gropes his way, finding the stairs unlit...

She turns and looks a moment in the glass,
Hardly aware of her departed lover;
Her brain allows one half-formed thought to pass:
"Well now that's done: and I'm glad it's over."
When lovely woman stoops to folly and
Paces about her room again, alone,
She smoothes her hair with automatic hand,
And puts a record on the gramophone.

"This music crept by me upon the waters"
And along the Strand, up Queen Victoria Street.
O City city, I can sometimes hear
Beside a public bar in Lower Thames Street,
The pleasant whining of a mandoline
And a clatter and a chatter from within
Where fishmen lounge at noon: where the walls
Of Magnus Martyr hold
Inexplicable splendour of Ionian white and gold.

The river sweats
Oil and tar
The barges drift
With the turning tide
Red sails
Wide
To leeward, swing on the heavy spar.
The barges wash
Drifting logs
Down Greenwich reach
Past the Isle of Dogs.
Weialala leia
Wallala leialala

Elizabeth and Leicester
Beating oars

The stern was formed
A gilded shell
Red and gold
The brisk swell
Rippled both shores
Southwest wind
Carried down stream
The peal of bells
White towers
　　Weialala leia
　　Wallala leialala

"Trams and dusty trees.
Highbury bore me. Richmond and Kew
Undid me. By Richmond I raised my knees
Supine on the floor of a narrow canoe."
"My feet are at Moorgate, and my heart
Under my feet. After the event
He wept. He promised 'a new start.'
I made no comment. What should I resent?"

"On Margate Sands.
I can connect
Nothing with nothing.
The broken fingernails of dirty hands.
My people humble people who expect
Nothing."
　　la la

To Carthage then I came

Burning burning burning burning
O Lord Thou pluckest me out
O Lord Thou pluckest

burning

IV. DEATH BY WATER

Phlebas the Phoenician, a fortnight dead,
Forgot the cry of gulls, and the deep seas swell
And the profit and loss.
A current under sea
Picked his bones in whispers. As he rose and fell
He passed the stages of his age and youth
Entering the whirlpool.
Gentile or Jew
O you who turn the wheel and look to windward,
Consider Phlebas, who was once handsome and tall as you.

V. WHAT THE THUNDER SAID

AFTER the torchlight red on sweaty faces
After the frosty silence in the gardens
After the agony in stony places
The shouting and the crying
Prison and place and reverberation
Of thunder of spring over distant mountains
He who was living is now dead
We who were living are now dying
With a little patience

Here is no water but only rock
Rock and no water and the sandy road
The road winding above among the mountains
Which are mountains of rock without water
If there were water we should stop and drink
Amongst the rock one cannot stop or think
Sweat is dry and feet are in the sand
If there were only water amongst the rock
Dead mountain mouth of carious teeth that cannot spit
Here one can neither stand nor lie nor sit
There is not even silence in the mountains
But dry sterile thunder without rain

There is not even solitude in the mountains
But red sullen faces sneer and snarl
From doors of mudcracked houses
                                    If there were water
   And no rock
   If there were rock
   And also water
   And water
   A spring
   A pool among the rock
   If there were the sound of water only
   Not the cicada
   And dry grass singing
   But sound of water over a rock
   Where the hermit-thrush sings in the pine trees
   Drip drop drip drop drop drop drop
   But there is no water

Who is the third who walks always beside you?
When I count, there are only you and I together
But when I look ahead up the white road
There is always another one walking beside you
Gliding wrapt in a brown mantle, hooded
I do not know whether a man or a woman
—But who is that on the other side of you?

What is that sound high in the air
Murmur of maternal lamentation
Who are those hooded hordes swarming
Over endless plains, stumbling in cracked earth
Ringed by the flat horizon only
What is the city over the mountains
Cracks and reforms and bursts in the violet air
Falling towers
Jerusalem Athens Alexandria
Vienna London

Unreal

A woman drew her long black hair out tight
And fiddled whisper music on those strings
And bats with baby faces in the violet light
Whistled, and beat their wings
And crawled head downward down a blackened wall
And upside down in air were towers
Tolling reminiscent bells, that kept the hours
And voices singing out of empty cisterns and exhausted wells.

In this decayed hole among the mountains
In the faint moonlight, the grass is singing
Over the tumbled graves, about the chapel
There is the empty chapel, only the wind's home.
It has no windows, and the door swings,
Dry bones can harm no one.
Only a cock stood on the rooftree
Co co rico co co rico
In a flash of lightning. Then a damp gust
Bringing rain

Ganga was sunken, and the limp leaves
Waited for rain, while the black clouds
Gathered far distant, over Himavant.
The jungle crouched, humped in silence.
Then spoke the thunder
DA
Datta: what have we given?
My friend, blood shaking my heart
The awful daring of a moment's surrender
Which an age of prudence can never retract
By this, and this only, we have existed
Which is not to be found in our obituaries
Or in memories draped by the beneficent spider
Or under seals broken by the lean solicitor

In our empty rooms
DA
Dayadhvam: I have heard the key
Turn in the door once and turn once only
We think of the key, each in his prison
Thinking of the key, each confirms a prison
Only at nightfall, aetherial rumours
Revive for a moment a broken Coriolanus
DA
Damyata: The boat responded
Gaily, to the hand expert with sail and oar
The sea was calm, your heart would have responded
Gaily, when invited, beating obedient
To controlling hands

I sat upon the shore
Fishing, with the arid plain behind me
Shall I at least set my lands in order?
London Bridge is falling down falling down falling down
Poi s'ascose nel foco che gli affina
Quando fiam uti chelidon —O swallow swallow
Le Prince d'Aquitaine à la tour abolie
These fragments I have shored against my ruins
Why then Ile fit you. Hieronymo's mad againe.
Datta. Dayadhvam. Damyata.
Shantih shantih shantih

THE WASTE LAND, 1922

Notes on the Waste Land

Not only the title, but the plan and a good deal of the incidental symbolism of the poem were suggested by Miss Jessie L. Weston's book on the Grail legend: *From Ritual to Romance* (Cambridge). Indeed, so deeply am I indebted, Miss Weston's book will elucidate the difficulties of the poem much better than my notes can do; and I recommend it (apart from the great interest of the book itself) to any who think such elucidation of the poem worth the trouble. To another work of anthropology I am indebted in general, one which has influcnccd our generation profoundly; I mean *The Golden Bough ;* I have used especially the two volumes *Adonis, Attis, Osiris*. Anyone who is acquainted with these works will immediately recognise in the poem certain references to vegetation ceremonies.

I. THE BURIAL OF THE DEAD

Line 20. Cf. Ezekiel II, i.

23. Cf. Ecclesiastes XII, v.

31. V. Tristan und Isolde, I, verses 5-8.

42. Id. III, verse 24.

46. I am not familiar with the exact constitution of the Tarot pack of ards, from which I have obviously departed to suit my own convenience. The Hanged Man, a member of the traditional pack, fits my purpose in two ways: because he is associated in my mind with the Hanged God of Frazer, and because I associate him with the hooded figure in the passage of the disciples of Emmaus in Part V. The Phoenician Sailor and the Merchant appear later; also the 'crowds of people', and Death by Water is executed in Part IV. The Man with Three Staves (an authentic member of the Tarot pack) I associate, quite arbitrarily, with the Fisher King himself.

60. Cf. Baudelaire:"Fourmillallte cité, cité pleine de rêves,
'où le spectre en plein jour raccroche le passant.'

63. Cf. Inferno III, 55-57:

si lunga tratta
di gente, ch'io non averei creduto
che morte tanta n'avesse disfatta.

64. Cf. Inferno IV, 25~27:

Quivi, secondo che per ascolatre,
non avea piante mai che di sospiri
che l'aura eterna facevan tremare.

68. A phenomenon which I have often noticed.

74. Cf. the Dirge in Wesbster's *White Devil.*

76. V. Baudelaire, Preface to *Fleurs du Mal.*

II. A GAME OF CHESS

77. Cf. *Antony and Cleopatra,* II, ii, 1. 190.

92. Laquearia. V. *Aeneid,* I, 726:

dependent lychni laquearibus aureis
incensi, et noctem flammis funalia vincunt.

98. Sylvan scene. V. Milton, *Paradise Lost,* IV, 140.

99. V. Ovid, *Metamorphoses,* VI, Philomela.

100. Cf. Part III, 1. 204.

115. Cf. Part III, l. 195.

118. Cf. Webster: 'Is the wind in that door still?'

126. Cf. Part I, 1. 37, 48.

138.. Cf. the game of chess in Middleton's *Women beware Women.*

III. THE FIRE SERMON

176. V. Spenser, *Prothalamion.*

192. Cf. *The Tempest,* I, ii.

196. Cf. Marvell, *To His Coy Mistless.*

197. Cf. Day, *Parliament of Bees*:

'When of the sudden, listening, you shall hear,
'A noise of horns and hunting, which shall bring
'Actaeon to Diana in the spring,
'Where all shall see her naked skin...'

199. I do not know the origin of the ballad from which these lines are taken: it was reported to me from Sydney, Australia.

202. V. Verlaine, *Parsifal.*

210. The currants were quoted at a price 'cost insurance and freight to London'; and the Bill of Lading, etc., were to be handed to the buyer upon payment of the sight draft.

218. Tiresias, although a mere spectator and not indeed a 'character', is yet the most important personage in the poem, uniting all the rest. Just as the one-eyed merchant, seller of currants, melts into the

Phoenician Sailor, and the latter is not wholly distinct from Ferdinand Prince of Naples, so all the women are one woman, and the two sexes meet in Tiresias. What Tiresias *sees*, in fact, is the substance of the poem. The whole passage from Ovid is of great anthropological interest:...

Cum Iunone iocos et 'maior vestra profecto est
Quam quae contingit maribus', dixisse, 'voluptas.'
Illa negat; placuit quae sit sententia docti
Quaerere Tiresiae : Venus huic erat utraque nota.
Nam duo magnorum viridi coeuntia silva.
Corpora serpentum baculi violaverat ictu
Deque viro factus, mirabile, femina seprem
Egerat autumnos; octavo rursus eosdem
Vidit et 'est vestrae si tanta potentia plagae',
Dixit 'ur aucroris sortem in contraria mutet,
Nunc quoque vos feriam!' percussis anguibus isdem
Forma prior rediit genetivaque venit imago.
Arbiter hie igitur sumptus de lite iocosa
Dicta Iovis firmat; gravius Saturnia iusto
Nee pro materia ferrur doluisse suique
Iudicis aeterna damnavit lumina nocte,
At pater omnipotens (neque enim licet inrita cui quam!
Facta dei fecisse deo) pro lumine adempto .
Scire futura dedit poenamque levavit honore.

221. This may not appear as exact as Sappho's lines, but I had in mind the 'longshore' or 'dory' fisherman, who returns at nightfall.

253. V. Goldsmith, the song in *The Vicar of Wakefield.*

257. V. *The Tempest*, as above.

264. The interior of St. Magnus Martyr is to my mind one of the finest among Wren's interiors. See *The Proposed Demolition of Nineteen City Churches*: (P. S. King & Son, Ltd.).

266. The Song of the (three) Thames-daughters begins here. From line 292 to 306 inclusive they speak in turn. V. *Götterdämmerung,* III, I: the Rhine-daughters.

279. V. Froude, *Elizabeth*, Vol. I, ch. iv, letter of De Quadra to Philip of Spain:

'In the afternoon we were in a barge, watching the games on the river. (The Queen) was alone with Lord Robert and myself on the poop, when they began to talk nonsense, and went so far that Lord Robert atlast said, as I was on the spot there was no reason why they should not be married if the queen pleased.'

293. Cf. *Purgatorio*, V. 133:

'Ricorditi di me, che son la Pia;
'Siena mi fe', disfecemi Maremma.'

307. V. St. Augustine's Confessions: 'to Carthage then I came, where a cauldron of unholy loves sang all about mine ears.'

308. The complete text of the Buddha's Fire Sermon (which corresponds in importance to the Sermon on the Mount) from which these words are taken, will be found translated in the late Henry Clarke Warren's *Buddhism in Translation* (Harvard Oriental Series). Mr. Warren was one of the great pioneers of Buddhist studies in the Occident.

309. From St. Augustine's Confessions again. The collocation of these two representatives of eastern and western asceticism, as the culmination of this part of the poem, is not an accident.

V. WHAT THE THUNDER SAID

In the first part of Part V three themes are employed: the journey to Emmaus, the approach to the Chapel Perilous (see Miss Weston's book) and the present decay of eastern Europe.

357. This is *Turdus aonalaschkae pallasii,* the hermit-thrush which I have heard in Quebec Province. Chapman says (*Handbook of Birds of Eastern North America)* 'it is most at home in secluded woodland and thickety retreats... Its notes are not remarkable for variety or volume, but in purity and sweetness of tone and exquisite modulation they are unequalled.' Its 'water-dripping song' is justly celebrated.

360. The following lines were stimulated by the account of one

of the Antarctic expeditions (I forget which, but I think one of Shackleton's): it was related that the party of explorers, at the extremity of their strength, had the constant delusion that there was one more member than could actually be counted. .

366-76. a. Hermann Hesse, *Blick ins Chaos*: 'Schon ist halb Europa, schon ist zumindest der halbe Osten Europas auf dem Wege zum chaos, fährt betrunken im heiligen Wahn am Abgrund entlang und singt dazu, singt betrunken und hymnisch wie Dmitri Karamasoff sang. Ueber diese Lieder lacht der Bürger beleidtgt, der Heiliege und Seher hört sie mit Tränen.'

401. 'Datta, dayadhvam, damyata' (Give, sympathise, control). The fable of the meaning of the Thunder is found in the *Brihadaranyaka Upanishad*, 5, I. A translation is found in Deussen's Sechzig Upanishads des Veda, p. 489.

407. Cf. Webster, *The White Devil*, V, vi:

'...they'll remarry
Ere the worm pierce your winding-sheet, ere the spider
Make a thin curtain for your epitaphs.'

411. Cf. *Inferno*, XXXIII, 46:

'ed io senti chiavar l'uscio di sotto
all' orribile torre.'

Also F. H. Bradley, *Appearance and Reality*, p. 306.

'My external sensations are no less private to my self than are my thoughts or my feelings. In either case my experience falls within my own circle, a circle closed on the outside; and, with all its elements alike, every sphere is opaque to the others which surround it. . . . In brief, regarded as an existence which appears in a soul, the whole world for each is peculiar and private to that soul.'

424. V. Weston: *From Ritual to Romance*; chapter on the Fisher King.

427. V. *Purgatorio*, XXVI, 148.

"Ara vos prec per aq uella valor
"que vos guida al som de l'escalina,
"sovenha vos a temps de ma dolor."

Poi s'ascose nel foco che li affina.'

428. V. *Pervigilium Veneris*. Cf. Philomela in Parts II and III.

429. V. Gerard de Nerval, Sonnet *EI Desdichado*.

431. V. Kyd's Spanish Tragedy.

433. Shantih. Repeated as here, a formal ending to an Upanishad. 'The Peace which passeth understanding' is our equivalent to this word.

황 무 지

Cumis에서 한 무녀가 독안에 매달려 있는 것을 나는 보았다. 그때 아이들이 "무녀 당신은 무엇이 소원이요?" 하고 묻자 그녀는 "나는 죽고 싶어"라고 대답하는 것이었다.

보다 훌륭한 예술가
Ezra Pound를 위하여

Ⅰ. 죽은 자의 매장

4월은 가장 잔인한 달
죽은 땅에서 라일락을 키우고
기억과 욕망을 함께 섞으며
봄비로 둔감한 뿌리를 일깨운다.
겨울은 오히려 우리를 따뜻하게 했었지
망각의 눈(snow)으로 대지를 뒤덮고
마른 구근으로 연약한 생명을 키웠으니
여름은 소낙비를 몰고 Starnbergersee로 건너오면서
우리를 놀래 주었다.
우리는 주랑에서 머물러 있다가
햇빛이 비치자 공원에 가서
커피를 마시고 한 시간 동안 한담을 나누었다.
나는 절대로 러시아사람이 아닙니다.
Litauen에서 출생한 진짜 독일사람입니다.
그리고 우리가 어린이었을 때 사촌 대공 댁에 머물렀는데
사촌은 나를 썰매에 태우고 나갔지요.
그리고 나는 겁이 났어요. 그는 말했어요.
"Marie, Marie 꼭 붙잡아" 라고
우리들은 아래로 내려갔지요.

산에서는 마음이 편합니다.
밤에는 책을 읽고 겨울에는 남쪽으로 갑니다.

저기 꼭 서로 붙잡고 있는 뿌리들은 도대체 무엇인가?
이 돌더미 쓰레기로부터 무슨 가지가 자랄 수 있는가?
인자여 그대는 말할 수 없고 추측해 볼 수도 없다.
왜냐하면 그대는 단지 깨어진 이미지의 무더기만을
알기 때문에. 그곳에는 햇빛이 내리 쬐고
죽은 나무는 그늘도 주지 않고 귀뚜라미의 노래도 없고
바싹 마른 돌은 물소리도 안 낸다.
오직 이 붉은 바위 밑에 그늘이 있으니
(이 붉은 바위의 그늘 밑으로 오시라)
그리고 내가 그대에게 보여주리다
아침에 그대 뒤를 활보하며 따르던 그대의 그림자와 다르고
저녁에 일어나 그대를 맞이하는 그 그림자와는
다른 그 무엇을
나는 그대에게 한 줌 흙 속에 공포를 보여 주리라.
　　　　바람은 상쾌하게
　　　　고향으로 부는데
　　　　나의 아일랜드의 님
　　　　그대 어디서 머물고 있는가요?
"일년 전 그대는 나에게 하이아신드 꽃을 주셨지요
사람들은 나를 하이아신드 아가씨라고 불렀지요"
－하지만 그 때 그대가 하이아신드 꽃을 한 아름 안고
머리가 젖은 채 밤늦게 하이아신드 정원에서 우리 돌아왔을 때
나는 말할 수도 없었고 나의 눈은 보이지 않았고
나는 살아 있는 것도 죽은 것도 아니었고
나는 아무것도 몰랐지요
빛의 한 가운데 그 고요함을 들여다보았지요.
바다는 황량하고 임이 없이 텅 비었네

마담 Sosostris는 아주 유명한 천리안
지독한 감기가 걸려있긴 하지만 그래도
유럽에서 가장 지혜 있는 여인으로 알려졌고
사악한 트럼프 한 벌로 점을 친다던 여인

그녀는 말했다.
자 이것이 당신의 카드요 익사한 Phoenician의 수부
(보시지요! 그 전날의 그의 눈은 변하여 진주로 되었지요)
이것은 Belladonna 바위들의 부인
여러 상황들의 부인
이것이 세 갈래의 장대를 가진 사나이
그리고 이것이 차바퀴
이것은 외눈박이 상인 그리고 이 공백의 카드는
이 상인이 짊어지고 있는 그 무엇인데
내겐 보는 것 금지되어 있습니다.
그 교살당한 사나이는 보이지 않는군요.
익사를 조심하시오.
떼지어 원형으로 돌아가는 군중들이 보입니다.
감사합니다. 만일 Equitone 부인을 만나거든
점성용 천궁도는 내 자신이 가지고 간다고 말해 주시오.
요사이는 무척 조심해야 하니까

공허한 도시
겨울 새벽의 갈색 안개 밑에서
군중이 London 다리 위로 흘러간다.
그렇게도 많이
나는 죽음이 그리도 많은 사람들을 파멸시켰다고는 생각지 않았다.
때때로 짧고 드문 한숨을 내어쉬며
각자 자기 발 앞을 주시하였다.
언덕을 오르고 King William Street로 내려가
Saint Mary Woolnoth 성당이 마지막 아홉 시를 치는
사라져가는 종소리로 시간을 알리는 곳으로
거기서 나는 내가 아는 한 사람을 보았다.
"Stetson!"하고 소리질러 그를 세웠다.
자네 Mylae 해전 때 나와 같은 배에 있었던 친구로군
자네가 작년에 정원에 심었던 시체에서는
싹이 트기 시작했는가? 올해에 꽃이 필까?
아니면 갑자기 서리가 내려 그 화단이 망쳐졌는지?
아 사람들의 친구이지만 개를 멀리하게

아니면 또다시 그놈이 발톱으로 파헤칠 것이니!
그대! 위선의 독자여!－나의 동포여－형제여!"

Ⅱ. 장기놀이

그녀가 앉은 의자는 찬란한 옥좌와 같이
대리석 위에서 빛나고 거기엔 거울이
열매 맺은 포도덩굴로 새긴 기둥으로 받쳐졌는데
그 덩굴사이로 큐피드가 내다보고 있다.
(또 하나는 날개로 두 눈을 가리고 있다)
일곱 가지 달린 촛대의 불꽃을 갑절로 늘여
테이블 위에 빛을 반사하였다.
풍성하게 비단상자에서 쏟아져 나오는
그녀의 보석들의 광채와 어울려서
상아 작은 병이나 채색된 잔들의 마개가 열려져 있는데
그 속에는 그녀의 이상한 합성향료들
연고, 가루분과 물분 등－그 향기에 감각이 자극되고
혼란이 일어나고 익사하게 했다. 창으로부터 불어서 새롭게 하는
공기에 흔들리어 향기들은 길게 늘어진 촛불을
부풀리게 하면서 올라갔다. 그 다음 판넬로 된 천정으로
연기를 던졌고 장식된 천정 위에 무늬를 흔들어 버렸다.
구리로 장식된 거대한 바다의 숲은
채색된 돌로 틀을 만들어 초록빛과 오렌지 빛으로 불타고
그 슬픈 빛 속에서 조각된 돌고래가 헤엄치고 있었다.
고풍스러운 벽난로 외에는
마치 창문이 숲 속의 경치를 내려다보듯이
야만적인 왕에게 난폭하게 능욕당한
Philomel의 그림이 걸려 있었다.
하지만 거기서 나이팅게일은 신성한 목소리로
모든 황야를 채우고 여전히 울부짖고 있었다.
그런데 여전히 세상은 그 짓을 계속하고 있다.
"좍좍" 더러운 귀전에 울부짖는 소리
그리고 또 다른 쇠락한 시간의 그루터기들이
벽 위에 묘사되어 있다.
쏘아보고 있는 몇 개의 형상들이

상체를 내밀고 기대서서 방안을 고요로 몰아넣었다.
계단 위에 끌리는 발자국소리
불빛 아래 그녀의 머리솔 아래
그녀의 머리카락은 불 끝처럼 흩어져
언어가 되고 다시 무섭게 고요해진다.

"오늘밤 나 신경이 쓰여요 정말 불편해요 함께 있어줘요.
내게 말해 주세요. 왜 말씀이 없으세요. 말씀 좀 하세요.
무엇을 생각하고 계세요? 뭘 생각하세요? 뭐라구요?
당신이 무엇을 생각하는지 정말 모르겠어요. 생각해 봐요"

죽은 사람들이 그들의 뼈를 잃어버리는
쥐들 다니는 좁은 거리에 우리가 있는가봅니다.
"저 소리는 무엇인가요?"
            문 밑을 지나는 바람소리
"자 저 소리는 무엇이지요? 바람이 도대체 무얼 하지요?
            아무것도 또 다시 아무것도 안 해
"당신은 아무것도 모르세요? 아무것도 안 보이세요?
아무것도 기억하고 있지 않으세요?"

나는 기억하고 있다.
그 전날의 그의 눈은 변하여 진주로 된 사람들을
"당신은 살아 있습니까? 죽어 있습니까?
당신의 머리속에는 아무것도 없어요?"
                        하지만
셰익스피어적인 재즈는
대단히 우아하고
대단히 지성적이야

"지금 나는 어떻게 할까요? 어떻게 할까요?"
"나는 이대로 뛰어나가 거리를 걷겠어요.
머리카락을 풀어 내리고 이렇게. 내일은 우리 무엇을 할까요?
도대체 우리는 무엇을 할까요?"

                    열시에 더운 물 목욕
만일 비가 오면 뚜껑 닫힌 차나 타고

그리고 우리는 장기를 한 판 두게 되리다.
한 잠도 자지 않고 문에 노크소리를 기다립시다.

Lil의 남편이 제대했을 때 내가 말했지요.—
나는 거침없이 말했지. 나 자신이 그녀에게.
시간이 되었습니다. 서두르십시오.
이제 Albert가 돌아올 것이니 좀 예쁘게 꾸며요.
당신에게 이를 해 넣으라고 주고 간 돈을 어떻게
했는지 알고 싶어 할 것인데요.
그가 주었지. 나도 거기 있었다.
그것들을 다 뽑아내고 Lil, 예쁜 걸로 해 넣어
그가 말했지. 정말 나는 너를 참아 볼 수 없다고
나도 차마 못 보겠다. 내가 말했지 그리고 불쌍한 Albert를 생각해 봐.
4년 동안이나 군대생활을 했으니
재미도 보고 싶을거야.
그리고 만일 네가 재미를 안 보이면
그 누군가 딴 사람이 보일거야. 내가 말했지.
오 그럴 사람이 있을까 그녀가 말했지.
있고말고 내가 말했지.
그러면 누구인지는 모르겠지만 고마울거야
그녀는 말하고 나를 똑바로 바라보았지.
시간이 되었으니 빨리 서둘러요.
그것이 싫으면 좋을대로 해요. 내가 말했지.
네가 못하면 다른 사람이 골라잡을 수도 있지.
하지만 만일 Albert가 달아나면 내가 말해 주지
안 했다는 탓은 못할거야.
너는 부끄럽지도 않니? 내가 말했지.
그렇게 늙어 골동품처럼 보이는 것이
(그런데 그녀는 겨우 서른 한 살)
할 수 있나요 라고 말하면서 Lil은
슬픈 얼굴을 했지.
유산하려고 내가 먹은 약 때문이에요. 그녀가 말했지.
(그녀는 벌써 애가 다섯이고 막내 Geroge는 거의 죽을 뻔 했지)
약사는 괜찮을거라고 했지만

그전같지 않아요.
너는 참 바보야 라고 나는 말했지.
그런데 Albert가 너를 가만두지 않는다면
그게 문제야 라고 내가 말했다.
아이들을 원치 않는다면 너는 무엇 때문에
결혼했어?
시간이 되었습니다. 빨리 서두르십시오.
그래요 Albert가 집에 왔던 일요일
그들은 뜨거운 베이컨을 먹었고
나를 만찬에 초대해서 따뜻한 좋은 음식을 잘 먹었지요－
시간이 되었습니다. 빨리 서두르십시오.
시간이 되었습니다. 빨리 서두르십시오.
잘자요 Bill, 잘자요 Lou, 잘자요 May, 잘자요
잘자요 Ta ta 잘자요
잘자요 아가씨들, 잘자요 예쁜 아가씨들 잘자요, 잘자요

Ⅲ. 불의 설교

강가를 덮었던 텐트는 찢어졌다.
잎사귀의 마지막 손가락들이 젖은 강둑에 달라붙어 파고든다.
바람은 갈색 땅을 소리없이 건넌다.
님프들은 떠나갔다.
아름다운 Thames강이여, 조용히 흐르라.
내가 노래를 끝낼 때까지
그 강은 아무것도 가진 것 없다. 빈병들도, 샌드위치 쌌던
포장지도, 비단 손수건들도, 마분지 상자들도, 담배꽁초들도
혹은 여름밤의 다른 증거품도, 그 님프들은 떠나갔다.
그리고 그들의 친구들 도시 중역들의 빈둥거리는 패거리들도
떠나가서 주소도 남기지 않았다.
Leman 호수물가에 앉아 나는 울었다...
아름다운 Thames강이여, 조용히 흐르라.
내가 노래를 끝낼 때까지
아름다운 Thames강이여, 조용히 흐르라
나는 크게도 길게도 말하지 않기에

하지만 나의 등 뒤에서 찬 바람 속에 나는 듣는다.
뼈들의 덜거덕거리는 소리와 귀와 귀 사이가 찢어지도록
입을 벌리고 크게 웃는 소리를.

쥐 한 마리가 풀숲을 통하여 조용히 기어갔다.
눅 위에 끈적거리는 뱃대기를 끌면서
나는 어느 겨울날 저녁 주유소 뒤를 돌아서
흐린 운하에서 낚시질하면서
나의 형인 왕의 파선과 그의 앞서 나의 아버지 왕의
죽음을 명상하였다.
시체는 축축한 낮은 땅위에 옷이 벗겨져 하얗게 노출되고
낮은 메마른 작은 고미 다락방에 버려진 뼈들은
해마다 쥐발에 채어 덜커덕 소리를 낼 뿐이다.
하지만 등 뒤에서 때때로 들리는 소리는
자동차 경적소리와 모터들의 소리
그 자동차는 봄에 Sweeney를 싣고 Mrs. Porter에게 데려갈 것이다.
오 Mrs. Porter와 그녀의 딸 위에 달이 비춘다.
그들은 소오다(Soda)수에 그들의 발을 씻는다.
그리고 오 둥근 천정에서 노래하는 어린 성가대의 목소리여!

트윗 트윗 트윗
좍 좍 좍 좍 좍 좍
참으로 험하게 욕 보았네
Tereu

공허한 도시
겨울 한낮의 갈색의 안개 밑에서
수염도 깎지 않은 Smyrna의 상인 Mr. Eugenides는
London행 운임과 보험료면제증서 교환인
건포도를 주머니 가득 넣고
저속한 프랑스말로 나를 청하여
Cannon Street 호텔에서 점심을 먹고
Metropole 호텔에서 주말을 보내자고 했다.

보랏빛 시각에 눈과 등이

책상에서 떠나 위로 향하는 때에
인간의 엔진이 발동을 걸어 고동치며 기다리는 택시처럼
나 Tiresias는 비록 눈이 안 보이고
양성의 세계에서 가슴 두근거리며
주름진 여성의 젖가슴을 가진 노인이지만 볼 수 있다.
그 보랏빛 시간에 집으로 달려가는 그 시간에
그리고 뱃사람을 바다로부터 집으로 데려오는 그 시간에
차 마시는 시간에 집에 돌아온 타이피스트가
아침상을 치우고 스토브에 불을 피우고
통조림 음식을 늘어놓는다.
창밖에 아슬아슬하게 널려 있는 것은
해의 저녁 석양빛을 받아 마르고 있는 그녀의 속옷들
긴 의자(밤에는 그녀의 침대가 되는)에 쌓인 것은
양말들, 슬리퍼, 실내복, 코르셋
나 Tiresias 주름진 젖꼭지를 가진 늙은 노인은
그 장면을 보고 나머지를 예언했다-
나 또한 그 기대하던 손님을 기다렸다.
여드름이 덕지덕지 많은 그 젊은이가 도착한다.
몸집이 작은 가옥중계사의 서기
철면피가 Bradford의 백만장자 머리 위에
얹은 실크모자처럼 앉아 있는 천한 자들 중의 하나
시간은 적당한 시간이다. 그가 짐작하던 대로
식사는 끝났겠다. 그녀는 심심하고 피곤하다.
그녀를 애무로 끌어들이니
별로 나무라지도 않는다. 바라는 바는 아니지만.
그 자는 얼굴이 벌겋게 되어 단호하게 당장에 달려든다.
더듬어가는 두 손은 아무런 저항을 받지 않는다.
그 자의 허영심은 반응을 필요로 하지 않는다.
무관심을 환영으로 생각한다.
(그리고 나 Tiresias는 이 긴 의자 겸 침대 위에서
연출되는 모든 일은 이미 겪었던 바이다.
Thebes 시의 성벽 밑에 앉았고
그리고 비천한 죽은 자들 사이로 걸었던 나)
그자는 은혜라도 베푸는 듯한 마지막 키스를 해 주고서

길을 더듬어 나간다. 불도 안 켜진 계단으로…

그녀는 돌아서서 잠깐 거울을 들여다본다.
애인이 떠나감을 거의 알지 못하는 듯
어렴풋한 생각이 그녀의 머리속을 스쳐간다.
"자 이젠 끝났다. 끝나서 시원하다."
아름다운 여인이 어리석은 일에 몸을 구부리고
혼자서 그녀의 방안을 거닐 때에
그녀는 무의식적인 손으로 머리카락을 쓰다듬고
축음기에 레코드 한 장을 걸어 놓는다.
"이 음악이 물결을 타고 내 옆으로 기어와"
Strand를 따라 Queen Victoria Street로.
오 오 도시여 도시여 나는 가끔 들을 수 있다.
Thames Street 아래 어느 대중 술집 옆에서
만돌린의 듣기 좋은 울음소리와
어부들이 한낮에 빈둥거리는 곳에서 덜거덕 소리와
지껄이는 소리를.
거기에는 성 Magnus Martyr 성당의 벽들이
Ionia식의 흰빛 금빛의 말할 수 없는 장려함을 지니고 있는 곳

강물은 기름과 타르의
땀을 흘리고
짐배들은
썰물로 뜨고
붉은 돛들은
활짝
바람 부는 쪽으로 무거운 돛대 위에서 휘날린다.
짐배들은 떠가는
통나무들을 씻겨주며
Greenwich 아래로 내려가
Dogs 섬을 지나간다.
웨이알랄라 레이아
월랄라 레이알랄라

Elizabeth 여왕과 Leicester공

노를 휘젓는데
뱃머리는
붉은빛 금빛
도금한 조개껍질로 만들어졌다.
출렁대는 파도는
양해안에 잔물결 일으키고
남서풍은
하류로 종소리를
울려 보냈다.
하얀 탑들
　　웨이알랄라 레이아
　　월랄라 레이알랄라

"전차들과 먼지투성이 나무들
Highbury가 나를 낳았네. Richmond와 Kew가
나를 망쳤네. Richmond가에서 나의 무릎을 치켜 올렸네
좁은 커누 바닥에 반듯이 누워서."
"나의 말은 Moorgate에 있고 나의 가슴은
내 발 밑에 있네. 그 사건이 있은 후
그는 울었네. 그는 '새 출발'을 약속했네.
나는 아무런 언급도 않았네. 내 무엇을 원망하리?"
"Margate의 모래사장
나는 무엇이 무엇인지
생각할 수가 없습니다.
더러운 양손에 갈라진 손톱들
아무것도 기대하지 않는 나의 사람들 겸손한 사람들"
　　라 라

그리고 나는 Carthage 왔도다

불이 탄다 탄다 탄다 탄다
오 주님 당신께서 나를 끄집어 내 주십시오.
오 주님 당신께서 끄집어 내 주십시오.

불이 타고 있습니다.

Ⅳ. 수 사

2주 전에 죽은 Phoenician 사람 Phlebas는
갈매기의 울음을 잊어버렸다. 깊은 바다 물결도
그리고 이익과 손실도.
　　　　　　　　　　　바나 밑의 조류가
속삭이며 그의 뼈들을 추렸다. 그가 솟아오르며 가라앉을 때
그는 노년과 젊음의 계단을 지나갔다.
소용돌이 속으로 들어가면서.
　　　　　　　　　　　이교도이던 유태인이거나
오 수레바퀴를 돌리며 바람 부는 쪽으로 바라보는 그대여
Phlebas를 생각하시라. 그도 한 때는 그대만큼이나
멋있고 키가 컸던 그를.

Ⅴ. 천둥이 말한 것

땀에 젖은 얼굴들 위에 붉게 비치는 횃불 뒤에
정원들 안의 싸늘한 침묵 뒤에
돌 많은 곳들의 고뇌 뒤에
저 아우성소리 울음소리
감옥과 궁전과 먼 산들을 넘어서
봄의 뇌성의 반향
살아있던 그 분은 지금 죽었고
살아있던 우리가 지금 죽어간다.
연약한 인내심을 가지고 견디기만 하지만

여기에는 물이 없다. 다만 바위가 있을 뿐
바위 뿐 물이 없고 모래의 길
산들 사이에 구비구비 돌아 오르는 길
그 산들도 물이 없는 바위산
물이 있다면 멈추어서 마시겠는데
바위틈에서는 멈추거나 생각할 수 없다.
땀은 마르고 발은 모래 속에 있다.
바위 사이에 물만 있다면
썩은 이빨의 죽은 산 아가리에선 물을 낼 수 없나.
여기선 우리는 서 있을 수도 누울 수도 앉을 수도 없다.

이 산들 속에는 정적마저 없다.
비 없는 메마른 김빠진 천둥소리뿐
이 산들 속에는 고독조차 없구나.
흙벽돌 갈라진 집들의 문간에서
비웃고 으르렁거리는 시뻘건 음침한 얼굴들뿐
만일 물이 있고
바위가 없다면
만일 바위가 있고
또한 물이 있다면
그리고 물이
샘물이
바위틈에 모인 물이 있다면
만일 물소리만이라도 있다면
매미 소리와
마른 물의 노래가 아니라
바위 위에 물소리가 있어서
거기서 숨어있는 개똥지빠귀가 소나무 숲에서
드립 드롭 드립 드롭 드롭 드롭 드롭 노래한다.
하지만 물은 없다.

그대 옆에서 항상 걷고 있는 셋째 사람은 누구인가?
세어보면 그대와 나와 둘 뿐인데
하지만 하얀 길 위로 내가 내다볼 때
그대 옆에 걸어가고 있는 또한 사람이 항상 있다.
갈색 망토를 입고 두건을 쓰고 조용히 미끄러지듯 걸어가는 사람
남자인지 여자인지 모르겠어.
－하지만 그대 저편의 사람은 누구인가?

공중높이 울리는 저 소리는 무엇인가?
어머니의 비탄같은 중얼거림
평평한 지평선으로만 둘러싸인
갈라진 땅에 엎으러지면서
끝없는 벌판 위로 떼지어 모여드는
저 두건 쓴 무리들은 누구들인가
산들을 넘어 저 도시는 무엇인가.

보랏빛 하늘에 터지고 다시 만들어지고 폭발하는
무너지는 탑들
Jerusalem Athens Alexandria
Vienna London
공허한

한 여인 길고 검은 머리카락을 팽팽하게 잡아당기고
그 악기 줄 위에 귓속말 같은 음악을 켜고
갓난애 얼굴을 한 박쥐들이 보랏빛 빛 속에서
휘파람을 불고 그들의 날개를 치고
까맣게 된 벽 밑으로 거꾸로 기어 내렸다.
그리고 허공중에서 탑들이 거꾸로 된 채
예배시간을 알리는 회상의 종을 울린다.
그리고 빈 저수탱크와 물이 말라버린 우물들에서
노래하는 목소리들이 있었다.

산들 사이에 이 쇠락한 구멍 속에는
희미한 달빛 아래 풀이 노래하고 있다.
예배당 주위에 무너진 무덤들 위에서
텅 비어 있는 예배당 바람의 집일뿐
창문은 없고 문은 흔들리고
마른 뼈들은 아무도 해치지 않는다.
다만 수탉 한 마리가 대들보 위에 앉아서
코 코 리코 코 코 리코
번갯불 속에서 그때 비를 몰고 오는
축축한 돌풍

갠지스 강은 말라붙었고 맥없이 늘어진 나뭇잎들은
비를 기다리는데, 시커먼 구름장들은
머얼리 Himavant 산 너머
멀리 아득히 몰려들었다.
밀림은 쭈그리고 조용히 등 굽히고 앉았다.
그 때 천둥은 말했다.
따
따타: 우리는 무엇을 주었는가?

친구여 내 가슴을 흔드는 피
분별 있는 나이든 사람도 억제할 수 없는
한 순간에 항복하는 그 무서운 과감한 행동
이것으로 이것만으로써 우리는 존재해 왔다.
그것은 우리의 사망기사 속에서도
인정 많은 거미가 줄을 치는 비명 속에서도
빈방에서
야윈 변호사가 찢어 개봉하는
봉인서 속에도 없다.
따
다야드흐밤: 나는 들었다 열쇠가
문에서 한 번 단 한 번 돌아가는 소리를
우리는 그 열쇠를 생각한다.
각자가 그의 감방 속에서
그 열쇠를 생각하면서 각자는 감방을 확인한다.
다만 해질녘에만 하늘의 소문들이
몰락한 Coriolanus를 잠깐 동안 회상시킨다.
따
담야타: 배는 즐겁게
돛과 노를 가진 익숙한 뱃사람에게 응답하였다.
바다는 고요했다. 초청을 받았다면
그대의 마음도 즐겁게 응답했으리라.
조종하는 손들에게 공손히 고동하면서

나는 해안가에 앉아서
낚시질했다. 나의 뒤에는 불모의 벌판
나는 적어도 나의 땅을 정돈해야 할 것인가?
London Bridge가 무너진다. 무너진다. 무너진다.
"언제 나는 제비같이 될 것인가?"-오 제비여 제비여
"폐허된 탑만의 Aquitaine의 왕자"
이러한 단편을 나는 나의 폐허에 버티어 왔다.
그러면 당신 말씀대로 합시다. Hieronymo는 다시 미쳤다.
다타, 다야드흐밤, 담야타.
샨디 샨디 샨디

● 이해와 감상

이제는 Eliot의 그 유명한 "The Waste Land"를 살펴보기로 하겠다. 세계 제1차대전 후 20세기의 현대는 눈부시게 발달한 기계문명으로 고도의 문화생활과 풍요로운 물질을 향유하고 있으나 시인의 기독교적 이상주의자의 관점에서 볼 때는 정신문화의 해체와 혼란과 붕괴라는 현대의 궁경(modern dilemma)과 위기에 빠져 있다는 것이다. 이러한 현대문명은 정신적 가치가 부재한 황무지인 것이다. 현대 황무지의 세계는 Northrop Frye가 잘 지적했듯이 *The Waste Land*의 제1부 "The Burial of the Dead"에서 London의 공허한 도시("Unreal City")를 걸어가는 많은 군중들은 단테의 신곡 중 지옥에서 보게 되는 저주받은 군상들같이 비유되고 있다. 이 시의 첫 행인 "April is the cruelest month,..."라는 파라독스에서 현대 황무지에서는 4월은 참된 소생(true renewal)을 가져다주는 것이 아니라 헛된 추억만을 가져다주어 우리를 괴롭게 하므로 잔인하다는 의미이다. 또 다른 의미로는 4월이 정신적으로 부활을 원치 않는 사람들에게 부활할 것을 일깨워 주므로 잔인하다는 것이다. 여기서 Eliot는 현대의 황무지에서 사는 사람들이 그 어떤 악을 행하기보다는 그들의 삶의 참된 의미를 이해하지 못하고 살아가기 때문에 정신적으로 죽은 상태에 있다는 것이다. 그러므로 이와 같이 삶의 의미를 깨닫지 못하고 사는 현대 황무지의 사람들은 어떤 삶의 가치나 표준이 없이 본능적인 욕구대로 살아가는 모습이다.

이와 같이 Eliot는 현대의 황무지에 사는 사람들이 삶의 의미를 상실한 채 자아중심의 세계 안에서 되는대로 살아가므로 살고는 있으나 죽음의 상황 속에서 있는 이른바 생중사(Death-in-Life)의 궁경으로 묘사하고 있다. 그러나 시인은 이 장시 "The Waste Land"에서 황무지의 절망적인 묘사로만 끝나지 않고 현대인들이 재생할 수 있는 비젼을 암시하고 있다. Eliot는 성경을 비롯해서 Sir James Frazer의 *The Golden Bough*와 Jessie L. Weston의 *From Ritual to Romance*를 배경으로 한 신화와 전설을 통하여 재생의 암시를 보여주고 있다. 예를 들면 성배전설(Legend of the Holy Grail)에 나오는 Fisher King의 성불구(sexual maiming)로 황폐하게 된 그 나라는 가능할 것임을 암시하고 있다. 또 고대 이집트 신화를 배경으로 하여 죽음으로 뒤덮인 황무지에 재생을 암시하기도 한다.

이제부터는 이 시의 처음으로부터 세부적으로 자세히 살펴보기로 하겠다. 맨 먼저 Part Ⅰ, "The Burial of the Dead"에서 Epigraph를 보면 *The Satyricon* by Petronius에서 인용한 것으로 영어로 번역하면 다음과 같다.

For I saw with my own eyes the Sybil
of Cumae hanging in a cage and the boys were
talking to her:"What do you want, Sybil?"
She answered, "I want to die."

위에서 the Sybil은 희랍신화에서 나오는 여자예언자이다. 그녀는 Apollo신에게 호소하여 그녀의 손안에 쥔 모래알처럼 많은 세월을 살도록 허락받았으나 나이가 늙어 힘없이 되자 그녀의 삶은 지루하고 고통스러울 뿐이었다. 그리하여 그녀는 다만 "죽고 싶다고"하였다. 이러한 상황은 Eliot가 정신적으로 무의미한 20세기 현대 황무지의 상황을 암시한 것으로 그 황무지에서의 삶은 삶의 매력을 잃어버리고 죽음만이 반갑게 기다려질 뿐이다. "4월은 가장 잔인한 달"이라는 파라독스는 바로 현대 황무지에 살아가는 사람들의 궁경(predicament)을 암시하고 있다. 봄이 와서 겨울의 얼어붙은 땅을 일깨워주고 봄비로 무딘 뿌리를 촉촉이 적시어 싹트게 하지만 현대인들은 그들의 본능과 욕망의 잠에서 깨어나 소생되기를 거부하는 상황이다. 다음 시구절에서 20세기 황무지에 사는 현대인들의 이러한 내면의 욕구가 암시되다.

Winter kept us warm, covering
Earth in forgetful snow, feeding
A little life with dried tubers.

그 다음에는 계속해서 이러한 현대인의 삶의 패턴이 구체적으로 묘사되어 나온다. 맥주로 유명한 독일의 도시 뮌헨(Munich) 가까이에 이는 호수이며 상류사회의 휴양지 Starnbergersee가 나오고 상류사회의 백작부인 Marie가 등장되는 것이다.

그 다음 두 번째 Section에서는 황무지는 쓰레기 같은 돌무더기(stony rubbish)로 비유된다. 그곳에는 나무들이 죽어 있어 쉴 수 있는 그늘도 없고 메마른 돌들 사이에는 생명을 상징하는 물의 소리도 들리지 않는 곳으로 묘사된다. 여기서 Eliot는 구약성서 에스겔(Ezekiel) 37장을 배경으로 현대 황무지를 암시한다. 선지자 에스겔이 본 곳은 죽은 사람들의 뼈가 가득히 있는 골짜기였다. 그때 하나님께서 에스겔에게 묻는다. "Son of man, can these bones live?" 그때 에스겔의 대답은 And I answered, O Lord GOD, thou knowest.이었다. 정신적으로 볼 때 죽음의 상태에 있는 현대 황무지는 바로 그 옛날 선지자 에스겔이 본 해골 골짜기와 흡사하다고 시인은 보고 있는 것이다. 시인 Eliot는 여기서 에스겔이 본 골짜기에서 해골들이 전능하신 하나님의 목소리를 듣고서 생명이 있는 사람들로 부활되어 나왔듯이 현대 황무지에서는 재생의 희망이 다만 예수 그리스도를 상징하는 붉은 바위에 있음을 이사야(Isaiah) 32:2을 배경으로 하며 암시하고 있다.

Only
There is shadow under this red rock
(Come in under the shadow of this red rock),

epigraph에서 the Sybil은 그녀의 손안의 많은 모래알처럼 기나긴 삶을 살아가지만 이제 늙고 연약하여 의미 없는 삶을 살아가서 그 긴 세월의 삶은 오히려 고통과 두려움이 되었다. Eliot는 이러한 그녀의 비극적 상황이 바로 불모지에 살아가는 현대인의 두려움이요 고통임을 역설한다.

I will show you fear in a handful of dust.

다음에는 Wagner의 Opera 중 하나인 사랑의 노래 *Tristan and Isolde*의 인용구가 나온다. 뱃사람 Tristan이 사랑하는 애인 Isolde를 애타게 기다리는 것이다. 이 오페라의 인용구는 다음에 계속되어 전개되는 "hyacinth girl"에 관한 사랑의 에피소드를 위한 전주곡이 된다. 여기에 나오는 "hyacinth girl"의 이미지는 육체적 사랑의 황홀한 순간을 맛보지만 그들의 사랑도 불모(sterility)로 끝나고 만다. 적어도 시간과 공간을 초월한 참사랑의 의미와 기쁨을 명상해 볼 때 그러한 것이다.—Looking into the heart of light, the silence.—

I was neither
Living nor dead, and I knew nothing.

원래 hyacinths는 부활의 상징적인 꽃이다. 왜냐하면 희랍신화에서 그 꽃들은 살해당한 젊은이 Hyacinthus의 피로부터 피어났기 때문이다. 그러므로 이러한 숭고한 이미지의 배경을 비추어볼 때 이 시에 묘사된 "hyacinth girl"의 이름은 아이러니컬하게 붙여진 이름이다. 이 Section의 맨 끝 행은 위에선 인용한 *Tristan and Isolde*의 계속으로 영어로 옮기면 "Waste and empty is the Sea"이다. 이 구절은 현대 황무지에서의 사랑은 "hyacinth girl"에서 보여준 것처럼 육체적인 사랑의 한 순간적인 쾌락이 있을 뿐 정신적으로는 참 기쁨과 만족이 없는 불모의 사랑 그것임을 암시해 준다.

그 다음 Section에서 Madame Sosostris는 유럽에서 가장 현명한 여자 점술사로 미래를 내다볼 수 있는 천리안의 소유자(clairvoyante)라고들 한다. 그러니 그녀가 지독한 감기가 들었다는 함축적인 야유(cynicism)에서 사실 그녀가 그렇게 훌륭한 예언자가 못됨을 암시해 준다. 그러나 문제는 아이로니컬하게도 현대 황무지에 사는 많은 사람들은 그들 앞날에 운명을 알기 위하여 그녀에게 매달리고 있다는 것이다. 그리고 그녀가 점치는데 사용하는 것은 겨우 78개의 그림이 있는 카드로 된 Tarot pack일 뿐이다.

그런데 이 시에서 Eliot는 Madame Sosostris가 내놓은 카드에 따라 이 시에서 전개되어 나오는 사건들과의 인물들을 예시하는 방법으로 사용하고 있다. 예를 들면 물에 익사된 Phoenician Sailor는 제4부 "Death by Water"에서 Phlebas the Phoenician으로 나오고 한쪽 눈의 상인(the one-eyed merchant)은 제3부 "The Fire Sermon"에서 209행 Mr. Eugenides로 나온다. 여기서 또 물에 익사된 Phoenician Sailor와는 대조되는 인물을 시인은 명상하게 된다.

(Those are pearls that were his eyes. Look!)

위의 구절은 Shakespeare의 Comedy 중 하나인 *The Tempest*(1, ii, 398)에서 인용된 구절인데 바로 Ariel의 노래로서 Ferdinand왕자에게 그의 부왕 Alonso는 익사하여 더욱 훌륭하고 신비한 존재로 변형되었음을 암시해 주는 내용이다. 그리고 20세기 현대의 황무지에서 미인 Belladonna의 유혹은 볼 수 있으나 정신적 계몽과 풍요의 갱생을 가져다주는 희생적 인물을 상징하는 "The Hanged Man"은 찾아볼 수 없는 상황임을 암시해 준다.

맨 끝 section에서 Eliot는 London을 묘사하고 있다. 겨울 새벽 London Bridge 위로 수많은 군중들이 걸어가는 모습이다. 시인의 눈에는 그 많은 사람들이 살아있는 사람이라기보다는 죽은 사람들의 행렬로 보인다.

I had not thought death had undone so many.

위의 구절은 단테의 신곡 중 지옥(Hell, Canto Ⅲ)에서 인용한 구절로 여기 지옥에서 보는 군중들은 자기중심적으로 살고 선(good)도 악(evil)도 모르고 사는 사람들이다. 이들은 바로 참된 삶의 의미도 이해할 수 없고 또 참된 삶의 의미를 상실하고 살아가는 현대 황무지의 사람들을 암시하고 있다.

이러한 현대의 황무지에서 시인은 고대 이집트 신화를 배경으로 하여 이 황무지 같은 현대 사회가 재생하기를 바라는 소망을 암시적으로 투영하고 있다.

That corpse you planted last year in your garden,
Has it begun to sprout? Will it bloom this year?

고대 이집트 신화에 의하면 Osiris는 그의 경쟁자 Set에 의하여 살해되어 그 시신의 여러 부분을 여러 곳에 매장되었다. 그의 아내 Isis는 그의 무덤을 성스럽게 만들고 그 위에 매년 곡식의 씨앗을 뿌렸다. 그리고 그 곡식의 낱알에서 싹이 트자 사람들은 Osiris가 정말 죽은 것이 아니라 부활한 것으로 믿게 되었다는 것이다. 그런데 여기서 Eliot가 기독교신앙의 기초를 둔 이상주의자라는 사실을 고려해 본다면 위에 인용한 구절은 우리의 과거 잘못된 자아를 청산하고 훌륭한 자아로 새롭게 창조된다는 심오한 비유일 수도 있다. 그리고 이러한 새로운 창조의 시간이 있음으로서 20세기 황무지에서 싹이 트고 꽃이 필 것임을 암시하고 있다. 그런데 여기서 시인은 "frost"나 "Dog"의 비유를 들어서 그 새 생명이 태어나지 못하도록 방해하는 위험한 존재가 있음을 암시하고 있다.

'Or has the sudden frost disturbed its bed?
'O keep the Dog far hence, that's friend to men,
'Or with his nails he'll dig it up again!

끝 행에서 Eliot는 프랑스 시인 Baudelaire의 *Flowers of Evil*의 서시 중 '독자에게'를 프랑스어 그대로 인용하고 있어 의도적이다. 그 시 속에서 Baudelaire는 우리는 모두 우리 자신의 어리석음과 잘못, 죄 그리고 천박함에 있어 다 책임이 있고 무엇보다도 권태와 영적 공허함에 있다고 하였다. 특별히 독자들도 그러한 책임에서 면할 수 없다고 강조한다.

제Ⅱ부 "A Game of Chess"는 Middleton의 *Women Beware Women*을 배경으로 하였다. 이 작품의 이야기에서 장기의 한 개 한 개의 움직임은 Bianca를 유혹하는 하나하나의 움직임을 암시하는 것으로 정욕과 속임수와 교묘한 음모의 이야기이다. 여기서 Eliot는 현대 황무지에서 일어나는 정욕과 속임수로 희생되는 불모상을 실제의 사건을 통하여 묘사하고 있다. 이 시의 첫 번째 장면은 Antony와 Cleopatra의 사랑의 만남을 연상케 하듯 화려한 장면이다. 그러나 이러한 분위기 묘사는 그곳에 걸려 있는 Philomela의 그림으로 인하여 현대 남녀간의 성도덕의 문란으로 불모지가 된 황무지를 암시한다. 이러한 암시의 배경은 Ovid(43B.C.~A.D.17)의 시 *Metamorphoses*에 보면 Philomela는 그녀의 형부인 Tereus왕에 의하여 강간을 당하고 또 Tereus는 그녀가 그녀의 언니에게 말하지 못하도록 혀를 자른다. 그 비극적인 Philomela는 그만 nightingale로 변하게 된다는 이야기에 있다. 여기서 상류사회에 물질적 풍요를 누리지만 그 아내와 남편의 대화를 통하여 암시되는 것은 참된 사랑이 결핍된 황폐상이다.

I think we are in rat's alley

Where the dead men lost their bones.

그리고 이러한 황폐상은 두 사람의 서로 다른 가치차원에서 오는 것임을 다음의 구절에서 암시해 준다.

I remember
Those are pearls that were his eyes.
'Are you alive, or not? Is there nothing in your head?'

남편은 Shakespeare의 Tempest에서 바다에 익사했지만 뼈는 산호로 변하고 눈은 진주가 되고 나머지는 보물로 승화했다는 King Alonso를 명상하는데, 그 아내는 재즈(jazz) 음악을 들으며 목욕을 하고 장기를 두며 누군가 오기를 기다리는 대조적인 모습이다.

두 번째 장면에서는 London의 한 중심인 St. Mary-le-Bow 성당의 종소리가 들리는 Cockney area의 한 대중 술집에서 두 여인의 대화가 나온다. 이 대화를 통하여 Lil이라는 하류층의 여인과 그녀의 남편 Albert 사이에도 참된 사랑이 결여되어 있는 불모상을 암시해 준다.

What you get married for if you don't want children?

위의 문장에서 여자가 임신하는 일을 부부간의 사랑의 선물로 보기보다는 여자의 건강이나 미모에 손상을 주는 짐스러운 일로 본다. 시인은 이 황무지에서 부부간의 순수한 사랑과 그 기쁨보다는 관능적인 욕망이 더 우세한 상황임을 암시해 주고 있다.

그 다음 Part Ⅲ, "The Fire Sermon"에서 묘사되는 장소는 또한 London이다. 여기에서 시인은 인유(allusion), 함축(implication) 그리고 자세한 주위환경의 묘사를 통하여 현대 도시인의 삶이 그 주위 환경만큼이나 황량하고 지저분하고 천한 것임을 암시해 준다. 또 시인은 Edmund Spenser의 결혼 축가(*Prothalamion*)의 후렴에서 그 당시 Thames강둑에서 거행되는 귀족적인 결혼식을 연상하게 한다. 여기에 Spenser가 묘사한 이상적인 남녀간의 사랑과 오늘날의 추하고 본능적인 행위의 대조를 통하여 현대 황무지의 황량한 상황을 강조해 주고 있다.

The wind
Crosses the brown land, unheard. The nymphs are departed.
Sweet Thames, run softly, till I end my song.

이러한 두 장면의 대조를 마음속에 명상하면서 이 시의 화자는 슬픔에 잠긴다. 이렇게 슬퍼하는 모습은 성서적 인유 Biblical allusion으로 전개되는

데 그 옛날 히브리인들이 바빌론(Babylon)으로 포로가 되어 그곳에 귀양살이 하던 중 그들이 고국을 동경하면서 슬퍼하며 울던 모습과 흡사한 것이다.

By the waters of Leman I sat down and wept...

물론 Lake Leman은 Eliot가 *The Waste Land*의 일부를 쓰면서 요양했던 스위스에 있는 호수 이름이긴 하다. 그러나 이러한 황량한 곳에서 시인은 형이상학파 시인 중의 한사람이던 Andrew Marvell의 시 "To His Coy Mistress"중 한 구절을 연상하면서 시간이 대단히 빠르게 지나기에 드디어 죽음의 시간이 순식간에 올 것을 명상하게 된다. 현대의 황무지에서 변함없이 빠르게 지나가는 시간 속에서 의미있는 삶이 무엇인가를 명상하게 된다.

그 다음 187행부터 나오는 부분은 James Joyce의 소설 *Ulysses*에서 나오는 장면을 연상하게 한다. 즉 Bloom이 Paddy Dignam의 장례식에 갔을 때 뼈들이 부딪치는 소리, 쥐, 운하, 가스공급소 등 장례식의 불유쾌한 장면들을 회상하게 한다. 이렇게 운하와 가스공급소가 있는 어두운 산업도시의 분위기 속에서 시의 화자는 겨울날 저녁에 낚시를 하면서 Shakespeare의 극작품 *The Tempest*에서 나오는 Ferdinand 왕자를 명상해 보게 된다. 과연 이 오염된 운하에서 고기를 잡는 일이 가능할 것인가? Ferdinand 왕자의 아버지가 바다에 익사되어 훌륭한 다른 자아(the other good self)로 승화된 것처럼 이 현대의 황무지에서 그러한 변화의 희망이 있을 수 있겠는가? 그 대답은 부정적이다. 이러한 불모지에 봄은 오지 않고 소생의 모티브가 되는 정화(purification)는 찾기 어렵다. 또 이러한 부정적인 대답은 시인이 희랍신화의 배경을 통하여 암시해 준다. 그 희랍신화에서 Actaeon이 사냥하러 나왔다가 정숙의 여신 Diana가 요정들과 함께 목욕하는 장면을 보게 된다. 그때 Actaeon이 자제심을 잃고 Diana의 벗은 몸을 보았으므로 수사슴(stag)이 되자 그 자신의 사냥개들에게 물려죽게 된 것이다. 그러나 이러한 심오한 도덕적 의미의 신화와는 대조적으로 현대 황무지에서는 Sweeney와 Mrs. Porter가 부정한 남녀관계를 거리낌 없이 행하는 모습이 암시된다. 그리고 아이로니컬하게도 Mrs. Porter는 그녀의 딸과 함께 더러운 발을 깨끗하게 하려고 소다액(Soda Water)으로 씻는다. 여기서 Eliot는 이러한 장면과 대조(contrast)되는 장면을 Paul Verlaine(1844~1896)의 'Parsifal'에서 인용하여 그 시에서 제시하고자 하는 의미를 더욱 효과적으로 나타내고 있다. 즉 탐색기사 Parsifal은 모든 유혹을 물리치고 상처입은 왕 Amfortas—여기서는 the Fisher King을 암시—을 치유하는데 성공한다. 그래서 Parsifal의 발을 씻어주고 성배(the Holy Grail)의 교회에서는 소년성가대원들이 축하의 찬송을 불러주는 것이다.

O the moon shone bright on Mrs. Porter
And on her daughter
They wash their feet in soda water
Et O ces voix d'enfants, chantant dans la coupole!

그 다음에는 시인이 King Tereus에게 강간당한 Philomela가 나이팅게일이 되어 슬프게 우는 소리를 모방하여 표현했다. 이러한 나이팅게일의 울음소리를 바로 황무지에서 일어나고 있는 유린당한 순결과 정욕의 횡포를 음악적인 효과를 가지고 암시하고 있는 것이다.

Twit twit twit
Jug jug jug jug jug jug
So rudely forc'd.
Tereu

위에서 인용된 시행은 시인 John Lyly(1554~1606)의 노래에서 차용한 것이다. 그런데 특별히 여러 번 되풀이 되는 "jug"는 슬픔으로 너무 울어서 목쉰 소리를 암시해 주고 끝에 "Tereu"는 그 악마같은 원수 King Tereus를 상기시켜 준다.

그 다음 London이 공허한 도시("Unreal City")가 음악의 후렴처럼 되풀이되어 나오는데 여기서 시인은 현대 황무지의 또 다른 불모상을 묘사하고 있다. 즉 도시의 대표적인 사람들인 상인들이 도덕적으로 부패하고 정신적으로 그 비젼을 잃어버린 것이다. 그들은 돈만 벌면 향락의 구렁텅이로 빠지는 것이다. 이러한 현대 상인들의 타락성을 한 구체적인 사람의 이름을 들어 묘사했는데 그 사람은 Smyrna 상인인 Mr. Eugenides이다. 그는 주말이 되면 England 남부 해안 Brighton의 상류층 호텔인 the Metropole에서 관능적인 쾌락을 즐기는 것이다. 그러나 Jessie Weston여사에 의하면 Smyrna 상인과는 대조적으로 옛날 페니키아 상인들(Phoenician traders)은 상업과 더불어 풍요로운 종교의 지식도 전했다는 것이다.

그 다음에 나오는 에피소드는 타이피스트 아가씨와 한 젊은 가옥 중개사와의 불타는 정욕의 난무이다. 그리하여 서로간의 존경이나 애정은 전혀 없이 다만 그들의 행위는 충동적이고 기계적이다. 여기서 공격적인 젊은이의 행동은 동물적 본능에 가깝고 타이피스트의 태도도 완강한 거절이 아니고 도덕적 수치심이나 뉘우침도 거의 없는 듯 묘사되어 있다. 위에서 보는 바와 같이 Eliot는 고전세계의 가장 유명한 예언자 중 하나인 Tiresias는 더욱 확언해 준다. 그래서 이 시에서 Tiresias는 다만 구경꾼으로가 아니라

이 시의 나머지를 연결짓는 역할을 하게 한다.

그 다음은 타이피스트가 축음기에 올려놓은 레코드판에서 나오는 음악 소리가 London의 Strand길을 따라 Queen Victoria Street까지 흘러간다. 이러한 도덕성에 둔감한 London의 황폐상을 암시한다. 그리하여 그 다음 시행에서는 성서적 인유를 통하여 London의 무지와 그 황폐하게 된 궁경을 한탄하는 암시가 있다. 즉 "O City city"는 예수님께서 "O Jerusalem, Jerusalem"하시면서 예루살렘이 장차 멸망하여 황폐하게 될 일을 미리 아시고 슬퍼 우시던 장면을 연상하게 한다.

O city city, I can sometimes hear
Beside a public bar in Lower Thames Street,
The pleasant whining of a mandoline
And a clatter and chatter from within
Where fishermen lounge at noon:where the walls
Of Magnus Martyr hold
Inexplicable splendour of Ionian white and g'old.

그래서 Lower Thames Street에 있는 술집에서 들리는 만돌린(mandoline) 소리는 즐거운 소리가 아니라 역설적으로 애처로운 울음소리이다. 그리고 위에서 fishermen은 the Fisher King을 회상하게 하는 사람들이 아니라 다만 가까운 Billingsgate 생선시장에서 떠들며 일하는 일꾼들일 뿐이다. 또한 London Bridge에서 가까이 있는 St. Magnus Martyr 교회도 겉으로는 화려하지만 아이러니컬하게도 순수한 신앙의 열정은 식어지고 공허한 상태에 있음을 암시하고 있다.

그 다음에는 Thames강을 묘사한 두 편의 노래가 대조되어 나온다. 먼저 나오는 노래는 공해에 찌들고 황량한 현대의 Thames강이고 그 다음 나오는 노래는 맑고 깨끗하고 아름다운 종소리가 은은히 울려 퍼지는 르네상스 시대의 Thames강이다.

다음에는 Thames강가에서 세 아가씨가 똑같이 능욕을 당하고 말할 수 없는 혼란 상태에 빠져 있는 이야기를 하는 내용이다. 그들이 치욕의 구렁텅이에 빠지는 과정이 반쯤은 암시적으로 그려져 있고 그들은 불명예와 수치로 인하여 정신이상의 상태로 빠져 있는 상황을 묘사하고 있다.

Highbury bore me. Richmond and Kew
Undid me.

위의 구절을 Eliot가 Dante의 연옥(Purgatory)의 구절을 모방해서 썼다.

그리고 구체적으로 London 장소를 말하는 고유명사가 몇 개 나온다. Highbury는 London의 주택지이고 Richmond와 Kew는 보트여행으로 유명한 장소들이다. 또 Moorgate는 London의 빈민구역이고 Margate Sands는 Thames강어귀에 있는 휴양처이다.

이렇게 정욕으로 불타는 현대의 황무지는 St. Augustine(354∼430)의 *Confessions*(참회록)의 한행—'To Carthage then I came, where a cauldron of unholy loves sang all about my ears'에서 본 모습과 비슷하다. Eliot는 또한 "The Fire Sermon" 맨 끝 행에서도 St. Augustine의 *Confessions*에서 인용한다.

Burning burning burning burning
O Lord Thou pluckest me out
O Lord Thou pluckest

burning

위에서 "burning"이 종지부(full stop)도 없이 네 번씩 계속되다가 맨 끝에서도 또 한 번 나오는데 이것은 인간의 정욕의 불의 문제에 있어서 그 끝이 없고 결코 해결책이 없음을 암시한다. 다만 St. Augustine의 고백과 간구처럼 절대자 하나님께서만이 그 정욕의 불가항력적인 불로부터 황무지에서 사는 인간들을 구원해 주실 수 있다는 신념을 시인은 암시하고 있는 것이다.

다음 Part Ⅳ, "Death by Water"는 페니키아 사람 Phlebas의 익사(drowning)에 관한 내용이다. 불과 10행의 짧은 시이지만 원래는 93행의 긴 시였다. 그러나 Ezra Pound의 제안에 따라서 Eliot는 항해에 대한 설명을 줄이고 지금의 남은 것은 알리고리컬한 꿈의 마지막 부분이다. Phlebas는 이미 Part Ⅱ에 나오던 상인으로 육체적 쾌락을 추구하던 사람이다. 그러나 이제 바다에 익사되는 순간 그의 인생의 야망이나 부귀영화, 젊음과 재물 모두 다 치솟던 파도처럼 한순간에 사라져 버린 것이다.

그렇지만 그가 익사되는 순간 인생의 오욕을 깨끗이 씻어 버리고 인간 욕망의 소란한 소동도 조용히 가라앉아 정화(purification)와 재창조의 시간을 맞이하게 된 것이다. 육체는 죽었으나 영혼의 새로운 삶이 시작된 것이다. 좀더 알리고리컬한 의미로 본다면 인간 자아 중심의 삶을 부정할 때 차원 높은 영원한 삶이 주어지게 되는 파라독스이다. 시의 구조로 본다면 Part Ⅲ "The Fire Sermon"에서 활활 타오르던 정욕의 불은 Part Ⅳ "Death by Water"에서 물로 정화되는 조화를 보여준다.

이 시의 끝으로 Part Ⅴ "What the Thunder Said"는 우선 그 제목이 성서적

배경을 둔다. 성경의 기록을 보면 사람들이 하나님의 음성을 듣고 우뢰가 울었다고 표현한 곳이 있다. 이 시의 처음 부분에는 예수님께서 십자가에 달려 죽으시기 전 고난의 장면이 묘사된다. 예수님께서는 Gethsemane 동산의 고통 속에서 더욱 간절히 기도하시니 땀이 땅에 떨어지는 핏방울같이 되었다고 기록되었다. 제자 Judas에게 배반을 당하시고 밤에 큰 무리의 군중들이 횃불을 들고 예수님을 붙잡으려고 왔다. 예수님께서 붙잡혀 Pilate에게 가기 전 대제사장의 궁전 뜰에서 심문과 온갖 모욕과 조롱을 당하시고 종래는 십자가에서 참혹하게 심문과 온갖 모욕과 조롱을 당하시고 종래는 십자가에서 참혹하게 처형을 당하신 것이다. 그러나 여기서 Eliot는 예수님의 죽음과 현대 황무지에서 살아가는 우리들의 죽음은 그 차이가 하늘과 땅 사이와 같이 비교할 수 없이 큰 것이라고 암시하고 있다.

He who was living is now dead
We who were living are now dying
With a little patience

예수님의 죽음은 아무 죄도 없으신 하나님의 독생자께서 인류를 죄에서 구원하시고자 하는 크신 하나님의 뜻을 이루시기 위해서 죽으신 것이고 삼일 후면 부활하시는 것이다. 그러나 현대의 황무지에서 생중사의 삶을 겨우 이어가고 있는 우리는 부활의 희망은 결코 없는 것이다. 다시 말하면 황무지에서 살아가는 현대인들의 정신적으로 소생할 수 있는 희망이 별로 보이지 않는 것이다.

그 다음은 Eliot 자신이 그 자시의 주(Notes)에서 밝혔듯이 세 가지 테마가 나온다. 즉 Emmaus로 가는 여행, 위험성당(the Chapel Perilous)에 접근 그리고 동유럽의 현재의 황폐상 등이다.

먼저 331행부터 358행에서는 시인이 성배(the Holy Grail)를 찾아 나선 원탁기사의 여행을 묘사하였다. 그 신비한 성배를 찾아나선 기사에게 펼쳐지는 것은 무서운 망상의 미혹을 받기 쉬운 황폐한 모래사막이었다. 이 기사의 피로한 여행 가운데 생명을 주는 물을 얻을 수 있는 희망이란 전혀 없고 마치 탐색기사를 놀려주는 듯 사막은 악의를 품고 있는 듯한 모습을 띠고 있는 것이다. 예를 들면 애타게 물을 찾아서 헤매던 중 바위에서 물이 떨어지는 소리를 듣는 것 같았으나 그것은 다만 티티새(thrush)가 소나무 사이에서 우는 소리일 뿐이다.

Drip drop drip drop drop drop drop
But there is no water

Eliot는 물이 떨어지는 소리를 들려주는 듯한 음악적 요소를 잘 살려 효과를 내고 있다. 그리고 이 사막에서 소생할 수 있는 희망이란 다만 가정의 세계 속에서만 가능할 뿐이다. 그것은 Eliot가 여러 번의 "If"절을 사용하고 거기에 대한 대답으로 현실의 상황을 암시해 주는 여러 번의 "but"절을 사용하는 기법을 통해서 보여준다.

그 다음 359행부터 365행까지는 신약성서 누가복음 24:13~16을 배경으로 하였다. 예수 그리스도께서 십자가에서 못박혀 죽으신 후 두 제자들이 예루살렘으로부터 엠마오(Emmaus)를 향하여 여행하면서 너무나 실의와 낙담에 빠지고 영안(the spiritual eye)이 어두워져 있다. 그래서 장사된 후 사흘 후 부활하셔서 지금 그 두 제자들과 함께 동행하시는 예수님을 알아보지 못하는 것이다. 이러한 상황은 바로 현대의 정신적 황무지에서 그들의 실상을 바로 보지 못하고 비틀거리며 방황하는 현대인의 모습임을 시인은 암시한다. 사람들이 공허한 세계를 실제의 세계인 것처럼 받아들이고 살아가는 상황인 것이다.

다음에도 동유럽의 황폐상인데 이곳에서 참된 인생의 가치관을 상실한 방황하는 현대인들이 헐고 또다시 짓고 만드는 모든 노력은 그 어디서나 다만 무의미한 행동으로 공허할 뿐임을 암시한다. 다음 377행과 그 다음 행에서는 Part Ⅱ에서 몹시 불안해하면서 질문을 던지던 그 여인을 연상케 하는 한 긴장된 여인의 묘사를 통하여 이 황무지의 불안과 공허의 분위기를 암시하고 있다. 여기서는 그 여인이 그녀의 머리카락을 현(string)으로 삼아 속삭이는 듯한 음악소리를 내는 모습이다. 그 다음 6행은 실제 상황이라기보다는 여행 중 유혹과 공포로 혼란 상태에 빠진 탐색기사의 잠재의식 속에 있는 상황을 이미지로 표현한 것으로 본다.

성배를 찾아서 나선 기사는 이제는 너무나 지쳐서 정신을 똑바로 차리기 어렵고 많은 환영(hallucination)과 망상(delusion)을 보아 혼미해 있다. 그의 마음은 거의 미칠 지경이고 쓸쓸한 곳 달빛 속에 보이는 폐허된 성당은 그의 험난한 여행을 비웃는 듯 보인다. 여기서 그러나 암흑 속에 한줄기 빛처럼 수탉의 울음소리는 새로운 날의 서광을 암시해 주고 번개불빛은 그토록 기다리던 비를 예고해 준다. 그 탐색기사가 자신의 힘으로는 아무것도 할 수 없음을 깨닫고 자아중심의 그 모든 것을 비울 때 기적은 일어나게 되는 사실을 암시해 준다. Tennyson의 "The Holy Grail"에서 Galahad 기사처럼 겸손히 자신을 버릴 때 그토록 찾았던 성배를 보게 된 것이다. 더욱 나아가서 인간의 그 어떠한 노력에도 불구하고 전능하신 하나님의 절대적 진리를 발견하지 못하면 우리의 황무지에는 소생할 수 있는 희망은 없음을 시인은 암시하고 있다. 그때 비를 가진 습한 바람이 불고 검은 구름들이 멀리 Himavant 산 위로 모여든다. 그리고 메마른 황무지에 천둥소리가 들리는 것이다. 이 천둥소리는 황무지에서 죽어가는 모든 생물들에게 생명을 주는 비에 대한 예고이다. 그리고 이제는 그 성배를 찾게 되리라고 기대되는 순간에 그 성배 대신에 들리는 하늘의 천둥소리는 정신적 가치가 부재한 현대 황무지에 소생의 희망을 주시려는 하나님의 음성 또는 충고를 암시한다.

그리고 천둥소리 Da! Da! Da!에서 Da는 Sanskrit의 언어로 '주라'는 말과 관련된 단어이고 또 천둥소리와 의성어로 음악적인 효과도 기대한다. 또 Eliot가 천둥소리를 Sanskrit로 사용한 것은 그가 주장하는 바가 기독교적 이상주의에서 나온 것만이 아니라 동서양의 공간을 초월한 진리라는 강한 인상을 주기 위한 의도가 숨어 있다고 본다.

맨 먼저 "Datta"는 주라는 의미이다. 황무지에서는 그들이 이제까지 주었다는 것은 참된 사랑의 "줌"이 아니라 자신들의 욕망을 따라 가는 내어줌(surrender)이었고 자신의 이기심이었다. 그러므로 이제는 참된 사랑을 근본정신으로 하여 이웃에게 베풀어주는 것이 필요하다는 것이다. 더욱 나아가서 이 황무지에서 참된 생명을 소유하려면 자기 집착과 이기주의에서 벗어나서 자신을 이웃을 위한 사랑의 헌물로 완전히 줄 것을 암시한다. 그 다음에 "Dayadhvam"이라는 말은 "공감하다"는 말로써 각자 개인은 다른 모든 사람들과 분리되어 있는데 이것은 그들이 서로 자기 자신들을 자아중심이라는 감옥 안에 감금시킨 채 살아가기 때문이라는 것이다. 그 옛날 Ugolino백작은 자신의 독선으로 다른 사람과 공감하지 못하고 드디어 정치적 반란으로까지 나아가 네 아들들과 함께 탑 속에 갇혔고 종래는 그 탑 안에 굶어죽게 된다. 또 Shakespeare의 Coriolanus 작품에서 Coriolanus장군도 그의 지나친 자부심과 교만으로 조국 로마를 등지고 싸우다가 결국 어머니의 간곡한 호소로 투항하고 파멸에 이르게 된다. 이러한 역사적 배경은 Eliot가 현대 황무지의 인간들이 모두가 자기중심(egotism)의 굴레와 감방 속에서 갇혀서 다른 이들과 공감하지 못하는 불행과 불모상을 암시하려고 하는 것이다. 끝으로 "Damyata"는 "자제하다"라는 말인데 여기서 Eliot가 자제할 수 있는 사람과 그렇지 못한 사람을 배의 노를 젓는 사람에 비유하고 있다. 능숙한 뱃사공은 그의 배에 과중한 힘을 주지 않고 바람의 힘과 물의 흐름을 잘 이용하여 배를 저어간다. 우리의 마음도 이와 같이 자신을 절제할 때 우리를 올바르게 인도하시는 섭리주와 그 진리의 말씀에 순종하여 가치 있고 복된 삶을 살아갈 수 있다는 것이다. 그러나 현대 황무지의 인간들은 자신의 과도한 욕심으로 자신들을 절제하지 못하는 데에 불행이 있음을 암시하고 있다.

Damyata:The boat responded
Gaily, to the hand expert with sail and oar
The sea was calm, your hart would have responded
Gaily, when invited, beating obedient
To controlling hands

위의 인용문에서 "Controlling hands"는 이 우주의 섭리주이신 하나님의 손을 암시한다.

이 시의 주인공은 고기를 잡기 위해서 바닷가에 앉았다. 그러나 여전히 쓸쓸한 황무지에서는 고기를 잡기란 어려운 것이다. 그러므로 그 다음에 구약성서 이사야 38:1에 나오는 "Set thine house in order:for thou shalt die, and not live."를 배경으로 한 성서적 인유가 나온다. 하나님께서 병든 Hezekiah왕에게 하시는 말씀이 너는 더 이상 살지 못할 것이니 죽을 준비나 잘 하라는 말씀이었다. 이와 같이 현대문명의 황무지에는 인간의 힘으로는 생명의 희망이 없음을 암시한다. 그래서 어린아이들의 노래에서 나온 말을 인용하여 현대문명의 궁경(predicament)과 붕괴의 상황을 또 암시한다.

London Bridge is falling down falling down falling down

이러한 궁경 속에서도 Hezekiah왕이 하나님의 은총으로 15년을 더 살 수 있었던 것처럼 Eliot은 이 황무지 땅에 희망이 있음을 암시해 준다. 맨 먼저 단테의 *Purgatory*(XXVI)를 배경으로 하여 프로방스의 시인 Arnaut Daniel이 그의 생애동안 정욕으로 불탔던 삶을 생각하고 정화와 불 속에 뛰어 들어갔다("Then he hid himself in the fire which refines them")는 인용은 Eliot가 이 황무지도 정화의 불을 통하여 소생될 희망을 암시한다.

그 다음 작가 미상의 Latin poem인 The Vigil of Venus에서 "When shall I be like the swallow?"(영역)에서도 봄이 오면 제비처럼 노래할 수 있다는 희망을 암시한다. 즉 이 불모지도 봄이 올 것을 희망한다.

다음 불란서어로 된 인용은 Gérard de Nerval(1808～1855)의 시 "The Disinherited"(영역)에서 "The Prince of Aquitaine in the ruined tower"(영역)에서 인용한 구절로 폐허가 된 탑에서 갇힌 Aquitaine왕자같이 현대 황무지는 폐허 속에 쌓여 있지만 그 왕자의 소원처럼 새로운 삶의 비젼을 기대할 수 있다는 암시가 있다. 단편적인 것 같지만 위에서 인용한 3행의 말들은 그 황무지 속에서 주인공(또는 시인)의 정신적 지주가 되어 왔던 것이다. 천둥소리로 상징되며 울려진 하나님의 세 마디 충고의 말씀은 황무지에서 살아가는 이들에게는 그의 아들이 피살되어 미쳐버린 아버지

Hieronymo의 말처럼 이상스럽게 들릴지 모르지만 여기에 불모지가 소생될 희망이 있음을 시인은 역설하는 것이다. 그리고 'Hieronymos's mad againe'은 Thomas Kyd(1557~95)의 연극 The Spanish Tragedy의 부제목이고 'I shall cater for your wishes'(영역)은 사실은 'I will give you what you deserve'의 의미이다.

끝으로 시인의 이 황무지에 하나님께서 주시는 평화가 깃들기를 기원한다. 여기서는 Sanskrit로 되어 있지만 성경 Philippians 4:7에 해당되는 내용이다.

And the peace of God, which passeth all understanding,
Shall keep your hearts and minds through Christ Jesus

Journey of the Magi

"A cold coming we had of it,
Just the worst time of the year
For a journey, and such a journey:
The ways deep and the weather sharp,
The very dead of winter."
And the camels galled, sore-footed, refractory,
Lying down in the melting snow.
There were times we regretted
The summer palaces on slopes, the terraces,
And the silken girls bringing sherbet.
Then the camel men cursing and grumbling
And running away, and wanting their liquor and women,
And the night-fires going out, and the lack of shelters,
And the cities hostile and the towns unfriendly
And the villages dirty and charging high prices:
A hard time we had of it.
At the end we preferred to travel all night,
Sleeping in snatches,
With the voices singing in our ears, saying
That this was all folly.

Then at dawn we came down to a temperate valley,
Wet, below the snow line, smelling of vegetation,
With a running stream and a water-mill beating the darkness,
And three trees on the low sky.
And an old white horse galloped away in the meadow.
Then we came to a tavern with vine-leaves over the lintel,
Six hands at an open door dicing for pieces of silver,
And feet kicking the empty wine-skins.
But there was no information, and so we continued
And arrived at evening, not a moment too soon
Finding the place; it was (you may say) satisfactory.

All this was a long time ago, I remember.
And I would do it again, but set down
This set down
This: were we led all that way for
Birth or Death? There was a Birth, certainly,
We had evidence and no doubt. I had seen birth and death,
But had thought they were different; this Birth was
Hard and bitter agony for us, like Death, our death.
We returned to our places, these Kingdoms,
But no longer at ease here, in the old dispensation,
With an alien people clutching their gods.
I should be glad of another death.

동방박사들의 여행

"오면서 우리는 대단한 추위를 겪었다.
일년 중 가장 혹독한 시간
여행하기에 이런 긴 여행을 하기엔
길은 푹푹 빠지고 날씨는 매섭고
겨울 중에서도 깊은 한 가운데"
그리고 낙타들은 상처가 나고 발이 아프고 고집부리고
녹는 눈 속에 아주 누워 버리고
여러 번 우리는 그리워했었다.
산비탈에 있는 여름궁전 같은 별장들, 테라스들
비단옷 입고 청량음료수를 가져다주는 아가씨들을.
그리고 낙타 모는 마부들은 욕을 하고 불평하고
술과 여자들을 찾아서 도망쳐 달아났었다.
그리고 밤에 켜논 불은 꺼지고 잠잘 곳도 없었다.
도시들은 적대감을 품었고 작은 도시들도 불친절하고
마을들도 더럽고 비싼 요금을 청구했었다.
고생스런 시간이었다.
마지막에 우리는 밤새도록 여행하기로 했다.
틈틈이 잠자면서
이렇게 하는 것은 정말 어리석은 짓이라고
노래하는 목소리들을 귓가에 들으면서.

그 다음 새벽녘에 우리는 한 아늑한 골짜기에 이르렀다.
눈 오는 곳 아래이라서 습기가 있고 초목의 향기가 있는 곳
흐르는 시냇물과 어둠을 때리는 듯 물방앗간소리가 나고
그리고 낮은 하늘 아래 세 그루 나무가 있는 곳으로
그리고 늙은 흰말이 풀밭에 껑충껑충 뛰며 사라졌지.
그 후 우리는 상인방이 담쟁이 잎사귀로 뒤덮인 여관으로 왔지.
열린 문간에는 여섯 명의 사나이들이 은전을 놓고 주사위놀이를 하고
    있었지.
텅 빈 포도주 가죽부대를 발로 걷어차면서
하지만 아무런 소식을 들을 수 없어서 우리는 계속 나아가
저녁때에 적당한 때에
그곳을 찾게 되었어. 그게 만족스러웠다고 말할 수도 있겠지.

이 모든 일은 내 기억엔 오래 전 일이었어.
그리고 나는 그런 여행을 다시 하고 싶어 하지만
나는 다음의 말을 하고 싶어.
다음의 말을
다음의 말－우리가 그곳까지 먼 길을 가게 된 것은
탄생을 위한 것이었는가 죽음을 위한 것이었는가?
확실히 탄생을 위한 것이었다.
우리는 증거가 있었고 의심하지 않았다.
탄생과 죽음을 전에 본 일이 있었지만
그 두 가지는 다르다고 생각했었다.
이 그리스도의 탄생은 우리에게 가혹하고 쓰라린 고뇌였다
그리스도의 죽음같이 우리의 죽음같이.
우리는 고향으로 이 왕국으로 되돌아왔어.
하지만 여기선 더 이상 마음이 편하지 않아
그들의 신에 매달리는 이방인의 옛 율법 아래서는
나는 또 한 번 기꺼이 죽어야 될까보다.

● 이해와 감상

이 시의 배경은 새로 태어나신 아기 예수 그리스도를 경배하기 위하여 동방에서 온 세 사람의 동방박사의 이야기로 신약성서 Matthew 2:1-12이다. 그러나 이 시의 핵심이 되는 주제는 이러한 배경을 토대로 하여 참된

탄생의 문제를 다루고 있다.

첫 번째 연에서 첫머리에는 주교 Andrews가 1622년 Christmas Day 설교 중에서 인용하고 있다. 나머지는 동방박사 중의 한 사람이 아기 예수 그리스도를 찾아 여행하던 일을 회고하는 형식으로 서술하고 있다. 여행 중 힘들었던 여러 가지 일들을 기록하고 있다. 극심한 추위와 푹푹 파문히는 길, 불평하며 도망치려는 마부들, 적대감을 품은 도시들 등, 그 중에서도 이렇게 어려운 여행이 과연 보람이 있는 일일까 하는 마음속의 회의가 더욱 큰 장애거리였다.

두 번째 연에서는 아늑한 골짜기 습기가 있고 초목의 향기가 있고 시냇물 소리 등 여행을 계속하게 하는 희망적인 이미지가 나온다. 특별히 어둠을 때리는 듯한("beating the darkness") 물레방아간 소리라는 이미지는 어둠을 몰아내고 생명을 잉태하는 희망의 암시이다. 그 다음에는 성서의 배경을 둔 상징적 이미지가 나온다. "three trees on the low sky"는 예수 그리스도의 십자가와 두 강도들이 십자가 등으로 부활을 앞둔 예수 그리스도의 죽음이 암시된다. "white horse"는 요한계시록(Revelation) 19:11에서 예수 그리스도께서 영광중에 흰 말을 타시고 이 세상에 다시 오시는 내용이다. 그 다음 로마병정들이 십자가에서 달리신 예수 그리스도의 옷을 차지하기 위하여 주사위를 던지는 성서 중 사복음서의 내용이 나온다. 이러한 성서상의 배경은 이 시의 마지막 연과 관련을 짓게 된다. 즉 이 시의 가장 핵심적인 주제－참다운 탄생이 무엇인가? 그것은 예수 그리스도께서 동방박사의 경배를 받고 탄생하셨지만 인간의 죄를 대속하시기 위해서 십자가에서 죽기 위해서 오신 탄생이셨다(비록 그리스도의 탄생은 우리 인생의 눈에서 볼 때 십자가의 죽음은 가혹하고 쓰라린 고뇌의 모습이지만). 그리고 탄생과 죽음은 다른 것이 아니라 하나라는 함축성 있는 의미는 우리 인간이 그리스도 안에서 새로운 삶으로 탄생하기 위하여서는 우리의 옛사람이 죽어야 된다는 심오한 성서의 진리를 반영해 준다. 그러므로 이 시의 끝에서 현대의 인간들은 하나님 대신 인간 자신의 우상－시인은 여기서 "an alien people clutching their gods"라고 표현－에 매달려 있기에 이 시의 화자는 이러한 인간자아중심의 삶에서 기꺼이 죽어야 참된 탄생이 있을 것임을 암시하고 있다.

William Butler Yeats

(1865—1939)

The Lake Isle of Innisfree

I will arise and go now, and go to Innisfree,
And a small cabin build there, of clay and wattles made:
Nine bean-rows will I have there, a hive for the honey-bee,
And live alone in the bee-loud glade.

And I shall have some peace there, for peace comes dropping slow,
Dropping from the veils of the morning to where the cricket sings;
There midnight's all a glimmer, and noon a purple glow,
And evening full of the linnet's wings.

I will arise and go now, for always night and day
I hear lake water lapping with low sounds by the shore;
While I stand on the roadway, or on the pavements grey.
I hear it in the deep heart's core.

Innisfree 호수의 섬

나 이제 일어나 가리라 Innisfree로 가리라.
나뭇가지 엮고 진흙을 발라서 거기에 작은 오두막 하나 짓고
아홉 줄 콩밭 꿀벌통 하나 가지리라.
그리고 벌들이 웅웅대는 숲 속의 빈터에서 홀로 살리라.

그러면 나는 평화를 향유하겠지.
천천히 아침의 베일로부터 귀뚜라미 노래하는 곳으로
뚝뚝 떨어져 내려오는 평화를
거기는 한밤중 온통 은은하게 빛나고
대낮은 자줏빛으로 이글이글 불타오르고
저녁에는 홍방울새의 가득 찬 날개소리

나 이제 일어나 가리라 항상 낮이나 밤이나

호숫물이 속삭이면서 찰랑대는 소리 내게 들려오기에
내가 큰 도로 위에 혹은 회색빛 포장도로 위에 서 있을 동안에도
나는 그 소리를 듣노라 가슴 속 깊숙이.

● 이해와 감상

위의 시는 그 유명한 "The Lake Isle of Innisfree"인데 이 시는 Yeats에 의하면 시인의 아버지가 Thoreau의 Walden에서 어떤 시구절을 읽어 주었는데 그는 언젠가 Innisfree라고 불리어지는 한 작은 섬에 있는 오두막집에서 살고자 하는 계획을 했었다는 것이다. Innisfree는 County Sligo지방에 Lough Gill 호수에 있는 아주 작은 섬이다. 사실 이 시를 쓴 것은 시인이 London에서 살고 있을 때 도시의 공해와 소란한 속에서 소년시절 그가 지내던 시골 아일랜드에 향수를 느끼고 썼다는 것이다. 이 시는 Innisfree섬과 그 주위 호수의 소박하고 조용한 낙원같은 낭만적인 분위기를 묘사하였다. 인간의 욕심도 다 버리고 인간의 행복 중에서 무엇보다 중요한 요소인 평화를 누리며 대자연과 어울려 소박한 기쁨을 맛보며 살겠다는 소망이 충만하다.

첫 번째 연에서는 특별히 인간의 쓸데없는 모든 과욕을 버리고 조용한 전원생활과 대자연이 주는 소박한 기쁨을 노래하고 있다. 여기서 들리는 소리는 도시에서처럼 경쟁을 위한 사람들의 아귀다툼 소리가 아니라 언제나 들어도 마음이 편하고 즐거운 벌들의 웅웅거리는 소리이다. 두 번째 연에서는 특별히 Innisfree가 주는 평화의 은총이다. 여기의 평화는 이슬방울처럼 천천히 흘러내린다("for peace comes dropping slow")고 표현함으로써 소란한 전쟁 후의 평화가 아니라 창조주의 대자연 속에서 원초적으로 충만히 깃들어 있는 고요하고 자연스러운 평화를 암시하고 있다. 이 연에서는 이 시의 단조로움을 피하여 단순한 회화적인 묘사가 아닌 청각적 요소—귀뚜라미 노랫소리와 홍방울새 날개소리 등—가 생동감을 더해 준다. 맨 끝 세 번째 연에서는 시의 화자는 그 언제나 그 어디서나 심지어는 소란한 도시에서도 마음 속 깊은 곳에서부터 Innisfree의 호수물이 호숫가에서 찰싹거리는 소리를 듣는다고 했다. 이것은 시인이 얼마나 그 Innisfree를 사랑하며 영원히 동경하는 이상향으로 생각하고 있는가를 나타내 준다. 그러므로 첫 번째 연과 세 번째 연에서 첫 행에 "I will arise and go now"라고 강렬한 선언이 자연스럽게 강조되어 되풀이되는 것이다.

The Wild Swans at Coole[1]

The trees are in their autumn beauty,
The woodland paths are dry,
Under the October twilight the water
Mirrors a still sky;
Upon the brimming water among the stones
Are nine-and-fifty swans.

The nineteenth autumn has come upon me
Since I first made my count;[2]
I saw, before I had well finished,
All suddenly mount
And scatter wheeling in great broken rings
Upon their clamorous wings.

I have looked upon those brilliant creatures,
And now my heart is sore.
All's changed[3] since, hearing at twilight,
The first time on this shore,
The bell-beat of their wings above my head,
Trod with a lighted tread.

Unwearied still, lover by lover,
They paddle in the cold
Companionable streams or climb the air;
Their hearts have not grown old;
Passion or conquest, wander where they will,

1 I.e., Cool Park, Lady Gregory's country estate, where Yeats was a frequent guest.

2 His first visit had been in 1897(nineteen years earlier).

3 In this stanza, Yeats recalls the love for Maud Gonne which burned so passionately in him nineteen years before, and he contrasts it with his present weariness and disillusion. His passion has waned, although his heart is still "sore"—unlike the "unwearied" love of the swans in the next stanza, Their "hearts have not grown old." In 1917, Yeats married and moved into a new and more energetic phase of his poetic career.

Attend upon them still.

But now, they drift on the still water,
Mysterious, beautiful;
Among what rushes will they build,
By what lake's edge or pool
Delight men's eyes when I awake some day
To find they have flown away?

Coole호의 야생 백조

나무들은 가을의 아름다움을 입고
숲 속 오솔길은 메말라 있는데.
10월 황혼 아래 물은
고요한 하늘을 비추고 있네.
돌 들 사이에 넘쳐흐르는 물 위에는
쉰아홉 마리의 백조.

내가 처음으로 그 수효를 헤아려 본이래
열아홉 번째의 가을이 내게 찾아왔네.
내가 다 잘 세기도 전에
모두들 갑자기 솟아올라
요란한 날개 소리를 내고
커다란 깨여진 파문으로 선회하며,
흩어지는 것을 보았네.

나는 눈부시게 아름다운 저들을 보아 왔네.
그리고 지금 나의 마음이 아프다.
맨 처음 이 물가에서
머리 위에 요란한 날개 소리
황혼녘에 들으며,
발걸음도 가볍게 걸었는데,
모든 것 지금은 변하였구나.

아직도 지치지 않고 사랑하는 것들끼리

차가운 정든 물 속에 헤엄치거나
공중으로 기어오른다.
그것들의 마음은 늙지 않았구나
어디를 돌아다니든
정열이나 패기가
그들을 아직도 따르고 있구나.

그러나 지금 그들은 고요한 물 위를 떠간다.
신비롭고 아름답게
어느 골풀 속에서 그들은 집을 짓고
어느 호수가나 연못에서
사람들의 눈을 즐겁게 할 것인가?
내 어느 날 깨어
그것들이 날아가 버린 것을 알았을 때.

● 이해와 감상

이 시는 1916년 Yeats가 51세 때 쓴 시이다. 그는 자기가 32세 때에 처음 Coole Park을 방문 했을 때, 이후 모든 것이 변하였음을 깨달았다. Coole을 처음 방문 했을 당시, Yeats는 Maud Gonne에 대한 짝사랑으로 고민하고 있었지만, 1916년에 이르러서도 그녀는 여전히 그의 구혼을 거절하고, 1917년 John Macbride와 돌연히 결혼한 것이다. 여기어 대하여 Yeats는 실망과 실연에서 오는 마음의 상처는, 불변하는 자연과 변화가 심한 인간 세계의 대조의 모습을 더욱 뼛속 깊이 느끼게 했으리라고 본다.

이 시에서는 자연 속에 한 백조가 그 정열과 패기 등이, 예나 지금이나 변함없이 영원한 신비의 존재로 보여 지는데 반하여, 인생은—여기서 시인은 절실히—정열과 힘이 식어지고 늙어지고 외로워지는 등, 그 변화가 많은데 대하여 실망과 애수가 깃드는 것이다. 백조의 항상 젊고, 강렬하고 아름다운 모습은 변화무쌍한 인간에게 동경의 대상이 되는 것이다.

좀 더 이 시를 자세히 살펴보면, 1행에서 6행까지는 이 시의 정경 Coole Park의 배경 묘사이다. 그런데 여기에서 묘사된 가을의 황혼은 단순히 이 시의 배경만이 아니라, 시의 의미와 잘 연결되어 있는 것이다. 즉 이 시인은 인생의 가을과 황혼에 임하여 그와는 대조되는 항상 발랄하고 아름다운 백조를 보고 있는 것이다. 이 시에 이 대조적인 의미에 배경적인 효과를 준다고 보아야 할 것이다. 그 다음 7행에서 12행까지는 과거 19년 전에 일을 회상한다. 그 생기발랄하고 아름다운 백조를 헤아리며 즐겁게 놀던

Coole Park이다. 모든 것이 아름답고 황홀한 기쁨뿐이었다. 그리고 그 백조를 다 세기 전에, 그들은 힘차게 황혼 빛에 물들이며 날아갔다. 생명과 기쁨에 가득 찬 그 백조들을 바라보는 순간 또한 소망이 시인의 마음속에서 용솟음 쳤을 것이다.

Trod with a lighter tread.(18행)

그러나 지금 변화된 것은 자연이 아니라 자신이고 그 변화된 자기 모습을 볼 때 가슴이 아픈 것이다. 사랑도 가고 그 정열도 식고 늙어진 그였지만, 백조는 여전히 발랄하고 사랑스러웠으니 말이다. 19행부터 24행에서는 그 자연—여기서는 백조—과 인간 세계의 대조가 더욱 뚜렷하다. 백조들은 예나 지금이나 항상 지쳐있지도 않고, 사랑하는 그들은 더욱 정열을 불태우고, 그들의 마음은 항상 늙지 않은 채 정열과 기지로 충만해 있는 것이다. 여기서 이 백조들은 시간에 상관없이 시간을 능가하는 것이다. 그러나 사실은 백조들도 인간들처럼 죽을 것이지만, 그들이 보여주는 젊음과 사랑의 모습은 시간의 흐름에 상관없이 보이는 불멸의 환상을 보여줄 뿐이다.[4] 어쨌든 시인에게는 이 백조들은 영원한 불멸의 상징으로 존재하는 것이다.

그래서 맨 마지막 부분에서 이 백조는 이 시인이 오랜 후에 또는, 죽은 후에라도 영원히 살아서 그 어디선가 사람들에게 기쁨과 정열을 보여줄 것이라는 것이다.

Delight men's eyes when I awake some day
To find they have Flown away?

인생은 변하고 더구나 종말엔 죽어서 없어지지만, 백조는 신비롭고 아름답게 변함없이 항상 인간에게 아름다움을 주고 동경의 대상이 된다는 것이다. 이렇게 백조는 불멸의 환상을 주는 것이다. 시간의 파괴에 도전하는 자연의 모습이다. 인간과는 달리 땅에서 살지만 영원히 사는 것으로 보인다.

전체 시에 비유적 표현은 거의 없고 직접적인 묘사로써 감정을 표현하고 있는 점이 특색이고, 자칫하면 영탄조로 흐르기 쉬운 주제이지만, 시인이 자기중심의 말을 늘어놓지 않고 어디까지나 객관물의 묘사에만 시종함으로 시적 응결력을 지게 된다.[5] 이 시를 사용한 시어는 구어체로 명상적이다. 그는 초기 시의 낭만적인 요소와는 달리, 후기 시에서는 인생에 대하여 지성과 열정이 통합된 보다 정확하고 압축된 시로 전환된다.

---

4 John Unterecker, *A Reader's Guide to William Buttler Yeats*(New York: Farrar, Straus & Giroux, 1972), p.131.

5 이창배, *20세기 영미시의 이해*(서울: 민중서관, 1974), p.22.

Sailing to Byzantium[1]

1

That is no country for old men. The young
In one another's arms, birds in the trees
—Those dying generations—at their song,
The salmon-falls, the mackerel-crowded seas,
Fish, flesh, or fowl, commend all summer long
Whatever is begotten, born, and dies.
Caught in that sensual music all neglect
Monuments of unaging intellect.

2

An aged man is but a paltry thing,
A tattered coat upon a stick, unless
Soul clap its hands and sing, and louder sing
For every tatter in its mortal dress,
Nor is there singing school but studying
Monuments of its own magnificence;
And therefore I have sailed the seas and come
To the holy city of Byzantium.

3

O sages standing in God's holy fire
As in the gold mosaic of a wall,[2]
Come from the holy fire, perne in a gyre[3],

---

1 Byzantium had become for Yeats the symbol of art or artifice as opposed to the natural world of biological activity, and as he grew older he turned away from the sensual world of growth and change to the timeless world of art.

2 Like the mosaic figures on the walls of the Church of Hagia Sophia("Holy Wisdom") in Byzantium.

3 I.e., whirl round in a spiral motion. "perne(or pirn)" is literally a bobbin, reel, or spool, on which something is wound. It became a favorite word of Yeats', used as a verb meaning "to spin round"; he associated the spinning with the spinning of fate. Here he asks the saints on the wall to descend in this symbolic spinning motion and help him to enter into their state.

And be the singing-masters of my soul.
Consume my heart away; sick with desire
And fastened to a dying animal
It knows not what it is; and gather me
Into the artifice of eternity.

4

Once out of nature I shall never take
My bodily form from any natural thing,
But such a form as Grecian goldsmiths make
Of hammered gold and gold enameling
To keep a drowsy Emperor awake;
Or set upon a golden bough to sing
To lords and ladies of Byzantium
Of what is past, or passing, or to come.

비잔티움 항해

1

그것은 노인들을 위한 나라가 아니다. 젊은이들은
서로 다른 이들의 품 안에서, 새들은 나무에서—
—저들 죽어가는 세대들은— 노래 부르고
연어 뛰어오르는 폭포, 고등어 몰려있는 바다,
어류, 동물, 날짐승 등 온 여름 동안
모든 온갖 배서, 낳고, 죽는 것을 찬양한다.
관능의 음악에 시로 잡혀서
모두들 늙지 않는 지성의 기념물엔 등한하다.

2

한 늙은이는 한낮 별 볼일 없는 물건,
장대에 걸린 누더기 옷과 같으니,
영혼이 손뼉치며 노래하지 않고,
그 필멸의 의상에 모든 조각들을 크게
노래하지 않는다면,
거리엔 노래하는 학파는 없고 다만

영혼 자신의 장엄한 기념물의 연구가 있음 뿐.
그러므로 나는 바다를 건너서
Byzantium 성스러운 도시에 왔도다.

3

벽에 장식된 금빛 모자이크 속에서처럼,
오 신의 성스러운 불 속에서 서있는 현자들이여,
그 성스러운 불에서 나와서, 빙빙 돌아와
내 영혼의 노래에 스승이 되어 주시오.
나의 심장을 소멸시켜다오.—
욕망으로 병들고 죽어가는 동물에 얽매여 묶여서
무엇이 무엇인지를 모른다.
나는 영원의 교묘한 솜씨 속으로 데려다 주오.

4

나 한번 자연에서 나왔으니,
다시는 어떤 자연적인 것에서 나온
나의 육체의 모양을 취하지 않고,
희랍의 금세공인이
졸리운 한 황제를 깨워두기 위하여
두드려 만든 금과 황금빛을 칠한 그러한 모양을 취할 것이다.
혹은 금가지에 앉아서
Byzantium의 귀공자들과 숙녀들에게 노래하리라,
지나갔거나, 혹은 지나가고 있는 것이나,
장차 올 것에 대하여.

● 이해와 감상

이 시는 Yeats 가 1926년 가을, 그가 61세의 노경에 쓴 시이다. 여기서 Yeats는 육체와 정신(또는 영혼)의 인간 양면성의 갈등(이원론)에 임하게 된다. 인간은 육체와 정신으로 구성되어 있는데, 젊은이들은 감각적인 것—생식, 출생, 감각적인 사랑과 향락 등—에만 너무 몰두 한다는 것이다. 더구나 인간은 누구나 늙어가고, 어느 때에는 반드시 죽는다는 사실을 생각지 않을 수 없다. 인생은 그의 죽음 후에 영원히 남고 인생의 의미를 안정된 작품 속에서 표현해 주는 예술품에는, 젊은 세대들이 소홀히 한다고 비난하는 Yeats의 예술론이다. 젊은 세대들은 관능적인 음악에 너무 황홀하고 정신적인 면을 무시 혹은 부정한다는 것이다.

그런데 영혼은 예술의 위대한 작품으로부터 그 정신적인 위대함을 배울 수 있다는 것이다.[4] 그래서 첫째 연에서는 감정적이고 육감적인 생활과 대조되는 삶과 대조적인, 노년들이 사고하는바 예지의 가치의 삶을, 영원한 예술의 세계를 동경하는 것이다.

둘째 연에서는 그러므로 예술과 영혼의 이상향인 Byzantium으로 왔다는 것이다. 시인은 여기서 Byzantium으로 여행하므로 정신적 가치를 추구하는 것으로 암시를 준다. 한때 미술과 조각 등 예술이 극치에 이르렀던 동로마 제국의 옛 수도 Byzantium은, Yeats의 예술과 정신의 영원한 도시로 상징되고 있다. Yeats에게 있어서 Byzantium은 정신적, 예술적, 지적 성취를 상징하는 성스러운 도시가 되는 것이다.

노인이 만일 영혼의 세계의 가치를 모르고 육체적인 쇠퇴만을 애석하게 여긴다면, 그것은 한낮 허수아비 같은 하찮은 것이라고 한다. 육체는 영혼을 싸는 옷과 같은 것이므로, 육체가 노쇠하여 낡은 옷처럼 찢어지는 것을, 영혼이 오히려 좋아서 손뼉을 치고 소리 높여 노래 부르지 않는 한, 노인은 허수아비에 불과하다.[5] 왜냐하면 육체에서 해방을 가져오는 영혼의 자유함을 모르기 때문이다. 그리고 만일 영혼의 위대함과 장엄함을 배우는 것이 아니라면, 노래 부르는 학교는 무의미한 것이다. 그런데 그러한 학교가 있는 것이 아니라, 영혼의 위대함은 그 영혼의 기념물인 예술 작품에서 배우지 않고는 다른 데에서는 배울 곳이 없다. 그러므로 이러한 영혼의 위대함을 배우기 위해서 성스러운 도시 Byzantium에 온 것이다.

셋째 연에서 그러므로 시인은 현자들에게 호소하여, 육체를 소멸하고 영원한 묘한 솜씨 속, 즉 예술의 영원한 세계에 몰입되고자 한다. 영혼의 성스러운 도시에 와서, 그 성스러운 불 속에 현자들에게 영혼의 노래에 스승이 되여 달라고 간청한다. 인간적인 욕망의 병이 들고, 생명이 한정되어 있는 동물 세계에 얽매어서, 자신이 어떠한 존재인지를 모르는 자신의 심장을 소멸시켜 주기를 호소한다. 여기서 육체와 영혼(정신)의 세계 간에 대조가 있다. 인생이 감각적, 본능적 자아 속에서 인생은 자신이 무엇인지를 모를 때가 있다. 또한 그런 속에서 멸할 수밖에 없는 인생에서 영원을 동경하면서, 과연 그 영원을 소유할 수 있는 것은 무엇인가를 명상한다. 그것은 질서와 평온 속에서 영원히 인생의 아름다움을 담을 수 있고 영원히 간직해서 후세에 남기는 예술품이다. 영혼의 갈구인 영원성을 예술 작품 속에서 찾

4 Elder Olson, "William Butler Yeats: Sailing to Byzantium," *Commentaries and Critical Essays II* (Seoul: Tamgu Publishing Co., 1981), p.278.

5 이창배, *op. cit.,* p.31-32.

는 것이다. 여기서 시인 Yeats는 예술 작품의 영감을 불어 넣어 주는 성현인 예술의 신들에게 영혼의 노래를 가르쳐 달라고 하는 것이다.

마지막 연에서는 그 예술의 영원한 세계에 완전히 몰입하고 싶은 동경이 그려진다. 그래서 일단 육체를 떠나 자연에서 벗어나면, 유한적인 육체의 형태를 입지 않고 영원히 찬란히 빛나는 황금새 모양, 영원히 불변하는 형태로 태어나겠다는 것이다. 그것은 구체적으로 말한다면, 욕망과 갈등과 모순의 세계를 초월하여, 조화, 질서, 평정 속의 예술의 세계, 좀 더 좁게 말하면, 영원히 빛나는 시의 세계 속에서 과거 현재 미래의 인생을 노래하겠다는 것으로 본다. 예술의 한 구체적인 시의 그릇 속에서 영혼의 정신적 지성적인 가치를 노래하며, 영원히 후세에 간직하려는 시인의 심정이다.

그 시인의 이러한 심정은, Yeats가 Byzantium 황제의 궁정에서 금과 은으로 만든 나무에 노래 부르는 인조새가 있다는 것을 읽은 일이 있다고 한 것에서, 시인은 금 세공품을 금을 두드리고 에나멜을 칠해서 만든 황금새를, 황금 나뭇가지 위에 울려 놓고 그 새들이 그 황제에게 노래를 불러 잠을 깨게 하고, 그 곳 귀공자와 귀부인에게 과거, 현재, 미래를 노래한 것으로 연유된다. 시인은 이처럼 영원히 살아 영혼의 노래를 부르고 권하는 것이다. 예술, 지성, 정신적 가치를 알고 이해하는 이들—Byzantium의 귀공자와 귀부인의 상징—에게 영혼을 찬양하는 노래를 하겠다는 것, 즉 영혼의 가치를 찬양하는 시를 쓰겠다는 것이다.

이 시에서 Byzantium으로 상징되는 영혼의 세계와 육체의 세계, 양극의 세계가 시인 마음속에서 갈등을 보인다. 시인의 마음은 Byzantium으로 향하고 육체는 저 세상에서 남은 채, 분열된 두 자아의 중간에서 고뇌하는 것이 이 시인의 모습이다. 이 갈등의 고뇌는 자기부정으로써 나타나고 있다.

The Second Coming[1]

Turning and turning in the widening gyre
The falcon cannot hear the falconer;
Things fall apart; the center cannot hold;
Mere anarchy is loosed upon the world,
The blood-dimmed tide is loosed, and everywhere
The ceremony of innocence is drowned;
The best lack all conviction, while the worst
Are full of passionate intensity.[2]

Surely some revelation is at hand;
Surely the Second Coming is at hand.
The Second Coming! Hardly are those words out
When a vast image out of *Spiritus Mundi*[3]
Troubles my sight: somewhere in sands of the desert
A shape with lion body and the head of a man,
A gaze blank and pitiless as the sun,
Is moving its slow thighs, while all about it
Reel shadows of the indignant desert birds.
The darkness drops again; but now I know
That twenty centuries of stony sleep
Were vexed to nightmare by a rocking cradle,[4]

---

1 This poem expresses Yeats' sense of the dissolution of the civilization of his time, the end of one cycle of history and the approach of another. He called each cycle of history a "gyre"— literally a circular or spiral turn. He imagines a falconer losing control of the falcon which sweeps in ever widening circles around him until it breaks away altogether, and sees this as a symbol of the end of the present gyre of civilization—what he once described as "all our scientific democratic fact—finding heterogeneous civilization.

2 Lines 4-8 refer to the Russian Revolution of 1917, seen as a portent, but later Yeats accepted the poem as an unconscious prophecy of the rise of Fascism also. Speaking in 1924, Yeats declared: "It is impossible not to ask oneself to what great task of the nations we have been summoned in this transformed world where there is so much that is obscure and terrible." "The ceremony of innocence" suggests Yeats' view of ritual as the basis of civilized living.

3 The Spirit or Soul of the Universe, with which all individual souls are connected through the "Great Memory," which Yeats held to be a universal subconscious in which the human race preserves its past memories. It is thus a source of symbolic images for the poet.

And what rough beast, its hour come round at last,
Slouches towards Bethlehem to be born?

재림

점점 넓어지는 소용돌이로 돌고 돌기 때문에,
매는 매부리는 사람의 말을 들을 수 없다.
만물이 떨어져 나가 중심을 잡을 수 없다.
단지 무질서의 상태만이 지상에 범람해 있고,
핏빛 어둠침침한 조류만이 넘치며 도처에,
순결의 의식이 익사한다.
선한 우리들은 신념이 없고,
한편 악한 무리들은 강렬한 격렬에 차 있다.

정말 그 무슨 계시가 가까워 온다.
실로 재림이 가까워 온다.
재림! 이 말이 떨어지자마자.
"세계정신"에서 나온 거대한 형상이 내 눈 앞에 어른거린다.
사막의 모래톱 어디에 선가,
사자의 몸과 사람의 머리를 가진 형체가
태양처럼 멍청하고 무자비한 눈을 뜨고
그 느린 다리를 움직이고 있고,
한편 온통 주위엔
격노한 사막의 새들의 그림자들이 맴돈다.
어둠이 다시 내린다.
그러나 이제 나는 알고 있다.
바위처럼 잠든 20세기가
흔들리는 요람으로 인하여 악몽을 꾸도록 괴롭힘을 당하고 있음을.
그런데 그 무슨 사나운 짐승이,
마침내 시간이 되어,
태어나려고 Bethlehem쪽으로
몸을 구부리고 있는 것인가?

---

4 I.e., the cradle of the infant Christ.

● 이해와 감상

"The Second Coming"은 보통 예수 그리스도의 재림을 말한다. 그러나 Yeats가 말하는 재림은 기독교적 재림이 아니라, 시인 자신의 철학과 사상에서 나오는 재림의 의미이다. 그는 그의 방대한 산문 *A Vision*에서 역사를 2천년 주기(혹은 gyre)로 설명한다. 희랍 문화의 시대가 기독교 문화의 시대로 바뀐 것처럼 기독교 문화도 2천년을 주기로 변한다면 거의 마쳤다는 것이다. 그래서 새롭고 전혀 다른 시대의 도래가 있을 것이라는 것이다. 이 시는 일종의 현대 문명을 비판한 시로써, 현대의 혼란, 문명의 위기를 이야기한 시이다. 구체적인 이야기가 아니라, 환상적인 입장에서 양식화하고 있는 시이다.

전통적으로 시인의 두 가지 면이 있다. 즉 예언자(prophet)인 역할과 기예가(craftman)적인 역할이다.[5] 여기서 이 시에는 Yeats가 예언자적 입장을 취하고 있다. Yeats는 과학주의에 의한 전통적 기독교 신앙을 버리고, 아일랜드의 신화, 역사가의 운명관으로 대신하고 있으며, 비극적 인간 조건을 조명하고 있다.

좀 더 이 시를 자세히 처음부터 고찰 해보면, 1-2행에서 시각적 이미지로 현대 문명의 혼란상을 나타낸다. 즉 그 어떤 조정자(controler)가 조정할 수 없는 시대를, 매를 부리는 사람이 매를 길들일 수 없고 명령할 수 없음으로 비유한다. 그리고 가치 기준의 중심이 없이 분해되는 상태의 세대이다. 단지 무질서와 혼돈뿐이다. 이렇게 심상과 전술이 섞여서 묘사 되었다.

I917년 러시아 혁명, 그리고 2차 대전 이전에 이태리의 독재적 국가 사회주의 파시즘 등 피의 역사가 충만하고, 사라져 가는 귀족 사회의 전 통 아래서 인간의 삶을 가치있게 하는 혁명 운동(순결의 의식으로 상징됨)등이 소멸되고 있는 현상이다. 또한 현대의 정신적 풍토는 가치 기준이 없어 확신이 결한 상태이며, 편협하고 악한 생각이 판을 치고 격렬한 것이다. 이렇게 현대 문명의 정신적 풍토를 묘사한 구절이 잘 나타나 있다.

The best lack all conviction, while the worst
Are full of passionate intensity—

다음 9행부터는, 성서 마지막 요한 계시록에서 사도 요한이 주님을 통한 계시 속에서 주님의 재림을 알리는 것처럼, Yeats는 현대 문명의 혼란 무질서의 암흑 뒤에 올 세계를 예언한다.[6] 개인의 영혼이 그 "위대한 기억"을

---

5 M. K. Danziger & W. S. Johnson, *An Introduction to Literary Criticism* (Boston: D. C. Heath and Co., 1968), p.45.

6 Harold Bloom, *Yeats* (New York: Oxford University Press, 1970), p.318.

통하여 연결되어 있다고 하는 우주의 정신 또는 영혼인 "Spiritus Mundi"—인간의 의식 속에 오랜 세월 동안 잠재하고 흐르고 있는 대기억大記魔을 통하여, 서로 개인의 영혼이 연결되어 있다고 하는 우주의 정신—으로부터 거대한 형체(전체주의적 문명의 상징)가 도래한다는 것이다. 현대 운명을 암시하는 험상궂은 괴물 스핑크스는, 그리스도의 요람의 악몽을 씻고서, "Spiritus Mundi"(세계정신)으로 인해서 배태된 새로운 문명을, 2000년대에 탄생하려고 한다는 것이다.

이 시는 Yeats가 그의 특유한 사상인 "Spiritus Mundi"를 이용하여, 수사적인 어조로 현대 문명을 비판하고 있는 것이다. 많은 이미저리를 사용하여 시가 회화적이고 시각적이다.

Leda and the Swan[1]

A sudden blow: the great wings beating still
Above the staggering girl, her thighs caressed
By the dark webs, her nape caught in his bill,
He holds her helpless breast upon his breast.

How can those terrified vague fingers push
The feathered glory from her loosening thighs?
And how can body, laid in that white rush,
But feel the strange heart beating where it lies?

A shudder in the loins engenders there
The broken wall, the burning roof and tower[2]
And Agamemnon dead.

Being so caught up,
So mastered by the brute blood of the air,
Did she put on his knowledge with his power
Before the indifferent beak could let her drop?

레다와 백조

불시의 공격, 커다란 날개를 치며
비틀거리는 처녀 위에 덮치고,
그녀의 허벅지는 시커먼 물갈퀴에 애무되고,
그녀의 목덜미가 부리에 잡혀
백조는 어찌할 수 없는
그녀의 가슴을 그의 가슴에 껴안는다.

1 In Greek mythology Zeus visited Leda in the form of a swan. As a result of the union Leda gave birth to Helen and Clytemnestra(wife of Agamemnon). Yeats saw Zeus's visit to Leda as an "annunciation," marking the beginning of Greek civilization.

2 I.e., the destruction of Troy, caused by Helen's elopement with the Trojan Paris. Agamemnon was murdered by his wife Clytemnestra, the other daughter of Leda and the Swan.

어떻게 저 공포에 사로잡혀 얼빠진 손가락
맥 풀린 허벅지에서 깃털로 싸인 영광을 밀어 낼 수 있으랴?
그리고 어떻게 하얀 급작스런 공격에 쓰러진 몸이
그 품안에서 낯선 심장의 고동을 느끼지 않을 수 있었으랴?

허리에 느꼈던 전율이
무너진 벽과 불붙는 지붕과 탑과
Agamemnon의 죽음을 가져오게 했다

하늘에서의 그 짐승 같은 피에
그처럼 붙잡히고, 정복당했을 때,
그녀가 그의 힘과 함께 그의 지식을 전해 받았을까?
무관심하게 된 부리가 그녀를 떼어놓기 전에.

● 이해와 감상

Yeats는 불란서의 보들레르의 영향이 그 시초가 된 그리고 일종의 과학주의의 반동인 상징주의 시인이다. 그리고 그는 애란의 신화를 사용하여 상징의 보고로 삼았던 것이다. 신화란 과학이 자연을 해명하기 이전, 인간이 주관적으로 자연에 대하여 느낀 것을 극화한 것이라고 할 수 있다. 시는 함축된 글이므로 직접적이 아닌 간접적인 방법으로, 단어의 뜻과는 다른 의미를 체현하는 상징은 효과가 크게 나타난다. 신화를 사용해서 Yeats는 인간의 현실과 현대문명에 대하여 명상하는 방법이 Yeats의 시에서 나타난다. 이것은 Shelly가 'Prometheus Unbound'에서 나타낸 신화의 의도 및 수법과 비교되어 진다.[3]

지금 이 시에서도 바로 신화를 사용한 것이다. 이 시에서는 희랍 신화가 나오는데, 그 신화에 의하면 Aetoila의 공주였던 Leda가 Eurotas강에서 목욕하는 것을 Zeus신이 본다. Zeus신은 백조의 모습으로 변하여 내려와 Leda와 교합한다. 그 결과로 Leda는 두 개의 알을 낳았는데, 하나의 알에서는 Clytemnestra이고 또 하나는 Helen이 나왔다. Helen은 Troy 전쟁의 원인이 되었고, Clytemnestra는 Agamemnon 장군(Troy 전쟁 때 희랍군의 총사령관)의 아내가 되었는데, 그녀는 그녀의 정부 Aegisthus와 같이 그의 남편을 죽인다. 이러한 신화의 극적인 이야기를 상상력을 통하여 시로 옮기고, 이 속에서 한 현대 운명의 상황을 발견 하고자 하는 것이다. 즉 인간

3 Harold Bloom, *Yeats*(New York: Oxford University Press, 1970), p.363–364.

의 두 요소인 욕정과 이지의 이원론적인 갈등을 보여주는 것이다.

백조가 연약한 여인을 불시에 덮치고, 온갖 애무로 Leda를 포용하자, 겁에 질리고 힘없는 Leda는 백조의 포옹을 물리칠 수 가 없는 상황이다. 많은 묘사에서 성적 이미지를 가지고 정욕의 장면을 암시하는데 효과적이다.

그러나 이 정욕의 장면은 Zeus신의 변모한 백조의 품에 안기는, 즉 신의 품에 안기는 것이므로 "feathered glory"라는 말을 썼고, 그리하여, 이 정욕의 장면은 승화되고 신비스러운 경험으로 고양된다. 이 백조와 Leda는 드디어 그 교합의 결과로 Helen과 Clytemnestra를 낳고, 인류 역사의 비극은 일어난 것이다. 즉 Helen으로 인하여 Troy 전쟁이 일이나 많은 인간의 피를 흘리고, Clytemnestra는 정욕의 종이 되어 남편을 교살시킨다. 그러므로 Yeats는 이 비극적인 신화를 통하여, 비극적인 인간 조건을 명상해 본다. 그 신화 속에서 욕정의 피를 받았을 때 인간이 지니고 있는 이지의 피는 받지 않았는가? 너무나 현대 문명의 흐름이 욕정과 육감적인 면에 흐르고 있음을 암시하는 것이다. 인간의 두 가지 인격적 요소인 감정과 이지가 분명히 있어 조화를 이뤄 이상적인 세계를 이를 수 있건만, 현대 운명의 현실은 감정에 치우치고, 이지를 무시하거나 부정하는 듯한 인상을 받게 된다는 것을 암시한다. 그러므로 수사적인 질문으로 끝나는 것이다.

Did she put on his know1edge, with his power
Before the indifferent beak could let her drop?

현대 인간의 세계가 약육강식 등 감정과 힘으로만 팽대한 것임을 암시해 준다. 이것은 비극적 인간의 역사를 만들고야 만다. 20C 문명의 혼란의 원인이다.

이 시의 성격상, 감각적 표현이 충만하다. 또한 시각적이며 수사적인 어조를 띄운다.

A Prayer for My Daughter[4]

Once more the storm is howling, and half hid
Under this cradle-hood and coverlid
My child sleeps on. There is no obstacle
But Gregory's wood[5] and one bare hill
Whereby the haystack-and roof-leveling wind,
Bred on the Atlantic, can be stayed;
And for an hour I have walked and prayed
Because of the great gloom that is in my mind.

I have walked and prayed for this young child an hour
And heard the sea-wind scream upon the tower,
And under the arches of the bridge, and scream
In the elms above the flooded stream;
Imagining in excited reverie
That the future years had come,
Dancing to a frenzied drum,
Out of the murderous innocence of the sea.[6]

May she be granted beauty and yet not
Beauty to make a stranger's eye distraught,
Or hers before a looking glass, for such,
Being made beautiful overmuch,
Consider beauty a sufficient end,
Lose natural kindness and maybe
The heart-revealing intimacy
That chooses right, and never find a friend.

Helen being chosen found life flat and dull.

---

4 Yeat's daughter, christened Anne Butler, was born on February 26, 1919, in the refitted Norman tower of Thoor Ballylee in Galway, where Yeats lived: it is not far from Coole Park. The wind from the Atlantic roared in constantly.

5 Originally part of the Gregory estate.

6 A reference to Yeats' visions of the future(cf. The Second Coming)

And later had much trouble from a fool,[7]
While that great Queen, that rose out of the spray,[8]
Being fatherless could have her way
Yet chose a bandy-legged smith for man.
It's certain that fine women eat
A crazy salad with their meat
Whereby the Horn of Plenty[9] is undone.

In courtesy I'd have her chiefly learned;
Hearts are not had as a gift but hearts are earned
By those that are not entirely beautiful;
Yet many, that have played the fool
For beauty's very self, has charm made wise,
And many a poor man that has roved,
Loved and thought himself beloved,
From a glad kindness cannot take his eyes.

May she become a flourishing hidden tree
That all her thoughts may like the linnet be,
And have no business but dispensing round
Their magnanimities of sound,
Nor but in merriment begin a chase,
Nor but in merriment a quarrel.
O may she live like some green laurel
Rooted in one dear perpetual place.

My mind, because the minds that I have loved,
The sort of beauty that I have approved,
Prosper but little, has dried up of late,
Yet knows that to be choked with hate
May well be of all evil chances chief.

---

7 Presumably Paris, who carried Helen off from her husband.

8 Venus, wife of Vulcan,"bandy-legged" god of fire and forge.

9 The traditional image of the "Horn of Plenty" is generally associated by Yeats not only with abundance of thc good things of the earth but also with the good life, conceived to be based on order and elegance.

If there's no hatred in a mind
Assault and battery of the wind
Can never tear me linnet from the leaf.

An intellectual hatred is the worst,
So let her think opinions are accursed.
Have I not seen the loveliest woman born[10]
Out of me mouth of Plenty's horn,
Because of her opinionated mind
Barter that horn and every good
By quiet natures understood
For an old bellows full of angry wind?

Considering that, all hatred driven hence,
The soul recovers radical innocence
And learns at last that self-delighting,
Self-appeasing, self-affrighting,
And that its own sweet will is Heaven's will;
She can, though every face should scowl
And every windy quarter howl
Or every bellows burst, be happy still.

And may her bridegroom bring her to a house
Where all's accustomed, ceremonious;
For arrogance and hatred are the wares
Peddled in the thoroughfares.
How but in custom and in ceremony
Are innocence and beauty born?
Ceremony's a name for the rich horn,
And custom for the spreading laurel tree.

나의 딸을 위한 기도

다시 한번 폭풍우가 울부짖고 있다.
그리고 이 요람의 덮개와 이불 아래 반쯤 가리워져,

---

10 Maud Gonne.

나의 어린애가 잠자고 있다.
대서양에서 길들어진, 건초가리와 지붕을 휘몰아치는
바람이 머물 수 있는 Gregory의 숲과,
한 벌거벗은 언덕을 제외하고는,
아무런 장애물은 없다.
그리고 내 마음속에 있는 그 커다란 우울 때문에
나는 한 시간 동안 걸어왔고 그리고 기도드렸다.

나는 걸어왔고 그리고 이 어린 아이를 위해 한 시간 동안 기도 드렸다.
그리고 바다 바람이 탑 위에서 소리치는 것을 들었다.
그리고 그 다리의 아치 아래서,
그리고 홍수가 진 물결 위 느릅나무 속에서 소리치는 것을 들었다.
긴장된 환상 속에서,
앞날의 세월들
바다의 잔학한 순진함으로부터
광란하는 북소리에 맞추어 춤추며,
왔던 것을 상상하면서.

그녀가 미인으로 타고 나지만, 그렇다고 해서
낯선 사람의 눈을 미혹하는 그런 미인은 안되기를 기원한다.
그렇지 않으면 거울 앞에서,
그 미인으로 타고 난 이유 때문에,
너무도 아름답게 되어,
아름다움 자체만으로 충분한 목적으로 삼고,
타고난 친절을 잃어버리고,
아마도 정의를 선택하는
마음을 털어 놓는 친밀함도 잃어버리고,
그리고 친구를 결코 사귀지 못할 것이다.

선택받은 Helen이라도 생애가 단조롭고 우울한 것을 알게 되었고,
그리고 나중에
한 어리석은 자로부터 많은 고통을 받았다.
한편 그 물보라에서 치솟은 그 위대한 여왕 Venus는.
아버지가 없으므로 마음대로 할 수 있있지반,
그러나 그 남편으로 안짱다리의 불의 신 Vulcan을 택하였다.

확실히 아름다운 여인은 그들의 고기와 더불어
미치광이의 샐러드를 먹고,
그것으로 훌륭한 삶의 풍요의 상징인
풍요의 뿔은 망쳐 버렸다.

나는 그녀를 주로 예의 바르게 교육 시키려고 한다.
자비심은 하나의 선물로써 가지는 것이 아니고,
그리 어여쁘지 않은 이들에 의해서 얻어진다.
그러나 바보짓을 해 온 많은 이들이
그 아름다움 바로 그 자체 때문에,
매력을 현명한 것으로 꾸며 왔다.
그리고 방황해 온 많은 불쌍한 사람들이
그 자신을 사랑하고, 또 사랑스럽다고 생각해 왔다.
그리고 유쾌한 친절로부터 그의 눈길을 뗄 수 없다.

그녀는 무성하게 자라는 숨겨진 나무가 되어,
그녀의 모든 생각이 홍방울새처럼 되기를 기원한다.
그리고 주위에서 음향의 아량을 나누는 일 이외에,
흥겨워서 쫓고, 또 흥겨워서 말다툼하는 이외에,
다른 아무 말을 하지 말기를 바란다.
아, 그녀는 사랑스럽고 영원한 한 곳에 뿌리박고 있는
어떤 초록색의 월계수처럼 살기를 기원한다.

나의 마음은, 내가 사랑해온 마음들과
내가 찬양해 온 그런류의 미는 번영한다고는 하나,
그렇지 못하기 때문에, 최근에 완전히 메말라 버렸다.
그러나 증오로 질식 되는 것은
모든 주된 사악의 기회가 될 것임을 나는 안다.
만일 마음에 어떤 증오가 없다면,
그 바람의 공격과 강타가
잎사귀로부터 그 홍방울새를 잡아 채 갈 수는 없다.

지적인 증오가 가장 나쁜 것이기에,
그녀로 하여금 소신이란 불행한 것으로 생각하게 하라.
나는 풍요의 뿔의 입구에서 태어난 가장 어여쁜 여인이,

그녀의 완고한 마음 때문에,
그 풍요의 뿔과 조용한 기질의 사람들에 의해 이해되는
모든 선과
성낸 바람으로 가득 찬 옛날 풀무와 바꾸는 것을
보아오지 않았는가?

모든 증오가 이곳에서 쫓기어.
그 영혼은 철저한 순진함을 회복하고
그리고 드디어 그것이 자신을 기쁘게 하고,
자신을 달래며 자신을 놀라게 하는 일이며,
그 자신의 상냥한 의지가 하늘의 의지라는 것을
배운 것을 생각해 보면,
그녀는 비록 모든 얼굴이 상을 찌푸리고,
그리고 모든 바람 센 사방이 울부짖으며,
혹은 모든 풀무들이 터져 나와도,
그녀는 여전히 행복 할 수 있다.

그리고 그녀의 신랑은
모든 것이 익숙하고 예의 바른 집으로 데리고 가기를 기원한다.
왜냐하면 오만과 증오는
큰 거리에서 팔리는 상품이기 때문이다.
어떻게 관습과 의식 이외에 딴 곳에서
순진함과 미가 태어 날 것인가?
의식이란 부요한 뿔의 어울리는 이름이고,
관습이란 넓게 퍼지는 월계수에 어울리는 이름이다.

● 이해와 감상

이 시는 어린 아이를 위한 안전을 기원하는 주제인 것 같지만, 더욱 나아가서 현대 사회에 대한 위기를 말하고, 그 해결책을 명상으로 이끌어 가는 시이다. 시인은 그의 인간 경험의 복잡한 상황을 설명하기 위하여 격렬하고 극적인 효과를 바라는 시를 쓰고 있으나, 평범한 사람들의 언어를 사용하고 있다. 그리고 시인은 개인적인 자료와 경험에서 시작하지만, 시가 진행됨에 따라서 그 주제가 일반적인 것으로 변용하는 것이다.[11]

---

11 Sarah Youngblood "Yeats: A Prayer for My Daughter," *Master Poets of the English Language*

Yeats는 19C의 과학의 발달과 Darwin의 진화론 등의 영향으로 전통적 기독교 신앙을 잃어버리고, 그의 공허함을 매워 보려는 경향을 볼 수 있다. 특히 현대 운명의 혼돈, 폭력 등 험악해 보이는 현대와 미래 사회에 대하여, 그의 이상적인 보수적 가치관을 이 시에서 강조한 것을 볼 수 있다.[12] 즉 관습과 의식이 개인뿐만 아니라, 사회의 안전을 위한 원천이 되는 것이라고 하는 것이다.

그러면 좀 더 자세히 이 시를 고찰해 나가면, 첫째 연에서 시인은 그의 어린 아이가 잠자는 장면을 그렸다. 폭풍우가 사납게 불어오지만, 그 위험도 모르고 어린 아기는 잠자고 있는 것이다. 언제 불어 닥칠 폭풍우의 위험 때문에 염려하고 기도하는 것이다. 그 어린 아이의 안전을 위해서 기도드리는 것이다. 둘째 연에서는 이 폭풍우의 위험은 단순한 바다 바람이나 홍수진 물결이 아니라, 앞날의 다가올 불가해한 이 세대와 미래의 위험을 상징적으로 나타내고 있음을 알 수 있다. 명상 속에서 이 현대 문명의 위험을 바라다보는 것이다. 현대 사회의 위험한 사조 속에서 그 어린 아기가 어떻게 안전할 수 있을까 우려되는 것이다.

그러므로 세째 연에서 그의 어린 아이, 어여쁜 딸이 현대의 공허한 모습처럼, 진실과 사랑을 외면한 미인이 되기를 결코 원하지 않는다. 셋째 연에서 미인으로 태어난 Helen과 Venus처럼, 자신의 외적인 아름다움에 유혹받아서 훌륭한 삶을 멀리하고 불행했던 일을 극적으로 상기시킨다. 미인으로 빼어난 Sparta의 왕비 Helen은 그 미모에 반하여 그녀를 빼앗아간 Troy의 왕자 Paris에 의하여 마침내는 Troy 전쟁을 일으키는 원인이 되였다. 또 어여쁜 Venus도 그 미모에 아랑곳없이 안짱다리의 불구자 Vulcan을 남편으로 삼게 되었던 것이다. 이렇게 아름다운 여인이 아름다움 때문에 오히려 훌륭한 삶을 상실하게 된 것을 다음과 같이 비유한다.

It's certain that fine women eat
A crazy salad with their meat
Whereby the Horn of Plenty is undone.

미녀들은 자신들의 미의 오만과 숭배 때문에 불행과 고통을 불러일으킨 격이 되었음을 암시하고 있다.

그러므로 다섯째 연에서, 시인은 사랑하는 그의 어린 아이를 예의범절에 밝은 교육을 시키겠다고 한다. 여자가 그녀의 미모를 어리석게도 남을 끄는 매력으로 사용하는 수가 많으나, 그보다는 외적인 미가 아니라, 내적인

Oscar Williams(ed.)(New York: Washington Square Press, 1973), p.884.
12 Harold Bloom, *Yeats*(New York: Oxford University Press, 1970), p.325.

미 즉 훌륭한 인격을 자비심, 부드러운 마음 등으로 가꾸어야 할 것임을 암시하고 있다.

그 다음 여섯째 연에서, 월계수의 이미지가 나온다. 시인은 그의 어린 딸이 월계수처럼 살기를 기원한다. 그러면 월계수는 과연 무엇을 상징하는 것인가? 우선 단순히 그 이미지는 기쁨과 젊은 아가씨의 자연스러움과 우아함을 나타내지만, 좀 더 월계수의 이미지는 발전되고 확대되어서 이 여섯째 연 마지막 2행에서는 기쁨의 원천이 되는 뿌리 깊음과 안전성의 상징이 된다. 즉 어떤 바람에도 흔들리거나 뽑혀지지 않는 깊은 뿌리의 월계수이다. 이것은 바로 상징적으로 현대의 세찬 격동과 어떤 미래의 사악한 사조 속에서도 흔들리지 않고, 전통적인, 예절, 법도 동의 가치관과 질서 속에서 여전히 보람된 삶과 기쁨을 소유하기를 기워하는 것이다.

그 다음 일곱 째, 여덟 째, 아홉 째 연에서는 Yeats가 첫사랑 Maud Gonne—가장 어여쁜 여인이였으나, 그의 격렬한 정치적 증오심은 그녀를 망치게 한 것이다. 즉 Yeats는 그녀와 함께 아일랜드의 민족주의 정치활동과 문학집회에 참여하고 사랑했으나, 그의 사랑은 거절당하고, 정치가와 결혼하여 정치적 선동가, 정치적 증오의 고취자가 되였다—을 보고서 자서전적으로 이 시를 썼다고 볼 수 있다. 삶의 행복의 요건 중의 하나는 순수한 영혼을 소유하는 것인데, 이 순수한 영혼을 소유하기 위해서는 위의 Maud Gonne처럼, 증오나 완고—철저한 소신—함을 지니지 말고 이것들을 버려야 한다는 것이다. 이러한 증오와 고집은 사악한 행동을 불러일으키고, 결국 자신이 불행에 빠져들어 간다는 것이다. 이러한 것들 대신에 내적인 아름다움(비록 미인이 못 될지라도)즉 친절, 상냥함, 사랑, 우아함 등이야 말로, 행복을 기원하는 시인이 그 어린 딸에게 있어야 할 것임을 암시 한다.

마지막 연에서 시의 결론이 나온다. 현대 운명의 세찬 바람과 같이 격변하고 격렬하며, 폭력적인 물질주의, 합리주의, 그리고 극단주의를 버리고, 질서와 우아함을 기초로 한 관습과 의식을 통한 삶의 지혜를 제시한다. 이 시는 결국 명상적으로 자서전적인 Yeats 자신의 가치관을 피력하는 것이다. 현대 사회의 증오 폭력 등을 바람으로 비유 하고, 월계수를 자기 자신의 보수적인 가치관을 나타내는 상징으로 사용해서, 현대 문명에 대한 간접적인 비판을 했다. 또한 시인 나름대로 인간의 삶에 대한 예지를 보여주고 있는 것이다. 즉 관습과 의식이야말로 개인과 사회의 안전을 위한 원천이 된다는 것이다. 결국 이 시는 자신의 어린 딸의 안전과 축복을 위한 기도의 형식을 취했으나, 그 어린 딸이 과연 어떠한 올바른 선택을 하느냐가 그녀의 행복과 관련되어 있는 것으로 전개되고, 다시 이것이 Yeats 자신의 가치관으로 발전된 것이다.

He Wishes for the Cloths of Heaven

Had I the heaven's embroidered cloths,
Enwrought with golden and silver light,
The blue and the dim and the dark cloths
Of night and light and the half-light,
I would spread the cloths under your feet:
But I, being poor, have only my dreams;
I have spread my dreams under your feet;
Tread softly because you tread on my dreams.

그는 하늘의 옷감을 소망한다

만일 내가 금빛과 은빛으로 짠
하늘의 수놓은 옷감이 있다면
낮과 밤과 부드러운 빛의
푸르고 어렴풋한 검은빛의 옷감이 있다면
나는 그 옷감을 당신 발밑에 펴놓아 드리리다
하지만 난 가난해서 가진 것이란 나의 꿈일 뿐
당신의 발 밑에 나의 꿈을 펴놓아 드리니
살짝 밟으소서, 당신이 나의 꿈 위에 밟으시니까.

● 이해와 감상

시인은 Maud Gonne에게 화려하게 보이지는 않지만 마음 속 깊은 곳에서 우러나오는 순수한 사랑을 고백하고 있다. 위에서 부드러운 빛(the half-light)은 특별히 어둠과 광명의 조화를 이상적인 아름다움으로 보는 전통적인 이미지로 본다. Byron의 시 "She Walks in Beauty"에서도 너무 찬란한 눈부신 햇빛도 아니고 새까만 어둠도 아닌 조화의 부드러운 빛깔을 동경한다. 이 세상에서 가장 이상적인 아름다운 빛으로 짠 옷감을 애인의 발밑에 펴놓고서 그를 찾아오기를 기다린다. 그리고 아름다운 옷감은 그 다음 행에서는 사랑의 꿈으로 변모된다. 비록 가진 것이 별로 없고 가난하여 부족하지만 애인을 위하여 온몸과 마음을 바쳐 사랑하겠다는 의미가 함축되어 있는 것이다.

Ezra Pound

(1885-1972)

Hugh Selwyn Mauberley[1]

Life and Contacts
VocatÆstus in Umbram[2]
-Nemesianus EC. Ⅳ.

E.P.
Ode pour L'Election de son Sépulchre[3]

I

For three years, out of key with his time,
He strove to resuscitate the dead art
Of poetry; to maintain. "The sublime"[4]
In the old sense. Wrong from the start—

No hardly, but, seeing he had been born
In a half-savage country, out of date;
Bent resolutely on wringing lilies from the acorn;
Capaneus[5]; trout for factitious bait;

Ἴδμεν Γάρ Τοί πανθ' ö o' *Évi Τροίη*[6]
Cought in the unstopped ear;
Giving the rocks small lee-way[7]

---

1 Eliot called this "a document of an epoch"; it is also, in part, a summaion of Ezra Pound's experience with the epoch climaxed by the first World War. The thirteen satiric lyrics of this poem reflect his alienation against, the crass tendencies of the American commercialism and English Victorianism—especially its prudential morality in support of material "progress."

2 Latin, meaning, "Heat summons us unto the shadow."

3 "E. P. Ode on the Choice of His Tomb"

4 Achievement of "the sublime" involved a choice of literary materials and style of exalted spiritual significance.

5 희랍신화의 용사로 Zeus에 도전하다가 번갯불에 타죽었다.

6 The Greek line, sung by the Sirens in Homer's Odyssey, Book XII. 1.189. "For we know all the things that arc in Troy."

7 Scylla, which with the whirlpool Charybdis, formed a dangerous strait that Odysseus escaped only with the loss of six men.

The chopped seas held him, therefore, that year.

His true Penelope was Flaubert,[8]
He fished by obstinate isles;
Observed the elegance of Circe's hair
Rather than the mottoes on sun-dials.

Unaffected by "the march of events,"
He passed from men's memory in *l'an trentiesme*
De son eage;[9] the case presents
No adjunct to the Muses' diadem.

II

The age demanded an image
Of its accelerated grimace,
Something for the modem stage,
Not, at any rate, an Attic grace;

Not, not certainly, the obscure reveries
Of the inward gaze;
Better mendacities
Than the classics in paraphrase!

The "age demanded" chiefly a mould in plaster,
Made with no loss of time,
A prose kinema,[10] not, assuredly, alabaster
Or the "sculpture" of rhyme.

III

The tea-rose tea-gown, etc.
Supplants the mousseline of Cos,[11]

---

8 Penelope, Odysseus's wife, clung faithfully to the hope of his return for many years, in spite of the importunities and plots of powerful suitors. Gustave Flaubert(1821-1880), "father of French realism."

9 "In the thirtieth year of his life."

10 "cinema" far "motion picture."

11 Cos, an Aegean island and ancient cultural center.

The pianola "replaces".
Sappho's barbitos.[12]

Christ follows Dionysus,
Phallic and ambrosial
Made way for macerations;.
Caliban cast out Ariel.[13]

All things are a flowing,
Sage Heracleitus[14] says;
But a tawdry cheapness
Shall outlast our days.

Even the Christian beauty
Defects—after Samothrace;[15]
We see *Tὸ kaλóυ*[16]
Decreed in the market place.

Faun's flesh is not to us,
Nor the saint's vision.
We have the press for wafer,[17]
Franchise for circumcision.

All men, in law, are equals.
Free of Peisistratus[18],
We choose a knave or an eunuch
To rule over us.

O bright Apollo,

---

12 "a lyre."

13 In *The Tempest,* Shakespeare contrast these two fantastic characters: Caliban—enormous, earthy, and stupid; and the sprite Ariel—ethereal and beautiful.

14 The Greek philosopher.

15 The Greek island of Samothrace was the supposed seat of the Cabiri, occult pre-Hellenic divinities regarded by the later Greeks as an attractive mystery,

16 "The beautiful".

17 Sacrificial bread of religious ritual; specifically, of the Christian Eucharist.

18 the dictator of the Athenian state.

Τίυ' ἀυδρα, Τίύ ἥρϖα Τίυα Θεὸυ[19]
What god, man, or hero
Shall I place a tin wreath upon!

IV

These fought, in any case
and some believing, pro domo[20], in any case...
some quick to arm,
some for adventure,
some from fear of weakness,
some from fear of censure,
some for love of slaughter, in imagination,
learning later...

some in fear, learning love of slaughter;
Died some, pro patria,
        non "dulce" non "et decor"[21]...

walked eye-deep in hell
believing in old men's lies, then unbelieving
came home, home to a lie, home to many deceits,
home to old lies and new infamy;
usury age-old and age-thick
and liars in public places.

Daring as never before, wastage as never before.
Young blood and high blood
fair cheeks, and fine bodies;

fortitude as never before

frankness as never before,
disillusions as never told in the old days,

---

19 Pindar's Second Olympian Ode, "What God, what hero, what man shall we loudly praise?"
20 The Latin phrase, "for home."
21 Cf. Horace, Odes, III, ii.1.13: "It is sweet and appropriate to die for one's country."

hysterias, trench confessions,
laughter out of dead bellies.

V

There died a myriad,
And of the best, among them,
For an old bitch gone in the teeth,
For a botched civilization,

Charm, smiling at the good mouth,
Quick eyes gone under earth's lid,

For two gross of broken statues,
For a few thousand battered books.[22]

Yuex glauques[23]

Gladstone was still respected,
When John Ruskin produced
"Kings Treasuriess"; Swinburne.
And Rossetti still abused.

Fœtid Buchanan lifted up his voice
When that faun's head of hers
Became a pastime for
Painters and adulterers.[24]

---

22 The climax of the poem is reached with the sacrifice of life "for a botched civilization" in the World War. In succeeding sections the poet re-examines the spiritual causes of collapse, each in some action or metaphor.

23 Glaucous eyes, dense blue-green.

24 William, E. Gladstone(1809-1898)member of Parliament sixty-three years and four times Prime Minister, epitomizes the Victorian establishment. John Ruskin created a brilliant, eloquent critique of art and culture, with excursions into ethical and social, betterment often sentimentalized, which contained of "Kings' Treasurles"
Robert Williams Buchanan(1841-1901), prolific writer, attacked the Pre-Raphaelites, and especially Rossetti's "Jenny," a poem on the fate of a prostitute. Allusively and without authority Pound connects "Jenny's case" with Rossetti's wife, Elizabeth Siddal, who had been a popular model for these artists, and who becomes the central figure in "Yeux glauques".

The Burne-Jones cartons[25]
Have preserved her eyes;
Still, at the Tate, they teach
Cophetua[26] to rhapsodize;

Thin like brook-water,
With a vacant gaze.
The English Rubaiyat was still-born
In those days.[27]

The thin, clear gaze, the same
Still darts out faun-like from the half-ruin'd face
Questing and passive...
"Ah, poor Jenny's case"...

Bewildered that a world
Shows no surprise.
At her last maquero's[28]
Adulteries.

"Siena Mi Fe'; Disfecemi Maremma"[29]

Among the pickled fretuses and bottled bones,
Engaged in perfecting the catalogue,
I found the last scion of the
Senatorial families of Strasbourg, Monsieur Verog.[30]

For two hours he talked of Gallifet;[31]

---

25 "cartoons"

26 Sir Edward Burne-Jones sketches show Elizabeth Siddal's eyes and he did not complete his painting of the ballad-story "King Cophetua and the Beggar maid" until 1884.

27 Referring to the failure of Fitzgerald's translation to win attention until Rossetti praised it.

28 In Spanish, one who lacquers pictures; but also, as in French "maquereau," a pimp.

29 "Siena made me, Maremma undid me"(Dante, *Purgatory,* V.135), spoken by the spirit of Pia de' Tolomei of Siena, whose husband sent her to Maremma to be murdered.

30 In real life, Victor Gustave Plarr(1863-1929), whose family emigrated from Strasbourg after the Franco-Prussian war. He was Dowson's biographer and librarian of the Royal College of Surgeons(see 1. 210, "pickled fœtuses and bottled bones").

Of Dowson; of the Rhymer's Club;
Told me how Johnson(lionel) died
By falling from a high stool in a pub...

But showed no trace of alcohol
At the autopsy, privately performed–
Tissue preserved–the pure mind
Arose toward Newman as the whiskey warmed.[32]

Dowson found harlots cheaper than hotels;
Headlam for uplift;[33] Image impartially imbued
With raptures for Bacchus, Terpsichore and the Church.
So spoke the author of "'The Dorian Mood,"[34]

M. Verog, out of step with the decade,
Detached from his contemporaries,
Neglected by the young,
Because of these reveries.

Brennbaum

The sky-like limpid eyes,
The circular infant's face,
The stiffness from spats to collar
Never relaxing into grace;

The heavy memories of Horeb, Sinai and the forty years,[35]
Showed only when the daylight fell

---

31 프랑스의 명장(1830-1909)

32 Ernest Dowson(1876-1900)was a "decadent" poet; the Rhymers Club included many prominent writers, the greatest being Yeats; Lionel Johnson(1867-1902), poet and critic, died from a fall on the street, not in a pub, and the reference to Cardinal. Newman relates to Johnson's ardent Catholicism.

33 Rev. Stewart Headlam. churchman and Dowson's friend.

34 That is, "Verog," or Plarr, whose volume of poems should be properly entitled in the *Dorian Mood*(1896).

35 Horeb, the mountain of God, where the angel of the Lord appeared to Moses; on Mt. Sinai Moses received the Commandments; and he led the Israelites for forty years in the desert.

Level across the face
Of Brennbaum "The Impeccable."

Mr. Nixon[36]

In the cream gilded cabin of his steam yacht
Mr. Nixon advised me kindly, to advance with fewer
Dangers of delay. "Consider
"Carefully the reviewer."
"I was as poor as you are;"
"When I began I got, of course,"
"Advance on royalties, fifty at first," said Mr. Nixon,
"Follow me, and take a column,"
"Even if you have to work free."

"Butter reviewers. From fifty to three hundred"
"I rose in eighteen months;."
"The hardest nut I had to crack"
"Was Dr. Dundas."

"I never mentioned a man but with the view
"Of selling my own works.
"The tip's a good one, as for literature
"It gives no man a sinecure.

"And no one knows, at sight, a masterpiece.
"And give up verse, my boy,
"There's nothing in it."

. . . .

Likewise a friend of Bloughram's[37] once advised me:
Don't kick against the pricks,
Accept opinion. The "Nineties" tried your game

---

36 Pound says that Nixon "is a fictitious name for a real person."
37 "Bloughram... reference to Browning's Bishop, allegoric" wrote Pound. In Browning's "Bishop Blougram's Apology," the Bishop is also a "practical man," expert at compromise.

And died, there's nothing in it.

X

Beneath the sagging roof
The stylist has taken shelter,
Unpaid, uncelebrated,
At last from the world's welter

Nature receives him;
With a placid and uneducated mistress
He exercises his talents.
And the soil meets his distress.

The haven from sophistications and contentions
Leaks through its thatch;
He offers succulent cooking;
The door has a creaking latch.

XI

"Conservatrix of Milésien"[38]
Habits of mind and feeling,
Possibly. But in Ealing
With the most bank-clerkly of Englishmen?

No, "Milésien"[39] is an exaggeration.
No instinct has survived in her
Older than those her grandmother
Told her would fit her station.

XII

"Daphne with her thighs in bark
Stretches toward the her leafy hands,"—[40]

---

38 Miletus, the most important and oldest of the twelve Ionian cities, became known by archaeological explorations to have had a high culture in very ancient times.

39 "Milesian"

40 In Greek myth a nymph, Daphne, praying for deliverance from the pursuit of Apollo, was turned into a laurel tree. The first two lines of the poem are directly translated from *Le Château*

Subjectively. In the stuffed-satin drawing-room
I await The Lady Valentine's commands,

Knowing my coat has never been,
Of precisely the fashion
To stimulate, in her,
A durable passion;

Doubtful, somewhat, of the value
Of well-gowned approbation
Of literary effort,
But never of The Lady Valentine's vocation:

Poetry, her border of ideas,
The edge, uncertain, but a means of blending
With other strata
Where the lower and higher have ending;

A hook to catch the Lady Jane's attention,
A modulation toward the theatre,
Also, in the case of revolution,
A possible friend and comforter.

Conduct, on the other hand, the soul
"Which the highest cultures have nourished"
To Fleet St. where
Dr. Johnson flourished;

Beside this thoroughfare
The sale of half-hose has
Long since superseded the cultivation
Of Pierian roses.[41]

---

du souvenir by The'ophile Gautier, whose poetry was an early influence on Pound.

41 Pierian roses, in the sense of "poetry," derive from one of Sappho's fragments. Sappho's flower is the rose and Pieria is associated with worship of the Muses.

Envoi

Go, dumb-born book,
Tell her that sang me once that song of Lawes:[42]
Hadst thou but song
As thou hast subjects known,

Then were there cause in thee that should condone
Even my faults that heavy upon me lie,
And build her glories their longevity.
Tell her that sheds
Such treasure in the air,
Recking naught else but that her graces give
Life to the moment,
I would bid them live
As roses might, in magic amber laid,
Red overwrought with orange and all made
One substance and one colour
Braving time.

Tell her that goes
With song upon her lips
But sings not out the song, nor knows
The maker of it, some other mouth,
May be as fair as hers,
Might, in new ages, gain her worshippers,
When our two dusts with Waller's shall be laid,
Siftings on siftings in oblivion,
Till change hath broken down
All things save Beauty alone.

42 Henry Lawes(1596-1662), well known as a composer, set to music many poems of his day. He was a friend of Milton.

휴우 셀윈 모버리

자기의 무덤을 신택하는 Ezra Pound의 송시

3년 동안, 그의 시대와는 맞지 않게,
그는 시의 죽은 예술을 소생시키려 애썼다.
야마 낡은 의미의 "장엄함"을 유지하기 위하여'
그것은 처음부터 잘못된 수작—

아니다, 그렇지만, 그가 시대에 뒤떨어진
반쯤 야만국에서 태어났음을 알고서,
도토리에서 백합을 피우려고 굳게 결심했으나,
Capaneus격, 그리고 가짜 미끼에 달려든 송어 격.

"왜냐하면 우리들은 트로이에 있는 모든 것들을
알고 있다"라는 Sirens의 노래가 들어막지 않은 귀에 들려왔다.
그러므로 그 해에 바위 가까이에 배를 몰았기에,
거치른 바다에 사로 잡혔다.

그의 충실한 Penelope는 Flaubert
그는 완고한 섬에서 낚시질 하고,
마술사 여자 Circe의 우아한 머리털을
해시계의 격언보다 더욱 주시했다.

사건들의 행진에는 알 바 없이 지내고
그가 서른 살 되던 해에 사람들의 기억에서,
사라져 버렸다: 시신 뮤즈의 영광에
아무런 보탬도 주지 못했다.

II

시대는, 스스로의 가속화한 찌푸림의 영상과,
현대의 무대에 맞는 그 무엇을 요구했다.
여하간, 고전적 우아함은 아니었다.

아니다 확실히 아니다, 내면을 응시하는
모호한 명상은 아니고,

풀어서 다시 쓴 고전보다는,
허위가 더 나은 것이다!

시대가 요구한 것은 주로
즉석에서 만든 석고상과
단조로운 영화. 확실히
설화 석고나 운문의 조각은 아니었다.

III

월계꽃 무늬 있는 다회복 등이
Cos의 고급 머슬린을 대신하고,
자동 피아노가
희랍 여류 시인 Sappho의 칠현금을 대신한나.

예수 그리스도가 주신 Dionysus를 뒤따르고,
남근 숭배와 미식이
단식에 자리를 내놓았다-
악령 Caliban은 아름다운 정령 Ariel을 쫓아냈다.

희랍의 현자 Heracleitus는
만사는 흘러가는 것이라고 말했지만,
번지르한 싸구려가
우리 시대를 주름 잡는다.

기독교의 아름다움마저
Samothrace 다음에는 쇠퇴 한다.
우리는 아름다움이
시장 바닥에서 결정되는 것을 본다.

우리에겐 목신의 육체도 없고,
성자의 환상도 없다.
우리들은 성찬 대신에 신문을
할례 대신에 참정권을 가지고 있다.

만인은 법으로는 동등하다.
아테네의 통치자 Peisistratus로 해방된 우리는
우리를 통치하도록

악당이나 환관을 선택했다.

아 빛나는 Apollo여
나는 어떤 신, 어떤 영웅, 어떤 인간에게
찬양하고, 어떤 신, 어느 인간, 어느 영웅에게
함석으로 된 화환을 드릴까요!

IV

이들은 어쨌든 싸웠다.
어떤 자는 신념을 가지고
어쨌든 고국을 위해서….

어떤 자는 호전적이고,
어떤 자는 모험을 좋아하고,
어떤 자는 나약함을 두려워하고.
어떤 자는 비난을 두려워하고
어떤 자는 상상으로 살생을 즐기고
나중에는 경험으로 알게 됐지만….

겁내던 어떤 자는 살생을 즐기게 되고,
죽은 사람들, 고국을 위해서 죽는 것은
즐거울 것도 정당한 것도 되지 못하면서….

쑥 들어간 눈으로 지옥에서 거닐었다.
늙은이의 거짓말을 믿으면서,
그러다가 불신하며 돌아오기도 했다.
거짓말을 향한, 결국
많은 허위를 향한,
낡은 거짓말과 새로운 불명예를 향한
귀향이 되였다.
해묵고 해가 거듭된 고리 대금업
공회장의 거짓말장이들을 향한 귀향한 격이 되었다.

전에 없는 무모함, 전에 없는 소모,
젊은 피와 고귀한 피
예쁜 뺨, 그리고 좋은 몸매

전에 없든 인내심
전에 없든 솔직함,
옛날에는 듣지 못하던 환멸,
히스테리, 참호 속의 고해
숙은 시체의 뱃대기에서
터져 나온 웃음소리.

V

수많은 사람이 죽었다.
그들 중에는 가장 훌륭한 이들이,
이 빠진 늙은 창부 하나와
보기 흉하게 찢어진 문명을 위해서.

보기 좋은 입가에 미소 짓던 매력
총명한 눈들은 땅의 뚜껑 아래로 사라졌다.

조각난 수백 개의 동상들과
수천 권의 쭈그러진 서적을 위해서.

청록빛 눈동자

John Ruskin이 "왕의 보고"를 써 냈을 빼,
Gladstone은 아직 존경받고 있었고,
Swinburne과 Rosetti는 아직도 악평을 받고 있었다.

목신 같은 그녀의 머리가
화가와 간통자들의
소일꺼리가 되었을 때에
냄새나는 Buchanan은 큰소리 쳤다.

Burne-Jones의 그림은
그녀의 눈을 보존하였다.
아직도 London의 박물관 Tate화랑에서는
Cophetua를 찬양하도록 가르친다.

개울물처럼 가는
멍한 시선으로

영국의 Rubaiyat가 사산한 것은
그 당시의 일이였다.

변함없이
가늘고 맑은 눈초리는
반쯤 망가진 얼굴에서
목신처럼 쏘아보고 있다.
무엇을 찾으며 다소곳하게,
"아, 불쌍한 Jenny의 신세"….

마지막 뚜장이의 간통에
세상이 놀라지 않으니
당황해지면서

"Siena가 나를 만들고 Maremma가 나를 망쳤다"

절여 놓은 태아들과 병에 담긴 시체들 사이에서
목록을 완성 시키는 일에 종사 하고 있는-
Strasbourg 상원의원 가문의 마지막 후예인 Verog씨를
나는 만났던 것이다.

두 시간 동안 그는 Gallifet 장군과
Dowson 시인과
시인들 클럽에 관해서 말했다.
Johnson(lionel)이 술집의 높은 의자에서
떨어져 죽은 이야기를 나에게 말해주었다….

그러나 알콜 중독 흔적은 비밀리에 시행된
검시에서 없었다는 것이다—
근육 조직은 보존되고—위스키에 더워지자
순수한 영혼은 Newman 주교에게 날아갔다는 것.

Dowson은 매춘굴이 호텔보다 싼 것을 알게 되었다.
정신적 고양을 위해서는 Headlam 목사;
Image씨는 주신과 노래 춤의 여신과 교회에 대한
황홀에 똑같이 빠졌다.
이렇게 "Dorian Mood"의 저자는 말했다.

Verog씨는 십년이나 시대의 보조에 맞추지 못하고
동시대인들에게 격리되고,
젊은이들에게 무시당했다.
이러한 생각만 한다고 해서.

Brennbaum

하늘같이 맑은 눈동자
둥그런 어린애 같은 얼굴
뻿뻿한 각반부터 옷깃까지
부드럽게 풀어진 일이 없다.

Horeb산과 Sinai산과 사막의 40년의 무거운
기억들은,
일광이 흠 없는 Brennbaum의 얼굴에
수평으로 떨어질 때만 나타난다.

Nixon씨

크림 색깔로 칠한 쾌속정 요트에서
Nixon씨는 나에게 친절하게 충고했다.
뒤질 위험이 없이 출세할 길을.
"비평가를 유의하게"

"나는 자네처럼 가난 했었네"
"물론 내가 시작했을 때,
처음에는 50파운드 인세 선불을 받았어"
라고 Nixon씨는 말했다.
"내 말을 듣고, 칼럼을 맡게"
"무보수로 일하더라도."

"비평가들을 기름칠하게, 18개월 지나서
50파운드에서 삼백 파운드로 올랐다네.
내가 제일 곤란했던 고집장이는
Dundas 박사였지."

"나는 내 작품을 팔 생각 없이는"

"남의 평을 한 적이 없네"
"문학에서는 돌려 말하는 것이 참 좋거든"
문학은 결코 한직은 아닐세"-
"그리고 누구나 첫 눈에 걸작을 분별할 수 없어"
"그리고 이봐, 시는 집어치워"
아무 소득이 없네"

그와 같이 Bloughram의 친구는 한 때
나에게 충고 했다.
쓸데없이 고집 부리지 말고
충고를 받아들이게. "90년대들"도 너처럼
놀다 죽어버렸어. 아무 소득이 거기엔 없네.

X

축 처진 지붕 아래
명문가는 피신하였다.
돈도 못 받고, 명예도 누리지 못하고,
드디어 세상의 혼란으로부터

자연이 그를 영접한다.
소박하고 온순한 아가씨와 더불어
그는 그의 재능을 연마하고
흙이 그의 고통을 달래준다.

궤변과 경쟁으로부터의 이 피난처는
초가지붕이 샌다. 하지만
그는 즙 많은 요리를 내 놓는다
문은 삐걱거리는 고리쇠가 달려있다.

XI

Milésien의 여자 도자기 관리인은
아마도 정신과 감각의 습관이야 가지고 있다.
그러나 Ealing같이 영국의 가장 상업주의인 곳에도 그럴까?

아니다. Milésien은 과장이다.
그녀의 할머니가 그녀의 신분에

맞으리라고 한 본능보다 더 오래된
본능은 그녀에게 남아 있지 않다.

XII

"요정 Daphne, 나무껍질 속에 묻힌 그녀는
나에게 잎사귀 같은 손을 내민다"—
주관적으로. 비단으로 꾸민 응접실에서
나는 Valentine 유한부인의 명령을 기다린다.

내 코트가 그녀에게
오래가는 열정을
일으킬 만한
유행을 따른 적이 없음을 안다.

좋은 옷을 입은 이가
문학적 노력에 대해, 그 가치에 대해서
칭찬을 하는 일은 약간 의심스럽지만,
Valentine 부인의 직업에 대해서는 의심이 없는 것.

시는 그녀의 생각 주변에 있는데,
그 끝은 확실치 않지만,
낮은 것과 높은 것이 서로 만나는
다른 층과 섞어 놓은 한 개의 방법이다.

Valentine 부인의 관심을 사로잡기 위한 올가미,
극장을 향한 변조,
또한, 혁명이 일어날 경우에
아마도 친구 겸 위안자가 될 것이다.

. . . .

또 한편 그와 반대로
"최고의 문화가 길러 왔던"
영혼일랑은
Johnson박사가 번영했던
Fleet가로 데리고 가거라:

이 큰 길 옆에는

짧은 양말의 판매가
이미 오래전에
Muse의 고향 Pieria의 장미 재배를 대치했다.

발문

말없는 책이여, 가서
Lawes의 그 노래를 일찍이 나에게 불러준 그녀에게 말해 주라.
네가 그 주제를 알고 있던
그러한 노래만을 그대가 소유하고 있다면
나를 무겁게 누르는 나의 허물까지도 용서하고,
그녀의 영광을 오래 가도록 할
이유가 너에게 있을 것이라는 것을.

그녀에게 말해 주어라, 그녀의 아름다움이
순간에 생명을 주는 것 이외에는
아무것도 생각하지 않고서,
그러한 보화를 공중에 뿌려 버리는 그녀에게,
붉은색이 오렌지색으로 되고,
모든 것이 하나의 본체와 하나의 색깔로 되어,
시간을 초월하는
신비스런 호박 보석에 놓인 장미들처럼,
그녀의 아름다움을 살릴 것을 나는 명령한다는 것을.

그녀에게 말해 주어라, 그녀의 입술에
노래를 가지고 있지만,
그 노래를 부르지도 않고,
그 노래의 작자를 알지도 못하는 그녀에게,
새 시대에, 그녀의 입만큼 아름다운
어떤 딴 입이
그녀의 숭배자들을 가지게 될 것이라는 것을.
우리 두 사람의 죽은 몸이 Waller의 죽은 몸과
함께 누워 있을 때,
망각 속에 계속 체질 당하여,
드디어 변화는
아름다움 이외에 모든 것들을

파괴 할 것이라는 것을.

● 이해와 감상

Hugh, Selwyn Mauberley는 Ezra Pound가 세계 제1차 대전을 중심으로 한 한 세대의 경험을 요약한 것이고, 이 시에서 나오는 풍자적인 요소는 미국 또는 영국의 상업주의, 황금만능주의에 대한 배격과 소외감을 반영한 것으로 보는 것이다. 그러한 사조 속에서 Pound는 예술가의 창조적 자유를, 그리고 예술가의 독창성을 희구하고, 예술에 대한 순수한 정열과 아름다움을 추구한 것이다.

Pound는 미국에서 영국으로가 그의 예술가의 이상을 펼쳐 보려고 했으나, 그 영국마저도 예술가를 순수한 이상 위에 받아들이는 곳이 못 됨을 알고서, 영국을 고별하는 한편의 고별시 형식으로 쓴 것이다. 이 시의 주인 Mauberley는 Pound의 자서전적인 분신으로 보아도 좋다.[43] Pound는 Eliot의 *The Waste Land*에서처럼, 현대의 물질문명의 전성과 더불어 온, 정신문명과 인간성의 상실 앞에 고뇌하는, 다분히 이상주의적 예술가가 조감하는 현대 문명의 비판시이다. 그런데 Mauberley가 Pound의 자서전적인 성격을 띠고 개인적인 요소가 많이 있다는 점에 반하여 *The Waste Land*에서는 그런 주관적인 티가 없이 객관성이 유지되고 있다는 점이다. "The Waste Land"에는 신화와 기독교의 사상과 배경으로 작품전체가 구성되어 있으나, Mauberley는 주로 예술에 관심이 집중되어 있는 점이 다른 것이다.

이 시에서 Pound의 특색인 무수한 인용과 아이러니컬한 인유(allusion)가 전편을 통해서 발견된다. 또한 이 시는 자유시의 실험적인 형태로 쓰고, 재래의 기법을 일변시켰다. 특히 박식한 학문을 배경으로 많은 고전이 인용되어 시가 폭과 깊이를 갖는 반면에 난해성을 가져온다. 이 점은 Eliot과 Pound가 유사한 점이다. 현대 구어체의 리듬을 사용하여, 현대인의 감정과 언어가 간격 없이 밀착되어 있다. 또 두 시인이 모두 대화나 장면을 극적으로 제시하여, 시를 독자에게 체험시키는 극적인 수법을 쓰고 있다. 즉 다같이 시를 객관적 상관물로써 표현하고 있는 것이다. 또 운률 형식이 모두 다른 독립된 시의 단편들을, 하나의 전체적 시의 효과를 나타내는 부분으로 그 역할을 하게 한다. 그리고 이 시를 이미지즘 (Imagism)의 시로 간주하기보다는, 차라리 Pound가 이미지즘의 시 운동과 함께 벌였던 신시 운동의 계열에 속하는 것으로 보는 것이 좋을 것이다.

---

43 이창배, *20세기 영미시의 이해*(서울: 민중서관, 1974), p.314.

Mauberly는 현대의 상업주의에 반발하여 유미주의와 예술지상주의로 향한다. 이것은 현대 시학의 선구자이고 지도자격이었던 Ezra Pound가, 시대와 밀착된 주제를 생활과 밀착된 언어로써 표현해야 된다고 한 그의 주장에서 나온 것이다. 그러므로 주제는 현대 문명을 예술가의 입장에서 비판한 것이 되고, 그의 사용하는 언어는 현대인의 의식에 접근한 구어체이다.

그러면 이 시를 처음부터 좀 더 자세히 고찰하자.

제 1편에서는 Pound가 아이러니컬한 어조로 그 자신의 과거 경력을 되풀이해서 말하고 있다. 소외된 시인 Mauberly는 예술의 소생을 위해 애썼으나, 사회가 환영하지 않는다. 반 쯤 야만국을 암시하는 미국에서 태어나서 영국에서 미와 시의 꽃을 피우려 했으나—"wringing lilies from the acron"—것은 마치 희랍 신화에서, Zeus 신에게 도전함으로 그의 분노를 산 후 번갯불로 죽은 Capaneus와 같은 처지이고, 또 가짜 미끼에 달려든 송어처럼 불행하고 어리석은 일임을 말한다. "Odyssey"에서 siren정령들의 노래에 유혹되지 않도록, Odyssey는 일부러 귀를 틀어막았다고 하지만, Pound는 그 노래 소리를 일부러라도 듣고 매혹되어 현대 문명 세계에서 떠나고 싶었던 것이다. Pound의 예술적 이상형인 Flaubert를 동경하면서, 시대의 움직임 보다는 예술적 활동과 추구를 신택하고 싶어 한다.

Observed the elegance of Circe's hair
Rather than the mottoes on sun-dials.

제 2편에서, 세계 제1차 대전 후에 값싼 통속적인, 겉만 번지르한 시대상을 나타내고 있다. 내면의 가치 있는 명상이나 고전이 아니라, 즉석에서 만든 즉흥 예술품과 단조로운 통속 영화인 것이다. 시인을 언어의 조각가로 본다면, 오랜 시간 결려 만든 시를 시대는 원하지 않고, 즉석에서 만든 석고상 같은 산문이나 통속적 소설을 요구하는 것이다. 여기서 문명의 비판을 엿볼 수 있다 제3편에서는 세계 제1차 대전 후에 현대 문명이 값싼 상태로 하락된 그 이유들을 들고 있는 것이다. 즉 그 이유는 상품화 (상업화), 돈의 저속한 추구, 그리고. 저질 신문의 매스컴 등이다.[44] 타락한 서구 문명을 비판한 것이다. "아름다움이 시장 바닥에서 결정 된다"라는 표현은, 특히 현대 상업주의를 극단적으로 표현한 말이다. 현대 사회는 육체적인 면이나 정신적인 면이나 다같이 침체된 것을 말한다.

---

44 William Van O'Connor "Pound, Hugh Selwyn Mauberley," *Master Poems of the English Language*, Oscar Williams(ed.), (New York: Washington Square Press, 1973), p.975.

Faun's flesh is not to us
Nor the saint's vision

그리고 Pound는 현대 문명의 산물인 민주주의도 별로 달갑지 않게 보고 있다. 희랍의 통치자 Peisistratus를 동경하면서... 맨 마지막 부분에는 해하저인 위트를 보여준다.

O bright Apollo,
. . . .
What god, man, or hero
Shall I place a tin wreath upon!

제 4편에서는 이러한 시회가 세계 1차내전에 쉶은이들을 내보내는 데 선수를 친 것이다. 그리고 그 전쟁의 무의미함과 환멸을 그리고 있다. 전쟁의 허무와 정치인에 대한 증오심도 서려있다. 맨 끝 행에 얼마나 역설적인 환멸을 짙게 드러내고 있는지를 볼 수 있다.

laughter out of dead bellies.

제 5편에서는 이미 멸망한 문명을 위해서, 너무 많은 고귀한 젊은이들이 전쟁의 희생물이 되였다는 것이다. 전쟁은 엄청난 희생을 지불 했으나, 남은 것은 조각난 동상들의 파편과 쭈그러진 책뿐이다.

그 다음 "청록색 눈동자"에서와 그 다음 "Siena가 나를 만들고 Maremma가 나를 망쳤다"에서는, 1880년대 이후의 서구 문명의 예술 비판이다. 여기서 Pound는 근래의 심미주의, Pre-Raphaelites의 과도함, 그리고 작가들로 하여금 타락하고 겉만 번지르르하게 만들었던 90년대의 발자취를 살펴본다.

Gladstone은 빅토리아조의 국회의원이요, 재상도 지냈는데, Victorianism을 대표하여 실리주의 또는 속물근성을 대표하는 인물이다. Pre-Raphaelites로서 Swinburn은 탐미파 시인이고, Rossetti는 화가이며 시인으로 감각적인 묘사를 즐겼다. Williams Buchanan(1841-190l)는 다작의 작가로 Pre-Raphaelites를 공격했다. 특별히 Rossetti의 시 "Jenny"를 공격했다. 그리고 Pound는 암시적으로 115행의 "Jenny case"는 Rossetti의 아내, Elizabemth Siddal을 가리킨다. 그녀는 그 당시 예술가들에게 이름난 모델이었고 "Yeux glauques"의 중심적 인물이다. Sir Edward Burne-Jones는 Rossetti와 함께 화가였고, 그는 Elizabeth Siddal의 눈을 그려 놓았다. 또 그는 민요 속에 이야기에 "King Cophetua and the Beggar Maid"에 대한 그림을 그렸다. 그런데 Burns-Jones가 그린 Elizabeth Siddal의 눈동자 "청록색 눈동자"가 London

의 박물관 Tate에 보존되어 있는 것이다. 영국의 *Rubaiyat*가 사산한 것이란 Fitzgerald의 번역한 Omar Khayam의 시가 그 당시 사람들의 주의를 끌지 못한 것을 암시한다. 여기서 Pound는 과연 어느 쪽을 비난하고 있는 것인가? 이 시대의 시인들과 빅토리아 조의 속물근성과 Buchanan과 Rossetti풍 양편을 모두 비난의 대상으로 하고 있다. 즉 속물근성, 실리주의의 Victorianism이 잘못 됐으나 약간의 정당성이 있고, 또한 예술가들이 옳지만 또한 분명히 공격받을 만한 것이다.[45] 이와 같이 Pound는 Hugh Selwyn Mauberley에서 그 아이러니가 차갑고 찬 바람이 돌듯이 매서운 것이다. 계속해서 이 시는 현대 영국의 예술가들의 처하여 있는 상황이 비극적임을 암시한다. Pound는 "Siena가 나를 만들고 Maremma가 나를 망쳤다"에서, 인간 조건을 하찮은 것으로 축소시킨다. 예를 들면 1890년대의 시인들을 취급할 경우이다:

For two hours he talked of Gallifet;
Of Dowson; of the Rhymer's Club;
Told me how Johnson(lionel) died
By falling from a high stoolin a pub...

But showed no trace of alcohol
At the autopsy, privately performed—
Tissue preserved—the pure mind
Arose toward Newman as the whiskey warmed.

The Rhymer's Club의 일원이었던 시인 Verog씨는, 영국으로 이민 와서, 왕실의대도서관 직원으로 그 권위가 하락된 것이다. The Rhymer's Club의 일원이었던 Dowson, Johnson, 그리고 Headlam 목사, Image씨 등 모두가 이름만 남아 있는 존재들이다. Pound는 그들을 경멸하는 눈초리로 거부하는 태도이다. 술도 좋아하고 교회도 좋아하는 무사안일주의, 이중적인 생활 모습이 들쳐진다(Verog씨의 환상).

With raptures for Bacchus, Terpsichore and the Church.

젊은이들은 Verog씨의 환상을 배척하고, 동료 시인들까지도 Verog씨를 소외한다. Pound의 눈으로 볼 때 이런 상황은 슬픈 상황임을 암시 한다. 그 다음 Pound는 두 사람의 초상화를 통하여 그 당시 또는 현대의 예술가

45 A. L. French "Ezra Pound: Olympian Apathein: Pound's Hugh Selwyn Mauberley and Modern Poetry" *Commentaries and Critical Essays II* (Seoul: Tamgu Publishing Co., 1981), p.459.

를 변명하는 것이다. 하나는 "Brennbaum"에서는 Brennbaum이 그 사회상에 수용되기 위하여, 정신적 또는 문학적 상속 유산을 포기하는 모습으로 나타난다. 구체적으로는 Pound 당시의 시인 Max Beerbohn(1872-1956)을 시세를 잘 타는 유태인에 빗대어 풍자한 것이라고도 한다.[46] 여하튼 Pound는 심상을 통하여 풍자적인 아이러니로 1880년대 이후의 영국을 비롯한 서구 문명의 예술을 비판한 것이다. 또 하나는 "Mr. Nixon"이라는 한정된 어떤 인물에 대하여, 허구의 이름을 사용하여서, 그가 상업적으로 작품을 팔아서 성공하기 위하여, 진지한 작품(시)은 피하고 그 사회 대중들의 구미에 맞는 인기 작품만을 써내는 속물근성을 보여 준다.

제 10편에서는 헌신적인 명문가(시인)가 보잘 것 없는 시골 오두막에서 살면서, 시작에 몰두하는 모습을 찬양하고 있다.

제11편에서는 그 교육 받은 여인은 화려한 전통을 이어 받지만, 그녀는 그것을 이해하기조차 못함을 보여 준다.

제12편에서는 Pound가 London의 예술계에서 적응하기 어려움을 보여 준다. Valentine 부인은 유한부인으로써, 그녀는 소일 삼아 시인을 그녀의 옆에 데리고 있는 것이다. 그녀는 진정한 문학을 모르는 또 문학의 가치를 모르는 대중을 상징하는 것으로 보는 것이 좋을 것이다. 다만 문학이니 시니 하는 것은 대중들의 생각 속에는 그들의 심심풀이의 대상으로 여겨진다. "최고의 문화를 길러 주였던 영혼"같은 역할을 한 문학은, 이제 쫓겨가는 것이다. 대중들의 흥미에서 멀어진 채 시의 꽃을 피우는 대신, 상업주의가 꽃을 피우게 됐다.

Beside this throughfare
The sale of half-hose has
Long since superseded the cultivation
Of Pierian roses.

끝으로 이 시의 "발문"에서는 Pound가 서정적인 어조로 미에 대한 헌신, 미지상주의의 신념을 보여 주고 있다. 좀 더 구체적으로 말한다면, 현실의 미는 순간적이지만, 그것이 예술 속에 간직되어 영원하기를 바라는 것이다. Pound는 17C영국의 서정시인 Edmund Waller(l606-l687)의 시 "Go, Lovely Rose"라는 시의 형식을 취하여 예술 속에 영원하게 미가 간직되기를 바라는 주제를 발전시켰다. 그리고 그 당시의 유명한 작곡가 Henry Lawes(1596-l662)는 그 당시 많은 시를 작곡했는데 위에 Waller의 시도

46 정규웅 역주, *Pound 지하철 정거장에서*(서울: 민음사, 1974), p.68.

작곡한 것이다.

제 1절에서는 어여쁜 그녀를 영원히 영광스럽게 할 당연한 이유가 있다고 말한다. 그것은 제 2절에서 그녀는 그 여자의 아름다움이 순간적인 가치밖에 없다고 생각하고 있는데, 시인은 그 아름다움이란 순간적으로 끝날 것이 아니라, 예술 속에 영원한 생명을 갖기를 바란다고 말한다. 그것은 마치 신비한 호박 보석 속에서, 미를 영원히 간직하고 있는 장미꽃의 아름다움과 같다고 하는 것이다. 마지막 절에서 만물은 시간 속에서 모두 다 망각되지만, 오직 예술 속에 간직된 미만큼은 시간을 초월해서 영원하다고 하는 것이다. 여기어 나오는 여자는 미를 소유하고 있으나, 영원한 미를 살리거나 생각지 않고, 또 아름다운 노래를 알면서도 그 아름다운 노래를 나타내어 부르지 않는 여자이다. 시인은 여기서 그 아름다움을 나타내고 영원화하는 예술화한 미를 주장하고 있는 것이다. 미(Beauty)라는 글자를 대문자로 쓴 것은 God을 대문자로 쓸 때같이, 그 미의 절대성을 강조한 것이고, 시간과 변화 속의 현실미가 아닌 예술화한 이상적인 미를 말하는 것이다.[47] 하여간에 "Hugh Selwyn Mauberley"는 세계 제1차대전 이후 현대의 유물론적 세력에 대한 풍자시로써 걸작이 아닐 수 없다.

---

47 이창배, *20세기 영미시의 이해*(서울: 민중서관, 1974), p.314.

In A Station of the Metro

The apparitions of these faces in the crowd;
Petals on a wet, black bough.

지하철 정거장에서

군중 속에서 유령처럼 나타나는 이 얼굴들
축축한 검은 가지 위의 꽃잎들.

● 이해와 감상

이 시는 Pound의 Imagism의 대표적 시로 꼽히고 있다. 그러면 이 시를 고찰하기 전에 먼저 Imagism(사상주의)에 관하여 고찰하기로 한다. 이 Imagism의 시인들을 Imagist라고 하는데, 이들 Imagist의 출발은 1909년 London에서 T. E. Hulme, Ezra Pound를 중심으로 한 시인들의 모임에서 시작했다. Imagism의 많은 이론은 Hulme에게서 나와서 발전시킨 공로는 Pound에게 있다고 한다. 미국에 서 발간된 시 *Poetry, A Magazine of Verse*를 비롯해서 *Egoist*등을 통하여 산발적으로 발표된 Imagist들의 시가 한권의 사화집에 집대성된 것은 1914년 "Des Imagistes", 다시 1915년에는 "Some Imagists Poets"이라는 이름으로 Amy Lowell에 의하여 발간되었다. 여기에 실린 Imagist들을 보면, Richard Aldington(1892-l962), H. D.(Hilda Doolittle), Pound, Flint, Lowell, John Gould Fletcher(1886-950) 등이다.

이들 1915년에 간행된 사화집에 설린 Imagist들의 6개 원칙을 통해서, Imagism의 방향과 내용을 살펴 볼 수 있겠다.

그 6항의 원칙은[1]

1. 일상적인 언어를 사용하고 정확한 언어를 쓴다.
2. 새로운 감정의 표현으로서 새로운 리듬을 창조한다.
3. 제재의 선택은 자유이다.
4. 하나와 Image를 표현한다. 시는 개별적인 것들을 정확히 표현해야 하고, 아무리 장엄한 것이라도 막연한 일반적인 것은 다루지 말 것이다.
5. 시는 견실하고 분명해야 한다.

1 이창배, *20세기 영미시의 이해*(서울: 민중서관, 1974), p.108.

6. 모든 집중이 시의 근본이라고 믿는다.

이 시의 이해를 돕기 위해서, Pound 자신이 이 시의 소재에 대해서 쓴 것을 볼 필요가 있다.

Three years ago in Paris I got out of a "Metro" train at La Concorde, and saw suddenly a beautiful face, and then another and another, and then a beautiful child's face, and then another beautiful woman, and I tried all that day to Find words for what this had meant to me, and I could not find any words that seemed to me worthy, or as lovely as that sudden emotion….

I wrote a thirty-line poem, and destroyed it because it was what we call work "of second intensity." Six months later I made a poem half that length; a year later I made the following…sentence:

"The-apparition of these faces in the crowd:
Petals on a wet, black bough."

I dare say it is meaningless unless one has drifted into a certain vein of thought. In a poem of this sort one is tying to record the precise instant when a thing outward and objective transforms itself, or darts into a thing inward and subjective.[2]

위에서 알 수 있듯이 시인은 지하철 정거창의 어두운 곳에서 본 환히 빛나는 아름다운 얼굴들을, 축축하고 검은 가지 위에 아름답게 피어있는 환한 꽃잎들에 비유한 것이다. 시인은 여기서 Imagism의 원칙에서처럼, 한 순간의 정서적 경험을 매우 선명하고 정확한 이미지를 사용하여 나타낸 것이다. 시인은 파리의 한 지하철 정거장에서 그 컴컴하고 축축한 분위기 속에 많은 군중들 속에서, 갑자기 부각되어 그의 인상 속에 강렬하게 떠오른 아름다운 얼굴들을, 가장 정확하고 생생하게 표현하려고 한 것이다. 그것이 바로 "축축한 검은 가지 위에 꽃잎들"이라고 하는 가장 선명하고 효과적인 이미지로 표시한 것이다. 추상적인 말을 피하고 직접적인 표현을 사용한다. 또 이 비유는 상상력의 도약과 충격적인 놀라움을 구현화하는 비유로 우리에게 임하는 것이다.[3] 결코 느슨한 비유가 아니라는 말이다.

---

2 Cleanth Brooks and Robert Penn Warren, *Understanding Poetry* (New York: Holt, Rinehart and Winston, 1960, 3rd ed. p.90.

3 *Ibid.*, p.89.

Wystan Hugh Auden

(1907-1973)

Lay Your Sleeping Head, My Love

Lay your sleeping head, my love,
Human on my faithless arm;
Time and fevers burn away
Individual beauty from
Thoughtful children, and the grave
Proves the child ephemeral:
But in my arms till break of day
Let the living creature lie,
Mortal, guilty, but to me
The entirely beautiful.

Soul and body have no bounds:
To lovers as they lie upon
Her tolerant enchanted slope
In their ordinary swoon,
Grave the vision Venus sends
Of supernatural sympathy,
Universal love and hope;
While an abstract insight wakes
Among the glaciers and the rocks
The hermit's sensual ecstasy.

Certainty, fidelity
On the stroke of midnight pass
Like vibrations of a bell,
And fashionable madmen raise
Their pedantic boring cry:
Every farthing of the cost,
All the dreaded cards fortell,
Shall be paid, but from this night
Not a whisper, not a thought,

Not a kiss nor look be lost.

Beauty, midnight, vision dies:
Let the winds of dawn that blow
Softly round your dreaming head
Such a day of sweetness show
Eye and knocking heart may bless,
Find the mortal world enough;
Noons of dryness see you fed
By the involuntary powers,
Nights of insult let you pass
Watched by every human love.

그대의 잠자는 머리를 뉘이시라, 내 사랑하는 이여!

인간적인 성실치 못한 나의 팔에
그대의 잠자는 머리를 뉘이시라. 내 사랑하는 이여!
시간과 열병은 생각 깊은 아이들의 개성미를 불살라 버린다.
그래서 무덤은 어린이의 하루살이의 단명을 입증한다.
그러나 날이 샐 때까지 나의 이 품속에 눕게 하시라.
덧없고 죄있는, 그러나 나에겐
오로지 아름다운 살아있는 그 여인을.

영혼과 육체는 한계가 없다.
비너스의 너그러운 매혹적인 비탈길에
애인들이 흔히 졸도하여 누울 때,
그들에겐
비너스가 보내는 신비스런 초자연적인 공감과
우주적 사랑과 희망의 환상은 엄숙하다.
또 한편 빙하들과 바위들 사이에서
관념적인 직관이 은둔자의 관능적인 황홀감을 일깨운다.

확신, 정절은
자정을 알리자
종소리의 울림처럼 사라지고,
유행적인 광인들은,
현학적인 지리한 고함소리를 지른다.

모든 두려운 카드는 예언한다.
대가는 한 푼 한 푼 모두가
지불되어야 한다고. 그러나 이 밤부터
한 가닥의 속삭임도 한 가닥의 생각도
한번의 키스도 응시 하나도 잃어서는 안 된다.

아름다움, 한 밤, 환상은 사라진다.
그대의 꿈꾸는 머리 주위에 부드럽게
부는 새벽바람이
눈과 맥박 치는 심장이 축복할 수 있는
그런 아름다운 날을 보여 주시도록 하시라.
인간의 세계가 충분히 만족함을 발견하시라.
메마른 정오는 그대가
무의식적인 세력에 의해 만족하며,
모욕의 밤을
모든 인간적 사랑의 시선을 받으며 지나게 한다.

● 이해와 감상

이 시는 Auden 의 사랑의 시들 중에서도 가장 훌륭한 시로 유명하다. 이 시는 사랑이 고통과 사라짐 그리고 불성실과 죄라는 어두운 그림자로 드리워지는 순간이었음에도 불구하고, 그 사랑의 순간은 사랑의 아름다움과 깊은 의미가 있음을 말하여 준다.[1] 그 사랑은 인간에게 깊은 공감을 주는 경험으로 나타난다.

첫째 연에서는 두 연인이 사랑을 꽃 피우는 밤에 함께 있는 모습이다. 연인의 품속은 변화가 따를 수밖에 없는 일시적인 가변성의 사랑일 수도 있다. 시간과 인생의 움직여지는 조건은 한때에 불붙는 열정을 사라지게 하고, 또한 연인의 아름다운 모습도 빼앗아 간다. 뜨거운 감미로운 사랑의 경험도 지나가 버리는 것이다. 그러나 그 사랑의 경험은 그 자체로 가치 있는 삶이며, 흠이 있는 애인의 인간적인 아름다운 모습도 연인에게 더 없이 사랑스러울 뿐이라는 것이다.

둘째 연에서는 이들 연인들의 사랑이 육체적인 사랑인 동시에 정신적 사랑이 병행되고 있음을 암시하고 있다.

---

1 Compile by Clive V. Ashworth, *Notes on the Poetry of W. H. Auden* (London: Methuen Paperbacks Ltd, 1979), p.33.

Soul and body have no bounds:

참된 사랑에서는 이 두 사랑이(육체적 사랑과 정신적 사랑) 결합 되고 조화된 것이다. 그뿐만 아니라 이 두 종류의 사랑은 서로 깊은 관계가 있음을 암시해 준다. 즉 육체적인 사랑이 정신적인 사랑으로 통할 수가 있고, 또 한편으로는 정신적 사랑이 육체적 사랑을 유발할 수 있다는 것이다. 이때 관념적 직관이 육체적 사랑을 유발할 수 있다는 암시이다.[2]

While an abstract insight wakes
Among the glaciers and the rocks
The hermit's sensual ecstasy.

이러한 조화 이룬 사랑은 인간 누구에게나 공감을 주는 사랑이며, 선망의 대상이 된다는 것이다. 육체적 사랑은 육감적인 황홀 속에서 사랑의 실체를 보여주고, 정신적 사랑은 정신적 고독을 진정시켜 주는[3]이 사랑의 여신 Venus는 진지한 존재로 묘사했다.

세째 연에서는, 이 세상에서 사랑의 경험을 도덕적 또는 종교적 사회적 차원에서 반대하는 이들이 있고, 또 사랑의 정절도 사랑의 행동 이후에는 깨지는 일도 있으나, 그렇다고 할지라도 우리는 사랑의 극치를 발견하게 된다는 것이다. 사랑의 경험이 그 가치는 경험 안에 이미 존재하고 있기 때문이다. 그래서 그 사랑의 모든 행동 하나하나가 잃어버릴 수없이 귀한 것이라고 하는 것이다.

Not a whisper, not a thought,
Not a kiss nor look be lost.

마지막 연에서는, 인간의 제한된 조건을 인정하면서도, 인간의 사랑이 중요하고 아름다운 것임을 말해 준다. 인간의 사랑이 인간에 제한된 조건 아래서 아름다움도 사랑의 깊은 밤도, 아름다운 환상도 다 사라지는 것이다. 그러나 인간 세계에서, 특히 현대 문명의 한 병적인 양상인 그리고 병든 현대 사회에 한 요인으로써, 사랑의 결핍을 들고 그것을 치유하려는 Auden의 시에서[4] 사랑의 가치와 중요성은 강조되어 있음을 엿볼 수 있다. "눈과 맥박 치는 심장"의 사로잡히는 사랑의 세계가 각박하고 비정한 현대 세계

2 김사목 역주, W. H. Auden, *사랑의 빙하시대*(서울: 민음사, 1975), p.60
3 Ashworth, *op. cit.,* pp.34-35.
4 George Sampson, *The Concise Cambridge History of English Literature* (Cambridge University Press, 1970), p.860. "Auden's poem on the subject (with its memorable, oft-quoted line) : We must love one another or die"

에서는 더 이상 아름다울 수없는 것이다. 정신적 고독 속에서 인간을 치유하는 것도, 고상한 사랑이요, "굴욕적인 밤들"을 이겨내고 새로운 희망으로 살 수 있게 하는 것도, 따뜻하고 포근한 남녀간의 본능적인 사랑이다. 이 마지막 연에서도 육체적인 사랑과 정신적인 사랑의 병행을 다시 한번 암시해 보여준다.

Noons of dryness see you fed
By the involuntary powers,
Nights of insult let you pass
Watched by every human love.

이 시의 형식면에서 보면 10행씩 된 4개의 연으로 되어 있고, 시의 효과를 위하여 alliteration, consonance, assonance, half-rhymes을 사용하고 있다. 그리고 현대 연애시의 진중한 면과 서정적인 아름다움을 겸하여 사용하고 있다. 이 시는 서정시이면서도 비개성(impersonality)적 묘사를 하고 있는 것이다.

Look, Stranger

Look, stranger, on this island now
The leaping light for your delight discovers,
Stand stable here
And silent be,
That through the channels of the ear
May wander like a river
The swaying sound of the sea.

Here at the small field's ending pause
When the chalk wall falls to the foam, and its tall ledges
Oppose the pluck
And knock of the tide,
And the shingle scrambles after the suck-
ing surf, and the gull lodges
A moment on its sheer side.

Far off like floating seeds the ships
Diverge on urgent voluntary errands;
And the full view
Indeed may enter
And move in memory as now these clouds do,
That pass the harbor mirror
And all the summer through the water saunter.

나그네여, 보시라

나그네여, 보시라 이 섬을
뛰노는 빛이 지금 그대 기쁘도록
드러내 주는 이 섬을
여기서 가만히 서서
조용히 있으시라.
그리하여 귀바퀴를 통하여

바다의 출렁이는 소리가
강물처럼 흘러서 들어오도록.

여기 작은 들판 끝에서 머물러 서시오.
하얀 절벽이 물거품 속으로 떨어지고,
그 높은 바위턱이 조수의 끌어당김과 두드림을 방해하고,
그리고 조약돌이 빨아들이는 파도에 따라 끌려가고,
갈매기는 잠시 동안 험한 물결 위에 머무를 때.

저 멀리 몇 척의 배들이 떠돌아다니는 씨앗들처럼,
바쁜 자기들의 일을 위해 흩어져 간다.
그리고 이 진경이
정말 기억 속에 들어가
감동시켜 주리라.
마치 거울 같은 항구를 지나서
여름 내내 바다 위를 산책하는 구름들처럼.

● 이해와 감상

보통 Auden의 시는 인간의 상황에 대한 배경이나 상징이 보통이지만[5] 이 시는 다만 자연의 묘사를 스케치한 서정시이다. 영국의 풍경에 대하여 풍부한 감수성을 보여 주는 시이다.

이 시는 소위 mood poem으로 정경 묘사를 그린 시로써, 특별히 선명한 이미지와 주의 깊은 리듬과 시어에 뛰어난 솜씨를 보여준다. 영국의 백목같이 하얀 절벽 바다와 바다 위에 배들의 모습을 그렸다. 7행씩 3 연으로 되어, Auden은 이 장면의 분위기를 직접적으로 그려서 감각에 호소한다. 그의 보통 수법인 추상적인 시나 철학적인 성격을 떠나서, 이 시에서는 직접적이고 시각적인 어휘를 사용하고 있다.[6] 특별히 음향적인 효과를 내기 위하여 Alliteration을 사용하고 있다. 예를 들면

leaping light, delight discovers, stand stable,
swaying sound of the sea, falls to me foam
shingle scrambles after the sucking surf, sheer
side, seeds the ships, move in memory

5 Ashworthy, *op. cit.*, p.22.
6 *Ibid.*, P.22.

등 대단히 많다. 위에서 시의 음악적인 조화의 미를 북돋우고 있을 뿐만 아니라, 각 단어 간의 관계를 긴밀히 하고, 그 해당하는 낱말들의 의미를 강조하는 일도 하고 있음을 볼 수 있다.

그러면 첫째 연에서부터 자세히 살펴보면, "leaping light"는 경쾌하고, 변화하는 빛을 나타내기 위하여 경쾌한 리듬을 사용하고 있다. 그 다음 어귀 "for your delight"와도 그 의미가 통하는 것이다. 기쁨을 주기 위하여 도약하는 빛인 것이다. 조용히 서서 귀를 기울이고 바다의 출렁이는 소리를 들을 때, 귀바퀴를 통하여 마치 메아리를 듣는 듯하다. 그것은 나그네가 수로의 가장자리에 지금 서 있는 점에서, 귀의 수로(바퀴)라는 표현은 글자의 같은 표현을 통하여 메아리와 같은 효과를 낸다는 것이다.[7] 그 다음 바닷물의 출렁이는 소리가 귀의 수로를 통하여 강물처럼 넘쳐 흘러들어오는 것처럼 묘사함으로서, 청각적인 음향을 시각적인 이미지로 변용시켰다. 그래서 더욱 생동감을 느끼도록 한다. 마지막 행 "The swaying sound of me sea"는 Alliteraion과 병행하여 경쾌한 리듬을 사용하여 음향적 효과를 내고 있다. 두 번째 연에서는 바다와 육지가 만나는 순간이어서 활기차고 빠른 리듬이 온다. 2행에서는 음향적인 효과를 북돋우기 위하여 "chalk wall fall"등 Assonance를 사용하고 있다. 그리고 "falls to the foam"과 "Oppose the pluk"등은, 절벽의 높음과 험준함을 암시하고, 더욱 나아가서 이러한 생각의 정서는 "the gull lodges/ A moment on its sheer side"에서 더욱 고조된다.[8] 갈매기가 잠시 가파른 파도 위에 머무는 광경은 퍽이나 어렵고 거치른 바다를 그려준다.

세 번째 연에서는 바다에 떠나가는 배들을 밭 위에서 떠돌며 뒹구는 씨앗에 비유한다. 배 모양과 씨앗모양은 비슷하거니와 씨앗은 곡식의 열매를 열게 하고 배는 상업의 열매를 거두어들인다는 점에서도 비슷하다.[9] 그다음 그와 같은 바다의 전경에 대한 기억을 통하여 주는 감정은, 여름날 구름의 움직임과 그 구름이 주는 감정에 비유했다. 거울 같은 항구의 바다에 비치는 구름이 바닷물에 비추어 어른거리듯이, 이 영국의 아름다운 백목같이 흰 절벽과 바다와 배들의 풍경과 생동하는 바닷물의 음향은, 낯선 나그네의 마음과 생각 속에 잊을 수 없는 아름다운 풍경화로 새겨지는 것이다. 이와 같이 직접적이고 시각적이며 감각적인 이미지를 통하여, 시인은 정경묘사를 힘차고 생동감 있게 해나간다.

---

7 *Loc. cit.*

8 *Ibid.,* p.23.

9 *Loc. cit.*

Dylan Marlais Thomas

(1914-1953)

The Force That Through the Green Fuse Drives the Flower

The force that through the green fuse drives the flower
Drives my green age; that blasts the roots of trees
Is my destroyer.
And I am dumb to tell the crooked rose
My youth is bent by the same wintry fever.

The force that drives the water through the rocks
Drives my red blood; that dries the mouthing streams
Turns mine to wax.
And I am dumb to mouth unto my veins
How at the mountain spring the same mouth sucks.

The hand that whirls the water in the pool
Stirs the quicksand; that ropes the blowing wind
Hauls my shroud sail.
And I am dumb to tell the hanging man
How of my clay is made the hangman's lime.

The lips of time leech to the fountain head;
Love drips and gathers, but the fallen blood
Shall calm her sores.
And I am dumb to tell a weather's wind
How time has ticked a heaven round the stars.

And I am dumb to tell the lover's tomb
How at my sheet goes the same crooked worm.

초록색 도화선을 통해서 꽃을 몰아가는 힘

초록색 도화선을 통해서 꽃을 몰아가는 힘이
나의 푸르른 나이를 몰아간다.

나무들의 뿌리를 시들게 하는 힘이 나의 파괴자이다.
그래서 나는 벙어리 되어 꾸부려진 장미에게 말할 수 없다.
나의 청춘이 그와 똑같은 겨울의 열병으로 굽어졌음을.

바위들 사이로 물을 내려가게 하는 힘이
나의 붉은 피를 몰아간다.
입 크게 열은 강물을 마르게 하는 힘이 나의 피를 밀납으로 바꾸어 버린다.
그래서 나는 벙어리 되어 나의 혈관에게 말할 수 없다.
어떻게 산 속에 샘물을 그와 똑같은 입이 빠는가를.

웅덩이에서 물을 휘젓게 하는 그 손이
흐르는 모래를 휘젓는다.
불어가는 바람을 밧줄로 매는 손이 나의 수의의 돛을 잡아당긴다.
그래서 나는 벙어리 되어 매달린 사람에게 말할 수 없다.
어떻게 나의 흙으로 그 교수 집행인의 석회가 만들어졌는가를.

시간의 입술이 샘물의 근원을 거머리처럼 빤다.
사랑은 똑똑 떨어져 모인다.
그러나 떨어진 피는 그녀의 아픔을 진정 시키리라.
그래서 나는 벙어리 되어 기후의 바람에게 말할 수 없다.
어떻게 시간이 별들을 둘러싼 하늘에게
째각째각 소리 내는가를.

그래서 나는 벙어리 되어 연인의 무덤에게 말할 수 없다.
어떻게 내 이불에 똑같은 구부러진 벌레가 기어가는가를.

● 이해와 감상

자연과 인간은 동일한 근원의 힘에 의하여 지배되고 있는 것이다. 자연과 만물을 자라게 하고 키우는 힘은, 파멸하게 하고 죽게 하는 양면성을 가지고 있다. 그 자연의 근원이 되는 힘은 창조의 힘인 동시에 파괴의 시간을 가지고 있는 것이다. 인간과 자연의 상황이 시간의 파괴자 손에서 순간적인 존재요, 필멸할 수밖에 없다는 점에서 비관적 어조가 드리워있다. 이러한 양면성 때문에 어안이 벙벙해지는 것이다. 내일을 기다리며 희망을 가지고 살아가는 것은 창조적이겠지만, 그러나 그것은 한편 시간이 흐름에 따라 죽음의 무덤으로 달려가는 길이기 때문이다. 이러한 인간의 조건을 Thomas는 짧고 간단한 시 속에서 잘 보여주고 있고, 비록 짧은 시이지만

Thomas의 많은 이러한 주제를 본보기로 잘 나타내고 있는 것이다.

이러한 인간 존재 및 자연의 존재 과정을 좀 더 자세히 각 연을 따라 살펴보기로 한다. 첫째 연에서 보면, 꽃나무의 푸르른 줄기를 따라서, 그 아름다웁던 꽃을 피게 하던 근원적인 힘은 이제 그 꽃이 시들게 하고 푸르던 초목처럼, 젊고 아름다운 화자의 젊음도 지나가 버리게 하는 것이다. 나무들의 뿌리가 마르듯, 인간의 젊음도 그 기력을 잃어가고 쇠잔해간다. 한여름 동안 아름답게 피어 있던 장미꽃은 가을이 지나 겨울이 되어 지어 버리고 꼬부라져 있는 모습을 볼 때, 그와 같은 힘과 원리에 의하여 인간인 시인도 노년을 향하여 기울어지는 염연한 사실 앞에서 숙연해질 수 밖에 없는 것이다. 왜 이렇게 모순적이냐고 그 이유를 물에 봤자 아무 소용도 없이 이 우주 안에 모든 만물은 그 큰 근원적인 힘에 의하여 지배를 받아 순종할 수밖에 없기 때문이다.

그 다음에 따라 오는 모든 연들도 이와 같은 주제 하에서, 변조하여 다양하게 이러한 근원적인 힘에 지배를 묘사하고 있다. 두 번째 연에서 바위들 사이로 콸콸 힘차게 산골짜기 물을 흘러가게 하던 그 힘은, 시간이 지나면 강물도 마르게 하고, 바로 그 힘은 화자의 젊은 핏줄을 맥박 치며 흐르던 피를 어느 사이 세월이 지나 노년의 무력한 맥박을 겨우 느끼게 할 뿐이다. 시간은 마치 거머리처럼 물을 말려 버리고—이 물은 생명의 상징—그 다음 인간의 혈관에 피를 빨아들이는 것이다.[1]

세 번째 연에서 웅덩이의 물을 소용돌이치게 하고 인간의 생명을 움직이게 하던 그 창조적인 손은, 시간이 흐름에 따라 생물들이 무덤으로 향하는 것을 준비해 놓는다.[2]. 시간의 흐름도 그 큰 지배하는 힘에 의하여 흘러가고, 시간을 조정하는—"불어가는 바람을 빗줄로 매는"그 큰 힘은 삶의 시간의 흐름을 끌어당기어—"수의의 돛을 잡아당긴다"—죽음으로 인도하는 것이다. 교수집행인이 쓰는 석회는, 바로 이 시의 화자가 죽으면 흙으로 돌아가는 것과 가까운 동일한 것이다. 죽은 사람을 매장할 때 쓰는 그 석회를 보고 이상하게 생각하거나, 나는 그 죽은 사람과는 다른 사람이라고 생각할 수가 없이 똑같이 흙이 될 운명에 놓여 있는 것이다.

마지막 연에서 시간의 흐름을 생명을 빨아먹는 거머리에 비유한 것이다. 얼마나 잔인스러운 거머리는 사정없이 피를 빨아 먹고 마는 것이다. 이 생생한 시각적 이미지는 시간의 파괴력을 잘 나타낸다. 사랑의 황홀도 뜨거움도 한 때이고, 죽음이 오면 그 사랑의 상처와 피가 모두 마무리를 짓고

---

1 Edmond L. Volpe and Marvin Magalaner. "Dylan Thomas: The force that through the green fuse." *Commentaries and Critical Essays Ⅱ* (Seoul: Tamgu Publishing Co., 1981), p.345.

2 *Loc. cit.*

만다. 잠시 불다가 사라지는 바람에게 시간의 영원성을 이해시키기 어렵다 —"어떻게 시간이 별들을 둘러싼 하늘에게 짹각짹각 소리내는가를"

맨 끝 2행은 Sonnet의 Couplet처럼 되어 있어, 앞에서 각 연 마다 나온 거듭 나와서 강조된 구절이다.—"And I am dumb to tell…" 인간과 자연계의 존재 속의 과정에 나타나는 두 가지 양면성이다. 달콤하고 황홀한 사랑의 침실에, 죽음의 벌레가 사랑과 병행하여 함께 살고 있다는 사실이다. 사랑한다는 때가 순식간에 시간의 흐름 속에 사라지고, 죽음이 여지없이 찾아오는 것이다. 이러한 사실 앞에 숙연해질 뿐이라는 것이다. 인간은 만일 그가 할 수 있다 할지라도 이러한 인생의 존재 과정을 멈추게 할 수는 없다. 왜냐하면 이 과정의 정지는 바로 새로운 삶을 창출 하려는 데 대한 거절을 의미하며, 사람의 종말을 의미하기 때문이다. 이러한 사실은 인간이 그 자신의 선택한 주기적 함정에 사로잡혀 있음을 암시한다.[3]

3 *Loc. cit.*

Edgar Allan Poe

(1809-1849)

Annabel Lee

It was many and many a year ago,
  In a kingdom by the sea,
That a maiden there lived whom you may know
  By the name of Annabel Lee;—.
And this maiden she lived with no other thought
  Than to love and be loved by me.

She was a child and I was a child,
  In this kingdom by the sea,
But we loved with a love that was more than love—
  I and my Annabel Lee—
With a love that the winged seraphs of Heaven
  Coveted her and me.

And this was the reason that, long ago,
  In this kingdom by the sea,
A wind blew out of a cloud by night
  Chilling my Annabel Lee;
So that her highborn kinsmen came
  And bore her away from me,
To shut her up in a sepulchre
  In this kingdom by the sea.

The angels, not half so happy in Heaven,
  Went envying[1] her and me:—
Yes! that was the reason (as all men know,
  In this kingdom by the sea)
That the wind came out of the cloud, chilling

---

1 Went enving: 질투하게 되었다.

And killing my Annabel Lee.

But our love it was stronger by far than the love
Of those who were older than we—
Of many far wiser than we—
And neither the angels in Heaven above
Nor the demons down under the sea,
Can ever dissever my soul from the soul
Of the beautiful Annabel Lee:—

For the moon never beams without bringing me dreams
Of the beautiful Annabel Lee:
And the stars never rise but I see the bright eyes
Of the beautiful Annabel Lee;
And so, all the night-tide, I lie down by the side
Of my darling, my darling, my life and my bride,
In her sepulchre there by the sea—
In her tomb by the side of the sea.

애너벨 리이

여러 해 그리고도 여러 해 전에
바닷가 한 왕국에.
당신이 아실지도 모를 한 아가씨가 살았습니다.
그녀의 이름은 애너벨 리이—
나를 사랑하고 나의 사랑을 받는 일 외에는
이 아가씨는 아무 딴 생각 없이 살았습니다.

그녀도 나도 어린아이였었습니다.
바닷가 이 왕국에서
하지만 나와 나의 애너벨 리이는
사랑 이상의 사랑을 하였습니다.
하늘나라의 날개달린 천사들도
그녀와 나를 부러워 할 그러한 사랑을.

그리고 이것이 그 이유였습니다.

오래 전 바닷가 이 왕국에
밤중에 구름에서 바람이 불어와
나의 애너멜 리이를 싸늘하게 만들어 버린.
그래서 그녀의 명문가 친척들이 와
그녀를 나에게서 빼앗아 갔습니다.
바닷가 이 왕국에 있는
한 무덤에 그녀를 가두어 두기 위하여.

하늘나라에서도 반 쯤 밖에 행복하지 못했던
천사들이 그녀와 나를 질투했던 것입니다.
그렇습니다! 그것이 이유였습니다(바닷가
왕국에 모든 사람들이 알다시피)
구름으로부터 바람이 불어와서
나의 애너벨 리이를 싸늘하게 만들어 버리고
숨이 지게 한 그 이유 말입니다.

하지만 우리들의 사랑은 우리보다 나이 더 드신 이들의 사랑보다
훨씬 더 현명하신 많은 이들의 사랑보다
더욱 훨씬 힘센 것이었습니다.
그리하여 하늘의 천사들도
바다 밑에 악마들도
나의 영혼을 아름다운 애너벨 리이의 영혼으로부터
갈라놓을 수는 없었습니다.

달빛이 밝게 비치면 언제나
아름다운 애너벨 리이의 꿈을 꾸고
별들이 뜨면 언제나 나는
애너밸 리이의 빛나는 눈동자를 보기 때문입니다.
그러기에 밤이 새도록 나는 나의 사랑하는 이
나의 사랑 나의 생명 나의 신부 곁에 누워있습니다.
거기 바닷가 그녀의 무덤에서
바다 옆 그녀의 무덤에서.

● 이해와 감상

시인이 폐결핵으로 죽은 부인 Virginia를 그리워하며 썼다는 이 시는 Annabel Lee가 바로 그 부인을 가리키는 것으로 알려져 있으나, 그러한

실제적인 상황을 떠나서 그의 시적 상상력의 뛰어난 솜씨를 유감없이 발휘한 시이다.

이 시에 나오는 연인들에게 있어서는 사랑만이 전부요 최고였고 보통사람들의 사랑을 뛰어 넘는 것이었다. 그러한 사랑이기어 하늘나라 천사들의 질투심을 자아낼 정도였다는 표현을 썼다. 그리고 사랑하는 이들의 나이는 비록 어리지만 그들의 사랑은 나이가 든 이들의 사랑보다도 세상에서 현명하다는 많은 사람들 보다 더욱 고결 하고 생명력 있는 사랑이라는 대조가 있다. 그러므로 그 사랑 애너벨 리이가 비록 세상에서 가버렸으나 죽음조차도 그들의 사랑을 빼앗아 가지 못하고 죽음을 초월해서 애인의 마음속에 영원히 살아있다. 뿐만 아니라 이미 고인이 된 그녀이지만 살아 있을 때와 똑같이 애인은 그녀와 함께 밤새껏 누워 있다고 묘사한 것은, 죽은 애너벨 리이가 실제적 사실과는 달리 살아 있는 현실적 인물로 존재한다는 낭만성의 표현이다.

이 시의 기교면에서 보면 이제까지 각 stanza마다 과거형으로 쓰던 것을 마지막 Stanza에서 현재형 시제를 쓴 것은 시간적으로 구애를 받지 않는 그들의 영원한 사랑을 암시해주며, 음악적 구상과 반복의 효과를 살리고 있는 것도 간과해서는 안 될 것이다. 즉 end rhyme scheme의 음악적 효과를 첫 번째 stanza에서 보면 "ago"와 "know"에서, "sea"와 "Lee"에서 볼 수 있고, 노래에서 후렴과 같은 반복효과로 "In this kingdom by the sea"가 약간의 변형이 있지만 stanza마다 나오고, 사랑하는 여인 Annabel Lee라는 그 소중한 이름은 매번 각 stanza마다 반드시 나오게 했다는 점이다.

To Helen

Helen, thy beauty is to me
Like those Nicean[1] barks of yore,
That gently, o'er a perfumed sea,
The weary, way-worn wanderer bore
To his own native shore.

On desperate seas long wont to roam,
Thy hyacinth hair, thy classic face,
Thy Naiad![2] airs have brought me home
To the glory that was Greece
And the grandeur that was Rome.

Lo! in yon brilliant window-niche[3]
How statue-like I see thee stand!
The agate[4] lamp within thy hand!
Ah, Psyche[5], from the regions which
Are Holy Land!

헬렌에게

헬렌이여, 당신의 아름다움은 나에게
옛날 니케아의 배와 같소.
고요하게 향기로 가득 찬 바다위에 떠서
여행으로 지친 방랑아를 태워.
고국 해안가로 데려다 주던 그 배.

당신의 히아신스 같은 머리털.
당신의 고전미 흐르는 얼굴 모습

---

1 Nicean: (소아시아의 옛 도시)니케아 (Nicaea)의.
2 Naiad: 희랍, 로마산화에서 나오는(강, 샘, 호수의) 물의 요정.
3 window-niche: 벽감(조각품, 꽃병 같은 것을 놓는 벽의 움푹 들어간 곳).
4 agate: 마노 (대단히 단단하고 귀한 돌).
5 Psyche: 희랍, 로마신화에서 나오는 Cupid가 사랑한 나비의 날개를 가진 미소녀.

물의 요정 나이애드 같은 당신의 용모는
오랫동안 거친 바다에서 헤매던 나에게
옛날 그리스의 영광스러움
로마의 웅장함을 생각나게 하였소

오! 나는 봅니다. 당신이 찬란히 빛나는
벽감에 조각품처럼
손에 마노의 등불을 들고 서 있는 모습을!
당신은 거룩한 나라에서 오신
미소녀 프시케.

● 이해와 감상

시인 Poe는 이 시가 그의 학교 친구 중의 한 친구의 어머니이신 Mrs. Jane Stith Stanard를 뵙고 영감을 얻어 쓴 것이라고 한다.[6] 그리고 보면 이 시에 나오는 Helen의 모델은 나이가 중년에 가까운 부인이였음에도 불구하고 시인은 그의 상상력으로 젊고 예쁜 아가씨로 묘사한 것은 역시 시인의 풍부한 낭만성에서 온 것이라고 본다.

이 시에 나타난 시인의 이상적인 애인상은 Cupid가 사랑했다는 미소녀 Psyche처럼 예쁘면서도 Troy전쟁을 유발시킨 Helen의 요염한 자태가 아니라, 방황하는 영혼에게 참된 안식과 기쁨을 주는 우아한 아름다움이다. 그러기에 두 번째 연에서 거친 바다에서 방황하던 Ulysses가 20여년 간의 방랑생활을 끝내고 고향인 섬나라 Ithaca로 돌아와 안주하는 이미저리도 보이고, 맨 끝 연에서는 성스러운 나라에서 태어난 Psyche와 같은 여인이라고도 비유했다. 비유가 Troy의 Helen, Psyche, 그리고 Ulysses등 고전적인 것에서 나오고 이 시의 작풍(manner) 역시 고전적이지만 이 시는 Poe의 가장 압축되고 균형 잡힌 시라는 정평이 있다. Poe의 이 시는. 눈으로 보이는 현실보다는 현실을 떠나 보이지 않는 이상 세계에 대한 훌륭한 비전을 보여 주며, 심미감과 상상력을 훌륭하게 발휘한 시중의 하나이다.

음악적인 효과도 있어 end rhyme scheme은 첫 번째 두 번째 stanza가 *a b a b b*로 되어 있고 맨 끝 stanza는 *a b b a b*로 약간 불규칙하다. metre는 Trochee와 Iambus가 혼용되어 있다.

---

6 Cleanth Brooks, R. W. B. Lewis, Robert Penn Warren, *American Literature: The Makers and the Making*(New York: St. Martin's Press, 1973), p.367.

Henry Wadsworth Longfellow

(1807-1882)

A Psalm of Life

Tell me not, in mournful numbers,[1]
  Life is but an empty dream! —
For the soul is dead that slumbers,
  And things are not what they seem.

Life is real! life is earnest!
  And the grave is not its goal;
Dust thou art, to dust returnest,[2]
  Was not spoken of the soul.

Not enjoyment, not sorrow,
  Is our destined end or way:
But to act, that each tomorrow
  Find us farther than today.

Art is long, and Time is fleeting,
  And our hearts, though stout and brave,
Still, like muffled drums,[3] are beating
  Funeral marches to the grave.

In the world's broad field of battle,
  In the bivouac of Life,[4]
Be not like dumb, driven cattle!
  Be a h'ero in the strife!

Trust no Future, howe'er pleasant!

---

1 numbers: 시구, 운문.

2 Dust thou art, to dust returnest: (구약 창세기 3장 19절 하반절 참고). "for dust thou art, and unto dust shalt thou return."(Genesis 3: 19)

3 muffled drums: 장례식 때 치는 검은 천으로 싼 북.

4 the bivouac of life: 인생의 노영, 인생을 산이나 들에서 보내는 야영에 비유함.

Let the dead Past bury its dead![5]
Act, —act in the living Present!
Heart within, and God o'erhead![6]

Lives of great men all remind us
We can make our lives sublime,
And, departing, leave behind us
Footprints on the sands of time;

Footprints, that perhaps another,
Sailing o'er life's solemn main,
A forlorn and shipwrecked brother,
Seeing,[7] shall take heart again.

Let us, then, be up and doing,
With a heart for any fate;
Still achieving, still pursuing,
Learn to labor and to wait.

삶의 찬가

나에게 구슬픈 시구로 말하지 마시오.
인생은 다만 헛된 꿈이라고!—
잠자는 영혼은 죽은 거와 같고
사물은 겉보기와 다르기에 말이오.

인생은 실재적인 것! 진지한 것!
무덤이 인생의 그 목적지는 아니오
그대가 흙이니 흙으로 돌아갈지 라는 말씀은

5 Let the dead Past bury its dead!: (신약 마태복음 8: 22절 참고). "But Jesus said unto him, Follow me: and let the dead bury their dead" (Matthew 8:223 여기서는 우리의 관심사는 사라져 버린 과거일이 아니라 눈앞에 있는 현재의 일임을 말한다.

6 Heart within, and God o'erhead!: 우리의 마음속에는 용기를 가지고 투지력을 가지고 하면 된다는 정신을 가지면서도 겸손하게 하늘에 계신 섭리주, 하나님을 경외하고 그 뜻 안에서 행할 것을 암시해 준다.

7 seeing: 여기서 seeing의 목적어는 이 stanza 맨 앞에 있는 Footprints임.

영혼을 두고 한 말은 아니오.

향락이나 슬픔이
우리가 가기로 정해진 목적이나 길은 아니오.
활동하시오 우리가 오늘보다
내일이 하루하루 더 나아 가도록.

예술은 길고 시간은 나는 듯 달려가오
우리의 심장이 비록 튼튼하고 용감하다 해도
천으로 싼 북처럼 계속해서
무덤으로 가는 장송곡을 울리고 있오.

전쟁터 같은 넓은 이 세상에서
인생의 야영지에서
말없이 끌려 다니는 소가 되지 말고.
그 싸움 속에서 영웅이 되시오.

아무리 즐거워도 미래를 신뢰하지 마시오.
죽은 자들로 죽은 과거를 묻어 버리게 하시오
활동하시오—살아있는 현재에서 활동하시오!
마음속에는 용기를 가지고 위로는 하나님을 뫼시고.

위인들의 생애는 모두 우리를 깨우쳐 주오.
우리가 우리의 생애를 숭고하게 할 수 있음을.
그리고 세상을 떠날 때 우리는 우리 뒤에
시간의 모래사장 위에 발자국을 남겨 놓을 수 있음을.

그 발자국을 보고서 아마도 또 다른 이들,
인생의 장엄한 대양을 향해 가다가
버려지고 난파당한 형제가
또 다시 용기를 얻을 것이고.

자 그럼 일어나서 일을 하시오.
어떤 운명이 닥쳐와도 용기를 가지고서
계속해서 성취하고 계속해서 추구하면서
일하고 기다리기를 배우시오.

● 이해와 감상

이 시를 읽으면 좌절과 낙심 중에 빠져 있다가도 새로이 약동하는 힘과 마음속 깊은 곳에서 솟아 끓는 소망을 느끼게 한다. 우리 인생은 때때로 견디기 어려운 고통과 헤쳐 나가기가 불가능하다고 생각되는 역경을 만난다. 그렇다고 하더라도 아무렇게나 내던져 버릴 인생이 아니라 후손에게까지 끼쳐줄 소중한 우리의 삶이며, 인간은 우마와는 달리 지성과 영원한 영혼을 가지고 창조된 만물의 영장이다. 우리 인생에게는 천부적으로 잠재하여 있는 가능성이 있어서, 용기와 끊임없는 노력을 기울이면 어둠이 물러가고 틀림없이 종래에는 빛이 찾아오고야 만다는 암시가 있다. 다만 우리는 하면 된다는 적극적 생활 태도와 더불어 우주의 섭리주이신 하나님을 경외하고 그 높으신 섭리 안에서 최선을 다할 때, 우리 인생의 노력이 열매를 맺을 것이다라는 기독교 신앙의 배경을 엿볼 수 있다. 여섯 번째 stanza 끝 행에서 보면

Heart within, and God o'erhead!

그리고 능동적이고 진취적인 삶의 태도는 물거품처럼 사라져 간 과거를 감상적으로 되돌아보는 것이나 이뤄낼 수 없는 미래를 공상하기 보다는, 현실에 충실하며 최선을 다한다는 것이다라고 한다. 성실하게 노력하며 그 결과는 하늘에 맡기고 믿고 기다리는 태도이다. 맨 끝 stanza에서 보면

Let us, then, be up and doing
  With a heart for any fate;
Still achieving, still pursuing,
  Learn to labor and to wait.

여기서 또한 자기에게 주어진 극단적 상황과 역경에 조금도 굴하지 않는 용기와, 성실한 노력을 할 수 있는 사람은, 그 보답이 반드시 올 것이라고 믿고 기다리는 신념의 사람임을 암시해 준다. 여기어서 Daniel Defoe의 소설 *Robinson Crusoe*의 Christian Optimism을 상기케 해 준다.

이 시는 trochaic tetrameter로 되어 있으며 end rhyme scheme은 *a b a b* 의 형식을 취하고 있다. 첫 번째 stanza의 마지막 행에서 마지막 foot의 seém(˘)은 unaccented syllable로서 생략되어 있다(catalectic). 결국 이 시는 훌륭한 음악적 효과와 더불어 인생의 훌륭한 충고를 들려준다.

The Arrow and the Song

I shot an arrow into the air,
It fell to earth, I knew not where;
For, so swiftly it flew, the sight
Could not follow it in its flight.

I breathed a song into the air,
It fell to earth, I knew not where;
For who has sight so keen and strong,
That it can follow the flight of song?

Long, long afterward, in an oak
I found the arrow, still unbroke;
And the song, from beginning to end,
I found again in the heart of a friend.

화살과 노래

나는 공중에 화살 한대 쏘았습니다.
그것이 땅에 떨어졌지만 어느 곳인지 나는 몰랐습니다.
너무 빨리 날아가서 나의 시선은
그것이 날아가는 것을 좇아 갈 수 없었기에.

나는 노래 한 곡조 허공에 대고 불렀습니다.
그것이 땅에 떨어졌지만 어느. 곳인지 나는 몰랐습니다.:
그 누가 그 만큼 예리하고 강력한 시력이 있어
그 노래의 흐름을 좇아 갈 수가 있겠습니까?

아주 아주 오랜 뒤에 한 참나무에서
나는 그 화살이 아직도 부러지지 않은 채 꽂혀 있었고
그 노래도 처음부터 끝까지
한 친구의 마음속에 간직되어 있었음을 알았습니다.

● **이해와 감상**

아주 짧고 이해하기가 쉬운 시이지만, 우리에게 주는 의미는 깊고 공감을 주는바가 크다. 우리가 무심코 하는 행동 하나 하나, 말 한 마디 한 마디 그냥 땅에 떨어지고 공중으로 사라져 버리는 것이 아니라, 언제고 어디서나 그 결과가 남아 있고 그 보응이 따른다고 하는 사실을 암시해 준다. 시인은 이러한 인생의 엄숙한 교훈을 산문이나 웅변이 아닌 12행의 짧은 아름다운 시행으로 노래해 준다. 이것이 시인 Longfellow가 미국민뿐만 아니라 세계 수많은 나라 사람들에게 그의 시에 친숙하게 해주고 갈채를 받게 해준 이유라고 할 수 있다. 위에 첫 번째 stanza에서 무심코 공중에 쏜 화살은 우리의 가벼운 실수나 잘못된 행동을 비유하며, 또 한편 두 번째 stanza에 허공에 대고 부른 노래 한 곡조는 우리 이웃에게 행한 작은 친절이나 선행을 비유할 수 있다. 어쨌든 무심코 쏜 화살 하나가 나무줄기에 박혀서 그 나무의 성장을 방해 하듯이, 이웃에 대한 우리의 작은 폭언이나 악행이 그를 상심케 해주고 불행하게 할 수 있다는 사실이다. 그와 반대로 허공에 대고 부른 아름다운 음악 한 곡조가 그냥 사라져 버리지 않고 한 이웃에 마음과 추억 속에 기쁨이 되듯이, 우리 이웃에 대한 친절한 말과 작은 선행이 그에게 힘과 소망이 되고 어둠에서 빛으로 인도해 주는 계기가 된다는 사실이다.

첫 번째 stanza와 두 번째 stanza에서 1, 2행은 "shot an arrow"와 "breathed a song"이 서로 대조적으로 악행과 선행을 암시한다. 그러므로 이 구절만 빼놓고는 다른 말은 똑같이 우리가 무심코 행하는 행동이므로 똑같은 말들을 사용했다. 세 번째 마지막 stanza는 첫 번째, 두 번째 stanza의 행동의 결과를 보여주는 결론과 같은 부분에 해당되어 치밀한 시의 구조를 가지고 있다.

Walt Whitman

(1819-1892)

I Hear America Singing

I hear America singing, the varied carols I hear,
Those of mechanics, each one singing his as it should be blithe and strong,
The carpenter singing his as he measures his plank or beam,
The mason singing his as he makes ready for work, or leaves off work,
The boatman singing what belongs to him in his boat, the deckhand singing on the steamboat deck,
The shoemaker singing as he sit on his bench, the hatter singing as he stands,
The wood-cutter's song, the ploughboy's on his way in the morning, or at noon intermission or at sundown,
The delicious singing of the mother, or of the young wife at work, or of the girl sewing or washing,
Each singing what belongs to him or her and to none else,
The day what belongs to the day—at night the party of young fellows, robust, friendly,
Singing with open mouths their strong melodious songs.

나는 미국이 노래하는 것을 듣는다

나는 미국이 노래하는 것을 듣는다 여러 다양한 노래를,
기사들의 노래, 제각기 자기들의 노래를 기쁘게 힘차게 부른다.
목수는 널판지와 대들보감의 치수를 재며 노래하고
석공은 일할 준비를 하거나 일을 마치면서 그의 노래를 부른다.
선원은 배 위에서 자기에게 속한 세계를 노래하고 갑판의 수부는 기선의 갑판 위에서 노래 부른다.
구두공은 벤치에 앉아서 노래 부르고 모자공은 일어선 체 노래 부른다
벌목군의 노래, 밭가는 농부가 아침에 또는 점심참에 또는 해질녘에

오가며 부르는 노래,
어머니나 일하는 젊은 부인 또는 재봉일이나 빨래하는 아가씨의 아름
다운 노래
제각기 남의 것이 아닌 자기의 세계를 노래 부른다.
낮에는 낮의 세계를 노래하고 밤에는 건장하고 정다운 젊은 친구들이
끼리끼리 입을 크게 벌리고 힘차고 듣기 좋은 노래를 부른다.

● 이해와 감상

이 시에서 시인 Whitman은 직업의 귀천을 가리지 않고 자신들의 직업에 자부심을 가지고, 기쁘게 노래하면서 살아가는 성실하고 진취적인 미국의 민주시민의 모습을 잘 묘사하고 있다. 이 시에서 나오는 인물들은 주로 적은 월급에 육체적 노동을 하는 사람들이다. 기계를 다루는 기사, 목수, 선원, 구두공, 모자공, 벌목꾼, 농부 등이다. 그리고 평범한 가정에서 가사를 돌보는 여인들이다. 이들은 자기 맡은 일이 힘들고 고생스럽다고 불평하지 않고 오히려 노래하면서 최신을 다하는 모습들인데, 시인은 그들의 활기차고 즐거운 노랫소리가 우리의 귀에 들리는 듯 묘사하였다. "앉은 신사보다 서 있는 농부가 더 낫다"라는 영국의 속담을 생각하게도 하고, 미국의 신대륙을 개척하고 나라를 세운 청교도 후예들답게 근면성이 잘 나타나 있다. 개인의 근면성은 각기 그 개인을 행복하게 해줄 뿐만 아니라 미국이라는 일등국가가 되는 원동력이 됨을 암시해주는 듯하다.

보통 시인 Whitman은 민주주의 시인, 자유와 평등의 시인이라고 하는 바 이러한 시인의 면모는 결국 미국의 국민시인이라는 말로 요약할 수 있다. 이 시에서 바로 시인 Whitman의 그러한 모습이 풍겨 나오고 민주주의에 대한 신뢰와 미국의 앞날에 대한 비전도 암시되어 있다. 특별한 이미저리는 없으나 소박하고 사실적인 묘사의 언어가 강렬하게 전달되는 힘을 느끼지 않을 수 없다.

Emily Dickinson

(1830-1886)

I never saw a moor

I never saw a moor,
I never saw the sea;
Yet know I how the heather looks,
And what a billow be.

I never spoke with God,
Nor visited in heaven;
Yet certain am I of the spot
As if the checks were given.

나는 결코 황야를 못 보았어요

나는 황야를 보지 못했고
바다 또한 보지 못했어요.
하지만 히이드가 어떻게 생겼는지
파도가 어떠한 것인지를 알아요.

나는 하나님과 말해 보지 못했고
천국 또한 방문해 보지 못했어요.
하지만 나는 그곳을 확실히 알아요
마치 바둑판을 들여다보듯이

● 이해와 감상

이 시의 화자는 우리의 눈으로 직접 황야를 보지 못했고 바다 또한 본 일이 없어도, 황야의 관목 히이드와 바다의 파도가 어떤 모양인가를 알듯이, 하나님을 육안으로 직접 뵙고 말씀을 드려본 일도 없고 천국을 찾아가 본일 없어도, 직관이나 신앙의 눈을 통하여 그 하나님 계신 곳을 분명히 알고 있다고 했다. 우리 앞에 바둑판을 들여다보듯이 분명히라는 직유를 사용함으로써 그 확실성을 강조하고 있다. 육안이나 이성으로 볼 수 없다고 부인하는 것이 얼마나 어리석은 일인가를 암시해 주면서, 시인 Dickinson은 우리의 감각이나 이성보다 훨씬 높은 차원의 세계 즉 신앙의 신비로운 세계가 있음을 보여준다. 언어를 매우 아껴서 사용하는 언어의 경제성과 의미의 함축성이 기법으로 나타나 있다.

Because I could not stop for Death

Because I could not stop for Death,
He kindly stopped for me;
The carriage held but just ourselves
And Immortality.

We slowly drove, he knew no haste,
And I had put away
My labor, and my leisure too,
For his civility.

We passed the school, where children strove
At recess, in the ring;
We passed the fields of gazing grain,
We passed the setting sun.

Or rather, he passed us;
The dews grew quivering and chill,
For only gossamer my gown,
My tippet only tulle.

We paused before a house that seemed
A swelling of the ground;
The roof was scarcely visible,
The cornice in the ground.

Since then 'tis centuries, and yet
Feels shorter than the day
I first surmised the horses' heads
Were toward eternity.

죽음을 위해 내가 멈출 수 없었기에

죽음을 위해 내가 멈출 수 없었기에
그가 나를 위해 친절히도 멈추어 주었다.

마차에는 다만 우리들과
불멸만 타고 있었다.

우리는 천천히 말을 몰았다. 그는 급할 일이 없으니
그리고 나는 내 하던 일과 여가도
집어쳐 버렸다.
그의 예의바름에 따라서.

우리는 지나갔다 휴식시간에
아이들이 힘을 겨루며 노는 학교를.
우리를 바라보고 있는 곡식의 들판을 지났고
지는 해를 지나갔다.

아니 오히려 그가 우리를 지나갔다.
이슬방울들이 떨면서 차가워 졌다.
나의 입은 가운이라야 고작 얇은 천
나의 어깨걸이는 엷은 명주망사였기에.

우리는 땅이 언덕같이 부풀어 오른 듯한
집 앞에 멈추었다
지붕은 거의 안보였고
처마 벽공장식은 땅속에 묻혀 있었다.

그 이후 몇 세기 지났으나 각각의 세기가
더욱 짧게 느껴진다.
내가 처음으로 말의 머리가 영원을 향하여
가고 있었던 줄로 생각했던 그 날보다.

● 이해와 감상

이 시는 인생의 죽음과 영원의 문제가 영구차를 타고 무덤으로 향하는 장례 행렬의 묘사를 통하여 시인의 풍부한 상상력으로 다루어져 있다. 여기서 시인은 인생이라면 누구에게나 찾아오는 죽음의 시간의 피할 수 없는 도래에도 불구하고, 영원에 대한 동경과 신앙을 은근하게 나타내 주고 있다. 인생의 마지막 여행을 하는 말마차에 마부는 죽음으로 비유되어 있다. 그 마부는 친절하게도 예의를 갖추어 천천히 말을 몰았다고 했는데, 사실상 죽음이란 영원한 하늘나라에 가는 안내인 정도로 생각하는 사람에게 더 이상 공포의 대상은 아닐 것이라는 사실을 암시해 준다. 맨처음 stanza에서 그 말마차에는 마부(죽음)와 이 시의 화자와 불멸(eternity)이 타고 있었다는 표현을 썼는데, 이 표현은 이 시의 내용상 아주 중요한 방향을 맨 처음에 제시한 것이다. 세 번째 stanza에서는 우리 인생의 그 생애의 기간을 나타내 준다. 즉 어린 학교시절과 어른이 되어 들판에서 땀 흘려 일하는 시절, 그리고 노년이 되어서 밤, 즉 죽음을 맞이하는 시절인 것이다. 어쨌든 우리 인생의 시간이 재빨리 지나감을 나타내 준다. 그래서 네 번째 stanza에서 "Or rather he passed us"에서 "he"는 해(sun)를 지시해 주는데, 인생이 시간을 마음대로 붙잡아 둘 수 있는 것이 아니라 오히려 시간이라는 존재가 우리를 얼마나 빨리 죽음의 시간으로 몰고 가는가를 강조해 준다. 이 네번째 stanza의 후반부에 나오는 비유는, 그러나 죽음이라는 존재는 이 시의 화자가 장차 하늘나라에서 신랑 되시는 주님과 결혼하는 그 결혼식 제단으로 뫼시고 가는 사절(envoy)의 임무를 가지고 있을 뿐이라는 것이다.[1] 마지막 stanza 에서는 인생의 삶의 기간이 영원에 비하여 얼마나 짧은 것인가를 말해주는 완곡한 표현이라고 할 수 있다. 그리고 시인 Dickson은 죽음 후에 영원의 문제를 기독교의 신비성에서 보다는 드라마틱한 상상으로 이끌어 갔으며, 영원성 이라는 추상적인 문제를 은유로 나타내 주었다. Allen Tate는 여기에서 사용된 모든 이미지가 정확하고 아름다울 뿐만 아니라, 중심적 내용과 잘 융합되어 있다고 극찬하고 있다.[2]

---

1 Charles R. Anderson, *Emily Dickinson's Poetry: Stairway of Surprise* (New York: Holt, Rineheart and Winston, 1960), p.246.

2 Allen Tate, *On the Limits of Poetry* (New York: Swallow Press and William Morrow and Company, 1948), pp.206-207.

Hope is the thing with feathers

Hope is the thing with feathers
That perches in the soul,
And sings the tune without the words,
And never stops at all.

And sweetest in the gale is heard;
And sore must be the storm
That could abash the little bird
That kept so many warm.

I've heard it in the chillest land,
And on the strangest sea;
Yet, never, in extremity,
It asked a crumb of me.

희망은 깃털달린 새

희망은 깃털달린 새
영혼 속에 자리잡고 앉아서
가사없는 곡조 노래 부르며
전혀 그칠 줄 모른다.

강풍 속에서도 더욱 달콤한 소리
아무리 심한 폭풍도
많은 이의 가슴을 따뜻하게 해 주는
그 작은 새의 노래 멈추게 할 수는 없으리.

나는 그 노랫소리를 가장 추운 땅에서도
가장 낯선 바다에서도 들었다.
하지만 아무리 궁지에 몰려도
그건 내게 빵 한 조각 요구하지 않았다.

● 이해와 감상

시인은 희망을 우리의 영혼 속에 자리잡고 노래하는 새로 비유하였다.

우리 인생의 캄캄한 역경 속에서도 위기 속에서도 우리에게 찬란한 빛을 던져 주는 것이 희망임을 보여 준다. 세상에서 제일 큰 축복은 바로 이 희망인 것이다. 마음이 슬프고 아플 때 크나 큰 절망 속에서도 우리를 살게 하는 것이 바로 그 희망인 것이다. 한 마리 새가 아름다운 노래로 속삭여 주듯이 희망은 우리의 마음과 영혼 깊숙이 위로해 주고 새로운 힘을 주는 것이다.

강풍과 심한 폭풍이 상징하는 역경의 밤에도 우리의 심령을 위로해 주고 쓰러진 자리에서 다시 일어서게 하는 것은 그 희망의 노랫소리다. 그리고 그 어디서나 우리에게 생명을 주는 그 희망의 새 노래는 우리에게 아무런 보수를 요구하지 않고 무료로 들려준다고 묘사했다. 그야말로 공짜로 누리는 위대한 은총이 아닐 수 없다.

Alfred Joyce Kilmer

(1886-1918)

Trees

I think that I shall never see
A poem lovely as a tree.

A tree whose hungry mouth is pressed
Against the earth's sweet flowing breast:

A tree that looks at God all day
And lifts her leafy arms to pray;

A tree that may in summer wear
A nest of robins in her hair;

Upon whose bosom snow has lain;
Who intimately lives with the rain.

Poems are made by fools like me,
But only God can make a tree.

나무

나는 나무와 같이 아름다운 시를
결코 볼 수 없을 거예요.

단물이 흐르는 대지의 가슴에다
배고픈 입을 꼭 대고 있는 나무

하루 종일 하나님을 우러러 보고
잎사귀 무성한 팔을 들어 기도하는 나무

여름이 되면 그 머리에
로빈새의 둥지를 이고 있는 나무

그 가슴엔 눈이 드러눕고
비와 정답게 사는 나무

시는 나와 같은 바보들이 쓰지만
나무는 하나님께서만 만드실 수 있어요.

● 이해와 감상

시인은 나무를 대단히 아름다운 시로 비유했다. 시라 하면 거기에 아름다운 감정이나 사상이 언어, 특히 훌륭한 표현이나 비유를 통해서 전달되는 예술이라고 할 수 있을 것이다. 두 번째 stanza에서 시인이 나무를 볼 때 어머니의 자애로운 젖가슴에 입을 대고 만족스럽게 젖을 빠는 순수하며 티 없이 아름다운 아기를 상상케 한다. 세 번째 stanza에서는 시인이 나무를 볼 때 모든 것을 하나님께 맡기고 기도하며 살아가는 경건하고 믿음이 좋은 성도를 생각게 한다. 네 번째와 다섯 번째 stanza에서 보면 나무는 마음씨 좋고 친절한 이웃을 생각게 한다. 결국 이러고 보면 여기 한 그루의 나무는 아름다운 감정이나 사상을 암시적으로 전달해주는 시라고 하는 예술품에 비유할 만하다.

그런데 마지막 stanza에서 시인은 하나님을 가장 위대한 시인으로 비유했다. 그것은 처음 stanza에서 나무를 매우 아름다운 시로 비유했으니 당연하다. 그런데 맨 끝 stanza에서 보면 그 매우 아름다운 시가 되는 나무를 오직 하나님께서만 만드실 수가 있다고 함으로써, 가장 위대한 시인 전능하신 창조주 하나님님과 유한된 존재 피조물 인간 시인의 차원이 다름을 강조하고 있다. 더구나 “시는 나 같은 바보에 의하여 쓰여 진다”고 한 것은 성숙하고 겸허한 시인의 겸양을 나타내 준다.

12행의 짧고 쉬운 시지만 아름다운 이미지와 깊은 의미가 있으며 음악적 효과도 생각하여 end rhyme scheme이 2행 댓구로 되어 있고 약간 불규칙하지만 iambic tetrameter의 리듬을 밟고 있다.

Wallace Stevens

(1879-1955)

Peter Quince at the Clavier[1]

I

Just as my fingers on these keys
Make music, so the self-same sounds
On my spirit make a music, too.

Music is feeling, then, not sound;
And thus it is that what I feel,
Here in this room, desiring you,

Thinking of your blue-shadowed silk,
Is music. It is like the strain
Waked in the elders by Susanna.[2]

Of a green evening, clear and warm,
She bathed in her still garden, while
The red-eyed elders watching, felt

The basses of their beings throb
In witching chords, and their thin blood
Pulse pizzicati[3] of Hosanna.[4]

II

In the green water, clear and warm,

---

1 Peter Quince: Shakespeare의 희곡작품, *A Midsummer Night's Dream* Act I, Scene 2에서 나오는 인물로 공작과 공작부인의 혼례식전에 나오는 막간극(interlude)의 연출가(director)로 나온다.

2 Susanna: Susanna의 이야기는 구약성서의 외경(Apocrypha)에서 나오는데, 히브리 노인들이 아름답고 덕 있는 Susanna를 유혹했으나 단연코 물리친다. 그녀가 오히려 노인들을 유혹했다는 거짓말로 고소됐으나 선지자 Daniel의 증언으로 그녀의 무죄가 밝혀지고 노인들은 처형된다.

3 pizzicati: 손톱으로 뜯는 곡

4 Hosanna: 히브리어로 "원하노니 우리를 구하소서!"의 뜻인데, 구원과 하나님께 향한 찬양의 기도에서 사용된다.

Susanna lay.
She searched
The touch of springs,
And found
Concealed imaginings.
She sighed,
For so much melody.

Upon the bank, she stood
In the cool
Of spent emotions.
She felt, among the leaves
The dew
Of old devotions.

She walked upon the grass,
Still quavering.
The winds were like her maids,
On timid feet,
Fetching her woven scarves,
Yet wavering.

A breath upon her hand.
Muted the. night.
She turned—
A cymbal crashed,
And roaring horns.

III

Soon, with a noise like tambourines,
Came her attendant Byzantines.

They wondered why Susanna cried
Against the elders by her side;

And as they whispered, the refrain

Was like a willow swept by rain.

Anon, their lamps' uplifted flame
Revealed Susanna and her shame.

And then, the simpering Byzantines
Fled, with a noise like tambourines.

IV

Beauty is momentary in the mind—
The fitful tracing of a portal;
But in the flesh it is immortal.

The body dies, the body's beauty lives.
So evening die, in their green going,
A wave, interminably flowing.
So gardens die, their meek breath scenting
The cowl of winter, done repenting.
So maidens die, to the auroral
Celebration of a maiden's choral.
Susanna's music touched the bawdy strings
Of those white elders; but, escaping,
Left only Death's ironic scraping,
Now, in its immortality, it plays
On the clear viol[5] of her memory,
And makes a constant sacrament of praise.

건반 위에 Peter Quince

I

내 손가락들이 이들 건반 위에서
음악 소리를 내듯이 똑같은 음향들은
나의 영혼에도 또한 음악소리를 낸다.

---

5 viol: 비올. 중세의 현악기

그런데 음악은 감정이지 음향이 아니다
그리고 내가 느끼는 바는 바로 그것
여기에 이 방에서 그대를 사모하면서.

그대의 푸른 색깔의 비단옷을 생각하며 느끼는 것은
음악이다. 그것은 마치 Susanna를 보고서
노인들의 가슴속에 일렁이던 노래 가락과 같다.

화창하고 아늑한 녹음 짙은 저녁
그녀는 고요한 정원에서 목욕을 했다.
그때 눈이 시뻘겋게 된 노인들이 그 광경을 보고서

그들 존재의 저음이 매혹적인 화음 속에 떨림을
느끼고 그들의 묽은 피가
호산나를 찬양하여 튕기는 곡을 울린다.

II

맑고 따사로운 푸르른 물속에
Susanna는 누워 있었다.
그녀는 샘물의 촉감을
더듬었고
숨겨진 상상들을
찾아 헤매었다.
그리고 한숨을 지었다
풍요로운 멜로디를 동경하면서.

그녀는 언덕 위에서
고갈된 감정의
차가움 속에 서있었다.
그녀는 느꼈다
나무 잎사귀들 속에서
지난날 기도의 이슬방울을.

그녀는 아직도 떨면서
잔디밭 위에서 거닐었다.
바람은 그녀의 하녀들처럼

수줍은 발걸음으로
아직도 손을 흔들면서
그녀에게 실로 짠 스카프를 가져다주었다.

그녀의 손 위에 한 입김이
밤을 침묵시켰다
그녀는 돌아섰다—
심벌이 터져 울리고
호른소리 고동쳤다.

III

즉시 탬버린 같은 요란한 소리를 내며
그녀의 하녀들인 비잔틴 여인들이 왔다.

왜 Susanna가 곁에 있는 노인들에게
비명을 질렀는지 의아해 했다.

그리고 그들이 속삭일 때 후렴은
비에 휩쓸려 나는 버드나무소리 같았다.

곧 그들 램프불의 치켜 올려진 불빛은
Susanna와 그녀의 수치를 드러내 주었다.

그 다음 선웃음을 치는 비잔틴 여자 하인들은
도망가 버렸다. 탬버린처럼 요란스럽게 소리를 내면서.

IV

아름다움은 마음속에 순간적이다—
획 열렸다 닫히는 현관문을 추적하는 것
하지만 육체에서는 불멸의 존재

육체는 죽지만 육체의 아름다움은 산다.
저녁도 그렇게 그런 녹음 속에서 사라진다.
끊임없이 흐르는 물결이 되어서.
정원도 그렇게 사라진다.
그들의 부드러운 호흡은 참회를 마친 겨울의 고깔에서 향기를 발하면서.
아가씨들도 한 아가씨의

찬란한 성가의 축하 속에서 그렇게 사라진다.
Susanna의 음악은 그 머리 하얀 노인들의
음탕한 악기 줄을 켰으나
겨우 죽음의 아이러니의 소음만 남겼다.
지금 그 불멸의 음악은
그녀의 낭랑한 기억의 현악기 위에서 연주되고
찬양의 끊임없는 성례를 올린다.

● 이해와 감상

이 시의 화자는 손가락은 올갠의 건반 위에 얹어놓고 그의 시선은 사랑하는 애인에 두고서 환상의 세계 속으로 들어간다. 이 시는 음악과 감정의 관계 속에서 이루어져 있다.[6] 그것은 Section I의 제 4행에서 "Music is feeling, then, not sound."라는 구절에서 알 수 있다. 음악은 물론 음이라는 매개체를 통하여 이루어지지만 그에 앞서 우리의 감정의 표현이라는 말이다. 그리고 이 시의 구조는 시인이 Sonata의 음악적 형태와 유사한 구조, 즉 각각의 4개의 Section은 설명(exposition), 전개(development), 재연(recapitulation) 그리고 종곡(Coda)으로 되어 있다.[7] 그리고 이 시의 내용의 배경은 구약성서의 외경(Apocrypha)에서 나오는 Susanna의 이야기이다. Susanna는 Joachim의 아내인데 미인인데다가 덕성을 갖춘 여인이었다. 그런데 어느 날 히브리의 노인들이 Susanna가 정원 샘물에서 목욕하는 장면을 보고서 그녀를 유혹했으나, 그녀는 단호히 물리치고 그들을 고소했다. 노인들은 반대로 그녀가 그들을 유혹했다고 고소했다. 그때 선지자 Danlel은 그녀의 무죄를 증명하게 되었고, 그 노인들은 마침내 처형 되었던 것이다. 시인은 이 시에서 Susanna와 두 노인의 마음속에 일어났던 감정을 음악에 관련지어 전개하고 맨 끝 Section에서는 참된 아름다움의 본질과 그 아름다움의 영원성을 확언해 준다.[8]

그럼, 처음 Section에서부터 고찰해 보기로 한다. 이 시의 제목에 나오는 Peter Quince는 Shakespeare의 희곡작품 *A Midsummer Night's Dream* Act I, Scene 2에서 나오는 인물로서 공작과 공작부인의 혼례식 전에 나오는 막간극(interlude)의 연출가의 역을 맡았다 그런데 이 시의 화자(Peter

---

6 Cleanth Brooks, R. W. B. Lewis, Robert Penn Warren. *American Literature: The Makers and the Making Vol. II.*(New York: St. Martin's Press, 1973), p.2164.

7 Scully Bradley, Richmond Croom Beatty, E. Hudson Long(eds.) *The American Tradition in Literature*(New York: W. W. Norton & Company, 1967), p.1737.

8 Cleanth Brooks, R. W. B. Lewis, Robert Penn Warren. *op. cit.,* p.2164.

Quince)의 의식흐름을 통해서 시가 전개되고 이 시의 화자는 시인이라는 칭호를 떠나서 다만 그 자신을 Peter Quince라고 부르고 있다. 그는 올갠의 건반을 치면서 그의 손가락이 음악소리를 내듯이, 영혼에 들리는 동일한 음향이 또한 음악소리를 낸다고 한다. 그리고 음악이란 단순히 음(音)만이 아니라 그 음에 앞서 감정의 표현이라고 하는 것이다. 이 시의 화자가 그의 애인을 생각하며 느끼는 감정이 음악이 되고 또 노인들이 Susanna를 보고 느낀 감정은 음악이 된다고 하는 것이다. 다만 그 감정의 종류에 따라서 고상한 음악이 되기도 하고 저속한 음악이 되기도 한다. 즉 이 시의 화자가 그의 애인을 연모하는 차원 높은 사랑은 고상한 음악이 되지만, 한편 노인들의 Susanna에 대한 동물적인 욕심의 추구는 저속한 음악이 될 수밖에 없다는 것이다. 그래서 Section I의 맨 끝의 Stanza에서 보면 노인들의 음흉한 감정을 통하여 나오는 음악은 “The basses of their beings throb/ In witching chords”라고 하여 저속한 음악임을 암시하고 있으며, 그들의 음악이 하나님께 향한 찬양의 기도 Hosanna를 튕기는 곡이라는 어처구니없는 표현을 써서 비꼬는 어조(cynicism)가 엿보인다.

두 번째 Section에서는 아름다운 Susanna가 깨끗한 물에 목욕한 후 인간의 복잡한 감정이 가라앉고 심신이 상쾌하고 청결한 기분과 성스러운 감정까지 느꼈음을 다음 구절에서 보여준다.

Upon the bank, she stood
In the cool
Of spent emotions.
She felt, among the leaves
The dew
Of old devotions.

더구나 감미롭게 불어주는 미풍은 그녀의 하녀로 비유되어 그녀가 평화롭게 잔디밭을 거닐고 있을 때, 별안간 가까이에서 음탕한 눈과 욕정으로 가득 찬 저속한 감정으로 바라보는 노인들의 침입이 있게 되었을 때, Susanna의 아름답고 성스러운 음악은 그치고 그 대신 요란스럽게 귀에 거슬리는 심벌과 호른 소리로 바뀐다. 이러한 장면은 성군으로 존경받던 다윗 왕이 그의 신하 우리아의 아내 밧세바가 그녀의 후원 뜰에서 목욕하는 아름다운 모습을 보고 간음죄를 짓고 비천한 왕으로 추락된 모습과 흡사하다.[9] 세 번째 Section에서는 SectionⅡ의 사건의 연속되는 장면인데,

---

9 *The Old Testament,* Ⅱ Samuel 11-12

Susanna의 비명 소리가 들리자 비잔틴 여자 하인들이 퉁탕거리며 함께 몰려와서 의아해하며 속삭이는 소리 등을 각각 귀에 거슬리는 요란한 탬버린 소리와 비에 휩쓸려 나는 버드나무소리로 비유했다.

맨 끝 Section에서 보면 시인은 Susanna의 아름다움이 일종의 플라톤의 개념처럼 마음속에서나 볼 수 있는 추상적이고 변함이 없는 아름다움이 아니라,[10] 비록 죽음이 온다하더라도 Susanna와 같이 아름다운 여인의 육체를 통하여 구현화 된 아름다움은, 그 아름다움이 우리인간의 생각과 마음속에 자리를 잡고 영원히 존재한다는 것이다. 이러한 사실을 시인은 세 가지의 은유로 나타냈다. 즉 저녁의 아름다운 노을빛은 곧 사라져 버리지만, 우리의 추억 속에서 구체적으로 그리고 끊임없이 흐르는 강물처럼 언제까지나 남아 있다는 것이다. 그 다음 비유는 여름에 찬란하게 녹음방초를 이루던 정원의 아름다움도 사라져 버리는 것이 아니라, 다가오는 겨울에게 그 여름 정원의 아름다운 향기를 유산으로 전하여 주기에 영원하다는 것이다. 여기서 또 재미있는 표현은 겨울을 참회를 끝내고 주님의 은총을 기다리는 성도로 비유한 기독교적 이미저리이다. 성도가 그의 죄를 회개한 후 주님의 은총을 사모하며 기다리듯이, 겨울은 화려한 녹음의 의상을 벗어버리고 소박하게 단장하고 또 순결의 상징인 눈의 옷을 입고서 여름의 그윽한 향기를 기다리는 모습이다. 맨 끝 비유는 성가를 부르는 아가씨들은 죽지만 그들의 아름다움은 한 아가씨가 그들의 아름다움을 찬양하여 부르는 노래 속에 언제나 간직되어 남아있다는 것이다.

이제 끝으로 이 Section의 마지막 6행은 다시 Susanna의 아름다움을 명상하는 것으로, 그녀의 아름다움이 노인들의 마음을 일렁이게 했으나 그러한 마음은 음흉한 것이어서 영원한 음악으로 표현되어 남아있을 수는 없고, 그녀의 육체의 사라짐과 더불어 사라지고 마는 소음이 될 뿐이다. 그와 반대로 그녀의 아름다움은 그것을 순수하고 고상한 감정으로 찬미하는 사람들의 마음속에 영원한 음악이 되어 연주되고, 언제까지나 그들의 마음속에 살아서 존재한다는 것이다. 맨 끝에 "a constant sacrament of praise"라는 종교적 이미지를 통하여, 그녀의 아름다움이 그들의 마음속에 성스러운 존재로까지 승화되었음을 나타내 준다.

10 Cleanth Brooks, R. W. B. Lewis, Robert Penn Warren. *op. cit.*, p.2164.

Robert Frost

(1874- 1963)

Stopping by Woods on a Snowy Evening

Whose woods these are I think I know
His house is in the village though;
He will not see me stopping here
To watch his woods fill up with snow.

My little horse must think it queer
To stop without a farmhouse near
Between the woods and frozen lake
The darkest evening of the year.

He gives his harness bells a shake
To ask if there is some mistake.
The only other sound's the sweep
Of easy wind and downy flake.

The woods are lovely, dark and deep.
But I have promises to keep,
And miles to go before I sleep,
And miles to go before I sleep.

눈 나리는 저녁 숲 속에 머물러

이 숲이 누구의 숲인지 알 것 같다.
그의 집은 그러나 마을에 있어
그는 내가 여기에 머물러서
그의 숲이 눈으로 쌓이는 것을 바라다보고 있음을
알지 못할 것이다.

나의 작은 말은 이상하게 생각 할 것이다.
숲과 얼어붙은 호수가 사이에
근처에 농가 하나 없는 곳에
내가 일년 중 가장 어두유 이 저녁에 멈추어 있음을.
말은 그의 말방울을 한번 흔들어 본다.

무슨 일이 있는지 묻는 것처럼,
단지 또 다른 소리란
미풍과 솜털 같은 눈발의 스치는 소리 뿐.

숲은 아름답고 어둡고 깊다.
그러나 지켜야 할 약속이 나는 있다.
잠들기 전에 몇 마일을 가야만 한다.
잠들기 전에 몇 마일을 가야만 한다.

● 이해와 감상

이 시는 Frost의 가장 잘 알려진 시이지만, 아주 쉬운 용어로 되어 있다. 그 내용도 얼핏 보면 간단하다. 즉 작은 말을 끌고 가는 한 사람이 어느 겨울 저녁에 눈으로 쌓이는 아름다운 숲 속을 경탄하며 바라다본다. 그는 숲 속 주인의 이름을 기억할 수 있고, 또 주인을 아는 터이다. 주인은 마을에 아늑한 집에 머물러 있으면서, 눈 오는 아름다운 풍경의 숲 속을 바라다보는 그를 샘 낼 필요는 없는 것이다. 그런데 작은 말은 무슨 사고라도 있느냐는 듯이, 멈추어 설경에 도취해 바라보는 이를 깨우 듯 말방울을 울린다. 그는 그러나 그 설경의 아름다움만을 바라다보고 멈추어 있을 수는 없다, 왜냐하면 지켜야 할 약속이 있기 때문에 어서 가야 되는 것이다. 아마도 그 저녁에 배달해야 할 식료품이나 물건이 있는 것이다. 그러므로 설경만을 도취해 바라보며 낭만적인 기분에만 쌓여 있을 수는 없고, 서둘러서 몇 마일을 가야 되는 것이다.

그러나 Frost의 시가 대개 그러하듯이, 단순한 것 같은 내용 속에서 암시하며 우리에게 의미하는 바를 발견해야 할 것이다. 그것은 Frost가 무슨 인생의 고통스러운 태도를 꾸미지 않고, 어떤 느낌이나 생각을 과장하는 일도 없이, 있는 그대로 시를 씀으로, 읽는 사람으로 하여금 소박하고 아름다운 정서와 분위기로 이끌어 가면서도, 예기치 않았던 지혜의 공간으로 이끌고 암시적 의미를 제시하기 때문이다. 그것은 Frost가 시작과정에 관한 글에서 말한 것처럼 시는 교훈적이 아니라, 기쁨에서 시작해서 지혜로 끝나는 직접적인 경험을 마련해 주는 것이다.[1]

그러면 이 시를 처음부터 자세히 고찰하면서, 이 시의 암시적 의미를 찾아보기로 한다.

첫째 연에서 이 시는 대조적인 면을 보여 주고 있다. 즉 마을에서 아늑하

---

1 Scully Bradley and R. C. Beatty(eds.), *The American Tradition in Literature*(New York: Grosset & Dunlap, Inc., 1967), p.1372. "A Poem begins in delight, and ends in wisdom."

게 저택의 따뜻한 벽난로에서, 이 눈 오는 저녁 아름다운 설경과는 관계없이 그의 실제적 임무만을 수행하고 있는 숲의 주인이 있고, 지금 그와 대조적으로 이 숲 속의 눈 내리는 아름다운 광경을 그 무엇과도 바꿀 수 없다는 듯이, 경탄하며 바라보는 이 시의 화자이다. 한 사람은 이 세상을 실제적으로 이용하며 살아가는 사람이고, 또 한사람은 이 세상을 명상하며 살아가는 사람이다. 그런데 이 시는 숲 속의 주인 소유자보다는 설경의 숲 속을 바라다보는 사람에게 더 관심을 기울이는 듯하다.[2] 두 번째 연에서도 말과 사람의 대조가 있다. 말은 실제적이며 동리 숲 속의 소유자처럼 사무적이다. 농가도 없는 이곳에서, 그것도 캄캄한 저녁에 머물러 서있는 말을 끄는 그 사람을 이상스럽게 생각하는 것이다.

그래서 세 번째 연에서 연결된다. 그 말은 이상스럽다는 듯이 말방울을 울리는 것이다. 말은 행동을 취하려 하고, 이 시의 화자는 명상을 하려 하는 것이 대조적이다.[3] 동물과 사람의 차이가 여기서 날 수도 있다. 동물은 본능적이고 실제적이겠지만, 사람은 좀더 명상적이고 이념적이다. 그러나 이 시가 맨 마지막 연에 가면, 이제까지 명상적이던 태도를 버리고 행동으로 옮겨야 되겠음을 나타낸다. 그 숲은 아름답고 낭만적인 분위기 속에 있지만, 설경 속에 언제까지나 도취해 있을 수만은 없는 것이다. 왜냐하면 실제적으로 인생을 사는 데에는 행동하고, 현실을 해결해야만 하기 때문이다. 그러므로 만일 그러한 행동과 의무를 거부한다면, 인생의 의미를 찾을 수도 없고—여기서는 그 아름다운 숲이 참된 의미에서 아름다움을 유지할 수 없다. 행동과 의무가 결여된 평화는 자살적인 평화이고, 행동이 없는 아름다움은 불모의 것이다.[4]

이와 같이 이 시속에 암시된 의미는, 인생의 현실과 꿈의 조화를 우리의 삶의 지혜로 삼고자 내보이는 것이다. 우리 인생의 삶의 패턴은 항상 꿈과 현실의 갈등 가운데 불평과 불행이 따라오는데, 우리는 이 두 삶의 요소를 조화로 이끌 때 우리의 삶은 행복하게 된다는 것이다 "The woods are lovely, dark and deep."이라는 시행에서, 그 리듬이 머뭇거리며 설경의 매혹 가운데 지체하고 싶은 심정임을 잘 나타내고 있다. 그러나 그 다음 빠르고 강한 리듬은 현실의 문제를 해결해야 된다는 지혜를 암시해 준다.

But I have promises to keep,
And miles to go before I sleep,
And miles to go before I sleep.

똑같은 행을 두 번씩 거듭해서 쓴 것은 그 의미의 강조를 또한 보여준다.

---

2 Robert Penn Warren, "Themes of Robert Frost" *Commentaries and Critical Essays II* (Seoul: Tamgu Publishing Co., 1981), p.435

3 *Ibid.*, p.p.435-436.

4 *Ibid.*, p.436.

After Apple-Picking

My long two-pointed ladder's sticking through a tree
Toward heaven still,
And there's a barrel that I didn't fill
Beside it, and there may be two or three
Apples I didn't pick upon some bough.
But I am done with apple-picking now.
Essence of winter sleep is on the night,
The scent of apples: I am drowsing off.
I cannot rub the strangeness from my sight
I got from looking through a pane of glass
I skimmed this morning from the drinking trough
And held against the world of hoary grass.
It melted, and I let it fall and break.
But I was well
Upon my way to sleep before it fell,
And I could tell
What form my dreaming was about to take.
Magnified apples appear and disappear,
Stem end and blossom end,
And every fleck of russet showing clear.
My instep arch not only keeps the ache,
It keeps the pressure of a ladder-round.
I feel the ladder sway as the boughs bend.
And I keep hearing from the cellar bin
The rumbling sound
Of load on load of apples coming in.

For I have had too much
Of apple-picking: I am overtired
Of the great harvest I myself desired.
There were ten thousand thousand fruit to touch,
Cherish in hand, lift down, and not let fall.
For all

That struck the earth,
No matter if not bruised or spiked with stubble,
Went surely to the cider-apple heap
As of no worth.
One can see what will trouble
This sleep of minc, whatever sleep it is.
Were he not gone,
The woodchuck could say whether it's like his
Long sleep, as I describe its coming on,
Or just some human sleep.

사과를 딴 후에

나의 긴 두 끝을 가진 사닥다리가 나무를 뚫고.
아직도 하늘을 향해 뻗어있고,
그 옆에는 가득 채우지 못한 통 하나 놓여 있고,
어느 가지에는 아직 따지 않은 사과 두세 개는 있을 것이다.
그러나 지금 나는 사과 따는 일은 다 했다.
겨울잠의 정기인 사과 향기가 밤에 충만하다.
나는 졸고 있다.
나는 오늘 아침 물통에서 걷어내서,
하얀 풀의 들판을 향해 놓아 둔
그 얼음 유리를 통해서 바라다보게 된
나의 시야의 기이함을 지워 버릴 수 없다.
그 얼음장은 곧 녹고, 떨어뜨려 깨뜨려졌다.
그러나 채 떨어지기도 전에.
나는 벌써 잠들려는 중이다.
그리고 나의 꿈이 그 어떤 것이 될런지 말할 수 있었다.
확대 되어진 사과들이 나타났다 사라지고,
줄기 끝과 꽃 끄트머리가
그리고 적갈색 모든 홍점이 뚜렷이 보였다.
나의 발등은 아직도 아픔을 느낄 뿐만 아니라
사닥다리의 발 받침대의 압력 또한 느낀다.
가지가 휠 때, 사닥다리가 흔들림을 느낀다.
그리고 지하실 창고로부터

수많은 사과들이 짐처럼 요란한 소리를 내며
굴러들어 오는 소리도 들려온다.

왜냐하면 나는 너무나도 많이 사과 따기를 했기 때문이다.
내가 바란 큰 수확에 그만 지쳐 버린 것이다.
몇 만개의 사과를 손으로 만지고 소중히 하며,
살짝 따내려, 떨어지지 않게 하였다.
땅에 떨어진 것은 일단
그루터기에 상처가 냈거나 찔렸거나 간에,
아무 쓸모없는
사과술용 더미로 내 보내 버리기 때문이다.
나의 잠이 그 무슨 잠이든 간에,
무슨 일이 내 잠을 괴롭힐런지 뻔한 일이다.
만일 마아못이 아직도 있다면.
그 놈은 말할 수 있으리라,
내가 지금 말하는 나의 오는 이 잠이
그 놈의 긴 잠과 같은 것 인지,
아니면 단지 인간의 잠에 불과한 것인지를.

● 이해와 감상

Frost는 이 시에서 그의 많은 시들이 그렇듯이 그가 몇 년 동안 농사를 지은 바 있는 New England지방의 시골에 뿌리박고, 그 배경을 두고 있음을 엿볼 수 있다. 그 농민 생활과 밀착된 분위기, 여기서는 늦가을에 사과 따기를 마치고 휴식의 겨울을 맞이하는, 한 농부의 정서를 회상조로 이끌어 간다. 그러나 단순한 농민 생활의 묘사만이 아니라 그 사과 따기의 현실적 체험에서 정신적 어떤 의미를 암시하고 있다. 이것이 그의 시 속에서 알맹이 같이 역할을 하고 있는 암시적 의미이다. 단순한 사실적인 진술 뒤에 짜여져 있는 상징적 의미이다. 즉 이 시에서는 현실 세계와 꿈의 세계는 깊은 관계가 있음을 보여 준다. 그것은 다시 말하면, 현실에 충실한 생활은, 풍성하고 행복한 보답을 기대할 수 있고, 그 노력의 결과를 기쁨으로 맛보는 꿈의 세계와 연결 되는 것이다.

이 시에서 수 만개나 되는 사과를 딸 때, 땀을 흘리고 팔과 다리와 온 몸이 아픈 것이다. 너무 지쳐서 쓰러지면 잠이 올 정도이다. 너무나 많은 사과를 따기 때문에 눈을 감아도, 그 많은 사과들이 보이는 것이다. 그러나 이 고된 수확은 값진 수확이다. 이 고된 그리고 피곤이 그것 자체로 끝나는 것이 아니다. 현실의 충실한 모습과 결과로 기쁨과 보람과 만족감으로 겨울을 맞아 할 수 있기 때문이다. 아름다운 꿈을 미래에 가지고 있는 사람들마다 현실에 충실해야 함을 보여준다. 이것이 또한 동물과 다른 것이다. 동물이야 미래를 위한 꿈이 없고 현재의 본능 욕구에만 살지만, 인간은 그렇지 않다.

좀 더 이 시를 처음부터 자세히 몇 군데 살펴보자. 1행에서 5행까지 보면, 사과 따기에 최선을 다하고, 하늘을 향해서 사닥다리를 뻗쳐 놓고 이젠 쉬는 때가 된 것이다. 인간의 노력과 그 후에 보답을 하늘에 맡기는 듯이 사닥다리는 하늘을 향해서 놓여 있는 것이다.[1] 노력과 기대는 너무나 자연스러운 관계이다. 최선의 노력 후에 그 기쁨의 보답이 뒤따라오기 때문이다.[2] 인생을 살면서 나에게 주어진 책임을 최신을 다하고 기쁨의 보답과 휴식을 기대하는 것과 같다. "가지에는 아직 따지 않은 사과 두 세 개"는 최선을 다 했지만 그래도 미흡한 한 두 부분이 있음을 암시할 수 있다.

그 다음 6행에서 12행까지는 이제 어쨌든 사과 따기를 끝내고, "겨울잠의 정기인 사과 향기가 밤에 충만하다"는, 노력에 성공적인 결과를 암시하는 말이 나온다. 즉 겨울 추운 날씨에 만족스럽고 따뜻하며 아늑한 잠을 잘 수 있는 것은 사과 따기를 열심히 한 노력의 대가이다. 여기서 사과의 향기는 바로 그 땀방울로 상징되어 진다. 사과 따기에 땀 흘린 노력은 사과 향기로 승화되어 그 밤을 아늑하게 하는 것이다. 고된 사과 따기가 어제 일만 같은데, 오늘 이렇게 그 수고가 푸근하고 보람찬 결과를 가져온 결과를 바라다보면서, 또 그 결과 속에 휴식의 기쁨을 만끽하는 이 순간에 사과 따기의 노고가 이상스럽게 내 자신이 한 일 같지 않도록 이질감을 느낀다는 것이다. 마치 물통의 물이 얼음이 되어, 그 얼음을 통하여 들판을 볼 때, 이상스럽게 느끼듯 딴 세계로 보인다고 한 것이다.

그러나 13행 이하에서는 고된 사과 따기가 눈을 감아도, 그리고 꿈속에서 나타날 만큼 재생되는 것이다. 결국 여기서 사과 따는 고된 노동과, 그 후에 감사에 넘치는 보답은 떼 놓을 수 없는 관계임을 보여준다. 사과를 딴 후 꿈을 꾸는 때에, 사과 따는 고된 아픔을 비록 재생시키는 꿈이 될런지 모르겠지만, 그러한 과거의 성실함을 기초로 해서 오늘의 기쁨이 휴식을 갖게 된 점을 생각하면, 그 꿈이 악몽일 수는 없다. 악몽 이라기보다는 승리 한 후에 과거의 노력을 하나하나 기쁨으로 회상하는 것이다.[3] 사과 따기의 아픔도 변하여 기쁨과 보람으로 승화되는 순간이 이 명상의 순간일 것이다. 사과가 잘못하다가 떨어지면 별로 값이 없는 사과술용 더미로 갈 것이므로 조심스럽게 사과를 따던 일도 생생하

1 Cleanth Brooks, *Understanding Poetry 3rd Edition*(New York: Holt, Rinehart and Winston, 1960), p.365.

2 *Loc. cit.*

3 *Ibid.*, pp.365-366.

다.

그리고 이 시에 맨 끝에서 인간의 잠—사과 따기에 고된 시간을 보내고 휴식의 잠—과 한 종류의 설치류 동물 마아못의 잠을 비교함으로써, 인간의 성실한 노동을 암시적으로 찬양하고 있다. 마아못 이라는 놈은 그의 본능에 따라 겨울을 지내기 위해서, 아무 생각 없이 잠을 잘 뿐이다. 그러나 인간은 이 시에서 겨울이 되기 전 땀 흘려 일하고, 수확의 기쁨을 맛보며 만족감과 기쁨과 보람된 잠을 자게 되는 것이다. 망각의 잠이 아니라, 풍요와 만족과 감사로 가득 찬 휴식인 것이다. 이 만족과 감사의 정은 수고와 노력의 댓가로 얻어지는 인간 특유의 소유물이다. 결코 동물 세계에서는 볼 수 없는 것이다. 그러나 이러한 인간의 휴식은 잠은 인간으로 서는 너무나 당연한 일이므로 “just some human sleep”이라는 표현으로 비하한 것으로 본다. 이와 같이 스케치 풍과 같은 Frost의 시는 우리 인생의 깊은 의미를 암시해 주고, 그 함축된 의미는 훌륭한 시가 되는 데에 한 몫을 하고 있음을 부인할 수 없다.

The Road Not Taken

Two roads diverged in a yellow wood,
And sorry I could not travel both
And be one traveler, long I stood
And looked down one as far as I could
To where it bent in the undergrowth ;

Then took the other, as just as fair,
And having perhaps the better claim,
Because it was grassy and wanted wear ;
Though as for that the passing there
Had worn them really about the same,

And both that morning equally lay
In leaves no step had trodden black.
Oh, I kept the first for another day!
Yet knowing how way leads on to way,
I doubted if I should ever come back.

I shall be telling this with a sigh
Somewhere ages and ages hence :
Two roads diverged in a wood, and I—
I took the one less travelled by,
And that has made all the difference.

가보지 못한 길

노랗게 물든 숲 속의 두 갈래길
몸이 하나인 나는 두 길 다 갈 수 없어서
안타깝게 그곳에 오랫동안 서서
덤불 속으로 접어든 한 쪽 길을
끝까지 바라보고 있었다.

그러다가 딴 길로 들어섰다.

똑같이 아름답지만 그 길이 더욱 좋아 보여서
풀이 우거지고 사람의 발에 덜 밟혔기에
그리로 지나감으로써 사실은 같은 정도로 밟힌 셈인데

그날 아침 그 두 길은 모두 다
밟히지 않아 더렵혀지지 않은 낙엽 속에 쌓여 있었다.
아, 처음 길은 나중에 가기로 하지!
하지만 길은 또 다른 길로 이어지기에
언제고 다시 돌아오지 못할 것을 알고 있었다.

나는 이 이야기를 먼 훗날
그 어디에선가 한 숨 쉬며 말하게 될 것이다.
어느 숲 속에 두 길이 갈라져 있어 나는—
사람들이 적게 다닌 길을 택하였다고
그리고 그것 때문에 모든 게 달라졌다고.

● 이해와 감상

숲 속에 난 두 길은 우리 인생의 두 길 중 어느 길을 선택하여야 할 지 그 선택의 어려움을 상징한다. 이것은 앞날을 모르는 우리 인간의 제한성을 암시하기도 한다. 한 순간의 결정의 지배를 받는 것이 인생이기에 먼 훗날 우리는 가보지 못한 길에 대하여 깊은 아쉬움을 가지게 된다. 우리 인간은 제한된 존재이기에 삶의 뒤안길에 서서 가보지 못한 인생의 길에 회한을 품어보지만 이미 세월은 다시 우리에게 기회를 다시 주지 않는다. 시인은 이 시에서 우리에게 과연 어떠한 교훈을 암시해 주는 것인가? 그것은 우리 인생이 어떤 길을 선택하였든지 간에 일단 선택하였으면 그 길에서 우리는 우리의 최선을 다하는 아름다운 삶을 맺어가야 되는 것이 아닐까 한다.

Carl Sandburg

(1878-1967)

Fog

The fog comes
On little cat feet.

It sits looking
Over harbor and city
On silent haunches
And then moves on.

안개

안개가 내린다
작은 고양이 발위에

조용히 쪼그리고 앉아서
항구와 도시를
보면서 앉아있다.
그리고 계속해서 움직인다.

● 이해와 감상

산업과 기계시대 America의 국민 시인이라 할 수 있는 Carl Sandburg는 그의 명성이 1916년에 나온 Chicago Poems으로 인하여 크게 떨친다. 위에 시도 대도시 Chiago의 일면을 묘사하고 있다 처음 두 행은 "안개가 고양이 발위에 내린다"라는 표현을 통해, 그 다음 4행에 나타나는 고양이의 이미지로 나타나는" 안개에 앞서서, 미리 안개와 고양이와의 관계를 인식하도록 이끈다. 다음 4행은 완전히 안개를 고양이로 비유하여, 자연현상의 안개의 흐름을, 조용히 쪼그리고 앉아서 응시하다가 또 살그머니 움직이는 고양이의 행동에 비교했다. 우리가 흔히 볼 수 있는 안개를 구체적이고 생동감 있는 이미지로 적절하게 표현했다

William Carlos Williams

(1883 - 1963)

The Young Housewife

At ten A. M. the young housewife
moves about in negligée behind
the wooden walls of her husband's house.
I pass solitary in my car.

Then again she comes to the curb
to call the ice-man, fish-man, and stands
shy, uncorseted, tucking in
stray ends of hair, and I compare her
to a fallen leaf.

The noiseless wheels of my car
rush with a crackling sound over
dried leaves as I bow and pass smiling.

그 젊은 가정주부

오전 열시 그 젊은 가정주부는
실내복을 입은 채 돌아간다
남편의 집 나무로 된 판자벽 뒤에서
나는 나의 차를 타고 쓸쓸히 지나간다

그때 또 한번 그녀는 길모퉁이로 나와서
얼음장수, 생신장수를 소리쳐 부르고 수줍은 듯
코르셋도 입지 않고 서있다.
흩어진 머리끝을 걷어 올린 채.
나는 그녀를 낙엽에 견주어 본다.

소리 없이 구르는 나의 자동차 바퀴가 가랑잎 위로
바삭바삭 소리를 내면서 달려간다

내가 머리를 끄덕이고 미소를 지으며 지나갈 때.

● 이해와 감상

이 시에서 시인은 구어체로 일상생활을 있는 그대로 솔직하게 자유시의 형식을 따라 그렸다. 시인 이 묘사한 여인은 가까운 이웃으로, 자동차를 몰고 오고가면서 늘 인사를 주고받으며 지내는 평범한 가정주부임을 알 수 있다. 그녀는 젊은 나이에도 불구하고 얼굴이나 옷을 가꾸지도 못하고 다만 가정을 돌보는 일에만 골몰한다. 가정 일에 성실한 그 젊은 가정주부에 대하여 시인은 대견스럽게 생각하면서도, 또 한편 해도 해도 또 해야 할 가사에 눌리어 아름다움도 가꾸지 못하고 젊음도 제대로 누리지 못하는 그녀에게 측은한 생각을 해본다. 그래서 시인은 길거리에 떨어져 사람과 자동차에 눌리어 부셔져 버리고 마는 낙엽의 처량한 모습에 그녀를 비유해 본 것이다. 이 시의 맨 끝 행에서 보면 "bow"와 "smiling"은 그 젊은 가정주부에 대한 시인의 존경심과 동정심이 대조적으로 엇갈려 나타나 있다고 보겠다. 또 3행에서 "her husband's house"라는 표현을 보면, 집은 남편과 아내가 똑같이 공유해서 사는 집 일텐데, 구태여 남편의 집이라는 표현을 쓴 것은, 남편의 편중된 주도권 속에 눌리어 시는 그 가정주부의 가련한 모습을 암시하는 듯하다.

Hart Crane

(1899-1932)

Voyages

I

Above the fresh ruffles of the surf
Bright striped urchins flay each other with sand.
They have contrived a conquest for shell shucks,
And their fingers crumble fragments of baked weed
Gaily digging and scattering.

And in answer to their treble interjections
The sun beats lightning on the waves,
The waves fold thunder on the sand;
And could they hear me I would tell them:

O brilliant kids, frisk with your dog,
Fondle your shells and sticks, bleached
By time and the elements[1]; but there is a line
You must not cross nor ever trust beyond it
Spry cordage of your bodies to caresses
Too lichen-faithful[2] from too wide a breast.
The bottom of the sea is cruel.

II

And yet this great wink of eternity,
Of rimless floods, unfettered leewardings,
Samite[3] sheeted and processioned where
Her undinal[4] vast belly moonward bends,
Laughing the wrapt inflections of our love;

---

1 elements: 폭풍우
2 lichen-faithful: 정숙한 모습의 이끼
3 samite: 금란 (중세의 옷감)
4 undinal: undine 물의 여신의 형용사.

Take this Sea, whose diapason[5] knells
On scrolls[6] of silver snowy sentences,
The sceptred terror[7] of whose sessions rends
As her demeanors motion well or ill,
All but the pieties of lover's hands.

And onward, as bells of San Salvador
Salute the crocus lustres of the stars,
In these poinsettia meadows of her tides,—
Adagios[8] of islands, 0 my Prodigal,
Complete the dark confessions her veins spell.

Mark how her turning shoulders wind the hours,
And hasten while her penniless rich palms
Pass superscription of bent foam and wave,—
Hasten, while they are true,—sleep, death, desire,
Close round one instant in one floating flower.

Bind us in time, O Seasons clear, and awe.
O minstrel galleons[9] of Carib fire,
Bequeath[10] us to no earthly shore until
Is answered in the vortex[11] of our grave
The seal's wide spindrift[12] gaze toward paradise.

III

Infinite consanguinity[13] it bears—
This tendered theme of you that light

---

5 diapason: 선율.
6 scroll: 소용돌이 장식.
7 The sceptred terror: 왕홀의 공포.
8 adagios: 음악에 느린 아다지오 곡. 춤에서는 느린 우아한 동작.
9 galleons: 스페인의 큰 범선(상선, 군함).
10 beqeuath: 남기다.
11 vortex: 소용돌이.
12 spindrift: 물보라.
13 cosanguinity: 동족, 혈족.

Retrieves from sea plains where the sky
Resigns[14] a breast that every wave enthrones;
While ribboned water lanes I wind
Are laved[15] and scattered with no stroke
Wide from you side, whereto this hour
The sea lifts, also, reliquary[16] hands.

And so, admitted through black swollen gates
That must arrest all distance otherwise,—
Past whirling pillars and lithe pediments,[17]
Light wrestling there incessantly with light,
Star kissing star through wave on wave unto
Your body rocking!
                                        and where death, if shed,
Presumes no carnage, but this single change,—
Upon the steep floor flung from dawn to dawn
The silken skilled transmemberment[18] of song;

Permit me voyage, love, into your hands····

항해

파도의 새로운 물결 위에
밝은 줄무늬의 장난꾸러기 섬게들이 서로 모래로 옮아내고 있다.
그들은 조개껍질을 정복해내는 일을 궁리해 냈고
그들의 손가락은 즐겁게 땅을 파고 흐트러뜨리면서
바싹 마른 해초의 조각들을 부숴뜨린다.

섬게들의 드높은 감탄사에 응하듯
태양은 물결위에 번개를 내리치고
물결은 모래밭에 천둥으로 하듯 푹 싸고

14 resigns: 드러내다.
15 laved: washed.
16 reliquary: 성해함(聖骸函).
17 pediments: 박공(그리스식 건축의).
18 transmemberment: 변용.

그들이 나의 말을 들을 수 있다면 다음같이 말하리라.

아 빛나는 아이들이여, 너희들의 개와 뛰어 돌아다녀라.
시간과 폭풍우에 하얗게 된 너희들의 조개와 나뭇가지들을
귀여워하라. 하지만 너희들이 넘어서도 안 되고
너희를 봄놓이의 민첩한 밧줄을 그 넘어 너무나 넓은 가슴속의
정숙한 모습의 이끼에 맡겨서는 안 되는 선이 있다
바다의 밑바닥은 잔인하기에.

그런데도 우리 사랑의 황홀한 굴곡을 비웃으면서
물의 요정같은 커다란 배를, 달을 향해 굽힌 곳으로
금란 옷을 입고 나아가는
끝없는 대양과 묶여있지 않은 조류의 영원한 큰 눈짓이여.
이 카리브 바다를 주목해 보시라 그 선율이
은빛 눈 같은 문장의 소용돌이 장식위에서 울리는 그 바다를.
그 개정이 그녀의 태도의 처신이 올바르거나 못되게 될때
연인들손의 경건함을 제외하고서 모든 것을
찢어버려는 그 왕홀의 공포인 이 바다를.

그리고 더 나아가 산살바돌의 종들이
별들의 크로커스 꽃 같은 광채를
조수의 이 포인세티아의 초원에서 맞아 들일 때
아 섬들의 아다지오, 나의 방종한 자여,
바다의 기질이 말하는 그 어두운 고백을 끝내주시라.

바다가 어깨를 돌리면서 시간을 어떻게 감는지를 주목해 보시라
그리고 그의 무일푼의 풍요로운 손바닥이
굽실대는 물거품과 물결의 결봉을 지나는 동안 서두르시라
그들—잠, 죽음, 욕망이 진실한 동안 서두르시라
물위에 떠있는 한 송이 꽃에 한 순간을 에워싸시라.

오 밝은 계절들과 경외로움이여, 우리를 시간 속에 묶어 주시라
카리브의 불을 노래하는 스페인의 큰 범선들이여
낙원을 향해 눈을 크게 뜬 물개의 물보라 시선이
우리의 무덤에 소용돌이 속에서 응답을 얻기까지는
우리를 이 세상 해안에 남겨 놓지 마시라.

III

모든 물결이 자리를 잡는 가슴을
드러낸 곳 바다의 평원으로부터
빛이 회복되는 당신이 제시한 이 주제는
무한한 동족관계를 가진다.
내가 감는 리본을 단 것 같은 물결들이
당신의 곁으로부터 멀리 고동도 없이
씻기고 흩어지는 동안, 바다 역시를
이 시간 그곳으로 성해함을 받쳐 들고 있다.

그리하여 그렇게 안하면 모든 거리를 멈추게 할
검게 부풀어 오른 문들을 들어갔다.
소용돌이 기둥과 부드러운 박공을 지나
거기 빛과 빛이 계속해서 어울리고
흔들리는 녀의 몸을 향해 달리는 물결과 물결을 헤치고
입 맞추는 별!
거기에서는 죽음이 버려져도
대학살은 아니고 단지 이러한 변화일 뿐—
새벽마다 던져지는 가파른 마룻바닥 위에
비단 같은 솜씨 좋은 노래의 변용인 것을!

사랑이여, 그대의 손으로 항해를 허락하시라….

● 이해와 감상

Hart Crane은 33세의 아까운 나이로 유명을 달리한 시인으로 그 천재성을 다 발휘하지도 못했으나, "Voyages" (모두 6개의 Section으로 되어 있으나 여기서는 Section Ⅰ,Ⅱ,Ⅲ만을 실음)는 그의 걸작 서정시로 꼽힌다. 이 시의 배경은 항구의 바다와 연인의 아파트 창가에서 이루어진다. 바다에서 항해할 때 바다는 인간에게 종종 공포심과 적대감을 줄때도 있으나, 바다는 연인이나 환상적인 위안자가 되어, 시인 Hart Crane은 에로틱하면서도 정신적인 사랑의 랑데뷰가 바다와 이루어진다.[19] 그러면 처음 Section Ⅰ 부터 살펴보기로 하겠다.

---

19 R. W. B. Lewis, "Hart Crane: Voyages", *Commentaries and Critical Essays II* (Seoul: Tamgu Publishing Co., 1981), p.484

이 시에서 바다는 위험한 존재이나 우리를 부르는 듯 매혹적이다. 그러한 바다를 향한 그 항해는 사랑을 위한 여행으로 비유된다. "urchins"는 은유로써 지금 항해를 시작하려는 배를 가리킨다.[20] 여기서 시인은 배들로 하여금 잔인한 바다—상징적으로 더욱 에워싸인 사랑으로 나아가지 말고 항구에 안전하게 있으라고 한다. 순수하고 소박한 사랑에 만족할 일이지 그 큰 광대하고 큰 물결의 바다의 애무에 맡기면, 이끼 낀 바위에 부딪치게 될 것이라는 암시이다. 어쨌든 이제 시작하려는 사랑의 항해의 위험을 시사하고 있다.

but there is a line
You must not cross nor ever trust beyond it
Spry cordage of your bodies to caresses
Too 1ichen-faithful from too wide a breast.
The bottom of the sea is cruel.

Section Ⅱ의 첫 번째 stanza에서 보면 무한한 바다와 제한된 인간의 사랑에 대조가 있다. 인간의 사랑이 진행될 때 바다는 절대적이고 신과 같은 전제군주가 되어 군림하며, 바다에 대한 달의 애무에서 "this Sea"는 카리브 바다인데, "The sceptred terror" 등의 어귀는 카리브 해의 제왕같이 웅대한 위력을 말해주는 이미지로, 이런 바다의 위력에 비교해 볼 때 인간의 한정된 사랑의 미력함의 대조를 보여준다. 그러나 바다도 달을 껴안고 사랑하는 연인이기에 인간 사랑의 귀중함을 알고 있다고 암시하고 있다.

The sceptred terror of whose sessions rends
All but the pieties of lovers, hands.

세 번째 stanza에서는 바다에 해가 지고 산살바돌의 만종이 울릴 때, 밤하늘에 별들이 크로커스 꽃같이 나타나고 저녁놀은 바닷물에 빨갛게 물들어 포인세티아의 초원을 방불케 하는 장면이다. 또 섬들이 느리게 움직이며 사라지는 모습은 아다지오 춤에 비유했다. 바다에서 배를 타고 있는 애인들은 바다의 영원성의 일부에 참여하고, 그 바다의 웅대한 사랑의 신비("the dark confessions her veins spell")속에 참여하고 있는 셈이라고 한다. 그런데 네 번째 Stanza에서 보면 실제로 인간의 사랑은 시간 속에서 존재하고, 그 시간은 무자비하게 흘러 가버리는 것이므로, 서둘러서 연인들의 한순간을 사랑으로 꽃피워야 한다고 한다. 여기서 "Sleep, death,

20 *Ibid.*, p.487.

desire" 등은 그 연인들의 이상적인 사랑의 본체로서 여기서 에로틱한 어조가 있으나, 추상적이 아닌 구체적인 사랑의 실현을 암시한다고 본다. 마지막 stanza에서 연인들은 바다의 풍요로움이 있는 동안 그들의 사랑을 향유해야 한다는 것이다.

Bind us m time, o seasons clear, and awe.

시인은 바다의 물개들이 그러하듯이, 연인이 변화하는 세계 속에서, 마음속에서부터 자연히 불타오르는 사랑을 신뢰하고, 그 사랑의 물결에 맡겨서 낙원을 향유할 것을 요청하고 있다.[21]

Bequeath us to no earthly shore until
Is answered in the vortex of our grave
The seal's wide spindrift gaze toward paradise.

끝으로 세 번째 Section에서는 죽음에 관하여 언급되지만, 그것은 연인들의 삶의 끝이 아니라 사랑으로 도취된 성취를 의미한다. 시인의 항해는 사랑이 싹트고 완전히 하나가 되기 위하여 애쓰고 몸부림치는 사랑의 과정이다. 그리고 Section Ⅱ에서는 무한한 바다에 의하여 인간의 사랑이 조롱되었으나, 여기서는 오히려 그 반대로 연인들의 에로틱하고 따뜻한 사랑의 행동이 우주의 삼라만상 속에서 이루어지는 사랑의 모델이 되었다. 그리하여 시인이 말하는 이들 연인들의 사랑은, 무한한 자연의 만물들의 사랑과는 동족관계처럼 유사하다. 즉 바다가 하늘의 가슴을 이들 연인들의 사랑의 행위에서처럼 껴안는 것이다. 이러한 이미지는 웅장한 스타일로 다음과 같이 묘사되었다.

Light wrestling there incessantly with light,
Star kissing star through wave on wave unto
Your body rocking!

그리고 이들 사랑의 행위는 다만 항해뿐만 아니라 종교적인 성례식으로 비유되었다. 처음 Stanza 끝 행에서 보면

The sea lifts, a1so, reliquary hands.

드디어 이 Section의 마지막 부분에 이르면 Hart Crane의 서정시의 클

---

21 Cleanth Brooks, R. W. B. Lewis, Robert Penn Warren, *American Literature: The Makers and the Making*(New York: St. Martin's Press, 1973), p.2211.

라이막스에 이르고 사랑의 경험은 절정의 순간이 된다[22]. 이 때 일어나는 죽음이란 살인적인 것이 아니라, 기쁨으로 억제할 수 없는 변형의 순간이다. 그리고 죽음은 위대한 사랑의 힘으로 자취도 없이 사라져 버리고, 연인들은 사랑이 주는 평화로운 세계로 들어가는 것이다.

and where death, if shed,
Presumes no carnage but this single change,—
Upon the steep floor flung from dawn to dawn
The silken skilled transmemberment of song;

시인 Hart Crane은 결국 화려하고 암시적 언어로 강렬하고 감각적인 사랑을 노래하고 있다.

---

22 Lewis, *op. cit.,* p.500.

John Crowe Ransom

(1888-1974)

Bells for John Whiteside's Daughter

There was such speed in her little body,
And such lightness in her footfall,
It is no wonder that her brown study[1]
Astonishes us all.

Her wars were bruited[2] in our high window.
We looked among orchard trees and beyond,
Where she took arms against her shadow,
Or harried unto the pond

The lazy geese, like a snow cloud
Dripping their snow on the green grass,
Tricking and stopping, sleepy and proud
Who cried in goose, Alas,

For the tireless heart within the little
Lady with rod that made them rise
From their noon apple-dreams, and scuttle[3]
Goose-fashion under the skies!

But now go the bells, and we are ready,
In one house we are sternly stopped
To say we are vexed at her brown study,
Lying so primly[4] propped.

---

1 brown study: 몽상.
2 bruit: 떠들썩하다.
3 scuttle: 허둥지둥 달리다.
4 primly: 얌전히.

존 화이트사이드 씨의 딸을 위한 조종

그 작은 몸이 그리도 재빨랐고
그 아이의 발걸음은 그리도 가벼웠는데
지금 그 아이의 죽음을 몽상하게 되나니
어찌 아니 놀라운 일인가.

그 아이의 전쟁놀이 소리가 높은 창문을 넘어 떠들썩했고
우리들은 과수원 나무 사이와 그 너머를 볼 수 있었다.
그곳에서 그 아이는 자기 그림자와 무기를 들고 싸우거나
연못 쪽으로 게으른 거위들을 몰아 괴롭혔다.

눈 구름장처럼 푸른 풀밭위에
그 눈덩이를 떨어뜨리면서
속이고 멈추고 졸린 듯 뽐내면서
거위는 그들의 말로 "아 아! 괴롭다"고 소리쳤다.

그 작은 아가씨의 지칠 줄 모르는 가슴은
막대기를 들고 그들을
대낮의 사과 꿈에서 일으켜 세워 하늘 아래서
거위들이 패션쇼를 하듯 허둥지둥 도망가게 했으니까!

그런데 이제 조종은 울리고 우리는 준비 중
그 집안에서 우리는 하던 일을 멈추고 엄숙하게 말한다
그리도 얌전히 떠 받혀 누워있는
그 아이의 죽음을 몽상하다니 분이 난다고,

● 이해와 감상

이 시는 한 여자 어린아이가 그 어린 나이에 너무나도 갑자기 세상을 떠난 일을 마음 아파하는 시이다. 여기에 나타난 어린아이는 발랄하고 건강하며 장난을 좋아하는 천진난만한 아이여서, 전쟁놀이로 거위를 쫓아다니며 신나게 놀면 그만이다. 그런데 그 나이 어린 어린이에게 도저히 상상할 수도 없는 슬픔의 죽음이 찾아온 것이다. 그러나 시인은 이 시에서 죽음의 슬픔을 감상적으로 나타내지 않고 이 어처구니없는 모순을 있는 그대로

담담하게 기술한 것은, 죽음이란 우리 인생의 유한된 조건으로 보고 누구에게나 언제고 찾아온다는 사실을 보여준다.

재미있고 생동감 있는 비유는, 세 번째 stanza에서 거위가 어린아이에게 쫓기며 깃털이 뽑아져 날리는 모습을, 하늘에서 떨어지는 눈덩이에 비유한 것과, 네 번째 stanza에서 거위들이 과수원 사과나무 아래 조용히 쉬거나 달게 잠을 잘 때, 어린이가 막대기를 가지고 와서 괴롭힐 때 뒤뚱뒤뚱 도망치는 거위들의 모습을 패션쇼에 비유한 것이다.

Edward Estlin Cummings

(1894-1963)

I Thank You God

i thank You God for most this amazing
day; for the leaping greenly spirits of trees
and a blue true dream of sky; and for everything
which is natural which is infinite which is yes

(i who have died am alive again today,
and this is the sun's birthday; this is the birth
day of life and of love and wings; and of the gay
great happening illimitably[1] earth)

how should tasting touching hearing seeing
breathing any—lifted from the no
of all nothing—human merely being
doubt unimaginable You?

(now the ears of my ears awake and
now the eyes of my eyes are opened)

하나님께 감사드립니다

하나님께 이처럼 놀라운 날을 주심을 감사드립니다
생생하게 도약하는 나무의 정신과
하늘의 파랗고 참된 꿈을 주심을
그리고 자연적인 모든 것 무한한 모든 것 긍정적인 모든 것을 주심을.

(지금까지 죽었던 나는 오늘 다시 살아났습니다.
그리고 오늘은 태양의 생일입니다. 오늘은
생명과 사랑과 그리고 날개의 생일입니다.
명랑하고 위대하고 무한히 생기는 대지의 생일입니다)

미각 촉각 청각 시각을 지닌

---

1 illimitably: 무한하게.

호흡하는 어느 인간이—완전히 무에서 생겨진—
순전한 인간이 오묘하신 주님을 어떻게 의심할 수 있습니까?

(이제 저의 귀들 중의 귀가 트이고
이제 저의 눈들 중의 눈이 열립니다)

● 이해와 감상

시인은 무한하고 신비스런 대자연 속에서 무한히 푸르른 하늘, 신록으로 생동감을 더해가는 초목들을 대하면서 창조주, 섭리주이신 하나님의 은총을 감지하고 감격해 한다.[2] 이러한 놀랍고 무한한 하나님의 은총을 맛보지 못했던 과거의 삶은 죽음 그것으로 비유된다. 이제 하나님의 은총을 체험하고 소유한 오늘의 시인의 삶은 바로 약동하는 삶, 사랑으로 포용하는 삶 그리고 비약의 삶의 시작이 되었다. 결국 새로운 탄생으로 비유된다. 그의 삶의 참된 꿈이 시작되고 긍정적 삶이 시작되고 가능성의 삶이 시작되는 탄생이다. 시인의 내적 삶이 하나님의 은총을 힘입어 풍성한 삶으로 변화되자 외적으로 온 우주가 달라졌다. 태양을 바라보는 삶의 의미가 달라졌고 대지를 바라보는 삶의 의미가 달라진 것이다. 결국 삶이 온통 변화된 것임을 암시한다.

this is the sun's birthday; this is the birth
day of life and of love and wings; and of the gay
great happening illimitably earth

세 번째 Stanza에서 인간이 오관을 가지고도 자연 속 구석구석에 나타나 있는 하나님의 은총을 감지 못하고, 더구나 피조물 인간이 바로 인간자신을 창조하선 창조주를 알지 못하고 의심한다는 것은 이해가 안 될 일이라고 한다. 그리고 맨 끝 Stanza에서 "the ear of my ears"와 "the eyes of my eyes"는 인간의 보통 육안이나 귀가 아닌 더 한층 차원 높이 보고 들을 수 있는 신앙의 눈과 귀를 의미한다. 또 특이한 것은 시행詩行의 첫 글자를 대문자로 쓰지 않고 소문자로 쓴 것과, 처음 Stanza 맨 끝 행에서 보면 관계 대명사 "which"를 두 번씩이나 더 썼으나, 의미의 전달에는 큰 지장이 없다. 여하튼 이런 점은 전통이나 문법을 어기더라도 시인의 의미전달에 더 중요성을 둔 것으로 본다.

---

2 Charles Norman, *E. E. Cummings: Tke Magic-Maker*(New York: Duell, Sloand and Pearce, 1964). p.19, Cummings said in his second' lecture, "I first encountered the mystery who is Nature."'

Robert Lowell

(1917-1977)

As A Plane Tree By The Water

Darkness has called to darkness, and disgrace
Elbows[1] about our windows in this planned
Babel[2] of Boston where our money talks
And multiplies the darkness of a land
Of preparation where the Virgin walks
And roses spiral[3] her enamelled face
Or fall to splinters on unwatered streets.
Our Lady of Babylon, go by, go by,
I was once the apple of your eye:
Flies, flies are on the plane tree, on the streets.

The flies, the flies, the flies of Babylon
Buzz in my ear-drums while the devil's long
Dirge of the people detonates the hour
For floating cities where his golden tongue
Enchants the masons of the Babel Tower
To raise tomorrow's city to the sun
That never sets upon these hell-fire streets
Of Boston, where the sunlight is a sword
Striking at the withholder of the Lord:
Flies, flies are on the plane tree, on the streets.

Flies strike the miraculous waters of the iced
Atlantic and the eyes of Bernadette
Who saw Our Lady standing in the cave

---

1 elbows: 밀치고 나아가다. 활보하다.

2 Babel: 바벨탑으로 옛날 Babylon사람들이 하늘까지 쌓으려 했을 때, 하나님께서 그들이 언어를 혼잡케 하셔서 실패한 "the Tower of Babel"인데, 구약성서 중 Genesis XI장에 기록되어 있다.

3 spiral: 소용돌이치다.

At Massaibielle, saw her so squarely that
Her vision put out reason's eyes. The grave
Is open-mouthed and swallowed up in Christ.
O walls of Jericho! And all the streets
To our Atlantic wall are singing: "Sing,
Sing for the resurrection of the King."
Flies, flies are on the plane tree, on the streets.

물가의 플라타너스 나무같이

어둠이 어둠을 부르고 창피가
이 계획된 바벨 Boston 도시 우리들 창문 주위에서
활보한다. 거기에서는 돈의 목소리가 크고
성모 마리아께서 걸으시는 준비된 땅의 어둠을
더욱 어둡게 한다. 장미꽃들이 성모 마리아의 빛나는
얼굴위에 소용돌이치거나 물이 대어 있지 않은 길거리에
떨어져 조각이 난다.
Babylon의 우리의 성모 마리아시여, 방문해 주십시요. 방문해 주십시요
나는 한때 당신 눈의 눈동자였습니다.
파리떼 파리떼가 거리의 플라타너스 나무 위에서 난무한다.

파리떼 파리떼 Babylon의 파리떼가
나의 귀 고막에 윙윙댄다. 그 사람들이 부르는 악마의
긴 장송곡이 떠도는 도시들을 위한 시간을 폭발시키는 동안.
그 악마의 금빛 혀는 바벨탑의 석공들을 유혹하여
내일의 도시를 태양까지 올려 세우게 하나
그 태양은 Boston 지옥불의 거리를 공격하는 일이 없다.
그곳에서 그 햇빛은 주님을 방해하는 자를 내리치는 칼이다
파리떼, 파리떼가 길거리에 플라타너스 나무 위에서 난무한다.

파리떼는 얼음으로 뒤덮인 대서양의 기적적인 바다물과
Bernadette의 눈을 내리친다
Bernadette는 Massabielle에 있는 동굴에서
성모 마리아가 서계신 것을 보았고
너무 정면으로 보았기 때문에

그녀의 환상은 이성의 눈을 멀게 했다.
무덤의 입은 열리고 예수그리스도 안에 삼켜진다.
아 여리고의 성벽들여! 그리고 우리의 대서양 벽을 향한
모든 걸거리들은 노래하고 있다. "노래하라
노래하라, 만왕의 왕이신 예수그리스도의 부활을"
파리떼 파리떼가 길거리에 플라타너스 나무 위에서 난무한다.

● 이해와 감상

이 시는 시인 Robert Lowell이 기독교적인 종교 감수성과 그 가치관 위에서, 물질만능주의와 향락주의 그리고 하나님을 떠난 인간중심 우상화된 도시 Boston을 성서적 배경과 상정을 사용하여 비판한 시이다. 미국은 원래 하나님의 영광을 드높이고 그 뜻대로 살아가려고 애쓰는 영국의 청교도들이, 신앙의 자유를 찾아서 미국 대륙으로 건너와 그 신앙 기초위에 미국을 건설하였다. 그런데 그 후 수세기가 지나는 동안 그들의 후예들은, 기독교 신앙과 그 가치관을 버리고 세속주의에 빠져들어 갔다. 그리하여 시인 Lowell은 그의 돈독한 기독교적 신앙과 그 가치관로 인하여, 현세계로부터 추방당한 망명자와 같은 느낌을 갖는다.[4]

첫 번째 stanza에서 보면 시인은 기독교적 가치를 외면하고 향락주의와 물질만능주의로 높이 쌓아올린 Boston을 바벨탑으로 비유한다. 창세기 11장에서 나오는 바벨탑은 하늘까지 인간들이 탑을 쌓으려다가 하나님의 권능으로 무너져 버린 탑으로, 인간이 하나님에 대한 도전과 교만으로 상징된다. 그와 마찬가지로 물질문명이 아무리 찬란해도 그 속에 기독교적 가치가 퇴색한 Boston은 하나님께 도전하는 인간의 교만으로 보는 것이다. Boston의 모습은 큰 거리에 생명의 상징인 "물"은 없고, 정신적 불모의 상징인 파리떼만 우글거린다. 파리떼와는 반대 입장에 있는 이미지 "장미꽃들"은 사랑 또는 신앙의 열정을 상징하며, 영혼의 생명이 없는 거리에 그 사랑이 메말라 있음을 나타내는 것으로 본다. 성모 마리아께 Boston을 지나치지 말고 방문해 주십시요라는 구절은, Boston이 비록 Babylon처럼 죄악으로 물들었으나, 과거에는 주님께서 눈동자처럼 사랑하시든 곳이오니, 사유의 은총을 베풀어 달라고 성모 마리아께 간구하는 것이다.

두 번째 stanza에서 시인은 하나님을 불신하고 그 뜻을 거역하고 살아가는 Boston 시민들의 삶을, 영혼의 죽음을 부르는 장송곡으로 비유한다. 그

---

4 Steven Gould Axelrod, *Robert Lowell: Life and Art* (New Jersey:Princeton, Princeton University Press, 1978), p.52

장송곡은, 죄악으로 흔들리고 멸망의 물결로 떠내려가는 도시들이, 결국 그 귀중한 시간들을 다이너마이트처럼 폭파시키고 산산조각의 멸망으로 끝날 것임을 알려준다. 그리고 "Babylon의 파리떼"는, 하나님을 대적하고 교만하게 하늘까지 바벨탑을 쌓으려 했던 Babylon인들이며, 또한 하나님을 대적하는 현대 Boston 시민들이다. 그리하여 그 옛날 바벨탑을 쌓으려던 Babylon인들처럼, 현대 Boston 시민들은 황금만능주의, 향락제일주의, 그리고 인본주의의 탑을 계속 쌓아가며 계획한다. 현대의 바벨탑을 태양까지 쌓으려하나, 그 태양은 죄악으로 타오르는 지옥의 불을 연상케 하는 Boston 거리를 멸망시키지는 않고 지켜보고 있다. 여기서 태양빛은 심판주 주님을 상징하는 것으로 본다. 주님께서는 그 심판을 참으시고 죄악에서 돌이킬 것을 바라시지만, 끝내 주님을 교만하게 거역하는 자를 제거하신다. 옛날 바벨탑을 여지없이 그 권능으로 무너뜨리신 것처럼 말이다. 그 권능은 여기서 칼로 비유되었다.

where the sunlight is a sword
Striking at the withholder of the Lord:

마지막 Stanza에서는 하나님을 배반하고 도전하는 불신의 무리들 비록 한때 길거리에서 난무하고, 하나님께서 은총으로 내려주시는 생명 (영원한 생명)—the miraculous waters—과 이성보다는 신앙을 귀중하게 여기는 성도—Bernadett—를 위협하고 방해하지만, 결국 그 무리들은 예수 그리스도의 권능 아래 모두 다 멸망되고 말 것이라는 시인의 확신이 있다. 옛날 난공불락의 성(여리고 Jericho)가 제사장을 위시하여 이스라엘 백성들이 여호와를 찬송하며 그 성을 일곱 번 돌았을 때에 무너진 것처럼, 부활하시고 승리하선 예수 그리스도를 힘차게 찬송하여 죄악의 구렁텅이, 멸망의 도시에서 구원받을 것을 암시하고 있다.

박세근

한국외국어 대학교 영어과(문학사)
연세대학교 대학원 영문과(문학석사)
University of Southern California (영문과 수학)
한국외국어대학교 대학원 영어과(문학박사)
Oxford 대학 Oriel College 초빙 연구교수
미국 Duke University 초빙 연구교수
경기대학교 영문학 전공교수
한국밀턴학회 회장 역임
국제 펜클럽 회원
한국 영어영문학회 평생회원
이문동 교회 원로장로
한국 기독어문학회 부회장 역임
경기대학교 영문학과 명예교수(현재)

● 저서 및 역서

「영미시의 분석과 이해」(탑출판사)
「In Memoriam by Alfred, Lord Tennyson 역주해설」(탑출판사)
「A Guide to Tennyson's Poetry」(신아사)
「한걸음 또 한걸음」(규장문화사)
「아브라함 박씨」(규장문화사)
「안개 속의 무어폰드」(도서출판 거산)
「밀우드 숲 속」(도서출판 거산)
「Mr. Abraham's Park」(실천영어연구소)
「The Lady of the Lake by Sir Walter Scott」[번역](실천영어연소)
「영문학 작가들의 생애와 작품」(경기대학교 연구교류처)
「John Milton의 가면극/(코머스)」번역 및 해설(Golden Wings)
「박수소리」(도서출판 삶과 꿈)
「영시운율의 이해」(Golden Wings)
「The Foggy Moor Pond」(세계로미디어)
「베고니아」(세계로미디어)
「샌포드의 호수」(세계로미디어)

영미시의 이해와 감상

1판 1쇄 찍음 · 2007년 8월 25일
1판 4쇄 펴냄 · 2016년 1월 20일

저　　자 · 박 세 근
발 행 인 · 정 현 걸
발　　행 · 신 아 사
인　　쇄 · 예지인쇄
출판등록 · 1956년 1월 5일 (제9-52호)
주　　소 · 서울특별시 은평구 통일로 59길 4 (2F)
전　　화 · (02)382-6411 · 팩스 (02)382-6401
홈페이지 · www.shinasa.co.kr
E - mail · shinasa@daum.net

ISBN 978-89-8396-577-7

정가 20,000원